Leitfaden **Betreuungsrecht**

Leitfaden Betreuungsrecht

für Betreuer, Vorsorgebevollmächtigte, Angehörige, Betroffene, Ärzte und Pflegekräfte

von

Jürgen Thar, Berufsbetreuer
und
Wolfgang Raack, Direktor des Amtsgerichts Kerpen a.D.
(Begr.)

8., völlständig überarbeitete Auflage

Reguvis

Bibliografische Information der Deutschen Nationalbibliothek
Die Deutsche Nationalbibliothek verzeichnet diese Publikation in der Deutschen Nationalbibliografie; detaillierte bibliografische Daten sind im Internet über http://dnb.d-nb.de abrufbar.

Reguvis Fachmedien GmbH
Amsterdamer Straße 192
50735 Köln
www.reguvis.de

Beratung und Bestellung:
Tel.: +49 221 97668-229
Fax: +49 221 97668-236
E-Mail: familie-betreuung@reguvis.de

ISBN (Print): 978-3-8462-1213-4
ISBN (E-Book): 978-3-8462-1214-1

Herstellung: Günter Fabritius
Lektorat: Uschi Schmitz-Justen
Satz: Reemers Publishing Services GmbH, Krefeld
Druck und buchbinderische Verarbeitung: Digital Print Grouü O. Schmik GmbH, Nürnberg

Printed in Germany

Vorwort zur 8. Auflage

Seit nahezu 30 Jahren haben Herr Dr. Wolfgang Raack und ich Ihnen, liebe Leser*innen, mit unserem Leitfaden eine umfassende Einführung in das Betreuungsrecht und die Möglichkeiten der Vermeidung betreuungsrechtlicher Eingriffe durch ein breites Spektrum der Möglichkeiten zur Vorsorge gegeben.

Schweren Herzens hat sich Dr. Wolfgang Raack entschieden, sich ganz seiner Familie zu widmen und seinen wohlverdienten Ruhestand zu genießen.

Seit 1992 ist Dr. Wolfgang Raack mein Mentor und beruflicher Wegbegleiter. Ich darf sagen, dass mir unsere gemeinsame Zeit große Freude bereitet hat. Ich möchte Ihnen, lieber Herr Dr. Raack, an dieser Stelle ganz herzlich danken. Ohne Sie wäre ich nicht da, wo ich heute bin. Ich wünsche Ihnen und Ihren Lieben alles Gute.

Dr. Wolfgang Raack hat mir gestattet, die gemeinsame Arbeit fortzuführen. Ganz in diesem Sinn und wie Sie dies gewohnt sind, werde ich Sie, liebe Leser*innen, mit dieser 8. Auflage über die aktuellen Änderungen informieren.

Diese Ausgabe steht ganz unter dem Eindruck der seit dem 01.01.2023 bestehenden erweiterten Möglichkeit zur Vermeidung der rechtlichen Betreuung durch die neu geschaffene Regelung zur gegenseitigen Vertretung von Ehegatten in Angelegenheiten der Gesundheitssorge und des völlig neu gestalteten Betreuungsrechts.

Erftstadt, im Juli 2022

Jürgen Thar

Inhaltsverzeichnis

3 Die Einrichtung der rechtlichen Betreuung

Abkürzungen

a.A.	anderer Ansicht
a.a.O.	am angegebenen Ort
Abs.	Absatz
a.F.	alte Fassung
AFG	Arbeitsförderungsgesetz
AG	Amtsgericht
Anm.	Anmerkung
Art.	Artikel
BayObLG	Bayerisches Oberstes Landesgericht
Bd.	Band
BGB	Bürgerliches Gesetzbuch
BGBl.	Bundesgesetzblatt
BGH	Bundesgerichtshof
BGT	Betreuungsgerichtstag e.V.
BRAGO	Bundesgebührenordnung für Rechtsanwälte
BRD	Bundesrepublik Deutschland
BSHG	Bundessozialhilfegesetz
BT-Drs.	Bundestagsdrucksache
BtG	Betreuungsgesetz
BtOG	Betreuungsorganisationsgesetz
BtPrax	Betreuungsrechtliche Praxis (Zeitschrift)
BVerfG	Bundesverfassungsgericht
bzw.	beziehungsweise
d.h.	das heißt
ders.	derselbe
e.V.	eingetragener Verein
FamFG	Gesetz über das Verfahren in Familiensachen und in den Angelegenheiten der freiwilligen Gerichtsbarkeit
FamRZ	Zeitschrift für das gesamte Familienrecht
ff.	folgende
FGG	Gesetz über die Angelegenheiten der freiwilligen Gerichtsbarkeit
FuR	Familie und Recht (Zeitschrift)
gem.	gemäß
GG	Grundgesetz
ggf.	gegebenenfalls
GNotKG	Gerichts- und Notarkostengesetz
GOÄ	Gebührenordnung für Ärzte
Hrsg.	Herausgeber
i.V.m.	in Verbindung mit

JVEG	Justizvergütungs- und -entschädigungsgesetz
JZ	Juristenzeitung
KG	Kammergericht (Berlin)
KO	Kostenordnung
LG	Landgericht
m.E.	meines Erachtens
NJ	Neue Justiz (Zeitschrift)
NJW	Neue Juristische Wochenschrift (Zeitschrift)
o.Ä.	oder Ähnliches
öff.	öffentlich
ö.r.	öffentlich-rechtlich
OLG	Oberlandesgericht
OVG	Oberverwaltungsgericht
PKH	Prozesskostenhilfe
PsychKG	Gesetz für psychisch Kranke (des jeweiligen Bundeslandes)
Rpfleger	Der deutsche Rechtspfleger (Zeitschrift)
RPflG.	Rechtspflegergesetz
SCHUFA	Schutzgemeinschaft für allgemeine Kreditsicherung
SGB	Sozialgesetzbuch
StGB	Strafgesetzbuch
StPO	Strafprozessordnung
u.a.	und andere
u.U.	unter Umständen
usw.	und so weiter
VBVG	Vormünder- und Betreuervergütungsgesetz
vgl.	vergleiche
VormG	Vormundschaftsgericht
WBVG	Wohn- und Betreuungsvertragsgesetz
z.B.	zum Beispiel
Ziff.	Ziffer
ZPO	Zivilprozessordnung
ZRP	Zeitschrift für Rechtspolitik

Literatur/Literaturempfehlungen

Bt-Recht, Online-Datenbank zum Betreuungsrecht, Reguvis, https://www.reguvis.de/bt-recht/

Bienwald/Sonnenfeld/Harm/Felix/Reh/Reinfarth, Betreuungsrecht. Kommentar, 7., völlig neu bearbeitete Auflage, Gieseking, 2022

Bauer/Klie/Lütgens (Hrsg.), Heidelberger Kommentar zum Betreuungs- und Unterbringungsrecht (HK-BUR); Loseblattwerk; Otto Schmidt Verlag, Köln

Betreuungsrechtliche Praxis – BtPrax, Zeitschrift für soziale Arbeit, gutachterliche Tätigkeit und Rechtsanwendung im Betreuungsrecht, Reguvis, Köln 1992 ff.

Brosey (Hrsg.), Unterstützte Entscheidungsfindung in der Betreuungspraxis, Reguvis, Köln (in Vorbereitung 2022/2023)

Deinert/Lütgens/Meier, Die Haftung des Betreuers, Reguvis, Köln (4. Auflage in Vorbereitung 2022/2023)

Deinert/Lütgens, Die Vergütung des Betreuers, Reguvis, Köln (8. Auflage in Vorbereitung 2022/2023)

Dethlefsen, Thorwald/Dahlke, Rüdiger, Krankheit als Weg, 8. Auflage, Bassermann Verlag, 2008

Dodegge/Roth, Systematischer Praxiskommentar Betreuungsrecht, Reguvis, Köln (4. Auflage in Vorbereitung 2022/2023)

Finzen, A., Medikamentenbehandlung bei psychischen Störungen, Psychiatrie-Verlag, 1991

Fröschle/Pelkmann, Studienbuch Betreuungsrecht, Reguvis, Köln (4. Auflage in Vorbereitung 2022/2023)

Gehrmann/Müller, Aktivierende soziale Arbeit mit nicht motivierten Klienten, Walhalla 2005

Joecker, Torsten, Das neue Betreuungsrecht, 2. Auflage, Reguvis, Köln 2022

Jox (Hrsg.), Praxiskommentar Betreuungs- und Unterbringungsverfahren, Reguvis, Köln (5. Auflage in Vorbereitung 2022/2023)

Langbein, K./Martin, H.-P./Stegmann, E., Bittere Pillen, Kiepenheuer & Witsch, 1990

Matta/Engels/Brosey/Köller u.a., Qualität in der rechtlichen Betreuung, Abschlussbericht, Bundesanzeiger Verlag, Köln 2018

Meier/Reinfarth, Handbuch Vermögenssorge und Wohnungsangelegenheiten, Reguvis, Köln (4. Auflage in Vorbereitung 2022/2023)

Mazur, Genehmigungen bei Betreuung und Bevollmächtigung, Reguvis, Köln (4. Auflage in Vorbereitung 2022/2023)

Richter, Horst E., Flüchten oder Standhalten, 4. Auflage, Psychosozial-Verlag, 2001

Rieth, Eberhard, Alkoholkrank?, Blaukreutz 1981

Röh/Ansen, Sozialbericht und Betreuungsplanung, Reguvis, Köln (2. Auflage in Vorbereitung 2022/2023)

Roth, Wolfgang, Erben und Vererben bei rechtlicher Betreuung, 2. Auflage, Reguvis, Köln 2022

Schmidbauer, Wolfgang, Helfen als Beruf, Rowohlt, 1983

Schulz von Thun, Friedemann, Miteinander reden 1, 48. Auflage, Rowohlt 2010

Sobota, Rainer, Sozialleistungen in der Betreuungspraxis, 2. Auflage, Reguvis, Köln 2022

Thar, Arbeitshilfen und Formulare für ehrenamtliche Betreuerinnen und Betreuer, Reguvis, Köln (4. Auflage in Vorbereitung 2022/2023)

Zistl, A., Einführung in die Psychiatrie, Brigitte Kunz Verlag, 2004

1 Einführung

Das Betreuungsrecht – ein Leitfaden zur rechtlichen Betreuung, Vorsorgevollmacht Patientenverfügung und tatsächlicher Selbsthilfe

- für die betroffenen Personen
- für die Angehörigen
- für die Bevollmächtigten und für rechtliche Betreuer*innen und diejenigen, die sich dieser Aufgabe ehrenamtlich oder beruflich zuwenden wollen
- für die ambulanten Hilfskräfte
- für die Ärzte
- für das Altenpflege- und Krankenhauspersonal
- für die Rechtsanwälte

Zuerst einige Worte zu der im folgenden Text verwendeten Begrifflichkeit:

Die Verwendung einer gendergerechten Schreibweise ist im juristischen Kontext umstritten. Schwierigkeiten bestehen hinsichtlich der Lesbarkeit und der präzisen Formulierung der Sachverhalte. Im folgenden Text verwende ich das Gendersternchen.

Hinweis

Um Missverständnisse zu vermeiden, sei klargestellt, dass der im Text verwendete Begriff „rechtlicher Betreuer" sich nicht auf eine Person bezieht, sondern sich auf alle möglichen rechtlichen Betreuer – also auch auf den zum Betreuer bestellten Betreuungsverein und die zum Betreuer bestellte Betreuungsbehörde – erstreckt. Der Begriff wird entsprechend als Funktionsbezeichnung verstanden.

Der Begriff „Betreuung" ist ohnehin missverständlich. Als Schlagwort bei der Suche im Internet verwendet, finden sich Angebote für Alltagshilfen, soziale, karitative oder andere tatsächliche Dienste, aber nicht zuletzt auch Beiträge zur rechtlichen Betreuung. Der Begriff „Betreuung" gibt also häufig Anlass zu Verwechslungen. In der Praxis sehen sich rechtliche Betreuer beispielsweise häufig – über ihr eigentliches Aufgabengebiet hinausreichenden – Anforderungen nach tatsächlicher Hilfe ausgesetzt.

Mit dem Gesetz zur Änderung des Betreuungsrechts wurde bereits 1998 in der Überschrift des Dritten Abschnitts des Vierten Buchs des BGB das Wort „rechtliche" vor „Betreuung" eingefügt. Hierdurch sollte der Charakter der Betreuung als „Rechtsfürsorge" noch plakativer zum Ausdruck gebracht werden. Rein karitative Tätigkeiten oder „umfassendes Kümmern" sollten deutlicher von der eigentlichen rechtlichen Betreuungstätigkeit abgegrenzt werden. Im Gesetzestext, dem gerichtlichen Sprachgebrauch, der Fachliteratur, aber auch in der Praxis ist der Zusatz „rechtlich" überwiegend in der Überschrift verblieben. Auch wenn sich dies etwas sperrig liest, geht die Praxis in den letzten Jahren mehr und mehr dazu über, „rechtliche Betreuung" als Funktionsbezeichnung zu verwenden. Die so verwendete Bezeichnung hat mit dazu beigetragen, ein besseres Verständnis der Aufgaben der rechtlichen Betreuung zu implementieren.

Auch die Bezeichnung der Person, für die eine rechtliche Betreuung bestellt worden ist/werden soll, muss mit Bedacht gewählt werden. Verwendet werden „der/die Betreute", „der/die Klient(in)" … Im folgenden Text werden wir von der „rechtlich betreuten Person" sprechen. Der gewählte Sprachgebrauch soll den Charakter der rechtlichen Betreuung als persönliche Unterstützung unterstreichen. Der rechtliche Betreuer sollte stets vermeiden, die von ihm rechtlich betreute Person als Objekt anzusehen. Entsprechend sollte eine begriffliche Reduzierung der rechtlich betreuten Person auf eine Funktion oder Eigenschaft unterbleiben.

Die zum 01.01.2023 in Kraft getretene Reform fordert an verschiedenen Stellen einen adressatengerechten Sprachgebrauch. Es bleibt abzuwarten, ob und wie die Gerichte diese Forderung umsetzten und ob tatsächlich aus einer Betreuungssache ein persönliches Verfahren wird.

Wen betrifft das Betreuungsrecht?

Ob alt oder jung, gesund oder krank, jeder von uns kann mit dem Betreuungsrecht in Kontakt kommen. Der Anteil der älteren Menschen in unserer Gesellschaft nimmt stetig zu. Zum Stichtag 31.12.2020 lag die Zahl der Bevölkerung in Deutschland bei 83,1 Millionen Menschen. Von der Bevölkerung waren zum Stichtag 18,2 Millionen Menschen über 65 Jahre alt.[1] Schon jetzt sind dementsprechend 21,9 % der Gesamtbevölkerung über 65 Jahre alt. Die höhere Lebenserwartung aufgrund unserer besseren Lebensverhältnisse ist verbunden mit der alle bedrohenden Gefahr von körperlichen und geistigen Krankheiten oder Behinderungen, die neben tatsächlichen Hilfen auch die rechtliche Unterstützung erforderlich machen.

Auch jüngere Menschen leben mit dem Risiko, psychisch zu erkranken und aus diesem Grund ihre rechtlichen Angelegenheiten nicht mehr erledigen zu können. Eine geistige Behinderung kann schon seit Geburt bestehen und Ursache dafür sein, dass Menschen bei Erreichen der Volljährigkeit ihre rechtlichen Angelegenheiten nicht selbst regeln können. Aber auch später können andere Ereignisse (z.B. ein Unfall) zu einer rechtlichen Unterstützungsbedürftigkeit führen.

- Welche Vorkehrungen kann ein heute noch gesunder Mensch für den Fall der eigenen rechtlichen Unterstützungsbedürftigkeit treffen?
- Wie verhalte ich mich selbst, wenn ich in meinem privaten oder beruflichen Umfeld erlebe, dass ein Mensch seine rechtlichen Angelegenheiten nicht mehr bewältigen kann?
- Welche anderen Hilfen können eine rechtliche Betreuung erübrigen?
- Wie ist der Ablauf des Betreuungsverfahrens?
- Welche Hilfe kann ich von einem rechtlichen Betreuer erwarten?
- Wie ist die rechtliche Betreuung zu führen?

Auf diese Fragen soll der Leitfaden Antwort geben. Doch zunächst ein Blick zurück.

1 Statistisches Bundesamt: www-genesis.destatis.de

Was galt früher?

Haben Sie keine Angst, auch wenn noch 30 Jahre nach Einführung der rechtlichen Betreuung in manchem Kopf das Gespenst der Entmündigung lebt, die weitgehende Entrechtung durch eine Entmündigung und die ihr folgende Vormundschaft oder durch eine Pflegschaft, zumeist gegen den Willen des Betroffenen als Zwangspflegschaft, finden seit 1992 nicht mehr statt.

Wie unterscheidet sich die rechtliche Betreuung von anderen Hilfen?

Aber auch die rechtliche Betreuung ist ein staatlicher Eingriff. Andere private, anwaltliche, soziale, pädagogische oder ähnlichen Hilfen, die uns bei der Regelung unserer rechtlichen Probleme unterstützen, können selbstbestimmt angenommen/beauftragt werden. Sie haben keine eigenständige von unserem Auftrag unabhängige Vertretungsmacht zur Folge.

Demgegenüber ist die rechtliche Betreuung mit gesetzlicher Vertretungsmacht ausgestattet.[2] Es ist unstreitig, dass die gesetzliche Vertretungsmacht erforderlich sein kann, um Rechtshandlungen, welche die rechtlich betreute Person nicht eigenverantwortlich vornehmen kann, erledigen zu können. Die Nebenwirkungen können erheblich sein.

Als Wirkung der Bestellung eines rechtlichen Betreuers durch das Betreuungsgericht wird im Rahmen des Aufgabenkreises die im Artikel 2 Satz 1 GG begründete alleinige Handlungsfreiheit geteilt. Der Betreuer ist im Rahmen seines Aufgabenkreises befugt und ggf. verpflichtet, die rechtlichen Angelegenheiten der rechtlich betreuten Person zu erledigen.

Als weitere Nebenwirkung ist der Umstand zu erkennen, dass die Handlungen des rechtlichen Betreuers der nachträglichen betreuungsrechtlichen, zivilrechtlichen, sozialrechtlichen und ggf. auch der strafrechtlichen Kontrolle standhalten müssen.[3] Auch wenn die jetzt erfolgte Änderung des Betreuungsrechts den Willen der rechtlich betreuten Person stärkt und in den Mittelpunkt setzt, muss der rechtliche Betreuer dennoch sein Handeln/Nichthandeln gerichtsfest begründen und ggf. entsprechend beweisen können. Damit gehen alle nicht als freier Wille des betroffenen Menschen gerichtsfest beweisbaren emotionalen, unlogischen, in der rechtlichen Grauzone angesiedelten Aspekte einer zu treffenden Entscheidung verloren. Die Bedeutung dieses Verlustes mag jeder bei sich selbst überprüfen und sich fragen, welche Entscheidungen wir tatsächlich aufgrund rationaler Erwägungen treffen. Wie oft kommt es vor, dass wir uns selbst fragen, warum wir so und nicht anders entschieden haben, ohne diese Frage vollumfänglich oder gar gerichtsfest beweisbar beantworten zu können.

Wer selbst bestimmen will, was im Fall seiner Hilfsbedürftigkeit geschehen soll, sollte sich frühzeitig Gedanken über die Alternativen zu der vom Gericht angeordneten rechtlichen Betreuung machen und mit Vollmacht, Betreuungsverfügung und Patientenverfügung vorsorgen.

Warum wurde das Betreuungsrecht mit Wirkung zum 01.01.2023 geändert?

Das Betreuungsrecht ist seit seiner Einführung in insgesamt neun sich jeweils auf Teilbereiche beziehenden Änderungsgesetzen stetig weiterentwickelt worden. Oft stand dabei die Reduzierung von Kosten im Vordergrund. Die zum 01.01.2023 wirksam gewordene Änderung bietet dagegen echte strukturelle und inhaltliche Änderungen. Einfach gesagt

2 § 1823 BGB
3 Siehe Abschnitt 9

haben diese Änderungen zum Ziel, das Recht der Selbstbestimmung stärker in den Fokus des Betreuungsrechts zu stellen.

Der entscheidende Anstoß zur Änderung des Betreuungsrechts kann in der Diskussion rund um die UN-Behindertenrechtskonvention gesehen werden. Der im Rahmen der UN-BRK 2015 erstellte Staatenbericht Deutschland wies die Unvereinbarkeit des im deutschen Bürgerlichen Gesetzbuch (BGB) festgelegten und geregelten Instruments der rechtlichen Betreuung mit dem Übereinkommen aus.

Die damalige Bundesregierung wollte dem nicht so ohne Weiteres zustimmen und hat zwei Forschungen beauftragt. In den Jahren 2015 bis 2017 wurden im Auftrag des Bundesministeriums der Justiz und für Verbraucherschutz (BMJV) Forschungsvorhaben zur „Qualität in der rechtlichen Betreuung"[4] und zur „Umsetzung des Erforderlichkeitsgrundsatzes in der betreuungsrechtlichen Praxis im Hinblick auf vorgelagerte ‚andere Hilfen'"[5] durchgeführt. Diese haben gezeigt, dass das Gebot größtmöglicher Selbstbestimmung von Menschen mit Behinderungen im Sinne von Artikel 12 des Übereinkommens der Vereinten Nationen vom 13. Dezember 2006 über die Rechte von Menschen mit Behinderungen[6] im Vorfeld und innerhalb der rechtlichen Betreuung nicht durchgängig zufriedenstellend verwirklicht wurde. Zudem wurden Qualitätsmängel bei der praktischen Umsetzung der gesetzlichen Vorgaben, die auch Änderungen der gesetzlichen Rahmenbedingungen erforderlich gemacht haben, herausgearbeitet.

Diesen Ergebnissen konnte sich die Bundesregierung nicht länger verschließen. Im Koalitionsvertrag der 19. LP 2018 heißt es hierzu

„Wir werden (...) das Betreuungsrecht unter Berücksichtigung der Ergebnisse der jüngst durchgeführten Forschungsvorhaben in struktureller Hinsicht verbessern."

In den Jahren 2018 und 2019 initiierte das BMJV einen bis dahin nie dagewesenen interdisziplinären Diskussionsprozess auch und insbesondere unter Einbeziehung rechtlich betreuter Person. Im anschließenden parlamentarischen Verfahren wurde der Gesetzentwurf der Bundesregierung diskutiert und mit einigen Änderung angenommen. Das Gesetz zur Reform des Vormundschafts- und Betreuungsrechts wurde dann am 04.05.2021 im Bundesgesetzblatt veröffentlicht und ist mit weiteren Änderungen[7] zum 01.01.2023 in Kraft getreten.

Neben den strukturellen Änderungen soll der geänderte Inhalt dafür Sorge tragen, dass der Vorrang sozialrechtlicher Hilfen vor der rechtlichen Betreuung, die Qualität der rechtlichen Betreuung, das Selbstbestimmungsrecht der betroffenen Personen („Unterstützen vor Vertreten") sowie die Finanzierung der unverzichtbaren Arbeit der Betreuungsvereine in Zusammenarbeit mit den Ländern gestärkt wird.

In den kommenden Jahren wird sich zeigen, ob die am Betreuungsrecht beteiligten Akteure den hohen Anforderungen des Gesetzes gerecht werden können.

---

4 Matta/Engels/Brosey/Köller u.a., Abschlussbericht, Bundesanzeiger Verlag 2018

5 Nolting/Zich/Tisch/Braeseke, Abschlussbericht, Band I und II, Bundesanzeiger Verlag 2018

6 BGBl. 2008 II S. 1419, 1420; UN-Behindertenrechtskonvention, UN-BRK

7 Durch das Gesetz zur Durchführung der EU-Verordnungen über grenzüberschreitende Zustellungen und grenzüberschreitende Beweisaufnahmen in Zivil- oder Handelssachen, zur Änderung der Zivilrechtshilfe, des Vormundschafts- und Betreuungsrechts sowie sonstiger Vorschriften; die Veröffentlichung im Bundesgesetzblatt ist zum Zeitpunkt des Redaktionsschlusses für diese Werk noch nicht erfolgt

2 Alternativen zur Rechtlichen Betreuung – „Schon heute bestimmen, was später einmal geschehen soll"

Wer kann und soll meine rechtliche Vertretung übernehmen, wenn ich selbst nicht mehr dazu in der Lage bin?

Das Gesetz kennt 3 Säulen der rechtlichen Vertretung. Diese Säulen sind:

- die gegenseitige Vertretung von Ehegatten in Angelegenheiten der Gesundheitssorge (siehe Abschnitt 2.2),
- die rechtliche Vorsorge durch Vollmacht (siehe Abschnitt 2.3),
- und die rechtliche Betreuung (siehe Abschnitt 3.11).

Eine rechtliche Betreuung ist nur dann vom Gericht anzuordnen, wenn die ersten beiden Säulen oder/und anderweitige Hilfen (z.B. durch die Unterstützung aus dem privaten Umfeld, der Verwandten und Freunde oder aber auch durch kirchliche und soziale Institutionen oder auf Grund sozialer Rechte) nicht ausreichen.[1]

Wegen der Beschränkungen der Befugnis zur gegenseitigen Vertretung von Ehegatten/Lebenspartnern ist dies keine echte Alternative zur rechtlichen Betreuung. Um zu vermeiden, einmal einen vom Gericht bestellten rechtlichen Betreuer zur Erledigung der eigenen rechtlichen Angelegenheiten bestellt zu bekommen, den man nicht kennt oder auf dessen Auswahl man infolge eines geistigen Verfalls keinen Einfluss nehmen kann, gibt es zwei Möglichkeiten:

- die Bestimmung eines zukünftigen Stellvertreters im Wege einer Vollmacht oder
- die Bestimmung einer konkreten Person oder eines Betreuungsvereins, die dann später vom Gericht als Betreuer zu berücksichtigen sind, im Wege der Betreuungsverfügung.

In beiden Fällen sollten darüber hinaus Bestimmungen getroffen werden, was die bevollmächtigte Person bzw. der Betreuer im Einzelnen veranlassen soll. Soweit es sich um medizinische Maßnahmen handelt, empfiehlt es sich, dies in einer Patientenverfügung zu tun.

2.1 Die tatsächliche Vorsorge durch vorausschauende Planungen und Verfügungen

Noch bevor das Schicksal mit den entsprechenden Altersgebrechen oder durch einen Unfall unabänderbare Fakten schafft und es für Vorsorgemaßnahmen zu spät ist, fragen sich viele alternde, aber auch jüngere risikobewusste Menschen:

1 § 1814 Absatz 3 BGB

Wie will ich im Alter oder mit einer Behinderung leben? Wie kann ich heute schon für morgen sorgen?

Die notwendige Entwicklung eines eigenen Lebenskonzeptes – speziell im Alter – erfolgt vor einem dramatischen Wandel der gesellschaftlichen Situation.

Die „Familien-AG. Krippe-Kita-Altenheim – auf dem Weg in die Betreuungsgesellschaft" titelt eine überregionale Zeitung[2] und beklagt, dass diese Betreuungsgesellschaft, in der sich immer die anderen kümmern, zwar den Unternehmern dadurch nützt, dass die Eltern bei der Arbeit bestens funktionieren, weil die Kinder in der Kita und die „maladen" Großeltern im Heim versorgt werden. Aber spätestens mit dem demografischen Wandel und den veränderten Lebensverhältnissen zeige sich: Bürdet man die gesamte Verantwortung für die Betreuung und Versorgung dem Staat auf, ersticke dieser daran, sowohl aus finanziellen Gründen als auch ganz praktisch: Woher sollen all die fachlich und menschlich geeigneten Betreuungskräfte kommen?

Folgerichtig hat sich die Gesetzgebung zum Betreuungsrecht und zum Arztrecht gewandelt: Weg vom Paternalismus hin zur Selbstbestimmung mit der Möglichkeit zur antizipierten Regelung der eigenen Lebensverhältnisse durch Vollmacht und Patientenverfügung. Damit Vertreter*innen (Bevollmächtigte oder gerichtlich bestellte rechtliche Betreuer) später nicht doch zu „Übervätern" werden, die alles regeln, bedarf es genauer Anweisungen. Diese werden in dem der Vollmacht zugrunde liegenden Auftrag bzw. der Betreuungsverfügung beschrieben.

Ein selbstbestimmtes Leben im Alter wird nur dann möglich, wenn ich selbst die erforderlichen Hilfen im persönlichen und örtlichen Umfeld suche und mir vorausschauend nutzbar mache. Hierbei dürfte es hilfreich sein, die Entwicklung der modernen Familienpolitik zu betrachten.

Während die kirchlichen Träger traditionell die Alten- und Kinderbetreuung als Bestandteil einer alle Lebensalter umfassenden Fürsorge i.S. von Caritas und Diakonie ansehen, spricht die moderne Familienpolitik von „care". Eine Fürsorge, die eigentlich von der Familie zu leisten ist, die aber im Zuge des demografischen Wandels ohne die Hilfe von außen durch öffentliche oder gewerbliche Anbieter nicht mehr zu bewältigen sein wird. Das gilt insbesondere dann, wenn die Erziehung und Betreuung der Kinder mit der Versorgung oder gar Pflege der Großeltern zusammenfällt, eine „double front care" zu erbringen ist. In dieser Sandwich-Position dürften Stress, Überforderung und Beziehungsprobleme eine liebevolle „care" beeinträchtigen, solange keine ausreichende Entlastung von außen erfolgt. Diese kann und darf aber abgesehen von Schwerstpflegefällen nicht in einem „Abschieben ins Heim" bestehen, zumal dort die entsprechenden Kapazitäten nicht mehr vorhanden sein werden.

Die Großelterngeneration wird aber auch kaum mehr bereit sein, sich abschieben zu lassen. In dieser Generation gehört heute die Entscheidung über die Wohnform im Alter zu den wichtigsten Anliegen.

2 Süddeutsche Zeitung vom 26./27.10.2013

Die Bundesinitiative „Daheim statt Heim" leistet dabei wichtige Aufklärungsarbeit und treibt das gesellschaftliche Umdenken im Sinne von Inklusion und Empowerment – als Teilhabe an einer die Bürgerrechte aller garantierenden Gesellschaft – voran. Stärke und Kompetenz zeigen sich dabei sowohl im gesellschaftlichen Leben als auch bei der Alltagsbewältigung. Unterstützung erfahren die hilfsbedürftigen Mitbürger dabei von sozialen Netzwerken.

Im Alter sind die wichtigsten Personen im persönlichen Netzwerk die Partner und Kinder. Tröstlich für die heute alternden Menschen dürfte dabei sein, dass der häufig beschriebene Rückgang der Geburtenhäufigkeit erst ab den Geburtenjahrgängen von 1960 an erfolgt und damit jedenfalls bis 2025 nicht mit familiendemografischen Engpässen zu rechnen ist. Auch der Rückgang der Großfamilienhaushalte spricht nicht gegen die familiäre Unterstützung. Familiäre Unterstützung kann auch bei bzw. gerade bei getrennten Wohnungen im selben Haus oder in der Nachbarschaft erfolgen. Bei fast jedem Zweiten der 70- bis 85-Jährigen ist dies heute schon Realität.[3]

Die eigene gute finanzielle Lage und die Inanspruchnahme von Dienstleistungen des Wohlfahrtsstaates stärkt die Situation der Älteren, die im Generationsverhältnis nicht nur Empfänger, sondern auch Geber sein können. Das hilft ihnen, das Stigma, den Jüngeren „zur Last zu fallen", zu überwinden, insbesondere dann, wenn das Empowerment sie befähigt, Hilfe von außen, insbesondere die Tagesbetreuung, durchzusetzen und anzunehmen.

Die Chancen hierfür sind günstig, weil die Bundesregierung dem bereits beginnenden Fachkräftemangel mit der Aktivierung der Mütter entgegenwirkt, was neben der Kinderbetreuung auch die Betreuung der Großeltern während der Arbeitszeit voraussetzt. Nicht zufällig tauchte der Ruf nach einer „Krippe für Senioren" erstmals in der Arbeitswelt auf, als Arbeitgeber in Kanada den Verlust von Mitarbeitern infolge häuslicher „care" befürchteten und bei einem großen Kita-Betreiber eine Tagesstätte für Senioren bestellten. Im Jahre 2007 startete die erste „Krippe für Senioren" in Calgary und bietet den Besuchern „fun" wie bei einer Kreuzfahrt mit Schwimmbad, Gymnastik, Kegelbahn, Internet-Café usw.[4]

In Deutschland hat sich eine vielfältige Seniorenbetreuungslandschaft entwickelt, die von der reinen „Seniorenbespaßung" bis zur Tagespflege und zum Dementen-Café reicht. Diese Hilfen sind aber mit dem homogen gesetzlich organisierten Angebot der Kitas nicht zu vergleichen und daher für die Familien auch nicht generell verfügbar.

Immerhin zeichnet sich ein starker Bedarf an alters- und alternsgerechten Quartieren mit Begegnungsstätten für Senioren als Teilhaber der Mitwirkungsgesellschaft ab. Sie fördern den Austausch und ziehen als Schwerpunktzentren oder durch die Initiierung von Themengruppen die jüngeren Senioren an. Neben ehrenamtlichen Helfern ist ein professionelles Team Voraussetzung für eine gute Entwicklung. Hierfür hat ein international etablierter österreichischer Bildungsanbieter ein neues Bildungsprodukt entwickelt, den „Seniorenanimateur", der weit über den im Zusammenhang mit der kanadischen Seniorenkrippe erwähnten „Kreuzfahrt-Animateur" hinausgeht. Aufgabe des Seniorenanimateurs ist, durch zielgerichtete Animation Senioren dazu zu befähigen, ihre Zeit selbst zu gestalten. Durch

3 Vgl. Künemund/Kohli, Soziale Netzwerke, Hdb. Soziale Arbeit und Alter, S. 311
4 Süddeutsche Zeitung vom 17.8.2007

professionelle Beziehungsarbeit, die nicht abhängig macht, fördert er die selbstbestimmte Alltags- und Freizeitgestaltung sowie vermehrte Sozialkontakte der Senioren.[5]

Der aufgezeigte Trend macht klar, wonach der alternde Mensch vorausschauend suchen und wofür er sich beizeiten aktiv engagieren sollte. Fündig wird er außerhalb der Familie im örtlichen sozialen Netzwerk, z.B. den Senioren-Clubs, Tagesstätten, Mittagstischen und Beratungsangeboten der Kommunen und freien Träger. Nicht zu vergessen sind die vielfältigen Aktivitäten in Gemeinschaften und Vereinen. Man beachte nur die Begeisterung von Henning Scherf über seine Teilnahme am Chorgesang.

Schließlich ist frühzeitig die Entscheidung über die Wohnform zu treffen.

Ist das Ziel, möglichst lange in den eigenen vier Wänden zu bleiben, so sind diese altersgerecht umzugestalten. Will man in einer Gemeinschaft leben, so bieten sich zunehmend genossenschaftlich organisierte Wohnformen an. Soweit schließlich eine Altersheimunterbringung in Betracht kommt, so sind eine gründliche Prüfung der Qualität und Atmosphäre des Heims und gegebenenfalls die Aufnahme in die Warteliste angesagt, oder aber man „kauft sich ein" in eine entsprechende Seniorenresidenz.

Neben der Wohnform gehört die ärztliche und pflegerische Versorgung zu den dringlichsten Anliegen der alternden Menschen. Hier bekommt die Beziehung zum Hausarzt entscheidende Bedeutung, zu einem Hausarzt, der auch Hausbesuche macht und einem im Idealfall bis zuletzt ärztlichen Beistand leistet.

Im Hinblick auf die zunehmende Anzahl der Einzelpersonenhaushalte, aber auch auf die mögliche Abwesenheit der Angehörigen in einem Notfall empfiehlt es sich, ein Hausnotrufsystem in Anspruch zu nehmen. Dies garantiert schnelle Hilfe in Notfällen, wenn etwa der betroffene Mensch zu Hause stürzt und nicht mehr aus eigener Kraft aufstehen und Hilfe holen kann. Durch einen kleinen am Körper getragenen Sender kann die Notrufzentrale alarmiert werden, die sodann entsprechende und schnelle Hilfe veranlassen kann. Eine Vielzahl von Anbietern ist leicht im Internet zu finden und sogar online buchbar.

Daneben ist die vorsorgliche Auswahl eines ambulanten Pflegedienstes empfehlenswert. Solange man noch dazu in der Lage ist, kann man selbst Erkundigungen über dessen Seriosität und Fachlichkeit einholen und Vertrauen fassen.

Der Hausarzt ist auch der richtige Ansprechpartner für die Abfassung und Aufbewahrung der Patientenverfügung in seiner Patientenkartei. Im Bedarfsfall, wenn z.B. das Krankenhaus sich nach der aktuellen Medikation und Krankengeschichte erkundigt, kann er die Patientenverfügung weiterleiten.

Schließlich sind alle Bereiche der täglichen Daseinsvorsorge zu bedenken von den Zustelldiensten der Lebensmittelläden, einer Haushaltshilfe bis hin zur Versorgung mit dem nötigen Bargeld vom eigenen Kreditinstitut durch eine Bankvollmacht auf den Vordrucken der Bank. Dieser ermöglicht in der Regel auch eine Vertretung bis über den Tod hinaus und erfordert das Zusammenwirken mit der bevollmächtigten Person bei der Errichtung und eine Bestätigung der Bank.

---

5 Seniorenanimation-Wirtschaftsförderungsinstitut (wifi), S. 19; www.mobility-training.eu/final/Austria/Assistant Nurse AT.pdf (abgerufen 14.04.2022)

Wenn das Konzept für die tatsächliche Lebensgestaltung im Alter oder für den Fall der Behinderung vorliegt, kann die Umsetzung für ein selbstbestimmtes Leben beginnen. Mit dem Auftrag an die bevollmächtigte Person werden meine Vorgaben im Bedarfsfall ausgeführt. Ihre Legitimation nach außen erfolgt durch die Vollmacht und im Fall der ärztlichen Behandlung durch die Patientenverfügung.

Zur tatsächlichen Vorsorge gehört schließlich ein schriftlicher Hinweis bei den Ausweispapieren, dass eine Vollmacht und eine Patientenverfügung vorhanden sind, die den Notfall regeln – und wer entsprechend zu informieren bzw. konsultieren ist.

2.2 Gegenseitige Vertretung von Ehegatten/eingetragenen Lebenspartnern in Angelegenheiten der Gesundheitssorge

Mit dem zum 01.01.2023 in Kraft getretenen Gesetz zur Reform des Vormundschafts- und Betreuungsrechts hat der Gesetzgeber ein beschränktes Recht zur gegenseitigen Vertretung von Ehegatten und eingetragenen Lebenspartnern in Angelegenheiten der Gesundheitssorge geschaffen.[6] Damit wird die langjährige Diskussion über die Möglichkeiten und Grenzen der gegenseitigen Vertretung von Ehegatten/eingetragenen Lebenspartnern sicherlich nicht beendet. Die zum 1.1.2023 in Kraft getretene gesetzliche Regelung hat weder in der Praxis noch im Bereich der Politik eine allgemeine Zustimmung gefunden. Schon jetzt wird das neu geschaffene Gesetz als zu kompliziert, nicht zu kontrollieren und zu arbeitsaufwändig kritisiert:

Was hat bisher gegolten?

Bis zu 31.12.2022 konnten Ehegatten/eingetragene Lebenspartner weder Entscheidungen über medizinische Behandlungen für ihren nicht mehr selbst handlungsfähigen Partner treffen noch diesen im Rechtsverkehr vertreten. Eine rechtliche Vertretung unter Eheleuten/eingetragenen Lebenspartnern war nur möglich, wenn sie als rechtliche Betreuer*in bestellt wurden oder sich durch eine Teilvollmacht (z.B. Bankvollmacht) oder eine Vollmacht zur Vorsorge entsprechend bevollmächtigt hatten. Auch weiterhin ist eine gegenseitige rechtliche Vertretung über die jetzt geschaffene Notvertretung hinaus nicht automatisch möglich.

Welches Ziel hat die gesetzliche Regelung?

Die Regelung hat die Vermeidung der Erforderlichkeit für die kurzfristige Bestellung einer rechtlichen Betreuung zum Ziel. Die Erforderlichkeit für die kurzfristige Bestellung einer rechtlichen Betreuung ergibt sich oft aus einer akut auftretenden Erkrankung oder als Folge eines Unfalls. Die betroffene Person ist dann von einem auf den anderen Moment nicht mehr in der Lage, die eigenen rechtlichen Angelegenheiten zu besorgen.

Ist abzusehen, dass die rechtliche Vertretung über den Zeitraum von 6 Monaten hinaus weiterhin erforderlich sein wird, kann und soll das Verfahren zur Bestellung einer recht-

6 § 1358 BGB

lichen Betreuung auf den Weg gebracht werden. Das Betreuungsgericht hat dann ausreichend Zeit, das Verfahren geordnet durchzuführen.

Wer kann wen vertreten?

Die neu geschaffene Regelung ist auf die gegenseitige Vertretung von Ehepartnern und eingetragenen Lebenspartnern[7] beschränkt. Weitere Angehörige (Kinder, Eltern etc.) sind nicht zur Vertretung berechtigt:

Wann kann ich meinen Ehegatten/eingetragenen Lebenspartner gesetzlich vertreten?

Mit der neuen Regelung sollen sich Ehegatten sowie eingetragene Lebenspartner – eng begrenzt auf den medizinischen Notfall – kraft Gesetzes für die Dauer von sechs Monaten gegenseitig vertreten können. Dies jedoch nur, wenn ein Ehegatte/eingetragener Lebenspartner aufgrund von Bewusstlosigkeit oder einer Krankheit seine Angelegenheiten der Gesundheitssorge vorübergehend rechtlich nicht selbst besorgen kann. Anlass für das gesetzliche Vertretungsrecht ist beispielsweise eine akut eingetretene gesundheitliche Beeinträchtigung des Ehegatten/Lebenspartners infolge eines Unfalls oder einer Erkrankung. Eine Pflicht zur Vertretung besteht nicht.

Ist die verunfallte oder erkrankte Person bei Bewusstsein und kann die anstehenden medizinischen Fragen eigenverantwortlich entscheiden, hat der Ehegatten/eingetragene Lebenspartner nach wie vor keine gesetzlichen Rechte. Insbesondere besteht dann kein Recht auf Auskunft.

Welche Befugnisse hat mein Ehegatte/eingetragener Lebenspartner?

Die Befugnis zur Regelung rechtlicher Angelegenheiten ist im Gesetz in einem abschließenden Katalog bestimmt. Dieser Katalog orientiert sich an den Entscheidungen und Maßnahmen, die in der Akutphase der erforderlichen medizinischen Behandlung anstehen werden. Erfasst sind:

- die Einwilligung oder das Untersagen von Untersuchungen des Gesundheitszustandes, von Heilbehandlungen oder ärztlichen Eingriffen sowie die Entgegennahme der ärztlichen Aufklärungen;
- Rechtsgeschäfte, die im engen Zusammenhang mit der Gesundheitssorge stehen und häufig unmittelbar nach dem Beginn der Handlungsunfähigkeit geregelt werden müssen (Behandlungsvertrag im Krankenhaus);
- eilige vertragliche Regelung von Frührehabilitation oder Pflege, soweit diese innerhalb der Frist von 6 Monaten begonnen oder durchgeführt werden sollen;
- die Berechtigung, im Notfall über freiheitsentziehende Maßnahmen (mechanische Vorrichtungen, Medikamente oder Ähnliches) im Krankenhaus, einem Heim oder einer sonstigen Einrichtung zu entscheiden, soweit die Dauer der Maßnahme von sechs Wochen nicht überschritten wird. Ist abzusehen, dass die freiheitsentziehenden Maßnahmen länger als sechs Wochen erforderlich sein werden, ist zeitnah die Bestellung eines rechtlichen Betreuers durch das Gericht einzuleiten.

7 § 21 LPartG

Diese Regelung ist dafür gemacht, um über erforderliche Sicherungsmaßnahmen beim beispielsweise Auftreten von Unruhezuständen, in der Phase der Akutbehandlung über mehrere Tage oder auch regelmäßig entscheiden zu können. Auch postoperative Delirzustände erfordern unter Umständen entsprechende Schutzmaßnahmen.

Wegen ihrer hohen Eingriffsintensität sind diese Maßnahmen durch das Betreuungsgericht zu genehmigen.[8]

Nicht im Katalog enthalten sind die Einwilligung in freiheitsentziehende Unterbringung und die Zwangsbehandlungen;[9]

- alle notwendigen Maßnahmen, die geschlossenen Verträge gegenüber den Vertragspartnern durchzusetzen, Mängel zu rügen und vereinbarte Leistungen ggf. gerichtlich geltend machen.

Gilt die ärztliche Schweigepflicht?

Bestehen die Voraussetzungen für die Vertretung meines Ehegatten/Lebenspartners, hat der Gesetzgeber die ärztliche Schweigepflicht aller an der Behandlung beteiligten Personen gegenüber dem vertretenen Ehegatten/Lebenspartner aufgehoben. Als vertretender Ehegatte/Lebenspartner bin ich damit befugt, die Krankenakte einzusehen und über die Weitergabe entsprechender Informationen an Dritte zu entscheiden.[10]

Wann darf ich meinen Ehegatten/Lebenspartner nicht vertreten?

Die Vertretungsbefugnis ist ausgeschlossen, wenn:

- die Ehegatten/Lebenspartner getrennt leben.[11] Hierfür genügt nicht, dass keine häusliche Gemeinschaft (mehr) besteht, etwa, weil beispielsweise zwischenzeitlich einer der Partner im Heim lebt oder aus beruflichen Gründen verschiedene Wohnorte erforderlich sind. Hinzukommen muss der Trennungswille, der voraussetzt, dass ein Ehegatte/Lebenspartner die eheliche Lebensgemeinschaft ablehnt und die häusliche Gemeinschaft erkennbar nicht mehr herstellen will. Unter diesen Voraussetzungen kann nicht davon ausgegangen werden, dass der erkrankte Ehegatte/Lebenspartner sich von dem anderen Ehegatten/Lebenspartner in Angelegenheiten der Gesundheitssorge vertreten lassen will.
- dem vertretenden Ehegatten/Lebenspartner oder dem behandelnden Arzt bekannt ist, dass der erkrankte Ehegatte/Lebenspartner eine Vertretung ablehnt. Die hierfür bestehenden Gründe sind unerheblich. Allein die entsprechende Willensbekundung (gleich welcher Art), sei sie vorher oder in der Situation abgegeben, ist ausschlaggebend.
- eine andere Person für die zur Entscheidung anstehende rechtliche Angelegenheit ganz oder teilweise bevollmächtigt ist. Die Vollmacht, insbesondere die Vollmacht zur Vorsorge, geht vor. Für den Fall, dass lediglich eine Vollmacht vorliegt, die einen Teil der zu regelnden Angelegenheiten erfasst, beschränkt sich das Vertretungsrecht des Ehegatten/Lebenspartners auf den nicht von der Vollmacht erfassten Anteil der

8 Verweis von § 1358 Absatz 6 zu § 1831 Absatz 4 i.V.m. Absatz 2 BGB
9 Siehe Abschnitt 6.1.6.6 & 7
10 § 1358 Absatz 2 BGB
11 Im Sinne von § 1567 Absatz 1 BGB

zu regelnden Angelegenheiten. Ist beispielsweise eine dritte Person zur Regelung der vermögensrechtlichen Angelegenheiten bevollmächtigt, wären die diesem Aufgabenbereich zugerechneten Angelegenheiten im Zusammenhang mit der akuten Erkrankung von der bevollmächtigten Person zu erledigen.

- eine rechtliche Betreuung für die anstehenden zu regelnden Angelegenheiten besteht. Auch an dieser Stelle gilt, ebenso wie bei der Vollmacht, dass die Vertretungsbefugnis des Ehegatten/Lebenspartners die rechtliche Betreuung ergänzt, soweit der Aufgabenkreis die zu regelnden Angelegenheiten nicht vollständig erfasst. Ist der im Rahmen der rechtlichen Betreuung beschlossene Aufgabenkreis ausreichend, die anstehenden rechtlichen Angelegenheiten zu besorgen, hat der Ehegatte/eingetragene Lebenspartner keine gesetzlichen Rechte. Die Schweigepflicht ist nicht aufgehoben. Ein Recht zur Auskunft ergibt sich dann allenfalls aus der im Betreuungsrecht normierten Auskunftspflicht gegenüber nahestehenden Angehörigen.[12] Darüber hinaus besteht kein Recht auf Auskunft.

Wann endet die Vertretungsbefugnis?

Die Vertretungsbefugnis endet,

- wenn der vertretene Ehegatte/Lebenspartner seine rechtlichen Angelegenheiten wieder selbst erledigen kann. Häufig ist eine erkrankte Person, kurz nachdem sie ihr Bewusstsein wieder erlangt hat, in der Lage, ihre Angelegenheiten rechtlich selbst zu besorgen oder zumindest für eine rechtsgeschäftliche Vertretung selbst Sorge zu tragen. Auch eine Krankheit, welche die eigene rechtliche Handlungsfähigkeit beeinträchtigt hat, kann sich schnell gebessert haben. Für all diese Fälle ist im Gesetz das automatische und sofortige Ende der Vertretungsbefugnis des Ehegatten/Lebenspartners vorgesehen.[13] Der bisher Vertretene hat deutlich zu machen, dass er sich wieder selbst vertreten will.
- automatisch nach 6 Monaten.[14] Die Frist beginnt mit der erstmalig ärztlichen Feststellung des Vorliegens der Voraussetzungen. Das Vertretungsrecht deckt damit den Zeitraum im Anschluss an die Akutversorgung nach einem Unfall oder einer schweren Erkrankung ab. Ist die bewusstlose/erkrankte Person nach 6 Monaten noch nicht in der Lage, ihre eigenen rechtlichen Angelegenheiten selbst zu besorgen, handelt es sich nicht mehr um eine Notvertretung. In diesen Fällen ist davon auszugehen, dass die rechtliche Vertretung über einen längeren Zeitraum erforderlich sein wird. Vielfach werden dann die aus der gesetzlichen Notfallvertretung resultierenden Befugnisse nicht mehr ausreichen. In der Regel sind dann weiterreichende rechtliche Angelegenheiten zu erledigen und deshalb weitergehende Befugnisse erforderlich. Sofort nachdem dieser Verlauf abzusehen ist, sollte eine rechtliche Betreuung angeregt werden.
- Die zeitliche Beschränkung dient dem Schutz des vertretenen Ehegatten/Lebenspartners. Bei dem Ehegattenvertretungsrecht handelt es sich um ein gesetzliches Vertretungsrecht, bei dem der Vertreter – im Gegensatz zum rechtlichen Betreuer – keiner

12 Siehe § 1822 BGB; Abschnitt 4.5
13 § 1358 Absatz 3 Nr. 4 BGB
14 § 1358 Absatz 3 Nr. 4 BGB

Überprüfung und fortlaufenden Kontrolle durch das Gericht unterliegt. Selbst in dem durch die Regelung vorgesehenen begrenzten Umfang des Vertretungsrechts ist nach mehr als sechs Monaten eine Kontrolle der Tätigkeit des Vertreters durch eine unabhängige Instanz angezeigt, wenn die bewusstlose/erkrankte Person ihre Vertretung nicht – wie beispielsweise bei einer Vollmacht zur Vorsorge – bewusst mit der Aufgabe betraut hat, sie im Krankheitsfall zu vertreten.

- wenn das Betreuungsgericht während der Geltungsdauer des Vertretungsrechts eine rechtliche Betreuung für den vertretenen Ehegatten/Lebenspartner bestellt. Dies jedoch nur, wenn der Aufgabenkreis die im Rahmen des Vertretungsrechtes zu erledigenden Angelegenheiten erfasst.[15]

Wie kann der Ehegatte/Lebenspartner seine Vertretungsbefugnis nachweisen?

Im Verlauf von sechs Monate muss das Vertretungsrecht ggf. gegenüber verschiedenen Personen oder Einrichtungen ausgeübt werden. Hierfür benötigt der vertretende Ehegatte/Lebenspartner einen Nachweis seiner Vertretungsberechtigung. Gesetzlich ist geregelt, dass im Zusammenhang mit der erstmaligen Ausübung des Vertretungsrechts ein Dokument auszustellen ist, aus dem sich das Vorliegen der Voraussetzungen für das Vertretungsrecht und seine Dauer ergibt. Dieses Dokument ist dem vertretenden Ehegatten auszuhändigen.[16]

Gibt es einen einheitlichen Vordruck für das Dokument?

Das Gesetz hat keine Form für die Bescheinigung bestimmt. Inhalte, die mindestens vorhanden seine müssen, sind im Gesetz bestimmt.[17] In der kommenden Zeit ist damit zu rechnen, dass der ein oder andere Vordruck entwickelt wird.

Welchen Inhalt muss die Bescheinigung haben?

- Zunächst ist das Vorliegen der Voraussetzungen – Bewusstlosigkeit oder Krankheit –, die ursächlich dafür sind, dass der Ehegatte/Lebenspartner seine Angelegenheiten der Gesundheitssorge rechtlich nicht besorgen kann, zu bestätigen.[18] Ob an dieser Stelle die für die Feststellung ausschlaggebende Diagnose zu nennen ist, wurde nicht geregelt. Auf jeden Fall muss die Bescheinigung des Vorliegens der Voraussetzungen im Streitfall (auch im Nachhinein) prüfbar sein. Hier empfiehlt sich die entsprechende Dokumentation in den ärztlichen Unterlagen.
- Zu bescheinigen ist der Zeitpunkt, zu dem die Erkrankung oder die Bewusstlosigkeit spätestens eingetreten ist. Bei der Festlegung des Zeitpunkts, zu dem die Voraussetzungen spätestens eingetreten sind, können die Angaben des vertretenden Ehegatten/Lebenspartners einbezogen werden. Sind keine genauen Angaben ermittelbar, wird sinnvollerweise der Zeitpunkt der Aufnahme in die Klinik bzw. des ärztlichen Erstkontaktes zugrunde zu legen sein.

15 § 1358 Absatz 5 BGB
16 § 1358 Absatz 4 BGB
17 § 1358 Absatz 4 BGB
18 § 1358 Absatz 4 Satz 1 1. BGB

- Der vertretende Ehegatte/Lebenspartner hat auf dem Dokument schriftlich zu versichern, dass das Ehegattenvertretungsrecht wegen der aktuell vorliegenden Bewusstlosigkeit oder Krankheit bisher nicht ausgeübt wurde.

  Damit soll verhindert werden, dass der vertretende Ehegatte/Lebenspartner im Laufe einer länger andauernden oder chronischen Erkrankung seines Ehegatten/Lebenspartners, die dauerhaft oder periodisch dazu führt, dass dieser seine Angelegenheiten der Gesundheitssorge rechtlich nicht besorgen kann, immer wieder das Ehegattenvertretungsrecht in Anspruch nimmt. Durch eine solche Kette von unabhängig voneinander ausgestellten Bescheinigungen könnte das Vertretungsrecht über einen längeren Zeitraum ausgeübt werden und damit die Zielsetzung der Regelung und der mit der Befristung angestrebte Schutzgedanke umgangen werden. Möglich ist dagegen die mehrfache Inanspruchnahme des Ehegattenvertretungsrechts wegen zeitlich unabhängig voneinander eingetretener Krankheiten bzw. Bewusstlosigkeit, beispielsweise bei einem schweren Unfall und einem zu einem späteren Zeitpunkt erlittenen Schlaganfall.

- Der vertretende Ehegatte/Lebenspartner hat auf dem Dokument schriftlich zu versichern, dass kein Ausschlussgrund für das Vertretungsrecht vorliegt. Hierfür ist der Ehegatte/Lebenspartner zunächst über die Ausschlussgründe zu unterrichten. Dies geschieht, indem ihm ein Dokument vorgelegt wird, welches über die Ausschlussgründe informiert. Auf Wunsch sind diese zu erläutern. Diese Erklärung erfasst einerseits die oben genannten Hinderungsgründe, aber auch sonstige allgemeine Ausschlussgründe wie beispielsweise die Tatsache, dass der Ehegatte wegen Geschäftsunfähigkeit keine rechtsgeschäftliche Vertretung übernehmen kann.

Wie sind die rechtlichen Angelegenheiten des Ehegatten/Lebenspartners zu erledigen?

Die Vorschrift zur Frage, wie die rechtlichen Angelegenheiten im Rahmen des Vertretungsrechtes zu erledigen sind, verweist auf die entsprechenden Regelungen im Betreuungsrecht.[19] Der vertretende Ehegatte/Lebenspartner ist somit nicht frei in seinem Entscheiden und Handeln, sondern den gleichen Bindungen unterworfen, wie diese für rechtliche Betreuer gelten:

- Im Rahmen des Vertretungsrechtes sind die Angelegenheiten so zu besorgen, wie es den Wünschen des zu vertretenden Ehegatten/Lebenspartner entspricht. Den Wünschen darf nicht entsprochen werden, wenn dadurch die Person des Vertretenen erheblich gefährdet würde.[20]
- Die anstehenden Entscheidungen sind, wenn dies möglich ist, mit dem Ehegatten/ Lebenspartner zu besprechen.
- Der in einer wirksamen Patientenverfügung niedergelegte Wille hat Vorrang, wenn die Festlegungen in der Patientenverfügung auf die aktuelle Lebens- und Behandlungssituation zutreffen. Liegt keine Patientenverfügung vor oder treffen die Fest-

19 § 1358 Absatz 6 BGB
20 Verweis zu § 1821 Abs atz2 bis 4 BGB; siehe auch Abschnitt 4.2

legungen einer Patientenverfügung nicht auf die aktuelle Lebens- und Behandlungssituation zu, sind die Behandlungswünsche bzw. der mutmaßliche Wille festzustellen und auf dieser Grundlage zu entscheiden.[21]

- Liegt keine wirksame Patientenverfügung vor, sind die Behandlungswünsche/der mutmaßliche Wille im Dialog zwischen dem behandelnden Arzt, der behandelnden Ärztin und dem vertretenden Ehegatten/Lebenspartner zu ermitteln.[22]

Welche im Rahmen des Vertretungsrechtes vorzunehmenden Entscheidungen bedürfen der gerichtlichen Genehmigung?

- Die Einwilligung in eine Untersuchung des Gesundheitszustands, eine Heilbehandlung oder ein ärztlicher Eingriff bedürfen der Genehmigung des Betreuungsgerichts, wenn die begründete Gefahr besteht, dass der Ehegatte/Lebenspartner aufgrund der Maßnahme stirbt oder einen schweren und länger dauernden gesundheitlichen Schaden erleidet. Ohne die Genehmigung darf die Maßnahme nur durchgeführt werden, wenn mit dem Aufschub Gefahr verbunden ist. Gleiches gilt für die Nichteinwilligung, wenn diese die genannten Folgen hätte.
- Eine Genehmigung ist nicht erforderlich, wenn zwischen dem vertretenden Ehegatten/Lebenspartner und dem behandelnden Arzt oder der behandelnden Ärztin Einvernehmen darüber besteht, dass die Erteilung, die Nichterteilung oder der Widerruf der Einwilligung dem festgestellten Willen des zu vertretenden Ehegatten/Lebenspartners entspricht.[23]
- Die Einwilligung über freiheitsentziehende Maßnahmen (mechanische Vorrichtungen, Medikamente oder Ähnliches) im Krankenhaus, einem Heim oder einer sonstigen Einrichtung, soweit die Dauer der Maßnahme von sechs Wochen nicht überschritten wird.[24]

Ist mit Schwierigkeiten bei der Anerkennung der Vertretungsbefugnis zu rechnen?

Es bleibt zu hoffen, dass die Vertretungsbefugnis, so wie es der Gesetzgeber will, in der Praxis Anwendung findet. Der mit der Legitimation verbundene Aufwand ist jedoch erheblich und es bleibt abzuwarten, ob und wie die ärztlich behandelnden Personen diesen Aufwand bewältigen werden. Zudem können die eine Vertretung hindernden Gründe von Dritten nicht geprüft werden. Die ärztlich ausgestellte Bescheinigung könnte unter falschen Voraussetzungen ausgestellt worden sein. Damit wäre sie wirkungslos. Es besteht daher die Möglichkeit, dass Dritte das Risiko, auf eine wirkungslose Vertretungsbefugnis zu vertrauen, nicht eingehen wollen.[25]

21 Verweis zu § 1827 Absatz 1 bis 3 BGB siehe auch Abschnitt 2.5
22 Verweis zu § 1828 Absatz 1 und Absatz 2 BGB
23 Verweis zu § 1829 Absatz 1 bis 4 BGB
24 Verweis zu § 1831 Absatz 4 i.V.m. Absatz 2 BGB
25 Siehe Jörg Kraemer, Das neue Ehegattenvertretungsrecht, BtPrax 2021, 211

2.3 Die rechtliche Vorsorge durch Vollmacht

Entgegen früheren Auflagen dieses Leitfadens wird nicht mehr von Vorsorgevollmacht gesprochen, sondern von Vollmacht zur Vorsorge bzw. zur Vermeidung einer rechtlichen Betreuung.

Kann ich mich beraten lassen?

Die Vollmacht zur Vorsorge hat sich in den letzten Jahren zu einem viel genutzten Instrument privatautonomer Rechtsfürsorge entwickelt und wurde und wird durch den Staat gefördert. Jedes Amtsgericht, jede Betreuungsbehörde und jeder anerkannte Betreuungsverein ist befugt und verpflichtet, Personen, die eine Vollmacht zur Vorsorge errichten wollen, zu beraten und zu unterstützen. Nutzen Sie diese Möglichkeiten.

Muss ich eine Vollmacht zur Vorsorge errichten, wo mich mein Ehegatte/Lebenspartner doch vertreten kann?

Manch einer mag annehmen, dass die Vertretungsrechte für Ehegatten/Lebenspartner nun die Errichtung einer Vollmacht zur Vorsorge überflüssig machen. Dies ist jedoch nicht der Fall. Die engen Grenzen der Vertretungsrechte für Ehegatten/Lebenspartner sind sehr schnell erreicht und greifen nicht für die Fälle, in denen eine längerfristige rechtliche Vertretung erforderlich ist, Aus diesem Grund hat sich das Bedürfnis für die Erteilung einer Vollmacht zur Vorsorge nicht verändert.

Wann kann ich eine Vollmacht zur Vorsorge errichten?

Die eigene Vorsorge macht den staatlichen Eingriff überflüssig. Sie kann schon frühzeitig im Hinblick auf eine zu befürchtende spätere altersbedingte Handlungs- oder Geschäftsunfähigkeit im Wege der Vollmacht zur Vorsorge rechtlich abgesichert werden. Auch andere Gründe als der Altersabbau (z.B. ein Unfall) können zu Einschränkungen, die eigenen rechtlichen Angelegenheiten zu besorgen, führen. Dies spricht dafür, die Vollmacht zu Vorsorge bereits frühzeitig zu errichten.

Die erteilte Vollmacht zur Vorsorge setzt grundsätzlich die volle Geschäftsfähigkeit[26] voraus. Bei Einwilligungsvollmachten für medizinische oder freiheitsbeschränkende Maßnahmen genügt hingegen die bloße Einsichtsfähigkeit:

Wann hat die Vollmacht zur Vorsorge den größten Nutzen?

Die Vollmacht zur Vorsorge hat im Rechtsverkehr den größten Nutzen, wenn sie unbedingt erteilt wird. Es müssen also keine Bedingungen eintreten, welche die Wirksamkeit der Vollmacht zur Vorsorge herbeiführen. Im Rechtsverkehr muss also nicht geprüft werden, ob die von der vollmachtgebenden Person bestimmten Bedingungen tatsächlich erfüllt sind. Wenn beispielsweise in der Vollmacht zur Vorsorge bestimmt ist, dass diese nur wirksam sein soll, wenn ich als vollmachtgebende Person geschäftsunfähig bin, muss jeder, dem gegenüber die Vollmacht wirksam sein soll, prüfen, ob diese Voraussetzung erfüllt ist. Da die Prüfung dieser Voraussetzungen im allgemeinen Geschäftsverkehr kaum zu leisten ist, verpufft die Wirkung der Vollmacht zur Vorsorge.

26 §§ 104 ff. BGB

Wie legitimiere ich mich als bevollmächtigte Person?

Die Legitimation der bevollmächtigten Person erfolgt durch die Vorlage der Originalvollmacht. Soll diese erst eingesetzt werden, wenn der Vorsorgefall eingetreten ist, kann die Vollmacht bei einer Vertrauensperson oder einem Anwalt hinterlegt werden mit der Maßgabe, sie erst herauszugeben, wenn z.B. der Hausarzt bescheinigt hat, dass die vollmachtgebende Person nicht mehr in der Lage ist, ihre Angelegenheiten selbst zu regeln. Derartige Einschränkungen zur Wirksamkeit der Vollmacht haben immer zum Risiko, dass Konflikte zu den Eintrittsbedingungen die gewollte Unterstützung durch die bevollmächtigte Person hindern.

Um sicherzustellen, dass später nicht doch ein rechtlicher Betreuer vom Gericht eingesetzt wird, ist nicht nur die Unbedingtheit der Vollmacht geboten, sondern auch ihre Vollständigkeit. Die Vollmacht zur Vorsorge sollte also alle nur möglichen Bereiche erfassen, um nicht den Anlass zu bieten, in einem nicht geregelten Bereich doch noch einen rechtlichen Betreuer einzuschleusen. Aus diesem Grunde empfiehlt es sich, einen „amtlichen Vordruck" der Justizverwaltung zu verwenden und dort sämtliche infrage kommenden Kästchen mit „ja" anzukreuzen.

2.3.1 Auswahl des Bevollmächtigten

Eine Vollmacht zur Vorsorge unterliegt der Privatautonomie und ist staatlichem Handeln gegenüber vorrangig. Sie gibt der bevollmächtigten Person weitreichende Befugnisse, mich bei meinen Entscheidungen zu unterstützen oder ggf. an meiner Stelle rechtlich handeln zu können. Sie hat damit entscheidenden Einfluss auf die Gestaltung meines Lebens:

Beispiel

Einige Beispiele sollen die Tragweite des Einflusses verdeutlichen.

- *Sollte diese erforderlich sein, organisiert und entscheidet die bevollmächtigte Person alles, was nötig ist, um meine persönliche Versorgung und Pflege in meiner gewohnten Umgebung zu sichern.*
- *Sie entscheidet über die Personen, die mich versorgen und pflegen und welches Essen ich bekomme.*
- *Wenn dies nötig ist, entscheidet sie über eine Aufnahme in einem Pflegeheim.*
- *Sie spricht mit dem behandelnden Arzt und, wenn ich selbst nicht mehr dazu in der Lage bin, entscheidet sie, welche der möglichen Behandlungen durchgeführt wird.*
- *Sie regelt, wie mit meinem Geld umgegangen wird, und kann über alle meine Konten und Vermögenswerte verfügen.*

Die bevollmächtigte Person wird als rechtliche Vertretung nicht vom Gericht bestellt und auch nicht überwacht. Lediglich bei wenigen Entscheidungen findet eine Aufsicht durch das Betreuungsgericht in Form von Genehmigungspflichten statt. Deshalb ist die wichtigste Voraussetzung für die Errichtung einer Vollmacht zur Vorsorge Ihr uneingeschränktes Vertrauen zu der Person, die Sie aufgrund dieser Vollmacht vertreten soll.

Sie müssen bedenken, dass die Vollmacht gerade dann eingesetzt wird, wenn Sie selbst nicht mehr in der Lage sind, die bevollmächtigte Person zu überwachen. Sie haben es dann nicht mehr in der Hand zu bestimmen, was die bevollmächtigte Person in Ihrem Namen tut.

Oft ist eine persönliche Beziehung, ein Verwandtschaftsverhältnis oder eine besondere Nähe ausschlaggebend für die Auswahl der bevollmächtigten Person. Bitte besprechen Sie die von Ihnen gewünschte Vollmacht mit der von Ihnen ausgewählten Person. Vergewissern Sie sich, ob die bevollmächtigte Person sich dieser Aufgabe und Verantwortung gewachsen fühlt. Berücksichtigen Sie, dass gerade schwere Entscheidungen im Bereich der medizinischen Behandlung für die bevollmächtigte Person eine starke Bürde sein können. Auch wenn sie vorher besprochen haben, wie eine Entscheidung in einer bestimmten Situation getroffen werden soll, kann die Umsetzung der zuvor besprochenen Theorie in die Wirklichkeit des Lebens sehr belastend sein.

Wenn Sie sich unsicher sind, ob Sie der Person, die Sie bevollmächtigen möchten, die damit verbundenen Belastung zumuten können oder ob sie ihr wirklich vertrauen können, sollten Sie keine Vollmacht erteilen. In diesem Fall ist es besser, mit einer Betreuungsverfügung die Person zu bestimmen, die vom Betreuungsgericht mit Ihrer rechtlichen Betreuung betraut werden soll. Das Betreuungsgericht wird dies berücksichtigen.[27]

Neben einer besonderen Vertrauenswürdigkeit ist auch die Eignung der bevollmächtigten Person für die Aufgabe erforderlich. Die Eignung ist natürlich abhängig von den eventuell zu regelnden rechtlichen Angelegenheiten. Für die Verwaltung eines größeren Vermögens, die Geltendmachung von Sozialleistungen und/oder Leistungen aus den Sozialversicherungen oder aber auch für die Organisation der benötigten Hilfen durch Krankenpflegedienste etc. sind jeweils spezielle Kenntnisse erforderlich. Darüber hinaus muss die Aussicht bestehen, dass die bevollmächtigte Person später nicht ihrerseits gebrechlich wird.

Es können auch mehrere Personen bevollmächtigt werden. Dabei kann bestimmt werden, ob sie nur zusammen handeln sollen, dass jeder allein handeln kann, dass jedem ein separater Aufgabenbereich übertragen wird. Für den Fall, dass die bevollmächtigte Person erkrankt oder ihre Aufgaben aus anderem Grund nicht ausüben kann, besteht die Möglichkeit, einen Ersatz zu bestimmen. Neben kompetenten Angehörigen können auch professionell tätige Personen als bevollmächtigte Person oder zur Unterstützung und/oder Kontrolle der bevollmächtigten Person beauftragt werden.

2.3.2 Welche Angelegenheiten können einem Bevollmächtigten übertragen werden?

Eine Vollmacht zur Vorsorge kann wie eine gerichtliche bestellte rechtliche Betreuung die Besorgung meiner rechtlichen Angelegenheiten sicherstellen. Das 1. BtÄndG hat ausdrücklich bestätigt, dass auch in den zumeist als persönlich geltenden Angelegenheiten der Gesundheitsfürsorge, der Untersuchung, der Heilbehandlung, der ärztlichen Eingriffe sowie der freiheitsentziehenden Maßnahmen in einem Heim oder einer Klinik (z.B. durch mechanische Vorrichtungen wie Bettgitter, Fixierungen, Verabreichung von Medikamen-

27 § 1816 Absatz 2 BGB

ten oder auf andere Weise) bezüglich der Zustimmung, aber auch der Ablehnung einer beabsichtigten Maßnahme die Vertretung im Wege der Vollmacht möglich ist.

Kann ich ein Formular individuell ergänzen?

Wenn oben empfohlen wurde, formularmäßig alle Angelegenheiten auf die bevollmächtigte Person zu übertragen, sollte gleichwohl jeder einzelne Punkt sorgsam abgewogen werden. Individuelle Wünsche und subjektive Entscheidungskriterien sollten, soweit diese nicht in einer Patientenverfügung separat erfasst werden, mit in der Vollmacht zur Vorsorge formuliert werden.

Beispielsweise sollte aus dem Text hervorgehen, wie zu entscheiden ist, wenn mit den jeweiligen Entscheidungsvarianten unterschiedliche Kosten verbunden sind. Soll sparsam oder ohne Rücksicht auf die Kosten entschieden werden?

Kann ich die Vollmacht zur Vorsorge auf ausgewählte Aufgaben begrenzen?

Wird die Vollmacht zur Vorsorge auf ausgewählte Aufgabenbereiche beschränkt oder werden einzelne Aufgabenbereiche ausgenommen, würde bei später auftretender Erforderlichkeit einer rechtlichen Unterstützung/Vertretung in gerade diesen Aufgabenbereichen eine rechtliche Betreuung zu bestellen sein.

Was ist noch in einer Vollmacht zur Vorsorge zu regeln?

Die „Belohnung" für die bevollmächtigte Person und ihre Verpflichtung, für die vollmachtgebende Person tätig zu werden, sollten geklärt sein. Handelt es sich um eine familiäre Gefälligkeit, so wird des Öfteren der zukünftige Erbe bevollmächtigt. Ist dies der Fall, so sollte in notarieller Form ein entsprechender Erbvertrag geschlossen werden. Handelt es sich eher um einen geschäftlichen Vorgang, so ist der richtige Vertragstyp die entgeltliche oder unentgeltliche Geschäftsbesorgung bzw. Auftrag. Dieser Vertrag regelt die beiderseitigen Rechte und Pflichten.

Es sollte auch geregelt sein, ob, wem und in welchem Umfang die bevollmächtigte Person im Namen der vollmachtgebenden Person Geschenke machen darf.

Gibt es Angelegenheiten, die nicht durch eine bevollmächtigte Person erledigt werden können?

Nicht möglich ist eine Vertretung in höchstpersönlichen Angelegenheiten (z.B. bei der Eheschließung; Errichtung von letztwilligen Verfügungen).

2.3.3 Kontrolle der bevollmächtigten Person

Wird die bevollmächtigte Person von einer unabhängigen Stelle kontrolliert?

Wie bereits erwähnt, unterliegt eine Vollmacht zur Vorsorge der Privatautonomie. Eine öffentliche Kontrolle ist daher nicht vorgesehen. Aus diesem Grund ist das bedingungslose Vertrauen in die bevollmächtigte Person von besonderer Bedeutung. Ohne bedingungsloses Vertrauen in die bevollmächtigte Person wird spätestens, wenn meine eigene Fähigkeit, die Kontrolle auszuüben, erloschen ist und ich infolge mangelnder Geschäftsfähigkeit die Vollmacht nicht mehr widerrufen kann, eine Überwachung des Handelns der bevollmächtigten Person erforderlich.

Woran muss sich die bevollmächtigte Person halten?

Grundsätzlich ist die bevollmächtigte Person nicht frei in ihrem Handeln, sondern ist dem Willen des Vollmachtgebers verpflichtet und hat seine Weisungen umzusetzen. Als vollmachtgebende Person habe ich beispielsweise die Möglichkeit, insbesondere durch eine Patientenverfügung[28] oder durch Weisung, die Bestandteil der Vollmacht zur Vorsorge sein können, auf das Handeln der bevollmächtigten Person einzuwirken. Beispielsweise kann ich bestimmen, dass Fixierungen nur mit den Beschränkungen des „Werdenfelser Weges"[29], also nach Ausschöpfung aller pflegerischen Alternativen, vorgenommen werden dürfen.

Die Verwendung eines „amtlichen" Vollmachtsformulars stellt sicher, dass kein Aufgabenbereich vergessen wird. Andererseits schließt die Verwendung des Formulars nicht aus, eigene Zusätze zu machen. Besonders bei den persönlichen Angelegenheiten ist zu überlegen, ob der bevollmächtigten Person im Innenverhältnis Einschränkungen bei dem Gebrauch der Vollmacht gemacht werden sollten.

Problematisch ist das Auftreten nicht vorhersehbarer Situationen und die unerwartete grundlegende Änderung der persönlichen und wirtschaftlichen Verhältnisse. Hier bedarf es dann doch wiederum des Vertrauens in die bevollmächtigte Person. Weisungen und Willenserklärungen allein sichern nicht, dass die bevollmächtigte Person sich auch daran hält.

Gibt es Entscheidungen, die gerichtlich kontrolliert werden?

Die bevollmächtigte Person ist nicht vollkommen frei von gerichtlicher Kontrolle. Gesetzlich vorgeschrieben ist, dass Entscheidungen der bevollmächtigten Person über Unterbringung, unterbringungsähnliche Maßnahmen oder ärztliche Zwangsmaßnahmen durch das Betreuungsgericht zu genehmigen sind.[30] Diese Kontrolle suggeriert eine Sicherheit, nicht einen ungewollten Albtraum erleben zu müssen. Diese Sicherheit ist aber nur so gut, wie der Wille der vollmachtgebenden Person bezüglich der konkret anstehenden Situation bekannt ist. Ohne den Willen der vollmachtgebenden Person zu kennen, verlieren subjektive Gründe einer Entscheidung an Bedeutung und die sogenannten „Sachzwänge" werden beherrschend.

Aus diesem Grund ist neben der Vollmacht zur Vorsorge die Erstellung einer möglichst detaillierten Patientenverfügung von entscheidender Bedeutung (siehe Abschnitt 2.5).

Kann ich als vollmachtgebende Person von der bevollmächtigten Person Auskunft verlangen?

Die bevollmächtigte Person muss der auftraggebenden Person jederzeit Auskunft über die vorgenommenen Geschäfte geben und auch im Nachhinein Rechenschaft ablegen können. Im Todesfall gehen diese Rechte auf die Erben über. Als bevollmächtigte Person sollte man daher schon zu Beginn der Tätigkeit ein Vermögensverzeichnis erstellen und über alle wichtigen Transaktionen Buch führen. Im Rahmen der Vollmacht zur Vorsorge

28 § 1827 BGB

29 Kirsch, S./Wassermann, J., Eine Initiative zur Reduzierung von Fixierungsmaßnahmen mit verfahrensrechtlichem Ansatz. Der Werdenfelser Weg, BtPrax 2009, 109–122

30 §§ 1831 und 1832 BGB; ausführlich dazu unten 6.2 und 6.1.6

kann Umfang, Art und Weise der von der bevollmächtigten Person vorzunehmenden Dokumentation ihres Handels vorgegeben werden.

Wann ist die Kontrolle durch Dritte erforderlich?

Ist die vollmachtgebende Person infolge ihrer Erkrankung nicht mehr in der Lage, die bevollmächtigte Person ausreichend zu überwachen, oder kann sie infolge mangelnder Geschäftsfähigkeit die Vollmacht nicht mehr widerrufen, kann die Notwendigkeit entstehen, dass eine Kontrolle durch Dritte notwendig wird.

Wie kann die Kontrolle geregelt werden?

Die Kontrolle kann schon in der Vollmacht durch entsprechende Bestimmungen geregelt werden.[31] Es kann sowohl die kontrollierende Person als auch Art- und Umfang der Kontrolle bestimmt werden. Soll beispielsweise eine dauernde, anlassbezogenen oder als Stichprobe ausgestaltete Kontrolle erfolgen?

Kann das Gericht eine Kontrolle anordnen?

Ist keine Regelung zur Kontrolle getroffen, kann vom Gericht eine Kontrollbetreuung eingerichtet werden. Das Gesetz sieht diese Betreuerbestellung zur Geltendmachung von Rechten der betroffenen Person gegenüber der bevollmächtigten Person ausdrücklich vor.[32] Voraussetzung ist jedoch, dass die besondere Bedeutung der zu besprechenden Angelegenheiten oder das Verhalten der bevollmächtigten Person Anlass für das Bedürfnis zusätzlicher Kontrolle geben oder eine Interessenkollision zu befürchten ist. Zudem muss dem Betreuungsgericht das Kontrollbedürfnis erst bekannt werden. Es handelt sich damit nicht um eine vorbeugende Maßnahme. Die Bestellung einer Kontrollbetreuung dient bestenfalls der Gefahrenabwehr oder der Schadensbegrenzung.

Beispiel

Die bevollmächtigte Person ist zum Erben berufen und es gibt Anlass zu befürchten, dass die vollmachtgebende Person nicht ausreichend versorgt ist oder von seinem bisherigen Lebensstandard abweichen muss, weil die bevollmächtigte Person ihr Erbe schützen will.

2.3.4 Form Vollmacht zur Vorsorge

Gibt es Formvorschriften?

Grundsätzlich bedarf die Erteilung einer Vollmacht keiner bestimmten Form. Auch die mündlich erteilte Vollmacht ist wirksam. In der Regel muss die Bevollmächtigung im Geschäftsverkehr nachgewiesen werden. Überwiegend wird hierbei die Schriftform verlangt. Nähere Informationen und Formulare zur Vorsorgevollmacht sowie zur Betreuungs- und Patientenverfügung finden Sie unter anderem auf der Internetseite des Bundesministeriums der Justiz unter der Themenüberschrift „Vorsorge und Patientenrechte".[33] Auf das

31 Siehe Abschnitt 2.3.3
32 § 1815 Absatz 3 BGB siehe Abschnitt 3.12.2
33 www.bmjv.de/DE/Themen/VorsorgeUndPatientenrechte/Betreuungsrecht/Betreuungsrecht_node.html (abgerufen 14.06.2022)

Abdrucken der Formulare wird an dieser Stelle verzichtet, da zu empfehlen ist, die jeweils aktuelle Version des Formulars zu verwenden.

Der Gesetzgeber hat zudem bestimmt, dass folgende Maßnahmen einer bevollmächtigten Person voraussetzen, dass die Vollmacht schriftlich erteilt ist und diese Maßnahmen ausdrücklich im Text der Vollmacht benannt sind.[34] Dies gilt für:

- die Einwilligung sowie ihr Widerruf oder die Nichteinwilligung in eine Untersuchung des Gesundheitszustands, eine Heilbehandlung oder einen ärztlichen Eingriff, wenn die begründete Gefahr besteht, dass die vertretene Person aufgrund der Maßnahme stirbt oder einen schweren und länger dauernden gesundheitlichen Schaden erleidet,[35]
- die Unterbringung, die mit Freiheitsentziehung verbunden ist und die über einen längeren Zeitraum oder regelmäßig erfolgte Entziehung der Freiheit durch mechanische Vorrichtungen, Medikamente oder auf andere Weise,[36]
- die Einwilligung in eine ärztliche Zwangsmaßnahme und die damit verbundene Verbringung der vertretenen Person gegen ihren natürlichen Willen zu einem stationären Aufenthalt in ein Krankenhaus.[37]

Soll die Vollmacht Banken gegenüber gelten, so verlangen diese in aller Regel entweder die Benutzung ihrer Formulare und eine Bestätigung der Unterschriften beider Beteiligter durch die Bank oder eine Beglaubigung der Vollmacht zur Vorsorge. Die Beglaubigung kann durch einen Notar oder eine Betreuungsbehörde erfolgen.

Eine umfassende Vollmacht (Generalvollmacht) sollte ebenfalls notariell oder durch eine Betreuungsbehörde beglaubigt werden. Das gilt umso mehr, wenn später einmal Immobiliengeschäfte, z.B. Hypothekenaufnahme oder Hausverkauf zur Deckung der Heimkosten, in Betracht kommen.

Tipp

Die Beglaubigung durch eine Betreuungsbehörde erspart die entsprechend höheren Notarkosten. Gegenüber der notariellen Beglaubigung wirkt sie jedoch nicht über den Tod hinaus.

Kann die Vollmacht zur Vorsorge registriert werden?

Das Zentrale Vorsorgeregister ist die offizielle Registrierungsstelle für Vorsorgeverfügungen in Deutschland. Es erhielt 2005 den gesetzlichen Auftrag, Vorsorgeverfügungen der Bürger*innen auf deren Antrag hin zu registrieren. Seitdem wurden bereits über 4 Millionen Registrierungen vorgenommen. Alle Bürger*innen können ihre Vorsorgevollmacht und Betreuungsverfügung, aber auch die Patientenverfügung im Zusammenhang mit der

34 § 1820 BGB
35 § 1829 Absatz 1 Satz 1 und Absatz 2 BGB
36 § 1831 BGB
37 § 1832 BGB

Vollmacht oder isoliert als Betreuungsverfügung im Zentralen Vorsorgeregister der Bundesnotarkammer eintragen lassen.[38]

Jederzeit und auch in Eilfällen können Gerichte elektronisch klären, ob es eine entsprechende Urkunde gibt und damit unnötige rechtliche Betreuungen vermeiden oder behandelnden Ärzten die bevollmächtigte Vertrauensperson mitteilen.

Entstehen durch die Registrierung Kosten?

Die Registrierung ist nicht kostenfrei. Registrierungsgebühren fallen einmalig für die Registrierung einer Vorsorgeurkunde und jeweils für die Registrierung von Änderungen bzw. einen Widerruf an; die Löschung einer Registrierung ist hingegen gebührenfrei. Die Registrierungsgebühr richtet sich danach,

- ob die Registrierung online oder per Post beantragt wird,
- ob die Abrechnung per Überweisung oder durch Erteilung eines Lastschriftmandats erfolgt und
- nach der Zahl der benannten Vertrauenspersonen.

Gerichte, die Betreuungsbehörde, Notare und Betreuungsvereine sind gehalten, auf die Möglichkeit der Registrierung hinweisen.

2.3.5 Einbindung eines Anwaltes

Die Konsultation eines auf das Vorsorge- und Betreuungsrecht spezialisierten Rechtsanwaltes ist in mehreren Hinsichten sinnvoll. Schon bei der Abfassung der Vollmacht zur Vorsorge, aber auch bei der zugrunde liegenden Vereinbarung kann die anwaltliche Beratung helfen. Steht keine geeignete Vertrauensperson zur Verfügung, kann der Rechtsanwalt auch selbst zum Bevollmächtigten bestimmt werden. Soll die Vertrauensperson bei ihrer Tätigkeit Beratung und Hilfe erhalten oder einer Kontrolle unterliegen, so kann der Rechtsanwalt zum Unterstützungs- und/oder Kontrollbevollmächtigten bestimmt werden. Letzteres beugt auch einer gerichtlichen Einsetzung eines Kontrollbetreuers vor.

Schließlich bietet es sich an, den kontrollbevollmächtigten Rechtsanwalt auch für alle im Rahmen der Bevollmächtigung denkbaren betreuungsgerichtlichen Verfahren, z.B. anlässlich der Genehmigung einer Unterbringung oder risikoreichen Behandlung oder zur Umsetzung der Patientenverfügung, als Verfahrensbevollmächtigten zu bestimmen, um die spätere Einsetzung eines Verfahrenspflegers durch das Gericht zu vermeiden.

2.3.6 Besondere Konstellationen

2.3.6.1 Betreuungsfall Eltern

Ein häufig beobachtetes Phänomen ist die Sorge der erwachsenen Kinder um die rechtliche Kompetenz ihrer alternden Eltern, die ihrerseits misstrauisch gegenüber den entsprechenden Bemühungen um eine Vorsorge sind und eine „Entmündigung" fürchten. In diesem Fall kann die anwaltliche Vermittlung helfen, die Scheu zu überwinden und

38 www.vorsorgeregister.de

anhand der konkreten Familiensituation eine individuelle Lösung für den möglichen Vorsorgefall in der Familie zu finden.

In einer gemeinsamen Besprechung können Eltern und Kinder nicht nur herausfinden und bestimmen, wer zur Erledigung welcher rechtlichen Aufgaben bevollmächtigt werden soll. Es kann auch geregelt werden, welche Unterstützung und Kontrolle derjenige dabei erfährt. Der zugrunde liegende Vertrag kann unter Berücksichtigung der Wünsche der Eltern und der beiderseitigen Rechte und Pflichten formuliert werden. Insbesondere sind Rechnungslegung, Haftung und Vergütung zu regeln, um späteren Streitigkeiten zwischen den Erben und der/den bevollmächtigten Person/en zu vermeiden.

Die Vollmacht zur Vorsorge der Eltern sollte dabei durch eine Patientenverfügung ergänzt werden. Die Wünsche der Eltern sollten darin klar und unmissverständlich und für alle bindend zum Ausdruck gebracht werden. Die Kinder werden damit späteren in extrem belastenden Situationen von der Entscheidung, über die Behandlung und den eventuellen Behandlungsabbruch der eigenen Eltern entscheiden zu müssen, entlastet. Es ist noch schwierig genug, „lediglich" den in der Patientenverfügung niedergelegten Willen der Eltern umsetzen zu müssen.

2.3.6.2 Betreuungsfall geistig behindertes Kind

Viele Eltern von kognitiv eingeschränkten Kindern fürchten sich vor dem Tag der Volljährigkeit und dem Zeitpunkt, wo sie ihr Kind nach ihrem Tod allein zurücklassen. Mangels Geschäftsfähigkeit der Kinder ist die Vermeidung einer Betreuerbestellung durch eine Vollmacht zur Vorsorge nicht möglich. Sie möchten aber ihrem Kind Vermögen hinterlassen, ohne dass dieses dem Zugriff der Sozialhilfeträger ausgesetzt ist. In diesem Falle eröffnet das Behinderten-Testament entsprechende Möglichkeiten. Der BGH hat in seiner Entscheidung vom 19.01.2011 anerkannt, dass der von der Testierfähigkeit getragenen letztwilligen Verfügung wegen der von den Eltern über den Tod hinaus getroffenen Fürsorge die sittliche Anerkennung gebührt und sie daher wirksam ist.[39] Hierbei werden Erbverfügungen gewählt, die das behinderte Kind als beschränkten Vorerben bestimmen und über eine Dauertestamentsvollstreckung dem Kind Zuwendungen zur Verbesserung seiner Lebensqualität zukommen lassen, auf die der Sozialhilfeträger nicht zugreifen und die er auch nicht anrechnen soll.[40] Sollten Sie ein solches Testament errichten wollen, ist anwaltliche Beratung und die Bestellung eines Anwaltes zum Testamentsvollstrecker sinnvoll.

2.4 Die Betreuungsverfügung

Eine wichtige Maßnahme zur rechtlichen Altersvorsorge, die schon „in jungen Jahren" bzw. „in guten Tagen" erwogen werden sollte, ist die Betreuungsverfügung. Diese Verfügung richtet sich an das Betreuungsgericht und enthält vorsorgliche Anordnungen für den Fall einer späteren notwendig werdenden rechtlichen Betreuung. Die Betreuungsver-

39 BGH BtPrax 2011, 74
40 Ausführliche Informationen: Vererben zugunsten behinderter Menschen,Bundesverband für Körper- und mehrfachbehinderte Menschen, bvkm, siehe https://bvkm.de/ratgeber/vererben-zugunsten-behinderter-menschen/ (abgerufen am 23.6.2022)

fügung bindet das Gericht nur so weit, als die rechtlich zu betreuende Person oder ihr Vermögen hierdurch nicht erheblich gefährdet werden.[41]

So kann jeder festlegen, wer die rechtliche Betreuung führen soll bzw. wer nicht berufen werden soll. Bei der Auswahl der Person, die später die rechtliche Betreuung führen soll, gilt das Gleiche wie bei der Auswahl des Bevollmächtigten.[42] Es kann auch ein Betreuungsverein als Betreuer gewünscht werden. Darüber hinaus können Wünsche für die Ausübung der rechtlichen Betreuung, also Anordnungen über die spätere Lebensgestaltung, getroffen werden. Die so dokumentierten Wünsche sind die Grundlage für die Entscheidungsfindung aller am späteren Betreuungsverfahren beteiligten Akteure. Natürlich kann diesen Wünschen nur in den Grenzen des dann Machbaren und den Grenzen des gesetzlich erlaubten gefolgt werden.[43] Die Wünsche sollten so konkret wie möglich sein und die gewöhnlichen Lebensumstände ebenso betreffen wie spezielle Fragen der ärztlichen Behandlung (hierzu später).

Leider nutzen nur wenige Menschen die Möglichkeiten, sich über die Lebensumstände in einer Altenwohnanlage oder einem Altersheim, z.B. bei dem regelmäßig angebotenen „Tag der offenen Tür", zu informieren. Obwohl viele Menschen für den Fall ihres Ablebens die Vererbung ihres Nachlasses durch letztwillige Verfügung – **Testament** – regeln und durch Lebensversicherungen das Wohl ihrer Angehörigen zu sichern suchen, lassen sie die Zeit davor, die oftmals durch geistige und körperliche Gebrechlichkeit geprägt ist, ohne vorsorgliche Regelung. Für den Fall der Betreuerbestellung überlassen sie es damit einer möglicherweise fremden Person, über ihr Leben zu bestimmen. Sie vernachlässigen also das eigene Wohl. Dabei ist die Betreuungsverfügung im Gegensatz zur letztwilligen Verfügung, die eigenhändig geschrieben und unterschrieben sein muss, grundsätzlich formfrei.

Im Gegensatz zur Abfassung der Vollmacht zur Vorsorge ist bei der Betreuungsverfügung die Geschäftsfähigkeit[44] nicht erforderlich. Die in einer Betreuungsverfügung enthaltenen Wünsche sind auch dann zu berücksichtigen, wenn sie von einem nicht voll geschäftsfähigen Menschen niedergelegt worden sind.

Um sicherzustellen, dass die Betreuungsverfügung im Betreuungsfalle auch beachtet wird, sollte sie schriftlich abgefasst werden und die ausstellende Person durch die eigenhändige Unterschrift unmissverständlich erkennen lassen. Wer ein solches Schriftstück besitzt bzw. bei dem Betroffenen vorfindet, hat es unverzüglich dem Betreuungsgericht abzuliefern, nachdem er von der Einleitung eines Betreuungsverfahrens für den betroffenen Menschen Kenntnis erlangt hat.[45]

Auch bei der Betreuungsverfügung ist die Beglaubigung der Unterschrift bei der Betreuungsbehörde und die Registrierung bei der Bundesnotarkammer möglich.

41 § 1816 Absatz 2 BGB
42 Siehe oben 2.3.1
43 § 1821 Absatz 3 BGB
44 §§ 104 ff. BGB
45 § 1816 Absatz 2 BGB

Beispiel für eine Betreuungsverfügung

Betreuungsverfügung

Datum:

Name: Geburtsname:

Vorname:

geb. am: in:

Straße:

Wohnort:

Für den Fall, dass für mich eine rechtliche Betreuung bestellt werden muss, habe ich folgende Wünsche:

Als Betreuer wünsche ich, dass:

Name: Geburtsname:

Vorname:

geb. am: in:

Straße:

Wohnort:

oder

Name: Geburtsname:

Vorname:

geb. am: in:

Straße:

oder

Name des Betreuungsvereins:

Straße:

Ort:

bestellt werden.

In Bezug auf die Verwaltung meines Vermögens lege ich größten Wert darauf, meine Frau und meine Kinder versorgt zu wissen. Hierfür bin ich bereit, meinen persönlichen Bedarf auf das im Sozialhilferecht bestimmte Maß zu reduzieren. Meine Frau und meine Kinder sollen die Fahrtkosten (bei Besuchen) und die Kosten für gemeinsame Unternehmungen (Ausflüge, Essen gehen usw.) ersetzt bekommen.

Meine Frau soll zu ihrem Geburtstag 130 Euro bekommen.

Meine Kinder Hans, Erich und Josef sollen zu ihrem Geburtstag jeweils 70 Euro bekommen.

In Bezug auf die Sorge für meine Gesundheit soll meine Patientenverfügung, welche ich ... hinterlegt habe, beachtet werden.

Für den Fall meiner Pflegebedürftigkeit möchte ich keinem zur Last fallen. Es soll frühzeitig nach einem Heimplatz gesucht werden. Ich möchte nicht in einem Einzelzimmer liegen.

Ort/Datum: ....

.... (verfügende Person) .... (Zur Übernahme des Amtes bereit)

2.5 Die Patientenverfügung

2.5.1 Die gesetzlichen Regelungen

Die Patientenverfügung, früher auch „Patiententestament" genannt, enthält Willenserklärungen des betroffenen Menschen, ob, wann, unter welchen Bedingungen und in welcher Art und Weise er eine medizinische Untersuchung oder Behandlung wünscht oder wann welche Maßnahmen unterlassen werden. Sie kann auch die Frage der Organspende behandeln. Es ist heute gesetzlich sowohl im Betreuungsrecht[46] als auch im Arztrecht[47] normiert, dass die Patientenverfügung als Ausdruck des Selbstbestimmungsrechts verbindlich ist.

Die ärztlich behandelnde Person hat auf der Grundlage der Patientenverfügung zu beraten und zu entscheiden. Voraussetzung ist, dass eine wirksame Patientenverfügung vorliegt, die auf die aktuelle Lebens- und Behandlungssituation zutrifft, dass also eine Kongruenz besteht. Bestehen Zweifel an der Kongruenz, kommt entweder

- der Ehegatte/Lebenspartner (für den Fall der Anwendbarkeit der gegenseitigen Vertretung von Ehegatten in Angelegenheiten der Gesundheitssorge),[48]
- die bevollmächtigte Person (für den Fall des Vorliegens einer entsprechenden Vollmacht zur Vorsorge)[49]
- bzw. die vom Gericht mit der rechtlichen Betreuung betraute Person

46 § 1827 BGB
47 §§ 630a bis h BGB
48 § 1358 BGB; siehe Abschnitt 2.2
49 Siehe Abschnitt 2.3

zum Zuge. Der Patientenwille ist dann im gemeinsamen Gespräch von erkrankter, behandelnder und rechtlich vertretender Person zu ermitteln.[50]

Durch das **Dritte Gesetz zur Änderung des Betreuungsrechts vom 29.7.2009**[51] hat der Deutsche Bundestag eine gesetzliche Regelung zu Form, Inhalt und Wirksamkeit der Patientenverfügung und des Patientenwillens getroffen, die am 1.9.2009 in Kraft getreten ist.[52] Das Dritte Betreuungsrechtsänderungsgesetz regelt zunächst nur den Umgang mit Patientenverfügungen bei rechtlicher Betreuung oder wirksamer Vollmacht zur Vorsorge. Darüber hinaus stellt es Bedingungen für die Wirksamkeit von Patientenverfügungen im Rechtsverkehr im Allgemeinen, also insbesondere im Verhältnis zur ärztlich behandelnden Person, auf.

Durch das Gesetz zur Verbesserung der Rechte von Patientinnen und Patienten vom 20.2.2013 ist die Patientenverfügung Bestandteil des Arztrechts mit der Möglichkeit der unmittelbaren antizipierten Zustimmung oder Ablehnung der Behandlung geworden. Damit ist auf diesem wichtigen Gebiet klargestellt, dass die Selbstbestimmung ohne Einschränkungen Vorrang hat. Es ist klargestellt, dass die Aufgabe der rechtlich vertretenden Person darin besteht, dem Patientenwillen rechtliches Gehör zu verschaffen.

Volljährige können in einer schriftlichen Patientenverfügung im Voraus festlegen, ob und wie sie später ärztlich behandelt werden wollen, wenn sie ihren Willen nicht mehr selbst äußern können. Entsprechend sind Betreuer und Bevollmächtigte im Fall der Entscheidungsunfähigkeit der betroffenen Person an ihre schriftliche Patientenverfügung gebunden. Sie müssen zusammen mit der ärztlich behandelnden Person prüfen, ob die Festlegungen in der Patientenverfügung der aktuellen Lebens- und Behandlungssituation entsprechen und den aktuellen Willen der betroffenen Person wiedergeben. Ist dies der Fall, so ist die Patientenverfügung unmittelbar umzusetzen. In diesem Fall ist eine Einwilligung einer rechtlich vertretenden Person nicht erforderlich, da die betroffene Person diese Entscheidung selbst in einer alle Beteiligten bindenden Weise getroffen hat. Der rechtlich vertretenden Person obliegt es in diesem Fall nur noch, dem in der Patientenverfügung niedergelegten Willen Ausdruck und Geltung zu verschaffen.[53] Eine Reichweitenbegrenzung, die den Patientenwillen kraft Gesetzes in bestimmten Fällen für unbeachtlich erklärt, gibt es nicht. Dem Patientenwillen ist immer zu folgen. Dabei ist es unerheblich, ob dieser als vernünftig angesehen wird. Es kommt auch nicht darauf an, ob aus objektiver Sicht eine andere Entscheidung zu treffen wäre. Entscheidend ist lediglich, ob der Patientenwille unter Beachtung aller für die Entscheidung relevanten Aspekte zustande gekommen ist. Haben sich zwischenzeitlich Änderungen ergeben oder das Krankheitsbild kann mit neuen Methoden besser behandelt werden, muss dies in die Entscheidung mit einbezogen werden.

Niemand ist gezwungen, eine Patientenverfügung zu verfassen. Patientenverfügungen können jederzeit formlos widerrufen werden.

50 § 1828 BGB
51 BGBl. 2009 Teil I Nr. 48, S. 2286
52 Bisher §§ 1901a ff., überführt in §§ 1827 BGB
53 § 1827 Absatz 1 BGB

Was geschieht, wenn die Wirksamkeit der Patientenverfügung zweifelhaft ist?

Treffen die Festlegungen nicht die aktuelle Situation oder bestehen diesbezüglich Zweifel, muss die Entscheidung zu der vorzunehmenden/zu unterlassenden medizinischen Behandlung unter Beachtung des mutmaßlichen Patientenwillens vorgenommen werden.[54]

Die Entscheidung über die Durchführung einer ärztlichen Maßnahme wird dabei im Dialog zwischen der ärztlich behandelnden Person und der rechtlich vertretenden Person (bevollmächtigte Person/Betreuer) vorbereitet. Aus diesem Grunde ist es wichtig, Personen zu benennen, denen die Aufgabe zufällt, meinem erklärten Willen gehört zu verschaffen. Zur Auswahl der Person gilt das im Abschnitt 2.3.1. gesagte.

Zunächst ist zu klären, welche Maßnahmen medizinisch indiziert sind. Die unterschiedlichen Möglichkeiten der Behandlung sind gemeinsam zu erörtern. Dabei ist zu klären, welche Maßnahme dem Willen der erkrankten Person am nächsten kommt. Hier ist auch die vorhandene Patientenverfügung mit einzubeziehen und der dort beschriebene Wille auf die aktuelle Situation zu beziehen.

An die Voraussetzungen für die Annahme eines mutmaßlichen Einverständnisses als Ausdruck der Entscheidungsfreiheit und des Rechts auf körperliche Unversehrtheit[55] sind strenge Anforderungen zu stellen. Hierbei kommt es vor allem auf frühere mündliche oder schriftliche Äußerungen des Patienten, seine religiöse Überzeugung, seine sonstigen persönlichen Wertvorstellungen, seine altersbedingte Lebenserwartung oder das Erleiden von Schmerzen an. Die subjektive Sichtweise ist zu ermitteln. Es soll auch Vertrauenspersonen Gelegenheit gegeben werden, Angaben zum mutmaßlichen Willen machen können.

Lassen sich auch bei der gebotenen sorgfältigen Prüfung konkrete Umstände für die Feststellung des individuellen mutmaßlichen Willens nicht finden, so kann und muss auf Kriterien zurückgegriffen werden, die allgemeinen Wertvorstellungen entsprechen. Dabei ist jedoch Zurückhaltung geboten; im Zweifel hat der Schutz des menschlichen Lebens Vorrang vor persönlichen Überlegungen beteiligter Person, wie der Bundesgerichtshof unter Berücksichtigung der „Richtlinien für die Sterbehilfe" der Bundesärztekammer[56] entschieden hat.[57]

Sind sich die ärztliche behandelnde Person und die rechtliche vertretende Person über den Patientenwillen einig, bedarf es keiner Einbindung des Betreuungsgerichts. Bestehen hingegen Unklarheiten und/oder Meinungsverschiedenheiten, müssen folgenschwere Entscheidungen vom Betreuungsgericht genehmigt werden.

Ohne klare Patientenverfügung ist die Einbindung der zur rechtlichen Vertretung berufenen Person zwingend. Zudem ist das Betreuungsgericht beteiligt, wenn zu befürchten ist, dass die Einwilligung, Nichteinwilligung oder der Widerruf der Einwilligung mit der Gefahr verbunden ist, dass die erkrankte Person aufgrund der Maßnahme, ihrer Unterlassung oder ihres Abbruchs stirbt oder einen schweren und länger dauernden gesundheitlichen

54 § 1827 Absatz 2 BGB
55 Artikel 2 Absatz 2 GG
56 Seit 1998 Richtlinien der Bundesärztekammer für die ärztliche Sterbebegleitung, BtPrax 1997, 18/19
57 BGH 13.9.1994 – 1 StR 357/94, NJW 1995, 204

Schaden erleidet.[58] Eine Genehmigung ist nicht erforderlich, wenn zwischen dem Vertreter und dem die Behandlung anbietenden Arzt Einvernehmen dahingehend besteht, dass die Entscheidung dem festgestellten Willen des Patienten entspricht.[59]

Diese Verfahrenserleichterung gilt bei einer Unterbringung, unterbringungsähnlichen Maßnahmen und einer Zwangsbehandlung nicht; diesbezüglich hat die zur rechtlichen Vertretung berufene Person die betreuungsgerichtliche Genehmigung einzuholen.

2.5.2 Inhalt der Patientenverfügung

Was kann in einer Patientenverfügung geregelt werden?

Gegenstand der Patientenverfügung ist jedwede Behandlungsmaßnahme, gleichgültig, ob sie von einem Arzt oder dem Pflegepersonal vorgenommen wird. Oft werden Patientenverfügungen formuliert, um krankheitsbedingte Zustände zu beschreiben, die nicht gewollt sind. In der Folge wird verfügt, dass ärztliche Maßnahmen, die diesen Zustand erhalten, unterbleiben sollen. Insoweit beschäftigt sich die Patientenverfügung somit mit der Frage, wie ich die letzte Phase meines Lebens gestalten will.

Der Inhalt einer Patientenverfügung muss sich aber nicht derart beschränken. Zu allen denkbaren Erkrankungen kann die gewünschte oder nicht gewünschte ärztliche Behandlung verfügt werden. Viele Erkrankungen haben unterschiedliche Optionen für die Behandlung. Erfolg und die mit der Behandlung verbundenen Belastungen sind dabei nicht immer mit Sicherheit zu benennen. Entsprechend macht es Sinn, die Behandlung vorhersehbarer Erkrankungen im Wege der Patientenverfügung vorher zu entscheiden. Nur so kann ich gewährleisten, dass die Behandlung für den Fall meiner eigenen Entscheidungsunfähigkeit in der von mir gewünschten Art und Weise durchgeführt wird.

Reichen allgemeine Richtlinien?

Diese noch nicht unmittelbar bevorstehenden Maßnahmen müssen genügend bestimmt sein (Bestimmungserfordernis). Es muss also konkret erkennbar sein, dass der in der Patientenverfügung formulierte Wille tatsächlich auf die vorliegende Situation zutrifft. Die Einwilligung oder Nichteinwilligung muss sich nicht zwingend auf eine bestimmte Krankheit beziehen; vielmehr genügt es, wenn bei der Formulierung der Patientenverfügung ein krankheitsbedingter Zustand und die Prognose für den Behandlungsverlauf beschrieben wird, der auf die aktuelle Situation zutrifft. Entsprechend kann bestimmt werden, welche ärztlichen Maßnahmen gewollt oder nicht gewollt sind. Die Anforderungen an das **Bestimmtheitserfordernis** lassen viele Patientenverfügungen wegen ihrer Allgemeinheit ungeeignet erscheinen und bieten dann lediglich Anhaltspunkte zur Ermittlung des mutmaßlichen Willens.

Um nicht Gefahr zu laufen, dass die Patientenverfügung später wegen fehlender Bestimmtheit an Wirksamkeit verliert, sollte die Patientenverfügung konkrete Formulierungen für voraussehbare Krankheitsverläufe beinhalten. Hier empfiehlt sich, ärztliche Beratung zu den eigenen Risikofaktoren und die dadurch bedingten Krankheitsverläufe in Anspruch zu nehmen.

---

58 § 1829 BGB
59 § 1829 Absatz 4 BGB

Viele Menschen formulieren eine Patientenverfügung, nachdem sie bereits einen längeren Krankheitsverlauf hinter sich haben. Gerade diese Personen haben viel Erfahrung im Umgang mit der eigenen Erkrankung. Sie können daher recht genau formulieren, welche Behandlungen sie wünschen und welche unterlassen werden sollen.

Die Deutungshoheit, ob das Bestimmtheitserfordernis eingehalten worden ist, liegt vornehmlich bei der ärztlich behandelnden Person und der rechtlich vertretenden Person. Kommen sie einvernehmlich zu dem Ergebnis, dass die Patientenverfügung nicht kongruent ist, kann sie nur zur Bestimmung des mutmaßlichen Willens herangezogen werden.

Nicht durch eine Patientenverfügung auszuschließen sind Maßnahmen der Basisversorgung, für die in jedem Fall Sorge zu tragen ist. Dies bezieht sich insbesondere auf Körperpflege, das Lindern von Schmerzen, Atemnot und Übelkeit sowie das Stillen von Hunger und Durst auf natürlichem Wege.

Im Ergebnis ist festzuhalten, dass eine Patientenverfügung ihre Wirkung nur dann entfaltet, wenn sie auf die aktuelle Lebens- und Behandlungssituation zutrifft, für diese Situation eine Entscheidung über die anstehende ärztliche Maßnahme enthält und diese noch dem aktuellen Willen der erkrankten Person entspricht. Zu fragen ist, ob die aktuelle Lebenssituation seinerzeit mit bedacht wurde. Zudem ist zu prüfen, ob aktuelle Äußerungen und Verhaltensweisen auf eine von der Patientenverfügung abweichende Entscheidung schließen lassen. Hierbei sind nicht nur klare Äußerungen, sondern auch nonverbale oder andere Verhaltensweisen zu berücksichtigen.

Muss ich mich ärztlich beraten lassen?

Die bisher strittige Frage, ob und inwieweit eine ärztliche Aufklärung für die Wirksamkeit einer Entscheidung erforderlich ist, ist nunmehr geklärt.[60] Die Wirksamkeit der Einwilligung in eine ärztliche Maßnahme setzt voraus, dass die erkrankte Person oder die zur Einwilligung berufene rechtlich vertretende Person vor der Einwilligung aufgeklärt worden sind. Eine Verfügung, welche die Zustimmung zu einer Maßnahme enthält, wird als positive Patientenverfügung bezeichnet und bedarf der vorherigen Aufklärung. Die im Gegensatz dazu im Wege der negativen Patientenverfügung verfügte Ablehnung der medizinisch indizierten Maßnahme bedarf der Aufklärung nicht:

Beispiel

Bei Abfassung der Patientenverfügung zeichnet sich die Gefahr der Bildung eines „Raucherbeines" ab.

Die vorweggenommene Zustimmung zu einer möglicherweise später einmal erforderlichen Amputation kann nur nach vorheriger ärztlicher Aufklärung wirksam erteilt werden. Die vorweggenommene Ablehnung einer Amputation mit möglicherweise lebensbedrohlichem Risiko kann dagegen ohne vorherige ärztliche Aufklärung verfügt werden.

60 § 630d Absatz 1 Satz 1 und Absatz 2 BGB

Die Wirksamkeit der Zustimmung zur Amputation würde eine ärztliche Aufklärung voraussetzen. Ob und wie aufgeklärt worden ist, wäre in der Patientenverfügung zu dokumentieren.

Ist die zwingende Bindung an die Patientenverfügung immer sinnvoll?

Jede zur freien Willensbildung fähige mündige Person kann selbstbestimmt Behandlungsverbote ohne Wenn und Aber vornehmen. Die im Rahmen einer Patientenverfügung getroffene Entscheidung ist dem – quasi als verlängerter Arm – gleichgestellt. Diese bedingungslose Akzeptanz des „freien Willens" ist keineswegs unumstritten. Man denke nur an die höchst riskanten Behandlungsverbote der Zeugen Jehovas oder der „Christlichen Wissenschaftler".

Der Absolutheit eines derartigen Behandlungsverbotes kann unter Berücksichtigung der geltenden Rechtslage nur entgegengewirkt werden, wenn im Rahmen der Patientenverfügung Bedingungen formuliert werden, die es der rechtlich vertretenden Person erlauben, anders zu entscheiden.

Für eine solche Erlaubnis spricht auch das Ergebnis einer Umfrage bei Intensivmedizinern, die die Erfahrung gemacht haben, dass die meisten Patienten ihre Meinung gegenüber einer Therapie ändern, wenn sie plötzlich selbst betroffen sind und sich bewusst in diesem Krankheitserleben befinden, direkt mit der Thematik konfrontiert werden und das Leben auf einmal endlich erscheint.[61] Sie halten besonders den Verzicht auf bestimmte medizinische Maßnahmen durch die Patientenverfügung für fehlerhaft, weil nicht selten eine Differenzierung von Akutsituation und Dauerzuständen fehle und viele Menschen von falschen Vorstellungen von der medizinischen Praxis und den heutigen diagnostischen und therapeutischen Möglichkeiten ausgingen.[62]

Was kann in einer Patientenverfügung nicht geregelt werden?

Verpflichtender Inhalt einer Patientenverfügung – unmittelbar gegenüber der zukünftig ärztlich behandelnden Person oder mittelbar gegenüber dem rechtlichen Vertreter – kann nur rechtlich erlaubtes Handeln sein. Daher kann das Unterlassen ärztlicher Bemühungen um eine Lebensverlängerung (passive Sterbehilfe) zwar wirksam angeordnet, nicht aber die Vornahme ärztlicher Maßnahmen zur direkten Lebensbeendigung (aktive Sterbehilfe) verlangt werden, die nach geltendem Recht als Tötung auf Verlangen strafbar ist.[63]

Nicht strafbar ist hingegen die indirekte Sterbehilfe, worunter die Gabe schmerzlindernder Mittel unter Inkaufnahme einer möglichen Lebensverkürzung verstanden wird.

Wie kann ich meiner Patientenverfügung mehr Gewicht verleihen?

Um den eigenen Willen zu unterstreichen und damit die Ernsthaftigkeit zu bezeugen, ist es sinnvoll, die Patientenverfügung als frei formulierten Text zu gestalten. Darüber hinaus sollte die Patientenverfügung regelmäßig, insbesondere nach dem Auftreten einer Erkrankung und vor größeren Operationen, erneuert werden.

61 Langer, Knorr, Berg, Probleme durch pauschale Formulierungen, Dt. Ärztebl. Jg. 110, v. 15.11.2013, C1870

62 A.a.O.

63 § 216 StGB

2.5.3 Die rechtliche Kompetenz zur Bestimmung durch eine Patientenverfügung

Nach dem ausdrücklichen Willen des Gesetzgebers kann nur ein Volljähriger, der einwilligungsfähig ist, eine Patientenverfügung errichten, ein Volljähriger also, der über die natürliche Einsichts- und Steuerungsfähigkeit verfügt, wobei es ausreicht, dass er Art, Bedeutung und Tragweite und die Risiken der Maßnahme erfassen und seinen Willen hiernach richten kann. Zeit und Ort spielen für die Gültigkeit keine Rolle, sondern nur für die Frage, ob sie noch auf die aktuelle Behandlungssituation zutrifft. Das gilt auch für die empfohlene Aktualisierung.

2.5.4 Beispiel für eine Patientenverfügung[64]

Patientenverfügung

Für den Fall, dass ich ....

(Name, Vorname, Adresse, Telefonnummer in Blockschrift)

eine unheilbare, zum Tode führende Krankheit erleide, z.B. eine Krebserkrankung im Endstadium, einen irreversiblen Gehirnschaden entweder durch Gehirnblutung oder nach wiederbelebenden Maßnahmen, oder durch einen Unfall so geschädigt werde, dass mit nicht mehr behebbaren und zum Tode führenden Beeinträchtigungen meiner Gesundheit zu rechnen ist, bitte ich darum, dass ich in Ruhe und Würde sterben kann, ohne nur noch künstlich am Leben gehalten zu werden.

Lebensverlängernde Maßnahmen sollen unterbleiben, wenn zwei Ärzte unabhängig voneinander feststellen, dass bei mir eine Heilung nicht mehr möglich ist und die Erkrankung mit hoher Wahrscheinlichkeit zum Tode führen wird.

Ich bestehe darauf, dass mein Sterben in den genannten Situationen weder künstlich verlängert noch durch gegenteilige Maßnahmen verkürzt wird. Insbesondere lehne ich den Einsatz apparativer Angebote wie z.B. Dialyse oder künstliche Beatmung mit dem Effekt einer sinnlosen Lebensverlängerung ab. Desgleichen lehne ich in dieser Situation den Einsatz von lebensverlängernden Medikamenten, z.B. zur Kreislaufstimulation, ebenso wie künstliche Ernährung, z.B. im Endstadium einer Demenzerkrankung (PEG), ab. Bei Krebserkrankungen im Endstadium lehne ich eine Chemotherapie ab.

Dagegen wünsche ich, dass im Falle eines zum Ende meines Lebens führenden Prozesses nur noch lindernde (palliative) Maßnahmen angewendet werden, z.B. zu Hause, auf einer Palliativstation oder in einem Hospiz. In dieser Situation bitte ich um mitmenschlichen und pflegerischen Beistand. Behandlung und Pflege sollen besonders auf die Linderung von Schmerzen, Angst und Unruhe gerichtet sein.

64 Eine kompetente Hilfestellung für die Abfassung gibt die Broschüre „Patientenverfügung" des Bundesministeriums der Justiz, Bezugsstelle: GVP Gemeinnützige Werkstätten, Maarstraße 98a, 53227 Bonn, bmj@gvp-bonn.de; hier wird ein Beispiel aus der Praxis des Hospizvereins Erftstadt (www.hospiz-verein-erftstadt.de) wiedergegeben und auf eine eigene Formulierung verzichtet: Es sollte jedem Leser überlassen sein, selbst die Regelung zu finden, die auf seine Person zugeschnitten ist.

In einer solchen Situation bevollmächtige ich die folgenden Personen, meine Interessen wahrzunehmen:

1. ....

(Name, Vorname, Adresse, Telefonnummer in Blockschrift)

2. ....

(Name, Vorname, Adresse, Telefonnummer in Blockschrift)

3. ....

(Name, Vorname, Adresse, Telefonnummer in Blockschrift)

Außerdem soll mein Hausarzt ....

(Name, Vorname, Adresse, Telefonnummer in Blockschrift)

benachrichtigt werden. Ich entbinde ihn von der Schweigepflicht.

Ich behalte mir vor, diese Willensbekundung im Verlaufe einer Erkrankung oder Schädigung jederzeit ändern oder bestätigen zu können, gegebenenfalls durch eine der vorgenannten Personen.

Diese Verfügung habe ich im Zustand vollkommener geistiger und seelischer Gesundheit verfasst.

....	....
Ort, Datum	Unterschrift
....	....
Ort, Datum	Unterschrift
....	....
Ort, Datum	Unterschrift

Anmerkung:

Es empfiehlt sich, diese Verfügung in ein- oder zweijährigem Abstand durch aktualisierte Datumsangabe zu bestätigen.

2.5.5 Patientenverfügung in leichter Sprache

Die meisten zur Verfügung stehenden Formulare und Broschüren zur Erstellung einer Patientenverfügung sind wegen der Komplexität der Aufgabe zumeist nur unter fachkundiger Anleitung geeignet, ein den individuellen Wünschen des Verfügenden entsprechendes Ergebnis zu erreichen, und werden den kognitiven Einschränkungen infolge einer Behinderung oder Demenz nicht gerecht. Dies steht in krassem Gegensatz zu den auf Teilhabe ausgerichteten Möglichkeiten, auch mit natürlicher Einsichtsfähigkeit in Behandlungen einzuwilligen, bzw. der Einschränkung, entsprechend über ärztliche Maßnahmen aufgeklärt zu werden.

Eine besonders gelungene Heranführung an die Aufgabe und ihre spezifische sprachliche Umsetzung stellt das Projekt des Klinischen Ethikkomitees des Evangelischen Krankenhauses Bielefeld „Patientenverfügung in einfacher Sprache" dar. Unter diesem Titel wurde eine Broschüre entwickelt, die Menschen mit kognitiven Einschränkungen ein Instrument bietet, im Wege der Selbstbestimmung und Selbstorganisation in einer Patientenverfügung ihren Wünschen, Präferenzen und Werten Ausdruck zu verleihen.[65] Die Broschüre ist als Download erhältlich.[66]

2.5.6 Patientenverfügungen im Zeitalter der personalisierten Medizin

Während heute noch die Triebfeder für die Abfassung einer Patientenverfügung die Spekulation über drohende Krankheiten und Krankheitszustände sein dürfte, wird in Zukunft die Wahrscheinlichkeit einer Erkrankung Anlass zur Vorsorge sein – eine Wahrscheinlichkeit, die sich aufgrund der sog. personalisierten Medizin ergibt.

Hierbei werden nach einer Definition der Schweizerischen Akademie der Medizinischen Wissenschaften „die Daten eines Individuums auf molekularer Ebene erhoben und mit Mitteln der Informationstechnologie im Hinblick auf individualisierte Prognosestellung, Beratung und Therapie eben dieses Individuums ausgewertet".

Personalisierte Medizin wird dabei als stratifizierende Medizin betrachtet, bei der, bezogen auf einzelne Krankheitsbilder, Patientensubgruppen gebildet werden, die sich durch ihre genetischen Mutationsmuster voneinander unterscheiden. Diese machen Menschen zu Respondern (Ansprechenden) oder Nonrespondern, bezogen auf bestimmte Medikamente. Die personalisierte Medizin wurde mit der Entschlüsselung des Humangenoms 2001 und den neuen technologischen Fähigkeiten möglich, die sich seither rasant weiterentwickeln. So gibt es heute bereits kommerziell arbeitende Unternehmen, die Privatpersonen für 399 US-Dollar die Entschlüsselung genetischer Daten anbieten und ihren Kunden die Möglichkeit an die Hand geben, ihren Lebensstil gegebenenfalls vorbeugend umzustellen. Der hessische Biotechnologiebeauftragte Prof. Theodor Dingermann zum Beispiel hat die Entschlüsselung seines Genoms, das ein erhöhtes Risiko für Diabetes anzeigt, öffentlich gemacht, um die Verantwortlichkeit des Einzelnen für seine Gesundheit darzustellen.[67]

Neben dieser noch eher selten gegebenen Möglichkeit werden die genetischen Dispositionen für eine Krankheit bzw. ihren Verlauf bereits heute vielfach im Verlaufe einer Behandlung insbesondere verschiedener Krebserkrankungen für den Patienten erkennbar, was psychisch schwere Belastungen, aber auch die Möglichkeit zu entsprechender ganz individueller und bestimmter Vorsorge mit sich bringen kann ebenso wie die Möglichkeiten für entsprechende Regelungen in der Patientenverfügung.

Im Hinblick auf die rasante Entwicklung von Krebsmedikamenten stellt sich für die Patienten nicht selten die Frage der Teilnahme an der klinischen Prüfung noch nicht zugelassener Medikamente, die Hilfe versprechen.

Durch die vom Bundestag im Herbst 2016 beschlossene Novelle des Arzneimittelgesetzes (AMG) sind die Voraussetzungen hierfür entsprechend dem geltenden EU-Recht detailliert geregelt. Neu ist insbesondere, dass eine gruppennützige klinische Prüfung bei nicht einwilligungsfähigen Patienten dann durchgeführt werden darf, wenn eine Patientenver-

65 Klinische Ethik im Ev. Krankenhaus Bielefeld, Jahresbericht 2012, S. 30
66 www.evkb.de/ethik (abgerufen 20.6.2022)
67 Kneifel G., Personalisierte Medizin, Pädiatrix 2/2011, 15–16

fügung die gruppennützige klinische Prüfung gestattet. Nach einer entsprechenden Diagnose sollte die vorausschauende Planung eine entsprechende Anpassung der Patientenverfügung umfassen.

2.5.7 „Sonderfall" psychiatrische Patientenverfügung

Unterliegt die psychiatrische Patientenverfügung einer Sonderbehandlung?

Nach der Systematik des deutschen Patientenrechts und der unbedingten Patientenautonomie verbietet sich eine Sonderbehandlung der psychiatrischen Patientenverfügung. Dennoch wird sie im Hinblick auf ihr wirksames Zustandekommen und ihre Reichweite diskutiert. Insbesondere hinsichtlich des Bestimmtheitserfordernisses[68] und des Zustandekommens im „Zustand der nicht anzweifelbaren Normalität" gibt es in der Praxis schnell Unsicherheiten:

Was ist das Besondere an einer psychiatrischen Patientenverfügung?

Die Behandlung psychiatrischer Erkrankungen ist auch heute noch ein sehr komplexes Thema. Die Vielschichtigkeit der in der Psychiatrie definierten Krankheitsbilder und die unterschiedlichen Möglichkeiten der Behandlung machen die Abwägung von Nutzen und Risiko der Behandlung in besonderer Weise schwierig.

Eine Patientenverfügung beschreibt immer die Sichtweise der betroffenen Person zu sich selbst.

- Wie definiere ich für mich selbst Krankheit?
- Wie möchte ich, dass mit mir umgegangen wird?
- Welche Risiken bin ich bereit zu tragen?

Es gibt dabei nicht „die eine objektiv richtige Sichtweise", sondern lediglich das subjektive Erleben.

Menschen mit langjähriger Erfahrung mit einer von der Medizin diagnostizierten psychiatrischen Erkrankung haben viel Erfahrung mit ihrem eigenen Dasein. Sie empfinden sich oft nicht als erkrankt. Hier sollte nicht vorschnell von fehlender Einsicht ausgegangen werden. Gerade die Selbstwahrnehmung wird insbesondere bei langjährigem Verlauf oft Thema ausführlicher Gespräche gewesen sein.

- Was ist normal?
- Was ist krank?

Mit der Patientenverfügung wollen sich Menschen mit psychiatrischen Diagnosen oft vor nicht gewollter Behandlung schützen oder gewollte Behandlung für den Fall des von ihnen nicht gewünschten Krankheitsverlaufs bestimmen.

Beispielsweise können sich Menschen mit psychiatrischen Diagnosen selbst im Unterschied zu gesunden Menschen im Zustand von Ver-rücktheit sehen. Der Begriff Ver-rücktheit wird dabei nicht mit der umgangssprachlichen Bedeutung verwendet, sondern im Sinne der Wortbedeutung als ein Zustand der eigenen Psyche, welcher von dem „Mainstream" seitlich verrückt ist.

68 Siehe Abschnitt 2.5.2

„Ver-rücktheiten sind sehr unterschiedlich, aber sie müssen keine Krankheit sein oder werden: Ver-rücktheiten können uns helfen, mehr über uns selber zu erfahren, neue Sichtweisen kennen zu lernen und können Phantasie und Kreativität freisetzen. Ver-rücktheiten können aber auch Leiden verursachen, unsere Beziehungen und die sozialen Lebensgrundlagen zerstören, dazu führen, in der Psychiatrie zu landen und schlimmstenfalls den Tod verursachen."[69]

Dem Krankheitsbegriff kann folgende These gegenübergestellt werden:

„Ver-rücktheit ist eine Begabung, allerdings eine Begabung, mit der man lernen muss, umzugehen. Krieg gegen das Ver-rücktsein zu eröffnen, ist dagegen, als eröffne man das Feuer gegen sich selber."[70]

Die langjährige Erfahrung mit sich selbst bietet die Möglichkeit, den Nutzen und die Risiken aus den bisherigen medizinischen Behandlungen zu dokumentieren und für die Zukunft zu bestimmen, welche Maßnahmen gewünscht beziehungsweise nicht gewünscht sind.

Wie kann eine psychiatrische Patientenverfügung aussehen?

Bei vielen Psychiatrie-Erfahrenen herrscht große Unsicherheit, wie eine Patientenverfügung für die Psychiatrie zu erstellen ist und wie sichergestellt werden kann, dass der so dokumentierte Wille später auch Beachtung findet.

Eines der ersten Probleme besteht darin, die eigene Selbstwahrnehmung in eine Sprache zu übersetzen, die von den medizinisch behandelnden Personen verstanden werden kann. In einem ersten Schritt geht es also darum, die eigene körperliche als auch seelische Selbstwahrnehmung zu beschreiben.

Beispiel

Im Alter von ungefähr 23 Jahren wurde bei mir eine bipolare Störung diagnostiziert. In den ersten Jahren danach hatte ich im Zwei-Jahres-Rhythmus hypomanische und manische Krankheitsepisoden, jeweils gefolgt von schlimmen depressiven Phasen. In den maniformen Krankheitsphasen habe ich jeweils eine psychiatrische Klinik besucht.

Mit 27 Jahren folgte eine fast acht Jahre dauernde Zeit der Gesundheit.

In den letzten Jahren folgten erneut im Zwei-Jahres-Rhythmus maniforme Episoden.

Im letzten Jahr hatte ich eine außergewöhnlich lang andauernde manische Phase, in der ich viele für mich und für andere nachteilige Handlungen begangen habe. Diese Handlungen möchte ich in Zukunft nicht mehr machen. So habe ich Freunde belästigt und keinen Kontakt zu meiner Familie gehabt. Ich habe viel Geld ausgegeben und habe nun ein Privatinsolvenzverfahren beginnen müssen. Des Weiteren bin

69 Siehe Landesverband Psychiatrie-Erfahrener NRW: www.psychiatrie-erfahrene-nrw.de >> Psychopharmaka und Ver-rücktheit >> Tipps und Tricks um Ver-rücktheiten zu steuern

70 Landesverband Psychiatrie-Erfahrener NRW, a.a.O.

ich im krankhaften Zustand mit dem Gesetz in Konflikt gekommen, was zudem nie wieder vorkommen darf.

Die im Folgenden formulierte Patientenverfügung soll einer Verschlimmerung meiner Krankheit vorbeugen, bei den ersten Anzeichen einer Verschlimmerung helfen, dem zu begegnen, und für den Fall einer weitergehenden Verschlimmerung Maßnahmen beschreiben, die auch gegen meinen Willen erfolgen sollen.

Die Patientenverfügung behält ihre Gültigkeit bis zum wirksamen Widerruf. Für die Wirksamkeit dieser Patientenverfügung kommt es darauf an, dass ich beim Erstellen und bei zukünftigen Änderungen in der Lage bin, einen von meiner Krankheit unbeeinflussten Willen zu bilden. Diese Bedingung ist durch Dr. … bescheinigt.

Als nächster Schritt ist zu empfehlen, Vertrauenspersonen zu benennen, die in erster Linie die Aufgaben haben, dem in der Patientenverfügung dokumentierten Willen Gehör zu verschaffen. Zudem sollte überlegt werden, ob eine Vertrauensperson bevollmächtigt werden kann, über die anstehende medizinische Behandlung zu entscheiden, wenn die Patientenverfügung nicht anerkannt wird.[71] Wird keine förmliche Vollmacht erteilt, sind die ärztlich behandelnden Personen zudem von ihrer Schweigepflicht gegenüber den Vertrauenspersonen zu befreien.

Im Weiteren geht es in der Patientenverfügung um die gewünschten beziehungsweise nicht gewünschten Maßnahmen. Das folgende Beispiel ist der Praxis entnommen. Es soll nicht als Vorlage dienen, sondern Vorbild für die Auseinandersetzung mit der eigenen Situation sein, um so zu eigenen Lösungen zu finden. Die Ausführlichkeit trägt der Komplexität und der Bedeutung der in Zukunft zu erwartenden Entscheidungen Rechnung:

Beispiel

Vorbeugen

Ich möchte überwiegend mit einer durchgehend ausgeglichenen Stimmung leben. Diese zeigt sich durch eine nicht überschwängliche Stimmung, doch auch das Gegenteil, nämliche eine depressive Stimmung, sollte nicht vorliegen. Mein Antrieb soll nicht derartig gesteigert sein, dass ich mich mit Aufgaben überlade. Ich sollte jedoch auch gut die Punkte erfüllen, welche ich erledigen muss. Im Normalzustand bin ich zuverlässig, bedacht und nicht erschöpft von Aufgaben, die ich übernommen habe. Stressige Situationen sollten vermieden werden.

Sollte die ausgeglichene Stimmung nicht vorliegen, bevorzuge ich es, eher ruhig und nicht störend zu sein, was bedeutet, dass eine tendenziell eher leicht depressive Stimmung vorliegt. Anzustreben ist die ausgeglichene Stimmung, eine tendenziell wenig gehobene Stimmung darf jedoch auch vorliegen.

Drogenabstinenz/Abstinenz-Erklärung (insbesondere Cannabis)

Ich habe in den letzten Monaten die Erfahrung gemacht, wie wichtig die Drogenabstinenz für die Aufrechterhaltung meiner Gesundheit ist. Um eine externe

71 Siehe Abschnitt 2.3

Kontrolle für die Abstinenz zu entwickeln, bin ich zu folgenden Schlüssen gekommen:

Hiermit verpflichte ich mich, auf Verlangen meiner Vertrauensperson Drogentests durchzuführen. Sollte die Konsumkontrolle positiv sein oder sollte ich diese verweigern, muss dies als Marker für eine kommende Krankheitsphase gedeutet werden.

Die Folge ist, dass die Möglichkeit begrenzt wird, wie ich mir Drogen beschaffen kann. Hieraus ergeht eine Einschränkung des zur Verfügung stehenden Budgets, was bedeutet, dass mir nur noch der Geldbetrag für maximal drei Tage zur Verfügung gestellt wird. Das restliche Geld wird dann von meiner Vertrauensperson aufbewahrt. Sollten sich darüber hinaus weitere Hinweise für einen Konsum zeigen, soll mein Geld weiter beschränkt werden. Nach fünf Tage wird der Drogentest wiederholt, sodass wiederholter Konsum oder Abstinenz festgestellt werden kann. Auch bei festgestellter Abstinenz werden die Regularien über das Budget fortgeführt und der Drogentest wird nun wöchentlich durchgeführt.

Nach drei positiven Tests in Folge über einen Gesamtzeitraum von drei Wochen muss davon ausgegangen werden, dass regelmäßiges Konsumverhalten vorliegt. In diesem Fall stimme ich einer stationären Entzugsbehandlung in einer Klinik zu. Diese kann auch mit einem Unterbringungsbeschluss erwirkt werden, wenn ich in dieser Situation nicht kooperationsbereit bin. Mir ist bewusst, dass ich dann auf einer geschlossenen Station der für meinen Wohnort zuständigen Klinik aufgenommen werden muss.

Geregelter Tagesablauf

Zum Zeitpunkt der Erstellung dieser Patientenverfügung verbringe ich meine Tage in einer geregelten Tagesstruktur. Sollte ich diese nicht einhalten, was konkret bedeutet, dass ich mehrere Tage hintereinander viel weniger als 7 Stunden schlafe oder vermehrt weit nach 23 Uhr ins Bett gehe, muss dies als Marker für eine kommende hypomanische Phase gedeutet werden.

Stimmungstagebuch

Täglich führe ich ein Stimmungstagebuch, in dem ich die Entwicklungen meines Gemütes festhalte. Dieses kann und darf stets von meiner Vertrauensperson eingesehen werden.

Gespräche zur Reflexion

Mehrmals pro Woche halte ich Kontakt zu meiner Vertrauensperson, persönlich oder telefonisch. Ich informiere sie stets über die Dosis meiner Medikamenten-Einnahme. Einmal pro Woche führe ich ein Reflexionsgespräch mit meiner Vertrauensperson. Dieses wird dezidiert über meinen Gesundheitszustand geführt. Hinweise, die auf eine sich anbahnende Krankheitsphase hindeuten, werden besprochen. Beispiele hier sind: allgemeines Verhalten (Zuverlässigkeit und Ähnliches), Schlaf, Gewicht und allgemeine Einschätzung der derzeitigen Erkrankungsgefahr.

Wenn aus diesen Reflexionsgesprächen heraus die Einschätzung ergeht, dass sich bei mir eine hypomanische Phase anbahnt, werden sofort die weiter unten beschriebenen Maßnahmen durchgeführt. Geltend ist hier nicht meine eigene Einschätzung oder der punktuelle Eindruck, den ich dann auf einen Arzt mache, sondern vielmehr soll hier der Einschätzung meiner Vertrauensperson gefolgt werden.

Nicht-Kontakt

Sollte über einen Zeitraum von einer Woche kein Kontakt zu meiner Vertrauensperson stattfinden und sollten hierfür keine triftigen Gründe vorliegen (z.B. Abwesenheit durch Urlaub), ist meine Vertrauensperson berechtigt, meine Wohnung zu betreten, um nach dem Rechten zu sehen. In diesem Fall soll eine Vermisstenanzeige aufgegeben werden, da ich der Wahrscheinlichkeit nach im maniformen Zustand mir oder anderen schaden könnte.

Manische Verschlimmerung meiner Erkrankung/Erkennen einer manischen Verschlimmerung

Beim Erkennen einer manischen Verschlimmerung meiner Erkrankung lege ich hohen Wert auf die Einschätzung meiner Vertrauensperson. In der Vergangenheit hat sich gezeigt, dass sie ein gutes Gespür dafür hat, wann eine manische Phase im Kommen ist und welche Ausprägung von Verhaltensweisen dann vorliegen.

So ist ein eindeutiges Zeichen für eine maniforme Veränderung meines Gesundheitszustands, dass ich nicht mehr pünktlich, zuverlässig und absprachefähig bin. Eine Trennlinie zwischen Hypomanie und Manie ist nicht einfach zu ziehen, doch ich verorte diese für mich dort, wo die persönliche Empfindung für einen krankhaften Zustand aufhört. In der Hypomanie kann ich größtenteils noch erkennen, dass ich krank werde. Im Zustand der Manie habe ich keine Empfindung mehr für meinen Zustand, wie zum Beispiel die damit einhergehende Erschöpfung.

Hypomanie – Was ist zu tun?

Sollte meine Vertrauensperson die Einschätzung haben, dass eine hypomanische Phase vorliegt oder einer der Manie-Marker eintreten, werde ich folgende Maßnahmen durchführen.

Mein monatliches Bargeld werde ich meiner Vertrauensperson übergeben, sodass mir nur noch ein fester und geringer Betrag zur Verfügung steht. Ich werde mit einer Vertrauensperson meine Ärztin Dr. … zu einem Termin aufsuchen, um meine Situation ausführlich zu besprechen. Meine Vertrauensperson soll ihre Einschätzung meiner Ärztin vortragen. Zudem werde ich die Frequenz meiner Arztbesuche auf bis zu zweimal pro Woche erhöhen. Sollte dies erforderlich sein, werde ich mit meiner Vertrauensperson in eine Klinik zu einem Aufnahmegespräch gehen, wenn sie es fordert. Mein Medikament werde ich nach ärztlicher Verordnung einnehmen. Einer Erhöhung der Dosis bis auf 000 mg stimme ich ausdrücklich zu. Sollte der Zustand mehr als 10 Tage andauern, werde ich umgehend die offene Station einer psychiatrischen Klinik aufsuchen.

Wann und was soll geschehen, wenn ich die Verschlimmerung selbst nicht erkenne?

Wenn in der hypomanischen Episode die hier festgelegten Maßnahmen von mir nicht eingehalten werden und ich die Verschlimmerung nicht selbst erkenne, können folgende Handlungen durch Zwang veranlasst werden. Meine Vertrauensperson ist berechtigt, das Vorliegen der Voraussetzungen zu erklären und die hier beschriebenen Prozeduren zu veranlassen.

Mein monatlicher Geldbetrag wird, wie oben bereits beschrieben, eingeteilt. Sollte ich nicht, wie vereinbart, mit meiner Vertrauensperson meine Ärztin aufsuchen, kann auch in meiner Abwesenheit eine ärztliche Einweisung in eine Klinik erwirkt werden. Diese dient der Vorbeugung und wird bei meiner Vertrauensperson hinterlegt und kann nach deren persönlicher Einschätzung eingesetzt werden.

Manie

Was ist zu tun?

Sollte der unter „Hypomanie" beschriebene Zustand über 10 Tage andauern oder sich weiter verschlechtert haben – hierfür gelten als Indikator eine mangelnde Absprachefähigkeit, Ablenkbarkeit, gesteigerter Redefluss und Gereiztheit gegenüber anderen Personen – treten folgende Maßnahmen in Kraft.

Daraufhin werde ich mich in eine geschlossene Station begeben. Die in der angehängten Liste genannten Medikamente haben mir geholfen und sollen verordnet werden. Es sollte zwar vermieden werden, doch nicht auszuschließen sind die Mittel der Isolation. Sollte meine Vertrauensperson eine von mir ausgehende erhebliche Gefährdung meiner Person oder anderer Menschen sehen und diese Gefahr nicht anders vermieden werden können, willige ich in eine Fixierung ein.

Depressive Verschlimmerung meiner Erkrankung

Ich habe die Erfahrung gemacht, dass ein Klinikaufenthalt für mich eine Belastung ist und von mir nicht positiv interpretiert wird. So war ich noch nie im krankhaften Zustand der Depression in einer Klinik und möchte auch in Zukunft nicht während der Depression in die Klinik.

Erkennen einer depressiven Verschlimmerung:

Eine Depression zeigt sich bei mir durch lang andauernde Antriebslosigkeit, durchgängig negative Gedanken, eine große Gewichtszunahme, Hemmung in der Unterhaltung und hoher Verlust der Logikfähigkeit.

Was ist zu tun?

In der Phase einer leichten Depression möchte ich nicht in ein Krankenhaus, sondern ambulant von meiner Ärztin behandelt werden. Ich werde meine Ärztin mindestens im 14-tägigen Rhythmus besuchen.

Einer medikamentösen Behandlung mit den aus der beigefügten Liste ersichtlichen Medikamenten stimme ich zu. Sollte die Symptome länger als zwei Wochen anhalten oder sich verschlimmern, treten folgende Maßnahmen in Kraft. Es kann sich dann um eine starke Depression handeln.

Bei starken Depressionen werde ich meine Ärztin wöchentlich besuchen. Auch in diesem Fall möchte ich nicht in einer Klinik behandelt werden. Bei länger anhaltenden schweren Depressionen muss ich ein Antidepressivum neben (siehe Liste) er-

halten, da es sich in der Vergangenheit gezeigt hat, dass schnell suizidale Gedanken während der Depression auftreten können.

Wann und was soll geschehen, wenn ich die Verschlimmerung selbst nicht erkenne?

Auch in der depressiven Krankheitsphase kann es dazu kommen, dass aufgeführte Maßnahmen nicht eingehalten werden, da ich eine Verschlimmerung meiner Erkrankung nicht mehr selbst erkenne.

Als Resultat hieraus kann eine Klinikeinweisung erfolgen, jedoch nur, wenn diese zum Schutz vor Suizidalität durchgeführt wird.

Sollte es zu einem Klinikaufenthalt während einer depressiven Phase kommen, möchte ich nicht fixiert oder isoliert werden. Vielmehr habe ich die 1:1-Betreuung als sehr positiv erlebt. Wenn eine solche Behandlung möglich ist, würde ich diese präferieren.

Erfahrungen mit Medikamenten

Folgende Medikamente haben mir geholfen:

.....

.....

.....

Mit folgenden Medikamenten habe ich schlechte Erfahrungen gemacht:

....

....

....

Während der Einnahme von ... habe ich starke suizidale Gedanken gehabt, sehr stark zugenommen und alles emotional nur sehr abgeflacht erlebt. Dieses Medikament darf nicht verabreicht werden.

Bei der Einnahme von ... habe ich emotional sehr stark abgeflacht gelebt. Dieses Medikament darf nicht verabreicht werden.

Allgemein auf den Wirkstoff ... und im Speziellen auf ... reagiere ich mitunter paradox.

... hat bei mir nicht wirklich Manie eindämmend gewirkt. Es sind Nebenwirkungen aufgetreten, welche höchst unangenehm waren. So sollte ich es nur im äußersten Notfall bekommen. Es ist ein Mittel, welches versucht werden kann, bevor Maßnahmen wie Isolation oder Fixierung zum Einsatz kommen.

Ergänzende Therapieformen

Während eines Klinikaufenthaltes haben sich in der Vergangenheit verschiedene Therapien neben der medikamentösen als beruhigend wirkend gezeigt. So würde ich gerne Ergotherapie – insbesondere handwerkliche, künstlerische Therapien – besuchen. Des Weiteren haben sich Sport- und Bewegungstherapie als gesundheitsförderlich gezeigt.

Grenzen der psychiatrischen Patientenverfügung

Welches Risiko hat die Ablehnung der Behandlung?

Die Patientenverfügung ist in ihrer Reichweite nicht begrenzt. Das Recht auf Selbstbestimmung beinhaltet auch das Recht, Maßnahmen der Behandlung zu verweigern. War die betroffene Person beim Verfassen ihrer psychiatrischen Patientenverfügung frei verantwortlich, dann trägt sie auch das Risiko, an ihrer Verfügung festgehalten zu werden, denn genau darin liegt der Zweck einer psychiatrischen Patientenverfügung, bei der die verfassende Person offenbar das größere Risiko in einer Behandlung sieht.[72]

In der Vergangenheit sind vermeintlich psychisch erkrankte Personen zur Behandlung gedrängt worden. In den letzten Jahren hat sich hier einiges geändert. Das Angebot ambulanter und stationärer Behandlungsmöglichkeiten hinkt dem Bedarf hinterher. Kostengründe haben das Angebot reduziert. Termine für ambulante oder stationäre Behandlungen sind lange im Voraus vergeben. Die gemeindenahe Psychiatrie kann so der Dynamik des Krankheitsverlaufs nicht gerecht werden. In diese Situation kann eine Patientenverfügung, die überwiegend die Verweigerung medizinischer Behandlungen zum Ausdruck bringt, schnell zu einer Falle werden. Auch wenn es nicht offen zugegeben wird, führt die Prüfung der Anwendbarkeit der Patientenverfügung im Zweifel zu einer Entscheidung gegen die Behandlung und damit womöglich auch gegen das Leben.

Wann muss der Staat eingreifen?

Das eigene Recht, eine Maßnahme zu verweigern oder zu wünschen, trifft auf seine Grenzen, wo der staatliche Schutz der Grundrechte anderer Personen zu gewährleisten ist. Die autonome Willensentscheidung kann nur so weit reichen, wie die eigenen Rechte betroffen sind. Dieser Grundsatz gilt für jeden.

Der Gesetzgeber hat diesen Grundsatz durch Geh- und Verbote, die Definition von Ordnungswidrigkeiten und Straftaten in den entsprechenden gesetzlichen Bestimmungen umgesetzt.

Gefährdet eine Person die Rechte Dritter im Zustand krankhafter seelischer Störung, wegen einer tiefgreifenden Bewusstseinsstörung oder wegen einer Intelligenzminderung oder einer schweren anderen seelischen Störung, gelten gesonderte gesetzliche Bestimmungen. Auf Grund dieser Bestimmungen können freiheitsentziehende Unterbringungen und Zwangsbehandlungen angeordnet werden.

Beispiel

In wahnhafter Verkennung der Situation glaubt sich die psychisch erkrankte Person durch den Nachbarn bedroht und will sich durch einen tätlichen Angriff vor der vermeintlichen Bedrohung schützen. Es kommt zum Eingreifen der Ordnungsbehörden und zur Einweisung in eine psychiatrische Klinik.

72 Brosey D., Psychiatrische Patientenverfügung nach dem 3. Betreuungsrechtsänderungsgesetz, BtPrax 2010, 161, 165

Derartige vom Gesetzgeber bestimmte Maßnahme sind an den Grundsatz strikter Verhältnismäßigkeit gebunden. Strenge materielle und verfahrensrechtliche Anforderungen müssen sicherstellen, dass die betroffenen Freiheitsrechte nicht mehr als unabdingbar beeinträchtigt werden.[73]

Für die Wirksamkeit der Patientenverfügung bedeutet dies, dass in das Recht der autonomen Entscheidung nur so weit eingegriffen werden darf, wie es erforderlich ist, den Eingriff in die Rechte anderer zu unterbinden

2.5.8 Der Umgang mit Patientenverfügungen in Institutionen

Die routinemäßige Erfassung einer Patientenverfügung bei der Aufnahme in ein Krankenhaus oder eine stationäre Einrichtung der Altenhilfe gehört heute zum Standard. Patienten – bzw. bei Einwilligungsunfähigkeit deren Angehörige – werden spätestens bei der ärztlichen oder bei der pflegerischen Anamnese gefragt, ob eine Patientenverfügung vorliegt und ob sie in die Patientenakte übernommen werden soll. Ob dies einer Verwaltungskraft bei der formalen Aufnahme überlassen werden kann, erscheint zweifelhaft, da die antizipierte Entscheidung bzgl. einer Behandlung nicht anders wie die aktuelle zu behandeln ist, und die wird auch nicht mit der Verwaltung besprochen. Auch eine „Vorprüfung" der Wirksamkeit der Patientenverfügung dürfte bedenklich sein, da die Deutungshoheit in der Hand der ärztlich behandelnden Personen und der rechtlich vertretenden Person liegt.

Soweit häufig empfohlen wird, vor einer risikoreichen Operation den Inhalt der Patientenverfügung zu erörtern und diese gegebenenfalls zu aktualisieren, bleibt klarzustellen, dass die Patientenverfügung nur dann Anwendung findet, wenn die Fähigkeit zur Einwilligung aufgehoben ist. Steht die Behandlung unmittelbar bevor, gilt es, die Einwilligungsfähigkeit festzustellen und bejahendenfalls die der Einsichtsfähigkeit entsprechende Aufklärung vorzunehmen und die aktuelle Einwilligung einzuholen, die den bevorstehenden Behandlungszeitraum, z.B. während der Narkose, abdeckt.

Erst dann, wenn sich die Einwilligungsunfähigkeit herausstellt, kommt die Patientenverfügung unmittelbar oder mittelbar zum Zuge. In diesem Fall macht es durchaus Sinn, wenn die Institution entsprechende Hinweise für den unmittelbaren bzw. mittelbaren Umgang mit der Patientenverfügung gibt.

Die Patientenverfügung bestimmt über die ärztliche Behandlung oder Nichtbehandlung. Hält die ärztlich behandelnde Person sich nicht an die Bestimmung, kann die Behandlung unter Umständen von der Krankenversicherung als aufgedrängte Behandlung angesehen und nicht reguliert werden. Je nach Beurteilung der ärztlichen Leistung kann es zu erheblichen Rechtsstreitigkeiten darüber kommen, wer letztlich die Kosten trägt. In dieser Situation erscheint es sinnvoll, die Patientenverfügung nicht in die Hände der Versicherer zu geben.

73 Beschluss 2 BvR 1866/17; 2 BvR 1314/18 vom 08.06.2021

Schutz vor der Deklassierung der letzten Lebensphase als „wrongful life" – Leben als Schaden – durch die Patientenverfügung!

Ein Weiterleben ab einem Zeitpunkt, wo das Leben keinen Sinn mehr hatte, wird vom OLG München in seinem Urteil vom 21.12.17 – 1 U 459/17 als Schadenstiftung durch den behandelnden Arzt betrachtet. Als Erbe kann der Sohn den entsprechenden Schadensersatz verlangen. Dem war eine langwierige Auseinandersetzung zwischen Sohn, Arzt und Betreuer vorausgegangen, die durch eine Patientenverfügung hätte vermieden werden können.

2.5.9 Kritische Anmerkungen

Vor dem leichtfertigen Umgang mit den Möglichkeiten des Patientenverfügungsgesetzes muss nachdrücklich gewarnt werden. Ein in jungen Jahren schriftlich verfasster Wille, nach einem Sportunfall dann nicht gerettet werden zu wollen, wenn ein Leben mit Behinderung durch Lähmung oder Amputation droht, kann sich später als leichtfertiger Verzicht auf ein dennoch lebenswertes Leben darstellen. Wer bei der Umsetzung einer solchen Verfügung nicht mitwirken will oder aus ethischer Überzeugung kann, sollte sich nicht als bevollmächtigte Person bevollmächtigen lassen oder die rechtliche Betreuung übernehmen.

Schließlich sei darauf hingewiesen, dass eine regelmäßige Überprüfung der bereits früher verfassten Patientenverfügung dringend geboten erscheint, obwohl eine zeitliche Begrenzung von Patientenverfügungen nicht gegeben ist. Die gesetzliche Verpflichtung, Patientenverfügungen auch ohne Reichweitenbegrenzung umzusetzen, war bei einer Abfassung vor dem 18.6.2009 noch nicht bekannt, wurde daher von der verfassenden Person auch nicht entsprechend berücksichtigt und kann daher unter Umständen auch eine entsprechende Wirksamkeit nicht entfalten. Darüber hinaus ist die Aufgabenstellung für die rechtlich vertretende Person der neuen Rechtslage anzupassen: Sie kann in die im Gesetz genannten Maßnahmen nur einwilligen, nicht einwilligen oder die Einwilligung widerrufen, wenn die Vollmacht diese Maßnahmen ausdrücklich umfasst.

Der große Erfolg der Aufklärungskampagnen der Kirchen und Verbände im Hinblick auf eine Selbstbestimmung am Lebensende durch Patientenverfügungen darf jedoch nicht über die damit verbundenen Probleme hinwegtäuschen. Bereits im Jahr 2000 hat der Vormundschaftsgerichtstag[74] sehr frühzeitig ein Diskussionsforum geboten zum Thema: Die Ethik der Vorsorge und die Ethik der zukünftigen Helfer:

Die zukünftigen „Helfer" in den Bereichen Pflege, Medizin und Recht werden in Anbetracht der Fülle verschiedenster Patientenverfügungen und Vorsorgevollmachten einer ebenso großen Fülle und Vielfalt von Auslegungen und Anweisungen der bevollmächtigten Personen ausgesetzt sein, die jeweils für sich in Anspruch nehmen, durch die Wertevorstellungen und Wünsche des betroffenen Menschen bestimmt zu sein.

74 7. Vormundschaftsgerichtstag, 18.–21.10.2000 in Erkner bei Berlin, Arbeitsgruppe 10. Die Dokumentation ist beim Deutschen Vormundschaftsgerichtstag e.V., Kurt-Schumacher-Platz 9, 44787 Bochum, erhältlich.

Die „helfenden" Berufe sind jedoch an eigenen Berufsbildern und Wertevorstellungen orientiert, so dem Berufsbild moderner Altenpflege, dem ärztlichen Ethos (manifestiert im Eid des Hippokrates und den Richtlinien der Bundesärztekammer) sowie einer dem Grundgesetz verpflichteten Rechtsordnung.

Nicht jeder vorsorglich geäußerte oder später gemutmaßte Wunsch des betroffenen Menschen wird einmal vollzogen. Nicht zuletzt waren es Pflegende, die mit ihrer Weigerung, die PEG-Ernährung auf Anweisung von Arzt und Betreuer einzustellen, mit dem sogenannten Kemptener Fall die umfassende Grundsatzdiskussion zu der rechtlichen und medizinischen Bewertung lebensbeendender Maßnahmen auslösten.

Die sich abzeichnenden Zielkonflikte bedürfen einer rechtzeitigen Klärung, einer Absteckung der Grenzen des von den Hilfesuchenden Wünschbaren und der Offenlegung der Grenzen des durch die potenziellen Helfer Machbaren.

Auf dem Hintergrund der anhaltenden Kostendiskussion, sich einschleichender Euthanasiebestrebungen und einem möglicherweise daraus resultierenden gesellschaftlichen Druck zeichnet sich die Gefahr des Missbrauches unreflektiert abgegebener Patientenverfügungen zur Lebensbeendigung ab. Zu großer Sorge gibt die diesbezügliche Entwicklung in den Niederlanden Anlass. Es besteht die Gefahr, dass die Propagierung einer massenhaften Patientenverfügung zur Lebensbeendigung in die Diskussion zur Budgetierung gerät. Ein positives Signal demgegenüber ist die Entwicklung der Hospizbewegung in Deutschland.

Gegen eine die Ausschlusskriterien formulierende Patientenverfügung herkömmlicher Art setzen wir Hoffnung in eine Patientenverfügung, die positiv benennt, in welcher Art und Weise die letzte Lebensphase gestaltet werden soll. Mögliche positive Kriterien/Wünsche einer **positiven Patientenverfügung** sind:

- Schmerzfreiheit,
- Begleitung in der letzten Lebensphase durch Personen des Vertrauens, die jederzeit Zugang haben sollen,
- Verbleib im gewohnten häuslichen und familiären/sozialen Umfeld,
- letzte Wünsche und letztwillige Verfügungen.
- Ermutigung der potenziellen Helfer zum Eingehen von Risiken für den Patienten bei Erfüllung seiner Wünsche,
- bestmögliche Pflege,
- Einhaltung der selbst gewählten Sterbekultur

Die Wiedergabe der Ergebnisse der Arbeitsgruppe des Vormundschaftsgerichtstags soll hier als Anregung an den Leser dienen, möglichst individuell und authentisch die eigenen Wünsche niederzulegen.

2.5.10 Auf dem Weg zur aktiven Sterbehilfe? Eine verbesserte Hospiz- und Palliativversorgung als Antwort!

Die immer neu aufflammende Diskussion um die aktive Sterbehilfe, insbesondere den ärztlich assistierten Selbstmord, wie er u.a. vom Humanistischen Verband schon lange gefordert wird, beschwört gesellschaftliche schwerwiegende Konflikte herauf, die bisher mit der Berücksichtigung der allgemeinen und persönlichen Wertvorstellungen in der weit weniger brisanten Frage des Behandlungsabbruchs durch Beendigung lebenserhaltender Maßnahmen vermieden wurden.

In einer pluralen und zunehmend multireligiösen Gesellschaft sind daher bei Konflikten zwischen dem von der rechtlich vertretenden Person geltend gemachten Patientenwillen und den Vorstellungen der ärztlich behandelnden Personen nicht die allgemein gültigen, sondern die jeweiligen Wertevorstellungen der Gemeinschaft, welcher die betroffene Person angehört, ebenso in die Waagschale der Justitia zu legen wie die der helfenden Institutionen, soweit nicht eine zweifelsfrei die Situation treffende Entscheidung des Patienten vorliegt.

Das Bundesverfassungsgericht hat mit dem Urteil des Zweiten Senats vom 26. Februar 2020 die Diskussion neu eröffnet, indem es § 217 StGB für verfassungswidrig und nichtig erklärt. In den Leitsätzen heißt es hierzu:

„1. a) Das allgemeine Persönlichkeitsrecht (Art. 2 Abs. 1 i.V.m. Art. 1 Abs. 1 GG) umfasst als Ausdruck persönlicher Autonomie ein Recht auf selbstbestimmtes Sterben.

b) Das Recht auf selbstbestimmtes Sterben schließt die Freiheit ein, sich das Leben zu nehmen. Die Entscheidung des Einzelnen, seinem Leben entsprechend seinem Verständnis von Lebensqualität und Sinnhaftigkeit der eigenen Existenz ein Ende zu setzen, ist im Ausgangspunkt als Akt autonomer Selbstbestimmung von Staat und Gesellschaft zu respektieren.

c) Die Freiheit, sich das Leben zu nehmen, umfasst auch die Freiheit, hierfür bei Dritten Hilfe zu suchen und Hilfe, soweit sie angeboten wird, in Anspruch zu nehmen.

2. Auch staatliche Maßnahmen, die eine mittelbare oder faktische Wirkung entfalten, können Grundrechte beeinträchtigen und müssen daher von Verfassungs wegen hinreichend gerechtfertigt sein. Das in § 217 Abs. 1 StGB strafbewehrte Verbot der geschäftsmäßigen Förderung der Selbsttötung macht es Suizidwilligen faktisch unmöglich, die von ihnen gewählte, geschäftsmäßig angebotene Suizidhilfe in Anspruch zu nehmen.

3. a) Das Verbot der geschäftsmäßigen Förderung der Selbsttötung ist am Maßstab strikter Verhältnismäßigkeit zu messen.

b) Bei der Zumutbarkeitsprüfung ist zu berücksichtigen, dass die Regelung der assistierten Selbsttötung sich in einem Spannungsfeld unterschiedlicher verfassungsrechtlicher Schutzaspekte bewegt. Die Achtung vor dem grundlegenden, auch das eigene Lebensende umfassenden Selbstbestimmungsrecht desjenigen, der sich in eigener Verantwortung dazu entscheidet, sein Leben selbst zu beenden, und hierfür Unterstützung sucht, tritt in Kollision zu der Pflicht des Staates, die Autonomie Suizidwilliger und darüber auch das hohe Rechtsgut Leben zu schützen.

4. Der hohe Rang, den die Verfassung der Autonomie und dem Leben beimisst, ist grundsätzlich geeignet, deren effektiven präventiven Schutz auch mit Mitteln des Strafrechts zu rechtfertigen. Wenn die Rechtsordnung bestimmte, für die Autonomie gefährliche Formen der Suizidhilfe unter

Strafe stellt, muss sie sicherstellen, dass trotz des Verbots im Einzelfall ein Zugang zu freiwillig bereitgestellter Suizidhilfe real eröffnet bleibt.

5. Das Verbot der geschäftsmäßigen Förderung der Selbsttötung in § 217 Abs. 1 StGB verengt die Möglichkeiten einer assistierten Selbsttötung in einem solchen Umfang, dass dem Einzelnen faktisch kein Raum zur Wahrnehmung seiner verfassungsrechtlich geschützten Freiheit verbleibt.

6. Niemand kann verpflichtet werden, Suizidhilfe zu leisten."[75]

Das Urteil wird kontrovers diskutiert. Sterbehilfevereine begrüßen das Urteil. Palliativmediziner*innen und Hospize befürchten, dass der häufigste Grund für einen Sterbewunsch – niemandem zur Last fallen zu wollen – zu einem Druck wird, der besonders alte und kranke Menschen dazu nötigt, aus dem Leben scheiden zu wollen.

Ein Suizid ist nach der Rechtsprechung nicht freiverantwortlich, wenn dem Suizidenten die Einsichts- und Urteilsfähigkeit fehlt, um die Tragweite und Bedeutung seines Entschlusses zu erkennen, oder die Fähigkeit, abzuwägen und sich nach seiner Einsicht zu richten (z.B. aufgrund von Alter, Krankheit, psychischer Störung oder Alkohol- oder Drogeneinfluss.) Er ist ebenfalls nicht freiverantwortlich, wenn der Entschluss zur Selbsttötung auf Zwang, Drohung oder Täuschung beruht, es an einer tieferen Reflexion über den eigenen Todeswunsch fehlt oder der Wunsch nicht von innerer Festigkeit und Zielstrebigkeit getragen ist.

Wer einen solchen nicht freiverantwortlichen Suizid zulässt oder gar unterstützt, kann sich je nach den Umständen des Einzelfalles wegen unterlassener Hilfeleistung[76], Tötung durch Unterlassen[77], u.U. auch wegen einer fahrlässigen Tötung[78] oder wegen einer vorsätzlichen Tötung[79] strafbar machen.

In der Behandlungsrealität wird durch die Stärkung der Palliativversorgung der aktiven Sterbehilfe praktisch der Boden entzogen. Wenn Patienten aus Angst vor „unerträglichen Schmerzen" und „unwürdigen" Bedingungen in der Pflege die „Todespille" verlangen, einen Behandlungsabbruch aktuell oder im Voraus verfügen, dann könnte die Freiverantwortlichkeit wegen einer Täuschung über die nunmehr gesetzlich verankerte Palliativversorgung entfallen.

Durch das **Hospiz- und Palliativgesetz vom 8.12.2015** wird die Versorgung der Menschen am Lebensende erheblich verbessert. Das Gesetz regelt die Versorgung Sterbender zu Hause, im Hospiz oder in Pflegeeinrichtungen und Krankenhäusern.

Mit dem Gesetz wurde die Palliativversorgung ausdrücklich Bestandteil der Regelversorgung in der gesetzlichen Krankenversicherung. Im vertragsärztlichen Bereich vereinbarten die Selbstverwaltungsparteien zusätzlich vergütete Leistungen zur Steigerung der Qualität der Palliativversorgung, zur Zusatzqualifikation der Haus- und Fachärzte sowie zur Förderung der Netzwerkarbeit.

---

75 BVerfG Urteil vom 26. Februar 2020 – 2 BvR 2347/15; 2 BvR 651/16; 2 BvR 1261/16; 2 BvR 1593/16; 2 BvR 2354/16; 2 BvR 2527/16, abrufbar u.a. unter www.bundesverfassungsgericht.de

76 § 323c StGB

77 §§ 212, 13 StGB

78 § 222 StGB

79 § 212 StGB

Die Sterbebegleitung wurde ausdrücklich Bestandteil des Versorgungsauftrags der sozialen Pflegeversicherung, was durch Kooperationsverträge mit Haus- und Fachärzten umgesetzt werden muss, die eine zusätzliche Vergütung erhalten.

Damit wird eine Entwicklung gestärkt, die von der Krankenschwester und Ärztin Dame Cicily Saunders (1918–2005) ins Leben gerufen wurde und die zum Ziel hat, durch eine umfassende Hospiz- und Palliativversorgung ein gutes Leben bis zuletzt zu ermöglichen durch eine Verbesserung der Lebensqualität und größtmögliche Schmerzlinderung.

Ein wichtiger Schritt zur Anerkennung und Institutionalisierung war 1990 die konzeptionelle Beschreibung der „palliative care" – lindernde Pflege – durch die WHO.

Nach der im Jahre 2002 von der WHO angepassten Definition ist Palliative Care ein Ansatz zur Verbesserung der Lebensqualität von erkrankten Personen und ihren Angehörigen, die mit einer lebensbedrohlichen Krankheit konfrontiert sind. Dies geschieht durch Vorbeugen und frühzeitiges Erkennen von Leiden, sorgfältige Einschätzung und Behandlung von Schmerzen sowie anderen Problemen körperlicher, psychosozialer und spiritueller Art. Die hiermit von der WHO eingefügten Begriffe „Vorbeugen und frühzeitiges Erkennen" verlegen den Einsatz der Palliativmedizin zeitlich nach vorne von der letzten Phase schon an den Beginn der schweren Erkrankung mit der Diagnosestellung: Der Gegensatz von curativer und palliativer Behandlung wird damit überwunden.

Dies hat in der Gesetzgebung und den daraus resultierenden Vereinbarungen der Helferinstitutionen mit den Kostenträgern weitreichende Folgen für die betroffenen Personen.

Der § 132 g SGB V ermöglicht folgerichtig seit Beginn des Jahres 2018 den stationären Pflegeeinrichtungen und Einrichtungen der Eingliederungshilfe für Menschen mit Behinderung eine „gesundheitliche Versorgungsplanung für die letzte Lebensphase" – finanziert durch die gesetzlichen Krankenversicherungen. Damit wird auch formal das international etablierte Konzept des Advance Care Planning – ACP –, Behandlung im Voraus planen – BVP – eingeführt.

Gerade auch für die Versorgung zu Hause bietet die spezialisierte ambulante Palliativversorgung (SAPV),[80] bei schweren Pflegefällen ein ergänzendes Versorgungsangebot durch das Palliativ-Care-Team (PCT), bestehend aus Ärzten, Pflegenden und einer Koordinationskraft.

Versicherte und ihre Angehörigen haben einen Anspruch auf individuelle Beratung und Hilfestellung durch die gesetzliche Krankenversicherung bei der Auswahl und Inanspruchnahme von Leistungen der Palliativ- und Hospizversorgung. Dabei sollen die Krankenkassen auch allgemein über Möglichkeiten persönlicher Vorsorge für die letzte Lebensphase informieren, insbesondere über Patientenverfügung, Vorsorgevollmacht und Betreuungsverfügung.

Dies ist jedoch beschränkt auf die „allgemeine" Information unter Wahrung der Patientenautonomie und berechtigt die Kassen nicht zur Kenntnisnahme der individuellen Patientenverfügung:

80 §§ 132d, 37b SBG V

Nachtrag

Auf rechtliche vertretende Personen und Angehörige können in der letzten Lebensphase der betroffenen Person Probleme zukommen, die belastend und in jedem einzelnen Fall gründlich abzuwägen und verantwortlich zu lösen sind, wobei sich die nachfolgenden ethischen Positionen herauskristallisiert haben:[81]

Im 21. Jahrhundert wird die Gesellschaft dominiert durch einen neoliberalen globalen Wettbewerb mit einer der angelsächsischen Tradition verpflichteten Forderung nach Selbstbestimmung, Selbstverantwortung und Selbstvorsorge.

Die Entscheidung am Lebensende zum Behandlungsabbruch steht dabei konsequenterweise in direktem Zusammenhang mit der Erschöpfung der Ressourcen sowohl personaler Natur (mentaler oder körperlicher Art durch Verlust des Lebenswillens oder schwerer Krankheit) als auch wirtschaftlicher Natur (nach Verbrauch der eigenen Vorsorgemittel = „Last für andere").

Der Dominierung der Diskussion um die Patientenautonomie am Lebensende durch die Juristen und hier zuvorderst ihre führenden Theoretiker ist die Erfahrung der Handelnden an der Basis entgegenzusetzen und insbesondere auch der Hinweis, einmal einen Blick in die Pflege-Fachzeitschriften zu werfen. Die Erfahrungen aus der Pflege und der Krankenhausseelsorge zeigen, dass Menschenwürde sich nicht allein in einem selbstbestimmten Sterben erweist.

Die biblische Tradition ebenso wie die Philosophie Emanuel Kants haben uns im „alten Europa" erkennen lassen, dass nicht allein besondere Fähigkeiten wie Vernunft und Autonomie die menschliche Würde begründen, sondern vielmehr die Einsicht in die Nichtverfügbarkeit, in die Endlichkeit, Verletzlichkeit und Sterblichkeit eines jeden Menschen. Der Mitmensch ist also als personales Gegenüber zu verstehen, das selbst für die autonome Gestaltung seines Lebens auf die Fürsorge anderer angewiesen ist.

So gesehen, erweist sich die Forderung nach einer Autonomie am Lebensende als paradox, ist doch das Sterben nicht der Ort, die Autonomie, das „Herr-Sein" des Menschen über sein Leben zu erweisen, sondern eine Herausforderung, sich mitsamt seiner Autonomie loszulassen und sich der Fürsorge der Mitmenschen – und sofern er gläubig ist, Gott – anzuvertrauen.

Ohne in den Kontrakt zwischen medizinisch behandelnden Personen und aufgeklärtem laizistisch gesinnten betroffenen Personen dreinreden zu wollen, ist in unserem pluralistischen Gemeinwesen das Recht zu respektieren, sich an seinen jüdischen, islamischen und christlichen Wertvorstellungen in den letzten Dingen zu orientieren, und zwar in dem Wechselspiel zwischen der betroffenen Person und den Helfenden jeglicher Profession, wobei das Vertrauen der betroffenen Person darauf gerichtet ist, nicht einem sog. Todesengel in die Hände geraten zu sein.

81 Vgl. Betrifft: Betreuung 09, hrsg. im Auftrag des VGT, S. 163 ff.

Der Rechtsfrieden verlangt die Aufrechterhaltung des Tötungstabus als Grundethos der drei großen monotheistischen Religionen im Sinne von Küng.[82] Die Wirkungsmacht von „Tabus" ist in der letzten Zeit anlässlich von verschiedenen Tabubrüchen wieder in das Bewusstsein der Öffentlichkeit gelangt.

Im großen Brockhaus wird unter dem Stichwort „Tabu" erläutert, dass es sich um einen Begriff aus den polynesischen Religionen handelt, wobei es um die Aufrechterhaltung des gesicherten Lebens (Heil im Diesseits) geht. Dies zu sichern, war Aufgabe der Religion, Tabu ein Mittel dazu. Die Funktion des Tabus ist der Schutz der Fraktion und Gemeinschaft. Tabus beziehen sich offenbar immer auf zentrale Werte einer Gesellschaft und werden mit der Zeit zu Selbstverständlichkeiten. Als vorrangige Hüter des Tötungstabus sind der Natur der Sache entsprechend die Religionen auch heute noch zu betrachten. In dem Septemberheft 2005 der Deutschen Richterzeitung mit dem „Schwerpunkt: Sterbehilfe" sind die Positionen der katholischen Kirche, der evangelischen Kirche und des humanistischen Verbandes ausführlich dargelegt.

Nehmen wir noch die Positionen des Judentums und des Islams hinzu,[83] so lässt sich eine eindrucksvolle Übereinstimmung der drei monotheistischen Religionen und ein gemeinsames Grundethos feststellen, wie es Küng[84] nachweist, das sich aus dem jüdisch-christlichen Dekalog (Zehn Gebote) und dem entsprechenden islamischen Pflichtenkodex ergibt, wobei es im vorliegenden Kontext nicht nur auf das Tötungsverbot, sondern auch das Gebot der Elternliebe ankommt.

Einig sind sich die Vertreter der genannten Religionen darin, dass es nicht unter allen Umständen gilt, das Leben zu erhalten. Es wird vielmehr nach einem handlungsorientierten dritten Weg bei der Sterbehilfe gesucht, jenseits der direkten Herbeiführung des Todes einerseits und der Lebensverlängerung um jeden Preis andererseits. Dabei soll das Einzelschicksal nicht dem Normen- und Rollenschutz geopfert werden müssen, es gälte, nicht Regeln für solche seltenen Fälle zu finden, wohl aber Entscheidungsspielräume, die in Verantwortung kontrolliert und straffrei wahrgenommen werden dürfen. Oder wie Dietrich Bonhoeffer es in seiner Ethik[85] prägnant formuliert: Solange das Leben des Kranken noch seine eigenen Forderungen stellt, solange ist der Arzt nicht nur dem Willen, sondern eben auch dem Leben des Kranken verpflichtet.

Dem mutigen Bekenntnis Bonhoeffers in der Zeit des Nationalsozialismus gegen die Euthanasie steht im Hinblick auf die 170.000 Opfer des nationalsozialistischen Euthanasieprogramms der erstaunlich unbefangene Umgang der Vormundschaftsrichter*innen heute mit dem Thema Euthanasie gegenüber. In dem Schwerpunktheft der Deutschen Richterzeitung (9/2005) zum Thema Sterbehilfe wird eine Umfrage unter den gegenwärtigen Vormundschaftsrichter*innen erster Instanz veröffentlicht, die im Ankreuzverfahren ihre Einstellung „zur Sterbehilfe allgemein" und „zur Straffreiheit der aktiven Sterbehilfe wie in den Niederlanden und Belgien" bekunden konnten, nachdem ihnen ein Ordinarius

82 Vgl. hierzu umfassend Raack, Patientenverfügung und Tötungstabu, Festschrift für Werner Bienwald zum 70. Geburtstag, Gieseking Verlag, Bielefeld 2006

83 Vgl. Raack a.a.O. S. 231

84 Das Judentum, 1991, S. 72

85 Bonhoeffer, Ethik, 1985, S. 170–176

für Staatsrecht versichert hatte: „Der Fragebogen ist einfach und ohne größeren Aufwand auszufüllen. Sie brauchen in der Regel nur das Kästchen, bei dem die zutreffende Antwort steht, anzukreuzen." Die Auszählung der Kästchen ergibt folgende Ergebnisse zur Sterbehilfe allgemein und zur Straffreiheit der Sterbehilfe:

1. Mehr als 3/4 der befragten Vormundschaftsrichter*innen der ersten Instanz halten die Sterbehilfe für einen durchaus legitimen Weg bei schwerer, unheilbarer Krankheit eines Menschen.
2. Ca. 70 % der konfessionslosen Richter*innen stimmen für eine Straffreistellung der aktiven Sterbehilfe. Dagegen sprechen sich nur 41 % der Protestanten und 37 % der Katholiken für eine solche Straffreistellung aus.

Aus der Pflegeforschung liegt folgendes Ergebnis vor: In erster Linie dürfte ein christlich-religiöses Menschenbild der entsprechenden Personen dazu beitragen, dass sich diese für ein Verbot der aktiven Sterbehilfe aussprechen – wobei sie als solche indessen in Deutschland wie in der Schweiz zu einer Minderheit von unter 20 % gehören.

Nicht die möglichst genaue Antizipierung der Fälle, in denen ein Behandlungsabbruch erfolgen soll, zeichnet die ethisch fundierte Patientenverfügung aus, sondern die Niederlegung der Grundüberzeugung der verfügenden Person, die als unbedingt verbindlich im Sinne der Gewissensfreiheit i.S.v. Art. 4 GG empfunden wird. Der Wunsch nach einer Rechtssicherheit bei der medizinischen Betreuung am Ende des Lebens stößt auf Schwierigkeiten insoweit, als sich noch keine verbindliche Definition des Begriffs Lebensende abzeichnet. Im Hinblick auf die Endlichkeit allen Lebens kündigt sich das Lebensende bereits mit der Mitteilung des Arztes einer „infausten Prognose", z.B. einer unheilbaren Krebserkrankung, an. Aber auch die Diagnose „Alzheimer" führt zu einem Abschied vom Leben „auf Raten". Es hat sich nun herauskristallisiert, dass der Umgang mit auf derartige Situationen bezogenen Patientenverfügungen die rechtlich vertretenden Personen ebenso wie die behandelnden und die pflegenden Menschen in schwere moralische Konflikte führen kann, die im Zusammenhang stehen mit dem Tötungstabu. Bei ihren Überlegungen und Entscheidungen können sie für sich den Schutz von Art. 4 GG, der Glaubens- und Gewissensfreiheit, in Anspruch nehmen.

Gleichen Rang erhält jedoch auch die Patientenverfügung, wenn sie über das Antizipieren der Grenzen des Lebenswillens in bestimmten Lebenslagen hinausgeht, wenn die verfügende Person Grundüberzeugungen niederlegt, die ganz allgemein und nicht nur in einer bestimmten Lebensphase Geltung beanspruchen, weil sie diese als für sich in einer Weise unbedingt verbindlich erfährt, sodass sie nicht ohne Gewissensnot gegen sie handeln könnte.[86]

Stehen sich gleichrangige Vorstellungen der Helfenden im Sinne von Art. 4 GG sowie der die Patientenverfügung verfassenden Person als Ausdruck ihrer Grundüberzeugung im Sinne von Art. 4 gegenüber, so muss es zu einem Ausgleich im Wege der praktischen Konkordanz, also des vom Bundesverfassungsgericht für derartige Konflikte vorgesehenen schonenden Ausgleiches, kommen.

86 Dodegge/Roth, Betreuungsrecht Praxiskommentar, 2005, C Rn. 121

Rechtlich vertretende Personen, die zunächst stellvertretend der Grundversorgung im Heim zustimmen und dann zu einem beliebigen Zeitpunkt deren Einstellung verlangen, noch dazu unter Berufung auf den mutmaßlichen Willen (vgl. BGH v. 8.6.2005), müssen sich fragen lassen, welche Kriterien sie dabei leiten, oder sie setzen sich dem Vorwurf der Willkür aus und fordern zu einer „Verweigerung" heraus.

Zwar kann die rechtlich vertretende Person in höchstpersönlichen Angelegenheiten aufgrund des von ihr behaupteten wirklichen oder mutmaßlichen Willens der zu vertretenden Person im Heimvertrag die wechselseitige Verpflichtung zur künstlichen Ernährung eingehen und später bei unverändert andauerndem Koma unter Berufung auf einen ebensolchen Willen die heimvertragliche Regelung mit dem Ziele des Behandlungsabbruchs widerrufen, ohne dass die Gewissensfreiheit des Pflegepersonals die Fortsetzung der künstlichen Ernährung rechtfertigen würde, wie der XII. Zivilsenat in der angegebenen Entscheidung unmissverständlich festgestellt hat. Allerdings ist die Einhaltung des Tötungstabus durch das Pflegepersonal hierdurch nicht infrage gestellt, da der XII. Zivilsenat seine Überlegung im Rahmen der Fragestellung anstellt, ob das Heim bzw. die Pflegenden sich auf „ein aus ihren verfassungsmäßigen Rechten abgeleitetes Verweigerungsrecht berufen können", er kommt dabei zu dem Ergebnis, dass die Gewissensfreiheit gemäß Art. 4 GG dem Pflegepersonal kein Recht verleiht, sich durch aktives Handeln über das normale Selbstbestimmungsrecht der rechtlich vertretenden Person hinwegzusetzen. Darin liege auch der Unterschied zur Normsituation des § 12 Absatz 1 Schwangerschaftskonfliktgesetz: „Danach ist zwar niemand verpflichtet, an einem Schwangerschaftsabbruch mitzuwirken. Die Vorschrift berechtigt aber auch niemanden, durch positives Tun in die Rechte Dritter einzugreifen, um Abtreibungen zu verhindern." Übertragen auf die Situation des Behandlungsabbruchs ist die Achtung des Tötungstabus durch die Pflegenden des betroffenen Heims gewahrt: Niemand ist verpflichtet, an einem Behandlungsabbruch mitzuwirken.

Ebenso wie die rechtlich vertretende Person sich aus der vertraglichen Verpflichtung, die künstliche Ernährung durchführen zu lassen, lösen kann, muss auch dem Heim eine solche Möglichkeit offenstehen – sei es wegen des Wegfalls der Geschäftsgrundlage, sei es aus der Natur der Sache heraus, da die zu leistende Pflege zwar die Hilfe beim Sterben, aber nicht zum Sterben umfasst. Der rechtlich vertretenden Person bleibt in dieser Situation dann nur die Möglichkeit der Verlegung der betroffenen Person in eine andere Einrichtung, die den weltanschaulichen Vorstellungen entspricht.

Handelt es sich bei der rechtlich vertretenden Person um die eigenen Kinder, wiegt die Entscheidung doppelt schwer und erzeugt wegen der Verfügbarkeit des Sterbens schwerwiegende familiäre Konflikte, je nach der religiös-weltanschaulichen Einstellung der Familienangehörigen.

Wer meint, in unserer säkularen Gesellschaft übernähmen die Kinder und Enkel den der Vollmacht zugrunde liegenden Auftrag ganz unbefangen, zumal damit auch eine Erbschaft winke, verkennt den Umstand, dass jedenfalls die Enkel der 68er-Generation, die jedes Tabu beseitigen wollte, wie auch immer ein hohes Maß an Religiosität entwickelt haben. Geholfen haben dabei die Eltern (die Kinder der 68er), die, selbst weitgehend ohne Religion aufgewachsen, für ihre Kinder eine religiöse Kindererziehung forderten, worauf die Kirchen seinerzeit sehr einladend reagiert haben, insbesondere im Bereich der Kindergärten und sogar der Zulassung zur Taufe.[87]

Die Bereitschaft, den Behandlungsabbruch bei Eltern oder Großeltern durchzusetzen, dürfte daher zunehmend Skrupeln bzw. religiösen Bedenken Platz machen und mitunter zu gravierenden diesbezüglichen Konflikten innerhalb der Familie führen, je nach dem Grad der Religiosität bzw. Weltanschauung der einzelnen Familienmitglieder.

Auf der Grundlage der geschilderten religiösen weltanschaulichen Grundsätze macht es sehr wohl einen Unterschied, ob die Patientenverfügung mithilfe des kirchlichen Formulars oder des Formulars der nihilistischen Deutschen Gesellschaft für humanes Sterben abgefasst ist, ebenso wie die Auswahl der ärztlich behandelnden Person etwa eines kirchlichen Krankenhauses oder einer staatlichen niederländischen Klinik.

Ein beredtes Zeugnis bezüglich des Nebeneinanders von bürgerlichem und religiösem Recht in einem laizistischen Staat bot der lange Sterbeprozess des Palästinenser-Präsidenten Jassir Arafat in Paris. Unter den Augen der Weltöffentlichkeit erschien am 10.11.2004 der ranghöchste palästinensische Rechtsgelehrte Taisir Tamani am Sterbebett und erklärte anschließend, der 75-Jährige lebe trotz seines sehr schlechten Gesundheitszustandes. „Ich bin fast eine Stunde an seiner Seite gewesen und habe Gott gebeten, sein Leiden zu lindern." Es gehe nicht darum, lebenserhaltende Geräte abzustellen, das verbiete der Islam.[88]

Die Forderung nach einem Beistand, wie sie sowohl in dem Formular des Bundesjustizministeriums als auch dem der beiden großen Kirchen enthalten ist, erfährt auf diesem Hintergrund ein besonderes Gewicht.

Wenn es dort heißt: „Ich möchte Beistand durch eine Vertreterin oder einen Vertreter folgender Kirche (besser Religionsgemeinschaft!) oder Weltanschauungsgemeinschaft" und dort ein Pfarrer, Rabbiner oder Imam, ein Vertreter der Zeugen Jehovas oder der Deutschen Gesellschaft für humanes Sterben angegeben ist, so kann das weit über den seelischen Beistand hinaus Einfluss auf die zu treffende Entscheidung über einen Behandlungsabbruch haben, bis hin z.B. zu einem Veto gegen eine medizinisch indizierte Bluttransfusion. Ist in einer Patientenverfügung der Beistand eines religiösen oder weltanschaulichen Vertreters gewünscht, dürfte dessen Teilnahme an dem in vielen Krankenhäusern hierfür vorgesehenen ethischen Konsil geboten sein.

2.5.11 Heutiges Medizinverständnis und Patientenverfügung

Die gesetzliche Regelung mit der Möglichkeit, in die ärztlich indizierte Maßnahme einzuwilligen, nicht einzuwilligen oder die Einwilligung zu widerrufen, kommt zu einem Zeitpunkt, in dem die Ärzteschaft zusammen mit der medizinischen Ethik diese Engführung längst verlassen hat.

Vom ärztlichen Verständnis des Krankheitsbegriffs erscheint die bisherige Rechtslage nach der Entscheidung des Bundesgerichtshofes (BGH) vom 17.3.2003 durchaus geeignet, rechtlich und medizinisch gerechtfertigte Entscheidungen zu ermöglichen, wie Borasio, Putz und

87 Raack, W., Doffing, R., Raack, M., Recht der religiösen Kindererziehung, 2003, S. 191 ff. bzw. S. 70

88 dpa-Meldung vom 11.11.2004

Eisenmenger im Deutschen Ärzteblatt[89] ausgeführt haben. Hiernach sind medizinische Maßnahmen nicht per se indiziert, sondern es bestehen zu jedem Zeitpunkt einer Krankheit in der Regel mehrere Therapieoptionen, über die sich ein Dialog zwischen Arzt und Patient entwickeln sollte mit dem Ziel, einen Konsens über den weiteren Behandlungsweg zu erzielen. Dies gilt aus ärztlicher Sicht gleichermaßen für die bewusstlose Person mit oder ohne Patientenverfügung. Eine medizinische Maßnahme ist nicht deswegen per se geboten, weil sie das Leben verlängert. Das anzustrebende Therapieziel beruht vielmehr auf dem Konsens zwischen rechtlich vertretender Person und der ärztlich behandelnden Person.

Eine Patientenverfügung ist dabei verbindlich, sofern sie sich eindeutig auf die aktuelle Situation bezieht, wobei die Konsensbasis durch die Einbeziehung von nächsten Angehörigen oder Bezugspersonen verbreitert wird. Ist ein solcher Konsens nicht zu erzielen, bietet die betreuungsgerichtliche Prüfung die Möglichkeit, den Entscheidungskonflikt zu klären oder aufzulösen.

Der Patientenwille ist grundsätzlich in vier Stufen zu ermitteln:

1. Tatsächlicher, aktuell erklärter Wille des aufgeklärten und einwilligungsfähigen Patienten (immer vorrangig); falls nicht möglich:
2. vorausverfügter, durch schriftliche Patientenverfügung erklärter Wille (fortwirkend und verbindlich, sofern sich die Verfügung eindeutig auf die aktuelle Situation bezieht);
3. falls keine derartige Patientenverfügung vorhanden: individuell-mutmaßlicher Wille (aus früheren Äußerungen, Wertvorstellungen und so weiter zu ermitteln); falls das nicht möglich ist:
4. allgemein mutmaßlicher Wille (anhand von sogenannten „allgemeinen Wertvorstellungen" zu ermitteln).

In schwierigen Fällen soll demgegenüber ein interdisziplinäres Konsil unter Einbeziehung von Vertretern der Bereiche Recht, Ethik/Theologie und Palliativmedizin zur Konsensbildung beitragen.

2.5.12 Das ethische Konsil und die ethische Fallbesprechung

Während das im Gesetzgebungsverfahren bezüglich der Patientenverfügung vorgeschlagene und diskutierte Konsil der Selbstbestimmung des Patienten und der Umsetzung seines Willens dienen sollte, gehen das ethische Konsil und die ethische Fallbesprechung von der Situation der medizinisch behandelnden Personen und der Pflegenden aus. Diese sehen sich durch die fortschreitende Entwicklung in vielen Bereichen der Medizin zunehmend Problemen und Fragen ausgesetzt zur Sinnhaftigkeit therapeutischen Handelns. Bei vielen Krankheiten und Verletzungen, die vor wenigen Jahren noch tödlich verlaufen wären, kann heute das Leben erhalten werden. Die zunehmenden Möglichkeiten, Leben zu verlängern, konfrontieren die Behandlungsteams mit der Frage nach dem Gewinn für die betroffene Person, insbesondere dann, wenn die Gesamtprognose hinsichtlich der Lebenserwartung und der Lebensqualität schlecht ist.

89 2003, A 2062–2065

Die Krankenhäuser und Pflegeeinrichtungen tragen dieser Situation zunehmend dadurch Rechnung, dass sie Ethik-Komitees einrichten und die Durchführung eines ethischen Konsils bzw. einer ethischen Fallbesprechung anbieten und fördern.

Derartige Ethikberatung gehört heute schon zu den Qualitätsstandards vieler Krankenhäuser. So verweist z.B. die Homepage des Universitäts-Klinikums Aachen (www.ukaachen.de) auf den viel beachteten Grundsatzaufsatz von Ulrich Eibach: Klinisches „Ethik-Komitee" und „ethisches Konsil" im Krankenhaus – Empfehlungen und Arbeitsweise. Patienten und Angehörige können sich hier gleichermaßen informieren und auf kritische Situationen vorbereiten.

Im Bereich der Pflegeheime hat sich das Nimweger Modell der multidisziplinären ethischen Fallbesprechung[90] als richtungsweisend erwiesen.

Nach Eibach unterscheiden sich die Gremien dadurch, dass die Aufgabenbereiche des Ethikkomitees umfassender sind. Es hat ethische Leitlinien zu erarbeiten, kann aber auch in Einzelfallentscheidungen beratend tätig werden. Grundsätzlich können alle in der Einrichtung auftretenden ethischen Probleme hier besprochen werden. Das ethische Konsil hingegen ist überwiegend eine Beratung unter Personen, die mit der Behandlung einer bestimmten Person befasst sind, in Bezug auf eine ganz bestimmte ethische Fragestellung. Auf der Intensivstation kann es beispielsweise um die Klärung der weiteren Behandlungsstrategie gehen, ob etwa bei einer schlechten Prognose eine Behandlungsbegrenzung vorzunehmen ist, die das Sterben der betroffenen Person zulässt. Auf der Pflegestation kann es um die Frage gehen, ob bei nicht mehr ausreichend möglicher oraler Ernährung eine künstliche Ernährung etwa durch die PEG-Sonde erfolgen soll.

Mit den Anleitungen zur ethischen Urteilsbildung wie der Nimweger-Methode wird ein Schema bzw. ein Arbeitsbogen vorgegeben mit der Möglichkeit, durch eine derartig strukturierte Diskussion in einer begrenzten Zeit von maximal einer Stunde das ethische Problem mit dem Ziele einer qualitativ besseren Patientenversorgung zu lösen. Nebenziel ist eine Verbesserung der Kommunikation innerhalb der einzelnen Abteilungen dieser Einrichtung.

Keine einheitliche Meinung gibt es in Bezug auf die Teilnahme von Angehörigen oder der betroffenen Person selbst an dem ethischen Konsil. Eibach räumt ihnen ein Initiativrecht bezüglich der Einberufung und eine mittelbare Einbeziehung durch entsprechendes Gehör ein, lehnt die Teilnahme aber kategorisch ab, offenbar im Hinblick auf die interne Willensbildung des Behandlungsteams und die dabei gegebenenfalls konträr auszutragenden Meinungen. Der Medizinethiker Klaus Kobert, der in den Jahresberichten zur Klinischen Ethik des Evangelischen Krankenhauses Bielefeld über eine langjährige Erfahrung berichtet, differenziert mit der Bielefelder Verfahrensweise; nur bei zu erwartenden Kontroversen und Spannungen wird von der unmittelbaren Beteiligung der nächsten Angehörigen oder der betroffenen Person abgesehen.

Während die Teilnahme der rechtlich betreuenden Person, im Rahmen ihres entsprechenden Aufgabenbereiches, an dem im Gesetzgebungsverfahren diskutierten Konsil zwingend erforderlich ist, um die erwünschte Konsensbildung herbeizuführen, ist die Teilnah-

90 Vgl. hierzu B. Gordijn, Ethische Diskussionen im Team, Die Schwester/Der Pfleger, 2000, 114–117

me an dem ethischen Konsil des „Behandlungsteams" fraglich. Die Gründe, die gegen eine Teilnahme der betroffenen Person und ihrer Angehörigen sprechen, gelten für die rechtlich vertetende Person eigentlich im gleichen Maße. Wenn in der Praxis gleichwohl anders verfahren wird, hat das sicherlich auch praktische Gründe, da andernfalls unter Umständen zwei entsprechende Teilberatungen stattfinden müssten. Im Falle der rechtlichen Vertretung überschneiden sich somit beide Konstrukte. Dies wird exemplarisch deutlich an dem Jahresbericht 2012 zur Klinischen Ethik des Evangelischen Krankenhauses Bielefeld, in dem als Teilnehmende des Ethikkonsils u.a. ausdrücklich der rechtliche Betreuer genannt wird, die neben den behandelnden Ärzten als für die Entscheidung verantwortlich bezeichnet wird. Kobert[91] u.a. berichten denn auch eindrucksvoll die Etablierung der ethischen Beratung in diesem großen Krankenhaus.

Wie auch immer die Strukturen der ethischen Beratung in der jeweiligen Einrichtung gestaltet sind, kommen auf die rechtlich vertretenden Personen entsprechende Aufgaben zu, die nicht ohne umfassende Information über die entsprechende Beratungskultur zu bewältigen sind. Der Vormundschaftsgerichtstag hat sich schon frühzeitig dieser Aufgabe angenommen. Erstmals beim Westdeutschen Vormundschaftsgerichtstag im März 2008 in Bochum und dann beim Vormundschaftsgerichtstag im November 2008 in Erkner wurden die Teilnehmenden von dem Bielefelder klinischen Ethiker Klaus Kobert mit ihrer Rolle in der Ethikberatung vertraut gemacht.

Die Auseinandersetzung mit dem Thema ist aber auch für die Angehörigen von großer Bedeutung, sei es als Auskunftsperson, sei es als rechtlich vertretende Peron. In letzteren Eigenschaften tragen sie neben den ärztlich behandelnden Personen die Verantwortung mit. Die emotionale Belastung kann dabei zu einer schweren Bürde werden, welche die Entscheidungsfähigkeit einschränkt, ein Umstand, dem nur durch die aufgezeigten ethischen Beratungsstrukturen entgegengewirkt werden kann.

Mit Recht wendet sich Kobert[92] daher auch gegen ein Gesetz, das einseitig auf die Autonomie des Patientenwillens und seine Durchsetzung abstellt. Der verantwortungsvolle und sensible Umgang mit Therapieentscheidungen am Lebensende setzt eine multidisziplinäre, am Einzelfall orientierte Vorgehensweise voraus, andernfalls könnte die sich entwickelnde Kultur einer differenzierten ethischen Entscheidungsfindung abgebrochen werden.

Die bisherigen Reaktionen vonseiten der Ärzteschaft und der sie in diesem Anliegen unterstützenden Kirchen lassen erkennen, dass der eingeschlagene Weg unter Beachtung der gesetzlichen Vorgaben durchaus fortgesetzt werden kann.

Unüberbrückbar erscheint allerdings der Konflikt, wenn die ärztlich behandelnde Person überzeugt ist, durch ein Aufklärungsgespräch mit der rechtlich vertretenden Person den Widerstand gegen die lebensrettende Behandlung etwa bei drohender Behinderung überwinden zu können, der bewusstlose Patient aber eine eindeutige entgegenstehende Vorausverfügung, negative Patientenverfügung getroffen hat. Hier zeigt sich der schwere Mangel des Gesetzes, das auf eine entsprechende Aufklärungsverpflichtung beim Be-

91 Klaus Kobert, Margarete Pfäfflin, Stella Reiter-Theil, Ethik in der Medizin 2/2008, S. 131
92 Vgl. Dt. Ärzteblatt 2008, A 1590

handlungsverbot verzichtet hat und dadurch das Arztrecht unzulässig einschränkt, da jede ärztliche Maßnahme die ärztliche Aufklärung voraussetzt.

2.6 Selbsthilfe

Auskünfte, Beratungen und Hilfe in allen Fragen zur rechtlichen Betreuung, aber auch Hinweise auf Maßnahmen, durch die eine rechtliche Betreuungen vermieden werden kann, geben die Betreuungsgerichte, die bei den kreisfreien Städten und Kreisen angesiedelten Betreuungsbehörden sowie die örtlichen Betreuungsvereine.

Gegenseitige Hilfe, Erteilung von Rat und Tat im Umgang mit Krankheit und Behinderung finden betroffene Menschen bei den verschiedensten Selbsthilfegruppen, die sich auf der Grundlage gemeinsamer Erfahrungen die Vertretung der gemeinsamen Interessen bei Behörden und Sozialhilfeträgern sowie die Zusammenarbeit mit Ärzten und Einrichtungen des Gesundheitswesens zum Ziele gesetzt haben.

Die Verbände der Freien Wohlfahrtspflege, die Behindertenverbände und die Selbsthilfegruppen bilden zusammen das Netz der Selbsthilfeorganisationen im Bereich der Gesundheitsvorsorge.

Aktuell hat die Selbsthilfe einen ganz neuen hervorragenden Stellenwert bekommen. Mit der inzwischen erfolgten gesetzlichen Inkraftsetzung des **Übereinkommens der Vereinten Nationen über die Rechte von Menschen mit Behinderungen** hat ein Paradigmenwechsel stattgefunden: Politik für und mit behinderten Menschen erfolgt im Sinne der Einbindung, Ermutigung, Befähigung, selbstbestimmten Teilhabe und Gleichstellung – mit bürgerrechtlichem Ansatz, nicht als karitative Sozialpolitik.

Die wichtigsten Stationen dieses Politikwechsels sind u.a. das Allgemeine Gleichstellungsgesetz und die Einführung des **Wunsch- und Wahlrechts** und des **Persönlichen Budgets im Sozialgesetzbuch IX**. Statt einer direkten Sachleistung erhält die antragstellende Person auf Wunsch Geld, mit dem sie die Leistung selbst in Auftrag geben kann, z.B. soll nicht mehr eine Trägerorganisation den Haushaltseinkauf in Auftrag geben, sondern der betroffene Mensch selbst beauftragt eine Person oder einen Träger seiner Wahl, dies für ihn aus seinem Budget zu erledigen, das er selbst nach seinen Bedürfnissen verwaltet. Die Aktivierung der eigenen Kräfte hat also absoluten Vorrang und macht die rechtliche Betreuung i.S.d. „anderen Hilfen"[93] entbehrlich.

Zu den wichtigsten Entscheidungen gehört diejenige über die Wohnform. Hier leistet die Bundesinitiative **„Daheim statt Heim"**[94] wichtige Aufklärungsarbeit, indem sie ein selbstbestimmtes Wohnen und Leben „in der Gemeinde" mit entsprechender Assistenz propagiert, der Versorgung im Heim also die assistierte Selbstversorgung daheim entgegensetzt. Die Bundesinitiative um die Bundestagsabgeordnete Silvia Schmidt hat bedeutende Unterstützer aus Politik – Richard v. Weizsäcker und Henning Scherf –, Wissenschaft – Klaus Dörner und Johannes Roskothen –, Kunst und Medien – Bruno Ganz, Nina Ruge, Didi Hallervorden u.v.a. – und treibt das gesellschaftliche Umdenken voran im Sinne von **Inklusion und Empowerment**. In den USA und Skandinavien ist dies Leitbild der **Independent-Living-Bewegung**. Sie hat in Amerika in den 1960er-Jahren eine Konzeption für ein autonomes Wohnen behinderter Menschen in der Gemeinde entwickelt. Eckpunkte sind Beratung von Betroffenen durch Betroffene, Bildung, Wohnen, Arbeiten und gesellschaftliche Teilhabe. Diese Bewegung ist im Zusammenhang mit dem Umdenken der 68er-Bewegung im Umgang mit behinderten oder psychisch kranken Menschen zu sehen. Inklusion möchte mehr als die bloße Eingliederung alter und behinderter Menschen, sondern hat die soziale Umgestaltung im Sinne einer inklusiven Gesellschaft zum Ziel, die die Bürgerrechte aller respektiert und zur Geltung bringt. Empowerment steht für Stärke und Kompetenz im gesellschaftlichen Leben und bei der Alltagsbewältigung.

Wünschenswert in diesem Sinne ist jegliche Form selbstorganisierten Wohnens von generationsübergreifenden Nachbarschaften, Hausgemeinschaften und Alten-WGs bis zu betreuten Wohnformen. Sehr zu begrüßen ist hierbei, dass das Wohn- und Betreuungsvertragsgesetz derartige Wohnformen nicht dem Heimvertragsrecht unterwirft, da so Mietrecht und nicht die komplizierten und für Pflegeheime sinnvollen Informationspflichten, Preisanpassungs- und Kündigungsregelungen des Heimrechts gelten.

Die rechtlichen Möglichkeiten, derartige Wohnformen zu organisieren, sind vielfältig. Bereits in der Praxis bewährt haben sich Wohnungsbaugenossenschaften kombiniert mit Vereinen der Nachbarschaftshilfe.

Aber auch die individuelle altersgerechte Umgestaltung des vorhandenen Wohnraums ermöglicht es altersgebrechlichen Menschen, daheim wohnen zu bleiben, wobei die Beratungs- und Finanzierungsmöglichkeiten vielfältig sind. Der Staat hat die Wichtigkeit er-

93 § 1814 Absatz 3 Nr. 2
94 www.bi-daheim.de/ (abgerufen 30.6.2022)

kannt und fördert derartige Maßnahmen durch Leistungen der Krankenversicherung und zinsverbilligte Kredite der KfW.

Aber selbst eine Demenzerkrankung wird in Zukunft nicht zwingend zur „Heimeinweisung“ führen, da die Zahl der daheim pflegenden Angehörigen ansteigt. Es ist zu erwarten, dass in Zukunft die „Krippe für Senioren“ verlangt wird, um Beruf und Elternversorgung in Einklang zu bringen.

3 Die Einrichtung der rechtlichen Betreuung

Wann kann eine rechtliche Betreuung bestellt werden?

„Kann ein Volljähriger seine Angelegenheiten ganz oder teilweise rechtlich nicht besorgen und beruht dies auf einer Krankheit oder Behinderung, so bestellt das Betreuungsgericht für ihn einen rechtlichen Betreuer (Betreuer)."[1] Die beschriebenen Voraussetzungen legen fest, wann der Staat verpflichtet ist, Erwachsenen, deren rechtliche Handlungsfähigkeit beeinträchtigt ist, Schutz und Fürsorge durch Bereitstellung des Rechtsinstruments der rechtlichen Betreuung zu gewähren. Die rechtliche Betreuung stellt damit eine „geeignete Maßnahme" im Sinne von Artikel 12 Absatz 3 UN-BRK dar, durch die Menschen mit Behinderungen Zugang zu der Unterstützung verschafft wird, die sie bei der Ausübung ihrer Rechts- und Handlungsfähigkeit gegebenenfalls benötigen.[2] Die im Folgenden einzeln behandelten Voraussetzungen müssen kumulativ vorliegen:

3.1 Grundsatz der Erforderlichkeit

Wie ist die Erforderlichkeit im Betreuungsrecht definiert?

Erste Voraussetzung für die Bestellung einer rechtlichen Betreuung ist, dass sie erforderlich ist. Das Ziel des Betreuungsrechts ist vor allem, der rechtlich zu betreuenden Person ein selbstbestimmtes Leben unter Achtung ihrer Grundrechte zu ermöglichen. Für die rechtlichen Angelegenheiten – und nur diese –, die sie ganz oder teilweise nicht mehr eigenverantwortlich regeln kann, kann die betreuungsrechtliche Unterstützung beschlossen werden. Der rechtliche Betreuer handelt nicht etwa, wie vielfach angenommen wird, als Hilfe im tatsächlichen Sinne. Er unterstützt und, soweit erforderlich, vertritt ausschließlich bei der Regelung rechtlicher Angelegenheiten, welche dem vom Betreuungsgericht bestimmten Aufgabenkreis zuzurechnen sind.[3]

Eine rechtliche Betreuung darf nur für Aufgabenbereiche bestellt werden, in denen die rechtliche Unterstützung bei der eigenverantwortlichen Erledigung und/oder die stellvertretende Regelung rechtlicher Angelegenheiten tatsächlich erforderlich ist. Es bedarf daher eines konkreten rechtlichen Handlungsbedarfs, der nicht von der rechtlich zu betreuenden Person eigenverantwortlich oder mit anderer Hilfe erledigt werden kann. Vorrangig ist damit, die Erforderlichkeit der rechtlichen Betreuung zu prüfen. Dieser konkrete Handlungsbedarf kann dabei sowohl im Vorfeld einer zu treffenden rechtlichen Entscheidung oder/und bei der Umsetzung der Entscheidung gegeben sein.

1 § 1814 BGB
2 Vergl. Drs. 19/24445, S. 229 f.
3 Siehe Abschnitt 4

Beispiele

Der betroffeneB Mensch ist nicht in der Lage,

- *mit dem Arzt über die notwendige Behandlung zu sprechen und/oder zu entscheiden, welche der Behandlungsmöglichkeiten durchgeführt werden soll;*
- *einen Platz in einer Behindertenwerkstatt zu suchen, den Arbeitsvertrag zu verstehen und/oder seine Einwilligung zu erklären;*
- *über die Notwendigkeit eines Umzugs in ein Heim zu entscheiden, den Heimvertrag zu verstehen und/oder entsprechend einzuwilligen;*
- *den Wert des Geldes einzuschätzen und/oder über sein Vermögen zu entscheiden;*
- *die um Bezug von Arbeitslosengeld, Grundsicherung, Rente oder andere Sozialleistungen zu erledigenden behördlichen Schritte zu verstehen und/oder zu erledigen.*

Wann ist die rechtliche Betreuung nicht erforderlich?

Die rechtliche Betreuung ist nicht erforderlich, soweit die rechtlichen Angelegenheiten der volljährigen Person durch eine bevollmächtigte Person oder durch einen hierzu befugten Angehörigen[4] oder durch andere Hilfen, bei denen keine gesetzliche Vertretung bestellt wird, besorgt werden können. Sie ist auch nicht erforderlich, wenn die betroffene Person lediglich zu bequem ist, die eigenen Angelegenheiten selbst zu regeln, oder sich über das Instrument der rechtlichen Betreuung sachverständige Unterstützung sichern will.

Der 2015 durch das Bundesministerium der Justiz und für Verbraucherschutz erteilte Forschungsauftrag zu der Umsetzung des Erforderlichkeitsgrundsatzes[5] geht von einer weiten Auslegung aus. Andere Hilfen sind auf den Einzelfall bezogen zu ermitteln. Zu berücksichtigen sind:

- alle am individuellen Bedarf orientierten Ansprüche und Hilfen aus den sozialen Sicherungssystemen (Sozialversicherung, soziale Versorgung, öffentliche Fürsorge),
- privatrechtliche Hilfen (z.B. Auftrag und Vollmacht für eine Vertrauensperson, Anwalt)
- Ressourcen im Rahmen der Selbst- und Familienhilfe beziehungsweise des Umfeldes (Freunde und Bekannte)

Voraussetzung, „andere Hilfen" in der Praxis zu nutzen, ist die jeweils erforderliche Handlungs- und Mitwirkungsfähigkeit sowie das Einverständnis des betroffenen Menschen.

Neben der bereits in Abschnitt 2 behandelten gegenseitigen Vertretung von Ehegatten/eingetragenen Lebenspartnern in Angelegenheiten der Gesundheitssorge und der Vollmacht zur Vorsorge gibt es andere Hilfen, die eine rechtliche Betreuung entbehrlich machen können. Ein Betreuungsbedürfnis besteht z.B. nicht, wenn auch eine gesunde Person sich der

4 Siehe Abschnitt 2.2 Gegenseitige Vertretung von Ehegatten/eingetragenen Lebenspartnern in Angelegenheiten der Gesundheitssorge

5 Erschienen unter dem Titel: Nolting/Zich/Tisch/Braeseke, Umsetzung des Erforderlichkeitsgrundsatzes in der betreuungsrechtlichen Praxis im Hinblick auf vorgelagerte „andere Hilfen" Abschlussbericht: Band I – Band II, Bundesanzeiger Verlag 2018; im Internet abrufbar unter www.bmjv.de/DE/Service/Fachpublikationen/Abschlussbericht_Erforderlichkeitsgrundsatz_Betreuung.html (abgerufen 1.5.2022).

Hilfe einer anderen Person (z.B. aus der Berufsgruppe der Rechtsanwälte, Steuerberater, der Schuldenberater) bedienen würde, um ihre Angelegenheiten zu regeln. Hierzu zählt auch die Unterstützung durch Personen aus ihrem Umfeld oder karitativer Organisationen.

Weitere Hilfen, die eine rechtliche Betreuung entbehrlich machen können, finden sich in den Sozialgesetzbüchern. Der im Gesetz formulierte Nachrang bezieht sich ausdrücklich gegenüber Hilfen, die auf sozialen Rechten oder anderen Vorschriften beruhen. Durch die Bezugnahme auf den Begriff „soziale Rechte"[6] ist deutlich gemacht, dass jede Form der Unterstützung, die auf einer sozialrechtlichen Vorschrift beruht, Vorrang vor der Bestellung einer rechtlichen Betreuung hat. In Betracht kommen hier beispielsweise Leistungen der Eingliederungshilfe[7], Maßnahmen der Jugendhilfe für junge Volljährige bis zum 27. Lebensjahr[8] oder Hilfen zur Abwendung besonderer sozialer Schwierigkeiten[9]. Daneben kommen aber auch Hilfen nach anderen gesetzlichen Vorschriften, etwa im Rahmen der Bewährungshilfe, in Betracht, weswegen die Benennung von sozialrechtlichen Vorschriften nicht abschließend sein kann.

Dieser Vorrang hätte auch schon nach dem bisher geltenden Recht umgesetzt werden müssen. Der Gesetzgeber hat diese Klarstellung mit Wirkung zum 01.01.2023 ins Gesetz aufgenommen, da nach der Rechtsprechung des Bundessozialgerichts[10] die Gewährung sozialer Hilfen bis dahin nicht in Betracht gekommen ist, wenn eine rechtliche Betreuung für die beantragte Leistung bestellt war. Insbesondere im Bereich der Eingliederungshilfe sind die zuständigen Sozialleistungsträger zu umfassender Beratung und Unterstützung der antragstellenden Personen verpflichtet[11], was unter anderem auch die Unterstützung bei der Antragstellung und im weiteren Leistungsverfahren umfasst und damit eine rechtliche Betreuung entbehrlich machen kann.

Trotz der Klarstellung des absoluten Vorrangs von Leistungen aus „sozialen Rechten" ist Skepsis nicht unbegründet, haben es die Leistungsträger der Sozialleistungen in der Vergangenheit doch gut verstanden, die Versorgungslandschaft so zu steuern, dass eine nicht unerhebliche Zahl rechtlicher Betreuungen bestellt werden musste, weil die im Gesetz vorgesehene Leistung nicht oder nicht in ausreichendem Umfang angeboten worden ist.[12]

Es kann nicht angenommen werden, dass sich diese Praxis schnell ändert. Betroffene Menschen erhalten in manchen Fällen bei der Geltendmachung und der Realisierung von Sozialleistungsansprüchen nicht die in den Sozialleistungsgesetzen garantierte individuelle und notwendige Unterstützung.[13] Institutionen, die häufig selbst Hilfeträger sind, entlasten sich von Aufgaben, indem sie eine rechtliche Betreuung anregen.[14] „Andere Hilfen" mit dem erforderlichen Funktionsniveau in Bezug auf Assistenz und Fallmanagement sind an manchen Orten nicht vorhanden oder überlastet.

6 Aus § 2 SGB I
7 SGB IX
8 § 41 SGB VIII
9 §§ 67 bis 69 SGB XII
10 BSG, Urteil vom 30. Juni 201 – B 8 SO 7/15 R, Rn. 21 f.
11 § 106 SGB IX
12 Rosenow, Eingliederungshilfe und rechtliche Betreuung, BtPrax 5&6/2021
13 IGES, Zentrale Ergebnisse der rechtstatsächlichen Untersuchung im Auftrag des BMJV, BtPrax 2017, 211 ff.
14 IGES, a.a.O.

Ist der Volljährige allerdings auch nach umfassender Sicherstellung der den Sozialleistungsträgern obliegenden Beratungs- und Unterstützungspflichten nicht in der Lage, die zur Realisierung seiner Leistungsansprüche notwendigen Rechtshandlungen vorzunehmen, insbesondere weil ihm insoweit die erforderliche Fähigkeit zur Mitwirkung fehlt, kann die Bestellung einer rechtlichen Betreuung erforderlich sein.

Wie wird die Erforderlichkeit geprüft?

Grundsätzlich hat das Betreuungsgericht die Erforderlichkeit zu prüfen. Dabei wird das Betreuungsgericht durch die Betreuungsbehörde unterstützt.

Vor der Einrichtung einer rechtlichen Betreuung ist zu prüfen, welche andere Hilfe und Unterstützung geeignet ist, das Rechtsfürsorgebedürfnis zu beheben. Dies erfordert zum einen die erforderlichen Kenntnisse der Sozialleistungsgesetze und eine fundierte Kenntnis der örtlichen sozialen Infrastruktur. Hier sieht der Gesetzgeber die Betreuungsbehörde in entscheidender Funktion und hat dies durch das am 01.01.2023 in Kraft getretene Betreuungsorganisationsgesetz zum wiederholten Mal betont.[15]

Macht die Betreuungsbehörde auch Angebote zur Vermeidung einer rechtlichen Betreuung?

Die für den Wohnsitz der betroffenen Person zuständige Betreuungsbehörde soll der betroffenen Person zur Vermeidung der Bestellung einer rechtlichen Betreuung ein Beratungs- und Unterstützungsangebot unterbreiten. Die Betreuungsbehörde ist umfassend verpflichtet, Hilfen, bei denen kein Betreuer bestellt wird, mit Zustimmung der betroffenen Person zu vermitteln. Insbesondere ist ein Kontakt zwischen der betroffenen Person und entsprechenden Beratungs- und Unterstützungsangeboten des sozialen Hilfesystems herzustellen. Bei antragsabhängigen Leistungen ist die betroffene Person dabei zu unterstützen, die notwendigen Anträge selbst zu stellen. Es wird im Gesetz ausdrücklich verlangt, dass die Behörde zur Vermittlung geeigneter Hilfen mit den zuständigen Sozialleistungsträgern zusammenarbeitet.[16]

Beratung und Unterstützung der Behörde können darüber hinaus in geeigneten Fällen mit Zustimmung des Betroffenen im Wege einer erweiterten Unterstützung durchgeführt werden.

Was ist mit erweiterter Unterstützung gemeint?

Dieses zum 01.01.2023 neu geschaffenen Instrument beinhaltet ein zeitlich begrenztes fachlich besonders qualifiziertes Fall-Management. Ziel des zeitlich begrenzten Fall-Managements ist es, durch individuelle Assistenz betroffene Personen so weit zu stärken, dass diese ihre Angelegenheiten wieder selbst oder mit einer wirksamen anderen Hilfe besorgen können.

15 Siehe Abschnitt 3.7
16 § 8 Absatz 1 BtOG

Voraussetzung ist, dass eine sinngebende Kommunikation mit der betroffenen Person möglich ist und sie in der Lage ist, eigenverantwortlich zu entscheiden. In Betracht kommen also vor allem solche Maßnahmen, bei denen die Behörde – insbesondere bei komplexerem Hilfebedarf gegenüber mehreren verschiedenen Trägern des sozialen Hilfesystems – den individuellen Unterstützungs- und Hilfebedarf der betroffenen Person mit ihrer Zustimmung möglichst umfassend ermittelt, eine auf alle konkret in Betracht kommenden Sozialleistungen ausgerichtete Beratung anbietet und sie bei der Geltendmachung ihrer sozialrechtlichen Ansprüche niedrigschwellig unterstützt. Eine fehlende Mitwirkungsbereitschaft oder -fähigkeit soll so weit wie möglich ausgeglichen werden. Ausgeschlossen ist stellvertretendes Handeln der Behörde.

Die erweiterte Unterstützung kommt danach vor allem in solchen Fallkonstellationen in Betracht, in denen der Betroffene in seiner eigenen selbstbestimmten Lebensführung durch eine kompetente niedrigschwellige Unterstützung so weit gestärkt werden kann, dass er in die Lage versetzt wird, künftig seine Angelegenheiten in eigener Verantwortung selbst zu besorgen. Alternativ kann ein solches Ergebnis ggf. auch mit Hilfe einer stärkeren Aktivierung von Familienangehörigen bzw. des sozialen Umfelds erzielt werden.[17]

Muss die Behörde die erweiterte Unterstützung selbst durchführen?

Die Behörde kann mit der Wahrnehmung der erweiterten Unterstützung auch einen anerkannten Betreuungsverein oder selbstständig tätige berufliche Betreuer*innen beauftragen. Dabei ist sicherzustellen, dass die Durchführung durch eine für den konkreten Fall geeignete Person erfolgt. Die Beauftragung erfolgt durch einen Vertrag, der auch die Finanzierung der übertragenen Aufgaben regeln soll.[18]

Wird die erweiterte Unterstützung tatsächlich flächendeckend angeboten?

Die Ausgestaltung als „Kann-Bestimmung" überträgt die Entscheidung, ob und in welchem Umfang dieses neue Instrument zum Einsatz kommt, in die Verantwortung der kommunalen Entscheidung. Es bleibt also abzuwarten, ob und inwieweit bei den Betreuungsbehörden hierfür Kapazitäten vorgesehen bzw. neu aufgebaut werden. Gedacht ist an Modellprojekte, die wissenschaftlich begleitet werden und die die Effektivität dieses Instruments klären sollen.

Kritik

Die gesetzlichen Bestimmungen sollen keine Doppelstrukturen erzeugen. Der Vorrang der aus den Sozialleistungsrechten resultierenden Beratungs- und Unterstützungspflichten soll gewahrt bleiben.[19] Ein funktionierendes und nach geltendem Recht voll ausgestaltetes Sozialleistungsangebot würde die jetzt der Betreuungsbehörde zugedachte Aufgaben entbehrlich machen.[20]

17 Drs. 19/24445, S. 353
18 § 8 Absatz 4 BtOG
19 § 8 Absatz 3 BtOG
20 Rosenow, Eingliederungshilfe und rechtliche Betreuung, BtPrax 5&6/2021

3.2 Das Vorliegen von Krankheit oder Behinderung

Eine rechtliche Betreuung darf nur für Aufgabenbereiche bestellt werden, in denen die Unfähigkeit zur Besorgung von rechtlichen Angelegenheiten auf einer Krankheit oder Behinderung beruht. Voraussetzung für die Bestellung einer rechtlichen Betreuung ist der kausale Zusammenhang von dem objektiven Unterstützungsbedarf (konkreter Regelungsbedarf) und der subjektiven Betreuungsbedürftigkeit (Krankheit/Behinderung). Es ist also in jedem einzelnen Fall zu prüfen, ob die Unfähigkeit, die eigenen rechtlichen Angelegenheiten zu regeln, ursächlich auf eine Krankheit/Behinderung zurückzuführen ist.[21]

Diese Voraussetzung gilt nicht nur für die Bestellung der rechtlichen Betreuung in ihrer Gesamtheit, sondern auch für jeden einzelnen Aufgabenbereich. Trifft die Feststellung der krankheits- bzw. behinderungsbedingten Unfähigkeit in Teilbereichen nicht zu, darf insoweit auch keine rechtliche Betreuung bestellt werden. Es ist somit genau festzustellen, wie weit die Krankheit/Behinderung die Fähigkeit, die anstehenden rechtlichen Angelegenheiten eigenverantwortlich zu erledigen, beeinträchtigt.

Beispiel

Beispielsweise kann die Krankheit/Behinderung Ursache sein, dass die betroffene Person

- *den mathematischen oder sprachlichen Sachverhalt nicht erkennen kann,*
- *in einer Vorstellungswelt lebt, die mit der Realität nicht übereinstimmt,*
- *nicht in der Lage ist, entsprechend den Erforderlichkeiten des Rechtsverkehrs zu kommunizieren*
- …

Bessert sich die Krankheit so weit, dass die Krankheit keinen Einfluss mehr auf die Handlungsfähigkeit hat, ist die rechtliche Betreuung zu beenden. Gleiches gilt, wenn sich die Besserung nur auf einzelne Aufgabenbereiche bezieht. In diesem Fall wäre für diese Aufgabenbereiche die rechtliche Betreuung aufzuheben. Für diese Fälle trifft den rechtlichen Betreuer eine unverzügliche Mitteilungspflicht.[22]

Mit der zum 01.01.2023 wirksam gewordenen Änderung des Betreuungsrechtes hat der Gesetzgeber die bis dahin geltende Bezeichnung bestimmter Arten der Krankheit oder Behinderung aufgegeben. Die Aufgabe beruht auf der Überlegung, dass es viele Bilder von potenziellen Beeinträchtigungen der rechtlichen Handlungsfähigkeit gibt, die sich nicht in die zuvor benannten Arten von Krankheit und Behinderungen einsortieren lassen, gleichwohl aber einen Betreuungsbedarf begründen.

Die Aufgabe der Benennung von der Bezeichnung bestimmter Arten der Krankheit oder Behinderung soll zudem verhindern, dass aus einer festgestellten Diagnose vorschnell auf eine Betreuungsbedürftigkeit geschlossen wird.

21 § 1814 Absatz 1 BGB
22 § 1864 Absatz 2 BGB

Für die Bestellung einer rechtlichen Betreuung reicht es nicht aus, dass eine ärztliche Diagnose vorliegt. Es ist insbesondere darzulegen, ob und wie weit die jeweilig diagnostizierte Krankheit die Fähigkeit zur Regelung der eigenen rechtlichen Angelegenheiten beeinträchtigt. Es soll ausdrücklich verhindert werden, dass nur eine Diagnose bereits die Bestellung einer rechtlichen Betreuung begründet. Jede Krankheit/Behinderung hat ihren individuellen Verlauf und jeder Mensch ist in unterschiedlicher Weise durch die Folgen der eigenen Erkrankung/Behinderung beeinträchtigt. Die gleiche Krankheit/Behinderung kann dazu führen, dass die eine Person in ihrer rechtlichen Handlungsfähigkeit dadurch eingeschränkt ist, eine andere Person jedoch gelernt hat, die Folgen der Krankheit/Behinderung zu kompensieren.

Die individuelle Betrachtung dieser Kausalität ist ausreichend geeignet, die Fälle zu definieren, in denen eine Betreuerbestellung zwingend erforderlich ist. Eine weitere Differenzierung der Krankheitsbilder im Gesetzestext ist somit entbehrlich.

Der Gesetzgeber hat aber auch klargestellt, dass die Aufgabe der Bezeichnung bestimmter Arten der Krankheit oder Behinderung keine Absenkung der die Bestellung einer rechtlichen Betreuung voraussetzenden Schwelle bedeuten soll. Insbesondere ist in der Begründung zum Gesetzentwurf ausgeführt, dass an der bisherigen Rechtsprechung, dass Abhängigkeitserkrankungen – für sich allein genommen – die Bestellung einer rechtlichen Betreuung nicht rechtfertigen, festgehalten werden soll.[23]

In Ausnahmefällen und nur mit seiner Einwilligung kann auch für einen schwer körperlich behinderten Menschen eine rechtliche Betreuung beschlossen werden. Wird die Fähigkeit zur Besorgung der eigenen Angelegenheiten durch eine körperliche Behinderung teilweise aufgehoben oder wesentlich beeinträchtigt, so kann für den betroffenen Menschen nur auf seinen eigenen Antrag hin ein Betreuer bestellt werden, es sei denn, dass dieser seinen Willen nicht kundtun kann.[24]

Beispiel: Bei vollständiger und dauernder Bewegungsunfähigkeit.

In diesem Fall ist jedoch besonders gründlich zu prüfen, ob nicht eine Bevollmächtigung oder andere assistierende Hilfen die Bestellung einer rechtlichen Betreuung entbehrlich machen.

3.3 Der Beginn des Verfahrens

Wie kann das Verfahren begonnen werden?

Sich um die Bestellung einer rechtlichen Betreuung zu bemühen, ist vor allem Angelegenheit der betroffenen Person selbst. Für einen körperlich behinderten Menschen ist daher die Bestellung einer rechtlichen Betreuung nur auf dessen Antrag hin möglich, es sei denn, dass der behinderte Mensch seinen Willen nicht mehr kundtun kann. Wird die rechtliche Betreuung aufgrund einer anderen – nicht körperlichen – Krankheit/Behinderung erforder-

23 Drs. 19/24445, S. 231 f.
24 § 1814 Absatz 4 Satz 2 BGB

lich, so kann das Verfahren auch jederzeit von Amts wegen eingeleitet oder ausgeweitet werden.

Die rechtliche Betreuung auf Antrag des betroffenen Menschen hat neben dem psychologischen Effekt den Vorteil, dass die betroffene Person so leichter erkennen kann, dass die rechtliche Betreuung als Hilfe zur Selbsthilfe zu verstehen ist. Als rechtlicher Vorteil ist zu sehen, dass die Aufhebung der rechtlichen Betreuung zu überprüfen ist, wenn dies von der rechtlich betreuten Person verlangt wird.

Zu einem Verfahren zur Bestellung einer rechtlichen Betreuung von Amts wegen kommt es, wenn Dritte hierzu eine Anregung geben; dieses können Angehörige, sonstige Personen oder Institutionen sein. Da es sich bei diesen Anregungen nicht um Anträge handelt, die gestellt und auch zurückgenommen werden können, ist eine sorgfältige Prüfung geboten, ob dieser Schritt notwendig und berechtigt ist. Der Anregung einer rechtlichen Betreuung bei Gericht sollte daher eine Phase der umfassenden Beratung zusammen mit dem betroffenen Menschen, den medizinisch behandelnden Personen und sonstigen Bezugspersonen im sozialen Umfeld vorausgehen. Fachkundigen Rat erteilen hierbei insbesondere die Betreuungsvereine, die sonstigen Hilfsdienste der Wohlfahrtsverbände, aber auch die zuständige Betreuungsbehörde bei den Kreisen und kreisfreien Städten.

Hat diese Beratungsphase zu dem Ergebnis geführt, dass eine rechtliche Betreuung unumgänglich ist, so kann der betroffene Mensch bei entsprechender Einsichtigkeit selbst den Antrag schriftlich oder zu Protokoll der Rechtsantragsstelle des örtlich zuständigen Amtsgerichts stellen, oder aber ein Dritter gibt dort die entsprechende Anregung schriftlich oder zu Protokoll der Rechtsantragsstelle.

3.4 Die Bedeutung des Willens der betroffenen Person

Gegen den **freien** Willen der volljährigen Person darf ein rechtlicher Betreuer nicht bestellt werden.[25] Gegen den freien Willen darf die rechtliche Betreuung nicht fortgesetzt werden und der rechtliche Betreuer darf nicht gegen den freien Willen entscheiden und handeln.

Unser Rechtssystem garantiert,[26] dass niemand zum Objekt staatlichen Handelns in der Weise werden darf, dass seine Persönlichkeit[27] prinzipiell infrage gestellt wird. Jeder hat somit das Recht, sein Leben nach seinen Vorstellungen zu gestalten, soweit nicht Rechte Dritter oder andere mit Verfassungsrang ausgestattete Rechtsgüter betroffen sind.[28] Der Staat hat nicht das Recht, den zur freien Willensbestimmung fähigen Menschen zu erziehen, zu bessern oder daran zu hindern, sich selbst zu schädigen.

25 § 1814 Absatz 2 BGB
26 Artikel 1 Absatz 1 GG
27 Subjektqualität
28 Artikel 2 Absatz 1 GG

Die Frage, welche Willenserklärung der betroffenen Person zu beachten ist und an welcher Stelle zum Schutz der betroffenen Person von der Beachtung der Willenserklärung abgewichen werden kann, zieht sich durch das gesamte Betreuungsrecht. Der Gesetzgeber und die Rechtsprechung unterscheiden zwischen dem „freien Willen" und dem „natürlichen Willen" und dem „mutmaßlichen Willen".

Wegen der grundsätzlichen Bedeutung für alle Akteure des Betreuungsrechts wird in den folgenden Abschnitten der Versuch unternommen, die einzelnen Begriffe gegeneinander abzugrenzen. Dabei ist jedoch von vornherein klarzustellen, dass es eine scharfe Abgrenzung nicht geben kann. Vielmehr sind die Übergänge fließend und die Praxis ist gekennzeichnet von der Abwägung unterschiedliche Aspekte.

3.4.1 Der freie Wille

Wie definiert sich der freie Wille?

Der Fähigkeit zur freien Willensbildung liegt folgendes Denkmodell zugrunde.

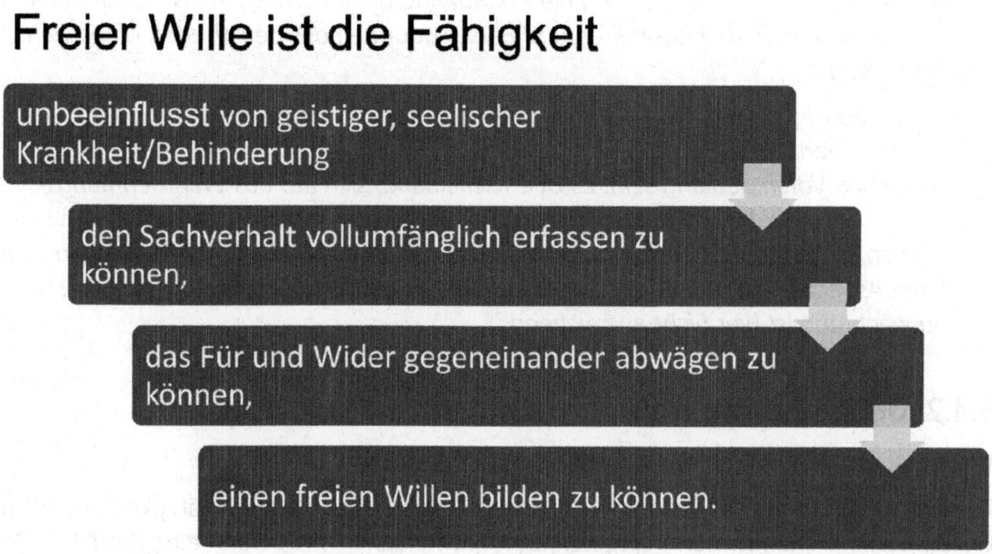

Entscheidend ist, ob eine freie Entscheidung nach Abwägung des Für und Wider bei sachlicher Prüfung der in Betracht kommenden Gesichtspunkte möglich ist. Lediglich die Fähigkeit, die rechtlichen Entscheidungen in dieser Weise vorzunehmen, ist gefordert. Nicht gefordert ist, dass die Entscheidungsprozesse diesem Denkmodell folgen. Es ist auch nicht erforderlich, dass alle Wünsche und jedes Handeln auf diesem Denkmodell basieren. Maßgeblich ist lediglich, ob die betroffene Person auf der Grundlage dieses Denkmodells entscheiden und handeln könnte. Es steht ihr frei, ihre Wünsche und ihr Handeln durch andere Aspekte leiten zu lassen. Oft sind es nicht vernünftige Erwägungen, sondern beispielsweise emotionale, kulturelle, ideologische oder andere Wertvorstellungen, die unser Denken und Handeln tragen.

Kommentar

Das zuvor beschriebene Denkmodell vernachlässigt, dass die meisten Entscheidungen des Menschen nicht ausschließlich auf dem vollumfänglichen Erfassen des Sachverhaltes und der Abwägung des Für und Wider beruhen. Oft sind es intuitive und emotionale Aspekte, die zu unseren Entscheidungen führen. Wir alle leben nicht isoliert von einer Entscheidung zur anderen, sondern in jede Entscheidung fließt die gesamte Erfahrung unseres bisherigen „Seins" mit ein.

Es ist eine Täuschung, die Entscheidungsfindung als ein auf dem „freien" Willen basierendes kausales oder messbares Konstrukt zu erkennen. Die Forderung, dass die Willensbildung frei vom Einfluss geistiger Krankheit/Behinderung sein soll, ist besonders dann nicht zielführend, wenn die geistige Krankheit/Behinderung als Bestandteil des Lebens des betroffenen Menschen erkannt werden muss.

Die Gerichte treffen die Feststellungen zur Fähigkeit der „freien" Willensbildung in der Regel mit Hilfe medizinischer Gutachter. Die fachpsychiatrische Sichtweise konzentriert sich auf die Feststellung der Erkrankung/Behinderung und ist damit bei der Bewertung von Verhaltensweisen und Entscheidungen des betroffenen Menschen vorbelastet.

Für die Beurteilung der Fähigkeit, eigenverantwortlich entscheiden zu können, sollte ein tiefes Verständnis der Lebensumstände und der Erlebniswelt des betroffenen Menschen Voraussetzung sein. Es ist entscheidend, sich auf das Wahrnehmungsgefüge des betroffenen Menschen einzulassen, um Fähigkeiten und Kompetenz erkennen zu können. Es bedarf einer die Erlebenswelt des betroffenen Menschen in all ihren Aspekten umfassenden Sichtweise. Eine allein im klinischen Umfeld getätigte Beobachtung ist hier nicht ausreichend.[29]

3.4.2 Der natürliche Wille

Wann ist der freie Wille nicht gegeben?

Dem oben beschriebenen Denkmodell folgend ergibt sich, dass die Fähigkeit zur freien Willensbestimmung nur dann eingeschränkt bzw. erloschen ist, wenn eine Krankheit/Behinderung innerhalb des oben beschriebenen Denkmodells an einer Stelle entscheidenden Einfluss nimmt.[30] In diesem Fall ist jede Willensäußerung als natürlicher Wille anzusehen.

Ob und wieweit eine Krankheit/Behinderung Einfluss auf die Fähigkeit zur freien Willensbildung nimmt, ist abhängig von vielen individuellen Faktoren und keineswegs allgemein verbindlich zu beantworten.

29 Siehe auch Warmbrunn, Wann ist der Wille frei? BtPrax 2006, 167 ff.
30 Rechtsprechung zu § 104 BGB (Geschäftsfähigkeit), vgl. auch BGH, Beschluss vom 22.1.2014 – XII ZB 632/12, BtPrax 2014, 140

Beispiel

- *Eine wahnhafte Erkrankung kann zur Folge haben, dass Personen, Orte, Situationen oder anderes nicht den realen Gegebenheiten entsprechend wahrgenommen werden kann.*
- *Eine geistige Behinderung kann zur Folge haben, dass der behinderte Mensch die späteren Folgen einer Entscheidung nicht erfassen kann.*

Selbstbestimmung setzt zudem eine eigene – also unabhängige – Entscheidung voraus.

Jedem steht aber das Recht zu, Interessen Dritter bei seiner Willensbildung zu berücksichtigen. Je deutlicher jedoch die Interessen Dritter den wohlverstandenen Belangen des Betroffenen widersprechen, desto eher wird ein beherrschender Einfluss Dritter anzunehmen sein. Entscheidend ist, ob die Einflussnahme Dritter von der betroffenen Person gewollt ist, oder eine Krankheit/Behinderung der betroffenen Person es unmöglich macht, die Einflussnahme zu erkennen bzw. sich ggf. dagegen zu wehren.

Insgesamt dürfen keine überspannten Anforderungen an die Auffassungsgabe des betroffenen Menschen gestellt werden. Abzustellen ist jeweils auf das Krankheitsbild der betroffenen Person. So vermag möglicherweise ein an einer Psychose erkrankter Mensch das Wesen und die Bedeutung einer rechtlichen Betreuung im Detail eher zu begreifen als der an einer Demenz leidende Mensch. Wichtig ist, dass der betroffene Mensch versteht, dass eine gesetzliche Vertretung bestellt wird und die mit der rechtlichen Betreuung betraute Person eigenständige Entscheidungen in dem ihr übertragenen Aufgabenkreis treffen kann.

Die Einrichtung einer rechtlichen Betreuung gegen den erklärten Willen des betroffenen Menschen ist somit nur zulässig, wenn das Gericht durch die Feststellung konkreter Tatsachen zu der Auffassung gelangt ist, dass der betroffene Mensch nicht in der Lage ist, einen auf die Einrichtung einer rechtlichen Betreuung gerichteten freien Willen zu bilden.

3.4.3 Der mutmaßliche Wille

Der mutmaßliche Wille bezeichnet einen hilfsweise angenommenen Willen, welcher an die Stelle eines freien Willens beziehungsweise einer natürlichen Willensäußerung gestellt wird.

Der BGH hat hierzu formuliert: „Der Betreuer stellt letztlich eine These auf, wie sich der Betroffene selbst in der konkreten Situation entschieden hätte, wenn er noch über sich selbst bestimmen könnte."[31]

Der mutmaßliche Wille ist ausschließlich auf der Grundlage subjektiver Kriterien zu ermitteln. Die Ermittlung des mutmaßlichen Willens erstreckt sich auf alle erkennbaren Umstände, die für die Willensrichtung der betroffenen Person Bedeutung haben können. Alle möglichen Informationsquellen sind nutzbar zu machen. Als Informationsquellen können Angehörige, sonstige Vertrauenspersonen oder Personen aus dem Umfeld der rechtlich betreuten Person dienen. Dabei reicht es nicht aus, sich auf Hörensagen zu verlassen.

31 BGH, Beschluss vom 8. Februar 2017 – XII ZB 604/15, Rn. 34

Die gewonnenen Erkenntnisse müssen auf ihre Zuverlässigkeit und Richtigkeit geprüft werden. Angaben von Personen, die weder genannt werden wollen, noch wo bekannt werden soll, welche Angaben sie gemacht haben, können bestenfalls als Anhaltspunkt für die weiteren Ermittlungen dienen. Für sich genommen können sie einen mutmaßlichen Willen nicht begründen.

3.4.4 Die Einrichtung einer rechtlichen Betreuung gegen den Willen des betroffenen Menschen

Wie oben bereits ausgeführt ist, die Bestellung einer rechtlichen Betreuung gegen den freien Willen der betroffenen Personen nicht zulässig.

Wann ist die Bestellung einer rechtlichen Betreuung gegen den natürlichen Willen gerechtfertigt?

Die fehlende Fähigkeit zur freien Willensbildung begründet für sich allein nicht die Bestellung einer rechtlichen Betreuung. Die Maßnahme muss zudem erforderlich sein.[32] Neben der Erforderlichkeit zur Regelung konkreter rechtlicher Angelegenheiten ist zudem zu prüfen, ob die Bestellung der rechtlichen Betreuung die tatsächliche Regelung der bisher nicht geregelten Angelegenheiten ermöglicht.

Geht das Betreuungsgericht davon aus, dass trotz des entgegenstehenden Willens eine Zusammenarbeit zwischen der rechtlich betreuten Person und dem rechtlichen Betreuer möglich sein wird, kann eine rechtliche Betreuung bestellt werden.

Widerspricht die betroffene Person der Bestellung der rechtlichen Betreuung insgesamt und ist im Weiteren davon auszugehen, dass die einvernehmliche Zusammenarbeit zwischen der betroffenen Person und der mit der rechtlichen Betreuung betrauten Person nicht gegeben ist, muss geklärt werden, ob Zwangsmaßnahmen gerechtfertigt sowie erforderlich sind und erfolgreich sein können.

Regelmäßig hat der Betreuer den Wünschen der rechtlich betreuten Person zu entsprechen.[33] Dies beinhaltet auch den Wunsch, untätig zu bleiben. Erst wenn die rechtlich betreute Person sich aufgrund ihrer Krankheit/Behinderung selbst oder ihr Vermögen erheblich gefährdet, kann und muss auch gegen ihren Willen gehandelt werden.[34]

Was ist eine erhebliche Gefahr?

Eine erhebliche Gefahr besteht, wenn sich durch die Erfüllung des Willens die gesamte Lebens- und Versorgungssituation erheblich verschlechtern würde. Die drohenden negativen Folgen für höherrangige Rechtsgüter wie insbesondere das Leben, die Gesundheit oder das Vermögen der rechtlich betreuten Person müssen jedenfalls so gewichtig sein, dass sie ein Absehen von der Wunschbefolgung zu rechtfertigen vermögen.[35]

32 Siehe Abschnitt 3.1.
33 § 1821 Absatz 2
34 § 1821 Absatz 3
35 Drs. 19/24445, S. 251 ff.

Beispiele

- *Die rechtlich betreute Person will Geld verschenken, welches dem eigenen Lebensunterhalt dient. Miete, Strom und der Einkauf der Lebensmittel können nicht mehr bezahlt werden.*
- *Die rechtlich betreute Person verweigert die lebensrettende medizinische Behandlung, will aber nicht sterben.*

Nun ist das Leben in der Regel nicht so zugespitzt, wie dies in den Beispielen beschrieben ist. Jede Situation ist in ihrer Individualität und in ihrer Gesamtheit zu sehen. Entsprechend ist auch die erhebliche Gefahr auf der Grundlage der für die rechtlich betreute Person subjektiv relevanten Aspekte zu ermitteln. Objektive Gesichtspunkte haben hier zurückzustehen.

Die Bestellung einer rechtlichen Betreuung gegen den erklärten natürlichen Willen der betroffenen Person ist somit lediglich möglich,

- wenn davon ausgegangen werden kann, dass trotz der Ablehnung der rechtlichen Betreuung einvernehmliches Zusammenwirken zwischen der rechtlich betreuten Person und der mit der rechtlichen Betreuung betrauten Person erreicht werden kann
- oder eine erhebliche Gefahr für das Leben oder das Vermögen der rechtlich betreuten Person abgewendet werden muss.

3.5 Das Gericht ermittelt oder die Suche nach Entscheidungshilfe

Welches Gericht ist zuständig?

Das Betreuungsgericht am gewöhnlichen Aufenthaltsort des betroffenen Menschen bzw., sofern ein solcher fehlt, am Ort der Notwendigkeit einer rechtlichen Betreuungsmaßnahme hat nach dem Verfahrensrecht verschiedene Möglichkeiten, den Verfahrensablauf zu bestimmen.

Wie ist die Rechtsstellung der betroffenen Person im Verfahren?

Die Rechte der betroffenen Person sind im größtmöglichen Umfange zu achten. Der betroffene Mensch ist ohne Rücksicht auf seine Geschäftsfähigkeit verfahrensfähig.[36] Sofern er nicht selbst den Antrag gestellt hat, ist er bei Einleitung des Verfahrens in möglichst adressatengerechter Weise über die Aufgaben eines Betreuers, den möglichen Verlauf des Verfahrens sowie die Kosten, die allgemein aus der Bestellung einer rechtlichen Betreuung folgen können, zu informieren.[37]

36 § 275 Absatz 1 FamFG
37 § 275 Absatz 2 FamFG

Diese Informationen sind dem betroffenen Menschen „adressatengerecht" anzubieten. Dem Betreuungsgericht obliegt somit die Pflicht, die betroffene Person in einer verständlichen Weise zu informieren. Zu Verfahrensbeginn verfügt das Betreuungsgericht häufig nicht über die entsprechenden Kenntnisse, ob und in welcher Art die erforderlichen Informationen von der betroffenen Person verstanden werden können. Entsprechend wird das Betreuungsgericht zu Beginn des Verfahrens auf barrierefreie Informationsmaterialien zurückgreifen. Im weiteren Verlauf des Verfahrens wird das Betreuungsgericht auf zunehmende Kenntnisse der Möglichkeiten, mit der betroffenen Person zu kommunizieren, zurückgreifen können und ggf. entsprechende Unterstützung heranziehen.

Wählt das Betreuungsgericht die Möglichkeit, der betroffenen Person die Betreuungsanregung, ein eventuell beigefügtes ärztliches Zeugnis bzw. den Sozialbericht der Betreuungsstelle mit der Post zu übersenden, und wird von der betroffenen Person binnen einer bestimmten Frist eine Stellungnahme erwartet, so muss das Betreuungsgericht auch sicherstellen, dass der betroffene Mensch hierzu in der Lage ist oder Hilfen (aus dem sozialen Umfeld) hat, die ihm dies ermöglichen. Fehlt diese Überzeugung oder stellt sich bei dem ersten persönlichen Kontakt heraus, dass die betroffene Person in ihrer Kommunikation der Unterstützung bedarf oder kommunikationsunfähig ist, hat das Gericht ihr die erforderliche Unterstützung bereitzustellen.

Welche Informationsquellen stehen dem Gericht zur Verfügung?

Das Gericht hat die zuständige Behörde vor der Bestellung einer rechtlichen Betreuung oder der Anordnung eines Einwilligungsvorbehalts anzuhören.[38] Insbesondere bei der Feststellung der Umstände, die zur Erforderlichkeit einer rechtlichen Betreuung führen, sowie bei der Gewinnung einer für die Führung der rechtlichen Betreuung geeigneten Person bedient sich das Betreuungsgericht in aller Regel der Hilfe der Betreuungsbehörde. Die beauftragte Betreuungsbehörde übermittelt ihre Ergebnisse zum ermittelten Sachverhalt in der Regel im Rahmen eines von ihr erstellten Sozialberichts.[39]

Zur Bewertung der Kausalität zu Krankheit/Behinderung greift das Betreuungsgericht auf ein eingeholtes ärztliches Attest und/oder mündliche oder schriftliche Gutachten von Sachverständigen zurück.

Sodann sind die wichtigste Erkenntnisquelle des Betreuungsgerichts die Anhörungen des betroffenen Menschen selbst.

In der Regel gibt das Gericht dem Ehegatten, den Eltern, Pflegeeltern und Kindern Gelegenheit, sich zu äußern. Der betroffene Mensch kann verlangen, dass einer ihm nahestehenden Person Gelegenheit zur Äußerung gegeben wird. Das Verfahren darf hierdurch jedoch nicht erheblich verzögert werden.

Je nach Schwere und Dringlichkeit des Falles macht das Gericht von diesen Möglichkeiten Gebrauch.

---

38 § 279 Absatz 2 FamFG (Fassung ab 1.7.2014, geändert durch das Gesetz zur Stärkung der Funktionen der Betreuungsbehörde)

39 § 11 BtOG

3.6 Verfahrenspfleger*in

Wann ist ein/e Verfahrenspfleger*in zu bestellen?

Verfahrenspfleger*innen werden bestellt, soweit dies zur Wahrnehmung der Interessen der betroffenen Person erforderlich ist und sofern die betroffene Person im Verfahren nicht bereits anwaltlich vertreten ist. Das Betreuungsgericht hat eine/n Verfahrenspfleger*in zu bestellen, wenn von der persönlichen Anhörung der betroffenen Person abgesehen werden soll oder die Bestellung einer rechtlichen Betreuung oder die Anordnung eines Einwilligungsvorbehalts gegen den erklärten Willen der betroffenen Person erfolgen soll.[40]

Das Gericht kann in den genannten Fällen von der Bestellung absehen, wenn ein Interesse des betroffenen Menschen an der Bestellung offensichtlich nicht besteht. Die Nichtbestellung ist zu begründen.[41]

Die Frage, ob in den übrigen Fällen ein/e Verfahrenspfleger*in zu bestellen ist, ist in aller Regel danach zu beantworten, inwieweit die betroffene Person in der Lage ist, das Verfahren zu verstehen, und sich im Verfahren frei äußern kann. Zudem ist bei der Bestellung einer/s Verfahrenspflegerin/s zu berücksichtigen, inwieweit durch die Bestellung der rechtlichen Betreuung in das Selbstbestimmungsrecht der betroffenen Person eingegriffen wird. Hierbei ist insbesondere an Aufgabenbereiche, die mit Freiheitsentziehung, einer Änderung der Wohnsituation oder der Entscheidung zur Behandlung lebensbedrohlicher Erkrankung in Verbindung stehen, zu denken.

Wer kann als Verfahrenspfleger*in bestellt werden?

Die Bestellung des/r Verfahrenspflegerin/s stellt keine Formalität dar. Als Verfahrenspfleger*in ist eine geeignete natürliche Person zu bestellen. Die Eignung ergibt sich aus den Aufgaben und den Umständen des Einzelfalls. Das Betreuungsgericht hat die Pflicht, bei der Auswahl darauf abzustellen, ob die ausgewählte Person die fachliche und persönliche Eignung besitzt, ihre gesetzlichen Aufgaben zu erfüllen. Betroffenen Personen, deren Möglichkeit zur Verständigung durch eine Krankheit oder Behinderung eingeschränkt ist, kann ein/e entsprechend ausgebildeter Verfahrenspfleger*in das gerichtliche Verfahren verständlich machen. Es kommt somit in erster Linie darauf an, dass die ausgewählte Person mit der betroffenen Person kommunizieren kann.

Je nach Schwierigkeit und Bedeutung des Verfahrens kommen entweder kompetente Vertrauenspersonen aus dem Familien- oder Freundeskreis, Mitarbeiter*innen der Betreuungsvereine, Berufsbetreuer*innen oder Rechtsanwält*innen in Betracht.

Welche Aufgabe hat die/der Verfahrenspfleger*in?

Die/Der Verfahrenspfleger*in hat die betroffene Person über Gegenstand, Ablauf und möglichen Ausgang des Verfahrens in geeigneter Weise zu informieren und sie bei Bedarf bei der Ausübung ihrer Rechte im Verfahren zu unterstützen. Verfahrenspfleger*innen sind nicht gesetzliche Vertreter der betroffenen Person.[42] Die Pflicht, die betroffene Person

---

40 § 276 Absatz 1 Satz 2 FamFG
41 § 276 Absatz 2 FamFG
42 § 276 Absatz 3 FamFG

über das Verfahren in geeigneter Weise zu informieren und sie bei Bedarf bei der Ausübung ihrer Rechte zu unterstützen, hat das Ziel, das Selbstbestimmungsrecht zu stärken.

Verfahrenspfleger*innen haben zudem die Aufgabe, über die Einhaltung der Rechtsgarantien für die betroffene Person zu wachen. Sie können eigene Anträge stellen und die Aufklärung bzw. Einbeziehung vom Gericht nicht berücksichtigter Sachverhalte verlangen.

Als wichtigste Aufgabe habe Verfahrenspfleger*innen die Wünsche, hilfsweise den mutmaßlichen Willen der betroffenen Person festzustellen und im gerichtlichen Verfahren zur Geltung zu bringen. Das Gesetz geht davon aus, dass die Wünsche, hilfsweise der mutmaßliche Wille der betroffenen Person maßgeblich ihre subjektiven Interessen bestimmt. Im Gegensatz zu einem früheren Verständnis einer mehr objektiven Ausrichtung der Verfahrenspflegschaft haben Verfahrenspfleger*innen ausdrücklich den Auftrag, die subjektiven Interessen der betroffenen Person in das Verfahren einzubringen. Zudem obliegt ihnen zu prüfen, ob die Sachverhaltsermittlung, das Gutachten und alle anderen Ermittlungen und Beweiserhebungen des Gerichts auf der Grundlage der Feststellung der subjektiven Wünsche und Interessen der betroffenen Person vorgenommen worden sind. Insbesondere haben sie entsprechende Mängel im Sozialbericht und dem Gutachten zu beanstanden.

3.7 Die Aufgaben der Betreuungsbehörde im Betreuungsverfahren

Welche Aufgabe hat die Betreuungsbehörde im Verfahren zur Bestellung einer rechtlichen Betreuung?

Nicht mehr wegzudenken aus dem Betreuungsverfahren ist die Unterstützung des Betreuungsgerichts durch die Betreuungsbehörde. Mit dem zum 01.01.2023 wirksam gewordenen Gesetz zur Reform des Betreuungsrechts wurden die Aufgaben der Betreuungsbehörde im betreuungsgerichtlichen Verfahren teilweise erweitert und konkretisiert. Ihre Bedeutung wurde gestärkt. Es ist nun ausdrücklich geregelt, dass die Anhörung der Betreuungsbehörde vor der Einholung eines Gutachtens erfolgen soll.[43]

Dadurch soll unter anderem die Einholung nicht erforderlicher Gutachten vermieden werden, wenn beispielsweise die Betreuungsbehörde zu dem Schluss kommt, dass die Bestellung einer rechtlichen Betreuung nicht erforderlich ist.

Das Betreuungsgericht hat die zuständige Behördevor der Bestellung einer rechtlichen Betreuung oder der Anordnung eines Einwilligungsvorbehalts anzuhören.[44] Die Betreuungsbehörde ist somit formell beteiligt und hat ein Beschwerderecht.[45]

Für die Erweiterung des Aufgabenkreises und die Erweiterung des Kreises der einwilligungsbedürftigen Willenserklärungen hat das Gericht die zuständige Betreuungsbehörde

43 § 279 Absatz 2 FamFG
44 § 279 Absatz 2 FamFG
45 § 303 FamFG

nur anzuhören, wenn es die betroffene Person verlangt oder es zur Sachaufklärung erforderlich ist.[46]

Die Unterstützung der Betreuungsbehörde umfasst insbesondere folgende Maßnahmen:

1. die Erstellung eines Berichts (Sozialbericht),
2. den Vorschlag einer geeigneten Person, die als Betreuer*in bestellt werden kann, für den Fall der Erforderlichkeit mehrerer rechtlicher Betreuer*innen den Vorschlag mehrerer Personen, die als Betreuer*innen gestellt werden können, bzw. für den Fall, dass die rechtliche Betreuung durch einen Verein geführt werden soll, die Benennung eines Betreuungsvereins, der bereit ist, die rechtliche Betreuung zu führen, und in allen Fällen die Benennung einer entsprechenden Vertretung,[47]
3. die Aufklärung, Mitteilung und gegebenenfalls fachliche Beurteilung des Sachverhalts im Rahmen sonstiger Anhörungen der Behörde durch das Betreuungsgericht oder im Rahmen eines gerichtlichen Ersuchens,
4. die Prüfung der weiteren Erforderlichkeit der rechtlichen Betreuung in geeigneten Fällen, sobald die Behörde durch das Betreuungsgericht über das Verfahren zur Verlängerung einer rechtlichen Betreuung benachrichtigt worden ist, und
5. auf Aufforderung des Betreuungsgerichts den Vorschlag einer geeigneten Person, die als Verfahrenspfleger*in bestellt werden kann.

Die Anhörung (Sozialbericht) vor der Bestellung einer rechtlichen Betreuung soll sich insbesondere auf die persönliche, gesundheitliche und soziale Situation der betroffenen Person, die Erforderlichkeit der rechtlichen Betreuung einschließlich geeigneter anderer Hilfen,[48] die Auswahl der Person/Personen, die als Betreuer*innen bestellt werden können unter Berücksichtigung des Vorrangs der Ehrenamtlichkeit und der Sichtweise der betroffenen Person zu diesen Aspekten beziehen.

Der Sichtweise der betroffenen Person ist dabei breiter Raum zu geben. Der Sozialbericht sollte die Sichtweise der betroffenen Person nicht nur allgemein zur Bestellung und der Auswahl des Betreuers beinhalten, sondern auch Auskunft zu den Wünschen bezüglich der Regelung der anstehenden rechtlichen Angelegenheiten geben. Zudem ist auszuführen, ob und/oder wie weit einvernehmliches Zusammenarbeiten möglich ist. Es sollen aber auch die Grenzen einvernehmlicher Zusammenarbeit aufgezeigt werden. Es ist auch der Frage nachzugehen, welche aus subjektiven Aspekten ersichtlichen Schutzbedürfnisse bestehen.

Die sachgerechte und möglichst vollständige Ermittlung erfordert, dass die Betreuungsbehörde persönlich mit der betroffenen Person spricht und sich einen persönlichen Eindruck von der Situation der betroffenen Person verschafft.

46 § 293 Absatz 1 FamFG
47 Siehe Abschnitt 3.8
48 siehe Abschnitt 2

Welchen Inhalt kann/sollte der Sozialbericht im Einzelnen haben?

- Angaben zu den vorgenommenen Schritten zur Ermittlung des Sachverhaltes und der Prüfung der Erforderlichkeit. Der folgende Bericht stützt sich auf:
  - persönliche Gespräch(e) mit der betroffenen Person, weiteren Personen am 01.01.2000 …
  - die Auswertung folgender Akten und Berichte (z.B. anderer Behörden): …
  - Bemühungen zur Vermittlung und Unterstützung „anderer Hilfen"
  - das Ergebnis des Kennenlerngesprächs mit dem vorgeschlagenen Betreuer
- Angaben zu der betroffenen Person:
  - Personalien
  - Staatsangehörigkeit und Aufenthaltsstatus
  - Familienstand
  - Religion
  - Beruf/derzeitige Tätigkeit
  - Art und Höhe des Einkommens
  - zudem sollten auch Angaben zur adressatengerechten Kommunikation gemacht werden
  - Erreichbarkeit
  - zu verwendende Sprache, Dolmetscher
  - Sprachverständnis (leichte Sprache; Bilder; Assistenz …)
  - andere Aspekte, die bei der Kommunikation zu beachten sind
- Hinweise für das gerichtliche Verfahren:
  - Der betroffene Mensch befindet sich zurzeit: …
  - Folgende Änderung des Aufenthalts ist möglich: …
  - Auskunft darüber kann geben (Name, Anschrift, Telefon): …
  - Mit folgenden Schwierigkeiten muss bei der Anhörung und Untersuchung gerechnet werden (z.B. Nichtöffnen der Wohnungstür, Sehbehinderung, Einmischen Dritter): …
  - Der Termin zur Anhörung kann durch (Name, Anschrift, Telefon) vermittelt werden: …
  - Gründe für die besondere Eilbedürftigkeit: …
- Angaben zu bestehenden Verfügungen der betroffenen Person:
  - Vollmacht zur Vorsorge
  - Bankvollmacht
  - andere Vollmacht
  - Patientenverfügung

  - Betreuungsverfügung
  - andere Verfügungen oder Willenserklärungen
- die Personalien, Kontaktdaten und die Beschreibung des Näheverhältnisses von Bezugspersonen auf der Grundlage der Sichtweise der betroffenen Person
- Sachverhalt zu den persönlichen und wirtschaftlichen Verhältnissen:
  - Angaben zur medizinischen ambulanten oder/und stationären Versorgung (hausärztliche- und fachärztliche Behandlung; Behandlungspflege und Leistungen der Pflegeversicherung; Hinweis zu/Einbeziehung von möglicherweise vorhandenen Gutachten)
  - Soziale Situation, soweit für das Betreuungsverfahren relevant (Biographie, Ausbildung, beruflicher Werdegang; familiäre Situation, Lebensgemeinschaften, Partnerschaft, Freunde, Bekannte usw.)
  - Wohnsituation (Eigentum, Mietwohnung, WG, stationäre Wohnform (Pflege/Eingliederungshilfe …)
  - Persönliche Versorgung (Selbstversorger, Unterstützung durch (Privatpersonen, Angestellte, Pflegedienst, Leistungserbringer von Teilhabeleistungen …)
  - Wirtschaftliche Verhältnisse (Einkommen, Vermögen, nicht geltend gemachte Ansprüche etc.)
  - Sichtweise der betroffenen Person zu jedem einzelnen Aspekt. Wie nimmt die betroffene Person die eigenen persönlichen und wirtschaftlichen Verhältnisse wahr (Selbstwahrnehmung)?
- Erforderlichkeit der rechtlichen Betreuung:
  - Welche rechtlichen Angelegenheiten sind zu regeln?
  - Geht es dabei um die administrative Regelung oder auch um Entscheidungen (im Sinne der Auswahl zwischen mehreren rechtlichen Möglichkeiten)?
  - Welche der rechtlich zu regelnden Angelegenheiten können eigenverantwortlich geregelt werden?
  - Welche der rechtlich zu regelnden Angelegenheiten können mit Unterstützung „anderer Hilfen" geregelt werden?
  - Können/müssen andere Hilfen aktiviert/geltend gemacht werden?
  - An welcher Stelle ist rechtliche Unterstützung erforderlich?
  - Geht es um Unterstützung zur eigenständigen Regelung der jeweiligen Angelegenheiten oder ist stellvertretendes Handeln gewünscht bzw. erforderlich?
  - Ergeben sich durch das Handeln/Nichthandeln der betroffenen Person erhebliche Gefahren für ihre Gesundheit oder ihr Vermögen?
  - Empfehlung zu den Aufgabenbereichen
  - Differenzierte Sichtweise der betroffenen Person zu den einzelnen Fragen, insbesondere zu den vorgeschlagenen Aufgabenbereichen

- Einvernehmliche oder Zwangsbetreuung

  Sichtweise der betroffenen Person zur Bestellung einer rechtlichen Betreuung Wenn die Bestellung einer rechtlichen Betreuung von der betroffenen Person abgelehnt wird:
  - Welche erheblichen Gefahren rechtfertigen die Bestellung einer rechtlichen Betreuung gegen den Willen der betroffenen Person?
  - Können die erheblichen Gefahren durch andere Mittel abgewendet werden?
  - Ist die Bestellung einer rechtlichen Betreuung geeignet, die erheblichen Gefahren abzuwenden, und wie kann dies geschehen?
  - Ist die Verhältnismäßigkeit des Eingriffs in die Grundrechte der betroffenen Person gewahrt?
- Betreuervorschlag:
  - für den Fall der Erforderlichkeit mehrerer rechtlicher Betreuer*innen, mehrerer Personen, die als Betreuer*innen gestellt werden können, bzw. für den Fall, dass die rechtliche Betreuung durch einen Verein geführt werden soll, die Benennung eines Betreuungsvereins, der bereit ist, die rechtliche Betreuung zu führen, und in allen Fällen die Benennung eine entsprechende Vertretung,
  - Sichtweise der betroffenen Person/Ergebnis des Kennenlerngesprächs

3.8 Die Auswahl einer für die Führung der rechtlichen Betreuung geeigneten Person

Die Betreuungsbehörde schlägt mit dem Sozialbericht oder auf Anforderung des Betreuungsgerichts eine Person vor, die sich im konkreten Einzelfall als Betreuer*in eignet.[49] Durch die Änderung des Betreuungsrechts ist der Vorschlag der Betreuungsbehörde zum 01.01.2023 obligatorisch geworden. Dies gilt natürlich nur für den Fall, dass die Betreuungsbehörde die Bestellung der rechtlichen Betreuung für erforderlich erachtet. Ohne die Erforderlichkeit bedarf es auch keines Vorschlages.

Vorrangig wird eine natürliche Person benötigt, die nicht nur geeignet ist, in den gerichtlich bestimmten Aufgabenbereichen die rechtlichen Angelegenheiten der rechtlich betreuten Person zu besorgen (fachliche Qualifikation). Sie muss zuverlässig sein. Zudem muss sie bereit und in der Lage sein, die betroffene Person in dem dafür erforderlichen Umfang persönlich zu betreuen (persönliche Eignung).[50]

Entsprechend hat die Betreuungsbehörde die Eignung möglicher Kandidat*innen zu prüfen. Die hier vorgenommene Prüfung soll dem Betreuungsgericht als Hilfestellung bei der eigenen Entscheidung dienen. Das Gericht ist nicht an den Vorschlag gebunden, sondern entscheidet eigenständig.

49 § 12 BtOG
50 Entsprechend den Vorgaben aus § 1821 BGB

Eine Aussage zur Eignung setzt die Feststellung allgemeiner und fallbezogenener Eignungskriterien voraus. Der Vorschlag der Betreuungsbehörde ist entsprechend zu begründen. Durch die Begründung wird das Betreuungsgericht in die Lage versetzt, den Vorschlag nachzuvollziehen.

Neben der Eignung hat das Gericht seine Entscheidung an bestimmten im Gesetz vorgegebenen Auswahlkriterien zu orientieren, die auch von der Betreuungsbehörde bei ihrem Vorschlag zu berücksichtigen sind.[51]

- So ist dem Wunsch des betroffenen Menschen in aller Regel zu folgen.
- Ist kein Wunsch zu ermitteln, hat das Gericht die familiären Beziehungen, insbesondere zum Ehegatten, zu Eltern und zu Kindern, seine persönlichen Bindungen sowie die Gefahr von Interessenkonflikten zu berücksichtigen.
- Im dritten Rang ist eine ehrenamtlich tätige Person, die keine familiäre Beziehung oder persönliche Bindung zur betroffenen Person hat, zu bestellen.
- Beruflich tätige rechtliche Betreuer*innen sollen nur dann bestellt werden, wenn keine geeignete Person für die ehrenamtliche Führung der rechtlichen Betreuung zur Verfügung steht.
- Ein anerkannter Betreuungsverein soll nur zum Betreuer bestellt werden, wenn die betroffene Person dies ausdrücklich wünscht oder wenn sie durch eine oder mehrere natürliche Personen nicht hinreichend rechtlich betreut werden kann. Die Bestellung bedarf der Einwilligung des Betreuungsvereins.[52]
- Kann die betroffene Person weder durch eine oder mehrere natürliche Personen noch durch einen Betreuungsverein hinreichend rechtlich betreut werden, bestellt das Betreuungsgericht die zuständige Betreuungsbehörde zum Betreuer.[53]

3.8.1 Wünsche zur rechtlich betreuenden Person

Welche Bedeutung haben die Wünsche der betroffenen Person bei der Auswahl des rechtlichen Betreuers?

Wünscht die betroffene Person eine bestimmte Person oder einen anerkannten Betreuungsverein als Betreuer, so ist diesem Wunsch zu entsprechen, es sei denn, die gewünschte Person/der gewünschte Betreuungsverein ist zur Führung der rechtlichen Betreuung nicht geeignet oder bereit.

Lehnt die betroffene Person eine bestimmte Person als Betreuer*in ab, so ist auch diesem Wunsch zu entsprechen, es sei denn, die Ablehnung bezieht sich auf die Bestellung einer rechtlichen Betreuung als solche und hat keinen Bezug zur vorgeschlagenen Person.

Seinen Vorschlag braucht der betroffene Mensch nicht notwendigerweise zu begründen. Er muss ihn auch nicht im Betreuungsverfahren selbst äußern, wo er möglicherweise hierzu nicht mehr in der Lage ist. Zu berücksichtigen sind auch Wünsche, die vor Einleitung

51 § 1816 BGB
52 § 1818 Absatz 1
53 § 1818 Absatz 3

des Betreuungsverfahrens geäußert wurden und beispielsweise im Rahmen einer Betreuungsverfügung[54] dokumentiert sind bzw. anders glaubhaft unter Beweis gestellt werden. Vorab geäußerte Wünsche sind unbeachtlich, wenn erkennbar ist, dass die betroffene Person hieran nicht mehr festhalten will.

Wer von der Einleitung eines Verfahrens über die Bestellung einer rechtlichen Betreuung Kenntnis erlangt und ein Dokument (z.B. Betreuungsverfügung) besitzt, das entsprechende Wünsche oder andere Erklärungen zur Führung der rechtlichen Betreuung enthält, hat die Betreuungsverfügung dem Betreuungsgericht zu übermitteln.[55] Dabei geht es nicht nur um Wünsche, die von der betroffenen Person aus eigenem Antrieb eingebracht werden. Auch der Vorschlag der Betreuungsbehörde ist mit der betroffenen Person zu besprechen und ihre diesbezügliche Sichtweise ist dem Betreuungsgericht mitzuteilen.

Besteht die Möglichkeit, den möglichen rechtlichen Betreuer vorher kennenzulernen?

Auf Wunsch der betroffenen Person kann die Betreuungsbehörde ein persönliches Kennenlernen zwischen der betroffenen Person und der als Betreuer*in vorgesehenen Person vermitteln.[56] Dieses vorherige Kennenlernen ist auch sinnvoll. Es ermöglicht den Beteiligten, einen ersten persönlichen Eindruck voneinander zu erhalten und festzustellen, ob ein einvernehmliches Zusammenwirken nicht ausgeschlossen ist.

Wann kann von dem Vorschlag abgewichen werden?

Dem Vorschlag der betroffenen Person ist besonderes Gewicht beizumessen. Dennoch, auch eine von der betroffenen Person vorgeschlagene Person muss über die erforderliche Eignung (Zuverlässigkeit, Qualifikation und persönliche Eignung) verfügen. Insbesondere ist zu prüfen, ob der Vorschlag möglicherweise unter Bedingungen formuliert worden ist, die sich jetzt geändert haben oder gar nicht mehr vorliegen. Zweifel an der Eignung müssen sehr konkret sein, um dem Vorschlag nicht folgen zu müssen.

3.8.2 Vorrang ehrenamtlich tätiger rechtlicher Betreuer*innen

Die Ehrenamtlichkeit der rechtlichen Betreuung bildet das gesetzgeberische Leitbild. Die Ausübung der rechtlichen Betreuung durch Familienangehörige, andere nahestehende Personen oder ehrenamtlich engagierte Bürger wird in Abgrenzung zur Betreuungsführung durch beruflich tätige Personen in der Regel als optimale Unterstützungsform gesehen.

Voraussetzung hierfür ist aber eine gute Qualität auch der ehrenamtlichen Betreuung.

Welches sind die allgemeinen Eignungskriterien?

Die persönliche Eignung umfasst die Fähigkeit, die Wünsche der rechtlich betreuten Person festzustellen und nach den gesetzlichen Vorgaben umzusetzen.[57] Dafür muss zuallererst der erforderliche persönliche Kontakt zur rechtlich betreuten Person möglich sein.

54 Siehe Abschnitt 2.4
55 § 1816 Absatz 2
56 § 12 Absatz 2 BtOG
57 § 1821 BGB

Eine Bestellung ist nicht möglich, soweit beispielsweise die Entfernung zwischen Betreuer*in und dem Aufenthaltsort der rechtlich betreuten Person die persönliche Begegnung unmöglich macht.

Besondere Fachkenntnisse oder betreuungsrechtliche Vorkenntnisse sind keine Voraussetzung für ehrenamtlich tätige rechtliche Betreuer*innen. Erforderlich ist aber die Bereitschaft, sich mit den in Einzelfall erforderlichen Kenntnissen vertraut zu machen und bei Bedarf Beratungs- und Fortbildungsangebote zu nutzen und mit den entsprechenden Akteuren zusammenzuarbeiten.

Zudem bedarf es der Wertschätzung der rechtlich betreuten Person, der Fähigkeit zur Selbstreflexion und einer guten Portion Durchhalte- und Durchsetzungsvermögen. Darüber hinaus bedarf es der Fähigkeit zum förmlichen Schriftverkehr, zu einer geordneten Dokumentenablage, zur Einhaltung des Datenschutzes und der Sicherstellung der persönlichen und telefonischen Erreichbarkeit.

Wo erhalten ehrenamtliche Betreuer*innen Unterstützung?

Allen ehrenamtlichen Betreuer*innen steht das Recht zu, sich durch einen anerkannten Betreuungsverein umfassend unterstützen zu lassen. Daneben beraten die Betreuungsgerichte und die Betreuungsbehörde.

Den Betreuungsvereinen wird für die Förderung und Unterstützung ehrenamtlicher rechtlicher Betreuer*innen eine wichtige Rolle zugewiesen. Vereine und Behörden sind verpflichtet, Unterstützung und Förderung für ehrenamtliche rechtliche Betreuer*innen anzubieten.[58]

Das Betreuungsgesetz sieht die Entwicklung und Institutionalisierung umfassender, bedarfsgerechter Hilfen zur Qualitätsentwicklung und Qualitätssicherung der Betreuungsführung durch ehrenamtliche Betreuer*innen vor. Die Beratungs- und Informationsangebote sollen für jeden Interessierten möglichst einfach und ohne bürokratische Hürden zugänglich sein. Es macht daher Sinn, diese Aufgabe nicht von der Behörde, sondern von engagierten Vereinen wahrnehmen zu lassen.

Welche Aufgaben haben die Betreuungsvereine im Hinblick auf die ehrenamtliche rechtliche Betreuung?

Das Aufgabenprofil der Vereine umfasst in diesem Schwerpunkt folgende Tätigkeiten:

- Planmäßige Gewinnung ehrenamtlicher rechtlicher Betreuer*innen
- Begleitung und Unterstützung ehrenamtlicher rechtlicher Betreuer*innen im Wege einer förmlichen Vereinbarung
- Planmäßige Beratung von bevollmächtigten Personen
- Praktische Hilfestellungen bei der Führung von rechtlichen Betreuungen

58 Bundesministerium für Gesundheit: Modellmaßnahme zur Förderung der ehrenamtlichen Tätigkeit im Betreuungswesen. Abschlussbericht 1991–1995, Band 72 der Schriftenreihe des Bundesministeriums für Gesundheit, 1996, S. XXII

- Vermittlung von zusätzlicher Fachberatung, Vorbereitung und Durchführung von Einführungsveranstaltungen, Informations- und Schulungsveranstaltungen, Gesprächskreisen
- Öffentlichkeitsarbeit
- Einzelfallbezogene Beratung für unterschiedliche Nutzergruppen
- Einzelfallbezogene Beratung bei der Errichtung einer Vorsorgevollmacht
- Beratung und Fortbildung für professionelle Helfer aus den verschiedensten sozialen und gesundheitsbezogenen Dienstleistungsbereichen
- Gremien- und Netzwerkarbeit

Mittlerweile haben die Kommunen die Bedeutung dieser Aufgaben überwiegend erkannt. Mit der Begründung leerer Kassen wird die notwendige finanzielle Unterstützung der Vereine dennoch häufig vernachlässigt. Eine sinnvolle Arbeit ist den Vereinen damit nicht möglich. Im Ergebnis müssen bezahlte rechtliche Betreuer*innen bestellt werden. Eine Änderung dieser Politik tut seit Jahren not.

Wer kann eine Vereinbarung zur Begleitung und Unterstützung abschließen?

Ehrenamtliche Betreuer*innen mit familiärer Beziehung oder persönlicher Bindung können sich diese Unterstützung durch eine Vereinbarung mit einem anerkannten Betreuungsverein sichern.

Ehrenamtliche Betreuer*innen, die keine familiäre Beziehung oder persönliche Bindung zu der betroffenen Person haben, sollen nur vorgeschlagen werden, wenn sie sich zum Abschluss einer Vereinbarung über eine Begleitung und Unterstützung mit einem anerkannten Betreuungsverein oder einer Betreuungsbehörde bereit erklären. Für ehrenamtliche Betreuer*innen ohne familiäre Beziehung oder persönliche Bindung ist der Abschluss einer Vereinbarung mit einem anerkannten Betreuungsverein somit verpflichtend.[59]

Was regelt die Vereinbarung mit einem anerkannten Betreuungsverein?

Gesetzlich ist geregelt, dass die Vereinbarung folgende Rechte und Pflichten umfasst.

- Für ehrenamtliche Betreuer*innen besteht zur Sicherstellung eines Mindestmaßes an betreuungsrechtlichen Kenntnissen die Pflicht, an einer Einführungsschulung sowie in der Folge regelmäßig an einer Fortbildungsveranstaltung teilzunehmen. Der anerkannte Betreuungsverein hat entsprechende Angebote vorzuhalten.
- Der Betreuungsverein begleitet und unterstützt ehrenamtliche Betreuer*innen bei ihrer Tätigkeit durch Informations- und Beratungsangebote. Hierzu benennt er einen festen Ansprechpartner.
- Schließlich hat der Verein seine Bereitschaft zu erklären, die Verhinderungsbetreuung zu übernehmen, soweit keine andere Person als Verhinderungsbetreuer*in zur Verfügung steht. Dies verpflichtet den Betreuungsverein gleichzeitig, die entsprechende Einwilligung gegenüber dem Betreuungsgericht zu erklären. Hierfür bedarf es des regelmäßigen Kontakts zwischen Betreuer*in und dem/der Ansprechpartner*in beim

59 § 15 Absatz 2 BtOG

Betreuungsverein. Dies gewährleistet, dass Informationen über den Verlauf der rechtlichen Betreuung ausgetauscht werden können und im Verhinderungsfall ein nahtloser Übergang möglich ist. Soweit der Verhinderungsfall nicht plötzlich und unvorhergesehen auftritt, soll eine Vor- und Nachbesprechung stattfinden.

Wer kann nicht bestellt werden?

Die entsprechende Zuverlässigkeit fehlt bei:

- einem einschlägigen Berufsverbot,
- einer rechtskräftigen Verurteilung wegen Verbrechens oder eines vorsätzlich begangenen, für die Ausübung einer Betreuung relevanten Vergehens,
- ungeordneten Vermögensverhältnissen (z.B. eröffnetes Insolvenzverfahren oder bei entsprechenden Eintragungen im Schuldnerverzeichnis).

Das Fehlen von Ausschlusskriterien ist durch ein Führungszeugnis und eine Auskunft aus dem zentralen Schuldnerverzeichnis, die jeweils nicht älter als drei Monate sein sollen, nachzuweisen.[60] Dies gilt nicht, sofern die Bestellung im Wege der einstweiligen Anordnung (vorläufige Bestellung) erfolgt. Erfolgt im Anschluss an die einstweilige Anordnung die (endgültig) Bestellung der rechtlichen Betreuung, sind die entsprechenden Nachweise nachträglich zu erbringen.[61]

Grundsätzlich sollen die ehrenamtlichen Betreuer*innen selbst einen Antrag auf Erteilung eines Behördenführungszeugnisses stellen. Dieser Antrag kann auch elektronisch beim Bundesamt für Justiz gestellt werden.[62] Die Betreuungsbehörde kann aber auch selbst eine Auskunft über die Daten erhalten.[63] Die Einholung eines Führungszeugnisses ist für ehrenamtlich zu bestellende rechtliche Betreuer*innen gebührenfrei.

Die Auskunft aus dem zentralen Schuldnerverzeichnis darf nicht verwechselt werden mit einer privatrechtlichen „Schufa-Auskunft". In dem gemeinsamen Vollstreckungsportal der Länder werden die bundesweiten Daten aus den Schuldnerverzeichnissen zum kostenpflichtigen Abruf bereitgestellt. Die Einsicht erfolgt durch elektronische Übersendung eines einheitlich strukturierten Datensatzes. Zur Erlangung einer Auskunft aus dem Vollstreckungsportal ist die Einsicht in das Schuldnerverzeichnis erforderlich. Zur Einsichtnahme bedarf es der einmaligen Registrierung und anschließenden Freischaltung im gemeinsamen Vollstreckungsportal der Länder. Als Anleitung verfügt das Vollstreckungsportal über eine Benutzerhilfe. Auch an dieser Stelle kann die Betreuungsbehörde behilflich sein.

Um Loyalitätskonflikte zu vermeiden, kann eine Person, die zu einem Träger von Einrichtungen oder Diensten, der in der Versorgung der betroffenen Person tätig ist, in einem Abhängigkeitsverhältnis oder in einer anderen engen Beziehung steht, nicht als Betreuer*in bestellt werden. Dies gilt nicht, wenn im Einzelfall die konkrete Gefahr einer Interessenkollision nicht besteht.[64] Betreuer*innen, die beim Träger des Wohnheims, in dem die betroffene Person lebt, beschäftigt sind, könnten in einen Konflikt geraten, wenn sie

60 § 21 Absatz 2 BtOG i.v.m. § 882b der ZPO
61 § 30c BZRG
62 § 31 BZRG
63 www.vollstreckungsportal.de/
64 § 1816 Absatz 6

beispielsweise Missstände bei der Versorgung der rechtlich betreuten Person aufdecken müssen.

Welches sind die fallbezogenen Eignungskriterien?

Die für die Führung der rechtlichen Betreuung erforderlichen fallbezogenen Kenntnisse ergeben sich aus den zu erledigenden rechtlichen Angelegenheiten. Ehrenamtlich bestellte rechtliche Betreuer*innen müssen auch insoweit nicht selbst die notwendigen juristischen, medizinischen oder sozialarbeiterischen Fähigkeiten und Kenntnisse besitzen. Es kommt vielmehr darauf an, dass sie die entsprechenden Hilfen im Bedarfsfall zugunsten der rechtlich betreuten Person organisieren können und wissen, an wen oder an welche Stelle sie sich wenden müssen. Hier liegt auch der besondere Nutzen der bereits oben beschriebenen Vereinbarung mit einem anerkannten Betreuungsverein, der hier unterstützen kann.

Die geforderte persönliche rechtliche Betreuung wird in der Praxis häufig missverstanden. Es handelt sich dabei nicht um die Verrichtung persönlicher Dienstleistungen wie Pflege, Einkaufen oder das Putzen der Wohnung. Persönliche rechtliche Betreuung meint den Gegensatz zu einer anonymen Verwaltung von Betreuungsfällen. Hauptmerkmal der persönlichen rechtlichen Betreuung ist der persönliche Kontakt zur rechtlich betreuten Person. Die persönliche Begegnung mit dem betreuten Menschen soll es rechtlichen Betreuer*innen ermöglichen, die Wünsche der betroffenen Person und ihre Bedürfnisse zu erkennen. Persönliche rechtliche Betreuung ist somit in allen Fällen sinnvoll und unabdingbar; nur Betreuer*innen, welche die tatsächlichen Lebensumstände des rechtlich betreuten Menschen kennen, können ihr Amt wirkungsvoll ausüben.

Neben der oben genannten allgemeinen Möglichkeit und Bereitschaft zum persönlichen Kontakt ist daher fallbezogen zu prüfen, ob die erforderliche Kommunikation möglich ist. Hierbei geht es nicht nur um das Sprechen der gleichen Muttersprache. Betreuer*innen müssen zudem über die Fähigkeit verfügen, Sinn und Bedeutung der Äußerungen der rechtlich betreuten Person zu verstehen. Hier liegt auch der vom Gesetzgeber angenommene entscheidende Vorteil der rechtlichen Betreuung durch Familienangehörige und andere nahestehende Personen. Die gewachsene Beziehung erleichtert das gegenseitige Verstehen selbst dann, wenn für Außenstehende der Aufbau einer Kommunikation nicht mehr möglich erscheint.

Bin ich zur Übernahme des Amtes verpflichtet?

Im Übrigen besteht jedoch eine Pflicht zur Übernahme des Betreueramtes, wenn die ausgewählte Person zur Ausübung des Amtes geeignet ist und ihr die Übernahme unter Berücksichtigung ihrer familiären, beruflichen und sonstigen Verpflichtungen zuzumuten ist. Bestellt werden darf sie allerdings erst, wenn sie sich zur Übernahme der Betreuung bereit erklärt hat. Die Erzwingung der Abgabe einer solchen Bereiterklärung sieht das Gesetz nicht vor, da der Grundsatz der persönlichen Betreuung voraussetzt, dass der Betreuer sein Amt freiwillig übernimmt.[65]

65 § 1819 BGB

3.8.3 Rechtliche Berufsbetreuer*innen

Schon 1989 hat die damalige Bundesregierung im „Entwurf eines Gesetzes zur Reform des Rechts der Vormundschaft und Pflegschaft für Volljährige" beschrieben, dass die Verwirklichung der Ziele der Reform nur möglich sein würde, wenn es gelänge, eine ausreichende Zahl qualifizierter Personen zu finden, die bereit sind, rechtliche Betreuungen zu führen.[66] Im Bereich der beruflichen rechtlichen Betreuung wurde es als wünschenswert angesehen, wenn sich Personen aus der Sozialarbeit für diese Aufgaben gewinnen ließen.[67] Bei den Vorarbeiten zum damaligen Gesetzentwurf ist überlegt worden, ob es möglich ist, das Merkmal „im Rahmen seiner Berufsausübung" (Zugangsvoraussetzungen) zu konkretisieren. Der Entwurf hat von einer solchen Konkretisierung abgesehen. Er hat weder konkret definiert, wann eine Vergütung gezahlt werden soll, noch Zugangsvoraussetzungen beschrieben. Es wurde der Praxis überlassen, unter Berücksichtigung der Umstände des Einzelfalles sachgerechte Maßstäbe zu finden.

Seit mehr als 30 Jahren wird über die Sicherung einer qualitativ hochwertigen beruflichen rechtlichen Betreuung diskutiert. Wichtige Impulsgeber waren und sind einerseits die Rechtsprechung und zum anderen die im Rahmen der Fachöffentlichkeit geführten Diskussionen. Die Rechtsprechung befasste sich unter anderem mit der Frage, welche Tätigkeiten der rechtlichen Betreuung zuzuordnen sind und wie diese zu erledigen sind. Die so gewonnenen Erkenntnisse aus Einzelentscheidungen sind in die Diskussion der Fachöffentlichkeit eingeflossen. Hier wurde die Entwicklung beruflicher Standards, Leitlinien und einer berufsethischen Grundhaltung diskutiert und gefordert. Im Ergebnis veröffentlichten die Berufs- und Fachverbände entsprechende Grundsatzpapiere und Stellungnahmen. Als weiteres Ergebnis dieser Diskussion haben die Betreuungsbehörden in regionaler Verantwortung Zugangsvoraussetzungen für Personen, die rechtliche Betreuungen beruflich führen wollen, entwickelt.

Was hat den Gesetzgeber bewogen, zum 01.01.2023 ein Registrierungsverfahren einzuführen?

Die Beweggründe des Gesetzgebers lassen sich unter den folgenden Überschriften zusammenfassen.

Zunahme beruflich geführter Betreuungsverfahren

Acht Änderungen des Betreuungsrechts und 30 Jahre später steht nach den Befragungsergebnissen der Betreuungsbehörden fest, dass 47,2 % der rechtlichen Betreuungen beruflich und 52,8 % ehrenamtlich geführt werden.[68] Die Tendenz deutet auf einen weiteren Anstieg des Anteils beruflich geführter rechtlicher Betreuungen hin. Der Gesetzgeber hat festgestellt, dass sich damit die beruflich geführte rechtliche Betreuung als wesentliche und unverzichtbare Säule des Betreuungsrechts fest etabliert hat.

66 BT-Drs. 11/4528, S. 55

67 BT-Drs. 11/4528, S. 111

68 ISG Qualität in der rechtlichen Betreuung Abschlussbericht, Seite 36; Bundesanzeiger Verlag 2018

Komplexe Sachverhalte

Personen, die rechtliche Betreuungen beruflich führen, werden von den Betreuungsgerichten häufig in Verfahren beauftragt, bei denen der objektive rechtliche Unterstützungs- und/oder der Vertretungsbedarf, was Umfang und Schwierigkeit angeht, erheblich ist. Es handelt sich dabei überdurchschnittlich oft um jüngere, mittellose, im privaten Haushalt lebende Personen, die an psychischen Krankheiten leiden.[69] Anlass für die Bestellung sind multiple Problemlagen, in denen die betroffenen Personen einen hohen Bedarf an sozialrechtlicher Unterstützung haben. Häufig sind die Organisation von Alltagsunterstützung, Teilhabeleistungen, Arbeit und/oder Beschäftigung, die zukünftige Wohnsituation, medizinische Hilfen und die erforderlichen Mittel zum Lebensunterhalt Themen, die nebeneinander gleichzeitig bewältigt werden wollen. Diese Arbeit erfordert eine hohe Sachkompetenz.

Mängel in der Praxis

Die Forschungsergebnisse aus den Jahren 2015 bis 2017 haben ergeben, dass es erhebliche strukturelle als auch Mängel in der Umsetzung des Betreuungsrechtes gibt. Dies nicht nur, aber auch bei den beruflich geführten rechtlichen Betreuungen. Diesbezüglich hat die Forschung als eine der Handlungsempfehlungen formuliert:

> *„Es muss geprüft werden, ob Berufsbetreuer zu Beginn ihrer Tätigkeit über die für alle Betreuungsfälle erforderlichen Fachkenntnisse im rechtlichen und psychosozialen Bereich verfügen. Weiterhin muss sichergestellt werden, dass Berufsbetreuer dieses Wissen auf einem aktuellen Stand halten. Dafür könnte zum Beispiel die regelmäßige Teilnahme an Fort- und Weiterbildung, an organisiertem Erfahrungsaustausch und die Inanspruchnahme von Supervision als verpflichtendes Eignungskriterium von Berufsbetreuern gewertet werden.*
>
> *Dabei wäre es wichtig, sicherzustellen, dass gleiche Anforderungen an Bewerber gestellt werden und das Zulassungsverfahren transparent und fair ist. Um dies auf effiziente Weise zu erreichen, wäre die Vergabe dieser Aufgabe an eine zentrale Stelle (zum Beispiel die überörtlichen Betreuungsbehörden) zielführender als eine dezentrale Durchführung.“*[70]

Wie sollen die Mängel behoben werden?

Qualitätssicherung – der Einstieg in das Berufsbild

Mit der Einführung des Registrierungsverfahrens hat der Gesetzgeber geregelt, dass die Grundentscheidung, ob eine Person rechtliche Betreuungen beruflich führen kann, nach einem bundeseinheitlichen Anforderungsprofil und in einem einheitlichen Verwaltungsverfahren entschieden wird.

69 ISG Qualität in der rechtlichen Betreuung Abschlussbericht, Bundesanzeiger Verlag 2018, S. 68 ff.
70 ISG Qualität in der rechtlichen Betreuung Abschlussbericht, Bundesanzeiger Verlag 2018, S. 563

Das Registrierungsverfahren wurde im Betreuungsorganisationsgesetz (BtOG) geregelt.[71] Voraussetzungen für eine Registrierung sind:

1. die persönliche Eignung und Zuverlässigkeit,
2. eine ausreichende Sachkunde für die Tätigkeit als beruflicher Betreuer und
3. eine Berufshaftpflichtversicherung.

Die Einzelheiten zu den Voraussetzungen der Registrierung, insbesondere zu den Anforderungen an die Sachkunde und ihren Nachweis, sind im Wege einer Rechtsverordnung des Bundesministeriums der Justiz und für Verbraucherschutz (BMJV) geregelt.

Mit Wirkung zum 01.01.2023 gilt, dass nur eine registrierte Person für die berufliche Führung einer rechtlichen Betreuung bestellt werden kann.

Das einheitliche Registrierungsverfahren löst die örtlich geschaffenen Zugangsvoraussetzungen ab.

Wer kann zukünftig eine Vergütung verlangen?

Der § 19 Absatz 2 BtOG bestimmt:

„Berufliche Betreuer sind natürliche Personen, die selbständig oder als Mitarbeiter eines anerkannten Betreuungsvereins rechtliche Betreuungen führen und nach § 24 registriert sind oder nach § 32 Absatz 1 Satz 6 als vorläufig registriert gelten."

Der Vergütungsanspruch ergibt sich dann aus § 7 Absatz 1 Vormünder- und Betreuervergütungsgesetz (VBVG). Hier heißt es:

„Ein beruflicher Betreuer nach § 19 Absatz 2 des Betreuungsorganisationsgesetzes, der selbständig rechtliche Betreuungen führt, kann vom Betreuten Vergütung und Aufwendungsersatz nach Maßgabe der §§ 8 bis 12, 15 und 16 verlangen."

Diese Regelung ersetzt die bis zum 31.12.2022 geltende Vorschrift, wonach unabhängig von Qualifikation und Ausbildung eine Person beruflich rechtliche Betreuungen führte, wenn ihr Betreuungen in einem solchen Umfang übertragen waren, dass diese nur im Rahmen der Berufsausübung geführt werden konnten, oder zu erwarten war, dass der Person in absehbarer Zeit rechtliche Betreuungen in diesem Umfang übertragen worden wären. Berufsmäßigkeit lag im Regelfall vor, wenn mehr als zehn rechtliche Betreuungen geführt wurden oder die für die Führung der rechtlichen Betreuung erforderliche Zeit 20 Wochenstunden nicht unterschritten hat.

Wo lassen sich Berufsbetreuer*innen registrieren?

Zur Einleitung des Registrierungsverfahrens ist ein Antrag bei der zuständigen Stammbehörde zu stellen.[72]

Die zuständige Stammbehörde ist die nach dem Landesrecht bestimmte Betreuungsbehörde, in deren Zuständigkeitsbereich sich der Sitz/das Büro der sich bewerbenden Person befindet oder errichtet werden soll.[73] Für rechtliche Betreuer*innen, die keinen Sitz/Büro

71 §§ 23 FF BtOG
72 § 24 Absatz 1 Satz 1 BtOG
73 § 2 Absatz 4 BtOG

für ihre berufliche Tätigkeit unterhalten, richtet sich die Zuständigkeit nach ihrem Wohnsitz. Befinden sich weder Sitz/Büro oder hilfsweise Wohnsitz im Geltungsbereich des Gesetzes, richtet sich die Zuständigkeit der Stammbehörde nach dem örtlichen Schwerpunkt der (beabsichtigen) Tätigkeit der sich bewerbenden Person. Für rechtliche Betreuer*innen, die ihren Sitz/Büro oder hilfsweise Wohnsitz aus dem Geltungsbereich dieses Gesetzes ins Ausland verlegen, bleibt zunächst die bisher für sie zuständige Stammbehörde zuständig.

Was macht die Stammbehörde?

- Die Stammbehörde hat das Registrierungsverfahren für berufliche rechtliche Betreuer*innen durchzuführen und über die Registrierung durch Verwaltungsakt zu entscheiden.
- Nach der Registrierung überwacht sie die Voraussetzungen für das Fortbestehen der Registrierung und hat die Registrierung ggf. zu widerrufen.
- Sie erhebt und überprüft die für die persönliche Eignung und Zuverlässigkeit einmalig und fortlaufend zu erbringenden Daten und Nachweise.
- Die Stammbehörde stellt sicher, dass die wesentlichen für eine Bestellung eines beruflichen rechtlichen Betreuers erforderlichen Informationen (Anzahl und Umfang der aktuell geführten Betreuungen, zeitlicher Gesamtumfang und Organisationsstruktur der Betreuertätigkeit, festgestellte Vergütungstabelle sowie weitere Erkenntnisse zu Profil und Eignung) bei einer Stelle in aktueller Form verfügbar sind.

Wie sieht der Antrag aus?

Bis zum Redaktionsschluss für diese Ausgaben hat es noch keine Formvorschriften gegeben. Der Antrag kann also formlos gestellt werden. Mit dem Antrag sind beizubringen:

1. ein Führungszeugnis[74], das nicht älter als drei Monate sein soll,
2. eine Auskunft aus dem zentralen Schuldnerverzeichnis[75], die nicht älter als drei Monate sein soll,
3. eine Erklärung, ob ein Insolvenz-, Ermittlungs- oder Strafverfahren anhängig ist,
4. eine Erklärung, ob in den letzten drei Jahren vor Antragstellung eine Registrierung als Berufsbetreuer versagt, zurückgenommen oder widerrufen wurde und
5. geeignete Nachweise über den Erwerb der erforderlichen Sachkunde.

Zudem hat die antragstellende Person der Stammbehörde den beabsichtigten zeitlichen Gesamtumfang und die Organisationsstruktur ihrer beruflichen Betreuertätigkeit mitzuteilen.[76]

Der Nachweis der Berufshaftpflichtversicherung ist erst zu erbringen, wenn die übrigen Voraussetzungen für die Registrierung vorliegen, die Behörde also grundsätzlich positiv im Sinn des Antrags entschieden hat. Sie fordert dann die antragstellende Person auf, die Berufshaftpflichtversicherung nachzuweisen. Die Mindestversicherungssumme beträgt

74 § 30 Absatz 5 BZRG
75 § 882b ZPO
76 § 24 Absatz 1 Satz 2 BtOG

250 000,00 Euro für jeden Versicherungsfall und von 1 Million Euro für alle Versicherungsfälle eines Versicherungsjahres.[77]

Wie verläuft das Verfahren nach der Antragstellung?

Zur Feststellung der persönlichen Eignung wird die Stammbehörde mit der antragstellenden Person ein persönliches Gespräch zu führen. Sodann prüft sie das Vorliegen aller Voraussetzungen und fordert die antragstellende Person zum Nachweis der Berufshaftpflichtversicherung auf. Nachdem alle Unterlagen vorliegen, ist über den Antrag innerhalb von 3 Monaten durch Verwaltungsakt zu entscheiden.

Für rechtliche Betreuer*innen, die vor dem 01.01.2023 bereits beruflich rechtliche Betreuungen geführt haben, wurden befristete Übergangsvorschriften ins Gesetz aufgenommen, die an dieser Stelle nicht weiter erörtert werden sollen.

3.8.4 Mehrere rechtliche Betreuer

Können mehrere Personen als Betreuer*innen bestellt werden?

In der Regel soll nur eine Person als Betreuer*in bestellt werden. Das Betreuungsgericht kann vom Prinzip der Einzelbetreuung abweichen und mehrere rechtliche Betreuer*innen bestellen, wenn die Angelegenheiten der rechtlich betreuten Person hierdurch besser besorgt werden können.[78] Der Gesetzgeber hatte hierzu folgende Fallgruppen angenommen:[79]

- Die Eltern eines betroffenen Menschen sind beide geeignet und zur Übernahme des Amtes bereit. Für diesen Fall soll kein Elternteil gezwungen werden zurückzutreten, um dem anderen Teil die Führung der rechtlichen Betreuung zu überlassen.
- Für die Erledigung verschiedener rechtlicher Angelegenheiten der betroffenen Person sind besondere Kenntnisse erforderlich; etwa wenn umfangreiches und schwierig zu verwaltendes Vermögen vorhanden ist. Hier kann es z.B. sinnvoll sein, für den Aufgabenbereich der Sorge für das Vermögen eine in wirtschaftlichen Dingen erfahrene Person zu bestellen. Für die übrigen Angelegenheiten der betroffenen Person kann eine Person aus dem persönlichen Umfeld bestellt werden.
- Der rechtliche Betreuer ist an der Besorgung bestimmter Angelegenheiten rechtlich gehindert, etwa, weil er selbst ein Rechtsgeschäft mit der rechtlich betreuten Person vornehmen will.
- Die rechtliche Betreuung soll in absehbarer Zeit von einem Verein, Berufs-, Vereins- oder Behördenbetreuer auf einen ehrenamtlichen Betreuer übertragen werden. Die dann ehrenamtlich tätige Person soll eingearbeitet werden.

Auch ein rechtlicher Betreuer wird krank oder möchte Urlaub machen. Es stellt sich die Frage, wer den Betreuer in dieser Zeit vertritt. Mit der Änderung des Betreuungsrechts hat der Gesetzgeber zum 01.01.2023 bestimmt, dass für alle Betreuer*innen eine Vertretung (Verhinderungsbetreuer*in) bestellt werden kann. Dadurch sollen Vertretungslücken vermieden werden. Ein Absehen von der Bestellung kommt zum Beispiel dann in Betracht, wenn

77 § 23 Absatz 1 Nr. 3 BtOG
78 § 1817 BGB
79 BT-Drs. 11/4528, S. 130

keine geeignete Person als Verhinderungsbetreuer*in zur Verfügung steht oder die rechtlich betreute Person die Bestellung einer Vertretung ablehnt.[80] Soweit eine Vereinbarung mit einem Betreuungsverein über die Begleitung und Unterstützung abgeschlossen worden ist, kann der Betreuungsverein die Verhinderungsbetreuung übernehmen.[81]

3.8.5 Der Betreuungsverein als rechtlicher Betreuer

Ein anerkannter Betreuungsverein soll nur zum Betreuer bestellt werden, wenn die betroffene Person dies ausdrücklich wünscht oder wenn sie durch eine oder mehrere natürliche Personen nicht hinreichend rechtlich betreut werden kann. Die Bestellung bedarf der Einwilligung des Betreuungsvereins.[82]

Die Vereinsbetreuung ist jeder rechtlichen Betreuung durch eine natürliche Person nachrangig. Die Nachrangigkeit kann durch den ausdrücklichen Wunsch der rechtlich betreuten Person außer Kraft gesetzt werden.

Nach seiner Bestellung ist der Betreuungsverein verpflichtet, die rechtliche Betreuung einer natürlichen Person zu übertragen, es sei denn, dass dies von der rechtlich betreuten Person ausdrücklich nicht gewünscht ist. Der Betreuungsverein hat die ausgewählte Person und zukünftige diesbezügliche Änderungen dem Betreuungsgericht mitzuteilen. Der Betreuungsverein prüft zunächst, ob er die Führung der rechtlichen Betreuung an eine ehrenamtlich tätige Person übertragen kann. Ist dies nicht der Fall, kann der Betreuungsverein die rechtliche Betreuung auch an eine als Berufsbetreuer*in registrierte Person übertragen. An dieser Stelle hat der Verein die Wünsche der rechtlich betreuten Person zu berücksichtigen. Ist die rechtlich betreute Person mit der als Betreuer*in ausgewählten Person nicht einverstanden und der Verein nicht in der Lage, eine andere Person zu benennen, hat er dies dem Betreuungsgericht mitzuteilen. Das Betreuungsgericht prüft seinerseits, ob ein anderer Verein bestellt werden muss.

3.8.6 Die Betreuungsbehörde als rechtlicher Betreuer

Kann die betroffene Person weder durch eine oder mehrere natürliche Personen noch durch einen Betreuungsverein hinreichend rechtlich betreut werden, bestellt das Betreuungsgericht die zuständige Betreuungsbehörde zum Betreuer. Alle rechtlichen Betreuungen, die nicht anderweitig vergeben werden können, müssen von der Betreuungsbehörde übernommen werden.

Genau wie der Betreuungsverein hat die Betreuungsbehörde nach ihrer Bestellung die rechtliche Betreuung an eine natürliche Person zu übertragen. Dabei hat sie nach Möglichkeit dem Wunsch der rechtlich betreuten Person zu entsprechen. Die Betreuungsbehörde ist das letzte Glied in der Kette möglicher rechtlicher Betreuer. Bei der Übertragung an eine geeignete natürliche Person werden Kapazitätsüberlegungen der Behörde im Vordergrund stehen. Es dürfte selten der Fall sein, dass die Betreuungsbehörde über so große personelle Kapazitäten verfügt, dass sie der rechtlich betreuten Person eine Auswahl ermöglichen kann.

80 § 1817 Absatz 4 BGB
81 § 15 Absatz 2 BtOG
82 § 1818 Absatz 1

Die Betreuungsbehörde hat die ausgewählte Person und zukünftige diesbezügliche Änderungen dem Betreuungsgericht mitzuteilen.

3.8.7 Wechsel des rechtlichen Betreuers

Wann ist ein Wechsel des rechtlichen Betreuers vorzunehmen?

Der Wechsel des rechtlichen Betreuers ist in folgenden Fällen vorgesehen.

- Das Betreuungsgericht kann den rechtlichen Betreuer wechseln, wenn die rechtlich betreute Person eine mindestens gleich geeignete Person, die zur Übernahme der rechtlichen Betreuung bereit ist, vorschlägt.[83] Die Wirksamkeit des Vorschlages erfordert weder die Geschäftsfähigkeit noch die natürliche Einsichtsfähigkeit der rechtlich betreuten Person. Vielmehr genügt, dass sie ihren entsprechenden Willen oder Wunsch kundtut. Der Wille kann nur dann unberücksichtigt bleiben, wenn die vorgeschlagene Person ungeeignet ist, die rechtliche Betreuung zu führen.[84] Dies setzt voraus, dass sich aufgrund einer umfassenden Abwägung aller relevanten Umstände Gründe von erheblichem Gewicht ergeben, die gegen die Bestellung der vorgeschlagenen Person sprechen. Es muss die konkrete Gefahr bestehen, dass die vorgeschlagene Person ihren aus der rechtlichen Betreuung resultierenden Pflichten[85] nicht nachkommen kann.
- Das Betreuungsgericht soll den Wechsel des rechtlichen Betreuers vornehmen, wenn ein rechtlicher Berufsbetreuer bestellt ist und die rechtliche Betreuung durch eine oder mehrere geeignete ehrenamtlich tätige Personen weitergeführt werden kann.[86]
- Der Betreuungsverein oder die Betreuungsbehörde ist als rechtlicher Betreuer zu entlassen, sobald die rechtliche Betreuung durch eine oder mehrere natürliche Personen hinreichend weitergeführt werden kann. Dies gilt für den Betreuungsverein nicht, wenn der Wunsch der rechtlich betreuten Person dem entgegensteht.[87] Hier zeigt sich auch die Bedeutung, die der Gesetzgeber der persönlichen Betreuung einräumt. Sie hat absoluten Vorrang vor der Vereins- oder Behördenbetreuung. Es sei denn, dass die Vereinsbetreuung von der rechtlich betreuten Person ausdrücklich gewünscht wird. Der Wechsel kann erfolgen, indem der bisherige Vereins- oder Behördenbetreuer zum Einzelbetreuer bestellt wird.
- Das Betreuungsgericht hat einen Wechsel des rechtlichen Betreuers vorzunehmen, wenn die Eignung des bisher bestellten Betreuers nicht oder nicht mehr gewährleistet ist oder ein anderer wichtiger Grund für den Wechsel vorliegt.[88] Ein wichtiger Grund liegt beispielsweise vor, wenn der rechtliche Betreuer eine erforderliche Abrechnung vorsätzlich falsch erteilt oder den erforderlichen persönlichen Kontakt zur rechtlich betreuten Person nicht gehalten hat.

83 § 1868 Absatz 5 BGB
84 Zu den Eignungskriterien siehe weiter oben unter 3.8
85 Siehe Abschnitt 4
86 § 1868 Absatz 3 BGB
87 § 1868 Absatz 7 BGB
88 § 1868 Absatz 1 i.V.m. § 1869

- Das Betreuungsgericht hat den beruflichen rechtlichen Betreuer zu entlassen, wenn dessen Registrierung widerrufen oder zurückgenommen wurde.[89]
- Das Betreuungsgericht entlässt den bisherigen rechtlichen Betreuer auf dessen Verlangen, wenn nach dessen Bestellung Umstände eingetreten sind, aufgrund derer ihm die Führung der rechtlichen Betreuung nicht mehr zugemutet werden kann.

Beispiel

Der Betreuer hat aufgrund beruflicher oder privater[90] Veränderungen nicht mehr die Möglichkeit, den betreuten Menschen in angemessenen Abständen zu besuchen.

- Der rechtliche Vereinsbetreuer/Behördenbetreuer ist dann zu entlassen, wenn der Betreuungsverein/die Betreuungsbehörde dies beantragt. Wünscht die rechtlich betreute Person die Fortführung der rechtlichen Betreuung durch die bisherige Person, kann das Betreuungsgericht diese mit ihrem Einverständnis als ehrenamtlich oder beruflich tätige Privatperson weiter für die Führung der rechtlichen Betreuung bestellen. (BGH, Beschluss vom 14.3.2018 – XII ZB 589/17)

Die Führung einer rechtlichen Betreuung ist eine persönliche Angelegenheit. Ihre Dauer beträgt zumeist mehrere Jahre. In vielen Fällen bedeutet sie eine lebenslange Begleitung der rechtlich betreuten Person. Mit der Zeit entwickelt sich ein persönliches Verhältnis zwischen der rechtlich betreuten Person und dem rechtlichen Betreuer. Sie lernen sich über die Zeit kennen und können die gegenseitigen Reaktionen und Äußerungen einzuschätzen. Bei Entscheidungen können sie auf die Erfahrung aus dem persönlichen Umgang zurückgreifen. Erst mit dem Aufbau des persönlichen Verhältnisses zu der rechtlich betreuten Person bekommt die vom Gesetzgeber gewollte persönliche und am Willen orientierte rechtliche Betreuung ihre Grundlage.

Ein Wechsel des rechtlichen Betreuers ist daher wohl zu überlegen. Er kann Vor- oder Nachteile haben. Häufig ist der Bruch der persönlichen Beziehung die Folge. Bei seiner Entscheidung zum Wechsel des rechtlichen Betreuers wird das Gericht die Gründe für einen Wechsel mit dem Willen der rechtlich betreuten Person ins Verhältnis setzen.

In diesem Zusammenhang sollte sich jeder, der sich zur Übernahme einer rechtlichen Betreuung entschließt, seiner Verantwortung für die rechtlich betreute Person bewusst sein. Insbesondere rechtliche Berufsbetreuer*innen, ob sie freiberuflich, im Verein oder bei der Behörde tätig sind, sollten sich darüber im Klaren sein, dass diese Arbeit Kontinuität erfordert. Diese Arbeit sollte kein Probierfeld sein, um nach einer kurzen Zeit zugunsten eines besseren Jobs das Feld zu räumen. In diesem Zusammenhang steht auch der Arbeitgeber in der Pflicht, Konflikte mit dem Arbeitnehmer nicht vorschnell mit dessen Entlassung zu beantworten. Vielmehr sollten alle Möglichkeiten (z.B. Supervision) genutzt werden, um eine beständige Personalsituation zu garantieren. Neben der sachlichen und persönlichen Eignung sollte das Gericht auch den Aspekt der Beständigkeit bei der Auswahl der Betreuer berücksichtigen.

89 § 1868 Absatz 2 BGB i.V.m § 27 Abs 1 und 2 BtOG

90 BGH, Beschluss vom 14.3.2018 – XII ZB 589/17

Wie schließt der bisherige rechtliche Betreuer seine Tätigkeit ab?

Bei einem Wechsel des rechtlichen Betreuers hat der bisherige rechtliche Betreuer das seiner Verwaltung unterliegende Vermögen und alle im Rahmen der rechtlichen Betreuung erlangten Unterlagen an den neuen rechtlichen Betreuer herauszugeben. Über die Verwaltung seit der letzten beim Betreuungsgericht eingereichten Rechnungslegung hat er Rechenschaft durch eine Schlussrechnung abzulegen. Der bisherige rechtliche Betreuer hat einen Schlussbericht zu erstellen.[91]

3.9 Gutachten, ärztliches Attest

Nachdem die Betreuungsbehörde die Erforderlichkeit der Bestellung der rechtlichen Betreuung festgestellt hat, ist vor der Bestellung einer rechtlichen Betreuung oder der Anordnung eines Einwilligungsvorbehaltes ein Gutachten einzuholen.

Herkömmlicherweise sieht die Rechtsprechung die Aufgabe der Sachverständigen darin, dem Gericht Tatsachen zu referieren, die diese festgestellt haben, und den Inhalt der für diesen Fall anzuwendenden Erfahrungssätze darzulegen. Sodann haben Sachverständige aufgrund der Erfahrungssätze ihrer speziellen Fachgebiete Folgerungen für den konkreten Einzelfall zu ziehen, um damit dem Gericht die Entscheidungsfindung zu ermöglichen, wobei Letzteres die Überlegungen der Sachverständigen selbstständig nachvollziehen und zu einer eigenständigen rechtlichen Beurteilung kommen muss.

Wozu dient ein Attest/Gutachten?

Mit der am 1.9.2009 wirksam gewordenen Ergänzung des FamFG wurden die Anforderungen an die Qualifikation des Sachverständigen und der Inhalt des zu erstellenden Gutachtens gesetzlich geregelt. Die Vorschriften wurden zum 01.01.2023 überarbeitete und an die Änderung des Betreuungsrechts angepasst.

Mit Wirkung zum 01.01.2023 muss sich das Gutachten nicht mehr auf den Umfang der Aufgabenbereiche erstrecken. Die neue Formulierung fordert die Darlegung des aus medizinischer Sicht aufgrund der Krankheit oder Behinderung erforderlichen Unterstützungsbedarfs der betroffenen Person. Nur dies ist eine Beurteilung, die eine medizinisch sachverständige Person treffen kann. Die Frage, welche Aufgabenbereiche im konkreten Fall anzuordnen sind, muss das Gericht aus der Gesamtschau der vorliegenden Erkenntnisse (Sozialbericht der Betreuungsbehörde; Anhörung weiterer Beteiligter …) beantworten.

Das Gutachten beschäftigt sich mit dem kausalen Zusammenhang von dem objektiven Unterstützungsbedarf (konkreter Regelungsbedarf) und der subjektiven Betreuungsbedürftigkeit (Krankheit/Behinderung). Es ist also zu prüfen, ob die Unfähigkeit, die eigenen rechtlichen Angelegenheiten zu regeln, ursächlich auf eine Krankheit/Behinderung zurückzuführen ist.

91 § 1863 Absatz 4; siehe Abschnitt 5.9.2

Im Mittelpunkt des Gutachtens stehen die auf Grund der Krankheit/Behinderung bestehenden Auswirkungen auf die Fähigkeit des betroffenen Menschen, seine rechtlichen Angelegenheiten zu besorgen. Das Gutachten kann sich dabei nicht auf eine allgemeine Diagnose beschränken, sondern muss auf das konkrete Krankheits- oder Behinderungsbild einschließlich dessen Entwicklung abstellen. Es muss den Einfluss des konkrete Krankheits- oder Behinderungsbildes auf die Fähigkeiten der betroffenen Person, ihren Willen, ihre Wünsche und ihren Lebensweg beschreiben.

Nur aus der individuellen subjektiven Betrachtungsweise kann sich der Einfluss der Krankheit/Behinderung auf die Fähigkeit zur Regelung der eigenen rechtlichen Angelegenheiten ergeben.

Das Gutachten soll auch Informationen zum erwarteten Verlauf der Krankheit/Behinderung enthalten. Der erwartete Verlauf soll insbesondere unter dem Aspekt der zukünftigen Fähigkeit, die eigenen rechtlichen Angelegenheiten ohne Unterstützung durch eine rechtliche Betreuung zu regeln, betrachtet werden.[92] Entsprechend sind Angaben zu den Rehabilitationsmöglichkeiten zu machen.

Das im Betreuungsverfahren einzuholende Gutachten hat sich somit auf das Krankheits- oder Behinderungsbild einschließlich dessen Entwicklung, die durchgeführten Untersuchungen und die diesen zugrunde gelegten Forschungserkenntnisse, den körperlichen und psychischen Zustand der betroffenen Person, den aus medizinischer Sicht aufgrund der Krankheit oder Behinderung erforderlichen Unterstützungsbedarf und die voraussichtliche Dauer der Maßnahme zu erstrecken.[93]

Wer kann ein Gutachten erstellen?

„Der Sachverständige soll Arzt für Psychiatrie oder Arzt mit Erfahrung auf dem Gebiet der Psychiatrie sein."[94]

Muss der/die Sachverständige die betroffene Person persönlich untersuchen?

„Der Sachverständige hat den Betroffenen vor der Erstattung des Gutachtens persönlich zu untersuchen oder zu befragen."[95]

Das betreuungsrechtliche Verfahrensrecht verpflichtet Gutachter*innen, die betroffenen Menschen vor Erstattung des Gutachtens persönlich zu untersuchen oder zu befragen und damit das Gutachten aufgrund eigener Erkenntnisse zeitnah zu erstellen. Ein Gutachten, welches nur auf der Grundlage vorhandener Akten (Krankenakten, Arztberichte etc.) erstellt wurde, ist nicht zulässig. Allerdings kann und muss das Gutachten auch Erkenntnisse über das soziale Umfeld des betroffenen Menschen einbeziehen, insbesondere durch Auswertung des Sozialberichts der Betreuungsstelle, aber auch durch Gespräche mit Personen des sozialen Umfeldes, d.h. mit Angehörigen und Pflegekräften.

92 § 280 Absatz 3 Nr. 5 FamFG
93 § 280 Absatz 3 FamFG
94 § 280 Absatz 1 Satz 2 FamFG
95 § 280 Absatz 2 Satz 1 FamFG

Genügt ein Gutachten der Pflegeversicherung?

Das Gericht kann von der Einholung eines Gutachtens absehen, soweit durch die Verwendung eines bestehenden ärztlichen Gutachtens des Medizinischen Dienstes der Krankenversicherung[96] festgestellt werden kann, inwieweit bei der betroffenen Person eine Krankheit/Behinderung vorliegt, die Ursache für die Erforderlichkeit der Bestellung einer rechtlichen Betreuung ist. Das Gericht darf dieses Gutachten einschließlich dazu vorhandener Befunde zur Vermeidung weiterer Gutachten bei der Pflegekasse anfordern. Das Gericht hat in seiner Anforderung anzugeben, für welchen Zweck das Gutachten und die Befunde verwendet werden sollen. Das Gericht hat übermittelte Daten unverzüglich zu löschen, wenn es feststellt, dass diese für den Verwendungszweck nicht geeignet sind.[97]

Kommt das Gericht zu der Überzeugung, dass das eingeholte Gutachten und die Befunde im Verfahren zur Bestellung einer rechtlichen Betreuung geeignet sind, eine weitere Begutachtung ganz oder teilweise zu ersetzen, so hat es vor einer weiteren Verwendung die Einwilligung der betroffenen Person oder der für die Verfahrenspflegschaft bestellten Person einzuholen. Wird die Einwilligung nicht erteilt, hat das Gericht die übermittelten Daten unverzüglich zu löschen. Das Gericht kann unter den vorgenannten Voraussetzungen auf eine Begutachtung insgesamt verzichten, wenn die sonstigen Voraussetzungen für die Bestellung einer rechtlichen Betreuung zweifellos festgestellt werden können.[98]

Die Begutachtung der Pflegeversicherung wird regelmäßig unter dem Gesichtspunkt einer betreuungsfremden Fragestellung erstellt. Ein Gutachten der Pflegeversicherung dürfte deshalb lediglich in Ausnahmefällen ausreichend sein, die Kausalität zwischen Krankheiten/Behinderung und der Erforderlichkeit der rechtlichen Betreuung zu begründen.

Was geschieht, wenn die im Gutachten festgestellten Sachverhalte bestritten werden?

Vom betroffenen Menschen oder der als Verfahrenspfleger bestellten Person bestrittene Umstände, wie z.B. die Gefährdung von Nachbarn durch das Brennenlassen des Herdes, sind durch Zeugenvernehmungen des Gerichts selbst und nicht etwa durch den Gutachter zu klären.[99]

Wenn auch bei der Bewertung der Beweismittel im betreuungsgerichtlichen Verfahren der freie Beweis gilt, so ist doch durch die Bezugnahme auf die Zivilprozessordnung[100] für die Gewinnung der Beweisergebnisse die Einhaltung rechtsstaatlicher Grundsätze gesichert. Das gilt insbesondere bezüglich der Möglichkeiten des betroffenen Menschen und seiner Angehörigen, die Aussage bzw. die Begutachtung zu verweigern, und im Hinblick auf das Verbot der Verwertung von Beweismitteln, die ohne entsprechende Belehrung und Zustimmung gewonnen worden sind.

Unter diesem Gesichtspunkt haben auch ärztliche behandelnde Personen, die den betroffenen Menschen bisher behandelt haben, zu prüfen, ob eine wirksame Entbindung von

96 Nach § 18 SGB XI (Elftes Buch Sozialgesetzbuch)
97 § 282 Absatz 1 und 2 FamFG
98 § 282 Absatz 3 FamFG
99 § 30 FamFG
100 § 29 Absatz 2 FamFG

der Schweigepflicht vorliegt und ob sie nicht etwa durch ihre bisherige Beziehung zu dem betroffenen Menschen befangen sind. Gleiches dürfte auch für bei sozialpsychiatrischen Diensten Beschäftigte gelten.

Ist ein Gutachten erforderlich oder reicht ein ärztliches Attest?

Nur in Ausnahmefällen genügt anstelle des Gutachtens ein ärztliches Attest. Anders als im Unterbringungsverfahren dient diese Erleichterung in erster Linie den Interessen des betroffenen Menschen. Ihm soll die Belastung durch das Gutachten erspart werden. Auf ein Gutachten kann verzichtet werden, wenn:

- es sich um die Bestellung einer rechtlichen Betreuung auf eigenen Antrag handelt,
- die betroffene Person ausdrücklich auf die Begutachtung verzichtet
- und die Erstellung eines Gutachtens im Hinblick auf den Umfang des möglichen Aufgabenkreises unverhältnismäßig wäre.

Der betroffene Mensch kann das ärztliche Zeugnis selbst vorlegen und damit die ärztlich begutachtende Person selbst bestimmen, insbesondere die hausärztliche Praxis um die Ausstellung des Attestes bitten.

Mit der Änderung des Betreuungsrechts zum 01.01.2023 ist die Möglichkeit des Verzichts auf ein Gutachten bei der Bestellung eines Kontrollbetreuers weggefallen.

Das ärztliche Zeugnis darf sich nicht allein auf die Mitteilung der medizinischen Diagnose beschränken. Es enthält vielmehr in stark verkürzter Form die Bestandteile eines Gutachtens über Art, Umfang und voraussichtliche Dauer der Erkrankung oder Behinderung und die Auswirkungen auf die Fähigkeit des betroffenen Menschen, seine Angelegenheiten selbst zu regeln.

Beispiel für die Gliederung eines Gutachtens

Name und Anschrift des Gutachters

An das Amtsgericht ... – Betreuungsgericht –

...

Betreuung für: ...., geb.: ...

Ihr Zeichen: ...

Gutachten zu Fragestellungen aus dem Betreuungsgesetz

Das Gutachten stützt sich auf

- die eigentliche Untersuchung des betroffenen Menschen vom ...
- das persönliche Gespräch mit ...
- die Auswertung folgender Akten und Berichte ...

1. Personalien des betroffenen Menschen
   Name: Vornamen:
   Geburtsname:
   geb. am: in:
   PLZ/Wohnort Tel.:
   Straße:
   Wohnform: (z.B. alleine, bei Angehörigen, Wohngemeinschaft, Heim)
   Staatsangehörigkeit:
   Familienstand: Religion:
   Beruf:
   derzeitige Tätigkeit:
   Art und Höhe des Einkommens:
2. Nächste Bezugsperson
   Name: Vorname:
   Geburtsname:
   geb. am: in:
   PLZ/Wohnort: Tel.:
   Straße:
3. Ambulante und stationäre Hilfen
   Ärztliche Hilfe
   – Name des Hausarztes: Tel.:
   Anschrift:
   – Name des Nervenarztes: Tel.:
   Anschrift:
   – Name weiterer Ärzte: Tel.:
   Anschrift:
   – Betreuende Institution Tel.:
   Name:
   Anschrift:
   Art der Hilfeleistung:

4. Fragestellung für das Gutachten: ...
5. Sachverhaltsdarstellung und Untersuchungsergebnisse, soweit sie für die Fragestellung relevant sind: ...
6. Diagnose

   Darstellung der Krankheit oder Behinderung im medizinischen Sinn
7. Auswertung

   Darstellung der hierdurch bedingten Handikaps, die eigenen Angelegenheiten zu besorgen (möglichst konkret und an Beispielen verdeutlicht)

   Stellungnahme zur Frage, inwieweit der betroffene Mensch durch die Krankheit/Behinderung in seiner rechtlichen Handlungsfähigkeit beschränkt ist bzw. er Schutz davor benötigt, sich aufgrund seiner mangelnden Eigenverantwortlichkeit an Person oder Vermögen selbst zu schädigen

   Möglichkeiten und Notwendigkeit medizinischer Behandlung (Rehabilitation)

   Krankheitseinsicht, Kritikfähigkeit

   Prognose

   .... (Unterschrift des Gutachters)

3.10 Die persönliche Anhörung der betroffenen Person

Um Entscheidungen hinter dem Rücken des betroffenen Menschen oder über seinen Kopf hinweg zu verhindern, hat der Gesetzgeber zum Kernstück des Verfahrensrechts die Verpflichtung des Gerichts gemacht, vor Bestellung einer rechtlichen Betreuung oder der Anordnung eines Einwilligungsvorbehaltes den betroffenen Menschen persönlich anzuhören, sich von ihm einen unmittelbaren Eindruck zu verschaffen und seine Wünsche zu erfragen.[101]

Was wird im Rahmen der persönlichen Anhörung besprochen?

Die seit dem 01.01.2023 neu geregelte Pflicht, bei der persönlichen Anhörung der betroffenen Person auch seine Wünsche zu erfragen, dient der gerichtlichen Amtsermittlung und entspricht der Wichtigkeit und Maßgeblichkeit der Wünsche der betroffenen Person für alle Entscheidungen im Betreuungsverfahren. Diese Pflicht des Gerichts soll deutlich machen, dass nicht objektive, sondern auf die betroffene Person bezogene subjektive Aspekte im Vordergrund des Verfahrens stehen.

In der persönlichen Anhörung erörtert das Gericht mit der betroffenen Person das Verfahren, das Ergebnis des in der Regel zuvor übermittelten Gutachtens, die Person oder Stelle, die als Betreuer in Betracht kommt, den Umfang des Aufgabenkreises und den Zeitpunkt,

101 § 278 Absatz 1 FamFG

bis zu dem das Gericht über eine Aufhebung oder Verlängerung der rechtlichen Betreuung oder der Anordnung eines Einwilligungsvorbehalts zu entscheiden hat. Eine zum Verfahrenspfleger bestellte Person soll anwesend sein.[102]

Die Entscheidung des Gerichts darf sich nur auf Feststellungen stützen, zu welchen sich die Beteiligten äußern konnten.[103] Dabei hat die Gewährung rechtlichen Gehörs, sofern geboten, in einem persönlichen Gespräch mit dem Betroffenen zu erfolgen.[104] Dies dürfte immer dann der Fall sein, wenn der betroffene Mensch sich nicht anders als in einem persönlichen Gespräch äußern kann. Entsprechend sind alle Feststellungen, die in die Entscheidung des Gerichts einfließen, zu besprechen.

Durch die am 1.1.1999 in Kraft getretene Änderung des Betreuungsrechts hat der Gesetzgeber das Gericht schon damals verpflichtet, in geeigneten Fällen auf die Möglichkeit der Vorsorgevollmacht und deren Inhalt hinzuweisen. Die bisherige Erfahrung aus den Betreuungsverfahren zeigt, dass diese Regelung eher eine untergeordnete Rolle spielt. Im überwiegenden Teil der angeregten Verfahren ist der betroffene Mensch nicht mehr in der Lage, eine Vollmacht zu erteilen, oder kann keine geeignete Vertrauensperson benennen. Ungeachtet dessen unterstreicht diese Regelung die hohe Bedeutung und den Vorrang, welche der Gesetzgeber der privaten Vorsorge zumisst.

Wie verschafft sich das Gericht einen unmittelbaren Eindruck?

Den unmittelbaren Eindruck soll sich das Gericht in der üblichen Umgebung des betroffenen Menschen verschaffen, wenn dieser dies verlangt oder wenn es der Sachaufklärung dient und der betroffene Mensch nicht widerspricht.[105] Dies dürfte von besonderer Bedeutung sein, wenn die Wohnsituation oder/und die Lebensumstände maßgebliche Gründe für die Bestellung der rechtlichen Betreuung bilden sollten.

Welche Aspekte sind bei der persönlichen Anhörung noch zu beachten?

Die Verfahrensgrundsätze sind als unmittelbare Handlungsanleitung für den Betreuungsrichter zu verstehen.

Die Durchführung der persönlichen Anhörung des betroffenen Menschen im Rahmen eines einzigen Termins ist möglich. Dies hat zum Problem, dass die Zufälligkeit einer einmaligen Begegnung zur Fehleinschätzung seines Zustandes führen kann. Die Vorbereitung auf den Termin kann dem begegnen.

Schon sehr frühzeitig wurde von richterlicher Seite[106] auf die mangelnde Vorbereitung der Richter*innen auf diese Aufgaben in ihrer Ausbildung und juristischen Praxis hingewiesen. Oft sind Richter*innen nur für eine begrenzte Zeit für Betreuungsverfahren zuständig und können nicht auf einen wachsenden Erfahrungsschatz zurückgreifen. Gefordert ist eine kommunikative Kompetenz, also die Fähigkeit, sich im Gespräch der betroffenen Person

102 § 278 Abs. 2 FamFG
103 § 37 FamFG Absatz 2
104 § 34 FamFG
105 § 278 Absatz 1 Satz 3 FamFG
106 Coeppicus, Durchführung und Inhalt der Anhörung in Betreuungs- und Unterbringungssachen, FamRZ 1991, 892 ff.; Coep-picus, Verschaffung des unmittelbaren Eindrucks vom Betroffenen, Anhörung in der üblichen Umgebung und Anhörung durch den ersuchten Richter nach dem BtG, FamRZ 1992, 16 ff.

verständlich machen zu können und sie zu verstehen. Je weniger kompetent dabei die anzuhörende Person in ihrer Kommunikation ist, desto größere kommunikative Kompetenz muss die anhörende Person in die Begegnung einfließen lassen.

Wie bei der Reise in ein unbekanntes Land bedarf er zuvor einer umfassenden Information über die dortigen Gegebenheiten sowie möglichst der Begleitung durch einen Dolmetscher. Auf die Kommunikation mit kranken/behinderten Menschen übertragen ergibt sich, dass der Anhörende sich vorher umfassend über die jeweilige Person und ihre Erkrankung/Behinderung informieren muss. Es müssen die Grundlagen für die Verständigung – auch nonverbal – gesucht werden. Wenn nötig, kann die Hilfe von Personen, die mit der betroffenen Person vertraut sind (z.B. dem Pflegepersonal), als Verständigungshelfer genutzt werden. Schließlich müssen das gesprochene Wort und die Mimik und Gestik übereinstimmen. Beispielsweise wird die Ankündigung, sich Zeit nehmen zu wollen, durch den hastigen Blick auf die Uhr zunichtegemacht.

Hinsichtlich der mit dem Betreuungsgesetz konfrontierten großen Gruppe der gerontopsychiatrisch erkrankten Menschen, insbesondere den an Morbus-Alzheimer und an einer Multi-Infarkt-Demenz Erkrankten, ist es für die anhörenden Richter*innen oft sehr schwierig, einen Zugang zu bekommen. Manchmal hilft ein Perspektivwechsel dergestalt, dass die Anhörungssituation sowohl aus der Sicht des Anhörenden als auch aus der des betroffenen Menschen beleuchtet wird.

Eine Amtsperson dringt in seine Welt ein, beunruhigt ihn und lässt ihn fragen: „Was will die fremde Person von mir – habe ich etwas verbrochen?" Der Wechsel auf die Perspektive des betroffenen Menschen führt zu einer einfühlsamen Begleitung, die seine Wünsche zur Kenntnis nimmt und sie zur Grundlage für eine Suche nach geeigneten Maßnahmen macht.

Viele persönlichen Anhörungen lassen einen derartigen Perspektivwechsel vermissen, da sie darauf abzielen, den vermuteten krankheits-/behinderungsbedingten Defekt einzukreisen. Entsprechende Fragen nach der objektiven Realität lassen den betroffenen Menschen dann zwangsläufig noch verwirrter erscheinen. Auf die Frage nach dem aktuellen Datum antwortet er falsch, aber für ihn selbst ist das Datum in der Monotonie des Heimalltages unwichtig. Auf die Frage, wo er sich denn hier befindet, weiß er nicht genau zu antworten; er kennt doch sein Zimmer und die darin vertrauten Gegenstände, kann aber nicht den Ort benennen, wohin man ihn in das Heim „verlegt" hat. Die Frage nach dem Alter nach Jahren können selbst kompetente jüngere Zeugen unter dem Stress eines Gerichtstermins häufig nicht beantworten, während Alt und Jung das tief in ihrem Gedächtnis eingeprägte Geburtsdatum aktivieren können. Sehr schnell wird dann das Urteil dahin gehend gefällt, dass dieser Mensch die Orientierung nach Zeit und Raum und zur Person verloren hat.

Kommen die betroffenen Menschen trotz ihrer Desorientierung in dem beschränkten Rahmen der Einrichtung mit der Gestaltung ihrer alltäglichen Lebensbezüge zurecht und haben sie sich so eine subjektive Orientierung verschafft, die sie auch in einer Gemeinschaft relativ konfliktfrei leben lässt, stellt sich die Frage, ob die rechtliche Betreuung wirklich erforderlich ist.

Aus der Perspektive des Anhörenden wirkt die Atmosphäre im Altenpflegeheim, der Anblick alter kranker Menschen bedrückend. Es kann sein, dass eigene Ängste vor Krankheit und Tod oder aber Schuldgefühle bei dem Gedanken, die eigenen Eltern in einer derartigen Einrichtung zu wissen, mitschwingen. Es sind beim Anhörenden alle Sinne angerührt, z.B. durch einen bestimmten Geruch oder den Anblick von schwerem Leiden.

Von außen kommende Richter*innen stoßen häufig auf persönliche Ablehnung, sei es vom ärztlichen, sei es vom pflegerischen Personal, sei es vom betroffenen Menschen selbst. Das pflegende Personal im Heim fühlt sich in der eignen Situation überfordert und von der Gesellschaft alleingelassen. Es reagiert auf die von außen kommenden Richter*innen als Boten eben dieser Gesellschaft. So ist oft zu hören, dass man in den Einrichtungen schon das für den Bewohner Notwendige bzw. in den Krankenhäusern das therapeutisch Erforderliche tue, ohne dass dazu eine gerichtliche Mitwirkung erforderlich sei.

Dem betroffenen Menschen wird erklärt, dass ihm Hilfe zur Seite gestellt werden soll. Objektiv betrachtet kann er sehr wohl hilfsbedürftig sein, das eigene subjektive Empfinden hingegen sagt ihm etwas anderes. Möglicherweise erlebt er sich selbst als voll handlungsfähig und sieht eine drohende Entmündigung auf sich zukommen.

Gegenseitige Frustration kann sich durchaus im Wege der Rückkopplung jeweils verstärkend auf das Gegenüber übertragen mit der Folge, dass eine beiderseitige Resignation eintritt, wenn es nicht gelingt, die um den betroffenen Menschen bemühten Professionen zu gemeinsamem, aufeinander abgestimmtem Handeln zu bringen.

Interdisziplinärer Austausch ist schließlich auch geboten, um die Anhörungskompetenz im Umgang mit psychisch Kranken zu erhöhen. Es seien hier nur einige Beispiele genannt. So sollte dem Wahnkranken, der nicht selten kontaktscheu und verschlossen ist, der Eindruck vermittelt werden, dass der Anhörende seiner Welt nicht ablehnend gegenübersteht, sondern sich interessiert und ausführlich davon berichten lässt. Würde versucht, dem betroffenen Menschen die Wahnideen auszureden, die dieser ja für Realität hält, so bestände die Gefahr, dass er sich zurückgewiesen fühlt.

Die wenigen Beispiele zeigen, dass es für Betreuungsrichter*innen von großem Nutzen sein kann, wenn sie von der Möglichkeit Gebrauch machen, zur Anhörung eine Person hinzuziehen, die mit der anzuhörenden Person vertraut ist. So gelingt ein leichterer Zugang zum betroffenen Menschen.

Der betroffene Mensch seinerseits kann die Anwesenheit einer Person seines Vertrauens verlangen. Mit seiner Zustimmung kann das Gericht auch anderen Personen die Anwesenheit gestatten.

Im Übrigen hat das Gericht im Einzelfall abzuwägen zwischen dem Bestreben, eine möglichst breite Grundlage für seine Entscheidung durch die Einbeziehung der verschiedensten Informationspersonen zu gewinnen, und der davon auf den betroffenen Menschen ausgehenden Belastung. Das Eindringen mehrerer Personen in meinen persönlichen Bereich kann Angst machen.

Kann von der persönlichen Anhörung abgesehen werden?

Das FamFG bietet die Möglichkeit, von der persönlichen Anhörung des betroffenen Menschen abzusehen, wenn nach ärztlichem Gutachten hiervon erhebliche Nachteile für die Gesundheit des Betroffenen zu befürchten sind.[107] Unterbleibt aus diesem Grund die persönliche Anhörung, bedarf es auch keiner Verschaffung eines persönlichen Eindrucks.[108]

Die Entscheidung, von der persönlichen Anhörung des betroffenen Menschen abzusehen, weil hiervon erhebliche Nachteile für die Gesundheit der betroffenen Person zu befürchten sind, ist nicht nur für das Gespräch zwischen Richter*in und betroffenem Menschen von Bedeutung. Auch der rechtliche Betreuer muss sich aufgrund dieser Entscheidung fragen, ob und wieweit er mit dem betreuten Menschen sprechen kann bzw. darf. Es fängt da an, wo der rechtliche Betreuer entscheiden muss, ob er sich als rechtlicher Betreuer zu erkennen geben kann.

Die Tragweite einer solchen Entscheidung erfordert eine genaue und differenzierte Stellungnahme eines Gutachters. Neben der Auskunft, dass die persönliche Anhörung des betroffenen Menschen mit erheblichen Nachteilen für seine Gesundheit verbunden ist, sollte das Gutachten folgende Fragen beantworten:

- Welche Nachteile sind mit einer persönlichen Anhörung des Betroffenen verbunden?
- Welche Gründe stützen diese Befürchtung?
- Wie hoch ist die Wahrscheinlichkeit für das Eintreten der befürchteten Nachteile?
- Welche Bedingungen müssen erfüllt sein, um mit dem betroffenen Menschen über die anstehenden Fragen sprechen zu können?
- Kann die Anwesenheit einer Person des Vertrauens, eines Arztes oder einer besonders geschulten Fachperson die persönliche Anhörung ermöglichen?
- Wann ist damit zu rechnen, dass der betroffene Mensch ohne erhebliche Nachteile für seine Gesundheit angehört werden kann?
- Mit welchen Auswirkungen ist zu rechnen, wenn der betroffene Mensch erfährt, dass, ohne ihn angehört zu haben, entschieden worden ist?

Die Beantwortung dieser Fragen setzt voraus, dass der Gutachter besonders qualifiziert ist.

3.11 Zwangsmaßnahmen zur Durchführung des Verfahrens

Die betroffene Person ist nicht verpflichtet, aktiv am Verfahren, insbesondere bei der Erstellung des Gutachtens, mitzuwirken. Körperliche Eingriffe gegen ihren Willen sind ebenso unzulässig wie Zwang oder Überlistung zur Erlangung von Auskünften und zur Durchführung von Tests. Das Gericht kann jedoch zur Durchsetzung der persönlichen Anhörung und Verschaffung des unmittelbaren Eindrucks den betroffenen Menschen durch die Betreuungsstelle vorführen lassen, wenn er sich weigert, an diesen Verfahrenshandlungen mitzuwirken.[109]

---

107 § 278 Absatz 4 FamFG
108 § 278 Absatz 4 FamFG
109 § 278 Absatz 5 FamFG

Das Gericht kann anordnen, dass die betroffene Person zur Vorbereitung eines Gutachtens untersucht und durch die Betreuungsstelle zu einer Untersuchung vorgeführt wird,[110] wodurch sichergestellt werden soll, dass ein erforderliches Gutachten erstellt werden kann. Dabei bedürfen die Anwendung von Gewalt und das Betreten der Wohnung in jedem Fall einer Entscheidung des Gerichts.[111]

Zur Schonung der betroffenen Person soll die Vorführung zur Untersuchung von der zuständigen Betreuungsbehörde vorgenommen werden. Es ist anzunehmen, dass diese über hinreichend geschultes Personal verfügt. Die Unterstützung durch polizeiliche Vollzugsorgane ist nur als Ultima Ratio zulässig.[112] Nach sachverständiger Anhörung kann das Gericht schließlich anordnen, dass die betroffene Person auf bestimmte Dauer untergebracht und beobachtet wird, soweit dies zur Vorbereitung des Gutachtens erforderlich ist. Zuvor ist die betroffene Person anzuhören. Die Unterbringungsdauer ist auf sechs Wochen befristet, mit einer Verlängerungsmöglichkeit auf maximal drei Monate.[113] Da diese Maßnahme als besonders schwerwiegender Eingriff nur als äußerstes Mittel nach Abwägung der Verhältnismäßigkeit eingesetzt werden darf, hat sich in der Praxis die Vorführung zu einem Verhandlungstermin, bei dem die sachverständige Person anwesend ist und sogleich eine gutachterliche Stellungnahme abgeben kann, als wirksame und schonende Maßnahme erwiesen.

Schließlich darf aus der Weigerung des betroffenen Menschen, an der Begutachtung mitzuwirken, nichts gegen ihn hergeleitet werden, insbesondere können die zivilprozessualen Grundsätze der Beweisvereitelung nicht gegen ihn angewendet werden.[114]

3.12 Die Entscheidung des Gerichts

3.12.1 Inhalt des Beschlusses

Was enthält der Beschluss des Betreuungsgerichts?

Die Entscheidung im Betreuungsverfahren wird vom Betreuungsgericht in einem Beschluss formuliert. Die Beschlüsse des Betreuungsgerichts enthalten:[115]

- die Bezeichnung der Beteiligten, ihrer gesetzlichen Vertreter*innen und der Bevollmächtigten;
- die Bezeichnung des Gerichts und die Namen der Gerichtspersonen, die bei der Entscheidung mitgewirkt haben;
- die Beschlussformel.

110 § 283 Absatz 1 FamFG
111 § 283 Absatz 2 und 3 FamFG
112 Bundesrats-Drucksache 309/07 S. 600 f.
113 § 284 FamFG
114 Vgl. OLG Köln, JMBl. NW 1995, 125 f.
115 § 286 FamFG i.V.m. § 38 Absatz 2 Nr. 3

Die Beschlussformel enthält im Fall der Bestellung eines rechtlichen Betreuers auch

- die Bezeichnung des Aufgabenkreises unter Benennung der einzelnen Aufgabenbereiche;
- bei Bestellung eines Vereinsbetreuers die Bezeichnung als „Vereinsbetreuer" und die des Vereins;
- bei Bestellung eines Behördenbetreuers die Bezeichnung als „Behördenbetreuer" und die der Behörde;
- bei Bestellung eines beruflichen Betreuers die Bezeichnung als „beruflicher Betreuer".

Die Beschlussformel enthält im Fall der Anordnung eines Einwilligungsvorbehalts die Bezeichnung des Kreises der einwilligungsbedürftigen Willenserklärungen.

Die Beschlussformel enthält den Zeitpunkt, bis zu dem das Gericht über die Aufhebung oder Verlängerung der Bestellung der rechtlichen Betreuung oder der Anordnung eines Einwilligungsvorbehaltes zu entscheiden hat.

Jeder Beschluss hat eine Belehrung über das statthafte Rechtsmittel, den Einspruch, den Widerspruch oder die Erinnerung sowie das Gericht, bei dem diese Rechtsbehelfe einzulegen sind, dessen Sitz und die einzuhaltende Form und Frist zu enthalten.[116]

Der Beschluss ist zu begründen. Er ist zu unterschreiben. Das Datum der Übergabe des Beschlusses an die Geschäftsstelle oder der Bekanntgabe durch Verlesen der Beschlussformel (Erlass) ist auf dem Beschluss zu vermerken.[117]

Hiermit wird zwingend vorgeschrieben, dass mit einer einheitlichen Entscheidung bei der Feststellung der Notwendigkeit einer rechtlichen Betreuung sofort der rechtliche Betreuer (Person, mehrere Personen, Verein oder Behörde) und sein Aufgabenkreis und ein eventueller Einwilligungsvorbehalt vom Gericht bestimmt werden. Es wird sichergestellt, dass die Regelung der Angelegenheiten des betroffenen Menschen im Rahmen des beschlossenen Aufgabenkreises unverzüglich beginnen kann. Die Bestellung eines rechtlichen Betreuers wird mit der Bekanntgabe an den rechtlichen Betreuer wirksam und nicht etwa erst mit der Verpflichtung des Betreuers durch den Rechtspfleger.[118]

In der Praxis hat sich die übliche Beschlussform, und zwar im Wesentlichen einem Einheitsschema folgend, herausgebildet. Das gebräuchliche Schema ermöglicht es, den Beschluss quasi im Ankreuzverfahren zu fertigen.

116 § 39 FamFG
117 § 38 FamFG
118 § 287 FamFG

Beispiel: Beschluss

Aktenzeichen: …

Amtsgericht …

Beschluss

In dem Betreuungsverfahren für

Frau …

geb. am: …

wohnhaft: …

– Betroffener und Beteiligter zu 1. –

Verfahrenspfleger: RA …

– Beteiligte zu 2. –

Betreuungsbehörde …,

– Beteiligte zu 3. –

Weitere Beteiligte …

– Beteiligte zu 4. –

hat das Amtsgericht … – Betreuungsgericht – durch den Richter … am … beschlossen

1. Herr …, wohnhaft …, wird zum Betreuer (Berufsbetreuer) bestellt.
2. Als Aufgabenkreise werden bestimmt: – die Gesundheitssorge, – die Aufenthaltsbestimmung, – die Vermögenssorge.
3. Für den Aufgabenkreis der Vermögenssorge wird ein Einwilligungsvorbehalt angeordnet.
4. Das Gericht wird spätestens bis zum … über eine Aufhebung oder Verlängerung der Betreuung und des Einwilligungsvorbehaltes beschließen.
5. Die Entscheidung ist sofort wirksam.

Gründe:

Es ist erforderlich, für die Betroffene einen Betreuer mit dem oben umschriebenen Aufgabenkreis zu bestellen, weil sie aufgrund einer in § 1896 Absatz 1 Satz 1 BGB aufgeführten Erkrankung, nämlich einer Psychose, nicht in der Lage ist, diese Angelegenheit selbst zu besorgen. Dies folgt aus dem Gutachten des Arztes für Psychiatrie, Dr. …, vom …, dem Bericht der Betreuungsbehörde vom …, der Anhörung der Betroffenen vom … sowie dem persönlichen Eindruck des Gerichts, den es sich in der üblichen Umgebung der Betroffenen verschafft hat.

Bei der Auswahl des Betreuers ist das Gericht dem bedenkenfreien Vorschlag der Betroffenen gefolgt. Bei der Festsetzung der Frist für die Entscheidung über eine Aufhebung oder Verlängerung der Betreuung ist das Gericht der Empfehlung des Gutachters gefolgt.

Die Anordnung der sofortigen Wirksamkeit beruht auf § 287 Absatz 2 FamFG.

Rechtsmittelbelehrung

Gegen diese Entscheidung ist das Rechtsmittel der Beschwerde zulässig. Sie ist binnen einer Frist von einem Monat nach der schriftlichen Bekanntgabe dieses Beschlusses einzulegen. Die Beschwerde ist beim Amtsgericht ... einzulegen. Die Einlegung erfolgt durch Einreichung einer Beschwerdeschrift oder durch Erklärung zu Protokoll der Geschäftsstelle eines der genannten Gerichte. Eine bereits untergebrachte Person kann die Beschwerde auch bei dem für den Unterbringungsort zuständigen Amtsgericht einlegen. Die Beschwerde kann darüber hinaus auch zu Protokoll der Geschäftsstelle eines anderen Amtsgerichts erklärt werden.

3.12.2 Aufgabenkreis

Wie wird der Aufgabenkreis bestimmt?

Der Aufgabenkreis eines rechtlichen Betreuers besteht aus einem oder mehreren Aufgabenbereichen. Mit Wirkung zum 01.01.2023 hat der Gesetzgeber bestimmt, dass die Aufgabenbereiche einzeln anzuordnen sind. Dem Gericht ist damit die Möglichkeit genommen, einen umfassenden Aufgabenbereich für „alle Angelegenheiten" zu bestimmen.

Das Gericht soll möglichst genau hinsehen und die Aufgabenbereiche auf den Einzelfall passgenau bestimmen. Gleichzeitig macht die Formulierung des Gesetzes deutlich, dass es ganz eingeschränkte Anordnungen von Aufgabenbereichen, die sich etwa nur auf einzelne Maßnahmen beziehen, geben kann. Oberbegriffe wie „Vermögenssorge" sind damit nicht ausgeschlossen und werden wohl auch in Zukunft in der überwiegenden Zahl der Betreuungsverfahren Verwendung finden. Ein Aufgabenbereich darf aber nur angeordnet werden, wenn dessen rechtliche Wahrnehmung im Rahmen einer rechtlichen Betreuung erforderlich ist.[119] Bei der Beschreibung der Aufgabenbereiche ist in erster Linie zu berücksichtigen, welche rechtlichen Angelegenheiten von der betroffenen Person aktuell nicht allein oder nicht mit anderen Hilfen geregelt werden können. Es ist aber auch auf den zukünftig absehbaren Regelungsbedarf abzustellen. Es genügt also, dass ein Handlungsbedarf fallbezogen unvermittelt auftreten kann.

Zu berücksichtigen ist auch, dass es eine Vielzahl rechtlicher Angelegenheiten gibt, deren Erledigung Bestandteile unterschiedlicher Aufgabenbereiche beinhalten. So erstreckt sich beispielsweise ein Antrag auf Leistungen der Teilhabe auf nahezu alle Lebensbereiche der antragstellenden Person.

119 § 1815 Absatz 1 BGB

Erforderlich ist:

- zur Klärung der Bedürftigkeit die Darlegung der Einkommens- und Vermögensverhältnisse (Aufgabenbereich: Vermögenssorge),
- zur Klärung der Zugehörigkeit zum gesetzlich bestimmten bezugsberechtigten Personenkreis Angaben und Nachweise zu Krankheit und Behinderung (Aufgabenbereich: Gesundheitssorge),
- zur Klärung der Bemessung des Hilfebedarfs Angaben zu den persönlichen Lebensverhältnissen, Problemen, Zielen ... (Aufgabenbereich: Organisation der persönlichen Versorgung).

Soweit der Aufgabenkreis nicht umfassend bestimmt ist, kann ein solcher Antrag nur im Wege des einvernehmlichen Zusammenwirkens von rechtlich betreuter Person und rechtlichem Betreuer erfolgen. Eine erforderliche Stellvertretung für das gesamte Verfahren zwingt zu einem umfassenden Aufgabenkreis.

Einem rechtlichen Betreuer können auch die Aufgabenbereiche der Geltendmachung von Rechten der rechtlich betreuten Person gegenüber seinem Bevollmächtigten sowie zusätzlich der Geltendmachung von Auskunfts- und Rechenschaftsansprüchen der rechtlich betreuten Person gegenüber Dritten übertragen werden.[120] Ist dieser Aufgabenbereich allein angeordnet, handelt es sich um einen Kontrollbetreuer.

Das Betreuungsgericht bestellt einen Kontrollbetreuer, wenn die Bestellung erforderlich ist, weil der/die Vollmachtgeber*in aufgrund einer Krankheit oder Behinderung nicht mehr in der Lage ist, seine/ihre Rechte gegenüber der bevollmächtigten Person auszuüben, und aufgrund konkreter Anhaltspunkte davon auszugehen ist, dass die Vollmacht nicht wie im ursprünglichen Sinne gedacht verwendet wird. Überwiegend handelt es sich um Fälle, in denen ein Missbrauch oder Untätigkeit durch die bevollmächtigte Person angenommen werden muss.[121]

Welche Aspekte sind zu berücksichtigen?

Die Umsetzung der gesetzlichen Vorgaben zur Bestimmung der Aufgabenbereiche in die Praxis ist nicht ganz einfach. Eine differenzierte Beschreibung der einzelnen Aufgabenbereiche setzt eine genaue Kenntnis der persönlichen Verhältnisse des betroffenen Menschen voraus. Zu glauben, dass diese Kenntnis im Rahmen eines Sozialberichtes der Betreuungsbehörde, eines medizinischen Gutachtens und von ein oder zwei persönlichen Gesprächen mit dem betroffenen Menschen erlangt werden kann, ist ein Trugschluss. Es gibt Situationen, wo Gutachter*innen, die Behörde und das Gericht auf genaue Informationen von dem betroffenen Menschen oder aus seinem Umfeld zurückgreifen können. In der Mehrzahl der Betreuungsverfahren dürfte dies nicht der Fall sein. Die Sachverhaltsaufklärung ergibt nur ein grobes unscharfes Bild. Zur Bewältigung dieser Schwierigkeit gehen die Gerichte unterschiedliche Wege.

120 § 1815 Absatz 3 BGB
121 § 1820 Absatz 3 BGB, siehe auch Abschnitt 2.3

- Einige Gerichte folgen konsequent den Bestimmungen des Gesetzes und bestimmen die Aufgabenbereiche detailliert anhand des aktuell und zukünftig konkret erkennbaren Handlungsbedarfs. Veränderter Bedarf führt zur Überprüfung der rechtlichen Betreuung.
- Andere Gerichte beschließen direkt umfassende Aufgabenbereiche. Sie gehen davon aus, dass rechtliche Betreuer nur in erforderlichem Maß tätig werden. Die Betreuung kann später, nachdem genauere Informationen vom rechtlichen Betreuer zusammengetragen worden sind, auf das notwendige Maß reduziert werden.

Zwischen diesen Vorgehensweisen gibt es eine Vielzahl weiterer Differenzierungen. Allen gemeinsam ist der Versuch, sowohl die Realitäten des gerichtlichen Verfahrens als auch die Interessen des betroffenen Menschen in Übereinstimmung zu bringen.

Je detaillierter die Sachverhaltsaufklärung und damit auch die Bestimmung des Aufgabenkreises sein soll, desto mehr Zeit wird hierfür benötigt. Schon der einfache Ablauf eines regulären Verfahrens nimmt überwiegend mehr als 3 Monate in Anspruch. Gleichzeitig besteht jedoch das Interesse an einem schnellen Verfahren. Die Anregung zu einer rechtlichen Betreuung erfolgt meist nicht vorausschauend, sondern oft erst dann, „wenn das Kind in den Brunnen gefallen" ist.

Das Gericht muss die unterschiedlichen Interessen des betreuten Menschen nach einem möglichst geringen Eingriff in die persönliche Freiheit, aber auch sein Interesse an einem überschaubaren und wenig belastenden Verfahren sowie einer zeitnahen Entscheidung berücksichtigen.

Welches Interesse hat der Rechtsverkehr?

Die Legitimation für die Tätigkeit des rechtlichen Betreuers ergibt sich aus dem Aufgabenkreis. Der Rechtsverkehr wünscht sich eine eindeutige und allgemein verbindliche Formulierung der Aufgabenbereiche. Eine allgemeingültige Formulierung der Aufgabenbereiche hätte zum Vorteil, dass klargestellt wäre, welche Befugnisse zur rechtlichen Unterstützung und Vertretung sich aus der jeweiligen Formulierung des Aufgabenbereichs ergeben.

Es fehlt an einer Norm für den Wortlaut. Dies führt z.B. dazu, dass die Vorstellung von dem, was ein rechtlicher Betreuer mit z.B. dem Aufgabenkreis „Vermögenssorge" zu erledigen hat, von Gericht zu Gericht unterschiedlich sein kann. Auch im Vorfeld der letzten zum 01.01.2023 in Kraft getretenen Änderung des Betreuungsrechts wurde die Standardisierung der Aufgabenbereiche diskutiert. Die vom Gesetzgeber geforderte Individualität in der Beschreibung der Aufgabenbereiche widersetzt sich einer abschließenden Standardisierung. Aus diesem Grund ist der Gesetzgeber den umgekehrten Weg gegangen. Er hat Aufgabenbereiche bestimmt, die ausdrücklich angeordnet werden müssen, damit der rechtliche Betreuer insoweit tätig werden darf.

Welche Angelegenheiten können nur geregelt werden, wenn diese ausdrücklich als Aufgabenbereich benannt sind?

Folgende Aufgabenbereiche müssen konkret angeordnet werden:

- eine mit Freiheitsentziehung verbundene Unterbringung der rechtlich betreuten Person[122],
- eine freiheitsentziehende Maßnahme, unabhängig davon, wo sich die rechtlich betreute Person aufhält[123],
- die Bestimmung des gewöhnlichen Aufenthalts der rechtlich betreuten Person im Ausland,
- die Bestimmung des Umgangs der rechtlich betreuten Person,
- die Entscheidung über die Telekommunikation der rechtlich betreuten Person einschließlich seiner elektronischen Kommunikation,
- die Entscheidung über die Entgegennahme, das Öffnen und das Anhalten der Post der rechtlich betreuten Person.

Welche Angelegenheiten können nicht zum Aufgabenkreis gehören?

Aufgabenbereiche, die keine eigenen Angelegenheiten der rechtlich betreuten Person beinhalten, können nicht bestimmt werden. Beispielsweise kann die Beaufsichtigung der rechtlich betreuten Person kein Aufgabenbereich sein. Aufgabenbereiche können nur Rechte und Pflichten, die dem Betreuten grundsätzlich selbst zustehen bzw. obliegen, beinhalten. So kann es etwa eine Aufsichtspflicht begriffsnotwendig nur über eine dritte Person geben, sodass diese dem Betreuer nicht übertragen werden kann.

Vorschlag für die Formulierung und Zuordnung der Aufgabenkreise

I Regelung aller finanziellen Angelegenheiten (Sorge für das Vermögen; Vermögenssorge)

Die Formulierungen „Sorge für das Vermögen" und „Vermögenssorge" sind weit verbreitet. Wie oben bereits ausgeführt, führt diese Formulierung zu Irritationen. Überwiegend werden sie als Synonym für die „Regelung aller finanziellen Angelegenheiten" verwendet.

I.1 Geltendmachung von Einkommensansprüchen

I.1.1 Geltendmachung von Lohn, Gehalt und außertariflichen Leistungen, Abfindungen

I.1.2 Geltendmachung anderer wiederkehrender Einkünfte

I.1.3 Geltendmachung von Leistungen aus Sozialversicherungen und/oder Sozialleistungen

122 Nach § 1831 Absatz 1 BGB
123 Im Sinne des § 1831 Absatz 4 BGB

I.1.3.1 Geltendmachung von Lohnersatzansprüchen; hierzu zählen Krankengeld, Leistungen des Arbeitsamtes, Zusatzversorgungen, Unterhaltsansprüche, Schadensersatzansprüche, Leistungen zur Wiedereingliederung in das Arbeitsleben

I.1.3.2 Geltendmachung von Leistungen aus der Pflegeversicherung

I.1.3.3 Geltendmachung von Sozialleistungen; hierzu zählen z.B. Wohngeld, Pflegewohngeld, Vergünstigung, Kindergeld, Sozialhilfe, Erziehungsgeld, Blindengeld, Beihilfen

I.2 Regelung von Erbschaft und Pflichtanteilen

I.3 Geltendmachung vertraglicher Rechte (Wohnrecht, Nießbrauch, Pflegerechte, Versorgungsrecht, Nutzungsrecht etc.)

I.4 Verwaltung von Immobilien

I.5 Verwaltung von Gewerbebetrieben

I.6 Verwaltung von Geldanlagen

I.7 Verwaltung und Bereitstellung von Mitteln zur Sicherung des persönlichen Bedarfs, der Unterkunft und der persönlichen Versorgung

I.8 Verwalten von beweglichen Sachen

I.9 Ausstattung des Kindes des betreuten Menschen

I.10 Entsprechung sittlicher Pflichten oder einer auf den Anstand zu nehmenden Rücksicht (z.B. die Vornahme von z.B. Weihnachtsgeschenk ...; die Organisation einer dem Anstand zuzurechnenden Feier für eine verdiente Person ...)

I.11 Steuererklärung

I.12 Regelung der Erfüllung vertraglicher Verpflichtungen (Grabpflege, Pflegeverpflichtung, Spenden, gewährte Wohnrechte)

I.13 Schuldenregulierung

II Gesundheitssorge

I.1 Sicherstellung der ärztlichen Heilbehandlung

I.2 Einwilligung in ärztliche Zwangsmaßnahmen und Verbringung

I.3 Organisation der persönlichen Versorgung

III Mit Freiheitsentziehung verbundene Unterbringung (ausdrücklich anzuordnen)

IV Freiheitsentziehende Maßnahme, unabhängig davon, wo der Betreute sich aufhält (ausdrücklich anzuordnen)

V Wohnungsangelegenheiten, Heimvertrag

VI Heimangelegenheiten

VII	Ausübung des Hausrechtes
VIII	Bestimmung des Umgangs des Betreuten (ausdrücklich anzuordnen)
IX	Bestimmung des Aufenthaltes
X	Die Bestimmung des gewöhnlichen Aufenthalts des Betreuten im Ausland (ausdrücklich anzuordnen),
XI	Geltendmachung von Rechten gegenüber dem/den Bevollmächtigten Geltendmachung von Auskunfts- und Rechenschaftsansprüchen gegenüber Dritten
XII	Organisation des Getrenntlebens
XIII	Scheidungsangelegenheiten
XIV	Entscheidung über die Telekommunikation einschließlich der elektronischen Kommunikation (ausdrücklich anzuordnen)
XV	Entscheidung über die Entgegennahme, das Öffnen und das Anhalten der Post (ausdrücklich anzuordnen)
XVI	Sterilisation: Für die Entscheidung über die Einwilligung in eine Sterilisation ist stets ein besonderer Betreuer zu bestellen (Sterilisationsbetreuer).[124]

3.12.3 Einwilligungsvorbehalt

Soweit dies zur Abwendung einer erheblichen Gefahr[125] für die Person oder das Vermögen der rechtlich betreuten Person erforderlich ist, ordnet das Betreuungsgericht an, dass die rechtlich betreute Person zu einer Willenserklärung, die einen Aufgabenbereich des rechtlichen Betreuers betrifft, dessen Einwilligung bedarf (Einwilligungsvorbehalt).[126] Gefahren können entstehen, wenn die rechtlich betreute Person:

- sich zum Abschluss von sinnlosen und nicht zu finanzierenden Haustürgeschäften überreden lässt,
- Reisen bucht, ohne die Absicht zu haben, diese anzutreten,
- in größerem Umfang Lebensmittel kauft, ohne dass diese gebraucht werden,
- täglich den Vertrag mit dem Pflegedienst kündigt, obwohl er auf dessen Hilfe existenziell angewiesen ist,

Dies kann auch der Fall sein, wenn der betreute Mensch die Entscheidungen des Betreuers durch gegensätzliche Willenserklärungen zunichtemacht.

124 § 1817 Absatz 2
125 Siehe Abschnitt 3.4 und 4.2
126 § 1825 Absatz 1 BGB

Beispiele

- *Der Betreuer richtet bei der Bank einen Dauerauftrag zur Zahlung der Miete ein. Der betreute Mensch widerruft den Dauerauftrag und verbraucht das Geld.*
- *Im Rahmen der Regulierung von Schulden vereinbart der Betreuer Ratenzahlungen. Der betreute Mensch besteht bei der Bank auf der Auszahlung seines Einkommens und verhindert so die Ratenzahlungen.*

Grundsätzlich darf gegen den **freien Willen** der betroffenen Person ein Einwilligungsvorbehalt nicht angeordnet werden.[127] Denkbar ist jedoch, dass die betroffene Person die Einrichtung eines Einwilligungsvorbehaltes ausdrücklich wünscht. Dies kann beispielsweise dann der Fall sein, wenn die betroffene Person an einer Krankheit mit sehr unterschiedlichem Verlauf leidet und bei verschlimmertem Krankheitsgeschehen dazu neigt, ohne Rücksicht auf die eigenen finanziellen Möglichkeiten Ratenzahlungsverträge abzuschließen.

Der Einwilligungsvorbehalt besagt, dass der betreute Mensch für Willenserklärungen, die in den Geltungsbereich des Einwilligungsvorbehaltes fallen, die Einwilligung des Betreuers benötigt. Die Teilnahme des betreuten Menschen am Rechtsverkehr wird eingeschränkt. Eine Ausnahme stellen Rechtsgeschäfte dar, die dem betreuten Menschen lediglich einen Vorteil verschaffen. Das Gericht bezieht den Einwilligungsvorbehalt auf einen oder mehrere Aufgabenkreise. Nachfolgend einige Beispiele für die Wirkung des auf die Vermögenssorge bezogenen Einwilligungsvorbehalts.

Beispiele

- *Der betreute Mensch lebt von der Sozialhilfe und hat keine Ersparnisse. Ohne den Betreuer vorher zu fragen, bestellt er bei einem Versandhaus einen teuren Wohnzimmerschrank und vereinbart eine Ratenzahlung von monatlich 150,00 € für die Zeit von 2 Jahren. Der Schrank wird geliefert und aufgebaut. Bei seinem darauffolgenden Besuch sieht der Betreuer den Schrank und findet die erste Mahnung über nicht gezahlte Raten. Die Raten können auch nicht gezahlt werden, da sonst nicht genug Geld zum Einkauf der lebensnotwendigen Dinge übrigbleibt. Der Betreuer widerspricht dem Vertrag. Der Vertrag ist unwirksam. Das Versandhaus holt den Schrank wieder ab.*
- *Der betreute Mensch bekommt zum Geburtstag eine Katze geschenkt. Fressen, Tierarzt, Katzenstreu usw. können aber nicht finanziert werden. Der Betreuer muss der Schenkung widersprechen. Mit der Annahme der Schenkung sind Verpflichtungen verbunden, die vom betreuten Menschen nicht erfüllt werden können.*
- *Der betreute Mensch bekommt zum Geburtstag 50,00 € geschenkt. Der Betreuer kann der Annahme des Geschenkes nicht widersprechen.*

Willenserklärungen eines geschäftsunfähigen Menschen sind nicht wirksam.[128] Auf den ersten Blick ergibt sich daher keine Notwendigkeit für die Anordnung eines Einwilligungs-

127 § 1825 Absatz 1 Satz 2 BGB
128 §§ 104 & 105 BGB

vorbehaltes. Der Gesetzgeber hat aber auch hier die Möglichkeit der Anordnung eines Einwilligungsvorbehaltes vorgesehen.[129] Der Einwilligungsvorbehalt soll in diesem Fall verhindern, dass für den betreuten Menschen nachteilige Verträge erfüllt werden müssen, nur weil der betreute Mensch nicht in ausreichendem Maß in der Lage ist, seine Geschäftsunfähigkeit zu beweisen. Bei angeordnetem Einwilligungsvorbehalt dürfte die Aufhebung oder die Rückabwicklung ungünstiger Verträge keine Schwierigkeit bereiten. Der betreute Mensch muss seine Geschäftsunfähigkeit nicht mehr beweisen.

3.12.4 Das Eilverfahren

In der Praxis zeigt sich nicht selten, dass das Betreuungsrecht der Dynamik der Lebenssachverhalte nicht immer gerecht werden kann. Einer der Gründe für die Schaffung der zum 01.01.2023 in Kraft getretenen Regelung zur gegenseitigen Vertretung von Ehegatten/eingetragenen Lebenspartnern in Angelegenheiten der Gesundheitssorge war es, die ansonsten erforderliche Eilbetreuung entbehrlich zu machen. Viele eilige Anregungen der Krankenhäuser zur Bestellung eines rechtlichen Betreuers werden somit entbehrlich.

Greift die Regelung zur gegenseitigen Vertretung von Ehegatten/eingetragenen Lebenspartnern in Angelegenheiten der Gesundheitssorge nicht, weil beispielsweise kein zur Vertretung berechtigter Ehegatte/eingetragener Lebenspartner vorhanden ist oder ein vorhandener Ehegatte/eingetragener Lebenspartner nicht in der Lage oder bereit ist, die Vertretung zu übernehmen, bleibt das Eilverfahren als letztes Mittel. In den für die Altersgebrechlichkeit typischen Fällen ist die Zeitspanne für ein ordentliches Verfahren zur Betreuerbestellung in der Regel zu kurz.

Beispiel

Nach der Behandlung eines Knochenbruchs scheint der an fortgeschrittener Demenz erkrankte betroffene Mensch im Krankenhaus nicht mehr fähig, in seine gewohnte Umgebung zurückzukehren, und er soll auf Betreiben des Krankenhauses oder der Angehörigen in ein Heim „verlegt" werden.

Nicht selten werden so vollendete Tatsachen geschaffen, die der schließlich bestellte Betreuer nicht mehr rückgängig machen kann.

Diesen und anderen Eilfällen kann durch einstweilige Anordnungen nach vorheriger persönlicher Anhörung des betroffenen Menschen und Einholung eines ärztlichen Zeugnisses oder gar eilige einstweilige Anordnungen ohne vorherige persönliche Anhörung bei Vorlage eines ärztlichen Zeugnisses Rechnung getragen werden.

Eine einstweilige Anordnung ist nur dann zulässig, wenn dringende Gründe für die Annahme bestehen, dass die Voraussetzungen für die Bestellung eines Betreuers oder die Anordnung eines Einwilligungsvorbehalts gegeben sind und ein dringendes Bedürfnis für ein sofortiges Tätigwerden besteht.[130] Die einstweilige Anordnung beinhaltet die Bestellung eines vorläufigen Betreuers mit einem bestimmten Aufgabenkreis. Die persönliche

129 BT-Drs. 11/4528, S. 137
130 § 300 Absatz 1 Satz 1 Nr. 1 FamFG

Anhörung kann auch im Wege der Rechtshilfe erfolgen und bei Gefahr im Verzuge zunächst unterbleiben. Sie ist jedoch unverzüglich nachzuholen.[131] Die einstweilige Anordnung ist auf die Dauer von sechs Monaten befristet. Sie kann jedoch nach Anhörung eines Sachverständigen durch eine weitere einstweilige Anordnung zu einer Gesamtdauer von einem Jahr verlängert werden.[132] Nach Fristablauf endet die einstweilige Anordnung automatisch. Es bedarf somit keines erneuten Beschlusses.

Vor Bestellung eines vorläufigen Betreuers sind Maßnahmen des Betreuungsgerichts nur zulässig, wenn auch eine einstweilige Anordnung auf Bestellung eines vorläufigen Betreuers zu spät käme, um unmittelbar drohende Gefahren für die Person oder das Vermögen des betroffenen Menschen abzuwenden.[133]

Nach den Vorstellungen des Gesetzgebers soll der Bestellung zumindest eines vorläufigen Betreuers unbedingt der Vorrang eingeräumt werden und das Gericht nur in Ausnahmefällen selbst durch Maßnahmen tätig werden. Als derartige Sofortmaßnahmen, sei es durch einen vorläufigen Betreuer ohne vorherige persönliche Anhörung des betroffenen Menschen, sei es durch das Gericht selbst, sind die Zustimmung zu einer Operation oder Behandlung, die Verlegung in ein Heim, und zwar nur vorläufig in ein Gästezimmer, die Anbringung eines Bettgitters etc. anzusehen.

3.12.5 Erweiterung des Aufgabenkreises

Für die Erweiterung des Aufgabenkreises des rechtlichen Betreuers hat das Gericht in gleicher Weise wie bei der erstmaligen Bestellung des Betreuers zu verfahren. Das Gericht hat die zuständige Behörde nur anzuhören, wenn es der Betroffene verlangt oder es zur Sachaufklärung erforderlich ist.[134] Wird der Aufgabenkreis nur unwesentlich erweitert oder liegen die erforderlichen Verfahrenshandlungen (Gutachten, persönliche Anhörung usw.) nicht länger als sechs Monate zurück, so kann das Gericht von einer erneuten Vornahme dieser Handlungen absehen.

Diese Regelung soll dem Gericht ermöglichen, den Aufgabenkreis schnell an die Erforderlichkeiten anzupassen. Der Verzicht auf Verfahrenshandlungen setzt voraus, dass die vorausgegangenen Verfahrenshandlungen einen Bezug zu der beabsichtigten Erweiterung hatten. Es ist z.B. nicht möglich, den Aufgabenkreis auf die Sorge für die Gesundheit zu erweitern, wenn im Sozialbericht der Betreuungsbehörde, im Gutachten und im Rahmen der persönlichen Anhörung lediglich von vermögensrechtlichen Entscheidungen die Rede war.

3.12.6 Überprüfung der rechtlichen Betreuung

Wird eine rechtliche Betreuung dauerhaft bestellt?

Eine rechtliche Betreuung wird nicht auf unbestimmte Dauer beschlossen. Die Beschlussformel enthält den Zeitpunkt, bis zu dem das Gericht über die Aufhebung oder Verlängerung der rechtlichen Bestellung oder der Anordnung eines Einwilligungsvorbehaltes

131 § 301 FamFG
132 § 302 FamFG
133 § 1846 BGB
134 § 293 FamFG

zu entscheiden hat. Über die Verlängerung der rechtlichen Betreuung oder des Einwilligungsvorbehalts hat das Gericht spätestens sieben Jahre nach der Anordnung dieser Maßnahmen zu entscheiden. Ist die Maßnahme gegen den erklärten Willen der betroffenen Person angeordnet worden, ist über eine erstmalige Verlängerung spätestens nach zwei Jahren zu entscheiden.[135] Nach der erstmaligen Überprüfung kann dann eine längere Frist (bis zu 7 Jahren) gewählt werden.

Wonach richtet sich die Frist, bis zu der die rechtliche Betreuung zu überprüfen ist?

Die Bestimmung des Zeitpunktes zur Überprüfung der rechtlichen Betreuung richtet sich dabei nach der voraussichtlichen Dauer der Erforderlichkeit der rechtlichen Betreuung. Die Erforderlichkeit der rechtlichen Betreuung kann durch eine Besserung der Krankheit, die zum rechtlichen Hilfebedarf geführt hat, wegfallen. Möglich ist auch, dass die Erforderlichkeit der rechtlichen Betreuung entfällt, weil die zu regelnden rechtlichen Angelegenheiten abschließend erledigt worden sind oder so vereinfacht werden konnten, dass die betroffene Person ihre rechtlichen Angelegenheiten wieder eigenverantwortliche ohne die Hilfe einer rechtlichen Betreuung regeln kann.

Beispiel

Die zuvor komplexe wirtschaftliche Situation konnten nach Abschluss des Rentenverfahrens vereinfacht werden. Die betroffene Person hat jetzt wieder den Überblick und kann die erforderlichen Schritte ohne die Hilfe eines rechtlichen Betreuers erledigen.

Wann ist eine Verkürzung der Überprüfungsfrist zu bestimmen?

Eine Verkürzung der Frist für die erstmalige Überprüfung der angeordneten rechtlichen Betreuung oder eines Einwilligungsvorbehalts ist zu bestimmen, wenn die Maßnahme gegen den erklärten Willen der betroffenen Person angeordnet werden muss. Dabei kommt es weder darauf an, ob die betroffene Person geschäftsfähig ist oder die der rechtlichen Betreuung entgegenstehende Willenserklärung wohl überlegt oder vernünftig ist. Die Ablehnung der rechtlichen Betreuung muss nur erkennbar sein.

Die Überprüfung der Erforderlichkeit ist dann längstens nach zwei Jahren vorzunehmen. Die Verkürzung der Überprüfungsfrist macht die Tiefe des Eingriffs in das Selbstbestimmungsrecht der betroffenen Person deutlich.

Kann die Überprüfung auch vor dem Erreichen der Frist beantragt werden?

Unabhängig von der vom Gericht bestimmten Frist kann die Überprüfung der rechtlichen Betreuung auf Antrag der betroffenen Person, des rechtlichen Betreuers, eines anderen Beteiligten oder aufgrund neuer Erkenntnisse von Amts wegen jederzeit vorgenommen werden.

135 § 295 Absatz 2 FamFG

Wie sieht das Verfahren zur Überprüfung einer rechtlichen Betreuung aus?

Im Verfahren zur Verlängerung der Bestellung eines rechtlichen Betreuers oder der Anordnung eines Einwilligungsvorbehalts sind die gleichen Verfahrensschritte wie bei der erstmaligen Anordnung durchzuführen. Das Gericht braucht die zuständige Behörde nur anzuhören, wenn es die betroffene Person verlangt oder es zur Sachaufklärung erforderlich ist. Von der erneuten Einholung eines Gutachtens kann nur abgesehen werden, wenn sich aus der persönlichen Anhörung der betroffenen Person und einem ärztlichen Zeugnis ergibt, dass sich der Umfang der rechtlichen Betreuungsbedürftigkeit offensichtlich nicht verringert hat und eine Verlängerung dem erklärten Willen der betroffenen Person nicht widerspricht.

3.12.7 Wirksamkeit der gerichtlichen Entscheidung

Die Anordnung einer rechtlichen Betreuung und sonstige Entscheidungen des Betreuungsgerichts werden mit der Bekanntmachung an den rechtlichen Betreuer wirksam.[136] Dies geschieht in der Regel durch die Versendung des Beschlusses an den rechtlichen Betreuer. In diesem Zusammenhang ist es wichtig zu wissen, dass eine Beschwerde (auch eine vom rechtlichen Betreuer eingelegte Beschwerde) keine aufschiebende Wirkung hat. Die Wirksamkeit des Beschlusses zur Bestellung eines rechtlichen Betreuers ist auch nicht von seiner mündlichen Verpflichtung und der Übergabe der Urkunde abhängig. Das heißt, der rechtliche Betreuer muss tätig werden. Entsteht der rechtlich betreuten Person ein Schaden, weil der rechtliche Betreuer nicht tätig wird, haftet der rechtliche Betreuer für diesen Schaden.

In Eilfällen kann das Gericht die sofortige Wirksamkeit anordnen. Das heißt, der Beschluss ist wirksam, wenn dieser der rechtlich betreuten Person, dem Pfleger für das Verfahren bekannt gemacht wird oder wenn dieser der Geschäftsstelle zur Bekanntmachung übergeben wird. Die sofortige Wirksamkeit ist besonders von Bedeutung, wenn der rechtliche Betreuer nicht zu erreichen ist, verstorben ist oder in besonders eiligen Fällen (z.B. bevorstehende Operation) der Postweg zu lange dauern würde.

3.12.8 Rechtsmittel

Was kann gegen eine Entscheidung des Betreuungsgerichts getan werden?

Gegen die Entscheidungen des Betreuungsgerichtes gibt es die Möglichkeit, sich zur Wehr zu setzen (Rechtsmittel einzulegen). Jeder Beschluss hat eine Belehrung über das statthafte Rechtsmittel, den Einspruch, den Widerspruch oder die Erinnerung sowie das Gericht, bei dem diese Rechtsbehelfe einzulegen sind, dessen Sitz und die einzuhaltende Form und Frist zu enthalten.[137]

Schreibfehler, Rechenfehler und ähnliche offenbare Unrichtigkeiten im Beschluss sind jederzeit vom Gericht auch von Amts wegen zu berichtigen.[138] Wenn ein Antrag, der nach den Verfahrensakten von einem Beteiligten gestellt wurde, ganz oder teilweise übergangen wur-

136 § 287 FamFG
137 § 39 FamFG
138 § 42 FamFG

de oder die Kostenentscheidung unterblieben ist, ist auf Antrag der Beschluss nachträglich zu ergänzen. Die nachträgliche Entscheidung muss binnen einer zweiwöchigen Frist, die mit der schriftlichen Bekanntgabe des Beschlusses beginnt, beantragt werden.[139]

Bei Verletzung des Anspruchs auf rechtliches Gehör ist das Verfahren auf die Rüge eines durch eine Entscheidung beschwerten Beteiligten fortzuführen, wenn ein Rechtsmittel oder ein Rechtsbehelf gegen die Entscheidung oder eine andere Abänderungsmöglichkeit nicht gegeben ist und das Gericht den Anspruch dieses Beteiligten auf rechtliches Gehör in entscheidungserheblicher Weise verletzt hat.[140]

Gegen die Entscheidungen des Rechtspflegers ist das Rechtsmittel gegeben, das nach den allgemeinen verfahrensrechtlichen Vorschriften zulässig ist.[141] Ist gegen die Entscheidung nach den allgemeinen verfahrensrechtlichen Vorschriften ein Rechtsmittel nicht gegeben, so findet die **Erinnerung** statt, die binnen der für die Beschwerde geltenden Frist einzulegen ist. Der Rechtspfleger kann der Erinnerung abhelfen. Erinnerungen, denen er nicht abhilft, legt er dem Richter zur Entscheidung vor. Auf die Erinnerung sind im Übrigen die Vorschriften über die Beschwerde sinngemäß anzuwenden.

Das Rechtsmittel gegen die erstinstanzliche Entscheidung des Richters ist die „**Beschwerde**".[142]

Die Beschwerde steht demjenigen zu, der durch den Beschluss in seinen Rechten beeinträchtigt ist. Im Betreuungsverfahren sind dies regelmäßig die betroffene Person, der rechtliche Betreuer, der Vorsorgebevollmächtigte und, soweit ein Verfahrenspfleger bestellt worden ist, der Verfahrenspfleger.

Wenn ein Beschluss nur auf Antrag erlassen werden kann und der Antrag zurückgewiesen worden ist, steht die Beschwerde nur dem Antragsteller zu.

Das Recht der Beschwerde gegen eine von Amts wegen ergangene Entscheidung steht im Interesse des betroffenen Menschen, dessen Ehegatten oder Lebenspartner, wenn die Ehegatten oder Lebenspartner nicht dauernd getrennt leben, sowie den Eltern, Großeltern, Pflegeeltern, Abkömmlingen und Geschwistern des Betroffenen sowie einer Person seines Vertrauens zu, wenn sie im ersten Rechtszug beteiligt worden sind.[143]

Für den Fall, dass über Anordnung, Erweiterung, Einschränkung oder Aufhebung einer rechtlichen Betreuung oder eines Einwilligungsvorbehaltes entschieden wurde, steht auch der zuständigen Behörde ein Beschwerderecht zu.[144]

In Unterbringungsangelegenheiten steht neben den bisher genannten auch einer vom betroffenen Menschen genannten Person seines Vertrauens und dem Leiter der Einrichtung, in der der Betroffene lebt, ein Beschwerderecht zu, wenn sie im ersten Rechtszug beteiligt worden sind.[145]

139 § 43 FamFG
140 § 44 FamFG
141 § 11 RPflG
142 § 58 FamFG
143 § 303 Absatz 2 FamFG
144 § 303 Absatz 3 FamFG
145 § 335 FamFG

Ein Beteiligter kann sich der Beschwerde anschließen, selbst wenn er auf die Beschwerde verzichtet hat oder die Beschwerdefrist verstrichen ist; die Anschließung erfolgt durch Einreichung der Beschwerdeanschlussschrift bei dem Beschwerdegericht. Die Anschließung verliert ihre Wirkung, wenn die Beschwerde zurückgenommen oder als unzulässig verworfen wird.[146]

Die Beschwerde ist, soweit gesetzlich keine andere Frist bestimmt ist, binnen einer Frist von einem Monat einzulegen. Die Beschwerde ist binnen einer Frist von zwei Wochen einzulegen, wenn sie sich gegen eine einstweilige Anordnung oder einen Beschluss, der die Genehmigung eines Rechtsgeschäfts zum Gegenstand hat, richtet. Die Frist beginnt jeweils mit der schriftlichen Bekanntgabe des Beschlusses an die Beteiligten. Kann die schriftliche Bekanntgabe an einen Beteiligten nicht bewirkt werden, beginnt die Frist spätestens mit Ablauf von fünf Monaten nach Erlass des Beschlusses.[147]

Die Beschwerde ist durch Einreichung einer Beschwerdeschrift oder zur Niederschrift der Geschäftsstelle bei dem Gericht einzulegen, dessen Beschluss angefochten wird.[148] Ist die betroffene Person untergebracht, kann die Beschwerde auch bei dem Amtsgericht eingelegt werden, in dessen Bezirk sie untergebracht ist.[149] Die Beschwerde kann darüber hinaus auch zu Protokoll der Geschäftsstelle eines anderen Amtsgerichts erklärt werden.[150] Die Beschwerde muss die Bezeichnung des angefochtenen Beschlusses sowie die Erklärung enthalten, dass Beschwerde gegen diesen Beschluss eingelegt wird. Sie ist von dem Beschwerdeführer oder seinem Bevollmächtigten zu unterzeichnen.

Die Beschwerde soll begründet werden. Die Ausgestaltung als Soll-Vorschrift stellt sicher, dass eine Nichterfüllung der Begründungspflicht nicht zur Verwerfung der Beschwerde als unzulässig führen kann.[151]

Das Gericht kann dem Beschwerdeführer eine Frist zur Begründung der Beschwerde einräumen. Die Beschwerde kann auf neue Tatsachen und Beweismittel gestützt werden. Die Beschwerde kann nicht darauf gestützt werden, dass das Gericht des ersten Rechtszuges seine Zuständigkeit zu Unrecht angenommen hat.[152]

Die Beschwerde hat keine aufschiebende oder aufhebende Wirkung. Das Beschwerdegericht kann vor der Entscheidung eine einstweilige Anordnung erlassen; es kann insbesondere anordnen, dass die Vollziehung des angefochtenen Beschlusses auszusetzen ist.[153]

Das Gericht hat die Möglichkeit, entsprechend der Beschwerde die Entscheidung abzuändern.[154] Wird der Beschwerde nicht abgeholfen, entscheidet das Landgericht.[155]

146 § 66 FamFG
147 § 63 FamFG
148 § 64 FamFG
149 § 305 und § 336 FamFG
150 § 25 Absatz 2 FamFG
151 Drs. 309/07, S. 454
152 § 65 FamFG
153 § 64 Absatz 3 FamFG
154 § 68 Absatz 1 FamFG
155 § 72 GVG

Das Rechtsmittel gegen eine Entscheidung des Landgerichts ist die „**Rechtsbeschwerde**". Sie ist zulassungsfrei bei Beschlüssen, mit denen ein rechtlicher Betreuer bestellt wird, die rechtliche Betreuung aufgehoben wird, bei Anordnung oder Aufhebung eines Einwilligungsvorbehalts, in Unterbringungssachen sowie bei Freiheitsentziehungssachen. Darüber hinaus ist die Rechtsbeschwerde gegen Beschlüsse nur statthaft, wenn sie vom Beschwerdegericht in dem Beschluss zugelassen wurde und diese Zulassung vom Rechtsbeschwerdegericht (Bundesgerichtshof) bestätigt wird.[156] Über die Zulassung hat das Beschwerdegericht von Amts wegen zu entscheiden; eines entsprechenden Antrages der Beteiligten bedarf es nicht.

Die Rechtsbeschwerde ist binnen einer Frist von einem Monat nach der schriftlichen Bekanntgabe des Beschlusses durch Einreichen einer Beschwerdeschrift bei dem Rechtsbeschwerdegericht (Bundesgerichtshof) einzulegen. Die Rechtsbeschwerdeschrift muss enthalten die Bezeichnung des Beschlusses, gegen den die Rechtsbeschwerde gerichtet wird, und die Erklärung, dass gegen diesen Beschluss Rechtsbeschwerde eingelegt wird. Die Rechtsbeschwerdeschrift ist von einem Rechtsanwalt, der beim Bundesgerichtshof zugelassen ist, zu unterzeichnen. Mit der Rechtsbeschwerdeschrift soll eine Ausfertigung oder beglaubigte Abschrift des angefochtenen Beschlusses vorgelegt werden.[157]

Die Rechtsbeschwerde ist, sofern die Beschwerdeschrift keine Begründung enthält, innerhalb einer Frist von einem Monat zu begründen. Die Frist beginnt mit der schriftlichen Bekanntgabe des angefochtenen Beschlusses. Sie kann verlängert werden. Die Begründung der Rechtsbeschwerde muss die Erklärung, inwieweit der Beschluss angefochten und dessen Aufhebung beantragt wird, enthalten. Die Rechtsbeschwerdegründe müssen die Bezeichnung der Umstände, aus denen sich die Rechtsverletzung ergibt, enthalten. Soweit die Rechtsbeschwerde darauf gestützt wird, dass das Gesetz in Bezug auf das Verfahren verletzt worden ist, muss die Begründung die Tatsachen bezeichnen, welche die Verletzung des Verfahrens ergeben.[158]

Seit dem 1.9.2009 besteht die Möglichkeit, ein Verfahren unter Verzicht auf das Beschwerdeverfahren direkt der Rechtsbeschwerdeinstanz vorzulegen. Die Bestimmung ermöglicht den Beteiligten die möglichst rasche Herbeiführung einer höchstrichterlichen Entscheidung insbesondere in den Fällen, in denen ausschließlich die Klärung von Rechtsfragen beabsichtigt ist.[159]

156 § 70 FamFG
157 § 71 Absatz 1 FamFG
158 § 71 Absatz 2 und 3 FamFG
159 § 75 FamFG

4 Grundsätze zur Führung der rechtlichen Betreuung

4.1 Rechtliche Betreuung ist Hilfe zur Führung eines selbstbestimmten Lebens[1]

4.1.1 Leitgedanke und Auftrag der rechtlichen Betreuung

Wie lautet der Leitgedanke der rechtlichen Betreuung?

Merksatz

Leitgedanke ist die Fragestellung, wie die Selbstbestimmung der rechtlich betreuten Person im Rahmen betreuungsrechtlicher Rechtsfürsorge sichergestellt und verwirklicht werden kann.

Dieser Leitgedanke ergibt sich maßgeblich aus dem Menschenbild des Grundgesetzes. Es kann beschrieben werden als Spannungsfeld zwischen der Eigenverantwortlichkeit des Individuums sowie der Gemeinschaftsbezogenheit und Gemeinschaftsgebundenheit der Person. Der Einzelne muss sich diejenigen Schranken seiner Handlungsfreiheit gefallen lassen, die der Gesetzgeber zur Pflege und Förderung des sozialen Zusammenlebens in den Grenzen des bei dem gegebenen Sachverhalt allgemein Zumutbaren zieht, vorausgesetzt, dass dabei die Eigenständigkeit der Person gewahrt bleibt.

Ebenso wie die Gesellschaft unterliegt das Menschenbild einer stetigen Entwicklung. Im Betreuungsrecht lebt es im Spannungsfeld zwischen der Verwirklichung der Wünsche und dem Schutz vor erheblichem Schaden.

Beispiele für die stetige Entwicklung sind das Dritte Gesetz zur Änderung des Betreuungsrechts vom 29.7.2009, mit dem die Wirksamkeit der Patientenverfügung[2] geregelt worden ist, das am 26.2.2013 in Kraft getretene Gesetz „zur Regelung der betreuungsrechtlichen Einwilligung in eine ärztliche Zwangsmaßnahme"[3] und das zum 01.01.2023 in Kraft getretene Gesetz zur Reform des Vormundschafts- und Betreuungsrechts. Die letzte Änderung hat der Gesetzgeber mit dem Ziel verbunden, das Gebot größtmöglicher Selbstbestimmung von Menschen mit Behinderungen[4] im Vorfeld und innerhalb der rechtlichen Betreuung besser zu verwirklichen.

---

1 § 1821 BGB

2 Siehe Abschnitt 2.5

3 Siehe Abschnitt 6.1.6

4 Im Sinne von Artikel 12 des Übereinkommens der Vereinten Nationen vom 13. Dezember 2006 über die Rechte von Menschen mit Behinderungen (BGBl. 2008 II S. 1419, 1420; UN-Behindertenrechtskonvention, UN-BRK)

Welche Aufgabe hat die rechtliche Betreuung?

Merksatz

Betreuung umfasst sowohl die Herstellung der fehlenden oder eingeschränkten rechtlichen Handlungsfähigkeit der rechtlich betreuten Person als auch ihren Schutz davor, sich aufgrund mangelnder Eigenverantwortlichkeit an Person oder Vermögen selbst zu schädigen.

Dazu nimmt der rechtliche Betreuer alle Tätigkeiten vor, die erforderlich sind, um die rechtlichen Angelegenheiten der rechtlich betreuten Person zu besorgen. In erster Linie unterstützt er sie dabei, ihre Angelegenheiten rechtlich selbst zu besorgen.[5]

4.1.2 Befugnisse des rechtlichen Betreuers

Welche Befugnisse hat der rechtliche Betreuer?

Der rechtliche Betreuer kann die rechtlich betreute Person im Rahmen des vom Betreuungsgericht beschlossenen Aufgabenkreises im Rechtsverkehr gerichtlich und außergerichtlich vertreten.[6] Damit ist der rechtliche Betreuer im Rahmen des Aufgabenkreises befugt, rechtsgeschäftliche Willenserklärungen abzugeben und zu empfangen. Mit seiner Bestellung wird der rechtliche Betreuer bezogen auf den Aufgabenkreis gesetzlicher Vertreter der rechtlich betreuten Person.

Im Gegensatz zu einem zivilrechtlichen Auftrag, einer Bevollmächtigung oder anderen sich beispielsweise aus dem Sozialrecht ergebenden Assistenz- und/oder Unterstützungsbeziehungen kann der rechtlich betreute Mensch den Auftrag des rechtlichen Betreuers weder durch eigene Erklärung begründen noch beenden. Die rechtliche Betreuung beginnt mit Beschluss und endet durch Beschluss, Zeitablauf oder Tod des betreuten Menschen.

Die Befugnis des rechtlichen Betreuers erstreckt sich ausschließlich auf die Regelung rechtlicher Angelegenheiten. Er ist weder berechtigt noch verpflichtet, praktische Hilfe zu leisten, zum Beispiel:

- Versorgungsleistungen (Einkauf, Wäschewaschen, Pflege usw.),
- therapeutische Betreuung oder Gespräche,
- handwerkliche Arbeiten,
- Transportdienste.

Übernimmt der rechtliche Betreuer solche oder ähnliche Aufgaben, tut er dies als Privatperson. Entsprechend werden mögliche Schäden nicht durch die Haftpflichtversicherung für die rechtliche Betreuung gedeckt.

5 § 1821 Absatz 1 BGB
6 § 1823 BGB

Besteht die Pflicht zur gesetzlichen Vertretung?

Von seiner Vertretungsmacht darf der rechtliche Betreuer nur Gebrauch machen, soweit dies erforderlich ist.[7] Vorrangig hat der rechtliche Betreuer alles zu unternehmen, damit die rechtlich betreute Person ihre rechtlichen Angelegenheiten selbst erledigen kann.

Die Erforderlichkeit zur gesetzlichen Vertretung ergibt sich somit ausschließlich aus den jeweiligen Grenzen der Fähigkeit der rechtlich betreuten Person zur Erledigung der eigenen rechtlichen Angelegenheiten.

Grundsätzlich sieht das Gesetz alle volljährigen Menschen als voll geschäftsfähig an. Damit sind sie auch vollumfänglich berechtigt und verpflichtet, die eigenen rechtlichen Angelegenheiten zu regeln.

Durch die Anordnung einer rechtlichen Betreuung wird die rechtsgeschäftliche Handlungsfähigkeit der rechtlich betreuten Person dem Grundsatz nach nicht eingeschränkt. Sie ist wie zuvor berechtigt, selbstständig Geschäfte abzuschließen. Die Gültigkeit der von ihr vorgenommenen Rechtsgeschäfte richtet sich wie bei jedem volljährigen Menschen zunächst danach, ob sie im Sinne des Gesetzes geschäftsfähig ist.

Ein volljähriger Mensch ist geschäftsunfähig, wenn er sich in einem die freie Willensbestimmung ausschließenden Zustand krankhafter Störung der Geistestätigkeit befindet, sofern nicht der Zustand seiner Natur nach ein vorübergehender ist.[8] Bei Geschäftsunfähigkeit wird der betroffenen Person der rechtsgeschäftlich bedeutsame Wille per se abgesprochen. Die Willenserklärung ist im Geschäftsverkehr nichtig.[9]

Diese Regelung ist, wie gesagt, unabhängig von der Anordnung einer rechtlichen Betreuung. Für den rechtlichen Betreuer ist es aber wichtig zu wissen, ob die gesetzlichen Voraussetzungen für die Feststellung der Geschäftsunfähigkeit vorliegen oder sogar bereits das Bestehen der Geschäftsunfähigkeit festgestellt worden ist. Für diesen Fall ist die rechtsgeschäftliche Vertretung durch den rechtlichen Betreuer im Rechtsverkehr zwingend erforderlich.

Als Ausnahme von dieser Regel sind z.B. Willenserklärungen, die rechtlich lediglich vorteilhaft sind wie beispielsweise die Annahme von bestimmten Schenkungen, auch ohne Zustimmung wirksam.[10] Zudem sind Rechtsgeschäfte wirksam möglich, die mit Mitteln bewirkt werden, die rechtlich betreuten Personen zu diesem Zweck oder zur freien Verfügung überlassen worden sind.[11]

Die Prüfung der Erforderlichkeit der gesetzlichen Vertretung im Rechtsverkehr kann anhand des folgenden Ablaufdiagramms vorgenommen werden.

7 § 1821 Absatz 1
8 § 104 BGB
9 § 105 BGB
10 § 107 BGB
11 § 110 BGB

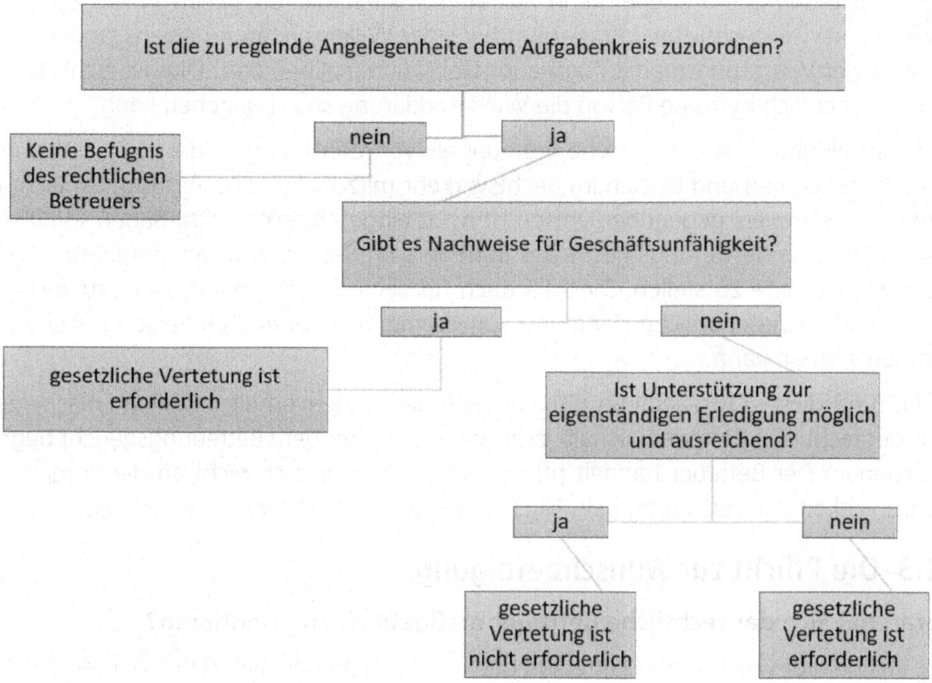

Darf der Rechtsverkehr die gesetzliche Vertretung durch den rechtlichen Betreuer verlangen?

Beispiele:

- Der rechtliche Betreuer wird aufgefordert, die Zustimmung zur bevorstehenden medizinischen Behandlung zu erteilen, obwohl mit der rechtlich betreuten Person ein geordnetes Aufklärungsgespräch möglich war, sie den Sachverhalten offensichtlich verstanden hat und der bevorstehenden Behandlung bereits zugestimmt hat. Zur Begründung wird ausgeführt, dass ja eine rechtliche Betreuung mit dem Aufgabenbereich der Gesundheitssorge bestehen würde.
- Die rechtlich betreute Person steht am Bankschalter und verlangt die Auszahlung eines Teils des vorhandenen Guthabens. Die rechtliche Betreuung ist bei der Bank bekannt. Eine Beschränkung der Berechtigung zur Verfügung für die rechtlich betreute Person wurde weder beschlossen (Einwilligungsvorbehalt) noch anders begründet vereinbart.[12] Die Auszahlung wird mit der Begründung, dass keine Zustimmung des rechtlichen Betreuers vorliegt, verweigert.
- Die rechtlich betreute Person hat sich eine Wohnung gesucht und möchte den Mietvertrag unterschreiben. Sie hat die Angelegenheiten mit dem rechtlichen Betreuer besprochen. Dieser hat dem Vermieter erklärt, dass die rechtlich betreute Person in der Lage ist, den Vertrag eigenverantwortlich abzuschließen. Der Vermieter besteht auf der Unterschrift des rechtlichen Betreuers.

12 Eine Begründung wäre beispielsweise die bereits festgestellte Geschäftsunfähigkeit.

Die Formulierung „der Betreuer kann vertreten“[13] stellt klar, dass keine Pflicht zur Vertretung besteht. Der rechtliche Betreuer hat bei jeder Willenserklärung eigens zu prüfen, ob er von seiner Vertretungsmacht überhaupt Gebrauch machen darf. Dies ist nicht der Fall, wenn die rechtlich betreute Person die Willenserklärung selbst abgeben kann.

Die Entscheidung, ob der rechtliche Betreuer als Vertreter handelt oder nicht, ist von ihm selbst vorzunehmen und Dritten im Rechtsverkehr mitzuteilen. Die Vertretungsmacht des rechtlichen Betreuers gegenüber Dritten ist nicht eingeschränkt. Dritte haben somit nicht die Befugnis, die Vertretungsmacht des Betreuers im Rahmen des angeordneten Aufgabenkreises in Frage zu stellen. Dies gilt auch für seine Entscheidung, nicht zu vertreten, wenn die rechtsgeschäftliche Handlung von der rechtlich betreuten Person selbst vorgenommen werden kann.

Die Prüfung dieser Entscheidung obliegt allein dem Innenverhältnis. Seine Entscheidung muss der rechtliche Betreuer deshalb jederzeit gegenüber dem Betreuungsgericht begründen können. Der Betreuer handelt pflichtwidrig, wenn er sich nicht an die Vorgabe der Erforderlichkeit der Vertretung hält. Nach außen ist seine Erklärung jedoch wirksam.

4.1.3 Die Pflicht zur Wunschbefolgung

Woran hat sich der rechtliche Betreuer maßgeblich zu orientieren?

Alles Handeln des rechtlichen Betreuers orientiert sich an den Wünschen der rechtlich betreuten Person. Zur Klarstellung sei noch einmal gesagt, dass sich das Handeln des rechtlichen Betreuers ausschließlich auf die Erledigung rechtlicher Angelegenheiten bezieht, welche sich aus den vom Betreuungsgericht beschlossenen Aufgabenbereichen ergeben. Die Pflicht, den Wünschen der rechtlich betreuten Person zu folgen, ist nur in diesem Rahmen zu verstehen.

Im Verfahren zur Bestellung des rechtlichen Betreuers oder für den Fall weiterer Entscheidungen ist das Betreuungsgericht verpflichtet, die für die anstehende Entscheidung wichtigen Wünsche der rechtlich betreuten Person zu ermitteln und zu berücksichtigen.[14] Gleichermaßen ist es die erste Aufgabe des rechtlichen Betreuers, sich genauer über die Wünsche der rechtlich betreuten Person zu informieren.

Die Wünsche sind auch dann zu berücksichtigen, wenn die rechtlich betreute Person geschäftsunfähig ist.

Wünsche können alles das beinhalten, was die rechtlich betreute Person mit dem Ziel, das eigene Leben zu gestalten, zum Ausdruck bringt oder gebracht hat. Dabei sollen nicht nur verbal geäußerte Wünsche, sondern auch das z.B. durch Gesten deutlich gemachte Begehren berücksichtigt werden. Es spielt zunächst keine Rolle, ob dieser Wunsch tatsächlich erfüllt werden kann. Im ersten Schritt geht es um die unvoreingenommene Erfassung der Wünsche. Erst im zweiten Schritt ist deren Machbarkeit zu prüfen.

Der rechtliche Betreuer hat auch solche Wünsche zu berücksichtigen, die der rechtlich betreute Mensch gegenüber Dritten, z.B. dem Heimpersonal, äußert. Auch früher geäußerte

13 § 1823 BGB
14 Siehe Abschnitt 3.10

oder schriftlich niedergelegte[15] Wünsche sind zu berücksichtigen. Aus diesem Grund ist es für den rechtlichen Betreuer wichtig, einen guten Kontakt zu den Personen aus dem Umfeld des rechtlich betreuten Menschen aufzubauen.

Wie ist zu entscheiden, wenn keine konkreten Wünsche festgestellt werden können?

Erst wenn sich ein auf die aktuelle Lebenssituation oder die anstehende Entscheidung bezogener Wille trotz aller Bemühungen nicht feststellen lässt, kann und muss auf den mutmaßlichen Willen zurückgegriffen werden.[16]

Wie ist der mutmaßliche Wille zu ermitteln?

Im ersten Schritt gilt es zu vermeiden, auf den mutmaßlichen Willen zurückgreifen zu müssen. Soweit dies möglich ist, sollte der rechtliche Betreuer vorausschauend prüfen, welche Angelegenheiten in Zukunft wahrscheinlich auftreten werden und ob eine Verschlimmerung der Krankheit oder Behinderung dann eine Besprechung unmöglich machen könnte. Für diesen Fall sollte versucht werden, die wahrscheinlich auftretenden Fragen frühzeitig zu besprechen. Im Bereich der Gesundheitsfürsorge kann im Idealfall eine Patientenverfügung errichtet werden.[17]

Der mutmaßliche Wille ist ausschließlich auf der Grundlage subjektiver Kriterien zu ermitteln. Der Bundesgerichtshof hat hierzu einmal ausgeführt:

„Der Betreuer stellt letztlich eine These auf, wie sich der Betroffene selbst in der konkreten Situation entschieden hätte, wenn er noch über sich selbst bestimmen könnte."[18]

Der rechtliche Betreuer hat den mutmaßlichen Willen aus allen erkennbaren Umständen, die für die Willensrichtung der rechtlich betreuten Person Bedeutung haben können, zu rekonstruieren. Alle möglichen Informationsquellen sind nutzbar zu machen. Als Informationsquellen können Angehörige, sonstige Vertrauenspersonen oder Personen aus dem Umfeld der rechtlich betreuten Person dienen.

Der rechtliche Betreuer ist somit berechtigt und verpflichtet, die vorgesehene Maßnahme zu besprechen und die für die Besprechung erforderlichen Auskünfte zu erteilen.

Der rechtliche Betreuer darf sich nicht auf Hörensagen verlassen, sondern muss im Vorfeld prüfen, welche Personen verlässliche Angaben machen können.

Je weniger Informationen der rechtliche Betreuer erhalten kann, umso mehr ist er gezwungen, bei der Rekonstruktion auf allgemeine Lebenserfahrungen zurückzugreifen.

Dabei sind nicht objektive sich aus der Sache ergebende Aspekte, sondern die konkrete Situation und der über die rechtlich betreute Person bekannte Hintergrund für die Entscheidung maßgeblich zu berücksichtigen. Der Rückgriff auf allgemeine Kriterien darf dabei nicht mit einem objektiven Wohl verwechselt werden.

15 Siehe Abschnitt 2
16 § 1821 Absatz 4
17 Siehe Abschnitt 2.5
18 Beschluss vom 8. Februar 2017 – XII ZB 604/15, Rn. 34

Liegen keine Anhaltspunkte dafür vor, dass sich die rechtlich betreute Person anders entschieden hätte, wird davon auszugehen sein, dass ihr mutmaßlicher Wille mit dem übereinstimmt, was gemeinhin als normal und vernünftig angesehen wird.

Der rechtliche Betreuer handelt pflichtwidrig, wenn er sich nicht ausreichend bemüht, die subjektiven Aspekte zu ermitteln:

4.1.4 Der Weg ist das Ziel – Unterstützung vor Vertretung

Die Vorrangigkeit rechtlicher Unterstützung vor rechtlicher Vertretung ergibt sich aus dem Gesetz. Dort heißt es:

„Er unterstützt den Betreuten dabei, seine Angelegenheiten rechtlich selbst zu besorgen, und macht von seiner Vertretungsmacht nach § 1823 nur Gebrauch, soweit dies erforderlich ist."[19]

Erst nachrangig soll der rechtliche Betreuer stellvertretend handeln oder/und entscheiden.

4.1.4.1 Allgemeine Gedanken zur Methodik

Die Methode beschreibt die Art und Weise, wie das gewünschte Ziel erreicht werden kann. In der Regel gibt es mehrere Wege, die zum Ziel führen.

Welcher Weg ist der richtige? Welchen Anforderungen muss dieser Weg gerecht werden? Welche Voraussetzungen bestimmen das methodische Handeln des rechtlichen Betreuers?

Jede vom rechtlichen Betreuer gewählte Methode muss das oben beschriebene Menschenbild achten. Umgekehrt ist jede Methode ausgeschlossen, wenn damit der aus dem Menschenbild abgeleitete Respekt und/oder die Rechte der rechtlich betreuten Person verletzt werden. Dies sind insbesondere verbale Formen der Überredung, das Ausnutzen der kognitiven Überlegenheit (Plattreden), Drängen und Drohungen.

Für das Gerichtsverfahren sind die anzuwendenden Methoden mehr oder weniger detailliert in den gesetzlichen Vorschriften über die Durchführung der jeweiligen Verfahren beschrieben. Die alltägliche Arbeit des Betreuers vollzieht sich ebenfalls in dem vom Gesetz vorgegebenen Rahmen.[20] Darüber hinaus ist der Betreuer frei in der Wahl seiner Methode.

Jeder kann aus der eigenen Erfahrung erkennen, dass, je differenzierter der Blick auf die Art und Weise des Tuns gerichtet wird, die Anzahl der möglichen Wege sich vervielfacht. Oft haben wir uns einen bestimmten Weg vorgenommen, nur um zu erkennen, dass neue oder hinzukommende Gegebenheiten eine Änderung des Weges anstoßen.

Die Nähe der rechtlichen Betreuung u.a. zur Sozialarbeit, dem Fall-Manager (Case Manager) und anderen sozialen Tätigkeiten führt insbesondere rechtliche Berufsbetreuer in Versuchung, die dort beschriebenen Methoden übernehmen zu wollen. Dem steht nichts im Weg, wenn eine Anpassung an die besonderen Bedingungen der rechtlichen Betreuung erfolgt.

19 § 1821 Absatz 1 Satz 2 BGB
20 § 1821 BGB

Welche Rahmenbedingungen gelten für „andere Hilfen"?

Die im Rahmen unterschiedlicher Unterstützungsleistungen wissenschaftlich beschriebenen Methoden haben als gemeinsame Grundlage die Zusammenarbeit mit dem rechtlich eigenverantwortlich handelnden Klienten. Die jeweiligen Prozesse erfordern und legitimieren sich durch die Entscheidung des Klienten zur freiwilligen Zusammenarbeit. Der Klient kann wählen, ob er sich auf die eine oder andere Hilfe einlässt. Aus der Eigenverantwortung und der Wahlfreiheit des Klienten erwächst die Freiheit des Helfers, sein Angebot auch methodisch zu gestalten. Unter der Voraussetzung, dass dies vorher vereinbart wurde, sind Leistungen legitim, die Einfluss auf die Individualität nehmen sowie das Denken und Handeln des Klienten verändern (Therapie).

Worin liegt die besondere Anforderung an die methodische Vorgehensweise bei rechtlicher Betreuung?

Demgegenüber erstreckt sich die betreuungsrechtliche Hilfe auf rechtliche Prozesse/Angelegenheiten, die sich dem Verstehen des betreuten Menschen teilweise oder in vollem Umfang entziehen. Sie beginnt mit der Klärung des Sachverhaltes, reicht über die Unterstützung bei der Entscheidungsfindung bis hin zur Umsetzung der als richtig erkannten Entscheidung.

Teilweise oder ganz ist der rechtlich betreute Mensch nicht in der Lage, diesen Weg eigenverantwortlich zu gehen. Entsprechend eingeschränkt ist der betreute Mensch in der Lage, das Handeln des rechtlichen Betreuers zu legitimieren. Die Handlungs- und Wahlmöglichkeiten des rechtlich betreuten Menschen sind beschränkt. Der rechtliche Betreuer hat sein „Angebot" und insbesondere die Methode eng an der Individualität des betreuten Menschen und den gesetzliche Vorgaben[21] auszurichten.

Merksatz

Das methodische Handeln des rechtlichen Betreuers basiert auf dem dem Gesetz zugrunde liegenden Menschenbild, dem im Betreuungsrecht definierten Auftrag und der Individualität der rechtlich betreuenden Person.

4.1.4.2 Unterstützung vor Vertretung

Methodischer Eckpunkt ist das Prinzip „rechtliche Unterstützung vor rechtlicher Vertretung". Dieser Grundsatz ist vom rechtlichen Betreuer für jede rechtliche Angelegenheit, die es zu regeln gilt, neu zu berücksichtigen.

Merksatz

Innerhalb des Aufgabenkreises hat der rechtliche Betreuer für jede einzelne Angelegenheit die Erforderlichkeit und die Nachrangigkeit betreuungsrechtlichen Handelns zu prüfen.

21 § 1821 BGB

Was kann der rechtliche Betreuer tun, um die Selbstvertretung zu unterstützen?

Regelmäßig erfasst der Aufgabenkreis eine Gruppe von Angelegenheiten, die aktuell oder zukünftig der Regelung bedürfen. Möglicherweise können einzelne Angelegenheiten dieser Gruppe vorrangig von der rechtlich betreuten Person eigenverantwortlich oder mit vorrangiger Hilfe Dritter erledigt werden. Andere wiederum erfordern die Unterstützung oder Vertretung durch den bestellten rechtlichen Betreuer.

Für den Rechtsverkehr besteht oft große Unsicherheit, ob die Erklärung der rechtlich betreuten Person als rechtswirksam anzusehen ist.

Beispiel

Die von Geburt an geistig behinderte Frau V. kann mit dem Arzt über die Symptome ihrer Erkältung sprechen und die Behandlungsvorschläge verstehen und sich für die Behandlung entscheiden. Die Erklärung zum diagnostizierten inzidentellen Aneurysma kann sie weder verstehen noch kann sie erfassen, welche Gefahren damit verbunden sind. Nutzen und Vorteil der vorgeschlagenen Behandlung kann sie ebenfalls nicht erkennen. Die ärztlich behandelnde Person ist unsicher, ob sie überhaupt eine Entscheidung der rechtlich betreuten Person gelten lassen kann.

Auf das Beispiel bezogen ergibt sich, dass Frau V. zur Einwilligung in die Behandlung der Erkältung keine betreuungsrechtliche Unterstützung benötigt, hingegen die Behandlung des inzidentellen Aneurysmas der Einwilligung durch den rechtlichen Betreuer bedarf.

Der rechtliche Betreuer hat sodann dem Rechtsverkehr mitzuteilen, ob die jeweiligen Angelegenheiten von der rechtlich betreuten Person selbst eigenverantwortlich erledigt werden können oder nicht.

Wie grenzt sich rechtliche Unterstützung gegen vorrangige Hilfe ab?

Rechtliche Unterstützung ist abzugrenzen gegen vorrangige Beratung, Assistenz, pädagogische, therapeutische und verwandte andere Hilfen. Soweit diese Hilfen inhaltlich ausreichen, besteht die betreuungsrechtliche Aufgabe darin, die erforderlichen Hilfen zu organisieren und/oder geltend zu machen. Es ist ausdrücklich nicht die Aufgabe der rechtlichen Betreuung, diese Hilfen zu ersetzen.

Richtig ist, dass die Träger der entsprechenden Leistungen dies nicht flächendeckend und in ausreichendem Maß bereitstellen.[22] Dies kann betreuungsrechtlich lediglich dazu führen, dass der rechtliche Betreuer den Anspruch der rechtlich betreuten Person mit entsprechendem Nachdruck, ggf. im Wege der Klage, durchzusetzen hat.

Den genannten Hilfen ist gemeinsam, dass sie, ebenso wie die rechtliche Betreuung, unter anderem auf die Prozesse der Entscheidungsfindung und der Willensbildung gerichtete Unterstützung anbieten. Insbesondere pädagogische und therapeutische Hilfen gehen dabei über die Unterstützung zum vollständigen Erfassen des Sachverhaltes und die Unterstützung bei der Abwägung von Vor- und Nachteilen hinaus. Der Mensch wird hier mit all

22 Zu den Hintergründen: Roland Rosenow, Eingliederungshilfe und rechtliche Betreuung, Teil 1, BtPrax 5/2021 & Teil 2, BtPrax 6/2021

seiner Emotionalität, in seinem Umfeld und mit seiner Lebenserfahrung wahrgenommen. Vereinbarter Teil der Hilfen können auch Lernprozesse und Prozesse zur Verhaltensänderung sein. Geschäftsgrundlage ist eine entsprechende Vereinbarung mit dem eigenverantwortlich handelnden Klienten oder seinem gesetzlichen/rechtlichen Vertreter.

Dagegen setzt die betreuungsrechtliche Unterstützung dort an, wo die Möglichkeiten der vorgenannten Hilfen enden. Inhaltlich lassen sich Überschneidungen nicht gänzlich vermeiden. Als Besonderheit der rechtlichen Betreuung ist zu sehen, dass der rechtliche Betreuer die anstehenden rechtlichen Entscheidungen mit oder sogar allein zu verantworten hat und ihn eine gesetzlich begründete Schutzpflicht trifft.[23] Die Geschäftsgrundlage ist der im Rahmen der beschlossenen rechtlichen Betreuung bestimmte Aufgabenkreis.

Welche besonderen Merkmale hat die rechtliche Unterstützung?

Zu unterscheiden ist die rechtliche Unterstützung im Innenverhältnis (zwischen der rechtlich betreuten Person und dem rechtlichen Betreuer) von der rechtlichen Unterstützung im Außenverhältnis, also zwischen dem rechtlichen Gegenüber und der rechtlich betreuten Person und/oder dem rechtlichen Betreuer.

Im Innenverhältnis setzt die betreuungsrechtliche Unterstützung an, wo die rechtlich betreute Person auf Grund ihrer Krankheit/Behinderung Sachverhalte nicht erkennen, einordnen, bewerten, schlussfolgern oder/und vorausschauend durchdenken kann. Die Aufgabe des rechtlichen Betreuers besteht darin, den Prozess der Darstellung und der Entscheidungsfindung so weit zu unterstützen, dass der infrage stehende Sachverhalt für die rechtlich betreuten Person in ihrer Erlebniswelt erfahrbar gemacht wird. Das kann unter anderem bedeuten,:

- den Sachverhalt zu vereinfachen,
- den Sachverhalt bildlich darzustellen,
- den Sachverhalt als Vergleich mit einem dem betreuten Menschen geläufigen Thema darzustellen,
- die Wirkung einer anstehenden Entscheidung in einer vorwegnehmenden Versuchsphase erfahrbar zu machen.

Derartige Darstellungen können den Sinn verändern oder/und die Entscheidungsspannbreite einschränken. Vereinfachungen führen zum Verlust von Differenzierungen. Der rechtliche Betreuer hat dabei streng zu beachten, dass er der rechtlich betreuten Person ermöglicht, ihre subjektive Sichtweise frei zu entfalten.

Die Legitimation des rechtlichen Betreuers trägt nur so weit, wie sich die Unterstützung am Willen – auch dem (mutmaßlichen) Willen – der rechtlich betreuten Person orientiert bzw. Eingriffe zum Abwenden einer erheblichen Gefahr zwingend erforderlich sind.

23 Siehe Abschnitt 4.2

Merksatz

Der rechtliche Betreuer darf seinen Einfluss auf die Darstellung des Sachverhaltes und die Entscheidungsfindung nicht missbrauchen, indem er versucht, die Entscheidung in eine bestimmte Richtung zu lenken.

Der Vorrang der rechtlichen Unterstützung im Außenverhältnis ist in erster Linie darauf gerichtet, die rechtlich betreute Person zu unterstützen, im Rechtsverkehr alleine oder mit der benötigten Hilfe handeln zu können.

Mit besonderer Sorgfalt muss der rechtliche Betreuer darauf achten, dass die Stimme der rechtlich betreuten Person nicht untergeht, sondern gehört wird. Es ist die Aufgabe des rechtlichen Betreuers, das Übergehen des Willens zu verhindern, auch wenn Gedanken der Fürsorge oder die Abwehr anderer weniger erheblicher Schäden dies nahelegen.

Sollte der rechtliche Betreuer Lernprozesse oder persönlichkeitsbildende Prozesse bewirken?

Es ist nicht die Aufgabe des rechtlichen Betreuers zu therapieren, zu erziehen oder zu belehren. Wenn entsprechende Hilfen von der rechtlich betreuten Person gewünscht und benötigt werden, besteht die Aufgabe des rechtlichen Betreuers darin, diese zu organisieren. Er selbst ist nicht Leistungserbringer.

Wer handelt im Außenverhältnis?

Soweit die rechtlich betreute Person die anstehende Angelegenheit nicht eigenverantwortlich erledigen kann, gilt das Prinzip der Unterstützung vor Vertretung auch im Außenverhältnis. Wo immer es geht, sollte die rechtlich betreute Person im Vordergrund stehen und der rechtliche Betreuer vorhandene Lücken bei der rechtlichen Umsetzung der zuvor gefundenen Entscheidung füllen.

Der Vorrang der rechtlichen Unterstützung im Außenverhältnis gilt für alle Rechtsgeschäfte, die gemeinsames Handeln/Erklären von der rechtlich betreuten Person und dem rechtlichen Betreuer zulassen. Dabei kann der rechtliche Betreuer durch formgerechtes Beitreten einer ansonsten von der rechtlich betreuten Person nicht wirksam vorgetragenen Entscheidung Geltung verschaffen. Entsprechend kann der rechtliche Betreuer die Entscheidung der geschäftsunfähigen rechtlich betreuten Person (auch im Nachhinein) legitimieren.

Bei gemeinsamer Handlung/Erklärung bleibt die Verantwortung für die richtige und sachgerechte Erledigung beim rechtlichen Betreuer.

Unterstützung vor Vertretung – wie geht das? – Wie verläuft der Prozess zur Regelung einer rechtlichen Angelegenheit ab?

1. Schritt: Klärung der Zuständigkeit

Gemeint ist die Klärung der Frage, ob die zu regelnde Angelegenheiten als Bestandteil des Aufgabenkreises zu sehen ist. Außerhalb seines Aufgabenkreises hat der rechtliche Betreuer keine Befugnisse. Allenfalls kann er klären, ob eine Änderung des Aufgabenkreises erforderlich ist.[24]

2. Schritt: Klärung des Sachverhaltes

Schon die Klärung des Sachverhaltes ist, soweit dies möglich ist, mit der rechtlich betreuten Person zusammen zu erledigen. Welche Angelegenheit ist zu entscheiden? Welche Informationen werden benötigt? Was ist zu tun, um die benötigten Informationen zu erhalten? Wer kann beraten? Wer macht was?

3. Schritt: Kann die Angelegenheiten von der rechtlich betreuten Person eigenverantwortlich oder mit vorrangiger Hilfe entschieden und erledigt werden?

Auf der Grundlage des ermittelten Sachverhaltes bespricht der rechtliche Betreuer mit der rechtlich betreuten Person die regelungsbedürftige Angelegenheit. Dabei macht er sich ein eigenes aktuelles Bild zu der Fähigkeit der rechtlich betreuten Person, die anstehende Angelegenheiten zur Entscheidung und eigenverantwortlich oder mit vorrangiger Hilfe zu bewältigen.

Kann die rechtlich betreute Person den Sachverhalt verstehen, das Für und Wider abwägen und einen von Krankheit/Behinderung unbeeinflussten Willen bilden? Kann sie eine als zutreffend erkannte Entscheidung in den Rechtsverkehr umsetzen? Kann sie andere Hilfen in Anspruch nehmen? Kann mit diesen Hilfen die Angelegenheit geregelt werden?

Oft scheuen sich rechtliche Betreuer, die Fähigkeiten des betreuten Menschen einzuschätzen, oder sind unsicher. Hilfreich ist die Besprechung mit Personen aus dem Umfeld des Geschehens (Angehörige, nahestehende Personen, tatsächliche Helfer …), um zu einer fundierten Einschätzung zu gelangen.

Im Ergebnis ergibt sich ein Bild zu den Fähigkeiten der rechtlich betreuten Person. Daraus ableitend, stellt der Betreuer fest, ob die zu regelnde Angelegenheit eigenverantwortlich von der rechtlich betreuten Person, mit tatsächlichen Hilfen Dritter oder mit rechtlicher Unterstützung erledigt werden kann. Ist rechtliche Hilfe erforderlich, beschränkt sich die rechtliche Unterstützung auf den Ausgleich der im oben genannten Prozess festgestellten Grenzen der Fähigkeiten.

24 Siehe Abschnitt 3.1

Beispiel

Der geistig behinderte Herr T. möchte aus dem Heim in eine gemietete Wohnung umziehen. Er kennt die große schöne Wohnung seines Freundes, der eine gute Rente hat. Er selbst lebt von der Sozialhilfe und ist nicht in der Lage, die Mathematik der Haushaltsplanung zu verstehen. Zu entscheiden ist der materielle Rahmen für die Wohnungssuche.

Im Gespräch erfährt der rechtliche Betreuer die Grenzen des Verständnisses des Herrn T. Er ist nicht in der Lage, die sich aus dem Einkommen ergebenden Grenzen für die Wohnungssuche in vollem Umfang zu erfassen. Insbesondere ist er nicht in der Lage zu verstehen, dass bei höherer Miete der verbleibende Betrag für den Lebensunterhalt geringer ausfällt.

Mit tatsächlicher Unterstützung des Sozialarbeiters im Heim wurde versucht, Herrn T. beim Erlernen der Mathematik für die Haushaltsführung behilflich zu sein. Dies hatte keinen Erfolg. Die Sozialarbeiter stoßen an die Grenzen tatsächlicher Hilfen, wo die erforderliche umfassende Beratung und Aufklärung nicht erfolgen kann.

Die Grenzen seiner materiellen Möglichkeiten können Herrn T. nur verdeutlicht werden, indem der Sachverhalt stark vereinfacht wird. „Wenn die Miete zu hoch ist, ist nichts mehr zu essen da." Dabei können zwangsläufig entscheidungsrelevante Aspekte nicht vermittelt werden. Rechtliche Unterstützung meint an dieser Stelle, dass der rechtliche Betreuer den Sachverhalt umfassend erfasst, für die Vermittlung an Herrn T. vereinfacht und ggf. Einzelbereiche vorentscheidet, um zu einer Darstellung zu gelangen, die Herrn T. den größtmöglichen Entscheidungsspielraum lässt.

Der rechtliche Betreuer muss ein Haushaltsbuch erstellen und auf der Grundlage der Wünsche der rechtlich betreuten Person berechnen, welche Beträge wofür verwendet werden müssen und wie viel Geld für die Wohnung ausgegeben werden kann.

Nach der so erfolgten Klärung der materiellen Rahmenbedingungen konnte Herr T. mit tatsächlicher Unterstützung der Sozialarbeiter eine Wohnung suchen und finden. Bei der Entscheidung zum Abschluss des Mietvertrages war die vorausgehende Besprechung des Mietvertrages wegen der erforderlichen Vereinfachung Sache des Betreuers. Im Innenverhältnis konnte so die Entscheidung zur Anmietung der Wohnung rechtlich unterstützt werden. Der formelle Abschluss des Mietvertrages bedurfte zur formellen Rechtswirksamkeit der Stellvertretung durch den rechtlichen Betreuer.

Der Vorgang zeigt, dass sowohl unterstützende als auch vertretende Elemente auf dem Weg zur Erledigung einer Angelegenheit eine Rolle spielen können. Das Prinzip rechtliche Unterstützung vor rechtlicher Vertretung sollte insgesamt zu einvernehmlichem Zusammenwirken führen, ohne zu verdecken, welche Anteile von der rechtlich betreuten Person und welche Anteile vom rechtlichen Betreuer zu verantworten sind.

Die vollständige stellvertretende Erledigung einer anstehenden Angelegenheit gebietet sich erst dann, wenn der betreute Mensch in keinem Teilbereich des Prozesses mitwirken kann.

Das folgende Ablaufdiagramm zeigt den Weg zur unterstützten Regelung der rechtlichen Angelegenheiten.

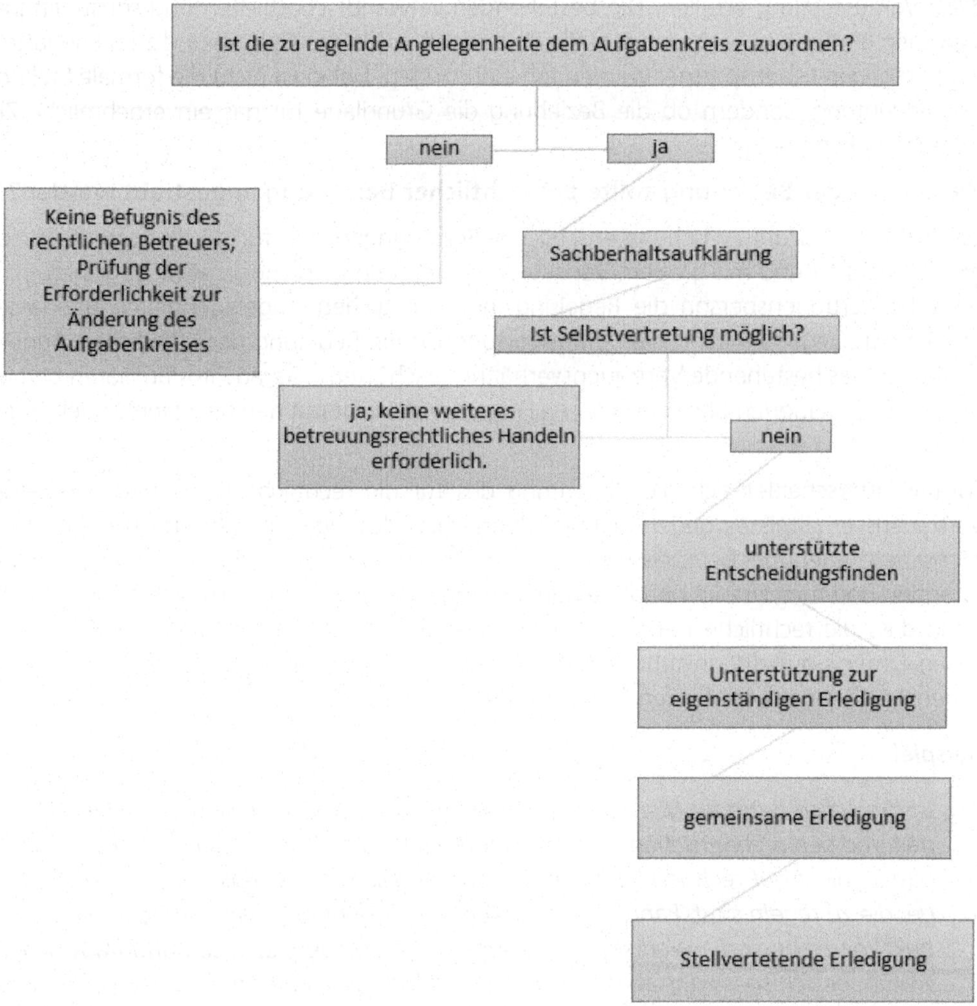

4.1.4.3 Der Wert der persönlichen Betreuung

Wozu bedarf es einer persönlichen Beziehung?

Je weniger der rechtliche Betreuer sein Handeln auf das kognitive Begreifen der zu regelnden Angelegenheiten durch den rechtlich betreuten Menschen stützen kann, umso bedeutsamer wird die Fähigkeit des rechtlichen Betreuers, auf die Individualität der rechtlich betreuten Person einzugehen und auf emotionaler Ebene zu einvernehmlichem Zusammenwirken zu kommen. Die Aufgabe des rechtlichen Betreuers besteht darin, ein tragfähiges Vertrauensverhältnis zum rechtlich betreuten Menschen aufzubauen und zu erhalten.

Die Persönlichkeiten der rechtlich betreuten Person und die des rechtlichen Betreuers sollten zueinander passen – die Chemie muss stimmen. Schon bei der Auswahl des rechtlichen Betreuers berücksichtigt das Betreuungsgericht, ob bestehende gewachsene Beziehungen diese Voraussetzung erfüllen. Die bestehenden verwandtschaftlichen und sonstigen persönlichen Bindungen, insbesondere die Bindungen zu Eltern, Kindern und zum Ehegatten/eingetragenen Lebenspartner werden mit einbezogen. Dabei ist nicht die formale Stellung von Bedeutung, sondern ob die Beziehung die Grundlage für das einvernehmliche Zusammenwirken bietet.[25]

Welche Art der Beziehung sollte bei rechtlicher Betreuung angestrebt werden?

Es gibt eine Vielzahl zwischenmenschlicher Beziehungen, die für die betroffene Person wohltuend sind und mit großem Vertrauten einhergehen. Dennoch ist nicht gesagt, dass sie jeder Vertrauensperson die Regelung ihrer rechtlichen Angelegenheiten überlassen würden. Im Gegenteil kann die Verantwortung für die Regelung der rechtlichen Angelegenheiten das bestehende Vertrauensverhältnis erschüttern. Gerade im familiären Bereich werden Informationen über die eigenen Finanzen oft nicht mit den nächsten Angehörigen geteilt.

Formal unterscheidet sich die Bedeutung des für die rechtliche Betreuung wirksamen Vertrauensverhältnisses gegenüber dem Vertrauen des eigenverantwortlich handelnden Menschen gegenüber beispielsweise seinen Angehörigen, seinen Vertrauenspersonen, beratenden und medizinisch behandelnden Personen dadurch, dass der rechtliche Betreuer, ohne dass die rechtliche betreute Person dies (vollständig) kontrollieren kann, tatsächlichen Einfluss auf die anstehenden rechtlichen Entscheidungen hat und damit auf die Lebensqualität der betroffenen Person Einfluss nimmt.

Beispiel

Der rechtlich betreute Mensch ist nicht in der Lage, im Zahlenraum über 10 zu rechnen und den rechnerischen Wert von Produkten zu erkennen. Es ist ihm bewusst, dass er nicht gut rechnen kann. Die Auswirkung seiner Rechenschwäche auf die Dinge, die zu regeln sind, kann er nicht erkennen. Er geht den ganzen Tag in der „Fabrik" (gemeint ist die Werkstatt für behinderte Menschen) arbeiten und fragt sich, warum er sich so wenig leisten kann. Er fragt sich, warum er nicht wie jeder andere am Automaten frei über sein Geld verfügen kann. Er ist unsicher und unzufrieden.

Es gibt unterschiedliche Methoden zur Unterstützung bei Rechenschwächen. Der Betreuer kann z.B. pädagogische Hilfen organisieren, die den betreuten Menschen bei der Mathematik des Alltags unterstützen. Kommen diese an ihre Grenzen, können seine verbleibende Unsicherheit und Unzufriedenheit nur durch das Vertrauen in die Richtigkeit der Arbeit des rechtlichen Betreuers gemildert werden.

Die vom rechtlichen Betreuer zu gestaltende Beziehung gilt als tragfähig, wenn der rechtliche Betreuer im subjektiven Erleben der rechtlich betreuten Person eine Rolle einnimmt,

25 Siehe Abschnitt 3.8

die es der rechtlich betreuten Person ermöglicht, den rechtlichen Betreuer emotional als rechtliche Unterstützung/Stellvertretung anzuerkennen.

Aussagen, die für tragfähige rechtliche Vertrauensverhältnisse sprechen:

- Der ältere Mensch im Heim vertraut seinem Sohn, weil er schon immer ein gutes Verhältnis zu ihm hatte. Es war richtig, ins Heim zu gehen. Seinem Sohn wäre er nur eine Last gewesen. Der Sohn kommt zwar nicht sehr oft, weil er viel zu tun hat, aber was er entscheidet, ist gut.
- Frau Z. lebt in ihrer Wohnung. Sie vertraut ihrer Bürokraft (gemeint ist die Betreuerin) – die hat schon viele gute Sachen gemacht. Sie hat dafür gesorgt, dass die Karin jeden Morgen kommt und sie aus dem Bett holt. Da war auch mal eine Frau vom Gericht. Was die wollte?
- Armin L. hat nie einen Vater gehabt. Der Josef (gemeint ist sein rechtlicher Betreuer) ist klasse. Der sagt, wo es lang geht.

Wie kann das Vertrauensverhältnis aufgebaut werden?

Grundsätzlich gilt als tragender Bestandteil für den Aufbau des Vertrauensverhältnisses das Gespräch mit dem rechtlich betreuten Menschen oder, wenn dies nicht möglich ist, die persönliche Begegnung in seinem gewohnten Umfeld.

Im Verlauf, insbesondere bei länger andauernder rechtlicher Betreuung, entwickelt sich die Beziehung anhand der rechtlich zu erledigenden Angelegenheiten, der sich aus der Lebenssituation der rechtlich betreuten Person akut ergebenden, vorausschauend geplanten Handlungsschritte und der Begegnungen, die der Beziehungspflege dienen.

Häufig entwickelt sich diese Beziehung über eine längere Zeit und wenn die rechtlich betreute Person subjektive Vorteile durch das Handeln des rechtlichen Betreuers sehen kann. Dieses Ergebnis ist nicht gleichbedeutend mit einer harmonischen Beziehung, sondern kann durchaus einen konfliktreichen Verlauf haben.

Im subjektiven Erleben des rechtlich betreuten Menschen kann der rechtliche Betreuer beispielsweise als Rat gebende oder fachlich besonders qualifizierte Person, Frau/Mann vom Gericht, Autorität, aber auch als Vormund oder Gegner gesehen werden.

Sollten Konflikte vermieden werden?

Der rechtliche Betreuer ist der rechtlich betreuten Person in der Regel kognitiv überlegen. Er ist vom Gericht mit Befugnissen ausgestattet, die ihm Macht über das Leben der rechtlich betreuten Person geben. Er kann Strategien entwickeln, wo die rechtlich betreute Person nicht einmal weiß, worum es geht. Unter diesen Vorzeichen ist ein konfliktreicher Verlauf eher als „gesund" anzusehen.

Ein harmonisch verlaufendes Gespräch bei unterschiedlicher Auffassung zu Wille und Schutz vor erheblichem Schaden wirft die Frage auf, ob der rechtlich betreuten Person genug Raum gegeben worden ist, seine Interessen zu artikulieren.

Wenn Emotionen auf sachliche Argumentationen treffen, kann es die richtige Methode sein, den Ärger und die Wut auszuhalten und dem mit Klarheit und Verbindlichkeit zu begegnen. Dies auch dann, wenn die Gefahr besteht, dass die rechtlich betreute Person sich beim Betreuungsgericht beschwert. Durchlebte Konflikte können zu gegenseitiger Achtung und Akzeptanz führen.

Beispiel

Ich finde es nicht gut, dass Sie mich in die Klinik gebracht haben, aber es musste wohl sein.

Wie finde ich die richtige Rolle?

Jede vertrauensvolle Beziehung ist anders. Entsprechend unterschiedlich ist der Weg dorthin. Zu unterscheiden sind die unterschiedlichen Ausgangspunkte von rechtlichen Betreuern aus dem Familienkreis, Personen aus dem näheren Umfeld, „fremden" Ehrenamtlichen und Berufsbetreuern.

Der Berufsbetreuer ist für die rechtlich betreute Person in der Regel fremd. Er unterhält mit dem betreuten Menschen eine Arbeitsbeziehung. Das aufzubauende Vertrauensverhältnis hat keinen Selbstzweck, sondern dient dem Ziel, die vom Gericht im Beschluss beschriebene Aufgabe zu besorgen. Die für den einzelnen Fall aufgewendete Zeit wird durch den ökonomischen Rahmen begrenzt. Hier die Rolle eines privaten Freundes einzunehmen, wäre unehrlich und würde falscher Tatsachen vorspielen.

Fremde ehrenamtlich tätige rechtliche Betreuer*innen haben in der Regel eine persönliche Motivation. Neben dem Wunsch, als Mitbürger Verantwortung für hilfsbedürftige Menschen zu übernehmen, wird gerade die Möglichkeit einer persönlichen Beziehung zur rechtlich betreuten Person als Kriterium für das eigene Engagement genannt. Der subjektive Gewinn für die rechtlich betreute Person kann neben den zu regelnden Angelegenheiten auch auf zwischenmenschlicher Ebene liegen. Der rechtlich betreute Mensch gewinnt einen Freund, Zuhörer etc. Enttäuschungen auf der Ebene der gewünschten Beziehung wirken sich dann aber auch auf die Führung der rechtlichen Betreuung aus. Dies gilt es zu beobachten und zu reflektieren.

Zwischen der rechtlich betreuten Person und rechtlichen Betreuer*innen aus dem Familienkreis oder aus dem näheren Umfeld besteht bereits eine zumeist langjährige Beziehung. Das Betreuungsgericht hat vor der Bestellung geprüft, ob diese Beziehung sich für die Erledigung der anstehenden rechtlichen Angelegenheiten als tragfähig erweist. Im Verlauf der rechtlichen Betreuung wird das bestehende Vertrauensverhältnis unterschiedlichen Belastungen ausgesetzt sein. Kinder, die ihre an Demenz leidenden Eltern rechtlich betreuen, werden mit der Änderung ihrer Rolle vom beschützten Kind zum rechtlichen Vertreter der Eltern, der schwindenden geistigen Leistungsfähigkeit der Eltern und vielem mehr konfrontiert. Auch hier gilt es zu beobachten, ob und in welcher Weise die Eigendynamik der Beziehung Einfluss auf die Führung der rechtlichen Betreuung nimmt.

Merksatz

Ausgehend von unterschiedlichen Motivationen bedarf der rechtliche Betreuer, um seiner Aufgabe unvoreingenommen gerecht werden zu können, der regelmäßigen Reflexion und der Fähigkeit zur Selbsterkenntnis.

Wie vermeide ich, dass meine eigenen Werte und Vorstellungen zu viel Einfluss haben?

Wie oben bereits dargestellt, nimmt die rechtliche Betreuung entscheidenden Einfluss auf die zu regelnden Angelegenheiten und damit auf die Lebensqualität des betreuten Menschen. Ausgehend von der Tatsache, dass Inhalt, Art und Weise menschlichen Handelns maßgeblich durch die eigene Individualität und die eigennützigen Interessen des Handelnden getragen werden, ergibt sich, dass die Individualität und die eigennützigen Interessen des rechtlichen Betreuers Einfluss auf die zu regelnden rechtlichen Angelegenheiten nehmen und damit Einfluss auf die Lebensqualität des betreuten Menschen haben.

Dies widerspricht dem im Betreuungsrecht verankerten Recht auf Selbstbestimmung.[26] Man könnte meinen, dass der ideale rechtliche Betreuer frei von Persönlichkeit und eigennützigen Interessen sein sollte. Wie oben beschrieben, ist das Gegenteil der Fall. Es bedarf gerade einer passenden Persönlichkeit, um das erforderliche betreuungsrechtlich wirksame Vertrauensverhältnis aufbauen und erhalten zu können. Der Ausweg aus diesem Dilemma ist die Fähigkeit des rechtlichen Betreuers, den Einfluss der eigenen Individualität und der eigenen Interessen so wahrzunehmen, dass er diese stets von denen der rechtlich betreuten Person unterscheiden kann. Grundlage ist die Fähigkeit zur Selbsterkenntnis.[27]

4.2 Die betreuungsrechtliche Schutzverpflichtung

Die schwierigsten Fragen ergeben sich für den rechtlichen Betreuer, wenn die Befolgung des Willens unvernünftig erscheint und zu erheblichem Schaden führt.

Kann die Erfüllung der Wünsche verweigert werden?

Die Erfüllung der Wünsche kann der rechtliche Betreuer nur verweigern, wenn die rechtlich betreute Person oder ihr Vermögen hierdurch erheblich gefährdet würden und die rechtlich betreute Person diese Gefahr aufgrund ihrer Krankheit oder Behinderung nicht erkennen oder nicht nach dieser Einsicht handeln kann.[28]

Dabei ist das vom Schutzgedanken getragene betreuungsrechtliche Handeln keineswegs immer als Handeln gegen die Wünsche der rechtlich betreuten Person zu verstehen. Oft wird bei der Besprechung sich beispielsweise widersprechender Wünsche oder von Wünschen, deren Realisierbarkeit fraglich bis unmöglich ist, oder Wünschen, die mit Gefahren verbunden sind, Einvernehmen auf der Grundlage des bestehenden Vertrauensverhältnisses zwischen der rechtlich betreuten Person und dem rechtlichen Betreuer erreicht, ohne dass die rechtlich betreute Person die sachlichen Zusammenhänge vollständig verstanden hat bzw. verstehen kann.

Entscheidend ist, ob und wie weit die subjektiven Wünsche bei der Besprechung (Unterstützung der Entscheidungsfindung) tragen. Vorstellungen Dritter oder/und „objektive" Werte sollten nicht bestimmend einfließen.

---

26 § 1821 BGB

27 Siehe Abschnitt 7

28 § 1821 Absatz 3 Nr. 1

Was hat sich geändert?

Diskutiert wird das Verhältnis von Selbstbestimmung und Schutz seit 30 Jahren vorwiegend unter dem Aspekt, wann gegen die Wünsche der rechtlich betreuten Person entschieden und gehandelt werden kann/muss. Dabei kann gesagt werden, dass sich die dem Gesetz innewohnende Gewichtung der Selbstbestimmung über die Jahre nicht grundlegend geändert hat. Entwickelt und geändert hat sich jedoch die Vorstellung, wann der dem Gesetz zugrunde liegende Schutzgedanke greifen soll.

Am deutlichsten wird diese Änderung an der Rechtsprechung des BGH. Wird im Urteil vom 22.07.2009 noch festgestellt, dass die Selbstbestimmung höherrangigen Rechtsgütern unterliegen kann, stellt die zum 01.01.2023 in Kraft getretene Änderung des Betreuungsrechts unmissverständlich klar, dass es keine Entscheidung gegen den freien Willen geben kann, auch dann nicht, wenn höherrangige Rechtsgüter gefährdet sind. Das bedeutet jedoch nicht, dass rechtliche Betreuer verpflichtet sind, dem Willen blind zu folgen.

In der Begründung der Gesetzesänderung heißt es hierzu „Gleichzeitig ist zu vermeiden, dass die Verantwortung für eine schädigende Entscheidung auf einen entscheidungsunfähigen Betreuten abgewälzt wird. Der Betreuer bleibt in der Verantwortung zu erkennen, ob der Wunsch Ausdruck der Selbstbestimmung ist."[29]

Merksatz

Das Spannungsfeld zwischen Selbstbestimmung und Schutz kann nur auf den Einzelfall bezogen aufgelöst werden.

Warum wird nicht mehr vom Wohl der rechtlich betreuten Person gesprochen?

Seit der zum 01.01.2023 in Kraft getretenen Änderung des Betreuungsrechts verzichtet der Gesetzgeber bewusst im gesamten Text auf den Begriff „Wohl". Dieser Begriff ist ein Relikt aus alter Vormundschafts- und Pflegschaftszeit und birgt die Gefahr, dass der ein oder andere bei der Entscheidungsfindung darin ein Einfallstor für objektive Kriterien sieht.

Merksatz

Die Schranke für die Wunschbefolgungspflicht ergibt sich erst, wenn die Erfüllung der Wünsche mit einer erheblichen Gefahr für die Person oder das Vermögen des rechtlich betreuten Menschen verbunden ist.

Welcher Wertmaßstab gilt für die Bewertung der Gefahren?

Die Bewertung, ob die Erfüllung eines Wunsches zu einer erheblichen Gefahr führt, ist dabei allein aufgrund subjektiver Kriterien vorzunehmen. Auch das bisherige Gesetz hätte so verstanden werden müssen. Betreuungsrechtliches Handeln zur Abwehr von erheblichen Gefahren ist daher stets individuelles Handeln und kann aufgrund der Vielzahl der möglichen Fallkonstellationen nicht mit standardisierten Ergebnissen aufwarten.

29 BT-Drs. 19/24445, S. 272

Gehe ich nicht Risiken ein, wenn ich dem Willen folge?

Das Spannungsfeld ist schwierig auszubalancieren. Insbesondere die aus dem Haftungsrecht[30] abgeleitete Argumentation sieht den rechtlichen Betreuer oft nicht den individuellen Wünschen der rechtlich betreuten Person verpflichtet, sondern orientiert sich mehr an der statistischen Normalität. Die rechtliche Betreuung kann aber nur individuelle subjektive Aspekte zum Maßstab haben. Begriffe wie zum Beispiel Lebensplanung und Lebensqualität bedürfen einer den Handikaps des Einzelnen angepassten Sichtweise.

Von Zeit zu Zeit sollten wir uns bewusst machen, dass auch unser Leben sich nicht in einem rein sachlichen Rahmen bewegt. Alle unsere Entscheidungen werden wesentlich von unserem subjektiven Empfinden beeinflusst. Dabei gehen wir Risiken ein, die objektiv betrachtet eine Gefahr für uns, unsere Gesundheit oder unser Vermögen bedeuten können. Dieses Recht, Fehler zu machen und Risiken einzugehen, darf der rechtlich betreuten Person nicht verweigert werden. Der rechtliche Betreuer soll sich bemühen, die Sichtweise der rechtlich betreuten Person kennenzulernen. Dabei sollte er sich bewusst sein, dass wir allzu schnell versucht sind, die eigenen Normen und Wertvorstellungen auf andere zu übertragen. Fremde Gedanken erscheinen uns schnell unverständlich und undurchführbar.

Welche Risiken darf ich zulassen?

Dies wird auch im Gesetz selbst deutlich, wenn davon die Rede ist, dass der rechtliche Betreuer die Angelegenheiten der rechtlich betreuten Person so zu besorgen hat, dass diese im Rahmen ihrer Möglichkeiten ihr Leben nach ihren Wünschen gestalten kann.[31]

Hierzu gehört unter anderem:

- dass der Betreuer nicht verpflichtet ist, das vorhandene Vermögen um jeden Preis zusammenzuhalten, sondern durchaus dem betreuten Menschen einen angemessenen Luxus ermöglichen soll,
- dass auch der rechtlich betreute Mensch ein Recht hat, über seinen Körper zu bestimmen,
- dass auch der rechtlich betreute Mensch ein Recht hat, über Krankheit und Gesundheit eigene Vorstellungen zu entwickeln,
- dass auch der rechtlich betreute Mensch ein Recht hat, über den Zustand seiner Wohnung zu bestimmen.

Leider ist es in der Praxis gar nicht einfach, dieser gesetzlichen Norm gerecht zu werden. Wenn zum Beispiel ein verwirrter Mensch Dinge tut, die ungewöhnlich sind, Peinlichkeit hervorrufen, oder andere sich allein aufgrund seiner Verwirrtheit gefährdet sehen, entsteht ein großer Druck auf den rechtlichen Betreuer, eine Veränderung herbeizuführen.

30 Siehe Abschnitt 10
31 § 1821 Absatz 2 Satz 1 BGB

Das Bedürfnis nach Absicherung der Helfer anderer Professionen – keiner möchte verantwortlich sein, wenn dem betreuten Menschen ein Leid widerfährt – nötigen den rechtlichen Betreuer zu Entscheidungen, die mit der entsprechenden Risikobereitschaft anders ausgesehen hätten. Das kann z.B. bedeuten, dass

- der rechtlich betreute Mensch gegen seinen Willen in ein Heim kommt,
- der rechtlich betreute Mensch übermäßig „verarztet“ wird,
- das Leben des rechtlich betreuten Menschen sauber, steril und in geordneten Bahnen verläuft.

Welche Gefahren müssen vermieden werden?

Von den Wünschen der rechtlich betreuten Person darf der rechtliche Betreuer nur dann abweichen, wenn die Erfüllung der Wünsche eine erhebliche Gefahr für seine Person oder sein Vermögen mit sich bringen würde.

Dies ist dann der Fall, wenn die Erfüllung der Wünsche des betreuten Menschen eine ernst zu nehmende Gefahr für seine Gesundheit bedeutet oder er seine materielle Lebensgrundlage gefährdet.

Beispiel

- *Der betreute Mensch äußert den Wunsch, Drachen zu fliegen. Aufgrund seiner körperlichen Behinderung kann ihm sein Wunsch nicht erfüllt werden.*
- *Der betreute Mensch äußert den Wunsch, eine Weltreise zu machen, ohne dass die Mittel dafür zur Verfügung stehen.*
- *Ein psychisch kranker Mensch will das Heim verlassen, um zukünftig auf der Straße zu leben. Ein Wunsch, der ihm nicht erfüllt werden kann, weil er nicht die dafür notwendige Fähigkeit zum Überleben besitzt.*

Muss ich unzumutbare Wünsche erfüllen?

Den Wünschen der rechtlich betreuten Person hat der Betreuer nicht zu entsprechen, soweit dies dem Betreuer nicht zuzumuten ist.[32]

Auch die Grenze der Zumutbarkeit hat es im alten Recht bereits gegeben. Geändert hat sich, dass die rechtlich betreute Person seit dem 01.01.2023 in Ausübung ihres freien Willens gegen ihre höherwertigen Rechtsgüter entscheiden kann. Soweit sie aus unterschiedlichen Gründen ihre Entscheidung nicht selbst in die Tat umsetzen kann, bleibt es rechtlichen Betreuern vorbehalten zu prüfen, ob ihnen im Einzelfall die Erfüllung des Wunsches zugemutet werden kann.

Beispiel

Der betreute Mensch verlangt vom rechtlichen Betreuer strafbare Handlungen oder solche, die am Rande der Legalität angesiedelt sind.

32 § 1821 Absatz 3 Nr. 2

Darüber hinaus hängt das, was dem rechtlichen Betreuer zugemutet werden kann, auch davon ab, welche Leistungen zur Erfüllung seiner Aufgabe gehören. Der rechtliche Betreuer hat nicht die Aufgabe, das fehlende soziale Umfeld, Freunde oder Bekannte zu ersetzen. Es kann von ihm nicht erwartet werden, dass er den betreuten Menschen täglich besucht, wenn dies nicht im Rahmen seiner Aufgaben gerechtfertigt und notwendig ist.

Von ihm kann auch nicht die Erledigung praktischer Dienstleistungen erwartet werden. Durch die immer knapper werdende Personalsituation in der stationären, aber auch der ambulanten Pflege neigen die Hilfsdienste und das Heimpersonal oft dazu, vom rechtlichen Betreuer pflegerische oder praktische Hilfestellung zu erwarten. Da soll vom rechtlichen Betreuer das Bettzeug oder die Wäsche gewaschen werden. Namensschilder sollen in die Kleidung eingenäht werden oder der rechtliche Betreuer soll die Pflege übernehmen, wenn mal keine Pflegekraft zur Stelle ist. Selbst wenn der eine oder andere rechtliche Betreuer solche oder andere Tätigkeiten übernimmt, tut er dies privat und nicht im Rahmen seiner Pflichten als rechtlicher Betreuer.

Wie prüfe ich, ob ich dem Wunsch nicht folgen darf?

Gegen den freien Willen[33] darf der rechtliche Betreuer nicht handeln.

Das folgende Ablaufdiagramm zeigt die Folge der Schritte auf dem Weg vom Wunsch zu seiner (Nicht-)Erfüllung.

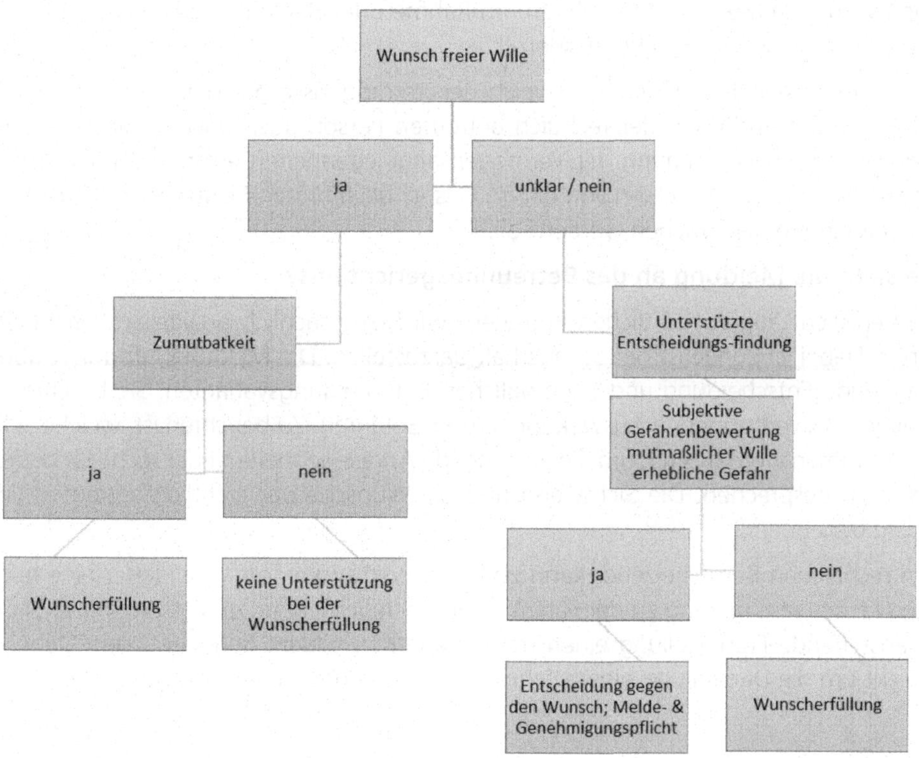

33 Siehe Abschnitt 3.4

Wie ist zu entscheiden, wenn vom erklärten Wunsch abgewichen werden muss?

Muss ich dem Betreuungsgericht mitteilen, dass ich dem Wunsch nicht entspreche? Neben den bereits erwähnten Änderungen hinsichtlich des Wegfalls des Begriffes „Wohl" und hinsichtlich der „Zumutbarkeit" hat sich mit Wirkung zum 01.01.2023 die Mitteilungspflicht für Maßnahmen, die gegen den Willen der rechtlich betreuten Person vorgenommen werden müssen, geändert.

Das Gesetz fordert, jede wesentliche Änderung der persönlichen und wirtschaftlichen Verhältnisse unverzüglich mitzuteilen.[34] Als wesentliche Änderung der persönlichen und wirtschaftlichen Verhältnisse ist das Ende des einvernehmlichen Zusammenwirkens zwischen dem rechtlichen Betreuer und der rechtlich betreuten Person zu sehen.

Ist die rechtliche Betreuung mit dem Einverständnis der rechtlich betreuten Person eingerichtet worden, geht das Betreuungsgericht regelmäßig davon aus, dass einvernehmliches Zusammenwirken die tragende Säule der betreuungsrechtlichen Hilfe ist. In der Regel bildet das Einverständnis im Verfahren die Grundlage für die Bestellung der rechtlichen Betreuung und es wird nicht differenziert untersucht, ob die rechtliche Betreuung auch gegen den erklärten Willen hätte eingerichtet werden müssen. Werden jetzt Maßnahmen gegen den erklärten Willen der rechtlich betreuten Person erforderlich, ist somit zu prüfen, ob die rechtliche Betreuung auch gegen den Willen bestehen bleiben kann.

Darüber hinaus sind alle Maßnahmen, die gegen den Willen der rechtlich betreuten Personen vorgenommen werden müssen, im Rahmen der Berichte (Anfangsbericht, Jahresbericht) mitzuteilen und zu begründen.[35]

Eine Besonderheit findet sich im Bereich der Vermögenssorge. Hier ist neben dem Abweichen von dem Willen der rechtlich betreuten Person auch unverzüglich mitzuteilen, wenn bei der Wahrnehmung der Vermögensangelegenheiten entsprechend dem Willen der rechtlich betreuten Person von der im Gesetz bestimmten Richtschnur für die Vermögensverwaltung abgewichen werden soll.[36]

Wie sieht die Meldung an das Betreuungsgericht aus?

Von beruflich tätigen rechtlichen Betreuern wird eine fachlich qualifizierte Meldung erwartet. Dabei ist zunächst der Sachverhalt darzustellen. Die Meldung informiert über die anstehende Entscheidung und die möglichen Entscheidungsvarianten. Sie beschreibt die damit jeweils verbundenen Auswirkungen und Gefahren. Zu berichten ist, welche Schritte unternommen worden sind, um die anstehende Angelegenheit mit der rechtlich betreuten Person zu besprechen. Die Sichtweise und die Wünsche der rechtlich betreuten Person sind zu benennen.

Vom rechtlichen Berufsbetreuer kann zudem erwartet werden, dass dieser eine begründete eigene Einschätzung zu der Fähigkeit der rechtlich betreuten Person, im Hinblick auf die anstehende Fragestellung einen freien Willen zu bilden, abgeben kann. Dabei geht es nicht um die Darstellung einer Diagnose, sondern um die Beschreibung konkreter aus

34 § 1864 Absatz 2 BGB
35 § 1863 BGB
36 §§ 1839–1843 BGB

dem Denken und Handeln der rechtlich betreuten Person abgeleiteter Aspekte, die darauf schließen lassen, dass die freie Willensbildung auf Grund einer Krankheit/Behinderung beeinträchtigt ist.

Für ehrenamtlich tätige rechtliche Betreuer*innen erweist sich hier der Nutzen einer Vereinbarung über eine Begleitung und Unterstützung mit einem Betreuungsverein oder, sofern kein entsprechendes Angebot durch einen Betreuungsverein vorhanden ist, auch mit der zuständigen Betreuungsbehörde. Die Vereinbarung sichert unter anderem die Beratung und Unterstützung bei der Meldung zum Betreuungsgericht.[37]

Beispiele

- *Die anstehende Entscheidung bewegt sich in einem Zahlenraum, der von der rechtlich betreuten Person nicht mehr verstanden werden kann. Die rechtlich betreute Person wünscht trotz Besprechung der Möglichkeiten Ausgaben, die aus dem vorhandenen Einkommen/Vermögen nicht getragen werden können.*
- *Das Denken der rechtlich betreuten Person wird von der nicht zutreffenden Vorstellung beherrscht, dass die vorhandene Erkrankung ausgeheilt ist. Sie will die Medikamentengabe nicht mehr zulassen.*

4.3 Besprechungspflicht/persönliche Betreuung

4.3.1 Allgemeines

Neben der großen Zahl der Rechtsvorschriften, die sich mit Fragen der Vermögenssorge befasst, hat der Gesetzgeber 1992 bei der Schaffung des Betreuungsrechtes den zuvor erkannten Mangel der anonymen Verwaltung beseitigen wollen. Im Gesetz heißt es hierzu,

„Das Betreuungsgericht bestellt einen Betreuer, der geeignet ist, in dem gerichtlich angeordneten Aufgabenkreis die Angelegenheiten des Betreuten nach Maßgabe des § 1821 rechtlich zu besorgen und insbesondere in dem hierfür erforderlichen Umfang persönlichen Kontakt mit dem Betreuten zu halten."[38]

Weiter ist bestimmt:

„Der Betreuer hat den erforderlichen persönlichen Kontakt mit dem Betreuten zu halten, sich regelmäßig einen persönlichen Eindruck von ihm zu verschaffen und dessen Angelegenheiten mit ihm zu besprechen."[39]

Es handelt sich hierbei um ein Merkmal für die richtige Auswahl des Betreuers. Mit anderen Worten kann von einer Vorgabe zur Methode, mit der das Ziel erreicht werden soll, gesprochen werden. Die in den Aufgabenbereichen definierten Angelegenheiten sind nicht unpersönlich vom Schreibtisch aus zu regeln. Vielmehr soll der rechtliche Betreuer in der persönlichen Begegnung mit der rechtlich betreuten Person ihren Willen und ihre Wün-

37 Siehe Abschnitt 3.8.2
38 § 1816 Absatz 1 BGB
39 § 1821 Absatz 5 BGB

sche erfahren. Er soll sie, soweit es möglich ist, mit einbeziehen und dafür Sorge tragen, dass sie weitgehend selbstbestimmt entscheiden und handeln kann. Die so gewonnenen Erkenntnisse soll er zur Grundlage seines Handelns als rechtlicher Betreuer machen.

Der rechtliche Betreuer kann seine Unterstützung, Entscheidungen und sein Handeln nur dann an dem Willen der rechtlich betreuten Person ausrichten, wenn er, soweit dies möglich ist, mit der rechtlich betreuten Person die anstehenden Fragen bespricht und sie persönlich kennt. Der rechtliche Betreuer darf sich also nicht auf die Erledigung des anfallenden Schriftverkehrs beschränken. Die wichtigste Voraussetzung zur Erledigung der Aufgaben des rechtlichen Betreuers ist der persönliche Kontakt.

Grundsätzlich ist der Kontakt mit der rechtlich betreuten Person individuell zu gestalten. Kriterien für Art und Umfang sind unter anderem:

- der beschlossene Aufgabenkreis,
- die zu regelnden Angelegenheiten,
- der Wunsch der rechtlich betreuten Person,
- die Möglichkeiten der rechtlich betreuten Person zu kommunizieren,
- ihre tatsächlichen Fähigkeiten, eigenverantwortlich zu entscheiden und ihre Angelegenheiten selbst zu erledigen bzw. an deren Erledigung mitzuwirken.

4.3.2 Formen des Kontakts

Im Folgenden werden unterschiedliche Formen des Kontaktes zum betreuten Menschen beschrieben und hinsichtlich der Vor- und Nachteile diskutiert. Dabei wird jede Form isoliert für sich betrachtet. In der Praxis wird diese isolierte Betrachtung keine Anwendung finden. Regelmäßig wird nach Bedarf und Fallverlauf immer wieder neu zu entscheiden sein, welche Form des Kontaktes am besten geeignet ist, der methodischen Vorgabe zur persönlichen rechtlichen Betreuung gerecht zu werden.

4.3.2.1 Besuche

Besuche am tatsächlichen Aufenthaltsort (Wohnung, Heim, Krankenhaus) der rechtlich betreuten Person sind im Allgemeinen die „erste Wahl" der Kontaktgestaltung. Zwingend erforderlich sind Besuche, wenn die rechtlich betreute Person nicht in der Lage ist, den tatsächlichen Aufenthaltsort zu verlassen, oder der rechtliche Betreuer einen persönlichen Eindruck von ihrem Lebensumfeld benötigt. Voraussetzung ist, dass der Besuch von der rechtlich betreuten Person gewünscht/zugelassen wird.

In Gerichtsakten ist immer wieder zu lesen, dass eine Kommunikation mit dem rechtlich betreuten Menschen nicht möglich ist und daher von der persönlichen Anhörung und dem Besuch abgesehen wurde. Dieser Auffassung kann sich der rechtliche Betreuer nicht kritiklos anschließen. Die Fachlichkeit insbesondere des rechtlichen Berufsbetreuers besteht in erster Linie in seiner Fähigkeit zur Kommunikation. Es kann erwartet werden, dass ihm der Kontakt gelingt, wo andere am Verfahren Beteiligte keinen Kontakt herstellen können. Es mag keine aktive Kommunikation möglich sein. Die sensible Wahrnehmung der rechtlich betreuten Person in ihrem Lebensumfeld vermittelt dem rechtlichen Betreuer wertvolle Informationen über Stimmungen wie Wohlbefinden, Leiden, Freude, Trauer usw. Diese Stimmungen gilt es aufzugreifen und mit in die anstehenden Entscheidungsprozesse einzubeziehen.

4.3.2.2 Treffen an neutralem Ort

Treffen mit der rechtlich betreuten Person an einem vereinbarten Ort (Amtsgericht, Behörde, Arzt, Café, Einkaufsmeile, Angehörige) machen Sinn, wenn sie dies wünscht oder der Ort zur Erledigung der anstehenden Angelegenheit von Bedeutung ist. Das Treffen an einem neutralen Ort ist geeignet, eine evtl. bestehende Befangenheit aufzulösen. Es fördert Mobilität, Selbstständigkeit und Teilhabe an realen Gegebenheiten.

Beispiel

- *Der betreute Mensch will niemanden in die Wohnung lassen.*
- *Das Betreten der Wohnung ist dem Betreuer nicht zuzumuten.*
- *Der betreute Mensch hat keine eigene Wohnung.*
- *Es muss ein Vertrag in einer Geschäftsstelle abgeschlossen werden.*
- *Krankheitsbedingt (paranoide Schizophrenie) beschuldigt der betreute Mensch den Betreuer unter Missachtung der realen Gegebenheiten des Diebstahls, Missbrauchs etc. Der neutrale Ort gewährleistet einen nachweisbaren Verlauf.*

4.3.2.3 Besuch der rechtlich betreuten Person beim rechtlichen Betreuer

Diese Form des persönlichen Kontaktes soll dann gewählt werden, wenn die rechtlich betreute Person dies wünscht oder sie in der Lage ist, an der Erledigung der anstehenden Angelegenheit teilzunehmen/mitzuwirken und dies im Büro des rechtlichen Betreuers effektiver/abschließend geschehen kann. Die rechtlich betreute Person kann Art und Umfang der Bearbeitung ihrer Angelegenheiten besser/überhaupt erfassen. Darüber hinaus kann sie die Arbeitsweise des rechtlichen Betreuers direkt erfahren. So können unter anderem Unklarheiten hinsichtlich der Rolle des rechtlichen Betreuers aufgelöst werden. Das Treffen beim rechtlichen Betreuer fördert Mobilität, Selbstständigkeit und Teilhabe an realen Gegebenheiten.

4.3.2.4 Telefonat

Auch Telefonate sind eine Form des persönlichen Kontaktes. Voraussetzung ist, dass die geistige und körperliche Leistungsfähigkeit des rechtlich betreuten Menschen ein Telefonat ermöglicht. Diese Form des persönlichen Kontaktes dient dazu, schnell, direkt und kurzfristig Regelungen herbeizuführen. Fühlt die rechtlich betreute Person sich im Kontakt – Face to Face – gehemmt oder kann sie sich dann nur schwer äußern, ist das Telefonat geeignet, ihre Intimsphäre zu schützen, und kann dazu beitragen, dass sie sich freier äußern kann. Das Telefonat ist auch dann als Form des persönlichen Kontakts zu wählen, wenn vermutet wird oder als sicher gilt, dass ein persönliches Treffen mit der rechtlich betreuten Person den rechtlichen Betreuer gefährden würde.

4.3.2.5 Schriftliche Kontakte

Schriftliche Kontakte können in Form von Briefen, Faxsendungen, E-Mails, SMS und in den Briefkasten gelegten Kurzmitteilungen ebenfalls eine Art der persönlichen rechtlichen Betreuung sein. Die Weiterleitung von wichtiger beim rechtlichen Betreuer eingegangener Post an den betreuten Menschen bindet ihn in das für die Erledigung seiner rechtlichen Angelegenheiten relevante Geschehen ein. Es wird der rechtlich betreuten Person deutlich, dass sie an der Erledigung ihrer Angelegenheiten beteiligt ist und der rechtliche Betreuer als ihr Sachwalter fungiert.

Die Beziehung der rechtlich betreuten Person zum rechtlichen Betreuer kann schwierige Phasen durchlaufen, die einen direkten persönlichen Kontakt nicht ermöglichen, sodass der Schriftweg die einzige Möglichkeit der Kommunikation bleibt. Bei dauerhafter Störung der Möglichkeit zur direkten persönlichen Kommunikation sollte geprüft werden, ob ein Wechsel in der Person des rechtlichen Betreuers einen neuen Anfang und damit eine direkte Kommunikation mit der rechtlich betreuten Person ermöglicht.

Beispiel

- *Der rechtlich betreute Mensch entzieht sich jeder anderen persönlichen Kontaktaufnahme. Er ist mit der Betreuung nicht einverstanden.*
- *Der rechtlich betreute Mensch ist nicht sesshaft und nur über Postfach oder eine Hilfsorganisation zu erreichen.*
- *Der rechtlich betreute Mensch ist im Gefängnis und der persönliche Kontakt verboten.*
- *Der persönliche Kontakt zum betreuten Menschen ist mit Gefahr für den rechtlichen Betreuer verbunden.*

Es mag lächerlich klingen, dass an dieser Stelle auf die folgenden Voraussetzungen hingewiesen wird, aber es ist keineswegs ungewöhnlich, dass die rechtlich betreute Person eigene Defizite zu vertuschen weiß und diese erst viel später sichtbar werden. Sie muss schreiben und lesen können. Die an sie gerichteten Schreiben müssen ihrem Sprachverständnis angepasst sein. Entsprechend sollte von der Benutzung von Fremdwörtern, juristischen Sprachwendungen, Fachbegriffen sowie von langen und verschachtelten Sätzen abgesehen werden. Wenn nötig ist der Text in leichter Sprache zu verfassen. Aber Vorsicht, manch einer fühlt sich durch die Verwendung leichter Sprache beleidigt. Es ist also wichtig, zu Beginn des Kontaktes einfühlsam das Sprachverständnis kennenzulernen.

Für den Versand von Faxen, E-Mails und SMS müssen die entsprechenden technischen Voraussetzungen vorhanden sein. Insbesondere sollte sich der rechtliche Betreuer vergewissern, dass Anschlüsse noch bestehen und nicht z.B. wegen Zahlungsschwierigkeiten abgeschaltet worden sind.

Für den Empfang von Briefen müssen eine Postadresse und ein richtig beschrifteter Briefkasten vorhanden sein.

Auch unter der Rubrik „schon da gewesen" zu vermerken: Der an die rechtlich betreute Person gerichtete Brief kommt zurück, da der eigene Postnachsendeantrag übersehen worden ist.

4.3.2.6 Indirekte Kontakte

Mit indirekten Kontakten ist die Kommunikation über Dritte (Vertrauenspersonen der rechtlich betreuten Person) gemeint. Diese können Angehörige, Bekannte, Freunde, Nachbarn, Pflegedienst oder andere Dienstleister, Arzt, Anwälte, Ämter etc. sein.

Je nach Krankheitsbild kann die direkte Kommunikation ausschließlich auf die Wahrnehmung von Stimmungen beschränkt sein. Diese einzuordnen, um damit den mutmaßlichen Willen der rechtlich betreuten Person zu erfahren, wird möglich im reflektierenden Gespräch mit Personen aus dem direkten sozialen Umfeld.

Insbesondere für rechtliche Berufsbetreuer ist es keine seltene Erfahrung, dass die rechtlich betreute Person die rechtliche Betreuung und damit den rechtlichen Betreuer von Beginn an ablehnt und den Kontakt verweigert. Natürlich wird sich der rechtliche Betreuer dennoch um einen direkten persönlichen Kontakt bemühen. Diese Bemühungen können jedoch erfolglos bleiben. Die Ablehnung des rechtlichen Betreuers kann so weit gehen, dass die rechtlich betreute Person das Gericht und den rechtlichen Betreuer als „den Feind" erkennt. Dagegen können andere Personen aufgrund ihrer Beziehung und/oder ihrer Position das Vertrauen der rechtlich betreuten Person genießen.

Beispiel

- *Die rechtlich betreute Person ist fixiert (häufig bei Autisten) auf eine Bezugsperson, die nicht zum rechtlichen Betreuer bestellt werden kann. Selbst die Anwesenheit einer anderen Person verhindert, dass sie sich frei äußern kann.*
- *Die rechtlich betreute Person ist mit der rechtlichen Betreuung nicht einverstanden und boykottiert die Kontaktaufnahme.*
- *Die rechtlich betreute Person ist im Gefängnis und der persönliche Kontakt verboten.*
- *Der persönliche Kontakt zur rechtlich betreuten Person ist mit Gefahr für den rechtlichen Betreuer verbunden.*
- *Die rechtlich betreute Person liegt im Koma.*

Je nach Notwendigkeit, unliebsame Entscheidungen umsetzen zu müssen, kann es dazu kommen, dass der rechtliche Betreuer aus der Sicht rechtlich betreuten Person eine übergeordnete Autorität darstellt. Es kann sogar ein Ziel der rechtlichen Betreuung sein, die Verantwortung strittiger Entscheidungen auf den rechtlichen Betreuer zu fokussieren, um damit andere höherwertige persönliche Kontakte (Familie, Freunde, Hilfsdienste) wieder zu ermöglichen und/oder zu entlasten. Der rechtliche Betreuer konzentriert sich auf die Erledigung der rechtlichen Angelegenheiten. Andere Bezugspersonen können – davon entlastet – der rechtlich betreuten Person begegnen. Die Verpflichtung, dem Willen und den Wünschen des betreuten Menschen gerecht zu werden, erfüllt der rechtliche Betreuer, indem er die gute persönliche Beziehung der Vertrauenspersonen zu der rechtlich betreuten Person nutzt. Die rechtlich betreute Person wird ihre Wünsche gegenüber ihren Vertrauenspersonen freier äußern können.

Beispiel

Der betreute Mensch ist geistig behindert und nicht in der Lage, mit dem vorhandenen Geld zu rechnen. In Unkenntnis des Wertes und zur Befriedigung seiner aktuellen Bedürfnisse tätigt er Geschäfte, die er nicht bezahlen kann. Mit allen Mitteln ist versucht worden, die Einsicht in den Wert der Dinge und die Notwendigkeit, den eigenen Konsum zu begrenzen, zu erreichen. Leider ist dies nicht gelungen. Der Betreuer muss von seinem Einwilligungsvorbehalt Gebrauch machen und einen erheblichen Teil der Geschäfte unter Rückgabe der Produkte erledigen. Der betreute Mensch reagiert ähnlich wie ein kleines Kind, wenn ihm ein geliebtes Spielzeug genommen wird. Der Betreuer wird zum Bösewicht. Die tatsächlichen Helfer können ungeachtet dieses Konfliktes die eigene Arbeit fortsetzen.

4.3.3 Häufigkeit der Kontakte

Wie häufig findet der persönliche Kontakt statt?

Die Frequenz der persönlichen Kontakte ist abhängig von den individuellen Gegebenheiten und kann nicht durch eine feste Regel beschrieben werden. Hauptzweck ist die Besprechung anstehender rechtlicher Angelegenheiten.

Mit der zum 01.01.2023 wirksam gewordenen Änderung des Betreuungsrechts wurde bestimmt, dass sich der rechtliche Betreuer regelmäßig einen persönlichen Eindruck von der rechtlich betreuten Person zu verschaffen hat.[40] Diese Pflicht umfasst insbesondere die Fälle, in denen ein persönlicher Kontakt mangels konkreten Regelungsbedarfs nicht erforderlich zu sein scheint. Auch in diesen Fällen ist dennoch ein Kontakt erforderlich, um einen persönlichen Eindruck von den Lebensverhältnissen zu behalten, die Beziehung zu pflegen und Veränderungen mitzubekommen.

Immer wieder ist im Verlauf der letzten 30 Jahre diskutiert worden, ob der Gesetzgeber die Kontakthäufigkeit regeln sollte. Davon ist bisher wegen der Vielgestaltigkeit der in der Lebenswirklichkeit in Betracht kommenden Fallkonstellationen abgesehen worden. Es obliegt somit der Verantwortung des rechtlichen Betreuers, die Kontakthäufigkeit zu gestalten. Der rechtliche Betreuer ist verpflichtet, gegenüber dem Betreuungsgericht (im Jahresbericht oder nach Aufforderung) Angaben über Art, Umfang und Anlass seiner persönlichen Kontakte zur rechtlich betreuten Person sowie zu seinem persönlichen Eindruck von ihr zu machen. Das Betreuungsgericht prüft dann, ob die Kontaktgestaltung den gesetzlichen Bestimmungen entsprochen hat.

40 § 1821 Absatz 5 BGB

Parameter für die Häufigkeit der Kontakte können sein:

- die Fähigkeit der rechtlich betreuten Person, sich zu konzentrieren,
- die Fähigkeit, sich zu erinnern,
- die Häufigkeit, mit der eine Information aus dem direkten Umfeld abgefragt werden muss,
- die Häufigkeit, mit der die gemeinsame Erledigung der anstehenden Angelegenheiten geschehen kann,
- die Häufigkeit, mit der das vertragliche Leistungsgeschehen mit der rechtlich betreuten Person besprochen werden kann/muss.

Die Erlebniswelt der rechtlich betreuten Person kann von der objektiven Notwendigkeit zum persönlichen Kontakt deutlich abweichen. So kann die rechtlich betreute Person den subjektiven Wunsch haben, den rechtlichen Betreuer wesentlich öfter oder auch seltener als erforderlich zu sehen.

Wie beeinflusst die Konzentrationsfähigkeit der rechtlich betreuten Person die Häufigkeit der erforderlichen Kontakte?

Für die Besprechung wichtiger Sachverhalte kann es erforderlich sein, die rechtlich betreute Person öfter aufzusuchen, wenn sie nicht in der Lage ist, sich über die notwendige Besprechungsdauer auf das Thema zu konzentrieren. Insbesondere bei älteren Menschen kann die Tagesform entscheidend sein. Ist die rechtlich betreute Person zur aktuellen Zeit nicht oder nur eingeschränkt in der Lage, einem Gespräch zu folgen, muss der rechtliche Betreuer zu einem anderen Zeitpunkt einen neuen Versuch unternehmen.

Dagegen abzugrenzen sind andauernde Konzentrationsstörungen, die therapeutische Maßnahmen erforderlich machen oder gar nicht geändert werden können. Hier wäre eine inhaltlich effektive Besprechung erst nach oder im Rahmen einer Therapie möglich.

Wie beeinflusst das Erinnerungsvermögen die Häufigkeit der erforderlichen Kontakte?

Eine Vielzahl der für die Einrichtung der rechtlichen Betreuung Anlass gebenden Erkrankungen hat zur Folge, dass die Fähigkeit der Erinnerung beeinträchtigt ist. Ungeachtet dessen kann der rechtliche Betreuer ein Meinungsbild dadurch erhalten, dass er in mehreren aufeinander folgenden Terminen ein und dieselbe Angelegenheit zur Besprechung stellt. Ergibt sich dabei ein einheitliches Ergebnis, kann davon ausgegangen werden, dass dies den regelmäßigen Wunsch der rechtlich betreuten Person widerspiegelt.

Unterschiedliche Ergebnisse lassen sich nur für diesen Moment deuten und sind für weiterreichende Entscheidungen wenig hilfreich.

Beispiel

Bei einer 98-jährigen krebskranken Frau ist die Ernährung über eine Sonde zu entscheiden. Im Gespräch erscheint sie geistig vollkommen klar, es ist möglich, die Situation mit ihr zu besprechen, und sie macht nachvollziehbar deutlich, dass sie keine künstliche Ernährung wünscht. Sie habe ihr Leben gelebt und wolle nun in Würde sterben. Schon fünf Minuten nach dem Gespräch ist sie nicht mehr in der Lage, den Verlauf und das Ergebnis wiederzugeben. Sie kann sich überhaupt nicht erinnern, mit dem rechtlichen Betreuer gesprochen zu haben. Um für diese schwierige Frage eine stabile Willenserklärung zu erhalten, ist es erforderlich, das Gespräch zu unterschiedlicher Zeit zu wiederholen.

Welche Bedeutung haben Informationen aus dem direkten Umfeld?

Ist die rechtlich betreute Person nur sehr eingeschränkt oder gar nicht in der Lage, sich hinsichtlich der anstehenden Angelegenheit zu äußern, müssen die erforderlichen Informationen durch Inaugenscheinnahme der Situation und des direkten Umfeldes abgefragt werden. Ein konkreter Anlass bildet damit den Grund für den Besuch.

Beispiel

- *Eine Änderung des Krankheitsbildes macht die Besprechung der weiteren Behandlung erforderlich.*
- *Die rechtlich betreute Person lebt in einem Heim und soll in ein anderes Zimmer verlegt werden.*
- *Die Versorgung/Pflege soll überprüft oder geändert werden.*

4.3.4 Inhalt der Besprechungspflicht

Welche Angelegenheiten müssen besprochen werden?

Welche Angelegenheiten wie ausführlich besprochen werden müssen, hängt davon ab, ob die zu regelnden Angelegenheiten aus der Sicht der rechtlich betreuten Person wichtig sind oder wichtig werden können.

Die Einhaltung der Besprechungspflicht setzt nicht voraus, dass mit der rechtlich betreuten Person ein aus objektiver Sicht „vernünftiges" Gespräch möglich ist. Vielmehr geht es darum, mit der rechtlich betreuten Person in einer für sie verständlichen Sprache einen Sachverhalt zu besprechen und, soweit eine echte Entscheidung (im Sinne der Auswahl aus mehreren möglichen Varianten) möglich ist, die entsprechenden Wünsche in Erfahrung zu bringen.

Die Notwendigkeit, den Sachverhalt in einer für die rechtlich betreute Person verständlichen Sprache und/oder vereinfachten Weise darzustellen, kann dazu führen, dass Feinheiten einzelner Entscheidungsvarianten verloren gehen.

An dieser Stelle wird der Unterschied der rechtlichen Betreuung zu den Möglichkeiten vorrangiger fachlicher Beratung und Unterstützung durch andere Hilfen deutlich. Andere

Hilfen sind verpflichtet, umfassend und zu allen Aspekten zu informieren. Vom Empfänger der Beratung erfordert dies die Fähigkeit, den Sachverhalt umfassend erfassen, verstehen und das Für und Wider gegeneinander abwägen zu können.

Die rechtliche Betreuung konzentriert sich auf die verbliebenen Fähigkeiten der rechtlich betreuten Person und ist befugt, eine Form der Darstellung zu finden, die von ihr verstanden wird. Soweit durch den Zwang zur Vereinfachung dabei Entscheidungsvarianten verloren gehen, sind diese bei der Entscheidungsfindung auf der Grundlage des festgestellten und/oder gemutmaßten Willens zu berücksichtigen.

4.3.5 Absehen von der Besprechung

Wann entfällt die Besprechungspflicht?

Die Besprechungspflicht entfällt nur:

- wenn durch die Besprechung erhebliche Nachteile für die Gesundheit der rechtlich betreuten Person zu befürchten sind,
- die rechtlich betreute Person die Besprechung nicht wünscht und verhindert,
- die Besprechung mit einer erheblichen Gefahr für den rechtlichen Betreuer verbunden ist.

Wann sind durch die Besprechung erhebliche Nachteile für die Gesundheit der rechtlich betreuten Person zu befürchten?

Erheblichkeit setzt qualitativ gesteigerte, besonders schwere, insbesondere irreversible oder lebensgefährliche gesundheitliche Schäden voraus. Vorübergehende oder kurzfristige Beeinträchtigungen, z. B. Erregungszustände, die nicht von Dauer sind, oder leicht zu beseitigende Beeinträchtigungen des Wohlergehens, denen mit Medikamenten oder durch Hinzuziehung eines Arztes begegnet werden kann, reichen nicht aus.[41]

Beispiele

- *Eine anhaltende Dekompensation oder eine Verschlimmerung der Symptomatik mit der Folge einer Selbstgefährdung (Suizid),*
- *die konkrete Gefahr einer Herzattacke, eines Schlaganfalles,*
- *die Infektion durch einen Virus bei schwerem Verlauf.*

Die erhebliche gesundheitliche Gefährdung muss konkret belegt sein. Es gilt, eine Prognose für den Einzelfall zu erstellen.

Im Jahr 2020 wurde die Corona-Pandemie als Anlass genommen zu diskutieren, ob zum Schutz rechtlich betreuter Personen unabhängig vom Einzelfall auf das persönliche Aufeinandertreffen gänzlich verzichtet werden kann. Diese allgemein geführte Diskussion geht fehl, da die Gründe für einen Verzicht der persönlichen Begegnung individuell zu bewerten sind. Dabei geht es nicht darum, Gründe zu suchen, die gegen eine persönliche Begegnung sprechen, sondern Mittel und Wege zu finden, die Begegnung zu ermöglichen.

41 Dodegge, BtPrax 3/2020, 76

Die Covid-19-Pandemie hat(te)[42] alle am Verfahren Beteiligten in besonderer Weise belastet und herausgefordert. Gerade rechtlich betreute Menschen zählen (zählten) zum besonders gefährdeten Personenkreis und der Zugang zu Wohnheimen ist (war) nur unter entsprechend aufwändigen Vorkehrungen möglich. Trotz oder gerade wegen der damit verbundenen Isolation muss nach Möglichkeiten gesucht werden, die Besprechung durchzuführen. Der dafür erforderliche Aufwand (Test, Wartezeiten, Infektionsschutz ...) ist in Kauf zu nehmen.

Kann die rechtlich betreute Person die Besprechung verweigern?

Grundsätzlich kann der rechtliche Betreuer die Besprechung nicht erzwingen. Er muss jedoch, soweit es in seiner Macht liegt, alle Hürden, die eine Besprechung behindern, auf das kleinstmögliche Maß reduzieren.

Wann rechtfertigen erhebliche Gefahren für den rechtlichen Betreuer, die Besprechung zu unterlassen?

Dass rechtliche Betreuer durch eine Besprechung in Gefahr geraten können, ist nicht sehr häufig der Fall, aber auch nicht unmöglich. Es handelt sich um Einzelfälle, die beispielsweise durch aggressive Verhaltensweisen der rechtlich betreuten Person gegen den rechtlichen Betreuer gekennzeichnet sind.

Natürlich kann niemand vom rechtlichen Betreuer erwarten, dass er sich einer konkret drohenden Gefahr aussetzt. Dennoch sollten auch in diesen Fällen die Überlegungen auf Ideen, die eine Besprechung ermöglichen, gerichtet sein.

Denkbar sind auch Gefahren, die aus gefährlichen übertragbaren Krankheiten resultieren. Mit den entsprechenden Schutzvorkehrungen sollten die notwendigen Besprechungen auch hier möglich gemacht werden.

Der rechtliche Betreuer hat die Besprechung im Zweifel vorzunehmen.

Für den Fall, dass der Betreuer von der Pflicht zur Besprechung abweichen will oder muss, ist dies dem Betreuungsgericht mitzuteilen. Die Besprechung sollte, sobald als möglich, nachgeholt werden.

4.4 Rehabilitation

„Der Betreuer hat innerhalb seines Aufgabenkreises dazu beizutragen, dass Möglichkeiten genutzt werden, die Fähigkeit des Betreuten, seine eigenen Angelegenheiten zu besorgen, wiederherzustellen oder zu verbessern.“[43]

Das Gesetz macht deutlich, dass es nicht (allein) um eine gesundheitliche Rehabilitation geht. Der rechtliche Betreuer hat auf die Beseitigung aller Gründe hinzuwirken, die eine rechtliche Betreuung erforderlich gemacht haben. Liegen die Gründe außerhalb seines durch den Aufgabenkreis definierten Einflusses, teilt er dies dem Betreuungsgericht mit.

42 In der Hoffnung auf ein baldiges Ende
43 § 1821 Absatz 6 BGB

Maßnahmen, die eine rechtliche Betreuung entbehrlich machen können, sind unter anderem:

- die Besserung der Erkrankung, die zur Erforderlichkeit der rechtlichen Betreuung geführt hat,
- die abschließende Erledigung der Angelegenheiten, für die die rechtliche Betreuung beschlossen worden ist,
- die Vereinfachung der Angelegenheiten, für die die rechtliche Betreuung beschlossen worden ist, sodass die rechtlich betreute Person diese nun eigenverantwortlich entscheiden und/oder erledigen kann,
- die Vermittlung von Hilfen zum Erlernen der eigenverantwortlichen Wahrnehmung der rechtlichen Angelegenheiten,
- die Initiierung wirksamer „anderer Hilfen",[44]
- ...

Der rechtliche Betreuer muss in diesem Sinne aktiv tätig werden. Nach Möglichkeit soll die rechtlich betreute Person – auch bei weiterhin bestehender Erkrankung oder Behinderung – befähigt werden, ihre rechtlichen Angelegenheiten wieder selbst oder mit anderer Hilfe zu besorgen.

Im Rahmen der Vermögenssorge kann der Betreuer zum Beispiel den betreuten Menschen so unterweisen, dass er in der Lage ist, zumindest Teilbereiche selbst zu erledigen. Der rechtliche Betreuer kann versuchen, die Vermögensangelegenheiten so zu ordnen und zu vereinfachen, dass die rechtlich betreute Person den verloren gegangenen Überblick wiederbekommt.

Die gesetzliche Formulierung bedeutet nicht, dass der rechtliche Betreuer die Aktivierung der rechtlich betreuten Person ohne oder gegen ihren Willen betreiben soll. Vielmehr soll, ohne dass dies im Aufgabenbereich extra benannt wird, deutlich werden, dass die rechtliche Betreuung nicht nur stabilisierenden, sondern auch fördernden Charakter hat.

4.5 Auskunftspflicht gegenüber nahestehenden Angehörigen

Der rechtliche Betreuer hat nahestehenden Angehörigen und sonstigen Vertrauenspersonen der rechtlich betreuten Person auf deren Verlangen Auskunft über deren persönliche Lebensumstände zu erteilen, soweit dies dem Wunsch oder dem mutmaßlichen Willen der rechtlich betreuten Person entspricht und dem rechtlichen Betreuer zuzumuten ist.[45]

44 Siehe Abschnitt 2
45 § 1822 BGB

Aus welchem Grund gibt es diese Regelung?

Es handelt sich dabei um Auskunftsanspruch, der daraus resultiert, dass nicht als rechtliche Betreuer bestellte Angehörige – zum Beispiel Kinder, die in räumlicher Entfernung zu ihren Eltern leben – den berechtigten Wunsch haben, über den Zustand der rechtlich betreuten Person auf dem Laufenden gehalten zu werden bzw. in gewissen Abständen Informationen zu erhalten. Anlass für die Regelung ist eine vielfach geäußerte Kritik, dass insbesondere bei rechtlich betreuten Personen, die sich krankheits- oder behinderungsbedingt nicht äußern können, die Gefahr des Missbrauchs der Betreuerstellung und einer Isolierung der rechtlich betreuten Person besteht, weil Angehörigen kein Recht auf Information gegenüber dem rechtlichen Betreuer zusteht. Zudem soll verhindert werden, dass rechtliche Betreuer jegliche Kontaktaufnahme zu Angehörigen unterbinden, es sei denn, dies ist von der rechtlich betreuten Person so gewünscht.[46]

Wer kann Auskunft verlangen?

Nur Personen, die der rechtlich betreuten Person tatsächlich bereits nahestehen, können Auskunft verlangen. Ohne bestehendes Näheverhältnis besteht auch kein Auskunftsanspruch, es sei denn, die rechtlich betreute Person wünscht, die Auskunft zu erteilen.

Muss die rechtlich betreute Person der Erteilung der Auskunft zustimmen?

Die Erteilung der Auskunft muss in jedem Fall dem geäußerten Wunsch bzw. mutmaßliche Wille der rechtlich betreuten Person entsprechend. Der diesbezügliche Wille/mutmaßliche Wille ist vom rechtlichen Betreuer aktiv festzustellen. Es handelt sich hierbei also nicht um eine zu widerlegende Vermutung des positiven Willens.

Welche Auskunft kann verlangt werden?

Die Auskunftspflicht beschränkt sich grundsätzlich auf die Darlegung von Sachverhalten, mit denen sich der rechtlichen Betreuer im Rahmen seines Aufgabenkreises zu befassen hat. Bezogen auf den Aufgabenkreis erstreckt sich die Auskunft auf allgemeine Angaben (Lebenssituation, Wohnsituation, Gesundheitszustand). Detaillierte Auskünfte über beispielsweise die Vermögensverhältnisse der rechtlich betreuten Person oder Einzelheiten zur Behandlung der Krankheit können nicht verlangt werden. Sein Handeln braucht der rechtliche Betreuer gegenüber den Auskunftsersuchenden nicht im Detail darzulegen.

Wann ist die Erteilung der Auskunft unzumutbar?

Hinsichtlich der Zumutbarkeit der Erteilung einer Auskunft kann es keine allgemeine Regel geben. Hier kommt es auf den Einzelfall an. In einem Fall kann das tägliche Ersuchen um Auskunft unzumutbar und überzogen sein. In einem anderen Fall, bei dem beispielsweise täglich mit einer erheblichen Änderung des Gesundheitszustandes zu rechnen ist, kann das Ersuchen plausibel sein.

Wer regelt den Streitfall?

Streitigkeiten werden vom Betreuungsgericht im Rahmen aufsichtsrechtlicher Maßnahmen behandelt.

---

46 BT-Drs. 19/24445, S. 256–257

5 Beratung und Aufsicht durch das Betreuungsgericht

5.1 Verpflichtung zur gewissenhaften Führung der rechtlichen Betreuung

Ehrenamtliche rechtliche Betreuer*innen werden alsbald nach ihrer Bestellung mündlich verpflichtet, über ihre Aufgaben unterrichtet und auf Beratungs- und Unterstützungsangebote hingewiesen. Das gilt nicht für solche ehrenamtlichen Betreuer*innen, die mehr als eine rechtliche Betreuung führen oder in den letzten zwei Jahren geführt haben.[1] Das Verpflichtungsgespräch ist keine Voraussetzung zur Wirksamkeit der rechtlichen Betreuung. Vielmehr ist der rechtlichen Betreuer bereits mit Erlass und Eintritt der Wirksamkeit des Betreuungsbeschlusses zur Wahrnehmung seiner Aufgaben berechtigt und verpflichtet.[2]

Was wird in der Verpflichtung besprochen?

Die Verpflichtung erfolgt in der Regel durch ein Gespräch mit der/dem zuständigen Rechtspfleger*in. Inhalte des Verpflichtungsgesprächs sind die Aufgaben, Rechte und Pflichten bei der Führung der rechtlichen Betreuung und die vorhandenen Beratungsangebote. Dabei sollen sowohl:

- die Berechtigungen und Pflichten, die sich aus den einzelnen Aufgabenbereichen zur Regelung der entsprechenden Angelegenheiten ergeben,
- die Art und Weise, wie diese zu erledigen sind,[3]
- die Melde- und Berichtspflichten gegenüber dem Betreuungsgericht,
- sowie mögliche Pflichten gegenüber Dritten (z.B. Auskunftspflicht gegenüber nahestehenden Angehörigen[4])

besprochen werden. Aus den Ermittlungsergebnissen des Betreuungsverfahrens kann ein erster Handlungsplan entworfen werden.

Dieses Gespräch sollte nicht als Formalie verstanden werden. Es dient dem Zweck, ein persönliches Verhältnis zwischen Betreuer*in und Rechtspfleger*in aufzubauen. Im weiteren Betreuungsverfahren wird es zwischen beiden Personen zu unterschiedlichen Gelegenheiten Kontakte geben.

Inhalt des Gespräches sind auch die unterschiedlichen Beratungsangebote. Das Betreuungsgericht berät den rechtlichen Betreuer über dessen Rechte und Pflichten bei der Wahrnehmung seiner Aufgaben.[5] Die Beratung ist nicht auf die Einführung zu Beginn einer neuen rechtlichen Betreuung beschränkt.

---

1 § 1861 Absatz 2 BGB
2 § 287 FamFG; siehe 3.12.7
3 § 1821 BGB
4 § 1822 BGB
5 § 1861 Absatz 1 BGB

Das Betreuungsgericht ist bei Bedarf während der gesamten Dauer der rechtlichen Betreuung verpflichtet, die Beratung zu leisten. Das Beratungsangebot ist für ehrenamtliche und rechtliche Berufsbetreuer unterschiedlich auszugestalten. Von rechtlichen Berufsbetreuern kann erwartet werden, dass sie über die im Rahmen des Registrierungsverfahrens nachzuweisenden Kenntnisse verfügen.[6] Diesbezüglich bedarf es somit keiner Beratung durch das Betreuungsgericht.

Was leistet die Beratung des Betreuungsgerichts und wo sind die Grenzen?

Das Betreuungsgericht berät über alle möglichen Rechte und Pflichten des rechtlichen Betreuers, die sich aus seiner Bestellung ergeben. Es geht also um betreuungsrechtliche Fragen, welche sich aus der Amtsführung ergeben. Das Betreuungsgericht hat jedoch nicht die Aufgabe, gezielt zu Rechtsfragen, die sich aus der Regelung konkreter Angelegenheiten ergeben, zu beraten. Hier hat der rechtliche Betreuer die benötigten Informationen und Ratschläge von sachkundigen Personen oder/und Stellen selbst einzuholen.

Der rechtliche Betreuer führt sein Amt selbstständig. Aus diesem Grund darf das Betreuungsgericht keine konkreten Vorgaben machen, wenn mehrere rechtmäßige Optionen offenstehen.

Neben der Möglichkeit der Beratung durch das Betreuungsgericht wird das Betreuungsgericht auf den Beratungsanspruch und die Unterstützung durch die Betreuungsbehörde und die Betreuungsvereine hinweisen. Soweit ehrenamtliche rechtliche Betreuer*innen nicht ohnehin hierzu verpflichtet sind, haben auch ehrenamtliche Betreuer*innen mit familiärer Beziehung oder persönlicher Bindung zur rechtlich betreuten Person die Möglichkeit, eine Vereinbarung zur Begleitung und Unterstützung mit einem Betreuungsverein abzuschließen.[7]

5.2 Betreuerausweis

Der rechtliche Betreuer erhält eine Urkunde, die ihm als Ausweis dient. Sie soll zusammen mit dem Personalausweis verwendet werden. Die Urkunde soll nicht im Original an Dritte übersandt werden, hierfür reicht eine Kopie. Das Original der Urkunde bietet keine Garantie gegen Missbrauch, sie gibt lediglich Auskunft über die rechtliche Betreuung zum Zeitpunkt ihrer Erstellung. Im Rahmen des Betreuungsverfahrens kann sich alles jederzeit ändern. Die rechtliche Betreuung kann jederzeit aufgehoben oder der Aufgabenkreis verändert werden. Neben dem Vertrauen auf die Richtigkeit der vom rechtlichen Betreuer gemachten Angaben können die aktuellen Befugnisse des rechtlichen Betreuers nur durch eine Nachfrage beim Betreuungsgericht geklärt werden.

Die Urkunde enthält:

- die Personalien (Name, Vorname, Geburtsdatum) der rechtlich betreuten Person und des rechtlichen Betreuers;
- bei der Bestellung eines Vereinsbetreuers oder Behördenbetreuers diese Bezeichnung und die Bezeichnung des Vereins oder der Behörde;

6 § 23 BtOG
7 Nach § 15 Absatz 1 Satz 1 Nummer 4, § 5 Absatz 2 Satz 3 BtOG, siehe 3.8.2

- den Aufgabenkreis unter Benennung der einzelnen Aufgabenbereiche;
- bei Anordnung eines Einwilligungsvorbehalts die Bezeichnung des Bereiches der einwilligungsbedürftigen Willenserklärungen;
- bei der Bestellung eines vorläufigen rechtlichen Betreuers durch einstweilige Anordnung das Ende der einstweiligen Maßnahme;
- Angaben über eine Befreiung von Beschränkungen in der Vermögensverwaltung.[8]

Können Daten aus dem Betreuerausweis geheim bleiben?

Seit dem 01.01.2023 besteht die Möglichkeit der Erstellung einer weiteren Urkunde. In der weiteren Urkunde können die Angaben zu den Aufgabenbereichen des rechtlichen Betreuers oder die Anordnung eines Einwilligungsvorbehalts nur eingeschränkt ausgewiesen werden. Die Regelung wird dem Interesse der betroffenen Person auf Geheimhaltung bestimmter Daten, deren Offenlegung im Rechtsverkehr nicht zwingend ist, gerecht. Der Gesetzgeber benennt in seiner Begründung folgendes Beispiel: „Es gibt keinen ersichtlichen Grund dafür, dass etwa eine Bank, ein Telefonanbieter oder ein Vermieter erfahren muss, dass die Betreuung neben der Vermögenssorge auch eine mit Freiheitsentziehung verbundene Unterbringung des Betreuten umfasst."[9]

Die Erstellung einer weiteren Urkunde ist vom rechtlichen Betreuer zu beantragen. Zur Begründung des Antrages sind die Interessen der rechtlich betreuten Person an der Geheimhaltung bestimmter Daten zu benennen. Das Betreuungsgericht hat dann zu prüfen, ob der Rechtsverkehr nicht über die Daten, die geheim gehalten werden sollen, verfügen muss.

Nach dem Ende der Betreuung ist die Urkunde (auch die Zweiturkunde) unverzüglich an das Gericht zurückzugeben.

5.3 Aufsicht durch das Betreuungsgericht

Wie wichtig ist Transparenz in der rechtlichen Betreuung?

Transparenz in der rechtlichen Betreuung schafft Vertrauen und ermöglicht den Akteuren (nicht nur dem rechtlichen Betreuer und dem Betreuungsgericht, sondern auch Behörden und anderen Professionen) die Diskussion des Leistungsgeschehens. Sie erweitert damit die Basis zur Begründung des Handelns und Entscheidens des rechtlichen Betreuers.

Die Aufgabe des rechtlichen Betreuers wird oft falsch verstanden. Der rechtliche Betreuer wird nicht nur im Rahmen rechtsgeschäftlicher Vertretung in Anspruch genommen, sondern häufig als Erbringer tatsächlicher Hilfsleistungen gesehen. Diese Sichtweise wird selbst wider besseres Wissen hartnäckig vertreten. Beispielsweise verlangen Mitarbeiter aus Krankenhäusern und Heimen, denen die Aufgabenstellung des rechtlichen Betreuers schon oft erklärt worden ist, nach wie vor, dass er die Kleidung des betreuten Menschen

8 Gemäß §§ 1859 & 1860 BGB
9 BT-Drs. 19/24445, S. 335

waschen soll. Besteht der rechtliche Betreuer auf seiner Auffassung, führt dies nicht selten zur Beschwerde beim Betreuungsgericht.

Diese über die rechtsgeschäftliche Vertretung hinausreichende Inanspruchnahme des rechtlichen Betreuers beschränkt sich nicht auf Auseinandersetzungen mit den Erbringern tatsächlicher Hilfen, sondern hat sozialpolitische Dimensionen angenommen. So hat es Fälle gegeben, wonach der zuständige Sozialleistungsträger trotz entgegenstehender Rechtsprechung die Leistungen für die pädagogische und tatsächliche Hilfe im Rahmen des ambulanten betreuten Wohnens (Eingliederungshilfe) eingeschränkt hat, weil er den rechtlichen Betreuer hier verpflichtet sieht.

Insbesondere für Berufsbetreuer ist die Diskussion der Leistungsabgrenzung gegen andere ehrenamtliche, soziale und gewerbliche Dienstleistungen von besonderer Bedeutung. Die entsprechende Dokumentation in der Akte des Betreuungsgerichts ermöglicht einen offensiven Umgang mit diesem Thema. Im Rahmen der Dokumentation kann ausführlich beschrieben werden, welche andere Hilfen und Dienste vorrangig in Anspruch genommen werden sollen.

Welchen Nutzen hat die Aufsicht für den rechtlichen Betreuer?

Es liegt somit auch im Interesse des rechtlichen Betreuers, das Betreuungsgericht über das eigene Handeln und den Verlauf der rechtlichen Betreuung zu informieren. Eine mit dem Betreuungsgericht abgestimmte betreuungsrechtliche Hilfeplanung konkretisiert den Handlungsauftrag und begegnet somit nicht nur unterschiedlichen Auffassungen zwischen den beteiligten Akteuren, sondern kann auch Missverständnisse zu Dritten vermeiden.

Rechtliche Betreuer haben oft schwerwiegende Entscheidungen zu treffen. Es ist möglich, sich der entsprechenden Sachkunde zu versichern und sich beraten zu lassen. Letztendlich bleibt die Entscheidung beim rechtlichen Betreuer. Wenn mehrere Alternativen zur Wahl stehen und der Eindruck entsteht, dass lediglich die Auswahl zwischen unterschiedlichen Übeln möglich ist und möglicherweise auch noch haftungsrechtliche Risiken drohen, wünschen sich rechtliche Betreuer, die Verantwortung nicht allein tragen zu müssen.

Verantwortung meint an dieser Stelle nicht nur die Begrenzung von Haftungsrisiken, sondern auch die Diskussion der sich aus der rechtlichen Betreuung ergebenden ethischen Aspekte.

Welche Möglichkeiten hat der rechtliche Betreuer, die ihm auferlegte Verantwortung auf mehrere Schultern zu verteilen, um damit eine Entlastung zu erfahren?

Durch Mitteilungen, Berichte, Rechnungslegung, Beratungsersuchen, betreuungsrechtliche Hilfeplanung und Anträge kann das Betreuungsgericht hinsichtlich seiner Pflicht zur Kontrolle des rechtlichen Betreuers unterschiedlich stark eingebunden werden. Je genauer der Sachverhalt, die Entscheidungsvarianten, die Absichten und Entscheidungen dem Betreuungsgericht bekannt sind, desto genauer ist es in der Pflicht, hierzu ggf. Stellung zu nehmen und drohenden Pflichtverletzungen zu begegnen.

Das Betreuungsgericht ist verpflichtet, aus eigenem Antrieb zu prüfen. Diese Überprüfungen sind mehr allgemein gehalten und erfolgen in weiten Zeitabständen (ein Jahr = Jahresbericht). Für den rechtlichen Betreuer kann es daher von Bedeutung sein, Zweifelsfragen durch geeignete Mittel in der Gerichtsakte zu dokumentieren. Je genauer auf die Zweifel hingewiesen wird, umso verbindlicher ist die Pflicht des Betreuungsgerichtes zur Stellungnahme. Die verbindlichste Form ist der Antrag oder die Anregung. Darunter kommt das schriftlich beantwortete Beratungsersuchen. Mit jedem zur Akte gegebenen Bericht und mit jeder zur Akte gegebenen Mitteilung kann der rechtliche Betreuer sein Handeln dokumentieren und sich darauf im Konfliktfall berufen.

Es empfiehlt sich, bei allen Eingaben die Schriftform zu wählen.

Wo sind die Grenzen der Dokumentation?

Die Inhalte der Dokumentation müssen den Datenschutz[10] und die Grundrechte der rechtlich betreuten Person achten. Zur Vermeidung von Missverständnissen ist an dieser Stelle deutlich auf die Grenzen der Möglichkeiten zur Dokumentation der Abläufe hinzuweisen. Wenn darüber gestritten werden kann, ob es den „gläsernen" rechtlichen (Berufs-)Betreuer geben soll, kann oder darf, so müssen doch zweifelsfrei die Grundrechte der rechtlich betreuten Person geachtet werden.

Der überwiegende Teil der rechtlich betreuten Personen leidet unter kognitiven, seelischen und psychischen Beeinträchtigungen, die eine mehr oder weniger stark ausgeprägte Störung, mit der Außenwelt zu kommunizieren, zur Folge haben.

Kernpunkt der Arbeit des rechtlichen Betreuers ist die Herstellung eines tragfähigen Arbeitsbündnisses. Nur so kann der rechtliche Betreuer erfahren, wie weit die rechtlich betreute Person in der Lage ist, frei und selbstbestimmt zu handeln, und soweit dies nicht der Fall ist, welches sein Wille ist bzw. wie er wünscht, vertreten zu werden. Herstellung und Erhalt dieses Arbeitsbündnisses ist nur auf der Grundlage eines Vertrauensverhältnisses möglich.

In nicht wenigen Akten ist zu lesen, dass im Rahmen der Anhörung eine Kommunikation mit dem betreuten Menschen nicht möglich war. Daraus wird dann geschlossen, dass weiterer Aufwand zur Herstellung der Kommunikation wenig Sinn macht. Kommunikation erstreckt sich jedoch nicht nur auf Wort und Schrift. Es ist die Kompetenz des Betreuers, mit Menschen zu kommunizieren, wo andere keinen Zugang finden. Dies erfordert nicht nur Zeit, sondern auch die Kenntnis der intimen Erlebnis- und Gedankenwelt des betreuten Menschen.

Hier einen Zwang zur Dokumentation und Weitergabe von allen Einzelheiten zu errichten, würde die Möglichkeiten zur Herstellung und Erhaltung des Arbeitsbündnisses unverhältnismäßig einschränken. Sie ist ohnehin schon erschwert, da dem rechtlichen Betreuer kein Recht zur Zeugnisverweigerung[11] zusteht. Hier gilt es, dem rechtlichen Betreuer zu vertrauen, ihm einen weiten Spielraum zuzugestehen. Die Erfassung der insoweit erforderlichen Tätigkeiten kann nur sehr allgemein in die Berichterstattung einfließen.

Bei der Erstellung der Berichte und der Beschreibung der zukünftig zu erledigenden Angelegenheiten gilt es, der Gefahr entgegenzutreten, diese Angaben als starr abzuarbeitende Prozesse anzusehen. Das Handeln des rechtlichen Betreuers hat sich an den aktuellen

10 Siehe Abschnitt 9.
11 §§ 383 ff. ZPO, §§ 52 ff. StPO

Wünschen der rechtlich betreuten Person auszurichten. Insoweit haben Informationen zu Zielen und beabsichtigten Handlungen nur begrenzet Verbindlichkeit. Was nützt es, ein beschriebenes Ziel weiterzuverfolgen, wenn die aktuelle Dynamik des Lebens andere Ziele in den Vordergrund rückt? Bei wichtigen Änderungen ist es deshalb notwendig, diese dem Gericht mitzuteilen und die Ziele zu korrigieren.

Warum bedarf es einer Aufsicht?

Das Betreuungsgericht führt über die gesamte Tätigkeit des rechtlichen Betreuers die Aufsicht.[12]

Der rechtliche Betreuer hat die Angelegenheiten eines anderen Menschen zu besorgen. Dabei vertritt er fremde Interessen. Er hat den Grundsätzen zur Führung der rechtlichen Betreuung zu folgen.[13] Die rechtlich betreute Person ist dem rechtlichen Betreuer mehrheitlich kognitiv unterlegen und davon abhängig, dass er seine Tätigkeit redlich und zuverlässig ausübt. Er selbst kann die Tätigkeit des rechtlichen Betreuers überwiegend nicht kontrollieren. Es ist also Aufgabe des Auftraggebers (Betreuungsgericht), die Kontrolle über die Tätigkeit des rechtlichen Betreuers zu führen.

Was wird beaufsichtigt?

Der rechtliche Betreuer entscheidet grundsätzlich selbstständig und eigenverantwortlich im Rahmen des ihm übertragenen Aufgabenkreises. Das Gericht kontrolliert daher auch nicht jede einzelne Maßnahme. Bestehen zur Entscheidung einer Angelegenheit mehrere rechtmäßige Alternativen, hat das Gericht nicht das Recht, eine Entscheidung zugunsten einer der Alternativen vorzugeben bzw. zu erzwingen.

Die gerichtliche Aufsicht beschränkt sich darauf, die Einhaltung der sich aus dem Gesetz[14] oder einer Anordnung des Gerichts ergebenden Handlungspflichten sowie der allgemeinen Pflicht zur gewissenhaften Führung der Betreuung durch den Betreuer zu überwachen.

Insbesondere beaufsichtigt das Gericht:

- die Bindung des rechtlichen Betreuers an den Erforderlichkeitsgrundsatz,[15]
- die Bindung des rechtlichen Betreuers an die Wünsche der rechtlich betreuten Person,[16]
- die Bindung des rechtlichen Betreuers an das Prinzip der Unterstützung vor Vertretung,[17]
- die Einhaltung der persönlichen Besprechungs-Kontaktpflicht,[18]
- die dem Gesetz entsprechenden Entscheidungen im Bereich der Personensorge,[19]
- die dem Gesetz entsprechende Verwaltung des Vermögens.[20]

12 § 1862 Absatz 1 Satz 1
13 Siehe Abschnitt 4 & § 1821 BGB
14 Insbesondere § 1821 BGB
15 Siehe Abschnitt 3.1
16 Siehe Abschnitt 4.1
17 Siehe Abschnitt 4.1.3
18 Siehe Abschnitt 4.3
19 §§ 1827 bis 1834 BGB
20 §§ 1835 bis 1860 BGB

Wie erfährt das Betreuungsgericht von Pflichtverletzungen?

Anhaltspunkte für pflichtwidriges Verhalten und/oder Entscheiden des rechtlichen Betreuers können dem Betreuungsgericht aus unterschiedlichen Quellen bekannt werden. Zu nennen sind Erkenntnisse aus eigener Aufsicht und Angaben sowie Beschwerden Dritter. Das Betreuungsgericht ist verpflichtet, diesen Hinweisen nachzugehen.

Was geschieht, wenn Pflichtverletzungen bekannt werden?

Sind Anhaltspunkte für pflichtwidriges Verhalten und/oder Entscheiden des rechtlichen Betreuers bekannt geworden, hat das Betreuungsgericht die Pflicht, den Sachverhalt aufzuklären. Dabei ist die rechtlich betreute Person persönlich anzuhören, wenn der rechtliche Betreuer pflichtwidrig den Wünschen der rechtlich betreuten Person nicht oder nicht in geeigneter Weise oder seinen Pflichten gegenüber dem Betreuten in anderer Weise nicht nachkommt.[21] Gemeint sind die Pflichten, die der rechtliche Betreuer gegenüber der rechtlich betreuten Person einzuhalten hat. Davon abzugrenzen ist die Verletzung von Pflichten beispielsweise gegenüber dem Betreuungsgericht (verspäteter Bericht …). Eine Anhörung der rechtlich betreuten Person würde erst erforderlich, wenn sich aus einer vom Betreuungsgericht zu treffenden Maßnahme zur Behebung der Pflichtverletzung eine Wirkung auf die Führung der rechtlichen Betreuung ergeben würde (Wechsel des rechtlichen Betreuers …).

Vor der Anhörung kann das Betreuungsgericht Vorermittlungen durchzuführen. Beispielsweise kann es den rechtlichen Betreuer zur Stellungnahme auffordern oder die Betreuungsbehörde beauftragen, den Sachverhalt näher aufzuklären. Die Anhörung der rechtlich betreuten Person dient dem Ziel, ihre Sichtweise und insbesondere ihre Wünsche aus erster Hand zu erfahren. Zudem ist zu besprechen, was gegen die Pflichtverletzung unternommen werden soll.

Kann das Betreuungsgericht von der Anhörung absehen?

Von der Anhörung der rechtlich betreuten Person kann ausnahmsweise abgesehen werden, wenn von einer persönlichen Anhörung keinerlei Erkenntnisgewinn zu erwarten ist.[22] In der Begründung des Gesetzentwurfs heißt es hierzu:

„Dies kann zum Beispiel der Fall sein, wenn der Betreute einen bestimmten Sachverhalt telefonisch bestätigt und es keinen weiteren Grund gibt, die Angelegenheit persönlich zu erörtern. Eine Anhörung kann entsprechend § 34 Absatz 2 FamFG zudem ausnahmsweise unterbleiben, wenn der Betreute offensichtlich nicht in der Lage ist, seinen Willen kundzutun oder wenn hiervon erhebliche Nachteile für seine Gesundheit zu befürchten sind."[23]

Durch welche Maßnahmen kann das Betreuungsgericht gegen Pflichtwidrigkeiten einschreiten?

„Das Betreuungsgericht hat gegen Pflichtwidrigkeiten des Betreuers durch geeignete Gebote und Verbote einzuschreiten. Zur Befolgung seiner Anordnungen kann es den Be-

21 § 1862 Absatz 2 BGB
22 § 1862 Absatz 2 BGB
23 BT-Drs. 19/24445, S. 299

treuer durch die Festsetzung von Zwangsgeld anhalten. Gegen die Betreuungsbehörde, einen Behördenbetreuer oder einen Betreuungsverein wird kein Zwangsgeld festgesetzt."[24]

Welches sind die regelmäßigen Instrumente der Aufsicht?

Regelmäßige Instrumente der Aufsicht sind:

- das Anfangsgespräch für rechtliche Betreuer mit einer familiären Beziehung oder persönlichen Bindung,
- der Anfangsbericht, ggf. verbunden mit dem Vermögensverzeichnis,
- der Jahresbericht,
- die Rechnungslegung,
- der Schlussbericht.

Die einzelnen Instrumente werden im Folgenden besprochen.

5.4 Anfangsbericht/Anfangsgespräch

Wozu dient der Anfangsbericht/das Anfangsgespräch?

Im Verfahren zur Bestellung der rechtlichen Betreuung hat das Betreuungsgericht bereits eine Fülle von Informationen über die persönlichen und wirtschaftlichen Verhältnisse der rechtlich betreuten Personen erhalten. Diese Informationen bilden die Situation vor der Bestellung der rechtlichen Betreuung ab. Zur Führung der Aufsicht bedarf es der konkreten Feststellung einer Anfangssituation.

„Mit Übernahme der Betreuung hat der Betreuer einen Bericht über die persönlichen Verhältnisse (Anfangsbericht) zu erstellen."[25]

Müssen alle rechtliche Betreuer einen Anfangsbericht erstellen?

Ausgenommen von dieser Pflicht sind ehrenamtliche rechtliche Betreuer*innen, mit dem die rechtlich betreute Person in einer familiären Beziehung oder einer persönlichen Bindung steht. Das Betreuungsgericht kann die Aufsicht auch in diesen Fällen nur sinnvoll vornehmen, wenn es die Anfangssituation feststellt.

Statt des schriftlichen Berichts sollte das Betreuungsgericht in geeigneten Fällen oder, wenn dies von der rechtlich betreuten Person verlangt wird, ein Gespräch mit der rechtlich betreuten Person führen. Soweit dies möglich ist, soll der rechtliche Betreuer anwesend sein. Dieses Gespräch dient dazu, die persönlichen Verhältnisse, den Regelungsbedarf und die Wünsche der rechtlich betreuten Person kennenzulernen. Wenn die rechtlich betreute Person dies wünscht, muss ein solches Gespräch stattfinden. Dabei darf das Gericht nicht verlangen oder den Eindruck erwecken, ein solches Gespräch könne nur in den Räumen des Gerichts stattfinden. Soweit erforderlich, ist das Gespräch auch aufsuchend in der gewöhnlichen Umgebung der rechtlich betreuten Person vorzunehmen.

24 § 1862 Absatz 3 BGB
25 § 1863 Absatz 1 Satz 1 BGB

Die Aufsicht über die Frage, ob der rechtliche Betreuer die Wünsche der rechtlich betreuten Person und ihre Selbstbestimmung hinreichend wahrt, kann letztlich nur erfolgreich stattfinden, wenn das Gericht hierüber Kenntnisse hat. Wenn es im konkreten Fall möglich ist, von dem Betreuten selbst etwas dazu zu erfahren, ist der Fall für ein Gespräch geeignet und es hat stattzufinden.

Welche Angaben muss der Anfangsbericht enthalten?

„Der Anfangsbericht hat insbesondere Angaben zu folgenden Sachverhalten zu enthalten:

1. persönliche Situation des Betreuten,
2. Ziele der Betreuung, bereits durchgeführte und beabsichtigte Maßnahmen, insbesondere im Hinblick auf § 1821 Absatz 6, und
3. Wünsche des Betreuten hinsichtlich der Betreuung."[26]

Welche Angaben sind zur Situation der rechtlich betreuten Person zu machen?

Personenbezogene Daten:

Zunächst sind die personenbezogenen Daten, die im Rahmen des Verfahrens zur Bestellung der rechtlichen Betreuung vom Betreuungsgericht erhoben worden sind, zu prüfen. Es ist keine ausgesprochene Seltenheit, dass die Schreibweise des Namens, das Geburtsdatum oder andere personenbezogene Daten in den Beschluss falsch übernommen worden sind. Auch die Anschrift der rechtlich betreuten Personen kann sich zwischenzeitlich geändert haben. Gleichermaßen ist die Richtigkeit der Bestellungsurkunde zu überprüfen. Dort ist auch zu prüfen, ob die im Beschluss angegebenen Aufgabenbereiche richtig übernommen worden sind. Die Korrektur entsprechender Fehler ist beim Betreuungsgericht anzuregen.

Kontaktdaten und Kontaktgestaltung:

Das Betreuungsgericht hat zu prüfen, ob der rechtliche Betreuer den erforderlichen persönlichen Kontakt zu rechtlich betreuten Personen unterhält. Um diese Prüfung vornehmen zu können, ist es für das Betreuungsgericht wichtig zu wissen, welche Möglichkeiten zu Kontakten bestehen.[27] Neben der Anschrift sind alle weiteren Kontaktinformationen (Telefonnummer, E-Mail ...) anzugeben. Zu berichten ist auch über Besonderheiten der Kontaktgestaltung. Beispielhaft können das Informationen zu:

- der verwendeten Sprache,
- evtl. benötigter Assistenz,
- evtl. erforderlicher örtlicher Rahmenbedingungen (Infektionsschutz ...),
- den Möglichkeiten und Grenzen der Verständigung
- ...

sein.

26 § 1863 Absatz 1 Satz 2 BGB
27 Siehe Abschnitt 4.3.2

Fähigkeit zur Selbstvertretung/Mitwirkung:

Betreuungsrechtliche Hilfe ist nicht erforderlich, soweit die rechtlich betreute Person frei und selbstbestimmt entscheiden und handeln kann. Das Gericht stellt mit der Bestellung des rechtlichen Betreuers fest, dass die rechtlich betreute Person aufgrund einer Krankheit/Behinderung im bestimmten Aufgabenkreis nicht mehr vollständig eigenverantwortlich entscheiden und handeln kann. Diese Feststellung gilt es zu konkretisieren.

Ausgenommen ist die wegen einer Körperbehinderung von der rechtlich betreuten Person beantragte rechtliche Betreuung. Hier ergibt sich das Unvermögen daraus, dass die eigene Entscheidung nicht in eine Handlung umgesetzt werden kann oder die Fähigkeit zur Äußerung fehlt.

Unter dem allgemeinen Aspekt ist die Fähigkeit des betreuten Menschen zur rechtsverbindlichen Kommunikation zu erörtern. Bezogen auf die anstehenden Angelegenheiten aus den Aufgabenbereichen sind dies die Fähigkeiten, die erforderlich sind, um die Tragweite der anstehenden Entscheidungen zu erfassen, das Für und Wider gegeneinander abzuwägen, einen Willen zu bilden und danach zu handeln und den rechtlichen Unterstützungsbedarf zu konkretisieren. Anhand dieser Feststellung kann bestimmt werden, ob die rechtlich betreute Person selbst in der Lage ist, die Angelegenheit zu erledigen, bzw. an welcher Stelle die betreuungsrechtliche Hilfe einsetzen muss.

Problematisch sind intuitiv, ohne Logik oder in rechtlicher „Grauzone" ablaufende Prozesse der Entscheidungsfindung, die möglicherweise noch zu Schäden führen können. Hier bedarf es wegen möglicher Haftungsfragen[28] einer auch der rückblickenden gerichtlichen Bewertung standhaltenden Dokumentation der Fähigkeit des betreuten Menschen, die Angelegenheit eigenverantwortlich zu entscheiden. Eventuell ist der Aufgabenkreis zu ändern.

Kommentar

Als „Nebenwirkung" der Bestellung eines rechtlichen Betreuers durch das Betreuungsgericht wird im Rahmen des Aufgabenkreises die im Artikel 2 Satz 1 GG begründete alleinige Handlungsfreiheit geteilt.

Damit verbunden ist als weitere Nebenwirkung zu erkennen, dass die Handlungen des rechtlichen Betreuers der nachträglichen betreuungsrechtlichen, zivilrechtlichen, sozialrechtlichen und ggf. auch der strafrechtlichen Kontrolle standhalten müssen.[29] *Damit gehen alle nicht als freier Wille des betroffenen Menschen gerichtsfest beweisbaren emotionalen, unlogischen, in der rechtlichen Grauzone angesiedelten Aspekte einer zu treffenden Entscheidung verloren. Die Bedeutung dieses Verlustes mag jeder bei sich selbst überprüfen und sich fragen, welche Entscheidungen wir tatsächlich aufgrund rationaler Erwägungen treffen. Wie oft kommt es vor, dass wir uns selbst fragen, warum wir so und nicht anders entschieden haben?*

28 Siehe Abschnitt 10
29 Siehe Abschnitt 10

Das Betreuungsgericht hat die Einhaltung des Prinzips „rechtliche Unterstützung vor rechtlicher Vertretung" zu beaufsichtigen. Hierzu benötigt das Betreuungsgericht Informationen über die Fähigkeit der rechtlich betreuten Person, sich selbst zu vertreten bzw. an der Regelung der anstehenden rechtlichen Angelegenheiten mitzuwirken. Auch hier hat das Betreuungsgericht im Rahmen des Betreuungsverfahrens bereits Informationen erhalten oder im Rahmen der Anhörung selbst gewonnen. Diese Informationen gilt es abzugleichen und gegebenenfalls zu ergänzen. Die dem Betreuungsgericht vorliegenden Informationen können durch die Einsicht in die Akte in Erfahrung gebracht werden. Die eigenen Erfahrungswerte können dann ergänzt werden.

„Andere Hilfen"

Die Erforderlichkeit der rechtlichen Betreuung entfällt, wenn andere Hilfen die rechtliche Betreuung entbehrlich machen. Zuallererst ist somit die Möglichkeit vorhandener Alternativen zu prüfen. Zu prüfen ist insbesondere das Vorhandensein einer Vorsorge durch Vollmacht, einer Betreuungsverfügung, einer Patientenverfügung oder anderer vorweggenommener Willenserklärungen. Zudem hat der rechtliche Betreuer mögliche andere Hilfen aus dem sozialen Umfeld zu prüfen und deren Initiierung aktiv zu betreiben. Entsprechend ist über das soziale Umfeld und die möglicherweise daraus zu entwickelnden Hilfen zu berichten.

Regelungsbedarf

Das Betreuungsgericht hat die ordnungsgemäße Erledigung der anstehenden rechtlichen Angelegenheiten zu beaufsichtigen. Hierzu bedarf es einer ersten Information zur Frage, welche rechtlichen Angelegenheiten zu regeln sind. Es bietet sich an, hier entlang der beschlossenen Aufgabenbereiche zu berichten. Dabei ist nicht nur zu berichten, welche Angelegenheiten zu regeln sind, sondern auch, wie dies geschehen soll. Hier ist insbesondere die Sichtweise der rechtlich betreuten Person wiederzugeben. Zu berichten ist insbesondere über ihre Wünsche und die Fähigkeit der Selbstvertretung beziehungsweise zur Mitwirkung.

Die Sichtweise der rechtlich betreuten Person sollte authentisch wiedergegeben werden. Auf sich anbahnende oder bereits bestehende Konflikte sollte hingewiesen werden.

Betreuungsrechtliche Schutzverpflichtung

Mitzuteilen ist insbesondere, ob und wie weit vom Willen der rechtlich betreuten Person zur Vermeidung erheblicher Gefahren abgewichen werden muss.[30] Ist eine solche Situation gegeben, sollte der rechtliche Betreuer unbedingt prüfen, ob die Erforderlichkeit, vom Willen der rechtlich betreuten Personen abzuweichen, dem Gericht bereits bekannt ist. Sollte dies nicht der Fall sein, fehlt es dem rechtlichen Betreuer möglicherweise an der Befugnis, die anstehende Angelegenheit gegen den erklärten Willen zu erledigen. Der rechtliche Betreuer sollte an dieser Stelle die Überprüfung der rechtlichen Betreuung anregen. Möglicherweise bedarf es der Anordnung eines Einwilligungsvorbehalts[31].

30 Siehe Abschnitt 4.2
31 Siehe Abschnitt 3.12.3

Besprechung

Die im Gesetz vorgeschriebenen Inhalte des Anfangsberichts erfordern es, dass der Bericht mit der rechtlich betreuten Person besprochen wird. Insbesondere die Darstellung ihrer Sichtweise hinsichtlich der rechtlichen Betreuung und der Regelung der anstehenden rechtlichen Angelegenheiten kann nur im Gespräch erfahren werden. Für das Absehen von einer derartigen Besprechung gelten die bereits an anderer Stelle genannten Bedingungen.[32] Die Besprechung des Berichtes muss nicht Wort für Wort erfolgen, sie kann auch sinngemäß vorgenommen werden. Zeitpunkt sowie Art und Weise der Besprechung sollten im Bericht benannt werden und von der rechtlich betreuten Person (wenn möglich) durch ihre Unterschrift bestätigt werden.

Vorschlag einer Gliederung des Anfangsberichts

Daten der rechtlich betreuten Person:

- *Name, Vorname, Geburtsname, Geburtsdatum, Geschlecht, Nationalität*
- *Anschrift*
- *Telefon, Fax, Mailadresse, Kontaktmöglichkeiten: WhatsApp, Voice-Mail …*

Daten zur rechtlichen Betreuung:

- *Datum: Beginn, Übernahme, Überprüfungsfrist*
- *Aufgabenbereiche/Einwilligungsvorbehalt*
- *Rechtliche Betreuung auf Antrag, mit Zustimmung, Zwangsbetreuung*
- *Wünsche/Sichtweise der rechtlich betreuten Person*

Allgemeine Ausgangssituation:

- *Kommunikation (Sprache, Sprachverständnis, Hilfsmittel, Kommunikationswege)*
- *Soziales Umfeld (Familie, Bezugspersonen, Arbeit & Beschäftigung, andere Hilfen)*

Für jeden Aufgabenbereich …

- *Ausgangssituation (Vermögenssorge – Vermögensverzeichnis)*
- *Zu regelnde rechtliche Angelegenheiten – erste bereits vorgenommene Maßnahmen*
- *Fähigkeiten und Ressourcen zur freien Willensbildung, Selbstvertretung, Mitwirkung – krankheitsbedingte Einschränkungen*
- *Wünsche/Sichtweise der rechtlich betreuten Person*
- *Wunschbefolgung (Realisierbarkeit, betreuungsrechtliche Schutzverpflichtung)*
- *Unterstützungs-/Vertretungsbedarf*
- *Ziele: Wann soll was erreicht sein? Förderung der Eigenkompetenz, andere Hilfen …*

Dokumentation der Besprechung des Berichts

32 Siehe Abschnitt 4.3.5

Wann ist der Anfangsbericht vorzulegen?

Der Anfangsbericht soll binnen einer Frist von 3 Monaten nach Bestellung der rechtlichen Betreuung eingereicht werden. Im Ausnahmefall ist die Verlängerung der Frist möglich.

Findet eine Besprechung des Anfangsberichtes statt?

Rechtspfleger*innen könne den Anfangsbericht mit der rechtlich betreuten Person und dem rechtlichen Betreuer persönlich besprechen.[33] Damit soll unter anderem das gegenseitige Kennenlernen ermöglicht werden.

5.5 Vermögensverzeichnis

„Soweit die Verwaltung des Vermögens des Betreuten zum Aufgabenkreis des Betreuers gehört, hat er zum Zeitpunkt seiner Bestellung ein Verzeichnis über das Vermögen des Betreuten zu erstellen und dieses dem Betreuungsgericht mit der Versicherung der Richtigkeit und Vollständigkeit einzureichen."[34]

Das Vermögensverzeichnis bildet die Grundlage für die Aufsicht des Betreuungsgerichts über die Führung der Vermögenssorge. Es ist zu erstellen, wenn die Vermögensangelegenheiten insgesamt oder zu Teilen als Aufgabenbereich bestimmt worden sind.

In der Regel ist kein Mensch besonders begeistert, wenn er einer Behörde oder dem Gericht bis in die letzte Kleinigkeit sein Vermögen offenlegen soll. In diesem Fall dient das Vermögensverzeichnis dem Schutz der rechtlich betreuten Person.

Der ordnungsgemäße Nachweis des Vermögens und seiner späteren Verwendung liegt aber auch im Interesse des rechtlichen Betreuers. Der Nachweis verhindert spätere Konflikte zur ordnungsgemäßen Verwendung des Vermögens.

Was ist im Vermögensverzeichnis anzugeben?

Zu erfassen sind alle Vermögenswerte, die der Verwaltung des rechtlichen Betreuers unterliegen. Die Auflistung muss nicht jedes einzelne Teil erfassen. Für beispielsweise Hausrat oder die sonstigen zum persönlichen Gebrauch bestimmten Gegenstände von geringem Wert können zusammenfassende Angaben gemacht werden. Sachvermögen von erheblichem Wert ist detailliert anzugeben.

Soweit der Aufgabenkreis des rechtlichen Betreuers auch die Verwaltung der Einnahmen, Ausgaben und des Verfügungsgeldes erfasst, müssen im Rahmen des Vermögensverzeichnisses auch Angaben zu den regelmäßigen Einnahmen und Ausgaben gemacht werden.

Was ist nicht anzugeben?

Vermögenswerte, die nicht der Verwaltung durch den rechtlichen Betreuer unterliegen, müssen nicht angegeben werden. Denkbar ist beispielsweise, dass ein Teil des Vermögens von der rechtlich betreuten Person selbst verwaltet wird oder Teile des Vermögens durch einen Testamentsvollstrecker verwaltet werden.

---

33 § 1863 Absatz 1 Satz 5 BGB
34 § 1835 Absatz 1 Satz 1 BGB

Ungeachtet dieser gesetzlichen Regelung bestehen die Betreuungsgerichte oft darauf, ein umfassendes Vermögensverzeichnis zu erhalten. Dieses Ansinnen resultiert aus der Pflicht des Betreuungsgerichts, die mit der rechtlichen Betreuung verbundenen Kosten auf der Grundlage des Gesamtvermögens zu ermitteln. Vorzugsweise verwendet das Betreuungsgericht dann das Vermögensverzeichnis als Grundlage dieser Berechnungen. Das Vermögensverzeichnis dient aber ausschließlich der Aufsicht über Führung der Vermögenssorge durch den rechtlichen Betreuer. Entsprechend sind die Angaben, welche für die Ermittlung der Gerichtskosten benötigt werden, hiervon zu trennen und gesondert zu erfassen.

Wie müssen die Angaben belegt werden?

Der rechtliche Betreuer ist nicht verpflichtet, die einzelnen Vermögensgegenstände zu bewerten.

Für die Berechnung der Gerichtskosten und der Kosten der rechtlichen Betreuung kann die Bewertung von Bedeutung sein.

Soweit Angaben zum Wert gemacht werden, sind diese durch Belege nachzuweisen. Es ist nicht festgelegt, welcher Art diese Belege sein müssen. Das Betreuungsgericht hat hier einen Ermessensspielraum und kann beispielsweise die Kopien oder den Ausdruck digitaler Dokumente gelten lassen.

Der rechtliche Betreuer hat die Richtigkeit und Vollständigkeit seiner Angaben zu versichern.

Kann der rechtliche Betreuer Unterstützung beim Erstellen des Vermögensverzeichnisses erhalten?

Der ehrenamtlich tätige rechtliche Betreuer kann die zuständige Behörde, einen zuständigen Beamten, Notar, Sachverständigen oder Zeugen hinzuziehen.[35] Soweit eine Vereinbarung zur Kooperation und Unterstützung durch einen Betreuungsverein / eine Betreuungsbehörde besteht, kann der ehrenamtliche rechtliche Betreuer bei der Erstellung des Vermögensverzeichnisses von dort unterstützt werden.[36]

Von rechtlichen Berufsbetreuern ist grundsätzlich zu erwarten, dass sie zur Erstellung eines ordnungsgemäßen Vermögensverzeichnisses ohne Hinzuziehung eines Dritten in der Lage sind.

Kann das Gericht eine Kontrolle bei der Erstellung des Vermögensverzeichnisses anordnen?

„Bestehen nach den Umständen des Einzelfalls konkrete Anhaltspunkte dafür, dass die Kontrolle der Richtigkeit und Vollständigkeit des Vermögensverzeichnisses durch eine dritte Person zum Schutz des Vermögens des Betreuten oder zur Vermeidung von Rechtsstreitigkeiten erforderlich ist, kann das Betreuungsgericht eine dritte Person als Zeuge bei der Erstellung des Vermögensverzeichnisses, insbesondere bei einer Inaugenscheinnahme von Vermögensgegenständen, hinzuziehen."[37]

35 § 1835 Absatz 3 BGB
36 Siehe Abschnitt 3.8.2 § 15 i.V.m. § 22 BtOG
37 § 1835 Absatz 4 Satz 1 BGB

Der Zeuge benötigt keine spezifischen Fachkenntnisse. Als Zeuge kann beispielsweise die zuständige Behörde, ein zuständiger Beamter, Notar, Sachverständiger oder eine andere geeignete Person bestellt werden.

Konkrete Anhaltspunkte bestehen dann, wenn dem Betreuungsgericht bereits bei der Bestellung das Vorhandensein größeren Vermögens bekannt ist. Zudem ist es wichtig, zum Schutz des rechtlichen Betreuers einen Zeugen hinzuzuziehen, wenn mit einem konfliktreichen Verlauf der rechtlichen Betreuung zu rechnen ist.

Der rechtliche Betreuer kann die Hinzuziehung eines Zeugen anregen.

Zu welchem Stichtag sind die Angaben zu machen?

Stichtag für die Erstellung des Vermögensverzeichnisses ist der Zeitpunkt der Wirksamkeit der rechtlichen Betreuung.[38] Dies ist normalerweise der Zeitpunkt, mit dem die rechtliche Betreuung dem rechtlichen Betreuer bekannt gegeben worden ist. Unerheblich ist dabei, ob diese Bekanntgabe mündlich oder durch die Zustellung des Beschlusses erfolgt ist. Sofern ausnahmsweise die sofortige Wirksamkeit angeordnet worden ist, gilt als Stichtag das Datum der diesbezüglichen Anordnung.

Das Vermögensverzeichnis ist auch bei einem Wechsel des rechtlichen Betreuers zu erstellen. Der neue rechtliche Betreuer kann dabei das bereits bestehende Vermögensverzeichnis prüfen und gegebenenfalls ergänzen.

Wann muss das Vermögensverzeichnis abgegeben werden?

Das Vermögensverzeichnis ist dem Betreuungsgericht zusammen mit dem Anfangsbericht vorzulegen.

Muss das Vermögensverzeichnis mit der rechtlich betreuten Person besprochen werden?

Wie bei allen Angelegenheiten gilt auch hier, dass die rechtlich betreute Person, soweit es möglich ist, in die Erstellung des Vermögensverzeichnisses eingebunden werden soll. Dabei steht es der rechtlich betreuten Personen jedoch nicht zu, vom rechtlichen Betreuer zu verlangen, dass bestimmte Vermögenswerte dem Gericht nicht mitgeteilt werden.

Das Gericht ist verpflichtet, der rechtlich betreuten Person das Vermögensverzeichnis bekannt zu geben.

38 Siehe Abschnitt 3.12.7; § 287 Absatz 1 und 2 FamFG

5.6 Jahresbericht

Der Betreuer hat dem Betreuungsgericht mindestens einmal jährlich über die persönlichen Verhältnisse des Betreuten zu berichten.

Welche Angaben muss der Jahresbericht enthalten?

Der Jahresbericht hat insbesondere Angaben zu folgenden Sachverhalten zu enthalten:

1. Anzugeben sind Art, Umfang und Anlass der persönlichen Kontakte und des persönlichen Eindrucks von der rechtlich betreuten Person,[39]

2. Anknüpfend an den Anfangsbericht oder den letzten Jahresbericht ist über die Umsetzung der bisherigen Betreuungsziele zu berichten. Dabei sind die durchgeführten und beabsichtigten Maßnahmen zu beschreiben, insbesondere, ob und wie weit die rechtlich betreute Person sich selbst vertreten konnte oder mitgewirkt hat.

   Soweit Maßnahmen gegen den Willen der rechtlich betreuten Person vorgenommen werden mussten, sind diese gesondert zu berichten. Insbesondere sind die erheblichen Gefahren, die es zu vermeiden galt, zu beschreiben. Hierbei kann auf Zwischenberichte oder andere dem Betreuungsgericht bereits vorliegende Informationen Bezug genommen werden.[40]

3. Der rechtliche Betreuer ist verpflichtet, aktiv daran mitzuwirken, sich selbst überflüssig zu machen. Entsprechend teilt er mit, welche Schritte er unternommen hat, die zukünftige Selbstvertretung teilweise oder ganz zu ermöglichen. Soweit er insoweit erfolgreich gewesen ist, regt er die Änderung des Umfangs der rechtlichen Betreuung oder die Aufhebung der rechtlichen Betreuung an.

   Die weitere Erforderlichkeit der rechtlichen Betreuung ist im Einzelnen zu begründen. Bezogen auf die einzelnen Aufgabenbereiche ist entsprechend darzustellen, welche rechtlichen Angelegenheiten zukünftig mit Unterstützung oder durch den rechtlichen Betreuer erledigt werden müssen.

4. Rechtliche Berufsbetreuer*innen müssen zudem mitteilen, ob die Betreuung zukünftig ehrenamtlich geführt werden kann. Diese Mitteilung ist unabhängig von dem Vorhandensein einer konkreten Person, die bereit ist, die rechtliche Betreuung ehrenamtlich zu führen. Es geht darum, ob die Aspekte, welche ursprünglich für die Einrichtung einer beruflichen Betreuung gesprochen haben, soweit verändert werden konnten, dass jetzt die Möglichkeit besteht, die rechtliche Betreuung ehrenamtlich weiterzuführen.

5. Der Jahresbericht ist mit der rechtlich betreuten Person so weit wie möglich zu besprechen. Zu jedem einzelnen Sachverhalt ist ihre Sichtweise mitzuteilen.[41] Soweit auf den mutmaßlichen Willen zurückgegriffen werden muss, ist über die Beweismittel, aus denen der mutmaßliche Wille geschlossen worden ist, zu berichten.

39 Siehe Abschnitt 4.3
40 Siehe Abschnitt 4.2
41 Siehe Abschnitt 4.3

Die Besprechung muss nicht in einem Zug vorgenommen werden, sondern kann über mehrere Termine verteilt werden. Auch im Laufe des Jahres geäußerte Sichtweisen können mit in den Bericht aufgenommen werden.

Für das Absehen von einer derartigen Besprechung gelten die bereits an anderer Stelle genannten Bedingungen.[42]

Art und Weise der Besprechung sollten im Rahmen des Berichts dokumentiert und von der rechtlich betreuten Person, wenn möglich, bestätigt werden.

Vorschlag einer Gliederung des Jahresberichts

Daten der rechtlich betreuten Person:

- *Name, Vorname, Geburtsname, Geburtsdatum, Geschlecht, Nationalität*
- *Anschrift*
- *Telefon, Fax, Mailadresse, Kontaktmöglichkeiten: WhatsApp, Voice-Mail …*

Daten zur rechtlichen Betreuung:

- *Datum: Beginn, Übernahme, Überprüfungsfrist*
- *Aufgabenbereiche/Einwilligungsvorbehalt*
- *Rechtliche Betreuung auf Antrag, mit Zustimmung, Zwangsbetreuung*
- *Wünsche/Sichtweise der rechtlich betreuten Person*

Angaben zu persönlichen Kontakten & dem persönlichen Eindruck:

- *Kommunikation (Sprache, Sprachverständnis, Hilfsmittel, Kommunikationswege)*
- *Art, Umfang & Anlass (Liste als Anlage)*
- *Wünsche/Sichtweise der rechtlich betreuten Person*

Für jeden Aufgabenbereich …

- *Verlauf & Ergebnis (Vermögenssorge – Rechnungslegung); gegen den Willen vorgenommene Maßnahmen*
- *weiterhin zu regelnde rechtliche Angelegenheiten/erforderliche Maßnahmen*
- *Fähigkeiten und Ressourcen zur freien Willensbildung – krankheitsbedingte Einschränkungen*
- *Wünsche/Sichtweise der rechtlich betreuten Person*
- *Wunschbefolgung (Realisierbarkeit, Gefahren)*
- *Unterstützungs-/Vertretungsbedarf*

Erforderlichkeit der rechtlichen Betreuung/Abgabe an ehrenamtlichen rechtlichen Betreuer

Dokumentation der Besprechung des Berichts; Begründung der Unterlassung

42 Siehe Abschnitt 4.3.5

Beginnend mit dem Anfangsbericht lässt sich über die Jahresberichte der Verlauf der rechtlichen Betreuung nachvollziehen. Die Berichte folgen dem im Schaubild dargestellten Zyklus.

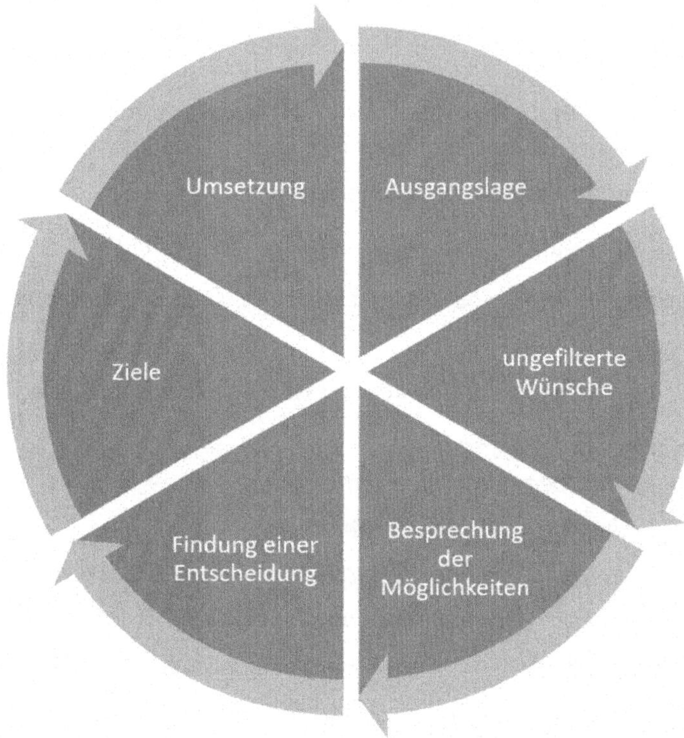

5.7 Rechnungslegung

„Der Betreuer hat dem Betreuungsgericht über die Vermögensverwaltung Rechnung zu legen, soweit sein Aufgabenkreis die Vermögensverwaltung umfasst."[43]

Wozu dient die Rechnungslegung?

Mit der Rechnungslegung wird die ordnungsgemäße Verwendung des Vermögens geprüft. Dem Betreuungsgericht ist damit ein frühzeitiges Einschreiten bei wirtschaftlichen Fehlentwicklungen möglich. Unabsichtliches oder absichtliches Fehlverhalten kann ebenfalls frühzeitig aufgedeckt werden.

Umgekehrt kann sich der rechtliche Betreuer nach erfolgter Prüfung auf diese berufen und nachweisen, dass er seinen Pflichten ordnungsgemäß nachgekommen ist.

Wie oft ist die Rechnungslegung zu erstellen?

Die Rechnungslegung ist jährlich zu erstellen.[44] Darüber hinaus kann das Gericht jederzeit Auskunft über den Stand und die Verwendung des Vermögens verlangen.

43 § 1865 Absatz 1 BGB
44 § 1865 Absatz 2 BGB

Worauf erstreckt sich die Rechnungslegung?

Zu erfassen ist Vermögen, das der Verwaltung oder Mitverwaltung (z. B. Erbengemeinschaft) des rechtlichen Betreuers unterliegt. Die Rechnungslegung erstreckt sich nicht auf Vermögen, das die rechtlich betreute Person selbst verwaltet, das vom Aufgabenkreis nicht erfasst ist oder das kraft Gesetzes von Dritten verwaltet wird[45].

Mitverwaltung ist schon dann gegeben, wenn der rechtliche Betreuer im Verlauf des Jahres eine Verfügung über das ansonsten von der rechtlich betreuten Person verwaltete Konto getätigt hat. Gleiches gilt für Taschengeldkonten in Einrichtungen. Hat der rechtliche Betreuer im Verlauf des Jahres einmal über die Verwendung des Taschengeldes entschieden, muss das Taschengeldkonto insgesamt mit in die Rechnungslegung aufgenommen werden.

Beispiel

Das Taschengeldkonto wird im Heim geführt. Regelmäßig steht für die rechtlich betreute Person Taschengeld zur freien Verfügung. Der rechtliche Betreuer hat verfügt, dass die Überweisung der Vorauszahlung zur jährlichen Befreiung von der Zuzahlung in der Krankenversicherung getätigt wird.

Wie ist die Rechnungslegung zu erstellen?

Gängige Praxis ist, dass der rechtliche Betreuer vom Betreuungsgericht ein Formular zur Erstellung der Rechnungslegung erhält. Die Rechnungslegung soll eine geordnete Zusammenstellung der Einnahmen und Ausgaben enthalten. Je nach Art und Umfang des Vermögens kann das Betreuungsgericht Einzelheiten zur Erstellung der Zusammenstellung bestimmen.

Ehrenamtlich tätige rechtliche Betreuer*innen, die eine Vereinbarung zur Begleitung und Unterstützung mit einem Betreuungsverein oder einer Betreuungsbehörde abgeschlossen haben, können insoweit Hilfe bei der Erstellung der Rechnungslegung erhalten.

Müssen Belege eingereicht werden?

Grundsätzlich besteht die Pflicht, die Vermögensverwaltung durch geeignete Belege nachzuweisen. Von dieser Regel kann das Betreuungsgericht Ausnahmen zulassen. Eine Ausnahme ist beispielsweise dann möglich, wenn die Einnahmen und Ausgaben einen gleichbleibenden Verlauf haben.

Wie ist die Selbstverwaltung durch die rechtlich betreute Person nachzuweisen?

Über die Verwendung von Mitteln, die der rechtlich betreuten Person überlassen sind, oder über Vermögen, das sie ausschließlich selbst verwaltet, macht der rechtliche Betreuer eine Mitteilung an das Betreuungsgericht. Zum Nachweis für die Selbstverwaltung reicht eine Erklärung der rechtlich betreuten Person. Kann der rechtliche Betreuer von der rechtlich betreuten Person diese Erklärung nicht erlangen, kann hilfsweise eine Versicherung des rechtlichen Betreuers an Eides statt über die Richtigkeit seiner Mitteilung genügen. Sollten beim Betreuungsgericht Zweifel verbleiben, steht es ihm frei, sich auf andere Weise, etwa durch Anhörung der rechtlich betreuten Person, Gewissheit zu verschaffen.[46]

---

45 Z. B. Testamentsvollstreckung
46 BT-Drs. 19/24445, S. 305

Wer ist von der Pflicht zur Rechnungslegung befreit?

Von der Pflicht zur Rechnungslegung sind Verwandte in gerader Linie, Geschwister, Ehegatten, der Betreuungsverein oder ein Vereinsbetreuer, die Betreuungsbehörde oder ein Behördenbetreuer befreit. Das Betreuungsgericht kann andere rechtliche Betreuer*innen befreien, wenn die rechtlich betreute Person dies vor der Bestellung der Betreuung schriftlich verfügt hat. Dies gilt nicht, wenn die rechtlich betreute Person erkennbar an diesem Wunsch nicht festhalten will.[47]

Das Betreuungsgericht hat die Befreiungen aufzuheben, wenn ohne die Aufsicht des Betreuungsgerichts eine Gefährdung der dem Gesetz entsprechenden Verwaltung des Vermögens zu befürchten ist.[48]

Befreite rechtliche Betreuer haben dem Betreuungsgericht jährlich eine Übersicht über den Bestand des ihrer Verwaltung unterliegenden Vermögens (Vermögensübersicht) einzureichen. Das Betreuungsgericht kann anordnen, dass die Vermögensübersicht in längeren, höchstens fünfjährigen Zeiträumen einzureichen ist.

Ist das Betreuungsgericht verpflichtet, die Rechnungslegung zu prüfen?

Das Betreuungsgericht hat die Rechnung sachlich und rechnerisch zu prüfen und, soweit erforderlich, ihre Berichtigung und Ergänzung durch den rechtlichen Betreuer herbeizuführen. Eine Korrektur darf nur durch den rechtlichen Betreuer vorgenommen werden.

Die gerichtliche Prüfung umfasst insbesondere:

- die formelle Prüfung,
- ob die Rechnung in sich schlüssig ist,
- ob die angegebenen Ausgaben plausibel und ausreichend nachgewiesen wurden,
- ob der Abschluss korrekt ist,
- ob alle Einnahmen aufgeführt sind,
- ob die Ausgaben erforderlich und angemessen waren,
- ob die Vorschriften über die Verwaltung des Geldes[49] beachtet wurden.

Ist die rechtlich betreute Person mit der Verwaltung des Vermögens durch den rechtlichen Betreuer nicht einverstanden und leitet sie daraus Ansprüche ab, müssen diese ungeachtet von der Rechnungslegung vor dem Zivilgericht geltend gemacht werden. Mit der Geltendmachung seiner Ansprüche braucht die rechtlich betreute Person nicht bis zum Ende der rechtlichen Betreuung warten. Sie kann ihre Ansprüche jederzeit gerichtlich und außergerichtlich geltend machen.

47 §§ 1859 & 1860 BGB
48 Siehe Abschnitt 4.2
49 §§ 1838 ff. BGB; siehe Abschnitt 6.4

5.8 Auskunfts- und Mitteilungspflichten

Neben der Pflicht, dem Gericht in regelmäßigen Abständen über die Arbeit zu berichten, hat der rechtliche Betreuer weitere Auskunfts- und Mitteilungspflichten.

Muss ich dem Gericht jederzeit Rede und Antwort stehen?

„Der Betreuer hat dem Betreuungsgericht auf dessen Verlangen jederzeit über die Führung der Betreuung und über die persönlichen und wirtschaftlichen Verhältnisse des Betreuten Auskunft zu erteilen."[50]

Der rechtliche Betreuer muss jederzeit in der Lage sein, über die persönlichen und wirtschaftlichen Verhältnisse der rechtlich betreuten Personen zu berichten. Er muss insbesondere in der Lage sein, eigenes Handeln zu begründen und gegebenenfalls zu rechtfertigen. Es ist also dringend zu empfehlen, die Aktenführung auf einem aktuellen Stand zu halten. Den „Schuhkarton" mit den Unterlagen lediglich einmal im Jahr zu sortieren, ist nicht ausreichend. Gesprächsinhalte und die vorgenommenen Maßnahmen sollten dokumentiert und abrufbar sein.

Muss ich dem Gericht auch ohne Aufforderung berichten?

„Der Betreuer hat dem Betreuungsgericht wesentliche Änderungen der persönlichen und wirtschaftlichen Verhältnisse des Betreuten unverzüglich mitzuteilen."[51]

Was sind wesentliche Änderungen?

Wesentliche Änderungen sind alle Änderungen, welche die Aufsichtspflicht des Betreuungsgerichts berühren. Gemeint sind Änderungen, die sich nicht aus den bisherigen Berichten ableiten lassen.

Beispiele

- *Änderungen im Bereich der personenbezogenen Daten (Adressänderung; Änderungen des Familienstandes ...)*
- *wesentliche Änderungen im Bereich der Kontaktgestaltung*
- *eine nicht vorhersehbare lebensbedrohliche Verschlimmerung der Erkrankung*
- *das Auftreten einer schweren Erkrankung*
- *erhebliche Änderungen im Bereich von Einnahmen und Ausgaben*
- *der Verlust des Arbeitsplatzes*

Welche konkreten Sachverhalte müssen mitgeteilt werden?

Daneben nennt das Gesetz konkrete Sachverhalte, die umgehend mitzuteilen sind. Dies gilt für Änderungen,

1. die eine Aufhebung der Betreuung oder des Einwilligungsvorbehalts ermöglichen,
2. die eine Einschränkung des Aufgabenkreises des Betreuers ermöglichen,

50 § 1864 Absatz 1 BGB
51 § 1864 Absatz 2 Satz 1 BGB

3. die die Erweiterung des Aufgabenkreises des Betreuers erfordern,
4. die die Bestellung eines weiteren Betreuers erfordern,
5. die die Anordnung eines Einwilligungsvorbehalts erfordern und
6. aus denen sich bei einer beruflich geführten Betreuung ergibt, dass die Betreuung zukünftig ehrenamtlich geführt werden kann.[52]

Die Pflicht, das Gericht über die Möglichkeit, die rechtliche Betreuung aufzuheben, und über eine mögliche Einschränkung oder notwendige Erweiterung des Aufgabenkreises zu informieren, ist nicht einfach zu handhaben. Die Praxis zeigt, dass die Ansichten, wann eine rechtlich betreute Person noch oder wieder in der Lage ist, seine Angelegenheiten selbst zu besorgen, weit auseinandergehen.

Für die rechtliche Betreuung altersgebrechlicher Menschen wird häufiger die Erweiterung der rechtlichen Betreuung zu beantragen sein.

Demgegenüber besteht bei der rechtliche/n Betreuung jüngerer psychisch kranker Menschen schon eher die Möglichkeit, dass die Beeinträchtigung durch die Krankheit abnimmt oder eine Umgebung gefunden wird, in der das Handikap an Bedeutung verliert. Der Aufgabenbereich des rechtlichen Betreuers kann dann reduziert oder die rechtliche Betreuung aufgehoben werden.

Hat das Gericht eine/n rechtliche/n Berufsbetreuer*in bestellt, hat diese/r ihr/ihm bekanntwerdende Umstände, aus denen sich ergibt, dass die rechtlich betreute Person durch eine oder mehrere andere Personen außerhalb einer Berufsausübung rechtlich betreut werden kann, dem Gericht mitzuteilen.

Die Mitteilung hat demzufolge zu erfolgen, wenn sich Umstände ergeben haben, die eine ehrenamtliche Führung der rechtlichen Betreuung ermöglichen. Dies dürfte regelmäßig der Fall sein, wenn wesentliche Angelegenheiten, welche die Fachkenntnisse einer beruflich geführten rechtlichen Betreuung erfordert haben, abschließend geregelt worden sind. Gleiches gilt umgekehrt, wenn rechtliche Betreuer*innen sich aufgrund wachsender Schwierigkeit des Falls überfordert sehen und ein anderer rechtlicher Betreuer – evtl. Berufsbetreuer*in oder ein Verein als rechtlicher Betreuer – erforderlich wird.

Nicht unbedingt ein Wechsel, aber die Bestellung eines Ergänzungsbetreuers ist dann erforderlich, wenn ein Kauf-, Miet- oder Dienstvertrag für die rechtlich betreute Person abgeschlossen werden soll, bei dem die rechtliche betreuende Person selber der Käufer/Mieter/Leistungsempfänger oder Verkäufer/Vermieter/Dienstleister des Objektes – der Leistung – ist. Die rechtlich betreuende Person würde ein verbotenes Geschäft mit sich selbst vornehmen. In diesem Fall muss bei Gericht einen Antrag auf Bestellung eines Ergänzungsbetreuers für diese Angelegenheit gestellt werden.

52 § 1864 Absatz 2 Satz 2 BGB

Beispiel

Die rechtlich betreuende Person hat gleichzeitig auch die tatsächliche Versorgung und Pflege der rechtlich betreuten Person übernommen und will für den Ausgleich seiner Arbeit eine Vergütung gezahlt bekommen.

Die Pflicht zur Mitteilung an das Gericht ergibt sich für den Betreuer auch dann, wenn ein Wechsel des Betreuers angezeigt ist, weil es zwischen dem betreuten Menschen und dem Betreuer Differenzen gibt. Hierbei steht nicht die Frage der Schuld im Vordergrund, sondern lediglich die Überlegung, wie die rechtliche Betreuung sinnvoll fortgesetzt werden kann. Auch der Umzug des betreuten Menschen oder des Betreuers kann einen Wechsel des Betreuers nach sich ziehen, weil die rechtliche Betreuung aufgrund der entstandenen Entfernung nicht in dem erforderlichen Maß persönlich weitergeführt werden kann.

Neben diesen sich aus einer möglichen Änderung der rechtlichen Betreuung ergebenden Mitteilungspflichten bestehen weitere Mitteilungspflichten im Bereich der Vermögenssorge.[53]

5.9 Abschließende Aufsicht nach dem Ende der rechtlichen Betreuung

5.9.1 Ende der rechtlichen Betreuung

Wann endet die rechtliche Betreuung?

Die folgenden Möglichkeiten beenden die rechtliche Betreuung:

- Die vorläufige rechtliche Betreuung endet nach sechs Monaten, soweit das Betreuungsgericht keine kürzere Frist festgesetzt hat. Sie kann auf die Dauer von zwölf Monaten verlängert werden.[54]
- Die rechtliche Betreuung endet durch die mit Beschluss des Betreuungsgerichts erfolgte Aufhebung.[55]
- Mit dem Tod der rechtlich betreuten Person endet die rechtliche Betreuung.[56]

Der Wechsel des rechtlichen Betreuers ist kein Ender der rechtlichen Betreuung.[57]

53 Siehe Abschnitt 6.4
54 § 302 FamFG
55 § 1870 BGB
56 § 1870 BGB
57 Zu den abschließenden Tätigkeiten des bisherigen rechtlichen Betreuers siehe Abschnitt 3.8.7

5.9.2 Schlussbericht

Nach dem Ende der rechtlichen Betreuung oder bei einem Wechsel des rechtlichen Betreuers hat der bisherige rechtliche Betreuer einen Schlussbericht zu erstellen.[58]

Der Schlussbericht beinhaltet die seit dem letzten Bericht eingetretenen Änderungen der persönlichen Verhältnisse. Die Ausführlichkeit des Schlussberichtes bestimmt sich nach dem Einzelfall. Er kann gegebenenfalls auch kurz gehalten werden.

Im Rahmen des Schlussberichtes ist über die Herausgabe des der Verwaltung des rechtlichen Betreuers unterliegenden Vermögens und aller im Rahmen der Betreuung erlangten Unterlagen zu berichten.[59]

5.9.3 Herausgabe des Vermögens

Wer kann die Herausgabe verlangen?

Berechtigte können sein:

- die bisher rechtlich betreute Person (bei Ende nach Fristablauf der einstweilig angeordneten oder Aufhebung der rechtlichen Betreuung),
- der neu bestellte rechtliche Betreuer (bei einem Wechsel des rechtlichen Betreuers)
- sowie durch entsprechende Dokumente legitimierte Erben oder sonstige Berechtigte (Testamentsvollstrecker, Nachlasspfleger – nach dem Tod der rechtlich betreuten Person).

Herauszugeben sind alle Vermögenswerte und Unterlagen, die im Verlauf der rechtlichen Betreuung angefallen sind. Die Unterlagen sind erst nach Erstellung der Schlussrechnung herauszugeben bzw. wenn klar ist, dass eine solche nicht verlangt wird.

Rechtliche Betreuer tun sich oft schwer mit der Herausgabe der Unterlagen, da sie befürchten, dass ihnen in einem späteren Regressverfahren die Beweismittel fehlen. Ungeachtet dessen sind alle Unterlagen herauszugeben. Soweit Aufbewahrungsfristen und haftungsrechtliche Fristen eine Rolle spielen, kann der rechtliche Betreuer sich von den entsprechenden Unterlagen Kopien fertigen.

5.9.4 Schlussrechnungslegung und Rechnungsprüfung

Wann ist eine Schlussrechnungslegung zu erstellen?

Bei einem Wechsel des rechtlichen Betreuers ist, soweit die Verwaltung des Vermögens Bestandteil der rechtlichen Betreuung gewesen ist, eine abschließende Rechnungslegung zu erstellen.[60]

Endet die rechtliche Betreuung, besteht keine generelle Pflicht zur Schlussrechnungslegung. Eine Schlussrechnung ist in folgenden Fällen zu erstellen.

---

58 § 1863 Absatz 4 BGB

59 § 1863 Absatz 4 i.V.m. § 1872 BGB

60 § 1872 Absatz 4 Satz 2 BGB

- Die Schlussrechnungslegung ist zu erstellen, wenn der oben genannte Berechtigte dies verlangt.

  Der Gesetzgeber geht davon aus, dass der Berechtigte in den meisten Fällen kein großes Interesse an einer Schlussrechnungslegung hat. In der Mehrzahl der Fälle ist kein Vermögen vorhanden oder die Führung der rechtlichen Betreuung ist konfliktfrei und zu aller Zufriedenheit verlaufen.

  Es bedarf einer aktiven Erklärung des Berechtigten, um die Pflicht zur Erstellung einer Rechnungslegung auszulösen. Der rechtliche Betreuer hat den Berechtigten auf sein Recht, eine Rechnungslegung zu verlangen, hinzuweisen. Nach diesem Hinweis hat der Berechtigte sechs Wochen Zeit, die Erstellung der Rechnungslegung zu verlangen. Damit der Beginn der Frist nachgewiesen werden kann, empfiehlt es sich, den an den Berechtigten erteilten Hinweis unterschreiben zu lassen. Das Verlangen nach einer Rechnungslegung hat der Berechtigte dem Betreuungsgericht mitzuteilen.
- Eine Schlussrechnungslegung ist auch dann zu erstellen, wenn die rechtlich betreute Person sechs Monate nach dem Ende der rechtlichen Betreuung unbekannten Aufenthalts ist oder nach Ablauf von 6 Monaten kein Berechtigter vorhanden ist.[61]

Worauf erstreckt sich die Schlussrechnungslegung?

Form und Inhalt der Rechnungslegung ergeben sich aus den bis dahin geltenden Anfordernissen, die an die Rechnungslegung gestellt worden sind.[62] Die Schlussrechnungslegung umfasst den Zeitraum seit der letzten Rechnungslegung oder für den Fall, dass bisher keine erstellt worden ist, den Zeitraum ab der Wirksamkeit der rechtlichen Betreuung in Verbindung mit dem Aufgabenbereich, der die Pflicht zur Rechnungslegung begründet.

Was gilt für befreite rechtliche Betreuer?

Soweit der rechtliche Betreuer bisher befreit gewesen ist, genügt in den oben genannten Fällen die Erstellung einer Vermögensübersicht mit einer Übersicht über die Einnahmen und Ausgaben seit der letzten Vermögensübersicht. Die Richtigkeit und Vollständigkeit der Vermögensübersicht ist an Eides statt zu versichern.[63]

Wann erfolgt eine Prüfung der eingereichten Schlussrechnung?

Soweit ein Wechsel des rechtlichen Betreuers stattgefunden hat, prüft das Betreuungsgericht die Schlussrechnung oder die Vermögensübersicht sachlich und rechnerisch. Soweit erforderlich, hat es Ergänzungen herbeizuführen. Die Prüfung erfolgt auch, wenn die bisher rechtlich betreute Person sechs Monate nach Ende der Betreuung unbekannten Aufenthalts ist oder ihre Erben nach Ablauf dieser Frist unbekannt oder unbekannten Aufenthalts sind und kein sonstiger Berechtigter vorhanden ist.

Ist ein Berechtigter vorhanden, fällt die Prüfung nicht mehr unter die eigentliche Aufgabe der Aufsichtsführung über die rechtliche Betreuung. Vielmehr prüft das Betreuungsgericht aus Fürsorgegründen gegenüber der rechtlich betreuten Person oder den Erben, um diesen gegebenenfalls die zivilrechtliche Geltendmachung ihrer Ansprüche zu erleichtern.

---

61 § 1872 Absatz 3 BGB
62 Siehe Abschnitt 5.8; §§ 1859 & 1860 BGB
63 § 1872 Absatz 5 BGB

Aus diesem Grund prüft das Betreuungsgericht nur noch dann, wenn der Berechtigte dies binnen sechs Wochen nach Zugang der Schlussrechnung oder der Vermögensübersicht verlangt. Nach Ablauf der Frist besteht kein Anspruch mehr auf die Prüfung durch das Betreuungsgericht.

Ablauf des Verfahrens nach Ende der rechtlichen Betreuung und Vorhandenseins eines Berechtigten:

1. Der rechtliche Betreuer hat eine geforderte oder fällige Schlussrechnung oder Vermögensübersicht beim Betreuungsgericht einzureichen.
2. Das Betreuungsgericht übersendet diese an den Berechtigten.
3. Der Berechtigte beantragt binnen einer Frist von sechs Wochen nach Zugang der Schlussrechnung, diese zu prüfen.
4. Das Betreuungsgericht prüft.
5. Das Betreuungsgericht übersendet das Ergebnis der Prüfung an den Berechtigten.[64]

5.9.5 Besorgung der Angelegenheiten nach Beendigung der rechtlichen Betreuung

Nach dem Tod der rechtlich betreuten Person findet der Übergang nicht erst mit Erteilung des Erbscheins statt. Der rechtliche Betreuer hat keine Berechtigung mehr, über das Vermögen zu verfügen. Für die Wirksamkeit der durch den rechtlichen Betreuer erledigten Rechtsgeschäfte kommt es auf den Zeitpunkt an, zu dem der rechtliche Betreuer Kenntnis vom Tod der rechtlich betreuten Person erhalten hat oder dies zumindest hätte wissen müssen. Ein besonderer Beschluss des Betreuungsgerichts ist nicht erforderlich.[65]

Endet die Betreuung durch den Tod des Betreuten, so hat der Betreuer im Rahmen des ihm übertragenen Aufgabenkreises die Angelegenheiten, die keinen Aufschub dulden, zu besorgen, bis der Erbe diese besorgen kann.[66] Angelegenheiten, die keinen Aufschub dulden, sind beispielsweise fristgebundene Angelegenheiten, aber auch solche, bei deren Unterlassung dem Erben ein Nachteil drohen würde.

5.9.6 Zusammenfassung der zu erledigenden Aufgaben nach dem Tod der rechtlich betreuten Person

Was bleibt dem bisherigen Betreuer noch zu tun:

- Der bisherige Betreuer hat das Gericht und, wenn ihm diese bekannt sind, auch die Angehörigen vom Tod der rechtlich betreuten Person zu unterrichten, die dann für die Beerdigung zu sorgen haben.
- Er hat, sofern der betreute Mensch nicht im Heim verstorben ist und der Heimleiter dies tut, das Standesamt zu benachrichtigen, das die Sterbeurkunde ausstellt.

64 § 1873 BGB
65 § 1874 Absatz 1 BGB
66 § 1874 Absatz 2 BGB

- Sofern der Arzt nicht einen Totenschein ausstellt, hat er die Staatsanwaltschaft über den Verdacht des unnatürlichen Todes zu informieren.
- Eventuell vorhandene Testamente sind an das Nachlassgericht abzuliefern.
- Er hat die Urkunde über seine Bestellung an das Betreuungsgericht zurückzugeben.
- Er hat das Vermögen und alle Unterlagen an die Erben oder andere Berechtigte herauszugeben.[67]
- Er hat dem Gericht einen Schlussbericht und, wenn zu seinem Aufgabenkreis die Regelung der Vermögensangelegenheiten gehörte und dies auch gefordert wird, eine Schlussabrechnung/abschließende Vermögensübersicht einzureichen.[68]
- Sind die Erben nicht bekannt oder können sie nicht benachrichtigt werden und ist es für die Sicherung des Nachlasses erforderlich, ist bei Gericht eine Nachlasspflegschaft anzuregen.
- Wenn nötig, hat er eine Information an das Ordnungsamt zu geben, damit von dort die Beerdigung veranlasst werden kann.
- Eine Fortführung der Geschäfte ist nur, soweit dies Angelegenheiten betrifft, die keinen Aufschub dulden, zulässig.

Beispiele

Zur Vermeidung der Gefahr für Dritte kann es erforderlich sein, Wasser, Gas, Strom usw. in der Wohnung abzustellen, die Heizung so einzustellen, dass keine Frostschäden entstehen, Haustiere versorgen zu lassen, Mitteilung an Leistungsträger, Rentenstelle, Sozialamt usw. zu machen.

Der Schutz der Persönlichkeit des Verstorbenen, Anordnungen über die Art der Bestattung und Entscheidungen über die Organentnahme obliegen den Angehörigen in der Reihenfolge des Grades der Verwandtschaft im Rahmen der Totensorge. Der Betreuer ist nicht befugt, über die Organspende zu befinden.

67 Siehe Abschnitt 5.10.3
68 Siehe Abschnitt 5.10.4

6 Beispiele aus den Aufgabenbereichen

Im Folgenden werden häufig verwendete Aufgabenbereiche und Problemstellungen dargestellt. Es sollen Anregungen und Hilfen angeboten werden, um die Interessen der rechtlich betreuten Person wirksam vertreten zu können. Der Gesetzgeber hat mit dem zum 01.01.2023 in Kraft getretenen Gesetz zur Reform des Vormundschafts- und Betreuungsrechts die Bedeutung der Selbstbestimmung stärker betont. Es ist zu hoffen, dass dieser Gedanke von allen Akteuren in die Praxis umgesetzt wird. Der rechtliche Betreuer ist ausschließlich dem Willen der rechtlich betreuten Personen und der Abwehr einer für sie drohenden erheblichen Gefahr verpflichtet.

6.1 Aufgabenbereich Gesundheitsfürsorge, Untersuchung, Heilbehandlung, ärztlicher Eingriff

Dieser Abschnitt befasst sich mit Aspekten von Gesundheit und ärztlichen Maßnahmen. Daneben hat eine ärztliche Maßnahme in der Regel auch einen finanziellen Aspekt. Stimmt der Betreuer einer ärztlichen Maßnahme zu, kann hierdurch ein kostenrelevantes Vertragsverhältnis begründet sein. Erstrecken sich die Aufgabenbereiche des rechtlichen Betreuers neben der Sorge für die Gesundheit auch auf die Regelung finanzieller Angelegenheiten, ergeben sich hierdurch keine Probleme. Der rechtliche Betreuer hat ohnehin für die Regulierung der Behandlungskosten zu sorgen. Erstreckt sich der Aufgabenbereich lediglich auf die Sorge für die Gesundheit, hat der rechtliche Betreuer darauf hinzuweisen, dass seine Entscheidung keinen Vertrag zur Übernahme der Kosten begründet. In diesem Fall ist die Entscheidung zur Regulierung der Kosten von der rechtlich betreuten Person selbst vorzunehmen. Ist sie hierzu nicht in der Lage und ist für diesen Fall keine Regelung getroffen bzw. steht keine vorrangige Hilfe[1] zur Verfügung, hat der rechtliche Betreuer die Erweiterung der rechtlichen Betreuung beim Betreuungsgericht anzuregen.

Der Bereich Sterilisation ist im Gesetz mit besonderen Bestimmungen versehen.[2] Auf eine ausführliche Darstellung soll verzichtet werden, da die Sterilisation in der betreuungsrechtlichen Praxis eine seltene Rolle spielt. Für den Fall, dass eine Sterilisation beabsichtigt ist, muss unbedingt das Gericht angesprochen werden, da es hierüber zu entscheiden hat.

6.1.1 Tätigkeiten zu Beginn der rechtlichen Betreuung

Ein Aufgabenbereich, der teilweise oder insgesamt die Gesundheitssorge erfasst, kann nur beschlossen werden, wenn in einem bereits aktuell bestehenden Krankheitsgeschehen oder einem zukünftig zu erwartenden Krankheitsgeschehen ein Bedarf für rechtliche Unterstützung beziehungsweise rechtliche Vertretung anzunehmen ist. Entsprechend ist es die erste Aufgabe des rechtlichen Betreuers, alle vorhandenen Informationen über die dem Aufgabenkreis zuzurechnenden Krankheitsverläufe einzuholen.

---

1 Siehe Abschnitt 2
2 § 1830 BGB

Hier sind insbesondere zu nennen:

- das im Betreuungsverfahren eingeholte Gutachten,
- Gutachten aus anderen Verfahren (Pflegeversicherung ...),
- Berichte aus erfolgten Kranken- oder Rehabilitationsbehandlungen,
- Berichte zum Verlauf ambulanter Maßnahmen
- ...

Der rechtliche Betreuer bespricht die so gewonnenen Erkenntnisse mit der rechtlich betreuten Person.

Welches Verständnis von Krankheit ist zugrunde zu legen?

In der Medizin ist die Zuordnung von Erkrankungen zu abstrakten „Krankheitskategorien" für die Entwicklung fachlicher Standards zur Behandlung und Kostenregulierung wichtig. Eine zu diesem Zweck entwickelte Systematik ist die Internationale Klassifikation der Krankheiten und verwandter Gesundheitsprobleme (ICD-10). Diese Zuordnung wird oft dazu verwendet, um objektive Anhaltspunkte für die Beurteilung und die Behandlung von Erkrankungen zu erhalten. Wie bereits ausgeführt, sind es aber nicht objektive Anhaltspunkte, die für die rechtliche Betreuung maßgeblich sind. Entscheidend ist die subjektive, auf die rechtlich betreute Personen bezogene Sichtweise.

Seit Jahrhunderten wird über die Definition des Krankheitsbegriffs diskutiert. Dabei wird Krankheit oft im Gegensatz zu Gesundheit gesehen. Krankheit ist keine biologische Konstante, sondern ein kulturelles wertbezogenes Konstrukt. Die Übergänge zwischen Gesundheit und Krankheit sind fließend. Die Behandlung einer Krankheit ist eine höchst persönliche Angelegenheit. Der religiöse Glaube, das Körperempfinden, das eigene ästhetische Empfinden, Lebensführung und Lebensumfeld, die ganz persönlichen Wertvorstellungen haben Auswirkung auf die Entscheidung, ob und wie wir behandelt werden wollen. Jeder von uns hat sein eigenes Verständnis von Krankheit. Dieses Verständnis gilt es herauszufinden und zur Grundlage der rechtlichen Unterstützung beziehungsweise rechtlichen Vertretung zu machen.

Zu Beginn ist somit zu klären, ob eine Patientenverfügung vorhanden ist und die dortigen Erklärungen beibehalten werden sollen. Ist keine Patientenverfügung vorhanden, ist der rechtliche Betreuer gehalten, die Besprechung und Erstellung einer solchen Verfügung anzubieten.

Ohne Patientenverfügung ist zu klären, ob ideologische, religiöse oder andere Wertvorstellungen die Wünsche der rechtlich betreuten Personen tragen.

6.1.2 Unterstützung/Vertretung im Krankheitsfall

Wenn nicht ohnehin ein aktuelles Krankheitsgeschehen die Aufmerksamkeit des rechtlichen Betreuers auf sich gezogen hat, steht am Anfang das Unwohlsein der rechtlich betreuten Person oder die Krankheitsvermutung aus ihrem Umfeld. Es kann sein, dass die rechtlich betreute Person selbst keine gesundheitlichen Einschränkungen erlebt bzw. diese nicht erkennen will. Ob und wieweit in diesem Fall weitere Untersuchungen zulässig sind, bestimmt sich aus dem Ergebnis der oben genannten Ermittlungen und der Frage, ob erhebliche Gefahren abzuwenden sind.[3]

Der Besuch bei der Ärztin/beim Arzt bedeutet, dass ich ein gesundheitliches Problem habe, mit dem ich selbst nicht mehr fertig werde. Ich benötige den Rat und die Hilfe eines facherfahrenen Menschen.

Welche Bedeutung hat die rechtliche Betreuung?

Für den Fall, dass die rechtlich betreute Person nicht in der Lage ist, selbst in Eigenverantwortung in die beabsichtigte Maßnahme einzuwilligen, ist es die Aufgabe des rechtlichen Betreuers, die rechtliche Handlungsfähigkeit herzustellen und damit die gewünschten oder zwingend erforderlichen Behandlungen zu ermöglichen.

Wann bedarf es der Aufklärung und Einwilligung?

Jede medizinische Maßnahme, die nicht im Rahmen eines Notfalls vorgenommen wird, bedarf der wirksamen Einwilligung der erkrankten Person oder der Einwilligung durch ihren gesetzlichen Vertreter.[4] Die Wirksamkeit der Einwilligung setzt voraus, dass die erkrankte Person oder die sie rechtlich vertretende Person vor der Einwilligung aufgeklärt worden ist. Selbst für die Behandlung eines Schnupfens oder Hustens muss die entsprechende Einwilligung gegeben sein.

Wie ist aufzuklären?

Die medizinisch behandelnde Person ist verpflichtet, den Patienten über sämtliche für die Einwilligung wesentlichen Umstände aufzuklären. Dazu gehören insbesondere Art, Umfang, Durchführung, zu erwartende Folgen und Risiken der Maßnahme sowie ihre Notwendigkeit, Dringlichkeit, Eignung und Erfolgsaussichten im Hinblick auf die Diagnose oder die Therapie. Bei der Aufklärung ist auch auf Alternativen zur Maßnahme hinzuweisen, wenn mehrere medizinisch gleichermaßen indizierte und übliche Methoden zu wesentlich unterschiedlichen Belastungen, Risiken oder Heilungschancen führen können.

Die Aufklärung muss mündlich durch die behandelnde oder durch eine Person erfolgen, die über die zur Durchführung der Maßnahme notwendige Ausbildung verfügt. Dieses Gespräch kann sich auf ausgehändigte Unterlagen beziehen. Die Aufklärung hat so rechtzeitig zu erfolgen, dass die erkrankte Person oder die rechtlich vertretende Person ihre Entscheidung über die Einwilligung wohlüberlegt treffen kann. Die Aufklärung muss für die erkrankte Person verständlich sein.[5]

In der ambulanten Behandlung willigt die erkrankte Person ein, indem sie die ärztliche Untersuchung zulässt und verordnete Maßnahme (z.B. Einnahme von Medikamenten) durchführt bzw. durchführen lässt. Niemand kann gegen seinen Willen gezwungen werden, eine ambulante Arztpraxis zu besuchen.

Bei Operationen und anderen schwerwiegenden Eingriffen erfolgt die Einwilligung nach der Aufklärung in schriftlicher Form.

3 Siehe Abschnitt 4.2
4 § 630d BGB
5 § 630e BGB

Handelt die medizinisch behandelnde Person eigenmächtig oder fehlt es an der erforderlichen Aufklärung, kann dies Schadensersatz,[6] Schmerzensgeldforderungen und eventuell strafrechtliche Verfolgung nach sich ziehen.

Wer ist aufzuklären?

Das Gespräch zwischen medizinisch behandelnder Person und erkrankter Person ist regelmäßig vertraulich. Auch die rechtlich betreute Person hat den Anspruch, ein vertrauliches Gespräch führen zu können. Die Tatsache, dass eine rechtliche Betreuung mit dem Aufgabenbereich der Gesundheitssorge beschlossen ist, zwingt nicht dazu, den rechtlichen Betreuer in jedem Fall mit einzubeziehen.

Durch die rechtliche Betreuung befinden sich alle Beteiligten in einer für sie ungewohnten Situation, die sie verunsichern kann. Der Erfolg einer medizinischen Behandlung basiert zu einem großen Teil auf dem Vertrauen der erkrankten Person in die Fähigkeiten der behandelnden Person oder das Vertrauen in das Krankenhaus. Umgekehrt ist die Diagnose und Behandlung auf die Offenheit des Patienten angewiesen. Es ist somit Aufgabe aller Beteiligten, eine vertrauensvolle Zusammenarbeit zu gewährleisten, um Störungen zu vermeiden.

Grundsätzlich ist die rechtlich betreute Person in einer adressatengerechten Art und Weise aufzuklären. Soweit also die rechtlich betreute Person dem Aufklärungsgespräch folgen kann, in der Lage ist, die unterschiedlichen Behandlungsmöglichkeiten zu erkennen, Vor- und Nachteile gegeneinander abwägen kann und zu einer Entscheidung finden kann, ist das Hinzuziehen des rechtlichen Betreuers nicht zwingend erforderlich. Dabei dürfen keine überzogenen Anforderungen an das Verständnis gestellt werden.

Erst wenn die medizinisch behandelnde Person zu der Auffassung gelangt, dass die rechtlich betreute Person dem Aufklärungsgespräch nicht folgen kann oder der rechtlich betreuten Person die Entscheidung unmöglich ist, ist der rechtliche Betreuer hinzuzuziehen.

Ist die Beteiligung des rechtlichen Betreuers erforderlich, stellt das Gespräch aller drei Beteiligten die ideale Form der Kommunikation dar. Die rechtlich betreute Person und der rechtliche Betreuer erfahren Notwendigkeit, Ziel und Risiken der beabsichtigten Maßnahme. Der Behandler hat die Möglichkeit, mehr über die rechtlich betreute Person, ihre Vorerkrankungen und ihre Vorgeschichte zu erfahren. Selbst wenn die rechtlich betreute Person hochgradig dement ist, niemanden erkennt und ihre kognitiven Fähigkeiten keine adäquate Willenserklärung zulassen, ist es mit dem nötigen Einfühlungsvermögen zu erreichen, ihren emotionalen Willen zu erfahren und in die weitere Entscheidungsfindung mit einfließen zu lassen. Entsprechend ist darauf zu achten, dass der rechtlich betreuten Person im Gespräch ausreichend Raum und Zeit für ihre Äußerungen gegeben wird.

Das Gespräch sollte nicht zwischen „Tür und Angel", sondern nach vorheriger Terminabsprache und ohne Zeitdruck geführt werden.

6 §§ 823 ff. BGB

Kann auf das Gespräch mit der rechtlich betreuten Person verzichtet werden?

Es ist möglich, dass die mit dem gemeinsamen Gespräch verbundene Belastung die Gesundheit des rechtlich betreuten Menschen gefährdet. In diesem Fall muss der rechtliche Betreuer auf der Grundlage des mutmaßlichen Willens der rechtlich betreuten Person entscheiden. Die Gewichtung des Rechts auf eine eigene Entscheidung und der möglichen gesundheitlichen Gefährdung muss verantwortlich vorgenommen werden.

Die Entscheidung, den rechtlich betreuten Menschen nicht mit einzubeziehen, muss nachvollziehbar sein und kann nur durch eine erkennbare Gefährdung begründet sein. Auf keinen Fall sollten Terminschwierigkeiten oder Bequemlichkeit ausschlaggebend sein.

Für den Fall, dass sich die medizinisch behandelnde Person weigert, das gewünschte Gespräch zu führen, besteht die Möglichkeit, sich bei der Kassenärztlichen Vereinigung oder der Ärztekammer zu beschweren. Im Fall einer Behandlung im Krankenhaus besteht die Möglichkeit der Beschwerde bei der medizinischen Leitung und/oder bei dem Träger des Krankenhauses. Die Beschwerde sollte vorher angekündigt werden.

Wer entscheidet?

Die rechtlich betreute Person ist an erster Stelle berechtigt und verpflichtet, über ihre Gesundheit zu entscheiden. Sie darf diese Entscheidung nicht aus bloßer Bequemlichkeit dem rechtlichen Betreuer überlassen. Gleichermaßen darf die behandelnde Person nicht auf einer Entscheidung des rechtlichen Betreuers bestehen, wenn die rechtlich betreute Person in der Lage ist, die anstehende Entscheidung selbst zu verantworten.

Die Fähigkeit zur Einwilligung in die beabsichtigte ärztliche Maßnahme ist dabei nicht abhängig von der Geschäftsfähigkeit,[7] sondern von der „natürlichen Einsichts- und Steuerungsfähigkeit".[8] Diese Fähigkeit kann nicht pauschaliert beurteilt werden. Sie ist eng mit der aktuellen körperlichen, geistigen und seelischen Gesundheit der rechtlich betreuten Person verbunden und abhängig von der Art und den zu erwartenden Folgen der beabsichtigten Maßnahme.

Insbesondere, wenn mehrere Möglichkeiten der Behandlung zur Wahl stehen, wird es schnell kompliziert. Manchen Menschen mit durch Krankheit oder geistiger Behinderung eingeschränkter geistiger Leistungsfähigkeit ist die Abwägung von ineinander verschachtelten „wenn-dann" Konstrukten oder/und tendenziellen Überlegungen nicht oder nur eingeschränkt möglich. Rechtliche Unterstützung schließt an die umfassende medizinische Aufklärung an und versucht, den Sachverhalt auf ein für den betreuten Menschen verständliches Bild zu reduzieren. Die Vereinfachung hat regelmäßig zur Folge, dass für den Entscheidungsprozess wichtige Einzelheiten oder Entscheidungsvarianten verloren gehen. Es obliegt der Verantwortung des rechtlichen Betreuers, so viel wie nötig, aber nur so wenig wie möglich zu vereinfachen.

7 § 104 BGB
8 BT-Drs. 11/4528, S. 140

Wann und wie entscheidet der rechtliche Betreuer?

Erst wenn alle Möglichkeiten ausgeschöpft worden sind, dem rechtlich betreuten Menschen die Tragweite der notwendigen Entscheidung klarzumachen, er diese nicht erkennt und somit selbst nicht einwilligen kann, handelt der rechtliche Betreuer stellvertretend entsprechend dem (auch zuvor) erklärten Willen, dem mutmaßlichen Willen oder zur Abwendung einer erheblichen Gefahr. In der Praxis wird es oft vorkommen, dass der betreute Mensch einfache Maßnahmen eigenverantwortlich entscheiden kann, hingegen komplexe Zusammenhänge – z.B. bei Gefäßoperationen – nicht vollständig verstehen kann.

Häufig ist es so, dass keine unbedingte Klarheit in Bezug auf die Einsichts- und Steuerungsfähigkeit der rechtlich betreuten Person besteht. Für medizinisch behandelnde Person ist es wichtig, eine unstrittige Einwilligung zu erhalten. Herrscht Einvernehmen zwischen der rechtlich betreuten Person und dem rechtlichen Betreuer, kann diese Unsicherheit durch eine gemeinsame Erklärung behoben werden.

Ist die rechtlich betreute Person nicht in der Lage, über die anstehende Behandlung ihrer Krankheit zu entscheiden, wird das Handeln des rechtlichen Betreuers erforderlich. Dabei wird er entweder als Bote oder als gesetzlicher Vertreter tätig. Der Betreuer ist Bote, wenn er dem in einer Patientenverfügung festgehaltenen Willen Geltung verschafft.

Hat der einwilligungsfähige rechtlich betreute Mensch für den Fall seiner Einwilligungsunfähigkeit schriftlich festgelegt, ob er in bestimmte zum Zeitpunkt der Festlegung noch nicht unmittelbar bevorstehende Untersuchungen seines Gesundheitszustandes, Heilbehandlungen oder ärztliche Eingriffe einwilligt oder sie untersagt (Patientenverfügung), prüft der rechtliche Betreuer zusammen mit dem Behandler, ob diese Festlegungen ausreichend konkret sind[9] und auf die aktuelle Lebens- und Behandlungssituation zutreffen.

Dabei hat der Betreuer auch zu ermitteln, ob Anhaltspunkte vorliegen, die erkennen lassen, dass der rechtlich betreute Mensch nicht mehr an Teilen der oder der Patientenverfügung als solcher festhalten wollte. Eine Patientenverfügung kann jederzeit formlos widerrufen werden.[10]

In der Patientenverfügung geäußerte Wünsche und Entscheidungen sind nicht verbindlich, wenn sie erkennbar in Unkenntnis der Möglichkeiten medizinischer Behandlung oder späterer medizinischer Entwicklungen abgegeben wurden, bei deren Kenntnis die betroffene Person vermutlich eine andere Entscheidung getroffen hätte.

Die Patientenverfügung ist unabhängig von Art und Stadium einer Erkrankung wirksam.[11] Kommen die medizinisch behandelnde Person und der rechtliche Betreuer zu dem Schluss, dass die Patientenverfügung wirksam ist, hat der rechtliche Betreuer dem Willen der rechtlich betreuten Person Ausdruck und Geltung zu verschaffen.[12]

9 BGH, Beschluss vom 6.7.2016 – XII ZB 61/16, BtPrax 2016, 187
10 § 1827 Absatz 1 BGB
11 § 1827 Absatz 3 BGB
12 § 1827 Absatz 1 BGB

Liegt keine Patientenverfügung vor oder treffen die Festlegungen einer Patientenverfügung nicht auf die aktuelle Lebens- und Behandlungssituation zu, hat der rechtliche Betreuer die Behandlungswünsche oder den mutmaßlichen Willen der rechtlich betreuten Person festzustellen und auf dieser Grundlage zu entscheiden, ob er in eine ärztliche Maßnahme einwilligt oder sie untersagt. Der mutmaßliche Wille ist aufgrund konkreter Anhaltspunkte zu ermitteln. Zu berücksichtigen sind insbesondere frühere mündliche oder schriftliche Äußerungen, ethische oder religiöse Überzeugungen und sonstige persönliche Wertvorstellungen der rechtlich betreuten Person.[13]

Hinweis

Es ist zu empfehlen, die entsprechenden Beweismittel und Aussagen zu dokumentieren. Dabei sollten mündliche Aussagen protokolliert und vom Zeugen unterschrieben werden.

Jedermann kann jederzeit beim Betreuungsgericht eine Überprüfung anregen, wenn er befürchtet, dass der rechtliche Betreuer oder Bevollmächtigte nicht im Sinne der rechtlich betreuten Person entscheiden will oder entschieden hat.

6.1.3 Leitfaden für das Aufklärungsgespräch

Was liegt vor? (Problemdefinition/Symptombeschreibung, Verdachtsdiagnose/Differentialdiagnose, Komplikationen, Verlaufsvarianten)

- ☐ Behandlungsmöglichkeiten/Alternativmöglichkeiten
- ☐ Was ist hinsichtlich der Diagnose noch zu klären?
- ☐ Welchen Fragen soll noch nachgegangen werden?
- ☐ Welche Untersuchungen/Beobachtungen sind noch erforderlich?
- ☐ Welche Risiken sind damit verbunden?
- ☐ Welche weiteren (früheren) Erkrankungen und Behandlungserfahrungen sind bekannt?
- ☐ Was ist davon für die aktuelle Situation relevant?
- ☐ Was ist über die Medikamentenanamnese bekannt?
- ☐ Dauereinnahme von Medikamenten mit Abhängigkeitspotenzial?
- ☐ Frühere Nebenwirkungen, Allergien?
- ☐ Welche Erkrankungen/Symptome sollen Ziel der Behandlung sein?
- ☐ Wie soll die Behandlung aussehen?
- ☐ Wie lange soll die Behandlung dauern?

13 § 1827 Absatz 2 BGB

- ☐ Hierarchie geplanter Maßnahmen, Reihenfolge möglicher Alternativen? (Behandlungsplan)
- ☐ Risiken der Behandlung?
- ☐ Wie häufig treten die Risiken auf?
- ☐ Welche Kontrollen/Vorsichtsmaßnahmen gibt es?
- ☐ Wer muss im Risikofall hinzugezogen werden?
- ☐ Welche Risiken bestehen bzw. wie wird der wahrscheinliche weitere Krankheitsverlauf sein, wenn die vorgeschlagene Behandlung nicht erfolgt?
- ☐ Woran soll Erfolg gemessen werden?
- ☐ Gibt es noch weitere Fragen?
- ☐ Patientenverfügung – Ist eine Patientenverfügung vorhanden? – Erfasst die Patientenverfügung die anstehende Behandlung? – Kann der betreute Mensch seinen schriftlich niedergelegten Willen bestätigen? – Gibt es Gründe, von dem in der Patientenverfügung ersichtlichen Willen abzuweichen?
- ☐ Mutmaßlicher Wille, wenn keine Patientenverfügung vorliegt oder die Patientenverfügung nicht angewendet werden kann: Gibt es konkrete Anhaltspunkte, die den mutmaßlichen Willen stützen? – Hat der betreute Mensch sich schon früher mündlich oder schriftlich geäußert? – Sind ethische oder religiöse Überzeugungen, sonstige persönliche Wertvorstellungen und das Schmerzempfinden des betreuten Menschen bekannt? – Wer kann hierzu Angaben machen?
- ☐ Das Gespräch hat die Frage geklärt, ob der rechtlich betreute Mensch in die beabsichtigte Maßnahme einwilligen kann und muss.

Beispiel für einen Behandlungsplan

Behandlungsplan	Zeichen:	Datum:
Symptome		
Diagnose		Differentialdiagnose ☐ Verdachtsdiagnose ☐
weitere Untersuchungen		Risiken: § 1904 ☐
relevante frühere Erkrankungen		
Verlauf der Krankheit ohne Behandlung		
	Behandlungsmöglichkeiten	
	1	**2**
Maßnahme		
Ziel		
Risiken		
Häufigkeit	....	....
Absicherung	....	....
Verlauf		
Dauer		
Maßstab für den Erfolg		
Der/Die Betreute kann nicht einwilligen	☐	☐
Die Entscheidung muss dem Gericht vorgelegt werden	☐	☐
________________ (behandelnde/r Ärztin/Arzt)	________________ (Betreuer/in)	________________ (Patient/in)

6.1.4 Genehmigung des Betreuungsgerichts bei ärztlichen Maßnahmen

Wann muss das Betreuungsgericht die Entscheidung des rechtlichen Betreuers genehmigen?

Das Gesetz sagt hierzu:

„Die Einwilligung des Betreuers in eine Untersuchung des Gesundheitszustands, eine Heilbehandlung oder einen ärztlichen Eingriff bedarf der Genehmigung des Betreuungsgerichts, wenn die begründete Gefahr besteht, dass der Betreute aufgrund der Maßnahme stirbt oder einen schweren und länger dauernden gesundheitlichen Schaden erleidet. Ohne die Genehmigung darf die Maßnahme nur durchgeführt werden, wenn mit dem Aufschub Gefahr verbunden ist.

Die Nichteinwilligung oder der Widerruf der Einwilligung des Betreuers in eine Untersuchung des Gesundheitszustands, eine Heilbehandlung oder einen ärztlichen Eingriff bedarf der Genehmigung des Betreuungsgerichts, wenn die Maßnahme medizinisch angezeigt ist und die begründete Gefahr besteht, dass der Betreute aufgrund des Unterbleibens oder des Abbruchs der Maßnahme stirbt oder einen schweren und länger dauernden gesundheitlichen Schaden erleidet."[14]

Für wen gilt die Vorschrift?

Die obenstehende Pflicht zur Genehmigung ärztlicher Maßnahmen erstreckt sich auch auf Entscheidungen des Bevollmächtigten[15] und gilt auch für die gegenseitige Vertretung von Ehegatten in Angelegenheiten der Gesundheitssorge.[16] Im folgenden Text wird lediglich der rechtliche Betreuer genannt, gemeint sind aber auch der Bevollmächtigte und der vertretende Ehegatte.

Wozu dient die Genehmigung des Betreuungsgerichts?

Vorab muss gesagt werden, dass die Pflicht zur Genehmigung ärztlicher Maßnahmen nicht die Qualität ärztlicher Behandlung sichern soll. Sie sichert die Qualität der rechtlichen Betreuung. Bei der Beurteilung des Risikos muss davon ausgegangen werden, dass die beabsichtigte Maßnahme gemäß den Regeln der ärztlichen Kunst durchgeführt wird. Die Möglichkeit, durch einen „ärztlichen Kunstfehler" einen schweren Schaden zu erleiden, führt nicht zur Pflicht der Genehmigung einer ansonsten weniger gefährlichen Maßnahme.

Woraus ergibt sich die Pflicht, die Genehmigung durch das Betreuungsgericht zu beantragen?

Erste Voraussetzung ist es, dass es sich um eine Entscheidung des rechtlichen Betreuers handelt. Die rechtlich betreute Person ist also nicht in der Lage, über die anstehende Behandlung eigenverantwortlich zu entscheiden. Eine Entscheidung des rechtlichen Betreuers liegt auch dann nicht vor, wenn er lediglich den aus der Patientenverfügung bekannten Willen als Bote weiterträgt.

14 § 1829 Absatz 1 und Absatz 2 BGB
15 § 1829 Absatz 5 BGB
16 § 1358 Absatz 6 BGB; siehe Abschnitt 2.2

Die gesetzliche Vorschrift ist gespickt mit unbestimmten Rechtsbegriffen. Was ist eine „begründete Gefahr"? Wie lange muss der gesundheitliche Schaden andauern, um als „länger dauernd" bezeichnet zu werden? Sind die beabsichtigten Folgen einer Maßnahme (z.B. Amputation eines Beines) auch hier einzuordnen? Wer sagt, ob ein Schaden schwer oder nicht so schwer wiegt? Die Liste der Fragen ließe sich beliebig fortsetzen.

Die Pflicht zur Genehmigung ergibt sich aus der Schwere, der Dauer und der Wahrscheinlichkeit des Eintretens der mit der beabsichtigten Maßnahme verbundenen unbeabsichtigten Wirkung (Nebenwirkung).

Gibt es einen Katalog zu den genehmigungspflichtigen ärztlichen Maßnahmen?

Einen Katalog mit genehmigungspflichtigen ärztlichen Maßnahmen gibt es nicht. Bei der Beurteilung der Gefahrenlage sind allgemeingültige Aussagen fehl am Platz. Entscheidend sind die gesundheitliche Konstitution der rechtlich betreuten Person und die konkret zu erwartenden Risiken.

Folgende ärztliche Eingriffe[17] sind als Beispiele für eine mögliche betreuungsgerichtliche Genehmigungspflicht genannt:

Beispiele

Gefäßchirurgische Eingriffe an großen (arteriellen) Gefäßen

- *Operationen im Gehirn und im Rückenmark*
- *Operationen am offenen Thorax*
- *Transplantationen von unpaaren Organen (z.B. Herz, Leber) und Knochenmark*
- *Radikale Eingriffe und Behandlungsmaßnahmen bei fortgeschrittenen Krebserkrankungen*
- *Systemische Chemotherapie/Bestrahlung*
- *Unter Umständen die Entfernung von inneren Organen oder Organteilen*
- *Intravasale Diagnostik mit Ausnahme einfacher Rechtsherzkatheteruntersuchungen, interventionelle Radiologie*
- *Behandlung mit in Deutschland nicht zugelassenen Medikamenten (individueller Heilversuch).*

Es soll nochmals betont werden, dass die Liste nicht vollständig ist.

Während hierbei das aktive ärztliche Handeln das Risiko des Ablebens des Patienten beinhaltet, wird auch der Behandlungsabbruch als ärztliches Untätigbleiben mit tödlichem Ausgang[18] als einer richterlichen Genehmigung zugängliche Entscheidung des rechtlichen Betreuers angesehen.

17 In Anlehnung an das Ergebnis der Arbeitsgruppe 4 des 4. Vormundschaftsgerichtstages, Bundesanzeiger 1994, S. 131 ff.

18 OLG Frankfurt BtPrax 1998, 186 ff.

Der Behandlungsabbruch – auch wenn der Sterbevorgang noch nicht eingesetzt hat – setzt den entsprechenden Willen[19] oder wenigstens mutmaßlichen Willen des betroffenen Menschen voraus. Dies dürfte insbesondere bei der Sondenernährung bei einem Patienten im komatösen Zustand von Bedeutung sein und zu einer „Hilfe zum Sterben" führen, die dann eine Folge des Selbstbestimmungsrechts des Patienten ist.

Hierbei kommen alle Beteiligte in eine Grenzsituation. Die Entscheidung als „Herren über Leben und Tod" ist nur schwer zu bewältigen und kann „Unmenschliches" abverlangen. Entsprechend sollte beispielsweise schon bei der oftmals „mit leichter Hand" eingeleiteten Sondenernährung an die Folgen gedacht werden. Insbesondere ist zu prüfen, ob nicht das Unterlassen der Anlegung der Sonde (passive Sterbehilfe) eher der Selbstbestimmung und der Weisung an den rechtlichen Betreuer entspricht als später der aktive Behandlungsabbruch.

Ist die medikamentöse Behandlung psychiatrischer Krankheiten genehmigungspflichtig?

In der Öffentlichkeit werden vor allem Psychopharmaka als gefährliche Medikamente eingeschätzt. Bei genauer Betrachtung muss festgestellt werden, dass mit den gleichen Substanzen auch einige somatische Krankheiten behandelt werden. Daneben sind auch Medikamente, die überwiegend in der somatischen Medizin Verwendung finden, zum Teil mit erheblichen Risiken verbunden. Für den Bereich der medikamentösen Behandlung beschränkt sich die Pflicht zur Genehmigung somit nicht nur auf Psychopharmaka oder Neuroleptika, sondern findet auch Anwendung auf eine Vielzahl anderer Medikamente, die schwere und länger andauernde Schäden verursachen können.

Insbesondere zur Behandlung durch Neuroleptika ist zu sagen, dass diese, eine entsprechend fachgerechte Anwendung und Kontrolle vorausgesetzt, beispielsweise erst nach Auftreten der ersten minimalen Anzeichen von Spätdyskinesien[20] oder anderen vergleichbaren unerwünschten Wirkungen genehmigungsbedürftig sind.[21]

Die Kritik muss da ansetzen, wo Missbrauch und Überdosierung gegeben sein können. Neuroleptika gehören zu den am häufigsten missbräuchlich eingesetzten Substanzen. Manchmal werden sie als Beruhigungsmittel zur dauernden Behandlung geistig behinderter Menschen oder überdosiert zur Behandlung psychisch erkrankter Menschen ohne die nötige individuelle Anpassung gegeben. Hier hat der rechtliche Betreuer die Aufgabe, Missbrauch aufzudecken und zu unterbinden. Die Pflicht zur Genehmigung ärztlicher Maßnahmen hilft hier nicht weiter.

Gibt es eine Vorschrift zur Form des Antrages?

Kommt der rechtliche Betreuer zu dem Schluss, dass er anstelle der rechtlich betreuten Person über die beabsichtigte Maßnahme entscheiden (Einwilligung, nicht Einwilligung, Widerruf der Einwilligung) muss und ist diese Entscheidung vom Betreuungsgericht zu

19 Z.B. in einer Patientenverfügung geäußerter Willen

20 Nebenwirkungen, oft Dauerschäden, spontane nicht kontrollierbare Bewegungen der Mund- und Gesichtsmuskulatur, manchmal sind auch andere Muskelgruppen (Arme und Beine) betroffen. Weiter zur Definition von Spätdyskinesie z.B. Asmus Finzen.

21 Vgl. 4. Vormundschaftsgerichtstag, Bundesanzeiger 1994, S. 131 ff.

genehmigen, trägt er dem Betreuungsgericht unter Angabe einer Begründung seine Entscheidung vor und beantragt die Genehmigung. Die Form des Antrags ist nicht vorgeschrieben. Er kann formlos schriftlich oder mündlich gestellt werden.

Was entscheidet das Betreuungsgericht?

Zu unterscheiden sind Genehmigungsverfahren auf dem Hintergrund einer Patientenverfügung oder des festgestellten mutmaßlichen Willens von jenen Verfahren, die sich weder auf eine Patientenverfügung noch den festgestellten mutmaßlichen Willen stützen können.

Beim Vorliegen einer Patientenverfügung oder des festgestellten mutmaßlichen Willens entscheidet das Betreuungsgericht nur, wenn zwischen dem rechtlichen Betreuer und der ärztlich behandelnden Person kein Einvernehmen darüber besteht, dass die Erteilung, die Nichterteilung oder der Widerruf der Einwilligung der medizinischen Maßnahme dem festgestellten Willen der betroffenen Person entspricht.[22]

In allen anderen Verfahren beurteilt das Betreuungsgericht die Entscheidung des rechtlichen Betreuers. Sinn der richterlichen Genehmigung ist es, in besonders wichtigen und folgenschweren Angelegenheiten das Handeln des rechtlichen Betreuers zu kontrollieren. Sein Handeln erfährt eine Überprüfung und zusätzliche Legitimierung, die den Schutz der betroffenen Person vor falschen Entscheidungen und den rechtlichen Betreuer vor möglicher Haftung verstärkt.

Es erteilt oder verweigert die Genehmigung. Bis auf wenige seltene Ausnahmen[23] ist das Betreuungsgericht nicht befugt, eine eigene Entscheidung bezüglich der anstehenden ärztlichen Maßnahme vorzunehmen. Verweigert das Betreuungsgericht die Genehmigung der Entscheidung des rechtlichen Betreuers, hat dieser über die Angelegenheit neu zu befinden und gegebenenfalls seine Entscheidung dem Gericht zur Genehmigung erneut vorzulegen.

Was ist im Verfahren zu erledigen?

Bei Verfahren, denen eine Patientenverfügung zugrunde liegt, hat das Betreuungsgericht die zuvor von der ärztlich behandelnden Person und dem rechtlichen Betreuer getätigten Ermittlungen zum Patientenwillen oder zum mutmaßlichen Willen zu prüfen bzw. zu ergänzen. Die Genehmigung ist zu erteilen, wenn die Einwilligung, die Nichteinwilligung oder der Widerruf der Einwilligung dem Willen der betroffenen Person entspricht.[24]

Auch in allen anderen Verfahren hat das Betreuungsgericht den Willen der betroffenen Person zu ermitteln.

In allen Verfahren hat das Betreuungsgericht die betroffene Person anzuhören. Auf Verlangen der betroffenen Person hat das Betreuungsgericht eine ihr nahestehende Person anzuhören, wenn dies ohne erhebliche Verzögerung möglich ist.

Das Betreuungsgericht bestellt stets einen Verfahrenspfleger, wenn über die Nichteinwilligung oder den Widerruf der Einwilligung des rechtlichen Betreuers in eine Untersuchung

22 § 1829 Absatz 4 BGB
23 § 1867 BGB; Einstweilige Maßnahmen des Betreuungsgerichts
24 § 1829 Absatz 3 BGB

des Gesundheitszustands, eine Heilbehandlung oder einen ärztlichen Eingriff zu entscheiden ist. Darüber hinaus bestellt es einen Verfahrenspfleger, wenn dies erforderlich ist.

Vor der Entscheidung ist ein Sachverständigengutachten einzuholen. Der Sachverständige soll nicht auch der behandelnde Arzt sein.[25]

Ist die Entscheidung des Betreuungsgerichts bindend?

Der rechtliche Betreuer kann, muss aber keinen Gebrauch von der Genehmigung des Betreuungsgerichts machen. Er hat jede Veränderung der Situation in seine Entscheidung mit einfließen zu lassen (siehe die folgende Grafik).

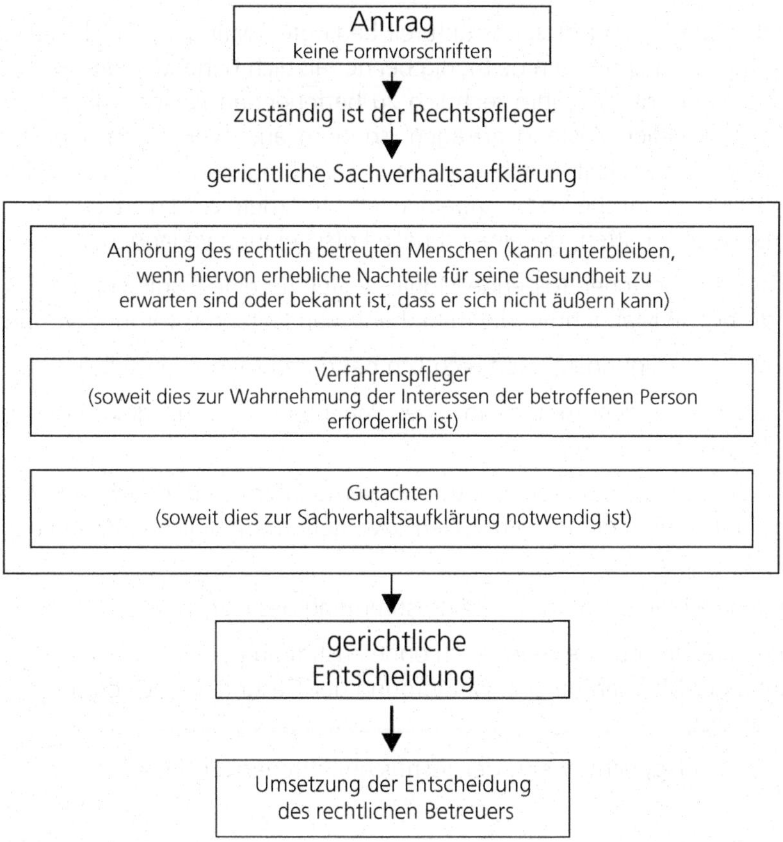

6.1.5 Eile ist geboten

Das Einholen der betreuungsgerichtlichen Genehmigung setzt voraus, dass die Maßnahme bis zur Erteilung der Genehmigung aufgeschoben werden kann. Ist mit diesem Aufschub eine Gefahr für die Gesundheit der betroffenen Person verbunden, müssen der rechtliche Betreuer und die ärztlich behandelnde Person ohne die Genehmigung des Gerichtes handeln.[26] Die nachträgliche Genehmigung ist nicht vorgesehen.

25 § 298 FamFG
26 § 1829 Absatz 1 Satz 2 BGB

Die Praxis zeigt, dass die erwartete Flut von Anträgen zur Genehmigung von medizinischen Maßnahmen überwiegend ausgeblieben ist. Vermutet werden kann, dass Eingriffe wie Transplantationen, die frühzeitig bekannt sind und genügend Zeit für eine vorherige Genehmigung lassen, eher die Ausnahme im betreuungsrechtlichen Alltag sind. Kritisch anzumerken ist, dass die durch den Kostendruck im System der gesundheitlichen Versorgung verursachte Beschleunigung besonders des stationären Behandlungsablaufes der erkrankten und der rechtlichen vertretenen Person eine in Ruhe abgewogene Entscheidung immer schwieriger macht. Häufig kommt es vor, dass rechtliche Betreuer erst einen Tag vor der Operation von dem beabsichtigten Eingriff erfahren. Für das Einholen der gerichtlichen Genehmigung bleibt nicht mehr genügend Zeit.

Eine befriedigende Lösung dieser strukturell bedingten Mängel ist nicht erkennbar. Der rechtlichen Betreuer kann sich regelmäßig bei der ärztlich behandelnden Person über den Gesundheitszustand der von ihm rechtlich zu betreuenden Person erkundigen. Er sollte nicht nur den aktuellen Zustand erfragen, sondern auch versuchen, eine Prognose zu erfahren. Dabei ist es selbstverständlich, dass diese Prognose nur ein Anhaltspunkt sein kann und keine verbindliche Vorhersage darstellt. Trotzdem wird die Eigendynamik immer wieder Situationen schaffen, die eine schnelle Entscheidung verlangen.

Zusammenfassend bestehen folgende Möglichkeiten für eine rechtswirksame Einwilligung in eine medizinische Maßnahme, die mit erheblichen Gefahren verbunden sind:

- durch den einwilligungsfähigen rechtlich betreuten Menschen selbst,
- durch die vorweggenommene in einer Patientenverfügung dokumentierte Einwilligung der betroffenen Person,
- durch den rechtlichen Betreuer, soweit Einvernehmen mit dem behandelnden Arzt besteht und die Behandlung dem Willen bzw. dem mutmaßlichen Willen des betreuten Menschen entspricht,
- durch den rechtlichen Betreuer mit Zustimmung des Gerichtes,
- durch den rechtlichen Betreuer auch ohne Zustimmung des Gerichtes, wenn mit dem Aufschub der Maßnahme eine Gefährdung der Gesundheit des betreuten Menschen verbunden ist,
- durch das Amtsgericht, wenn der rechtliche Betreuer verhindert ist, sein Amt auszuüben.

6.1.6 Einwilligung in die ärztliche Zwangsbehandlung

Zwangsbehandlungen sind ständiger Gegenstand der kontrovers geführten Diskussion in der Fachöffentlichkeit. Ein Resümee der Diskussion könnte so lauten:

These

Die Notwendigkeit einer Zwangsbehandlung ergibt sich aus dem Fehlen struktureller und finanzieller Mittel zur Umsetzung erprobter Konzepte der Vermeidung von Zwang.

Wann ist eine Behandlung eine Zwangsbehandlung?

Jede ärztliche Maßnahme gegen den natürlichen Willen der behandelten Person gilt als Zwangsbehandlung. Neben der verbalen Äußerung ist jede Weigerung der Medikamenteneinnahme beispielsweise durch Wegdrehen des Kopfes, Wegschieben der Medikamente oder andere Verhaltensweisen, aus denen sich ableiten lässt, dass die Behandlung nicht gewünscht ist, beachtlich.

Behandlungen, die stillschweigend hingenommen werden, gelten nicht als Zwangsbehandlung. Dies gilt auch, wenn struktureller Zwang die stillschweigende Duldung der Behandlung bewirkt. Beispielsweise ist dies der Fall, wenn die behandelte Person, um möglichst schnell aus der stationären Behandlung entlassen zu werden, die Medikamente einnimmt.

Widerspricht eine Untersuchung des Gesundheitszustands, eine Heilbehandlung oder ein ärztlicher Eingriff dem natürlichen Willen der rechtlich betreuten Person, ist zu entscheiden, ob diese ärztliche Maßnahme so wichtig ist, dass sie unter Anwendung von Zwang dennoch durchgeführt werden muss.

Der rechtliche Betreuer kann in eine ärztliche Zwangsmaßnahme nur unter engen Voraussetzungen und nach Genehmigung des Betreuungsgerichts einwilligen.[27]

Das Gesetz unterstreicht den Vorrang des freien Willens.[28] Es normiert ein Verfahren, welches die Zwangsbehandlung nur ausnahmsweise und als letztes Mittel zulässt. Das Verfahren soll einen Automatismus im Behandlungsverlauf verhindern. Es verlangt unter anderem, dass vor einer Zwangsbehandlung dem Prozess zum Erreichen des einvernehmlichen Zusammenwirkens zwischen der rechtlich betreuten Person und ihrem rechtlichen Betreuer ausreichend Zeit eingeräumt wird.

Die Voraussetzungen werden im Folgenden besprochen.

Welcher Aufgabenbereich berechtigt zur Entscheidung über Zwangsmaßnahme?

Voraussetzung ist, dass der Aufgabenkreis des Betreuers die beabsichtigte Maßnahme erfasst. Am deutlichsten ist dies der Fall, wenn im Aufgabenkreis die „Einwilligung in ärztliche Zwangsbehandlung" formuliert ist. Aber auch der Aufgabenbereich der „Gesundheitssorge" kann ausreichend sein.

Die oben genannten Aufgabenbereiche sind nicht ausreichend, wenn zusätzlich die Verbringung in das Krankenhaus gegen den Willen der rechtlich betreuten Personen erfolgen muss.

In den zurückliegenden Jahren gab es mehrere Anregungen, eine Zwangsbehandlung auch ambulant oder in einem Pflegeheim zuzulassen. Als Beispiel für die Notwendigkeit einer solchen Regelung steht die erforderliche zwangsweise Dauermedikation mit Psychopharmaka bei Krankheitsuneinsichtigen. Die Zuführung zur ärztlichen Behandlung (Gabe des notwendigen Medikamentes – zumeist einer Depotspritze) würde auch bei erheblichem verbalem und/oder körperlichem Widerstand erfolgen. Der Gesetzgeber hat bewusst darauf verzichtet. Ärztliche Zwangsmaßnahmen können nur als „Ultima Ratio"

27 § 1832 BGB
28 Zur Definition „freier Wille" siehe Abschnitt 3.4.1

im Rahmen einer stationären Krankenhausbehandlung stattfinden. In der Praxis muss ein rechtlicher Betreuer gegebenenfalls einen durch die Medikamentenverweigerung ausgelösten erneuten Krankheitsschub abwarten, um dann eine nötige Zwangsbehandlung im Rahmen einer stationären Unterbringung herbeizuführen.

Kommt der rechtliche Betreuer zu dem Schluss, dass er anstelle der rechtlich betreuten Person eine

„Einwilligung in eine mit Freiheitsentziehung verbundene Unterbringung"

aussprechen muss, so muss dies ausdrücklich im Aufgabenkreis des rechtlichen Betreuers benannt sein.

Sind darüber hinaus weitere freiheitsentziehende Maßnahmen zur Durchsetzung der Zwangsbehandlung erforderliche, wie z. B. eine länger andauernde Fixierung, muss auch der Aufgabenbereich

„Einwilligung in eine freiheitsentziehende Maßnahme"

ausdrücklich im Aufgabenkreis des rechtlichen Betreuers benannt sein.[29]

6.1.6.1 Zwang und Zwangsmittel

Zwangsmaßnahme im Sinne des Gesetzes sind Mittel, die dazu führen, dass der betreute Mensch gegen seinen natürlichen Willen behandelt werden kann. Zwangsbehandlungen können alle zulässigen ärztlichen Maßnahmen sein. Die Zwangsbehandlung kann sich sowohl auf die Anlasserkrankung als auch auf eine Begleiterkrankung beziehen. In der Psychiatrie handelt es sich in der Regel um die Gabe von Medikamenten.

Die Zwangsbehandlung erlaubt die Anwendung von unmittelbarem Zwang (Fixierung) zur Gabe der Medikamente bzw. zur Durchführung der Maßnahmen. Zweifelsfrei ist dies die Anwendung körperlicher Gewalt, um z.B. eine Spritze verabreichen zu können. Zwangsmaßnahmen sind zudem verbale Formen der Überredung, das Ausnutzen der kognitiven Überlegenheit (Plattreden), Drängen und Drohungen.

Ein von anderen Menschen gezielt vorgenommener Eingriff in die körperliche Integrität wird als umso bedrohlicher erlebt werden, je mehr der Betroffene sich dem Geschehen hilflos und ohnmächtig ausgeliefert sieht. Für die grundrechtliche Beurteilung der Schwere eines Eingriffs ist auch das subjektive Empfinden von Bedeutung.[30]

Dagegen handelt es sich nicht um eine Zwangsmaßnahme, wenn die behandelte Person einwilligungsfähig ist und in die Maßnahme einwilligt, ohne dass zuvor unzulässiger Druck ausgeübt worden ist.

29 § 1815 Absatz 2 BGB
30 BVerfG BtPrax 2011, S. 112

Das im Wege der rechtlichen Unterstützung[31] erreichte einvernehmliche Zusammenwirken gilt ebenfalls nicht als Zwangsbehandlung. Die Grenze zu unzulässiger Überredung und unzulässigem Druck ist fließend und bedarf besonders verantwortungsvoller Reflexion.

Unzulässiger Druck besteht unter anderem durch das Inaussichtstellen von Nachteilen im Falle der Behandlungsverweigerung, die sich nicht als notwendige Konsequenzen aus dem Zustand ergeben, in dem die betroffene Person unbehandelt voraussichtlich verbleiben oder in den sie aufgrund ihrer Weigerung voraussichtlich geraten wird. Der Charakter der Zwangsmaßnahme entfällt nicht bereits dann, wenn die betroffene Person der abgelehnten Behandlung keinen physischen Widerstand entgegensetzt. Das bloße Aufgeben einer bestimmten Form des Protests kann nicht ohne Weiteres als Zustimmung gedeutet werden.[32]

6.1.6.2 Die Freiheit zur Selbstschädigung

Wie weit darf sich die rechtlich betreute Person selbst schädigen?

Die Rechtsprechung betont sowohl die Wirksamkeit einer auf dem freien Willen basierenden Entscheidung zur Krankheit und damit das Recht, einen auf Heilung zielenden Eingriff abzulehnen, als auch die Freiheit zur Selbstschädigung. Entsprechend muss die Arbeit des rechtlichen Betreuers in erster Linie darauf gerichtet sein, die rechtlich betreute Person zu befähigen, einen eigenen (freien) Willen zu bilden.[33] Gegen den freien Willen darf der rechtliche Betreuer nicht handeln.

Mit besonderer Sorgfalt muss der rechtliche Betreuer darauf achten, dass ein freier Wille nicht vorschnell als krankheitsbedingte Fehlentscheidung gedeutet wird. Es ist die Aufgabe des rechtlichen Betreuers, das Übergehen des freien Willens zu verhindern, auch wenn Gedanken der Fürsorge oder die Abwehr anderer Schäden dies nahelegen.

6.1.6.3 Vorrang der Patientenverfügung

Die Zwangsbehandlung ist unzulässig, wenn die rechtlich betreute Person dies im Rahmen einer wirksamen und auf den beabsichtigten ärztlichen Eingriff zutreffenden Patientenverfügung untersagt hat. Der rechtliche Betreuer prüft zusammen mit der ärztlich behandelnden Person, ob diese Festlegungen auf die aktuelle Lebens- und Behandlungssituation zutreffen und ob Anhaltspunkte vorliegen, die erkennen lassen, dass die rechtlich betreute Person nicht mehr an ihrer Patientenverfügung als solche festhalten will. Ergibt sich die Wirksamkeit der Patientenverfügung, hat er ihrem Willen Ausdruck und Geltung zu verschaffen.[34]

6.1.6.4 Vorrang des einvernehmlichen Zusammenwirkens

Das vorrangige Prinzip des einvernehmlichen Zusammenwirkens gehört zum Alltag der Arbeitsbeziehung zwischen der rechtlich betreuten Person und dem rechtlichen Betreuer. Das Gesetz bestimmt ausdrücklich, dass der rechtliche Betreuer nur dann in eine Zwangs-

31 BVerfG a.a.O.
32 BVerfG a.a.O.
33 Siehe Abschnitt 3.4.1
34 § 1827 BGB siehe Abschnitt 2.5

behandlung einwilligen kann, wenn zuvor versucht wurde, die rechtlich betreute Person von der Notwendigkeit der ärztlichen Maßnahme zu überzeugen.[35] Der Gesetzgeber geht davon aus, dass der Versuch im Sinne einer vertrauensvollen Unterstützung mit dem nötigen Zeitaufwand und ohne Ausübung unzulässigen Drucks erfolgt. Ziel ist es, die rechtlich betreute Person von der Notwendigkeit der Maßnahme zu überzeugen, d.h., dass sie ihren natürlichen Willen so ändert, dass dieser nicht mehr gegen die Maßnahme gerichtet ist.[36] Erst wenn dieser Versuch gescheitert ist und alle anderen Bedingungen erfüllt sind, kann der rechtliche Betreuer in eine Zwangsbehandlung einwilligen. Näheres ist nicht geregelt.

Der Versuch muss zeitlich zwischen dem Auftreten der Erforderlichkeit einer Zwangsbehandlung und der Einwilligung des rechtlichen Betreuers erfolgen. Vor seiner Entscheidung hat der rechtliche Betreuer alle Meinungsänderungen zu berücksichtigen.

Die Maßgabe, den Versuch im Sinne einer vertrauensvollen Unterstützung mit dem nötigen Zeitaufwand und ohne Ausübung unzulässigen Drucks durchzuführen, erfordert, dass die rechtlich betreute Person sich subjektiv in der Gesprächssituation nicht unter Druck gesetzt fühlt. Gegebenenfalls ist der Versuch zu einem späteren Zeitpunkt zu wiederholen, wenn die Gesprächssituation für die rechtlich betreute Person nicht mehr so belastend ist oder unter Hinzuziehung anderer Personen mehr Erfolg verspricht.

Es erscheint irrational, beispielsweise in der Atmosphäre einer gegen den natürlichen Willen gerichteten freiheitsentziehenden Unterbringung ein vertrauensvolles Gespräch führen zu wollen. Dennoch zeigt die Erfahrung, dass auch im Rahmen einer freiheitsentziehenden Unterbringung keineswegs selten einvernehmliches Zusammenwirken zwischen der rechtlich betreuten Person und dem rechtlichen Betreuer möglich ist. Diese Erfahrung aus der Praxis erfordert, dass im Regelfall ein letzter Überzeugungsversuch nach der Unterbringung erfolgen sollte. Bis zur Einwilligung in die Zwangsbehandlung sollte zu folgenden Gelegenheiten eine Besprechung der notwendigen Behandlung stattgefunden haben:

- Bei der sich abzeichnenden Verschlimmerung der Krankheit sollte der Versuch, von der Notwendigkeit der ambulanten Behandlung zu überzeugen, erfolgt sein.
- Vor dem Antrag auf stationäre Unterbringung sollte der Versuch, von der Notwendigkeit der stationären Behandlung zu überzeugen, erfolgt sein.
- Zuletzt ist der Versuch, von der Notwendigkeit der medizinischen Behandlung im Rahmen der erfolgten Unterbringung zu überzeugen, zu unternehmen.

Das Gesetz bestimmt nicht ausdrücklich, dass der Versuch zur Überzeugung vom rechtlichen Betreuer durchzuführen ist. Entscheidend ist, wer in dem oben genannten Zeitfenster die erforderliche Beziehung zur betroffenen Person herstellen kann. War es dem rechtlichen Betreuer möglich, seine vertrauensvolle Arbeitsbeziehung zur rechtlich betreuten Person über die Turbulenzen der sich auf die Zwangsbehandlung zuspitzenden Situation zu retten, ist es in erster Linie seine Pflicht, die anstehende Behandlung mit ihr zu besprechen und eine einvernehmliche Entscheidung herbeizuführen. Empfindet die rechtlich betreute Person subjektiv Misstrauen, Angst, Ohnmacht, Hass oder Ähnliches gegenüber

35 § 1832 Absatz 1 Satz 1 Nr. 4 BGB
36 Deutscher Bundestag; Rechtsausschuss; Ausschussdrucksache Nr. 17 (6) 230, 11. Januar 2013

ihrem rechtlichen Betreuer, muss nach einer anderen Person gesucht werden, die den auf Vertrauen basierenden Versuch der Überzeugung unternehmen kann. Dies kann ein Angehöriger, eine nahestehende Person oder eine andere Person aus dem Umfeld (Krankenhauspersonal) der rechtlich betreuten Person sein.

Die Form der Dokumentation des erforderlichen Gesprächs ist nicht geregelt. Der Antrag zur Genehmigung der Einwilligung in eine Zwangsbehandlung setzt voraus, dass der Versuch, den Betreuten von der Notwendigkeit der ärztlichen Maßnahme zu überzeugen, erfolglos verlaufen ist. Dies im Antrag alleine zu behaupten, dürfte nicht ausreichend sein. Dem Antrag könnte ein Verlaufsprotokoll des Versuchs beigefügt werden. Zu benennen wären Datum, Zeit, Ort, Beteiligte und Verlauf des Gespräches. Zu beschreiben wäre die Beziehung der Gesprächspartner. Konnte keine Person eine vertrauensvolle Beziehung herstellen, sind die entsprechenden Versuche zu beschreiben.

6.1.6.5 Vorrang des mutmaßlichen Willens

Auf den mutmaßlichen Willen[37] darf erst zurückgegriffen werden, wenn:

- die Fähigkeit zur freien Willensbildung ausgeschlossen ist,
- die rechtlich betreute Person sich aktuell nicht äußern kann,
- ihre Wahrnehmung und Entscheidungsfindung ganz unter dem Einfluss einer Krankheit/Behinderung steht,
- keine wirksame Patientenverfügung vorliegt oder die Patientenverfügung nicht auf die aktuelle Situation angewendet werden kann,
- und alle Möglichkeiten der rechtlichen Unterstützung[38], eine Entscheidung der rechtlich betreuten Person herbeizuführen, welche die erhebliche Gefahr abwendet, erfolglos geblieben sind.

Der rechtliche Betreuer hat dann die Behandlungswünsche über die Ermittlung des mutmaßlichen Willens des betreuten Menschen festzustellen und auf dieser Grundlage über die Zwangsbehandlung zu entscheiden.

Der mutmaßliche Wille ist aufgrund konkreter Anhaltspunkte zu ermitteln. Zu berücksichtigen sind insbesondere frühere mündliche oder schriftliche Äußerungen, ethische oder religiöse Überzeugungen und sonstige persönliche Wertvorstellungen des betreuten Menschen. Die Ermittlungsergebnisse müssen einer gerichtlichen Überprüfung standhalten, dürfen daher nicht lediglich auf Hörensagen beruhen.

Was kann vorbeugend getan werden?

Diese Pflicht zur Ermittlung des mutmaßlichen Willens ist nicht beschränkt auf den Zeitpunkt des konkreten Erfordernisses. Wenn möglich, sollte der Betreuer im Vorfeld das Auftreten einer erwarteten Krankheit oder einer erwarteten Verschlimmerung der bestehenden Krankheit mit dem betreuten Menschen besprechen. Diese Gespräche, verbunden mit der entsprechenden Dokumentation, helfen, Eskalation zu vermeiden, helfen

37 Siehe Abschnitt 3.4.3
38 BVerfG BtPrax 2011, 112

beim Erreichen des einvernehmlichen Zusammenwirkens und bilden die Grundlage für eine individuelle, dem betreuten Menschen gerecht werdende Entscheidung, wenn eine Zwangsbehandlung unumgänglich ist.

6.1.6.6 Fehlende Einsichts- und Steuerungsfähigkeit

In Übereinstimmung mit der ärztlich behandelnden Person stellt der rechtliche Betreuer fest, dass die erkrankte Person nicht mehr in der Lage ist, die eigene Krankheit, die eigenen persönlichen Verhältnisse, die Auswirkung ihres Verhaltens auf sich und die eigene Gesundheit zu erkennen. Der prinzipielle Vorrang des Willens – auch des natürlichen Willens – wird nur im Ausnahmefall durchbrochen, wenn die rechtlich betreute Person krankheitsbedingt nicht zur Einsicht in die Krankheit fähig ist oder sie krankheitsbedingt die ausschließlich mit einer Behandlung gegebene Chance der Heilung nicht erkennen bzw. ergreifen kann.[39] Diese Feststellung ist nachvollziehbar zu begründen. Dabei ist zu beschreiben, welche Möglichkeiten der vorrangigen Unterstützung genutzt worden sind, um die erforderliche Einsichts- und Steuerungsfähigkeit herzustellen.

6.1.6.7 Zwangsbehandlung zur Abwendung erheblicher Gefahr

Welche Gefahrenlage kann eine Zwangsbehandlung rechtfertigen?

Das Betreuungsrecht dient ausschließlich den Interessen der rechtlich betreuten Person. Eine Zwangsbehandlung darf daher nie der Abwehr von Gefahren für Dritte dienen. Die Zwangsbehandlung ist nur zulässig, wenn damit ein drohender erheblicher gesundheitlicher Schaden abgewendet werden kann.

Als erhebliche, die Gesundheit und das Leben gefährdende Krankheitsverläufe sind von der Rechtsprechung etwa qualifiziert worden:

- Die krankheitsbedingte Durchführung von suizidalen bzw. parasuizidalen Handlungen, die zum Tod oder zu irreversiblen Gesundheitsschäden führen,
- das Vorliegen eines Krankheitsbildes mit einer Wahnsymptomatik, einem Aggressionspotenzial und einer Realitätsverkennung, das bei entsprechender situativer Zuspitzung zu suizidalen Handlungen führt,
- die dauerhafte Schädigung des Magen-Darm-Traktes und der Knochensubstanz bzw. der Eintritt einer lebensbedrohlichen Situation bei Ablehnung einer Nahrungsaufnahme durch eine magersüchtige Betroffene bzw. Eintreten eines Body-Mass-Index von unter 13, da dann jederzeit ein Mangelzustand bei akuter Lebensgefahr eintreten kann,
- die nachhaltige Nahrungsverweigerung aufgrund eines Vergiftungswahns,
- die krankheitsbedingte Ablehnung einer Diabetes-Behandlung mit der konkreten Gefahr eines Komas
- die Fortdauer krankheitsbedingter Selbstgefährdung mit der Unfähigkeit, am sozialen Leben teilzunehmen, und anhaltendem Leidensdruck,
- die konkrete Gefahr der Selbstverstümmelung bzw. Gifteinnahme,

39 BVerfG BtPrax 2011, 112

- das Heraufbeschwören eines gesundheitlichen Rückfalls durch Ablehnung der Einnahme der zur Behandlung erforderlichen Medikamente, was zu einer Chronifizierung mit der Notwendigkeit dauerhafter stationärer Behandlung bzw. einem Leben in beschützter Umgebung bei Verlust der sozialen Kompetenzen oder zum Eintreten psychischer Defekte wie Intelligenzminderung oder Wesensänderung führen würde. Auch bei bereits eingetretener Chronifizierung kann eine weitere Verschlimmerung mit irreversiblen Folgen drohen, wenn es in der Vergangenheit bei vergleichbarer Krankheitssituation ernsthafte Suizidversuche gegeben hat.

Beispiel

Frau R. lebt in einer kleinen Wohnung im Haus ihrer Mutter. Frau R. glaubt, dass sie verfolgt wird und vergiftet werden soll. Sie will in Ruhe leben. Schon seit längerer Zeit hat sie sich in die Wohnung zurückgezogen. Geld oder Essen werden nicht angenommen. Ab und zu ist Frau R. durch das Küchenfenster zu sehen. Sie hat stark an Gewicht verloren und droht zu verhungern. Sie wird mit der Polizei aus der Wohnung ins Krankenhaus gebracht. Sie sieht sich bestätigt und glaubt, dass auch ihr Essen in der Klinik vergiftet ist.

Herr J. lebt in seiner eigenen „ver-rückten" Welt. Die anderen sind alle irgendwie von einer fremden Macht gesteuert. Er selbst traut niemandem und schützt sich vor der Beeinflussung durch einen Hut aus Aluminiumfolie. Eigentlich kommt er damit ganz gut zurecht. In letzter Zeit geht es ihm schlechter. Einmal ist er zusammengebrochen. Im Krankenhaus hat man ihm gesagt, dass seine Nieren versagen und er sterben wird, wenn er sich nicht behandeln lässt. Das kann er nicht glauben. Er vermutet eine Intrige der Außerirdischen. Er will nach Hause in sein altes Leben.

Dagegen genügen weniger gewichtige Schäden, etwa die Verweigerung einer Behandlung und Medikamenteneinnahme mit der unbestimmten Gefahr eines Krankheitsrückfalls oder der Verlängerung einer manischen Phase, nicht.

6.1.6.8 Zwangsbehandlung als letztes Mittel

Die Tatsache, dass die Behandlung kranker Menschen mancherorts nahezu ohne Zwangsbehandlung auskommt, hat deutlich gemacht, dass es auch anders geht. Geduldiges Verhandeln, „Dabeisein", im Gespräch bleiben, hat demnach ohne größere Zwischenfälle zu einer einvernehmlichen Behandlung geführt.[40] Der rechtliche Betreuer ist gehalten, ein die Zwangsbehandlung vermeidendes Konzept der Behandlung einzufordern. Dies auch dann, wenn sich dadurch die Dauer der Unterbringung verlängern sollte. Die Einwilligung in die Zwangsbehandlung setzt voraus, dass alle anderen möglichen Konzepte gescheitert sind. Der Betreuer darf sich nicht vorschnell mit dem Hinweis auf die gegebenen Strukturen der Klinik oder den Kostendruck bei längerem Aufenthalt abfinden. Es ist die Aufgabe der Kliniken, die bekannten Konzepte und Methoden zur Vermeidung von Zwangsbehandlung umzusetzen.

---

40 Dr. med. M. Zinkler; 2012; www.bgt-ev.de/fileadmin/Mediendatenbank/Tagungen/West-BGT/26/Brief_an_Bundesjustizministerin.pdf (abgerufen 14.05.2022)

6.1.6.9 Der Nutzen muss das Risiko deutlich überwiegen

Der zu erwartende Nutzen der ärztlichen Zwangsmaßnahme muss die zu erwartenden Beeinträchtigungen deutlich übersteigen.[41] Der individuelle subjektive als auch objektive Nutzen und die entsprechenden Risiken müssen in jedem einzelnen Fall sorgfältig ermittelt, geprüft und gewichtet werden. Dabei hat der rechtliche Betreuer neben den Erkenntnissen aus dem Aufklärungsgespräch zur Wirkung und Nebenwirkungen der Behandlung alle anderen Folgen der Zwangsbehandlung in gleicher Weise zu berücksichtigen. Wie wird die mit der Zwangsbehandlung verbundene Gewalt vom rechtlich betreuten Menschen erlebt und verarbeitet? Kann der rechtlich betreute Mensch das Dämpfungsfeld der Medikamente akzeptieren? Welche Folge hat die Zwangsbehandlung für seine Lebensführung und ist diese Folge gewollt?

Problematisch ist das Fehlen wissenschaftlicher Untersuchungen über die Wirksamkeit, Folgen und „Nebenwirkungen" der Zwangsbehandlung. Grundsätzlich stellt sich die Frage, ob es eine medizinische Indikation für Zwangsmaßnahmen gibt. Davon ausgehend, dass gerade psychische Krankheiten im sozialen Kontext stehen und damit von sozialen Normen abhängig sind, ist es naheliegend, dass die Behandlung der Krankheit – gerade auch die Anwendung von Zwang – primär sozial indiziert ist.[42] Ohne wissenschaftliche Grundlage bleibt der Rückgriff auf die Erfahrungen. Aber auch hier kann die Medizin nur unzureichend helfen. Die stationäre Erfahrung beschränkt sich auf die Dauer des Aufenthaltes in der Klinik. Der rechtliche Betreuer hat den bisherigen Krankheitsverlauf und seine Erfahrung aus der persönlichen Begegnung mit der rechtlich betreuten Person mit einzubeziehen.

6.1.6.10 Formulierung des Antrags

Die Einwilligung in die ärztliche Zwangsmaßnahme bedarf der Genehmigung des Betreuungsgerichts und ist nur im Rahmen eines stationären Aufenthalts in einem Krankenhaus, in dem die gebotene medizinische Versorgung des Betreuten einschließlich einer erforderlichen Nachbehandlung sichergestellt ist, zulässig.[43]

> Beantragt wird die betreuungsgerichtliche Genehmigung einer ärztlichen Zwangsmaßnahme auf der Station ... des Krankenhauses: ... (Name, Anschrift und Rufnummer des Krankenhauses).

1. Beschreibung der Maßnahme

> Die ärztlichen Zwangsmaßnahmen bestehen aus ... (konkrete Beschreibung der medizinischen Maßnahme und der erforderlichen Zwangsmittel).

41 § 1832 Absatz 1 Nr. 6 BGB

42 Vergleiche Arbeitskreis „Zwangsmaßnahmen in der psychiatrischen Versorgung" der Zentralen Ethikkommission bei der Bundesärztekammer, Expertenanhörung am Freitag, 4.5.2012; www.dfpp.de/archiv/dfpp/ZEKO_BAEK-DFPP.pdf (abgerufen 14.05.2022)

43 § 1832 Absatz 1 Nr. 7 BGB

2. Einwilligungsunfähigkeit

In Übereinstimmung mit dem behandelnden Arzt/der behandelnden Ärztin Dr. ... habe ich als rechtliche/r Betreuer*in festgestellt, dass Herr/Frau ... aufgrund ... (Benennung der Krankheit/Behinderung) nicht in der Lage ist, einen freien Willen zu bilden, und die Notwendigkeit der ärztlichen Maßnahme nicht erkennen kann.

3. Zwang gegen den natürlichen Willen

Die Maßnahme widerspricht ihrem/seinem natürlichen Willen. *Der rechtliche Betreuer beschreibt die Sichtweise der rechtlich betreuten Person und wie die rechtlich betreute Person ihre Weigerung zum Ausdruck bringt.*

4. Überzeugungsversuch

Folgende Versuche wurden unternommen, um Frau/Herrn ... von der Notwendigkeit der ärztlichen Maßnahme zu überzeugen, z.B.

- *Einbeziehung folgender Vertrauenspersonen ... Als Anlage wird das Protokoll ... beigefügt.*
- *Besprechung zwischen der rechtlich betreuten Person (und ggf. weiterer Personen) und dem rechtlichen Betreuer am ...*
- *Aufklärungsgespräch zwischen der rechtlich betreuten Person und Herrn/Frau ... als ärztlich verantwortliche Person am ...*

5. Abwehr eines schweren gesundheitlichen Schadens

Die ärztliche Zwangsmaßnahme ist erforderlich, um einen drohenden erheblichen gesundheitlichen Schaden abzuwenden. *(Hier folgt die konkrete Beschreibung der erheblichen Gefahr.)*

6. Ausschluss alternativer Maßnahmen

Der beschriebene erhebliche gesundheitliche Schaden kann durch keine andere Frau/Herrn ... zumutbare Maßnahme abgewendet werden. Alternativ wurden folgende Maßnahmen geprüft und als nicht durchführbar verworfen ...

7. Nutzen

Von der Zwangsmaßnahme ist folgender Nutzen zu erwarten. *(Hier folgt eine konkrete Beschreibung des Nutzens.)*

8. Beeinträchtigungen

Demgegenüber ist von der Maßnahme folgende Beeinträchtigung zu erwarten. *(Alle medizinischen sozialen und persönlichen Beeinträchtigungen sind vollständig objektiv als auch aus der subjektiven Perspektive der rechtlich betreuten Person zu benennen.)*

In Abwägung von Nutzen und Beeinträchtigung komme ich zu dem Ergebnis, dass der Nutzen deutlich überwiegt, weil ...

9. Dauer der Maßnahme

Die ärztliche Zwangsmaßnahme ist voraussichtlich für die Dauer von ... erforderlich.

6.2 Freiheitsentziehende Unterbringung und freiheitsentziehende Maßnahmen

Leider gibt es immer wieder Situationen im betreuungsrechtlichen Alltag, die einen freiheitsentziehenden Eingriff in das Leben des rechtlich betreuten Menschen notwendig machen.

Was wird unter mit Freiheitsentziehung verbundener Unterbringung verstanden?

Eine mit Freiheitsentziehung verbundene Unterbringung ist eine Form der freiheitsentziehenden Maßnahme, die der betroffenen Person einen bestimmten Lebensraum in einer als geschlossen definierten Einrichtung zuweist und sie am Verlassen dieser Einrichtung hindert. Dies kann durch die Anordnung des Aufenthalts auf einer geschlossenen Station einer psychiatrischen Klinik, eines Krankenhauses, eines Heims oder einer sonstigen Einrichtung geschehen.

Eine Freiheitsentziehung ist dann gegeben, wenn die betroffene Person ihren Willen, sich frei zu bewegen – wohin und wann sie will – auf Dauer oder regelmäßig nicht durchsetzen kann. Einer bettlägerigen Person kann somit nicht durch das Verschließen der Haustür die Freiheit entzogen werden. Gleiches gilt für eine bewegungsunfähige Person, deren Bett mit einem Bettgitter versehen ist. Auf den Umfang der Bewegungsmöglichkeiten in einem Heim oder in einer Einrichtung kommt es dabei nicht an.

Was sind unterbringungsähnliche Maßnahmen?

Neben der Zuweisung des Aufenthalts in einer als geschlossen definierten Einrichtung gelten Maßnahmen, mit denen eine Person regelmäßig (zur gleichen Zeit und aus gleichem Grund) oder über einen längeren Zeitraum („etwas länger" als zwei Tage) die Freiheit entzogen werden soll, ohne untergebracht zu sein, als unterbringungsähnliche Maßnahmen.

Beispielsweise sind dies:

- mechanische Vorrichtungen wie verschlossene Türen, zugestellte Türen, Trickschlösser,
- gerontologische Stühle (Stühle mit Bauchgurt, mechanische Vorrichtungen, die das Aufstehen verhindern),

- Bettgitter, Hand- und Fußfesseln, Bauchgurte,
- die Wegnahme u.a. von Kleidung, Geh- oder Sehhilfen,
- elektronische Aufenthaltskontrolle (z.B. Lichtschranken, die Alarm auslösen), die beim Auslösen dazu führt, dass die rechtlich betreute Person in ihrer Bewegungsfreiheit durch Personal gehindert wird,
- die Türkontrolle mit dem Zweck, die betroffene Person am Verlassen des Aufenthaltsortes zu hindern,
- Medikamente, die in erster Linie das Ziel verfolgen, den Wunsch nach Bewegung zu sedieren.

Hinzu kommen Maßnahmen, die nicht allgemein, aber auf den Einzelfall bezogen eine freiheitsentziehende Maßnahme darstellen. Beispielsweise trifft dies zu:

- für eine Tür, die über ein Zahlenschloss geöffnet werden muss, auch wenn das Zahlenfeld und der Code gut sichtbar angebracht sind, die rechtlich betreute Person aufgrund ihrer Krankheit/Behinderung den Öffnungsmechanismus jedoch nicht begreifen kann;
- für eine getarnte Tür, die beispielsweise durch eine Tapete beklebt ist, die den Eindruck erweckt, dass es sich nicht um eine Tür, sondern um ein Möbelstück handelt.

Wie ist eine „Freiwilligkeitserklärung" zu bewerten?

Die einwilligungsfähige Person kann die Anwendung einer freiheitsentziehenden Maßnahme erlauben.

Um ihre Einwilligung erteilen zu können, muss die betroffene Person zunächst über die beabsichtigte Maßnahme informiert sein. Sie muss ihr hinsichtlich ihrer Bedeutung, Wirkung und der damit verbundenen Risiken verständlich sein. Darüber hinaus muss sie in der Lage sein, sich in Bezug auf die beabsichtigte Maßnahme einen Willen zu bilden und diesen ausdrücken können.

Die freiwillige Einwilligung kann von der betroffenen Person jederzeit widerrufen werden. Die Maßnahme ist dann sofort aufzuheben.

Die Freiwilligkeitserklärung für eine Freiheitsentziehung durch die Gabe von sedierenden Medikamenten ist besonders fragwürdig. Dies ergibt sich daraus, dass die Medikamente neben der sedierenden Wirkung häufig auch die Willensbildung beeinträchtigen. Die betroffene Person ist durch die Behandlung möglicherweise nicht mehr in der Lage, den freiheitsentziehenden Charakter zu erkennen. Sie kann ihre einmal gegebene Einwilligung nicht widerrufen. In diesen Fällen sollte die Freiwilligkeitserklärung von der betroffenen Person befristet werden.

Welcher Aufgabenbereich berechtigt zur stellvertretenden Einwilligung in eine mit Freiheitsentziehung verbundene Unterbringung bzw. freiheitsentziehende Maßnahmen?

Der rechtliche Betreuer ist nur befugt, über die mit Freiheitsentziehung verbundene Unterbringung oder eine freiheitsentziehende Maßnahme zu entscheiden, wenn der Abgabenbereich ausdrücklich benannt ist.

Im Beschluss und der Urkunde muss somit, je nachdem, über welche Maßnahme entschieden werden soll, der Aufgabenbereich

„Entscheidung über die mit Freiheitsentziehung verbundene Unterbringung"

oder/und

„Entscheidung über freiheitsentziehende Maßnahmen"

ausdrücklich benannt sein.[44]

Für Entscheidungen im Rahmen dieser Aufgabenbereiche sind mit Ausnahmen Genehmigungsverfahren nötig.[45] In beiden Bereichen kann der rechtliche Betreuer auch schon vor einer gerichtlichen Genehmigung Entscheidungen treffen. So kann etwa ein rechtlicher Betreuer bei Gefahr im Verzug eine freiheitsentziehende Unterbringung auch schon vor einer gerichtlichen Genehmigung durchführen.[46] Dasselbe gilt auch für freiheitsentziehende Maßnahmen. Für freiheitsentziehende Maßnahmen außerhalb eines Krankenhauses, Heimes oder einer sonstigen Einrichtung ist eine gerichtliche Genehmigung überhaupt nicht erforderlich.

Die ausdrückliche Benennung der Aufgabenbereiche stellt sicher, dass die Erforderlichkeit zu ihrer Anordnung extra geprüft werden muss. Diese Maßnahmen können nicht Bestandteil eines anderen Aufgabenbereiches sein. Soweit entsprechende Maßnahmen erforderlich werden und der Aufgabenbereich nicht ausdrücklich benannt ist, hat der rechtliche Betreuer die Erweiterung des Aufgabenkreises anzuregen.

Es ergibt sich die Frage, ob die Aufgabenbereiche zu den Entscheidungen bezüglich einer freiheitsentziehenden Unterbringung oder zur Anwendung einer freiheitsentziehenden Maßnahme für sich allein stehen können. Regelmäßig dürfte das nicht der Fall sein, da kaum anzunehmen ist, dass die vor und nach einer solchen Maßnahme zu entscheidenden Fragen der medizinischen Behandlung von der rechtlich betreuten Person eigenständig erledigt werden können.

Denkbar ist, dass neben der rechtlichen Betreuung eine Vollmacht für den Bereich der Gesundheitssorge besteht, die Einwilligung in die freiheitsentziehende Unterbringung bzw. freiheitsentziehende Maßnahmen aber nicht im Rahmen der Vollmacht ausdrücklich benannt ist. Der Bevollmächtigte ist insoweit befugt, über Angelegenheiten der Gesundheitssorge zu entscheiden, jedoch nicht befugt, über die freiheitsentziehende Unterbringung oder die Anwendung freiheitsentziehender Maßnahmen zu befinden.

Wann ist die Genehmigung des Betreuungsgerichts einzuholen?

In der Regel müssen die durch den rechtlichen Betreuer veranlassten freiheitsentziehenden Maßnahmen vorher vom Gericht genehmigt werden. Ohne die Genehmigung ist die Unterbringung nur zulässig, wenn mit dem Aufschub Gefahr verbunden ist; die Genehmigung ist unverzüglich nachzuholen.[47]

---

44 § 1815 Absatz 2 Nr. 1&2 BGB
45 Freiheitsentziehung im häuslichen Umfeld
46 § 1831 Absatz 2 Satz 2 BGB
47 § 1831 Absatz 2 BGB

Ausnahmen bilden freiheitsentziehende Maßnahmen, die im Rahmen der Familienpflege vollzogen werden. Sie unterliegen keiner gerichtlichen Kontrolle nach dem Betreuungs- und/oder Unterbringungsrecht.

Die fehlende Pflicht zur Genehmigung freiheitsentziehender Maßnahmen im Rahmen der eigenen Wohnung ist umstritten und viel diskutiert.

Die Erforderlichkeit einer Genehmigung kann sich ergeben, wenn die tatsächliche Pflege, Betreuung und Beaufsichtigung in der häuslichen Umgebung ausschließlich durch ambulante Dienste oder andere professionell tätige Helfer gewährleistet wird. Dabei handelt es sich nicht mehr um eine rein private und familieninterne Regelung. Die eigene Wohnung verliert einen entscheidenden Teil ihres privaten Charakters. Fremde Personen haben unkontrollierten Zutritt. Die Wohnung wird den Erfordernissen der Pflege und Beaufsichtigung entsprechend umgestaltet. Sie wird so zu einer „sonstigen Einrichtung".

Wann ist die Einwilligung des rechtlichen Betreuers in eine freiheitseinschränkende Maßnahme gerechtfertigt?

Voraussetzung für die Einwilligung des rechtlichen Betreuers in eine freiheitseinschränkende Maßnahme ist das Zusammentreffen folgender Bedingungen:

- der krankheitsbedingte Wunsch, sich selbst zu töten, oder eine erhebliche gesundheitliche Gefahrenlage für die rechtlich betreute Person,
- fehlende freie Willensbestimmung,[48]
- Geeignetheit der Maßnahme zur Abwehr der Gefahrenlage,
- Verhältnismäßigkeit.

Welche Gefahren können eine freiheitseinschränkende Maßnahme rechtfertigen?

These

Wissenschaftlich sind kaum Gefahren denkbar, die nicht durch andere als freiheitseinschränkende Maßnahmen abgewendet werden können.

Tatsächlich kommt es auf den Einzelfall und die real verfügbaren Alternativen an. Der Gesetzgeber geht davon aus, dass folgende Gefahren eine freiheitseinschränkende Maßnahme rechtfertigen können:

- Wenn sich die rechtlich betreute Person selbst töten will.
- Wenn sich die rechtlich betreute Person erheblichen gesundheitlichen Schaden zufügt/zufügen will.
- Wenn zur Abwendung eines drohenden erheblichen gesundheitlichen Schadens eine Untersuchung des Gesundheitszustands, eine Heilbehandlung oder ein ärztlicher Eingriff notwendig sind.

48 Siehe Abschnitt 3.4.1

Die Gefahr muss „ernstlich und konkret" sein. Die Gefahrenlage sollte sich aus der akuten Situation ergeben. Sie kann sich aber auch aus der Kenntnis einer bevorstehenden krisenhaften Zuspitzung des Krankheitsgeschehens ableiten. Dabei reicht es nicht aus, wenn eine statistische Wahrscheinlichkeit für das Eintreten der befürchteten Gefahr besteht. Vielmehr müssen konkrete, auf die rechtlich betreute Person bezogene Anzeichen für das Eintreten dieser Gefahr erkennbar sein.

Beispiel

- *Herr M. verlässt im Winter nur mit Unterwäsche bekleidet die Wohnung und läuft ohne Orientierung umher. Er droht zu erfrieren.*
- *Frau P. hört Stimmen, die ihr mit dem Tod ihres Kindes drohen, wenn sie sich nicht die Finger abschneidet.*

Kann die Gefahr für Dritte eine freiheitseinschränkende Maßnahme rechtfertigen?

Der rechtlichen Betreuer ist ausschließlich der rechtlich betreuten Person verpflichtet. Er hat grundsätzlich keine ordnungsrechtliche Funktion. Die Interessen Dritter können allenfalls indirekt – und ohne dass dies die eigentliche Absicht ist – vom Handeln des rechtlichen Betreuers profitieren. Insbesondere ist es nicht Aufgabe des rechtlichen Betreuers, Straftaten, fremdaggressives Verhalten oder Belästigungen, welche durch die rechtlich betreute Person begangen werden, zu verhindern.

Kann ein drohender Vermögensschaden eine freiheitseinschränkende Maßnahme rechtfertigen?

Andere Gefahren als die Gefahr erheblicher gesundheitlicher Schäden können eine Unterbringung oder eine freiheitsentziehende Maßnahme durch den rechtlichen Betreuer nicht rechtfertigen. Dies gilt insbesondere für Vermögensschäden. Droht durch ein Verhalten der rechtlich betreuten Person eine Schädigung ihres eigenen Vermögens, so ist dem durch andere Maßnahmen zu begegnen. Notfalls ist ein umfassender Einwilligungsvorbehalt anzuordnen.

Die rechtlich betreute Person kann dann über ihr Vermögen ohne Einwilligung des rechtlichen Betreuers nicht mehr wirksam verfügen; sie kann auch nicht in wirksamer Weise Verpflichtungen eingehen. Besteht die Gefahr, dass die rechtlich betreute Person ihr Vermögen durch ein rein tatsächliches Handeln schädigt – etwa ihre wertvollen Gemälde zerstört –, so kann dieser Gefahr auch ohne Unterbringung begegnet werden. Notfalls sind diese Gegenstände an einem sicheren Ort zu verwahren.

Zu beachten ist allerdings, dass Schäden an anderen Rechtsgütern mittelbar auch zu einer Gefahr für Leben oder Gesundheit der rechtlich betreuten Person führen können. So ist es etwa möglich, dass eine psychisch kranke Person, die nicht untergebracht ist, durch ihr Verhalten ihre familiären Beziehungen zerstört; in manchen Fällen kann mit Sicherheit gesagt werden, dass dies zu einer nachhaltigen Verschlimmerung ihres Leidens führen wird. Unter solchen Umständen kann eine vorübergehende Unterbringung zur Beruhigung der Situation und/oder Bewältigung von Krisen in Betracht kommen.

Was ist bei der Beurteilung der Gefahrenlage zu berücksichtigen?

Zur Frage der Fähigkeit zur freien Willensbildung wurde bereits unter 3.4.1 ausgeführt. An dieser Stelle sind die dort entwickelten Gedanken praktisch zu konkretisieren.

Viele Personen leben mit schweren Krankheiten, ohne die vom Arzt vorgeschlagene Behandlung durchzuführen. Infarktpatienten, Diabetiker, Hypertoniker rauchen, essen, trinken und leben ihr Leben in alten Bahnen, obwohl dieses Verhalten mit schweren gesundheitlichen Schäden verbunden ist. Sie gefährden ihre Gesundheit und riskieren einen vorzeitigen Tod.

Im Rahmen somatischer Erkrankungen billigt die Gesellschaft der betroffenen Person ein Recht auf ihre Krankheit zu. Wenn die betroffene Person sich für oder gegen die Behandlung ihrer Krankheiten entscheidet, tut sie dies nicht nur nach der objektiven Notwendigkeit. Tragende Bestandteile ihrer Entscheidung sind Elemente aus ihrer Gefühls- und Erlebniswelt. Dieses Recht, die Entscheidung zur Behandlung auch von nicht rationalen Gedanken abhängig zu machen, steht auch der rechtlich betreuten Person zu.

Diese Überlegungen führen zu folgenden Fragen, deren Beantwortung die Einschätzung der Gefahrenlage unterstützen kann:

- Ist die betroffene Person so eingeschränkt, dass sie ihre Krankheit nicht erkennen kann?
- Leidet die betroffene Person an ihrer Krankheit?
- Wie drückt sich ihr Leiden aus?
- Was bedeutet ein Leben mit der Krankheit?
- Wie hoch ist die Aussicht auf Heilung durch die beabsichtigte Behandlung?
- Wird die Behandlung der betroffenen Person ein „glücklicheres" Leben ermöglichen?
- Rechtfertigt der prognostizierte Erfolg die zur Anwendung kommenden Mittel (z.B. Freiheitsentzug)?

Was ist bei der Freiheitsentziehung im Pflegeheim zu berücksichtigen?

Vor der Anwendung einer unterbringungsähnlichen Maßnahme wie Fixierungen und Bettgitter müssen alle anderen weniger eingreifenden Möglichkeiten, die erhebliche Gefahr zu beseitigen, unternommen worden sein. Hier haben moderne Pflegekonzept Erhebliches geleistet. Stichworte zur weiteren Information sind Initiativen wie „ReduFix" und der „Werdenfelser Weg". Zwischenzeitlich dürften alle Einrichtungen der Altenpflege über Möglichkeiten der genannten Konzepte informiert und entsprechend ausgestattet sein. Die Anwendung unterbringungsähnlicher Maßnahmen dürft damit eine absolute Ausnahme bilden.

Wie sieht das Verfahren aus?

Die folgende Grafik zeigt die unterschiedlichen Möglichkeiten der Verfahrensweise bei Anordnung von freiheitsentziehenden Maßnahmen durch den rechtlichen Betreuer. Sie sollen im Folgenden erörtert werden.

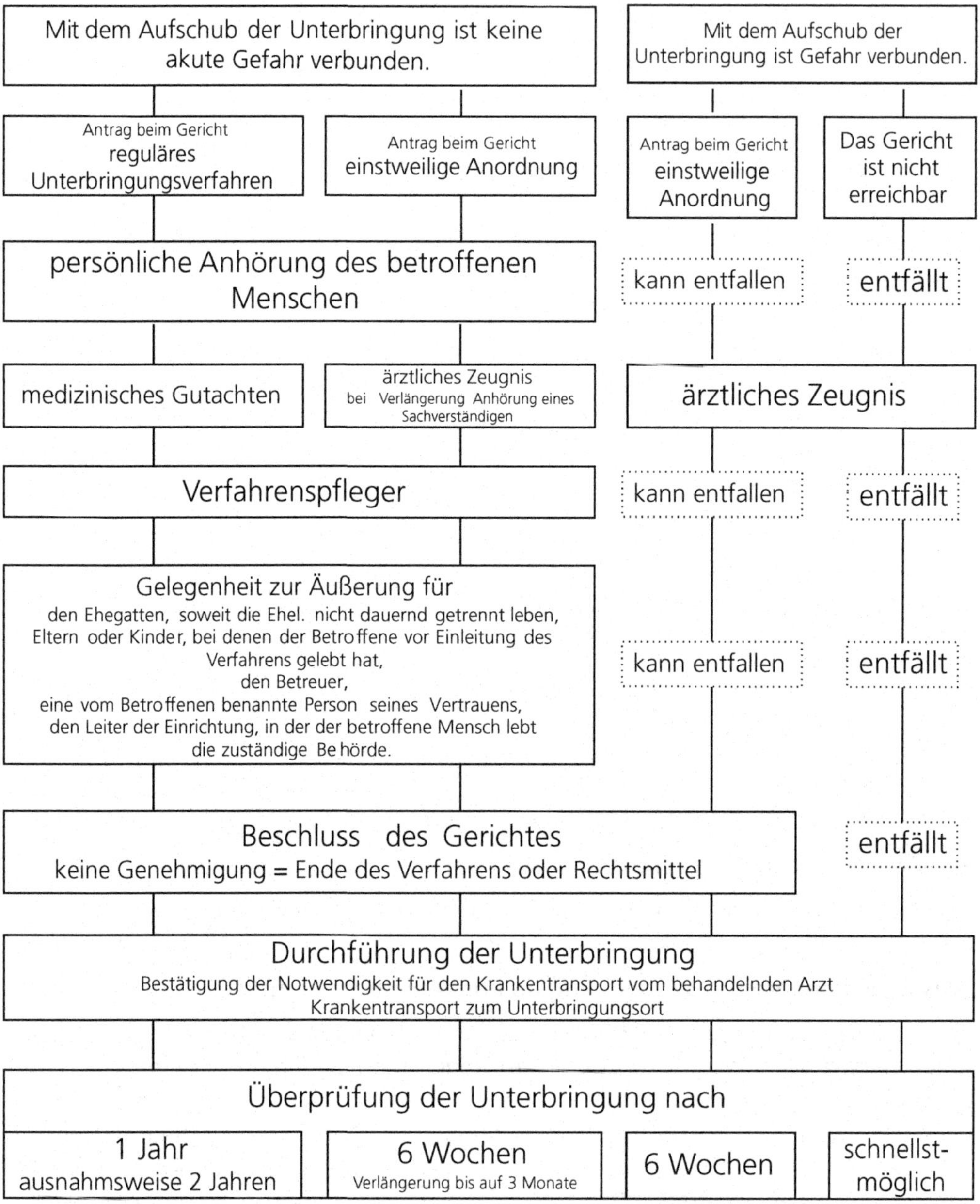

Wer ordnet die Maßnahme an?

Bei den nach dem Betreuungsrecht vollzogenen freiheitsentziehenden Maßnahmen ist zunächst eine entsprechende Entscheidung des rechtlichen Betreuers erforderlich. Diese Entscheidung muss wohlüberlegt sein und muss insbesondere die im Nachfolgenden beschriebenen Voraussetzungen berücksichtigen.

Es ist unzulässig, einen Antrag zur Genehmigung einer freiheitsentziehenden Maßnahme zu stellen, um lediglich prüfen zu lassen, ob möglicherweise eine solche Maßnahme gerechtfertigt ist. Solche Anträge sind keine Seltenheit und rechtliche Betreuer wollen damit die eigene Verantwortung und den Aufwand für die ordentliche Ermittlung zur Erforderlichkeit der freiheitsentziehenden Maßnahme an das Gericht abgeben.

Die Verantwortung für die Entscheidung liegt aber ausschließlich beim rechtlichen Betreuer. Die Ausnahme ist da gegeben, wo der rechtliche Betreuer an der Ausübung seines Amtes gehindert ist und das Gericht an seiner Stelle tätig wird.

Die Einrichtung, in der die Unterbringung stattfindet (Krankenhaus, Heim usw.), ist verpflichtet, sich die Rechtmäßigkeit der Anordnung des rechtlichen Betreuers durch die Vorlage der gerichtlichen Genehmigung nachweisen zu lassen.

Wann ist die Genehmigung des Betreuungsgerichts einzuholen?

Grundsätzlich muss der rechtliche Betreuer vor der Durchführung der Maßnahme die Genehmigung des Gerichts einholen. Das Gesetz schreibt keinen formellen Antrag des rechtlichen Betreuers vor. Für die Erteilung einer Genehmigung muss das Gericht in irgendeiner Weise von der Absicht des rechtlichen Betreuers erfahren. Dies geschieht sinnvollerweise in Form eines schriftlichen Antrags, der die Notwendigkeit der Maßnahme begründet.

Wie ist der Ablauf des Verfahrens?

Das reguläre Verfahren ist mit weitreichenden Rechtsgarantien versehen. Das Gericht:

- hat die rechtlich betreute Person persönlich anzuhören und sich einen persönlichen Eindruck zu verschaffen,[49]
- hat ein medizinisches Gutachten (für die freiheitsentziehende Unterbringung) einzuholen; im Fall von unterbringungsähnlichen Maßnahmen reicht ein ärztliches Zeugnis. Das Gutachten ist neben dem Verfahrenspfleger und dem Betreuer auch dem Betroffenen bekanntzugeben,[50]
- hat einen Verfahrenspfleger zu bestellen, soweit die rechtlich betreute Person ihre Interessen im Verfahren nicht selbst vertreten kann,[51]
- hat die sonstigen Beteiligten anzuhören und
- soll die zuständige Behörde anhören.[52]

Was ist zu tun, wenn das reguläre Verfahren nicht abgewartet werden kann?

Die freiheitsentziehende Maßnahme kann auch im Rahmen einer einstweiligen Anordnung genehmigt werden, wenn dringende Gründe für die Annahme bestehen, dass die Voraussetzungen für die Genehmigung oder Anordnung einer Unterbringungsmaßnahme gegeben sind und ein dringendes Bedürfnis nach einem sofortigen Tätigwerden besteht.[53] Der rechtliche Betreuer teilt dem Betreuungsgericht das Eilbedürfnis mit. Die Mitteilung sollte mit einer Begründung versehen werden.

49 § 319 FamFG
50 § 321 FamFG
51 § 317 FamFG
52 § 320 FamFG
53 § 331 FamFG

Wie kann das Verfahren bei gesteigerter Dringlichkeit beschleunigt werden?

Für den Fall der „Gefahr im Verzug“ kann das Gericht von der vorherigen

- persönlichen Anhörung der rechtlich betreuten Person,
- der Bestellung eines Verfahrenspflegers, soweit die rechtlich betreute Person ihre Interessen im Verfahren nicht selbst vertreten kann, absehen.[54]

Die Anhörung und ggf. die Bestellung des Verfahrenspflegers müssen unverzüglich nachgeholt werden.

Was bedeutet „Gefahr im Verzug“?

„Gefahr im Verzug“ bedeutet, dass mit dem Aufschub der Maßnahme eine existenzielle Gefährdung für das Leben oder die Gesundheit der rechtlich betreuten Person verbunden ist. Es handelt sich um eine Krisensituation, die unvorhergesehen aufgetreten ist und die sofortiges Handeln zur Abwendung der Gefahr für die rechtlich betreute Person erforderlich macht.

Was ist zu tun, wenn das Gericht nicht erreicht werden kann?

Unvorhergesehene Krisensituationen richten sich nicht nach den Öffnungszeiten der Gerichte. In dieser Situation gibt das Gesetz dem rechtlichen Betreuer die Möglichkeit, auch ohne vorhergehende Genehmigung lediglich mit dem ärztlichen Attest die notwendige freiheitsentziehende Maßnahme zu veranlassen. Die Genehmigung ist unverzüglich nachzuholen.[55]

Was ist hinsichtlich der Durchführung der Maßnahme zu berücksichtigen?

Die Durchführung der freiheitsentziehenden Maßnahme obliegt der Einrichtung, in der sich die rechtlich betreute Person aufhält. Im Fall einer freiheitsentziehenden Maßnahme in der eigenen Wohnung wird diese entsprechend von den vom rechtlichen Betreuer bestimmten Hilfsdiensten durchgeführt. Sie wird von dafür ausgebildetem und berechtigtem Personal vorgenommen. Die Dokumentation von Beginn, Verlauf und Ende der Maßnahme sind zu verlangen.

Bei einer mit Ortswechsel verbundenen freiheitsentziehenden Unterbringung ist der Transport zu organisieren. In der Regel wird ein Krankentransport erforderlich sein. Die Notwendigkeit des Krankentransports muss vom Hausarzt bescheinigt sein. Die Anordnung des rechtlichen Betreuers und der Beschluss des Gerichts sind für die Krankenversicherung nicht unbedingt eine ausreichende Begründung zur Übernahme der Transportkosten.

Was ist zu tun, wenn die rechtlich betreute Person sich der Zuführung widersetzt?

Für den Fall, dass sich die rechtlich betreute Person der freiheitsentziehenden Unterbringung widersetzt und die Anwendung von unmittelbarem Zwang notwendig ist, kann der rechtliche Betreuer die zuständige Behörde um Unterstützung bitten. Die Behörde darf nur aufgrund einer besonderen gerichtlichen Entscheidung Gewalt anwenden. Hierbei ist sie befugt, bei den polizeilichen Vollzugsorganen um Unterstützung nachzusuchen.[56]

54 § 332 FamFG
55 § 1831 Absatz 2 Satz 2 BGB
56 § 326 FamFG

Die Anwendung von Gewalt bei einer Unterbringung ohne vorherige gerichtliche Genehmigung ist nicht geregelt. Bei entsprechender Gefahr für die öffentliche Sicherheit und Ordnung ist jedoch das Tätigwerden des Ordnungsamtes oder der Polizei möglich.

Wie lange kann die Unterbringung dauern?

Die im regulären Verfahren genehmigte Unterbringung endet zu dem im Beschluss genannten Zeitpunkt, spätestens mit Ablauf eines Jahres, bei offensichtlich längerer Unterbringungsbedürftigkeit spätestens mit Ablauf von zwei Jahren, wenn sie nicht vorher verlängert wird.[57]

Die Dauer der Unterbringung im Rahmen der einstweiligen Anordnung ist beschränkt auf längstens sechs Wochen und kann auf drei Monate verlängert werden.[58]

6.3 Aufgabenbereichen zur Wohnsituation und zum Aufenthalt

6.3.1 Zur Bedeutung der Wohnsituation

In der Regel bildet die Wohnung den örtlichen Lebensmittelpunkt eines Menschen. Aus verschiedenen Anlässen besteht scheinbar oder tatsächlich die Notwendigkeit, diesen örtlichen Lebensmittelpunkt für eine begrenzte Zeit oder auf Dauer zu ändern.

Die Bestimmung des dauernden Aufenthaltes in einem anderen Wohnumfeld ist eine der schwierigsten Entscheidungen. Bitte stellen Sie sich vor, welche Überlegungen, Befürchtungen und Ängste Sie selbst hätte, wenn ein Wechsel der Wohnsituation ansteht. Ungleich schwieriger stellt sich diese Situation für Menschen dar, die aufgrund einer geistigen Leistungsminderung nicht in der Lage sind, die Gründe für einen Wohnortwechsel zu erkennen, und zudem die zukünftige Situation nicht überblicken können. Die Angst vor dem Ungewissen sowie die Angst, das bisher Gewohnte zu verlieren, schaffen bei rechtlich betreuten Personen eine emotionale Lage, die ein hohes Maß an Aufmerksamkeit und Einfühlungsvermögen verlangt. Der Wechsel in ein anderes Wohnumfeld ist insbesondere für ältere demente Menschen eine starke Belastung. Dies kann schwerwiegende Folgen für die geistige und körperliche Gesundheit haben. Entsprechend hoch ist die vom rechtlichen Betreuer zu tragende Verantwortung in diesem Entscheidungsprozess.

57 § 329 FamFG
58 § 333 FamFG

Beispiele für einen erforderlichen Wechsel des Aufenthaltes

- *die notwendige Behandlung im Krankenhaus, in der Rehaklinik usw.,*
- *der Umzug wegen zu großer, zu kleiner oder zu teurer Wohnung,*
- *die rechtswirksame Kündigung der Wohnung durch den Vermieter,*
- *die notwendige Versorgung kann nicht sichergestellt werden.*

6.3.2 Aufgabenbereiche

Welche rechtlichen Angelegenheiten sind im Zusammenhang mit der Wohnsituation zu regeln?

Beispiele

- *Abschluss von den Wohnraum betreffenden Verträgen (z.B. Miet-, Nutzungs-, Heimvertrag).*
- *Kündigung von den Wohnraum betreffenden Verträgen (z.B. Miet-, Nutzungs-, Heimvertrag).*
- *Rechtliche Erfüllung bestehender Verträge; hierbei geht es beispielsweise um Nebenkostenabrechnungen; Schadensmeldungen, Beschwerden, Feuermelder etc.*
- *Sicherung der Finanzierung der Kosten für den Wohnraum (Grundbesitzabgaben, Miet-, Neben-, Strom-, Wasserkosten, Telefongebühren, GEZ, Kabelanschluss, Heimkosten). Wenn dies notwendig ist, muss der Aufgabenkreis auf die Vermögenssorge erweitert werden.*
- *Geltendmachung von Leistungen zur Förderung des Wohnraums (Wohngeld; Mittel zum Umbau – Krankenversicherung und andere Fördermöglichkeiten).*
- *Organisation von Reparaturen und Renovierung der Wohnung. Für mittellose Menschen kann die Übernahme der Kosten beim Sozialamt beantragt werden.*
- *Organisation des Umzuges.*
- *...*

Welcher Aufgabenbereich berechtigt den rechtlichen Betreuer für die Regelung rechtlicher Angelegenheiten rund um die Wohnsituation?

Hier gilt es bei der Formulierung des Aufgabenbereiches genau hinzusehen. Geht es um die Regulierung von rechtlichen Angelegenheiten im Zusammenhang mit einer bestehenden und zu erhaltenden Wohnsituation oder geht es auch um eine Veränderung der Wohnsituation?

Der lebensbestimmende Charakter der mit dem Wohnraum zusammenhängenden Entscheidung legt nahe, die mit der Wohnsituation zusammenhängenden Angelegenheiten als gesonderten Aufgabenbereich zu formulieren. Einige Gerichte vertreten die Ansicht, dass das Zusammentreffen der Aufgabenkreise „Aufenthaltsbestimmung", „Vermögenssorge" und

„Gesundheitsfürsorge" auch die Zuständigkeit für Regelung von Wohnungsangelegenheiten ergibt. Im Zweifel sollte der Betreuer das Betreuungsgericht um eine Klarstellung bitten.

Mögliche Formulierung sind unter anderem:

- Aufenthaltsbestimmung,
- Wohnungsangelegenheiten,
- Heimangelegenheiten,
- Angelegenheiten in Zusammenhang mit einem Wechsel der Wohnsituation,
- …

Ein weiteres Problem ergibt sich daraus, dass die Regelung rechtlicher Angelegenheiten im Rahmen der Wohnsituation in der Regel auch die Regelung finanzrechtlicher Angelegenheiten zur Folge hat. Soweit ein Wechsel der Wohnsituation beabsichtigt ist, haben oft noch gesundheitliche Aspekte eine besondere Rolle. Dieses Zusammentreffen verschiedener Aufgabenbereiche zur Regelung einer rechtlichen Angelegenheit erfordert das Zusammenwirken der rechtlich betreuten Person mit dem rechtlichen Betreuer beziehungsweise der Person, die für die Regelung der nicht dem Aufgabenbereich des rechtlichen Betreuers zuzuordnenden Angelegenheiten zuständig[59] ist. Ist dieses Zusammenwirken nicht gegeben, müssen neben dem Aufgabenbereich, welcher sich auf die Wohnsituation bezieht, auch andere Aufgabenbereiche aus dem Bereich der Vermögenssorge und der Gesundheitssorge mit beschlossen werden.

Trifft der rechtliche Betreuer Entscheidungen gegen den erkennbaren natürlichen Willen der rechtlich betreuten Person, ohne dass damit eine freiheitsentziehende Unterbringung oder freiheitsentziehende Maßnahme verbunden ist, hängt die Wirksamkeit seiner Entscheidung von der Anordnung eines Einwilligungsvorbehaltes ab.

6.3.3 Bestandsaufnahme gängiger Wohnsituationen

Zunächst gilt es, das Bewusstsein für die aktuelle Situation der rechtlich betreuten Person zu schärfen. Welche Probleme/Gefahren werden von wem beschrieben? Wer fordert eine Veränderung? Welche Probleme/Gefahren sind tatsächlich gegeben? Sind diese neu aufgetreten? Welche Möglichkeiten der Kompensation haben in der Vergangenheit bestanden?

Viel zu schnell wird ein Wechsel in ein anderes Wohnumfeld von dritter Seite gewünscht. Unter dem Deckmantel, den betroffenen Menschen schützen zu wollen, sind nicht selten andere eigene Motive versteckt. Diese gilt es aufzudecken und die Situation nur aus dem Blickwinkel der rechtlich betreuten Person zu sehen. Der rechtliche Betreuer hat sich selbst daraufhin zu prüfen, ob seine Wahrnehmung nicht durch ein vermutetes/tatsächliches Haftungsrisiko für die anstehende Entscheidung beeinflusst wird.

Vor dem Wechsel des Wohnortes, insbesondere dann, wenn dieser Wechsel vom betreuten Menschen nicht gewünscht wird, ist zu prüfen, ob technische und personelle Hilfen organisiert werden können, den erkannten Problemen/Gefahren zu begegnen.

59 Z.B. bevollmächtigte Person

Eine besondere Bedeutung kommt der Rehabilitation und Mobilisierung zu. Mit fortschreitendem Alter wird die medizinische Rehabilitation einerseits aufgrund der altersbedingten körperlichen Fähigkeiten, aber auch aufgrund des gewachsenen Kostendrucks immer schwieriger durchzusetzen sein. Es kommt darauf an, den betreuten Menschen zur Rehabilitation und Mobilisierung seiner verbliebenen Fähigkeiten zu motivieren und die benötigte Hilfe beim Kostenträger durchzusetzen.

Vor einer Entscheidung hat sich der Betreuer entsprechend über die vorhandenen Möglichkeiten zu informieren. Besonders häufig wird die Entscheidung über den Wechsel des Aufenthaltes in Verbindung mit aufgetretenen altersbedingten oder/und gesundheitsbedingten Beeinträchtigungen erforderlich. Die Kenntnis der Möglichkeiten, diese in der eigenen Wohnung auszugleichen, ist an dieser Stelle von besonderer Bedeutung und soll deshalb im Folgenden behandelt werden.

6.3.3.1 Ältere Menschen im eigenen Wohnraum

Die Mehrzahl älterer Menschen will so lange wie möglich ein eigenverantwortliches und selbstbestimmtes Leben im eigenen Wohnraum führen. Daneben wird das Zusammenleben von Jung und Alt immer häufiger als Bedürfnis aller Generationen genannt. Betreuungsverfahren kommen oft im Zusammenhang mit der Entscheidung über einen Wechsel der Wohnsituation zustande. Problem ist in der Regel eine von der rechtlich betreuten Person selbst oder ihrem Umfeld definierte nicht mehr zu bewältigende häusliche Situation.

Wie erleben ältere Menschen die eigene Wohnsituation?

Die meisten älteren Menschen leben in einer gemieteten oder im Eigentum befindlichen Wohnung. Die selbstständige Lebensführung ist ein Ausdruck persönlicher Kompetenz und für das Selbstwertgefühl eines Menschen höchst wichtig. Das Leben in der eigenen Wohnung wird von den meisten Menschen problemlos bewältigt. Die Bereitschaft älterer Menschen, die Wohnung zu wechseln, ist sehr gering. Eher wird akzeptiert, in mangelhaften Wohnbedingungen zu leben als einen Umzug in Kauf zu nehmen. Selbst wenn die Wohnungsausstattung objektiv mangelhaft ist oder viele Dinge nicht mehr möglich sind, wollen ältere Menschen in ihrer gewohnten Umgebung bleiben. Wir Menschen haben die Fähigkeit, mit Mängeln zu leben, diese zu kompensieren und dabei noch recht zufrieden zu sein. Manche Menschen kommen mit Wohnverhältnissen zurecht, die einem Außenstehenden als unsauber, verwahrlost oder gar krank machend erscheinen.

Wer definiert die Probleme?

Die Aufforderung zum Wechsel des Wohnortes (zumeist in ein Heim) kommt überwiegend von Dritten. Die Nachbarn, Freunde, Bekannte, Angehörige oder der Pflegedienst sind der Meinung, dass die Verhältnisse nicht länger hingenommen werden können, und sehen die unterschiedlichsten Gefahren. Die Herdplatte, Kerzen oder der Kohleofen können nicht mehr zuverlässig und sicher gehandhabt werden, der betroffene Mensch irrt umher oder vernachlässigt seine Ernährung, seine Stimmung ist launisch und er hat ständig Streit mit den Nachbarn.

Auf dem Hintergrund des Hilfebedarfs ist vor der Entscheidung zum Wechsel des Wohnortes die genaue Analyse individueller Möglichkeiten zur Nachrüstung der bestehenden Wohnung mit technischen Hilfsmitteln und personeller Unterstützung erforderlich.

Welche Hilfen können den Verbleib in der Wohnung ermöglichen?

Die Organisation folgender Hilfen kann den Verbleib in der eigenen Wohnung ermöglichen.

▶ Rehabilitation und Mobilisierung

Mit fortschreitendem Alter wird die Rehabilitation, z.B. nach einem Schlaganfall oder einem Oberschenkelhalsbruch, immer schwieriger. Die Maßnahme als solche ist oft schmerzhaft und erfordert einen starken Willen. Hinzu kommt, dass die Erwartung auf eine vollständige Herstellung der ursprünglichen Fähigkeiten meist nicht zu erfüllen ist.

Menschen, die in dieser Situation dazu neigen, sich ihrem Schicksal zu ergeben, und niemanden haben, der eine seelische und moralische Stütze bildet, werden solche Maßnahmen nicht anstreben und auch nicht erhalten. Die Folge ist dauernde Pflegebedürftigkeit, die zumindest dem Umfang nach nicht nötig wäre. Gleiches gilt für Menschen, deren gesundheitliche Einschränkungen sich nicht im Sinne einer Rehabilitation behandeln lassen, die aber durchaus zur Vermeidung einer weiteren Verschlechterung ihres gesundheitlichen Befindens mobilisiert werden könnten.

Es kommt darauf an, die rechtlich betreute Person zur Rehabilitation und Mobilisierung ihrer verbliebenen Fähigkeiten zu motivieren. Wichtig ist das Zusammenwirken von ärztlich behandelnden Personen, Pflegekräften, Bezugspersonen und dem rechtlichen Betreuer. Oft ist dies das wirksamste Mittel, eine dauernde Heimunterbringung zu verhindern.

▶ Behindertengerechte Einrichtung der Wohnung

Hierzu zählen z.B.: Badewannenlift, Haltegriffe, rutschfester Fußbodenbelag im Nassbereich und andere auch bauliche Änderungen. Sofern der betreute Mensch nicht selbst Besitzer der Wohnung ist, müssen Änderungen am Zuschnitt der Wohnung wie z.B. breitere Türen oder ein vergrößertes Bad mit dem Vermieter abgesprochen werden.

▶ Kontrolle der Einnahme der Medikamente

Die notwendige Überwachung der Medikamenteneinnahme kann, wenn die rechtlich betreute Person nicht mehr in der Lage ist, sich selbst die Medikamente einzuteilen, vom Arzt verordnet werden und wird, wenn dies nicht anders möglich ist, vom ambulanten Krankenpflegedienst durchgeführt. Die Maßnahme wird von der Krankenkasse finanziert. Diese Form der Medikamentengabe sollte einer Depotgabe vorgezogen werden, da so eine tägliche Überwachung des Gesundheitszustandes durch eine Fachkraft gegeben ist.

▶ Regelmäßiger Kontakt zu Haus- und Fachärzten/Fachärztinnen

Oft werden die notwendigen Kontakte wegen fehlender Mobilität und fehlender Möglichkeit, die Arztpraxis aufzusuchen, vernachlässigt. Hier gilt es, die erforderliche Begleitung zu organisieren beziehungsweise die Arztpraxis zu bitten, Besuche durchzuführen.

► Notrufsysteme

Durch den Einsatz eines ständig am Körper befindlichen Senders kann sofort Hilfe herbeigerufen werden. Einige Systeme erlauben auch die Überwachung einzelner Körperfunktionen. Unabhängig von einem Signal durch den kranken Menschen kann dann Hilfe erfolgen. Diese Systeme reduzieren gesundheitliche Risiken.

► Häusliche Pflege

Soweit keine anderen Möglichkeiten bestehen, kann die notwendige Körperpflege durch ambulante Dienste sichergestellt werden. Entsprechende Leistungen können bei der Krankenkasse als Leistungen aus der Pflegeversicherung beantragt werden.

► Haushaltshilfe

Für die Essenszubereitung, das Putzen, Waschen und Einkaufen kann eine Haushaltshilfe organisiert werden. Es sollte darauf Wert gelegt werden, dass die rechtlich betreute Person entsprechend ihren Fähigkeiten an der Führung des Haushaltes beteiligt bleibt. Diese Hilfe kann privat, mit Hilfe örtlicher Hilfsorganisationen oder als Leistung der Pflegeversicherung eingerichtet werden.

► Angebote zur Förderung sozialer Kontakte

Sie können bei der Kirchengemeinde oder sozialen Einrichtungen und Verbänden erfragt werden. Konkret ist daran zu denken, regelmäßige Besuche für Gespräche, gemeinsames Kaffeetrinken, Vorlesen oder Spazierengehen zu organisieren. Sollte sich hier keine ehrenamtliche Hilfe anbieten, kann diese Hilfe auch von angestelltem Personal oder über die Pflegeversicherung geleistet werden.

► Entlastende Hilfen für pflegende Angehörige

Es gibt eine Fülle von regional unterschiedlichen Angeboten zur Entlastung von pflegenden Angehörigen. Gesprächskreise, Tagesstätten, Urlaub durch vorübergehende Heimaufnahme sind Stichworte, die bei der Beratung pflegender Angehörige eine Rolle spielen. Bei der Konzipierung der häuslichen Pflege und Versorgung unter Beteiligung von Angehörigen oder anderen nahestehenden Personen muss der rechtliche Betreuer den Aspekt der Entlastung der pflegenden Personen im Auge haben. Ohne eine entsprechende Entlastung kommt es früher oder später zu Überforderungssituationen und dann zu plötzlich auftretenden Konflikten.

Besondere Schwierigkeit ergeben sich bei der Versorgung räumlich und zeitlich desorientierter Menschen in der eigenen Wohnung. Der Wechsel der Tageszeit wird mitunter von der rechtlich betreuten Person nicht mehr wahrgenommen. Sie wird nachts aktiv und will die Wohnung verlassen. Es kann vorkommen, dass sie sich verläuft und nicht mehr zurückfindet. Sie findet sich im Straßenverkehr nicht mehr zurecht. Sie läuft in kalter Jahreszeit nur leicht bekleidet auf die Straße, um nur einige Beispiele zu nennen. Familienangehörige und Nachbarn haben Angst, dass der verwirrte Mensch den Kohleofen, den Gasherd oder andere Geräte nicht mehr richtig bedienen kann und damit sich selbst und andere gefährdet.

► Erhöhte Sicherheit durch Technik

Der Gefahr von Zimmerbränden kann z.B. durch den entsprechenden Umbau der Technik begegnet werden. Öl-, Kohle- und offene Gastechnik kann durch Elektrotechnik ersetzt werden. Elektrische Heizung ist im Unterhalt teuer, aber in der Anwendung problemloser und weniger gefährlich.

Der elektrische Herd ist in der Regel mit eigenen Sicherungen versehen, die ausgeschaltet werden können, wenn die rechtlich betreute Person die Herdplatten brennen lässt. Zeitschaltuhren können ein automatisches Abschalten sicherstellen. Steckdosen können mit Kindersicherungen versehen werden.

Darüber hinaus gibt es eine Vielzahl von Möglichkeiten, die Einrichtung und Technik der Wohnung so zu gestalten, dass Gefährdungen vermieden werden.

► Die verschlossene Haus- oder Wohnungstür

Eine Möglichkeit, die mit der Orientierungslosigkeit im Straßenverkehr oder der Umgebung außerhalb der Wohnung verbundene Gefährdung zu verhindern, ist es, den betreuten Menschen in seiner Wohnung einzuschließen.

Sicherlich ein grausamer Eingriff in die Freiheit und die Selbstständigkeit eines Menschen. Aber wie sonst können sich die pflegenden Familienangehörigen helfen, wenn sie Besorgungen machen wollen oder einer Teilzeitbeschäftigung nachgehen. Um nicht falsch verstanden zu werden: Es geht nicht darum, bestehende und oft beschriebene Missstände zu legitimieren. Alle Möglichkeiten sollen im Hinblick auf eine Verhinderung der vom betreuten Menschen nicht gewollten Heimaufnahme durchleuchtet werden. Es ist die Aufgabe des rechtlichen Betreuers, die angemessene Anwendung der Mittel zu überwachen und Missbrauch zu verhindern. Dabei müssen wir beachten, dass es nur darum geht, das kleinere Übel, welches der rechtlich betreuten Person die ihren individuellen Vorstellungen entsprechende größtmögliche Lebensqualität bietet, zu wählen. Bestimmte Möglichkeiten der Problemlösung von vornherein auszuschließen, würde bedeuten, unseren Wertmaßstab über den der rechtlich betreuten Menschen zu erheben.

Vielleicht findet der betreute Mensch sich damit ab, dass die Tür seiner Wohnung zeitweise abgeschlossen ist. Eine solche Maßnahme verbietet sich, wenn hiermit Panik und Angst für den betreuten Menschen verbunden sind. Diese Maßnahme ist nur zulässig, wenn sich eine zweite Person (mit Schlüssel) in der Wohnung aufhält und im Notfall in der Lage ist, die Türe zu öffnen.

► Häusliche Pflege rund um die Uhr

Wünschenswert und/oder notwendig ist die Anwesenheit eines anderen Menschen rund um die Uhr. Häufig wird diese Versorgung durch Familienangehörige gesichert. Die alleinige Versorgung der rechtlich betreuten Person durch eine ihr nahestehende Person ist mit einer außerordentlichen Belastung für die pflegende Person verbunden.

Die Förderung der Pflege durch eine nahestehende Person wird durch die Pflegeversicherung und durch das Bundessozialhilfegesetz geregelt. Je nach Schwere der Pflegebedürftigkeit werden Pflegegelder bezahlt und die Altersversorgung des Pflegenden kann, soweit keine anderweitige Absicherung besteht, gewährleistet werden. Ist die pflegende

Person verhindert, können die Kosten für eine Ersatzkraft teilweise oder ganz übernommen werden. Die angebotenen Hilfen stehen jedoch in keinem Verhältnis zu der Leistung, die von der pflegenden Person erbracht wird.

Die rechtliche Betreuung sollte nicht unbedingt in der Hand der pflegenden Person liegen. Dies soll nicht als Misstrauen verstanden werden. Der rechtliche Betreuer hat die Aufgabe, darauf hinzuwirken, dass die Pflege den Erfordernissen entsprechend gesichert ist. Ein fachlich qualifizierter rechtlicher Betreuer kann auch darauf achten, dass die pflegenden Menschen sich nicht selbst zu viel zumuten. Er muss für die notwendige Entlastung sorgen. Ziel dieser Hilfe sollte es sein, die Situation aller Beteiligten so weit zu stabilisieren, dass die Pflege möglichst lange gewährleistet ist und in einer positiven Atmosphäre geschehen kann.

Für die Organisation professioneller Hilfe rund um die Uhr gibt es einige Beispiele. Die Organisation der medizinischen Versorgung, der Körperpflege und der Haushaltsführung muss ergänzt werden durch Helfer, die sich in der Wohnung aufhalten, der rechtlich betreuten Person Nahrung und Getränke anreichen, sie bei Spaziergängen begleiten und dafür sorgen, dass ihre krankheitsbedingte Orientierungslosigkeit zu keiner ernsten Gefahr wird.

Für die Organisation dieser Hilfen fehlt es oft an einer ausreichend ausgebauten Infrastruktur des ambulanten Hilfsangebotes. Zudem entstehen erhebliche Kosten, deren Übernahme zu klären ist.

Mit den entsprechenden finanziellen Mitteln kann fast jede Situation durch den Einkauf entsprechender Hilfen in der häuslichen Umgebung bewältigt werden. So ist beispielsweise die qualifizierte Versorgung „rund um die Uhr" mit täglichen Kosten je nach Anbieter von ca. 300,00 € verbunden.

Wie sind Vor- und Nachteil der eigenen Wohnsituation zu beschreiben?

Stichwort – Selbstbestimmung: Die häusliche Versorgung ermöglicht maximale Selbstbestimmung. Die benötigte Hilfe wird mit den jeweiligen Anbietern direkt verhandelt.

Stichwort – Ausgleich gesundheitlicher Beeinträchtigungen: Der Ausgleich gesundheitlicher Beeinträchtigungen ist abhängig von baulichen Gegebenheiten und vorhandenen finanziellen Mitteln begrenzt; je nach Größe des Wohnraumes ist selbst die ständige Anwesenheit einer Hilfe möglich.

Stichwort – Benötigte finanzielle Mittel: entsprechend dem Hilfebedarf steigend; schnell über Heimkostenniveau; aufwendige Umbauarbeiten können nur in geringem Umfang über die Sozialversicherung finanziert werden.

6.3.3.2 Ältere Menschen in der Mehrgenerationenfamilie

Im Lauf der gesellschaftlichen Entwicklung ist es zu einer Veränderung der Situation des älteren Menschen gekommen. Diese Veränderung wird mit der Industrialisierung und ihrer Auswirkung auf die Personen, mit den Funktionen und der Autonomie in der Familie in Zusammenhang gebracht. Die vorindustrielle Gesellschaft war für den überwiegenden Teil der Bevölkerung eine kleine Welt von Dörfern, Markgenossenschaften und Gutshöfen. Das Zusammenleben dreier Generationen war vorherrschend.

Heute fordert die Berufs- und Arbeitswelt von allen immer mehr Flexibilität und Mobilität. Dadurch fällt die Familie nach dem Erwachsenwerden der Kinder oft räumlich weit auseinander. Dennoch ist die familiäre Beziehung innigster Wunsch insbesondere älterer Menschen. Vielleicht gerade deswegen gewinnt die Vorstellung, in einer Mehrgenerationenfamilie alt zu werden, immer weiter an Bedeutung.

Für das Zusammenleben mit der jüngeren Generation muss die Familienstruktur oftmals neu eingerichtet werden. Im Gegensatz zum Erhalt einer integrierten familiären Lebensgemeinschaft ist es schwieriger, wenn Menschen im Alter in einen Haushalt aufgenommen werden. Alle Beteiligten müssen ihren gewohnten Lebensstil den „neuen" Bedingungen anpassen, müssen Beschränkungen durch vorgegebene Wohnungsgrößen hinnehmen und die eigene Lebensführung den geänderten Bedingungen anpassen. Neben der Versorgung unterstützt die Familie bei der Organisation (ggf. Schriftverkehr). Im Gegenzug wird, soweit dies möglich ist, Kinderbetreuung und finanzielle Unterstützung geleistet. Die Rente und Sozialleistungen (Pflegeversicherung) und Vermögen fließen mit in den Haushalt der Familie ein.

Bei schwerer körperlicher oder/und geistiger gesundheitlicher Beeinträchtigung werden der Pflegeaufwand und die damit verbundenen Einschränkungen für die pflegenden Angehörigen schnell sehr groß. Die für das Zusammenleben erforderliche gegenseitige Rücksichtnahme gerät ins Wanken. In der Folge wird der Frieden innerhalb der Familie stark belastet. Der in dieser Weise entstehende Druck auf die Familie ist kaum untersucht.

Der Einblick in die Bedingungen familiärer Pflege ist nur selten möglich und kommt häufig erst in extremen Situationen zustande. Entsprechend sind Themen wie z.B. Gewalt in der pflegenden Familie wenig öffentlich erörtert und wissenschaftlich untersucht worden. Es scheint, dass insbesondere ältere Menschen mit gesundheitlichen Problemen Gewalt erfahren. Die Schäden sind tendenziell eher seelischer und finanzieller Natur, körperliche Misshandlungen sind seltener.

Die Pflege durch die Kinder oder weitere Haushaltsangehörige kann durch ambulante Pflegedienste, Haushaltshilfe oder andere Dienstleistungen ergänzt werden. Für die räumliche Gestaltung und die technische Ausrüstung gilt vergleichbar das oben Gesagte. Grenzen sind neben den benötigten Finanzen auch durch das Zusammenleben in der Familie gesetzt.

Wie sind Vor- und Nachteile der Mehrgenerationenfamilie zu beschreiben?

Stichwort – Selbstbestimmung: abhängig vom Konsens im Familienverbund.

Stichwort – Ausgleich gesundheitlicher Beeinträchtigungen: durch bauliche Gegebenheiten und die familiäre Leistungsfähigkeit begrenzt.

Stichwort – Benötigte finanzielle Mittel: abhängig davon, ob und in welchem Umfang Leistungen eingekauft werden müssen; aufwendige Umbauarbeiten können nur in geringem Umfang über die Sozialversicherung finanziert werden.

6.3.3.3 Ambulant betreutes Wohnen

Diese Wohnform ist nicht klar definiert und gesetzlich nicht fixiert. Die Bezeichnungen sind vielfältig („Betreutes Wohnen", „Wohnen mit Service", „Seniorenwohnen", „Wohnen Plus"). Die Angebote haben in den letzten Jahren stark zugenommen, weil sie älteren

Menschen ein selbstständiges Leben in der eigenen Wohnung versprechen, ohne bei Bedarf auf qualifizierte Hilfeleistungen, Sicherheit und Geborgenheit verzichten zu müssen.

Die fehlenden Standards haben einen unübersichtlichen Markt geschaffen. Die genaue Kenntnis des jeweiligen Angebotes ist wichtig, um den eigenen Bedarf zum angemessenen Preis zu erhalten. Dabei ist die Kostenstruktur zu prüfen, um nachher nicht überhöhte Mieten mit zweifelhaften Serviceangeboten oder umgekehrt scheinbar günstige Mieten durch überzogene Betreuungspauschalen zahlen zu müssen.

Wohnanlagen, die genau das halten, was sie versprechen, und das zu einem angemessenen Preis, verfügen über klar beschriebene Standards. Zum Standard sollte die Vermietung von barrierefreiem, abgeschlossenem Wohnraum mit zumindest Wohn-, Schlafzimmer, Kochgelegenheit und behindertengerechter Nasszelle sowie eine Notfallklingel mit angeschlossener externer oder interner Sozialstation gehören. Das Angebot sollte Gemeinschaftsverpflegung und altersgerechtes Beschäftigungsprogramm ermöglichen, ohne dass hiermit eine Verpflichtung zur Teilnahme oder zur Zahlung verbunden ist. Das Angebot kann als Paket über einen Anbieter oder über unterschiedliche Verträge mit mehreren Unternehmen abgeschlossen werden. Der Wohnraum kann gekauft oder gemietet werden.

Betreutes Wohnen ist eine kostenintensive Wohnform, die erst durch den sozialen Wohnungsbau auch für Menschen mit geringem Einkommen erschwinglich wird. Barrierefreies Bauen ist gegenüber dem allgemeinen Standard ungleich teurer. Seniorenanlagen sind auf Menschen mit gesundheitlichen Einschränkungen funktional ausgerichtet. Der Wechsel in eine Seniorenanlage ist mit der Änderung des sozialen Umfeldes verbunden. Die tägliche Erlebniswelt wird gekennzeichnet durch die Begegnung mit dem gebrechlichen Menschen und professionellen Hilfskräften.

Wie sind Vor- und Nachteil ambulant betreuter Wohnformen zu beschreiben?

Stichwort – Selbstbestimmung: hoch; begrenzt durch das geänderte Umfeld

Stichwort – Ausgleich gesundheitlicher Beeinträchtigungen: Die Wohnform ist für mobile Senioren mit geringen altersbedingten gesundheitlichen Einschränkungen konzipiert und stößt an ihre Grenzen, wenn dauernde Hilfe und Aufsicht notwendig sind. Die Räumlichkeiten sind regelmäßig nicht für die dauernde Anwesenheit eines Helfers ausgelegt.

Stichwort – Benötigte finanzielle Mittel: Sofern nicht über den sozialen Wohnungsbau mitfinanziert, sind die Wohnkosten überdurchschnittlich hoch. Weitere Kosten entstehen entsprechend dem Hilfebedarf und können schnell über das Heimkostenniveau ansteigen.

6.3.3.4 Organisierte und nichtorganisierte Wohngemeinschaften

Von dem stillschweigenden gegenseitigen Helfen mehrerer Singlehaushalte untereinander (selbst organisierte Nachbarschaftshilfe) bis zu begleiteten Wohngruppen von höchstpflegebedürftigen Personen (Sozial- und Modellprojekte verschiedenster Träger) ist alles möglich.

Nichtorganisierte Systeme zeichnen sich durch ein hohes Verantwortungsbewusstsein der beteiligten Personen aus. Die Idee, gemeinsam mit Freunden eine Hausgemeinschaft zu gründen, in der man sich gegenseitig unterstützt, gewinnt an Bedeutung. Die Menschen, die sich so zusammenfinden, streben mehr als eine verlässliche Nachbarschaft an. Ähnlich der familiären Bindung soll ein generationenverbindendes Leben in einer Solidargemeinschaft entstehen. Diese Form der Lebensgemeinschaft fordert von den Bewohnern, sich in jungen Jahren über das Leben im Alter Gedanken zu machen. Dabei muss kein endgültiges, starres Lebenskonzept entstehen. Das Fundament für das spätere Miteinander will durchdacht und geschaffen werden.

Organisierte Projekte werden in der Regel von Sozialorganisationen angeboten und als Modell über unterschiedliche Kostenträger finanziert. Sie haben für die flächendeckende Versorgung nur geringe Bedeutung.

Wie sind Vor- und Nachteil organisierter und nichtorganisierter Wohngemeinschaften zu beschreiben?

Stichwort – Selbstbestimmung: hoch; erfordert eine vorausschauende Lebensplanung oder viel Glück bei der Suche nach einem Platz.

Stichwort – Ausgleich gesundheitlicher Beeinträchtigungen: Es kommt auf die tatsächlichen Verhältnisse und die Konzeption an.

Stichwort – Benötigte finanzielle Mittel: Diese müssen für den Einzelfall abgefragt werden.

6.3.3.5 Alten- und Pflegeheim

Wie sehen die Leistungen der stationären Alten- und Pflegeheime aus?

Die Bestimmung des dauernden Aufenthaltes in einem Altenheim ist eine der schwierigsten Entscheidungen, insbesondere dann, wenn sie in Unkenntnis der persönlichen Wertvorstellungen des betreuten Menschen vorgenommen werden muss. Sie ist in den seltensten Fällen rückgängig zu machen. Im Allgemeinen wird die Heimaufnahme als letzte Möglichkeit – „wenn gar nichts anderes mehr geht" – gesehen.

Alten- und Pflegeheime sind klar definiert und werden staatlich überwacht und reglementiert. Die Leistungen für die Bewohner ergeben sich aus dem Heimvertrag und den von der Pflegeversicherung festgestellten Pflegegraden. Die Preise werden in Verhandlungen zwischen Heimen, Heimaufsicht und Krankenkassen für jedes Haus individuell ausgehandelt. Die Unterbringung erfolgt überwiegend im Einzelzimmer. Vollversorgung (vier Mahlzeiten), Pflegeleistung und Beschäftigungsprogramm sind obligatorisch. Der Personalschlüssel für die pflegerische Betreuung wird genau berechnet. Der Tagesablauf ist weitgehend nach organisatorischen Erfordernissen des Pflegeheims festgelegt.

Die Aufgabe der Heime hat sich zunehmend in Richtung auf die Versorgung schwerstpflegebedürftiger Menschen verschoben. Hierzu tragen neben den Bestimmungen der Pflegeversicherung auch die Regelungen zur Übernahme der das Einkommen übersteigenden Heimkosten in der Sozialhilfe bei. Hier gilt das Prinzip „ambulant vor stationär". Förderrichtlinien und die Heimgesetzgebung geben die Struktur der Einrichtungen vor.

Wie ändert sich das Wohnumfeld beim Umzug in ein Pflegeheim?

Grundsätzlich muss der rechtlichen Betreuer berücksichtigen, dass der Umzug in ein Heim mit der Aufgabe des gewohnten Lebensraumes verbunden ist. Der größte Teil der Wohnungseinrichtung muss aufgegeben werden. Teilweise können nur wenige kleinere persönliche Gegenstände mitgenommen werden.

Die Intimsphäre ist im Heim nur minimal zu realisieren. Mehrbettzimmer, räumliche Gestaltung, Kleidung und Verhalten des Pflegepersonals (z.B. Eintreten, ohne anzuklopfen) verschieben die bisherige Wohnatmosphäre in Richtung einer Krankenhausatmosphäre.

Wie wird Pflege empfunden?

Nicht verkannt werden dürfen die Scheu und die Scham, die mit schwerer Pflegebedürftigkeit für den zu pflegenden Menschen verbunden ist. Diese Gefühle sind individuell völlig unterschiedlich. Einige Menschen wollen lieber von fremden Menschen versorgt werden. Andere möchten lieber von ihnen nahestehenden Menschen gepflegt werden. Wiederum andere verbinden mit der Pflege durch Dritte so viel Widerwillen, dass sie lieber im eigenen „Dreck" liegen bleiben, als die Pflege zuzulassen.

Die zeitliche Zuwendung des Pflegepersonals für bettlägerige Menschen dürfte im Heim nicht höher sein, als dies im Rahmen qualifizierter häuslicher Pflege möglich ist. In dieser Beziehung bietet die häusliche Pflege den Vorteil, dass die Pflegekraft sich ganz auf den zu pflegenden Menschen konzentrieren kann. Aber auch der häuslichen Pflege sind durch die vorgeschriebenen Zeiten für die einzelnen Pflegevorgänge enge Grenzen gesetzt. Die Mitarbeiter der ambulanten Dienste sind gehalten, keine Zeit zu „vertrödeln".

Welche Auswirkungen kann der Wechsel der Umgebung haben?

In der Praxis ist zu beobachten, dass einige der ins Heim übergesiedelten Menschen schon in den ersten Monaten der Aufnahme versterben. Dies hängt unter anderem damit zusammen, dass die Heimaufnahme oft Folge einer ernsten lebensbedrohlichen gesundheitlichen Störung ist, die auch stationär im Sinne einer Heilung nicht mehr behandelt werden kann.

Einzelne Menschen kommen mit dem Wechsel der Umgebung nicht mehr zurecht. Sie verlieren ihren Lebenswillen. Der Umzug ins Heim kann dann mit einer wesentlichen Verschlechterung des psychischen und körperlichen Gesundheitszustandes verbunden sein.

Ein Wechsel der Umgebung wird auch von an Demenz erkrankten Menschen wahrgenommen, die im Alltag ihre Umgebung nicht mehr wahrzunehmen scheinen.

Wie sind Vor- und Nachteil der stationären Versorgung im Alten- oder Pflegeheim zu beschreiben?

Stichwort – Selbstbestimmung: gering; weitgehende Fremdbestimmung durch die Organisation der Einrichtung.

Stichwort – Ausgleich gesundheitlicher Beeinträchtigungen: Nahezu alle Beeinträchtigungen können in der geeigneten Einrichtung aufgefangen werden.

Stichwort – Benötigte finanzielle Mittel: Soweit keine private Einrichtung, sind die Kosten entsprechend dem Pflegegrad in den Einrichtungen vergleichbar. Förderung über Pflegewohngeld und Sozialhilfe.

6.3.4 Die Wünsche der rechtlich betreuten Person

Am Anfang der Überlegungen zum Wechsel der Wohnsituation steht die Frage nach den Wünschen der rechtlich betreuten Person. Dabei ist in Erfahrung zu bringen, ob die rechtlich betreute Person überhaupt einen Wechsel der Wohnsituation für sich in Erwägung zieht.

Es ist unerheblich, ob ihr Wunsch aus objektiver Sicht „gut" und/oder „machbar" ist. Die Aufgabe des rechtlichen Betreuers ist es, die Wünsche unvoreingenommen kennenzulernen.

Kann sich die rechtlich betreute Person nicht äußern, ist der mutmaßliche Wille zu ermitteln. Dabei können folgende Fragen behilflich sein:

Beispiel

- *Wie hat die betroffen Person ihr Leben im Hinblick auf ihr räumliches und soziales Umfeld gestaltet?*
- *Ist ihr ihre Wohnung wichtig?*
- *War sie kontaktfreudig oder lebte sie bisher mehr zurückgezogen?*
- *Bestehen soziale Kontakte nur zu professionellen Helfern oder auch zu Familie, Freunden und Bekannten?*
- *Ergeben sich aus den bekannten Wertbezügen Gründe dafür, dass sie sich ihrer derzeitigen Situation schämt und nicht will, dass sie in einem breiteren Kreis öffentlich wird?*
- *Welchen Wert hat sie ihrer individuellen Lebensführung in Bezug auf die Gestaltung ihrer Umgebung und ihrer Privatsphäre beigemessen?*
- *Welchen Stellenwert hat die persönlichen Pflege und Versorgung?*
- *... ?*

Im Ergebnis ergibt sich ein Bild zu der Frage, ob und in welche Wohnform die rechtlich betreute Person wechseln möchte.

Im Folgenden soll der am häufigsten vorkommende Wechsel in eine Einrichtung der stationären Altenhilfe besprochen werden.

6.3.5 Der Wechsel in eine Einrichtung der stationären Altenhilfe

Aus der Besprechung mit der rechtlich betreuten Person können folgende Konsequenzen für das Handeln des rechtlichen Betreuers abgeleitet werden:

- Die rechtlich betreute Person möchte in vollem Bewusstsein der Tragweite und der Konsequenzen ins Heim umziehen. Eine Entscheidung des rechtlichen Betreuers ist nicht notwendig. Benötigt wird die betreuungsrechtliche Unterstützung zur Umsetzung dieses Ziels.
- Die rechtlich betreute Person stimmt einem Umzug in ein Pflegeheim zu. Sie wird jedoch zu dieser Entscheidung von ihrem Umfeld gedrängt. An dieser Stelle hat der rechtliche Betreuer die Aufgabe, genauer hinzusehen und zu versuchen, der rechtlich betreuten Person eine eigene Entscheidung zu ermöglichen.
- Die rechtlich betreute Person möchte nicht in ein Heim umziehen. Alle ambulanten Hilfen müssen ausgeschöpft werden. Verfügt die rechtlich betreute Person über ausreichendes Vermögen, ist der Umzug ins Heim auf jeden Fall zu vermeiden. Auch im häuslichen Bereich ist es möglich, Pflege rund um die Uhr zu gewährleisten.

- Ist die Abwehr einer drohenden erheblichen Gefahr nur durch einen Umzug in eine Einrichtung der Altenhilfe möglich, prüft der rechtliche Betreuer, ob er gegen den erklärten Willen der rechtlich betreuten Person entscheiden muss. Es ist zu prüfen, ob die Weigerung, in ein Heim zu gehen, einen Akt der freien Willensbildung darstellt oder die Bildung eines freien Willens durch Krankheit/Behinderung beeinträchtigt ist. Sodann ist vor der Schaffung vollendeter Tatsachen das Betreuungsgericht mit einzubeziehen.[60]
- Die rechtlich betreute Person kann sich nicht äußern. Der mutmaßliche Willen ist zu rekonstruieren.[61]

Wie ist die geeignete Einrichtung der Altenhilfe auszuwählen?

Ist die Entscheidung für eine Heimaufnahme gefallen, stellt sich die Frage nach der Auswahl des Heims. Das Platzangebot in den Heimen ist regional sehr unterschiedlich. Mancherorts muss der Heimplatz mehr als ein Jahr vorher angemeldet werden. In anderen Regionen besteht die Möglichkeit der Wahl zwischen mehreren Heimen mit unterschiedlicher Konzeption. Ist die sofortige Aufnahme notwendig, besteht meist nur die Möglichkeit, den erstbesten Platz, der angeboten wird, zu nehmen.

Soweit dies möglich ist, sollte die Auswahl des Heimplatzes zusammen mit der rechtlich betreuten Person nach einer vorherigen Besichtigung der infrage kommenden Einrichtung entschieden werden. Dabei dürfte es kaum ausreichen, sich nur mit dem schriftlichen Konzept oder Prospekt der Einrichtung vertraut zu machen. Der Unterschied zwischen „Schein" und „Sein" ist oft gravierend.

Die Beurteilung dieser Abweichung zum Positiven oder Negativen ist ausschließlich aus der subjektiven Sicht der rechtlichen betreuten Person vorzunehmen. Hier kommt es auf ihre individuelle Erwartungshaltung an. Örtliche Lage, Gebäude, räumliche Aufteilung, Einrichtung, Zimmerbelegung, Arbeitsbedingungen, Anzahl und Ausbildung des Personals, Personalführung, Konzeption, der Träger und andere Bedingungen prägen die Atmosphäre in einem Heim. Die Bandbreite geht hierbei über eine mehr familiäre Atmosphäre mit der Sicherheit einer vorgegebenen Tagesstruktur, die keine eigenen Aktivitäten abverlangt, bis hin zu einer einem Hotel gleichenden Einrichtung, die das größtmögliche Maß an eigenverantwortlicher Tageseinteilung erlaubt und verlangt.

Besondere Verantwortung trifft den rechtlichen Betreuer bei der Auswahl eines Heims für eine weitgehend desorientierte, aber körperlich noch rüstige rechtlich betreute Person. Es besteht die Gefahr, dass sie die Einrichtung verlässt, sich verirrt, nicht mehr zurückfindet, durch ihr Verhalten im Straßenverkehr einen Unfall verursacht oder anderweitig Schaden erleidet. In nicht seltenen Fällen kommt es vor, dass die Fixierung mit Bettgittern, gerontologischem Stuhl oder die medikamentöse Ruhigstellung angewendet werden, um den Wunsch nach Bewegung zu kontrollieren und diesen Gefahren vorzubeugen.

---

60 Siehe Abschnitt 6.2.7
61 Siehe Abschnitt 3.4.3

Andere Einrichtungen können auf derartige Maßnahmen verzichten. Mit den entsprechenden baulichen Gegebenheiten, dem ausgebildeten Personal und dem notwendigen Konzept lässt sich dieser Gefährdung mit weniger freiheitseinschränkenden Mitteln begegnen. In diesem Zusammenhang sei als Modell in Haarlem/Niederlande auf das Altenheim „Anton Pieck Hofje" hingewiesen. Fixierung und medikamentöse Ruhigstellung werden nicht angewandt. In ersten Ansätzen wird die dort praktizierte Möglichkeit für ein lebenswertes Leben für demente alte Menschen auch in hiesigen Heimen angewendet. Der Betreuer sollte sich vor der Heimaufnahme vergewissern, wie der Gefährdung dementer alter Menschen begegnet wird.

Erklärtes Ziel der meisten Heime ist die „aktivierende Pflege". Verbliebene Fähigkeiten sollen gefördert werden, verlorene Fähigkeiten eventuell reaktiviert werden. Leider ist die Situation in Bezug auf Ausbildung und Zahl der Pflegekräfte in den Heimen mitunter mangelhaft und wird allgemein schon seit Jahren als „Pflegenotstand" beschrieben. Eine grundlegende Änderung ist nach wie vor nicht in Sicht. Trotzdem geben sich die meisten Einrichtungen alle Mühe, die gesteckte Zielsetzung zu erreichen.

Leider werden immer wieder Einrichtungen bekannt, die ihre Bewohner*innen – ohne dazu berechtigt zu sein – oft über Tage, Wochen oder Monate fixieren, die nötige Pflege nicht leisten oder in anderer Form die Würde der Menschen missachten, um sich unter anderem auch selbst zu bereichern.

Die meisten Einrichtungen haben Vereinbarungen zu der Höhe der Kosten mit dem zuständigen Träger der Sozialhilfe. Tragen die Bewohner*innen selbst die Kosten, wird in den Verträgen zumeist die Höhe der Pflegesätze als Entgelt vereinbart. Private Heime bieten Plätze mitunter zu geringeren oder höheren Entgelten an. Die Heimkosten werden auf Anfrage von den Einrichtungen oder der Behörde bekannt gegeben. Werden die Heimkosten aus dem Einkommen und Vermögen des betreuten Menschen bestritten, darf die Auswahl des Heimplatzes durch den Betreuer nicht ausschließlich auf der Grundlage der kostengünstigsten Möglichkeit erfolgen. Die Überlegungen müssen sich zunächst an den Wünschen und Bedürfnissen des Betroffenen orientieren.

Was ist zu tun, wenn die Aufnahme im Heim eilig erfolgen muss?

Beispiel

Ein Anruf erreicht das Gericht. Es geht um einen 85 Jahre alten Mann, der nach einem Schlaganfall im Krankenhaus behandelt worden ist. Die Behandlung sei in drei Tagen abgeschlossen. Danach benötige der Patient jedoch dauernde Pflege und Betreuung, da er bettlägerig und zudem sehr unruhig sei. Er bedürfe einer ständigen Beaufsichtigung. Aufgrund der krankheitsbedingten hirnorganischen Veränderung sei eine Verständigung nicht mehr möglich. Der Mann habe bisher allein in seiner Wohnung gelebt. Angehörige oder ihm nahestehende Personen sind nicht bekannt. Das Krankenhaus regt an, im Rahmen einer einstweiligen Anordnung einen Betreuer zu bestellen, der die notwendigen Angelegenheiten zur Aufnahme im Altenheim (ein Platz wurde bereits gefunden) erledigen soll.

Ein Eilverfahren bedeutet Stress für alle Beteiligten. Das Betreuungsgericht muss in kürzester Zeit zu einer Entscheidung gelangen. Der sonst eher schwerfällige Verwaltungsapparat des Betreuungsgerichts wird zu Höchstleistungen veranlasst. Im Eilverfahren werden die üblichen Ermittlungen auf ein Minimum verkürzt. Die Anhörung des betroffenen Menschen, der Angehörigen oder anderer dem betroffenen Menschen nahestehender Personen bleibt vor der Beschlussfassung häufig aus. Die Auswahl des rechtlichen Betreuers richtet sich nach der aktuellen Verfügbarkeit. Die Bestimmung der Notwendigkeit einer rechtlichen Betreuung und die Festsetzung der Aufgabenbereiche ergibt sich aus den vorhandenen Informationen und, wenn das Betreuungsgericht die Anhörung durchgeführt hat, aus diesem ersten Eindruck. Im Wege der einstweiligen Anordnung wird ein rechtlicher Betreuer für die Dauer von sechs Monaten bestimmt.

Nachdem der Beschluss des Betreuungsgerichts entweder durch die Anordnung der sofortigen Wirksamkeit oder Bekanntgabe an den rechtlichen Betreuer wirksam geworden ist, hat dieser nur noch wenig Zeit, mit der erforderlichen Sorgfalt vorzugehen. Das Krankenhaus drängt mittlerweile auf die Entlassung, weil die Behandlung abgeschlossen ist und der weitere Aufenthalt nicht mehr von der Krankenkasse bezahlt wird.

Für den Fall, dass keine Person aus dem näheren Umfeld der rechtlich betreuten Person als rechtlicher Betreuer gefunden wurde, muss sich auch der rechtliche Betreuer auf die wenigen vorhandenen Informationen stützen. Die genauen Wohn- und Vermögensverhältnisse sind unbekannt. Die individuellen Wertvorstellungen der rechtlich betreuten Person sind, sofern er sie nicht selbst äußern kann, ebenfalls nicht bekannt.

Möglicherweise verfügt der rechtliche Betreuer über ausreichend gute Kontakte zu den örtlichen ambulanten Hilfsorganisationen, um die häusliche Pflege kurzfristig organisieren zu können.

In der oben beschriebenen Situation wird in dem ärztlichen Attest unruhiges Verhalten bescheinigt. Dies erfordert die Pflege und Versorgung rund um die Uhr. Diese Form der häuslichen Pflege lässt sich, wenn die Einkommens- und Vermögensverhältnisse unbekannt sind, beim besten Willen nicht kurzfristig organisieren. In dieser Situation bleibt dem rechtlichen Betreuer nur die Möglichkeit der Kurzzeitpflege. Bei der Kurzzeitpflege wird lediglich ein befristeter Vertrag mit der Einrichtung abgeschlossen. Die Kurzzeitpflege schafft keine vollendeten Tatsachen, sondern gibt ausreichend Zeit, die persönlichen und wirtschaftlichen Verhältnisse der rechtlich betreuten Personen kennenzulernen und im weiteren Verlauf über die Wohnsituation zu entscheiden.

Das Heim wird vor der Aufnahme eine Garantie zur Übernahme der entstehenden Kosten verlangen. Zur ersten Absicherung der Kosten wird ein Sozialhilfeantrag notwendig sein. Das Sozialamt kann vorbehaltlich der noch zu ermittelnden Bedürftigkeit auch ohne die genaue Kenntnis der Vermögenssituation kurzfristig eine vorläufige Kostenanerkenntnis erteilen.

Diese Entscheidung sollte nur als vorläufig angesehen werden. Das Gericht hat nach der Einrichtung einer vorläufigen rechtlichen Betreuung maximal sechs Monate Zeit, die rechtliche Betreuung formgerecht einzurichten. Der rechtliche Betreuer hat jedoch die Ermittlung der persönlichen Verhältnisse der rechtlich betreuten Person schneller zum Ergebnis zu führen. Zum einen ist die Kostenübernahme abschließend zu klären. Zum anderen ist es wichtig, die Entscheidung für die Heimunterbringung unter den oben genannten Gesichtspunkten neu zu überdenken und gegebenenfalls die Rückkehr in die eigene Wohnung zu organisieren.

Eilentscheidungen sind notwendig, um bestehende Gefahren oder erhebliche Nachteile, die sich aus der aktuellen Situation des betroffenen Menschen ergeben, abzuwenden. Kritisch hinterfragt werden sollte, von wem und durch welche Interessen die Notwendigkeit zum sofortigen Handeln definiert wird. Die Eilentscheidung bedeutet, einen rechtlichen Eingriff vorzunehmen, ohne eine gründliche Kenntnis der Situation zu haben.

6.3.6 Verfahren bei Aufgabe von Wohnraum

Ein nicht nur vorübergehender Wechsel der Wohnsituation ist in der Regel mit der Aufgabe des bisher genutzten Wohnraums verbunden. Wird der bisherige selbstgenutzte Wohnraum durch den rechtlichen Betreuer aufgegeben, steht diesen Vorgang unter besonderem Schutz.

Gilt der besondere Schutz auch, wenn die rechtlich betreute Person selbst entscheidet und handelt?

Soweit die rechtlich betreute Person selbst rechtlich handeln kann, zum Beispiel durch eine selbst vorgenommene Kündigung, und der rechtliche Betreuer sich auf eine unterstützende Tätigkeit beschränken kann, hat er dies auf der Grundlage der allgemeinen Grundsätze zur Führung der rechtlichen Betreuung zu tun.[62] Der besondere Schutz (Genehmigungspflichten[63]) greift dann nicht.

Die Verantwortung beispielsweise für eine Kündigung der Wohnung darf aber nicht vorschnell auf die entscheidungsunfähige rechtlich betreute Person abgewälzt werden. Hier ist der rechtliche Betreuer in der Pflicht, gewissenhaft zu prüfen, ob die rechtlich betreute Person in der Lage ist, einen freien Willen zu bilden. Grundsätzlich ausgeschlossen ist insoweit rechtswirksames rechtliches Handeln durch eine geschäftsunfähige Person. In diesen Fällen muss die Kündigung stellvertretend ausgesprochen werden und unterliegt somit dem besonderen Schutz des Gesetzes, auch wenn sie dem Willen der rechtlich betreuten Personen entspricht.

Was wird geschützt?

Die gesetzliche Bestimmung ist im Abschnitt der Personensorge verankert. Damit wird deutlich, dass nicht der Schutz vermögensrechtlicher Aspekte im Vordergrund der Wohnungsaufgabe steht, sondern in erster Linie die Wohnung als private, individuell gestaltete Lebenswelt geschützt werden soll. Zum schützenswerten selbst genutzten Wohnraum kann auch ein Zimmer in einer Wohngemeinschaft oder in einem Alten- oder Pflegeheim gehören. Wohnraum, der als Anlageobjekt gehalten wird, ist nicht erfasst.

Die gesetzliche Bestimmung ist umfassend zu verstehen und bezieht sich auf alle denkbaren rechtlichen und tatsächlichen Möglichkeiten der Aufgabe des Wohnraums.

62 Siehe Abschnitt 4
63 § 1833 Absatz 3 BGB

Beispiele

- *die Besitzaufgabe,*
- *die Verlagerung des tatsächlichen Lebensmittelpunktes (Umzug ohne Aufgabe des Wohnraumes),*
- *die Wohnungsauflösung (auch wenn die Wohnung nicht gekündigt wird),*
- *den Verlust der bisherigen Wohnung (durch z.B. Kündigung des Vermieters),*
- *die Unmöglichkeit der tatsächlichen Nutzung der bisherigen Wohnung,*
- *die Unmöglichkeit der dauerhaften Rückkehr in die eigene Wohnung*
- *...*

Wann kann selbst genutzter Wohnraum aufgegeben werden?

Wird der bisher genutzte Wohnraum durch den rechtlichen Betreuer aufgegeben, kann dies nur erfolgen, wenn die Aufgabe des bisherigen Wohnraumes dem Willen der rechtlich betreuten Person entspricht oder eine erhebliche Gefährdung der Person oder des Vermögens der rechtlich betreuten Person zu befürchten ist, wenn der Wohnraum erhalten bleibt.

Das Gesetz sagt hierzu:[64]

> *„Eine Aufgabe von Wohnraum, der vom Betreuten selbst genutzt wird, durch den Betreuer ist nur nach Maßgabe des § 1821 Absatz 2 bis 4 zulässig.*

Die Aufgabe des Wohnraums ist somit nur zulässig, wenn dies dem Willen der rechtlich betreuten Personen entspricht oder dadurch eine erhebliche Gefahr für ihre Gesundheit oder ihr Vermögen abgewendet werden soll.[65]

Möchte die rechtlich betreute Person zum Beispiel selbst seine Wohnung aufgeben, um in ein Pflegeheim zu ziehen, ist aber nicht in der Lage, diesen Wunsch rechtlich umzusetzen, bedarf es keiner objektiven Beurteilung oder gar einer Gefährdung. Insoweit ist die Wunschbefolgung ausreichende Grundlage.

Auf eine Gefährdung kommt es nur dann an, wenn der rechtliche Betreuer den selbst genutzten Wohnraum gegen oder ohne den geäußerten Wunsch der rechtlich betreuten Person aufgeben will.

Das Gesetz beschreibt das Vorliegen einer Gefährdung wie folgt:[66]

> *„Eine Gefährdung im Sinne des § 1821 Absatz 3 Nummer 1 liegt insbesondere dann vor, wenn eine Finanzierung des Wohnraums trotz Ausschöpfung aller dem Betreuten zur Verfügung stehenden Ressourcen nicht möglich ist oder eine häusliche Versorgung trotz umfassender Zuhilfenahme aller ambulanten Dienste zu einer erheblichen gesundheitlichen Gefährdung des Betreuten führen würde."*

64 § 1833 Absatz 1 Satz 1 BGB
65 Siehe Abschnitt 4.2
66 § 1833 Absatz 1 Satz 2 BGB

Wann muss die bevorstehende Aufgabe oder der drohende Verlust des selbst genutzten Wohnraums gemeldet werden?

„Beabsichtigt der Betreuer, vom Betreuten selbst genutzten Wohnraum aufzugeben, so hat er dies unter Angabe der Gründe und der Sichtweise des Betreuten dem Betreuungsgericht unverzüglich anzuzeigen. Ist mit einer Aufgabe des Wohnraums aus anderen Gründen zu rechnen, so hat der Betreuer auch dies sowie die von ihm beabsichtigten Maßnahmen dem Betreuungsgericht unverzüglich anzuzeigen, wenn sein Aufgabenkreis die entsprechende Angelegenheit umfasst."[67]

Treten Umstände ein, die einen Verlust des selbst genutzten Wohnraumes zur Folge haben können, hat der rechtliche Betreuer dies dem Betreuungsgericht unverzüglich mitzuteilen.

Beispiel

- *Kündigung durch den Vermieter*
- *Abmahnungen des Vermieters wegen störender Verhaltensweisen des betreuten Menschen*
- *bereits vor der Bestellung eines Betreuers erfolgte Heimaufnahme*
- *Zwangsversteigerung des Wohnungseigentums*
- *nicht mehr zu finanzierende Miete*
- *das aktuelle Heim ist nicht länger geeignet*
- *Wechsel des Zimmers im Heim (nicht bei Kurzzeitpflege)*

Muss ich die bevorstehende Aufgabe oder den drohenden Verlust des selbst genutzten Wohnraums melden, wenn der Aufgabenkreis die Wohnungsangelegenheiten nicht erfasst?

Die Pflicht zur Mitteilung trifft in erster Linie den rechtlichen Betreuer, dessen Aufgabenkreis die Regelung der Wohnungsangelegenheiten miterfasst. Darüber hinaus ist auch der rechtliche Betreuer, dessen Aufgabenkreis die Wohnungsangelegenheiten nicht erfasst, zur Meldung verpflichtet, wenn er von dem drohenden Verlust der Wohnung erfährt. Das Betreuungsgericht hat dann ggf. die Notwendigkeit der Erweiterung des Aufgabenkreises zu prüfen. Die Pflicht zur Mitteilung hat den Sinn, dem Betreuungsgericht frühzeitig Gelegenheit zu geben, eingreifen zu können.

Das Betreuungsgericht hat zum Beispiel zu verhindern, dass der unbequeme betreute Mensch vom rechtlichen Betreuer in ein Heim gebracht wird, weil die rechtliche Betreuung so leichter zu führen ist.

67 § 1833 Absatz 2 BGB

Was ist bei bevorstehender Aufgabe oder dem drohenden Verlust des selbst genutzten Wohnraums zu tun?

Ist der rechtliche Betreuer zuständig, wird er sich ein vollständiges Bild der Situation durch Gespräche mit dem Vermieter, den Nachbarn, der Heimleitung usw. verschaffen und insbesondere mit der rechtlich betreuten Person sprechen. Er hat sich einen persönlichen Eindruck von der Situation zu verschaffen.

Beispiele

Droht der Verlust der Wohnung nach einer Kündigung durch den Vermieter, ist es die Aufgabe des rechtlichen Betreuers, unter Abwägung des Prozessrisikos gegen die Kündigung vorzugehen. Im Rahmen der Beratungshilfe kann er sich beim Rechtsanwalt informieren. Der Betreuer kann auch einen Anwalt mit der Wahrnehmung der diesbezüglichen Interessen der rechtlich betreuten Person und der Prozessführung beauftragen.

Ist die Aufnahme im Heim bereits vor Einrichtung der rechtlichen Betreuung erfolgt, sollte der rechtlichen Betreuer die Schaffung vollendeter Tatsachen verhindern und für die Aufrechterhaltung der Wohnung sorgen. Im Fall der Mittellosigkeit besteht die Möglichkeit, die Übernahme der Kosten zur Aufrechterhaltung der bisherigen Wohnung beim zuständigen Sozialleistungsträger zu beantragen. Hierdurch soll sichergestellt werden, dass die rechtlich betreute Person für den Fall einer Besserung ihres Gesundheitszustandes oder aus anderen Gründen in ihre Wohnung zurückkehren kann.

Wann bedarf es einer betreuungsgerichtlichen Genehmigung zur Aufgabe des selbst genutzten Wohnraums?

„Der Betreuer bedarf bei vom Betreuten selbst genutzten Wohnraum der Genehmigung des Betreuungsgerichts

1. zur Kündigung des Mietverhältnisses,
2. zu einer Willenserklärung, die auf die Aufhebung des Mietverhältnisses gerichtet ist,
3. zur Vermietung solchen Wohnraums und
4. zur Verfügung über ein Grundstück oder über ein Recht an einem Grundstück, sofern dies mit der Aufgabe des Wohnraums verbunden ist.“[68]

Genehmigungspflichtig sind alle Willenserklärungen, die der rechtliche Betreuer in Vertretung der rechtlich betreuten Person zur Beendigung des Mietverhältnisses abgibt. Die Pflicht zur Genehmigung der Kündigung eines Mietverhältnisses bezieht sich nicht auf die Kündigung eines Heimplatzes, da es sich nicht um ein Mietverhältnis handelt, sondern um einen eigenen zivilrechtlichen Vertragstyp, der Wohnraum zuweist. Deshalb ist eine beabsichtigte Heimplatzkündigung dem Betreuungsgericht lediglich anzuzeigen.

68 § 1833 Absatz 3 BGB

Von der Pflicht zur Genehmigung sind auch durch den rechtlichen Betreuer abgegebene Willenserklärungen erfasst, die im engeren Sinn keine Kündigung eines Mietvertrages sind, aber auf die Aufhebung eines Mietvertrags oder beispielsweise die Aufgabe eines Wohnrechts zielen, wenn damit eine Wohnungsauflösung einhergeht. Das bedeutet, dass jeder Schritt zur Auflösung der Wohnung, auch wenn der Wohnraum als solcher erhalten bleibt, vom Betreuungsgericht zu genehmigen ist. Es dürfen somit nicht voreilig Gegenstände aus der Wohnung entfernt werden in der Annahme, dass diese ohnehin nicht mehr gebraucht werden, weil die rechtlich betreute Person nicht mehr zurückkehren wird.

Auch die Vermietung von bisher von der rechtlich betreuten Person genutztem Wohnraum bedarf der Genehmigung des Betreuungsgerichts. Unerheblich ist dabei, ob der Wohnraum im Eigentum der rechtlich betreuten Person steht. Die Vermietung kann sowohl die Weitervermietung des gemieteten, selbst genutzten Wohnraums sowie die Vermietung des selbst genutzten Eigentums oder Wohnungseigentums betreffen. Diese Regelung soll sicherstellen, dass auch der Wechsel des gewohnten Umfeldes der Kontrolle des Betreuungsgerichts unterliegt, wenn die bisherige Wohnung weder gekündigt noch aufgelöst wird. Wird die bisherige Wohnung weitervermietet, ist es der rechtlich betreuten Person nicht mehr möglich, jederzeit zurückzukehren.

Genehmigt werden müssen weiterhin Aufhebungsverträge, Verzichtsverträge und der gerichtliche Räumungsvergleich. Im Wortlaut ist das Nutzungsverhältnis (z.B. Obdachlosenunterkunft) nicht erfasst. Trotzdem ist auch die Aufgabe von Nutzungsverhältnissen vom Gericht zu genehmigen, da der Sinn der Vorschrift auf die Erhaltung des häuslichen Milieus abstellt.

Wie sieht der Antrag zur Genehmigung aus?

Für den Antrag gibt es keine Formvorschrift.

Der Antrag sollte folgenden Inhalt haben:

- Angaben zur Rechtsgrundlage des Wohnverhältnisses (Belege: Mietvertrag, Eigentumsnachweis, Nutzungsvertrag, Nachweis zu einem bestehenden Wohnrecht)
- subjektive Begründung zur Aufgabe des Wohnraumes
- ggf. erhebliche konkret belegbare Gefahren, denen durch den Wechsel der Wohnsituation begegnet werden soll
- Wohnform und Rechtsgrundlage der zukünftigen Wohnsituation
- Sichtweise der rechtlich betreuten Person bezüglich des Wechsels der Wohnsituation

Wie sieht das Verfahren zur Genehmigung aus?

Das folgende Ablaufdiagramm zeigt den Verlauf des Verfahrens.

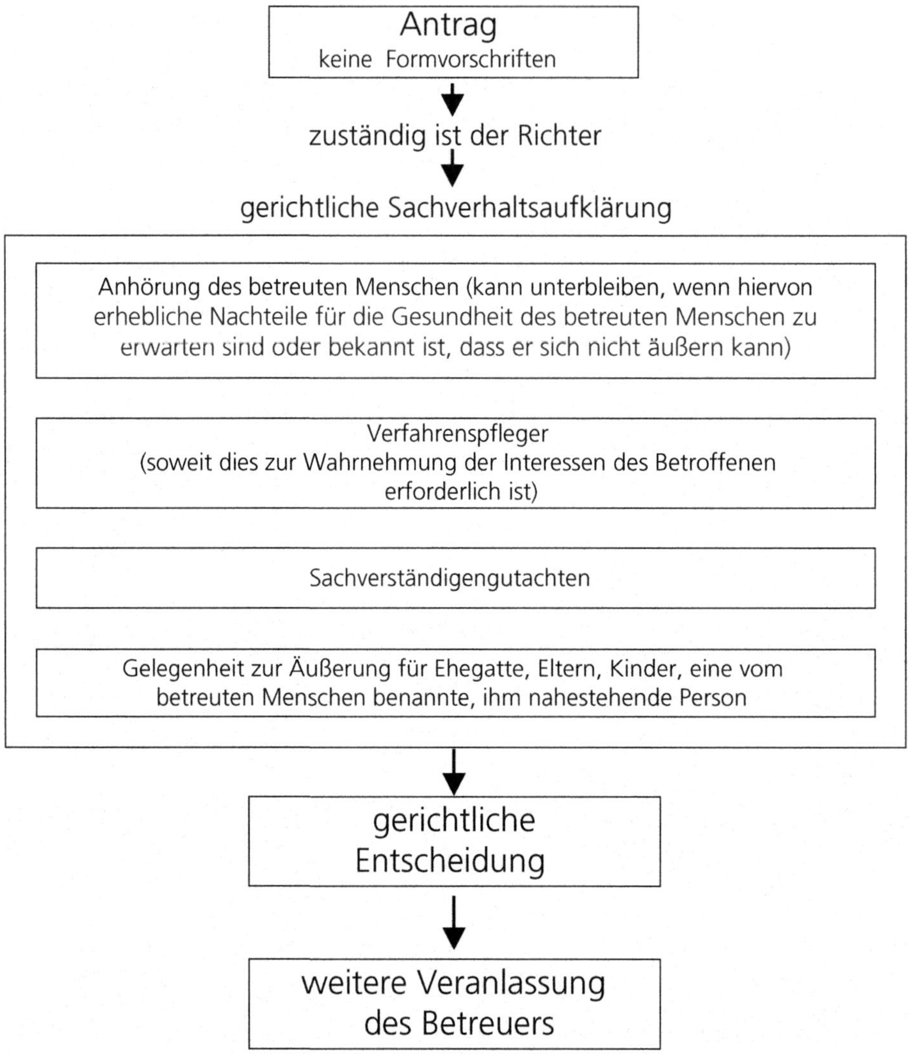

6.3.7 Durchführung des Wohnraumwechsels

Bei dem praktischen Vorgang der Wohnungsauflösung ist der Verbleib des Hausrates zu klären. Insbesondere beim Umzug in ein Heim kann oft nur ein kleiner Bruchteil des Hausrates mitgenommen werden. Der rechtliche Betreuer sollte dafür sorgen, dass die rechtlich betreute Person so viel, wie sie will und möglich ist, mitnehmen kann. Vor allem für geistig verwirrte Menschen ist es wichtig, dass sie mit Dingen umgeben sind, die ihnen vertraut sind. Sie können sich so besser orientieren und der geistige Abbau kann sich verlangsamen.

Die Verwertung des überflüssigen Hausrates ist abhängig von der Aufwands- und Ertragsrechnung. Übersteigt der zu erwartende Aufwand für die Räumung der Wohnung und den Verkauf des Hausrates den zu erwartenden Ertrag, kann beispielsweise nach einem Interessenten (z.B. Möbellager karitativer oder gemeinnütziger Einrichtungen) gesucht werden, der als Gegenleistung für die Räumung der Wohnung den gesamten Hausrat erhält. Die Wohnung (auch Keller, Abstellräume und Dachboden) ist sorgfältig nach Wertgegenständen durchzusehen. Manche „Reichtümer" haben sich schon öfter in Sesselritzen, hinter Schränken oder in sonstigen Verstecken gefunden.

Notwendigkeit und Umfang der vor der Übergabe notwendigen Renovierung ergeben sich aus dem Mietvertrag. Die Wohnung sollte vertragsgemäß übergeben werden. Die Übergabe sollte entsprechend protokolliert werden. Ist die vertragsgemäße Übergabe zum Beispiel wegen fehlender Mittel zur Renovierung nicht möglich, kann die Wohnung nur im vorhandenen Zustand übergeben werden.

6.4 Vermögensangelegenheiten

Bis zum 31.12.2022 waren die Pflichten des rechtlichen Betreuers in Vermögensangelegenheiten nicht im Betreuungsrecht, sondern über Verweisung im Vormundschaftsrecht geregelt. Sie waren „sinngemäß" anzuwenden.

Im Unterschied zur Vormundschaft ist es nicht das oberste Gebot der rechtlichen Betreuung, das Vermögen zu wahren oder gar zu mehren, sondern die Selbstbestimmung der rechtlich betreuten Person zu gewährleisten. Um hier klare Verhältnisse zu schaffen, hat der Gesetzgeber mit Wirkung zum 1.1.2023 die Bestimmungen zur Wahrnehmung der Vermögenssorge neu formuliert und in das Betreuungsrecht verschoben.

6.4.1 Zu den Aufgabenbereichen in der Vermögenssorge

Welcher Aufgabenbereich berechtigt zur Wahrnehmung der Vermögensangelegenheiten?

Die Regelung finanzieller Angelegenheiten ist nicht automatisch Bestandteil einer rechtlichen Betreuung. Das Gericht muss Art und Umfang des Aufgabenbereichs definieren. Der Aufgabenbereich „Vermögenssorge" wird als übergeordneter Begriff verstanden und meint die Regelung aller finanziellen Angelegenheiten einschließlich der Geltendmachung von Sozialleistungs- und Sozialversicherungsansprüchen. In seltenen Fällen wurde und wird der Aufgabenbereich „Vermögenssorge" bei Behörden oder Sozialversicherungen nicht als ausreichend anerkannt. Hier ist die Klarstellung oder ggf. die Erweiterung des Aufgabenkreises durch das Betreuungsgericht vonnöten.

Entsprechend der Notwendigkeit kann der Aufgabenbereich auf einen Teil der Vermögenssorge beschränkt werden.

Was ist zu tun, wenn der Aufgabenkreis die Regelung der Angelegenheit nur teilweise ermöglicht?

Entsprechend dem Prinzip der Erforderlichkeit kann der Aufgabenbereich auf einen Teil der Vermögenssorge beschränkt werden. Ist der Aufgabenkreis eingeschränkt und bedarf die Regelung der anstehenden Angelegenheit ergänzender, über den Aufgabenkreis hinausgehender Informationen und Entscheidungen, ist einvernehmliche Zusammenarbeit mit der rechtlich betreuten Person zwingend erforderlich.

Beispiel

Das Betreuungsgericht hat für Frau U. eine Betreuung mit dem Aufgabenkreis „Vertretung gegenüber Sozialleistungsträgern und der Sozialversicherung" angeordnet. Es ist ein Sozialhilfeantrag zu stellen. Im Antrag werden Kontodaten und die Offenlegung aller persönlichen und wirtschaftlichen Verhältnisse gefordert. Die über den Aufgabenkreis hinausreichenden Angaben und Nachweise sind von der rechtlich betreuten Person selbst einzubringen und zu verantworten. Dies ist im Antrag kenntlich zu machen und von der rechtlich betreuten Person durch ihre Unterschrift zu bestätigen. Würde der rechtliche Betreuer den Antrag allein stellen – ohne deutlich gemacht zu haben, welche Angaben von ihm und welche Angaben von der rechtlich betreuten Person zu verantworten sind –, wäre er für die Richtigkeit aller Angaben verantwortlich und haftbar.

Außerhalb seines Aufgabenkreises ist der rechtliche Betreuer nicht berechtigt, tätig zu werden. Wird er dennoch tätig, handelt er nicht in Ausübung seines Amtes.

Hinweis: Vorsicht

Dies hat zur Folge, dass die für die berufliche Tätigkeit abgeschlossene Haftpflichtversicherung nicht greift.

6.4.2 Ermittlung und Sicherung des Vermögens

Die folgenden Ausführungen beziehen sich im Wesentlichen auf rechtlich betreute Personen ohne oder mit kleinerem Vermögen. Die Verwaltung größerer Vermögen obliegt in der Regel dafür qualifizierten rechtlichen Betreuern oder aber vom rechtlichen Betreuer beauftragten Fachleuten.

Woran kann sich der rechtliche Betreuer bei der Ermittlung des Sachverhalts orientieren?

Am Anfang der Betreuung steht die Ermittlung der aktuellen finanziellen Situation. Hierbei können die Checklisten „Einnahmen" und „Ausgaben" oder die in einigen Softwarelösungen enthaltene Datenerfassung behilflich sein.

Die ersten Informationen erhält der rechtliche Betreuer bei der Einsicht in die Akte des Betreuungsgerichts und bei der Durchsicht und dem Ordnen der Unterlagen der rechtlich betreuten Person. Oft sind diese ungeordnet oder/und unvollständig. Fehlende Informationen und Unterlagen muss der rechtliche Betreuer durch eigene Ermittlung ergänzen.

Welche Vorgehensweise ist zu empfehlen?

Der rechtliche Betreuer wird zunächst herausfinden müssen, welche Geschäftsverbindungen die rechtlich betreute Person unterhalten hat. Die Auskunft der Bank über die Buchungen des Girokontos (Daueraufträge, Abbuchungen, Überweisungen) ergibt in der Regel erste Hinweise. Der rechtliche Betreuer wird die Geschäftspartner anschreiben und um Auskunft zu der bestehenden Geschäftsverbindung bitten. Sofern erforderlich, sollten die Geschäftspartner darauf hingewiesen werden, den zukünftigen Schriftwechsel an den rechtlichen Betreuer zu richten.

Tipp

Vergessen Sie nicht, eine Kopie der Bestellungsurkunde beizufügen!

Ist ein Nachsendeantrag hilfreich?

Die Frage, ob ein Nachsendeantrag eingerichtet werden soll, bespricht der rechtliche Betreuer mit der rechtlich betreuten Person. Oft wird von ihr gewünscht, dass die Geschäftspost direkt beim rechtlichen Betreuer ankommt.

Wenn es der Aufgabenkreis[69] ermöglicht und eingehende Geschäftspost nicht mit ausreichender Zuverlässigkeit von der rechtlich betreuten Person zum rechtlichen Betreuer gelangt, kann ein Nachsendeantrag geschaltet werden.

An dieser Stelle ist noch einmal zu wiederholen, dass der rechtliche Betreuer nicht ohne Weiteres gegen den erklärten Willen der rechtlich betreuten Person einen Nachsendeantrag schalten darf. Gegen den erklärten Willen kann der Nachsendeantrag nur geschaltet werden, wenn die rechtliche Betreuung gegen den Willen der rechtlich betreuten Person beschlossen worden ist und dem Betreuungsgericht bekannt ist, dass die rechtlich betreute Person mit der Schaltung des Nachsendeantrags nicht einverstanden ist. Zudem muss der Aufgabenbereich „die Entscheidung über die Entgegennahme, das Öffnen und das Anhalten der Post des Betreuten" ausdrücklich benannt sein. Gegebenenfalls ist ein Einwilligungsvorbehalt zu beantragen.

Der Nachsendeauftrag hat den Vorteil, dass weniger Post verloren gehen kann. Der Nachsendeauftrag bei der Post erstreckt sich nicht auf andere Anbieter im Briefverkehr. Die Kosten für den Nachsendeantrag hat der rechtliche Betreuer zu tragen.

Wie ist das Vermögen zu sichern?

Der rechtliche Betreuer hat dafür zu sorgen, dass kein Dritter ohne sein Wissen über das Vermögen unberechtigt verfügen kann. Zur Sicherung des Vermögens ist die Verfügungsberechtigung beispielsweise über die Konten zu überprüfen.

Was ist zu tun, wenn andere Personen verfügungsberechtigt sind?

Sind weitere Personen schon vor Einrichtung der rechtlichen Betreuung von der rechtlich betreuten Person mittels einer Bankvollmacht bevollmächtigt worden zu verfügen, ist zu prüfen, ob diese Berechtigung wie andere Vollmachten zu behandeln ist.[70]

Handelt es sich um eine Vollmacht mit dem Ziel, eine rechtliche Betreuung zu erübrigen, ist diese als Vollmacht zur Vorsorge zu behandeln und kann nicht ohne Weiteres widerrufen werden. Die bestehende Vollmacht ist dem Betreuungsgericht mitzuteilen[71] und es ist zu klären, ob die bevollmächtigte Person im Rahmen ihrer Vollmacht tätig ist oder tätig werden will.

Handelt es sich um eine einfache Bankvollmacht, ohne dass daraus die Zielsetzung zur Verhinderung einer rechtlichen Betreuung ersichtlich ist, kann der rechtliche Betreuer diese nach Rücksprache mit der rechtlich betreuten Person widerrufen. Ein dem Widerruf

69 § 1815 Absatz 2 Nr. 6 BGB
70 Siehe Abschnitt 2.3
71 § 1820 BGB

entgegenstehender Wille der rechtlich betreuten Person ist dem Betreuungsgericht mitzuteilen und es ist zu klären, wer zukünftig welche Aufgaben erledigen soll.

Es ist sicherzustellen, dass das Einkommen und das Vermögen ausschließlich im Interesse der rechtlich betreuten Person verwendet werden.

Wie ist die rechtlich betreute Person einzubeziehen?

Die einzelnen Schritte zur Ermittlung der finanziellen Verhältnisse, die jeweiligen Ergebnisse der Ermittlung und der Plan zur weiteren Verwaltung des Vermögens sind Angelegenheiten, die mit der rechtlich betreuten Person zu besprechen sind. Dabei sollte geklärt werden, welche Angelegenheiten die rechtlich betreute Person selbstständig oder mit vorrangiger Hilfe erledigen kann und an welcher Stelle die rechtliche Unterstützung/ Vertretung erforderlich ist.

Wie ist das Betreuungsgericht zu informieren?

Das Betreuungsgericht ist durch den zu erstellenden Anfangsbericht[72] und das zu erstellende Vermögensverzeichnis[73] zu informieren.

Checkliste zur Verwaltung des Vermögens

Die folgende Liste hat keinen Anspruch, vollständig zu sein. In der Praxis hat sie sich als Gedankenstütze bei der Ermittlung und der Verwaltung des Vermögens erwiesen. Am Anfang stellt sich die Frage: „Existieren ...?", später kann die Liste als Hilfe für die Frage: „Was ist noch zu tun?", dienen.

Vermögen

- ☐ Immobilien
- ☐ Erwerbsgeschäfte
- ☐ Geld, Banknoten, Wertpapiere, Bank-, Sparkassen-, Postsparguthaben, sonstige Guthaben
- ☐ Wertpapiere
- ☐ Forderungen gegen Dritte (abgesichert durch z.B. Hypotheken, Grund- oder Rentenschuld)
- ☐ Erbansprüche
- ☐ Schmuck
- ☐ Antiquitäten
- ☐ Kunstgegenstände
- ☐ Auto, Motorrad
- ☐ Kapitalversicherungen

72 Siehe Abschnitt 5.5
73 Siehe Abschnitt 5.6

Einkommen/Einnahmen/Geldanlage

- ☐ Aus Betrieben und selbstständiger Arbeit
  - ▶ *Die Betriebsleitung erfordert eine fachkundige Person. Hilfe bieten unter anderem Steuerberater, Rechtsanwälte oder der fachkundige Betriebsleiter.*
- ☐ Aus Anlagevermögen
  - ▶ *Hilfe bieten unter anderem Steuerberater, Rechtsanwälte oder der fachkundige Anlageberater. Eine enge Abstimmung mit dem Betreuungsgericht ist zu empfehlen. Siehe auch den Abschnitt zu den genehmigungspflichtigen Entscheidungen. Siehe auch Checkliste zur Pflicht der gerichtlichen Genehmigung.*
- ☐ Aus der Verwaltung von Immobilien, Nießbrauchrechten, Rente aus Übertragungsverträgen
  - ▶ *Hilfe bieten unter anderem Steuerberater, Rechtsanwälte oder der fachkundige Immobilienberater.*
- ☐ Aus Unterhaltsansprüchen nach der Scheidung, gegenüber Eltern, Großeltern, Kindern und Enkeln
  - ▶ *Hilfe bieten unter anderem Rechtsanwälte.*
- ☐ Aus nicht selbstständiger Arbeit
  - ▶ *Hilfe bieten unter anderem Betrieb, Betriebsrat, Gewerkschaft.*
- ☐ Bezüge aus betrieblichem Sozialplan
  - ▶ *Hilfe bieten unter anderem Betrieb, Betriebsrat, Gewerkschaft.*
- ☐ Krankengeld
  - ▶ *Hilfe bietet unter anderem die Krankenkasse, Betrieb, Betriebsrat, Gewerkschaft.*
- ☐ Rente (Erwerbsunfähigkeitsrente, Altersrente, Kriegsschadensrente, Versorgungsrente usw.)
  - ▶ *Hilfe bieten unter anderem die Rentenversicherungsträger, Versicherungsälteste.*
- ☐ Zusatzversorgung/Betriebsrente
  - ▶ *Hilfe bieten unter anderem Betrieb, Betriebsrat, Gewerkschaft.*
- ☐ Opferentschädigung
  - ▶ *Hilfe bieten unter anderem Versorgungsamt, Hinterbliebenenverbände.*
- ☐ Leistungen der Arbeitsförderung SGB III
  - ▶ *Hilfe bieten unter anderem die Agentur für Arbeit, Beratungsstellen.*
- ☐ Grundsicherung für Arbeitsuchende SGB II
  - ▶ *Hilfe bieten unter anderem das Jobcenter, Beratungsstellen.*

- ☐ Kindergeld (auch für über 18-Jährige)
  - ▶ *Hilfe bieten unter anderem die Agentur für Arbeit, Beratungsstellen.*
- ☐ Erziehungsgeld
  - ▶ *Hilfe bieten unter anderem die Agentur für Arbeit, Beratungsstellen.*
- ☐ Wohngeld/Pflegewohngeld
  - ▶ *Hilfe bieten unter anderem die Wohngeldstelle bei der Stadt- oder Kreisverwaltung, Beratungsstellen.*
- ☐ Leistungen aus der Pflegeversicherung (SGB XI)
  - ▶ *Hilfe bieten unter anderem die Krankenkasse, Pflegedienste, Sozialamt, Beratungsstellen.*
- ☐ Blindenhilfe (SGB XII)
  - ▶ *Hilfe bieten unter anderem die Krankenkasse, Sozialamt, Behindertenvereine, Beratungsstellen.*
- ☐ Leistungen der Rehabilitation und Teilhabe von Menschen mit Behinderungen (SGB IX)
  - ▶ *Hilfe bieten unter anderem Sozialamt, Behindertenvereine, Beratungsstellen.*
- ☐ Zuschüsse für Personen mit anerkannter Schwerbehinderung
  - ▶ *Hilfe bieten unter anderem die Krankenkasse, Sozialamt, Behindertenvereine, Beratungsstellen.*
- ☐ Sozialhilfe (SGB XII)
  - ▶ *Hilfe bieten unter anderem das Sozialamt, Beratungsstellen.*

Andere Recht:

- ☐ Schwerbehindertenausweis & Freifahrt im Nahverkehr
  - ▶ *Hilfe bieten unter anderem das Versorgungsamt, Behindertenverbände, Beratungsstellen.*
- ☐ Befreiung von der Pflicht zur Zahlung der Rundfunkgebühren
  - ▶ *Hilfe bieten unter anderem das Sozialamt, Beratungsstellen.*
- ☐ Ermäßigung von Telefongebühren
  - ▶ *Hilfe bieten unter anderem das Sozialamt, Telekom, Beratungsstellen.*

Ausgabe:

- ☐ Lebensunterhalt
  - ▶ *Dazu gehören unter anderem Lebensmittel, Dinge des täglichen Gebrauchs, Energiekosten (Kochen, Warmwasser, Licht), Taschengeld, Rundfunkgebühren/Kabelgebühren, Telefon.*

- ☐ Kosten der Unterkunft
  - ▶ *Dazu gehören unter anderem Grundbesitzabgaben (Steuer, Wasser, Abwasser, Müll usw.), Instandhaltungskosten, Umlagen, Heizkosten, Miete, Möblierung.*
- ☐ Anschaffungen
- ☐ Versicherungen
- ☐ Dienstleistungen
  - ▶ *Dazu gehören unter anderem Pflegedienst, Haushaltshilfe.*
- ☐ Schuldenregulierung
  - ▶ *Was ist zu tun?*

    Einholen einer Schufa-Selbstauskunft, Erstellen einer Liste der Verpflichtungen, Überprüfen der Verträge, Verhandlung mit den Gläubigern (über z.B. Rückabwicklung, Stundung, Niederschlagung, Regulierungsverhandlungen). Hilfe bieten unter anderem Rechtsanwälte, Beratungsstellen.
- ☐ Freizeit und Urlaub entsprechend den Wünschen, den materiellen und persönlichen Möglichkeiten des betreuten Menschen.

Vergünstigungen bzw. Befreiungsmöglichkeiten

- ☐ Steuerfreibeträge
  - ▶ *Hilfe bieten Steuerberater, Finanzamt.*
- ☐ Ermäßigung für die Telefongebühren
  - ▶ *Hilfe bieten unter anderem das Sozialamt, Beratungsstellen.*
- ☐ Befreiung von der Pflicht zur Zahlung von Rundfunkgebühren
  - ▶ *Hilfe bieten unter anderem das Sozialamt, Beratungsstellen.*
- ☐ Befreiung von der Zuzahlung zu Medikamenten usw.
  - ▶ *Hilfe bieten die Krankenkassen, Beratungsstellen.*
- ☐ Freifahrtberechtigung für Schwerbehinderte
  - ▶ *Hilfe bieten Versorgungsämter, Beratungsstellen.*
- ☐ Ferienpässe
  - ▶ *Hilfe bieten Stadt- oder Gemeindeverwaltung, Beratungsstellen.*
- ☐ Vergünstigungen zur Nutzung öffentlicher Einrichtungen
  - ▶ *Hilfe bieten Stadt- oder Gemeindeverwaltung, Beratungsstellen.*

6.4.3 Allgemeine Grundsätze der Besorgung von Vermögensangelegenheiten

Welche allgemeinen Grundsätze gelten bei Besorgung von Vermögensangelegenheiten?

Im Bereich der Personensorge ergibt sich der Maßstab für das Verhältnis einerseits der Pflicht zur Wunschbefolgung und andererseits der Pflicht, erheblichen Schaden abzuwenden, allein aus den individuellen und subjektiv zu verstehenden Interessen der rechtlich betreuten Person. Auch im Bereich der Vermögensangelegenheiten hat der rechtliche Betreuer seine Tätigkeit an diesen Grundsätzen zur Führung der rechtlichen Betreuung auszurichten.[74] Er hat dem Willen der rechtlich betreuten Person zu entsprechen und erhebliche Schäden abzuwenden.

Gibt es allgemeine Regeln zur Wahrnehmung der Vermögensangelegenheiten?

Im Gegensatz zur Personensorge gibt der Gesetzgeber im Bereich der Vermögenssorge bestimmte Regeln zur Wahrnehmung der Vermögensangelegenheiten vor. Hierzu heißt es im Gesetz: [75]

> *„Es wird vermutet, dass eine Wahrnehmung der Vermögensangelegenheiten nach den §§ 1839 bis 1843 dem mutmaßlichen Willen des Betreuten nach § 1821 Absatz 4 entspricht, wenn keine hinreichenden konkreten Anhaltspunkte für einen hiervon abweichenden Willen/mutmaßlichen Willen bestehen."*

Als Hürde, dem Willen der rechtlich betreuten Person vorschnell außerhalb der genannten Regeln zu folgen, wird die gerichtliche Überprüfung dieser außerhalb der Regeln vorgenommenen Tätigkeiten im Gesetz bestimmt.[76]

> *„Soweit die nach Absatz 1 Satz 1 gebotene Wahrnehmung der Vermögensangelegenheiten von den in den §§ 1839 bis 1843 festgelegten Grundsätzen abweicht, hat der Betreuer dies dem Betreuungsgericht unverzüglich unter Darlegung der Wünsche des Betreuten anzuzeigen. Das Betreuungsgericht kann die Anwendung der §§ 1839 bis 1843 oder einzelner Vorschriften ausdrücklich anordnen, wenn andernfalls eine Gefährdung im Sinne des § 1821 Absatz 3 Nummer 1 zu besorgen wäre."*

Jede Abweichung von den im Gesetz formulierten Grundsätzen ist dem Betreuungsgericht somit unverzüglich mitzuteilen und zu begründen. Ziel dieser Bestimmung ist es zu vermeiden, dass die Verantwortung für eine schädigende Entscheidung auf eine entscheidungsunfähige rechtlich betreute Person abgewälzt wird. Der rechtliche Betreuer bleibt in der Verantwortung zu erkennen, ob der Wunsch Ausdruck der Selbstbestimmung ist.[77]

74 § 1838 Absatz 1 Satz 1 i.V.m. § 1821 BGB; siehe Abschnitt 4
75 § 1838 Absatz 1 Satz 2 BGB
76 § 1838 Absatz 2 BGB
77 BT-Drs. 19/24445, S. 272

6.4.3.1 Erforderlichkeit

Die Bestellung einer rechtlichen Betreuung mit dem Aufgabenbereich Vermögenssorge setzt voraus, dass die rechtlich betreute Person ihre Angelegenheiten in diesem Bereich zumindest teilweise nicht ohne die Unterstützung eines rechtlichen Betreuers selbst besorgen kann.

Der beschlossene Aufgabenbereich beschreibt jedoch nicht den ins Detail gehenden Grad der Einschränkung und den Grad der Hilfsbedürftigkeit. Lediglich die Feststellung der Geschäftsunfähigkeit[78] zwingt den Betreuer zur umfassenden Vertretung der rechtlich betreuten Person im Aufgabenbereich.

Die Erkenntnisse des Gerichts sind als Momentaufnahme einer sich weiter entwickelnden Situation zu verstehen. Der Aufgabenbereich beschreibt Grenzen, die der Betreuer nicht überschreiten darf. Innerhalb dieser Grenzen hat er eine differenzierte Einschätzung der aktuellen und konkreten Erforderlichkeit für sein Handeln vorzunehmen. Die Verantwortung dieser Einschätzung obliegt dem rechtlichen Betreuer. Für Fehleinschätzungen und dadurch verursachte Schäden haftet der Betreuer.[79]

Bei seiner Einschätzung hat der rechtliche Betreuer die jeweilige Entwicklung der für die Einrichtung der Betreuung zugrunde liegenden Krankheit/Behinderung und die damit verbundenen Einschränkungen, die eigenen rechtlichen Angelegenheiten zu erledigen, zu berücksichtigen. Eine von der in der Akte des Gerichts festgehaltenen Feststellung abweichende Einschätzung ist für die rückblickende Bewertung mit entsprechenden Beweismitteln gerichtsfest zu dokumentieren.

Der rechtliche Betreuer hat seine Tätigkeit so auszurichten, dass die rechtlich betreute Person nach Möglichkeit ihre finanziellen Geschäfte ganz oder teilweise eigenverantwortlich erledigen kann.

Im Einzelfall ergibt sich ein unterschiedliches Maß der Einflussnahme auf die Rechtsgeschäfte der rechtlich betreuten Person. Von der Übernahme aller geschäftlichen Aktivitäten bis hin zur selbstständigen Verwaltung des Vermögens durch die rechtlich betreute Person sind alle Varianten denkbar. Soweit und sobald die rechtlich betreute Person in der Lage ist, ihre Angelegenheiten dauerhaft eigenverantwortlich zu erledigen, hat der rechtliche Betreuer dies dem Betreuungsgericht mitzuteilen und die Aufhebung der rechtlichen Betreuung bzw. die Einschränkung des Aufgabenkreises anzuregen.

Mit zunehmender Selbstständigkeit wird die rechtlich betreute Person das Bedürfnis haben, ohne die Kontrolle durch den rechtlichen Betreuer handeln zu können. Dieses Bedürfnis kollidiert mit der Pflicht des rechtlichen Betreuers, möglichen erheblichen Schaden abzuwenden, und der Pflicht, dem Betreuungsgericht über die Verwaltung des Vermögens Rechenschaft abzulegen. Dennoch darf allein die vage Möglichkeit eines erheblichen Schadens oder das Interesse der lückenlosen Kontrolle kein Grund sein, der rechtlich betreuten Person die ihr mögliche Selbstständigkeit und Privatheit zu verweigern.

78 §§ 104 und 105 BGB
79 Zur Haftung siehe Abschnitt 10

Gleichwohl muss der Betreuer seine Entscheidungen (auch die Entscheidung, wie groß der Freiraum für die rechtlich betreute Person ist) von klaren und nachvollziehbaren Überlegungen abhängig machen. Der Betreuer sollte seine Argumente dokumentieren und dem Gericht zur Kenntnis geben. Das Gericht ist seinerseits verpflichtet, bei Pflichtverletzungen des rechtlichen Betreuers einzugreifen. Im Zweifel kann der rechtliche Betreuer das Gericht um Rat fragen.

Auf dem Weg zur selbstständigen Erledigung ihrer geschäftlichen Angelegenheiten sollte die betroffene Person, so wie wir alle, Fehler machen dürfen und „Lehrgeld bezahlen" können. Leider gibt es hier keine Möglichkeit, den rechtlichen Betreuer von seiner Verantwortung im Vorfeld zu entlasten, ohne nicht gleichzeitig die rechtliche Betreuung für den Aufgabenbereich aufzuheben. Es obliegt somit der Verantwortung des rechtlichen Betreuers, ob und wie weit er bereit ist, Risiken für Fehler der rechtlich betreuten Person einzugehen. Im Einzelnen sind die folgenden Regeln zu beachten.

6.4.3.2 Verfügungsgeld

Was ist Verfügungsgeld?

Der Gesetzgeber unterscheidet Verfügungsgeld und Anlagevermögen. Verfügungsgeld ist Geld, welches für die laufenden Ausgaben benötigt wird. Laufende Ausgaben sind nicht nur die monatlichen Bedarfe, sondern auch Beträge, die als Rücklage für geplante Anschaffungen, den Ersatz von Hausrat, die Regulierung jährlicher Abrechnungen, den Urlaub etc. benötigt werden. Als Verfügungsgeld sind auch Beträge für beispielsweise die Rücklagen für anfallende Reparaturen einer Eigentumswohnung zu führen.

Die Unterscheidung zwischen Verfügungsgeld und Anlagevermögen hat den Sinn, dem rechtlichen Betreuer einen Spielraum für Beträge einzuräumen, die er zur kurzfristigen Verfügung halten kann. Anlagevermögen fällt unter die besondere gerichtliche Aufsicht. Soweit der rechtlichen Betreuer nicht zum Personenkreis der befreiten Betreuer[80] gehört, ist die Verfügung nur mit entsprechender Genehmigung durch das Betreuungsgericht möglich.

Wie ist Verfügungsgeld zu verwahren?

Das Verfügungsgeld hat der rechtliche Betreuer auf einem Girokonto zu verwahren. Soweit Beträge aus dem Verfügungsgeld als Rücklage dienen und ein Zinsertrag möglich ist, kann es auch auf ein kurzfristig verfügbares Anlagekonto (Tagesgeld) eingezahlt werden.[81] Grundsätzlich soll vermieden werden, dass sich Bargeld in den Händen des rechtlichen Betreuers befindet. Aus diesem Grund ist auch die Führung als Anderkonto[82] nicht zulässig.

Der rechtliche Betreuer ist nicht verpflichtet, für die Anlage von Verfügungsgeld einen Sperrvermerk zu vereinbaren, und kann über Geld, welches auf diese Weise für die laufenden Ausgaben bereitgehalten wird, frei verfügen.[83] Soweit für die Verwaltung des Ver-

80 Siehe Abschnitt 5.8; §§ 1859 und 1860 BGB
81 § 1839 BGB
82 Anderkonto (oder Treuhandanderkonto) ist ein Bankkonto, das der Vermögensverwaltung von fremdem Vermögen dient, also nicht auf den Namen des Eigentümers des Vermögens lautet.
83 § 1845 Absatz 1 Satz 2 BGB

fügungsgeldes vom rechtlichen Betreuer neue Konten eröffnet werden, hat er dies dem Betreuungsgericht unverzüglich mitzuteilen.[84] Die Mitteilungspflicht erstreckt sich auf:

1. die genaue Bezeichnung der Kontoverbindung,
2. der Angabe, dass es sich um Verfügungsgeld handelt,
3. die Höhe des Guthabens bei Kontoeröffnung,
4. die Höhe und Verzinsung bei kurzfristig angelegtem Verfügungsgeld.

Welcher Betrag kann als Verfügungsgeld angesehen werden?

Es liegt im pflichtgemäßen Ermessen des rechtlichen Betreuers, zusammen mit der rechtlich betreuten Person über die Summen des benötigten Verfügungsgelds zu befinden. Die Beträge, welche als Verfügungsgeld bereitgehalten werden, können individuell sehr unterschiedlich sein und orientieren sich in der Regel an den Lebensverhältnissen der rechtlich betreuten Person.

Lediglich bei einem Verstoß gegen die Grundsätze zur Führung der rechtlichen Betreuung[85] oder einem Ermessensfehlgebrauch ist das Betreuungsgericht berufen einzuschreiten. Damit das Betreuungsgericht seiner Verpflichtung zur Aufsicht nachkommen kann, hat der rechtliche Betreuer im Anfangsbericht die Zuordnung der Gelder vorzunehmen, die Eröffnung eines Girokontos und die Anlage von Verfügungsgeld auf einem Anlagekonto mitzuteilen und in der Rechnungslegung/ggf. Schlussrechnungslegung den Verwendungsnachweis zu führen. Befreite rechtliche Betreuer nehmen die Abgrenzung von Verfügungsgeld gegen Vermögen im Rahmen der zu erstellenden Vermögensübersicht vor.

Kann das Kreditinstitut dennoch einen Sperrvermerk verlangen?

Im Außenverhältnis steht es dem Kreditinstitut nicht zu, die Entscheidungen des rechtlichen Betreuers hinsichtlich des als Verfügungsgeld bereitzuhaltenden Betrags zu hinterfragen. Sperrvermerke sind dementsprechend nur dann einzurichten, wenn das hinterlegte Vermögen durch den Betreuer als Anlagevermögen gekennzeichnet ist.[86]

6.4.3.3 Bargeldloser Zahlungsverkehr

Der rechtliche Betreuer hat den Zahlungsverkehr bargeldlos über das für das Verfügungsgeld zu unterhaltende Girokonto durchzuführen.[87] Es besteht damit die grundsätzliche Pflicht zum bargeldlosen Zahlungsverkehr insbesondere für die Erfüllung von Zahlungsverpflichtungen der rechtlich betreuten Person gegenüber Dritten als auch für die Entgegennahme von an die rechtlich betreute Person gerichteten Zahlungen Dritter.

Dies entspricht den heutigen Gepflogenheiten im Geschäftsverkehr und stellt sicher, dass die Geldgeschäfte im Bereich der Lebenshaltung anhand der Kontobewegungen vom Betreuungsgericht nachvollzogen und überprüft werden können. Hierzu kann der rechtliche Betreuer sich auch der elektronischen Kontoführung bedienen, was den Vorteil bietet,

84 § 1846 BGB
85 § 1821 BGB; siehe Abschnitt 4 insbesondere 4.2 und 4.3
86 § 1845 BGB
87 § 1840 Absatz 1 BGB

dass er dann über elektronische Belege verfügt, die er als Ausdruck beim Gericht vorlegen kann.[88]

Anderer Zahlungsmittel kann sich der rechtliche Betreuer dagegen nicht bedienen. Dies gilt beispielsweise für elektronische Bezahlverfahren (zum Beispiel „Amazon Pay" und „PayPal"), insbesondere aber auch für die von einem Emittenten im klassischen Sinn losgelösten im Internet generierten Zahlungsmittel wie zum Beispiel „Bitcoin" oder „Ripple". Die Sicherheit der gesetzlichen Zahlungsmittel[89] und ihre sichere Verwahrung bei einem Kreditinstitut haben Vorrang vor etwa gegebenen praktischen Zahlungserleichterungen oder sonstigen Vorteilen. Dies gilt auch bei einem Auslandsbezug der rechtlich betreuten Person für die bankkontenmäßige Verwaltung von Geld in Fremdwährungen.[90]

Gibt es Ausnahmen von der Pflicht zum bargeldlosen Zahlungsverkehr?

Die Pflicht zum bargeldlosen Zahlungsverkehr gilt nicht, soweit Barzahlung im Geschäftsverkehr üblich ist oder von der rechtlich betreuten Person gewünscht wird. In seiner Begründung zum Gesetzentwurf hat der Gesetzgeber als Beispiele die Bezahlung von Friseur oder Fußpflege im Heim oder sonstige Bargeschäfte des täglichen Lebens genannt. Auch die Auszahlung von Bargeld an die rechtlich betreute Person, soweit diese nicht selbst Abhebungen vom Konto durchführt, soll demnach möglich sein. Der rechtlich betreuten Person ist Bargeld zur eigenen Verwaltung zu überlassen, wenn sie es wünscht. Die Überlassung von Bargeld kann sogar geboten sein, wenn dadurch die eigenständige Lebensgestaltung gefördert wird.[91]

6.4.3.4 Ungeklärte Fragen zur Pflicht der Verwahrung des Verfügungsgeldes auf einem Girokonto in Verbindung mit der Pflicht zum bargeldlosen Zahlungsverkehr

Wie passt das Taschengeldkonto im Heim in die genannten Bestimmungen?

In einer Vielzahl von Fällen werden die Einkommensansprüche der Heimbewohner zur Regulierung der Heimkosten direkt an den Träger der Einrichtung überwiesen. Der dann noch möglicherweise vorhandene Restbetrag beziehungsweise das von der Sozialhilfe freibleibende Taschengeld wird häufig im Heim, also beim Träger der Einrichtung, als Taschengeldkonto[92] verwaltet.

Die Verwaltung als Taschengeldkonto im Heim ermöglicht eine sichere Verwahrung mit täglicher Verfügbarkeit für die rechtlich betreute Person. Ohne das Taschengeldkonto müsste das bare Verfügungsgeld in den Räumlichkeiten der rechtlich betreuten Person aufbewahrt werden. Die bare Verwahrung in den Räumlichkeiten der rechtlich betreuten Person ist in der Praxis jedoch mit erheblichen Problemen belastet. Oft entstehen Konflikte durch abhandengekommene Gelder oder den vermuteten Diebstahl.

---

88 Siehe BT-Drs. 19/24445, S. 275

89 Für die Bundesrepublik Deutschland der Euro gemäß § 14 Absatz 1 Satz 2 Gesetz über die Deutsche Bundesbank – BBankG

90 Siehe BT-Drs. 19/24445, S. 275

91 Siehe BT-Drs. 19/24445 S. 275

92 Kein eigenes Bankkonto

Soweit die rechtlich betreute Person über das Taschengeldkonto als Eigengeldkonto verfügen kann, unterliegt es nicht der Verwaltung des rechtlichen Betreuers. In diesem Fall entfällt die Pflicht der Verwahrung auf einem Girokonto beziehungsweise die Bindung an den bargeldlosen Zahlungsverkehr.

Des Weiteren entfällt die Pflicht zur Verwahrung auf dem Girokonto in Verbindung mit der Bindung an den bargeldlosen Zahlungsverkehr, wenn die Verwaltung des Taschengeldes über das Taschengeldkonto im Heim dem Willen (auch dem mutmaßlichen Willen) der rechtlich betreuten Person entspricht.

Wie kann die sozialhilferechtlich verpflichtend zu bildende Ansparleistung für Personen, deren Konto einer Pfändung unterliegt, verwahrt werden?

Fallbeispiele

Herr P. ist verschuldet. Ob neben den bisher bekannten Forderungen noch weitere titulierte Forderungen aus länger zurückliegender Zeit bestehen, ist nicht bekannt. Herr P. hat entsprechende Befürchtungen. Das Girokonto wird als P-Konto geführt. Eine Kontopfändung ist eingetragen. Herr P bezieht pauschale Grundsicherung gem. SGB XII.

Frau S. ist verschuldet. Sie lebt in einem Pflegeheim. Sie hat kein eigenes Einkommen. Die Kosten der Heimunterbringung werden vom zuständigen Sozialleistungsträger übernommen. Sie selbst bekommt für den monatlichen Bedarf ein geringes Taschengeld. Zusätzlich zum Taschengeld wird monatlich ein pauschaler Betrag für den Einkauf von Bekleidung gewährt. Dieser Betrag soll bis zum Einkauf der Kleidung angespart werden. Ein Gläubiger hat das Taschengeldkonto gepfändet.

Exkurs pauschale Grundsicherung

2005 wurden die Bemessung der Regelsätze geändert und die bis dahin gesondert zu beantragenden einmaligen Leistungen (für Bekleidung, Wäsche, Schuhe, Hausrat, besondere Anlässe usw.) bis auf wenige Ausnahmen in den Regelsatz einbezogen. Seitdem obliegt es der Selbstverantwortung des Leistungsberechtigten einen Teil der monatlichen Leistungen anzusparen, um bei entstehendem Bedarf auch größere Anschaffungen zu tätigen.[93]

Wie hoch die Ansparleistung sein soll/muss, ist im Gesetz nicht geregelt und in die Verantwortung des Leistungsempfängers gestellt. Soweit der rechtliche Betreuer für die wirtschaftliche Haushaltsführung mit oder alleinig verantwortlich ist, hat er dementsprechend eine Rücklage für die anfallenden Bedarfe (für Bekleidung, Wäsche, Schuhe, Hausrat, besondere Anlässe usw.) zu bilden.

Die Höhe der zu bildenden Rücklagen ist individuell zu bemessen. Die Rücklage kann aber nicht gegen 0,00 € gehen, da früher oder später ein entsprechender Bedarf entstehen wird.

93 BT-Drs. 15/1514, S. 59

Beispielsweise sind im Regelsatz die Kosten der Belieferung mit elektrischer Energie enthalten. Diese werden überwiegend über monatliche Abschläge gezahlt. Die Rücklage würde hier zu bilden sein, um eine aus der Jahresrechnung resultierende Forderung regulieren zu können. Wird die Forderung aus der Jahresrechnung nicht gezahlt, droht die Einstellung der Belieferung mit elektrischer Energie.

Einen Anhaltspunkt zur Höhe der Ansparleistung kann aus dem Blick auf die Berechnung des Regelbedarfs abgeleitet werden.

Der Regelsatz wird jährlich neu anhand der Preisentwicklung für regelbedarfsrelevante Güter und Einkommens- sowie Verbrauchsstichproben aufgrund des Regelbedarfsermittlungsgesetzes (RBEG) berechnet. Für den Einpersonenhaushalt wird Folgendes als regelbedarfsrelevante Verbrauchsausgaben anerkannt:[94]

Anteil am Regelbedarf	in % von der RL
Abteilung 1 und 2 (Nahrungsmittel, Getränke, Tabakwaren)	34,69 %
Abteilung 3 Bekleidung, Schuhe	8,29 %
Abteilung 4 Wohnen, Energie, Wohninstandhaltung	8,58 %
Abteilung 5 Innenausstattung, Haushaltsgeräte, Haushaltsgegenstände, laufende Haushaltsführung	6,08 %
Abteilung 6 Gesundheitspflege	3,81 %
Abteilung 7 Verkehr	8,96 %
Abteilung 8 Post und Telekommunikation	8,93 %
Abteilung 9 Freizeit, Unterhaltung, Kultur	9,76 %
Abteilung 10 Bildungswesen	0,36 %
Abteilung 11 Beherbergungs- und Gaststättendienstleistungen	2,60 %
Abteilung 12 Andere Waren und Dienstleistungen	7,97 %

Die früher als einmaliger Bedarf gewährten Leistungen sind in verschiedenen Abteilungen (außer Abteilung 1; 2; 10; 11; 12) mehr oder weniger umfangreich eingeflossen. Beispiele für wichtige Bedarfe, welche aus der Rücklage zu zahlen sind:[95]

- Abteilung 3: Bekleidung 8,29 % = 36,97 €,[96]
- Abteilung 4: kleinere vom Mieter selbst vorzunehmende Reparaturen; Schönheitsreparaturen; Jahresabrechnung aus der Belieferung mit elektrischer Energie,
- Abteilung 5 Reparatur/Anschaffung von Möblierung; Haushaltsgeräte, Waschmaschine; Kühlschrank … 6,08 % = 27,11 €,

94 § 5 RBEG

95 BR-Drs. 486/20, S. 19 ff.

96 Alle Beträge vom Regelsatz (446,00 € für Alleinstehende) § 8 1. RBEG; Stand 2021

- Abteilung 6 Eigenanteil Medikamente 3,81 % = 16,99 €,
- Abteilung 7 Pflege und Rep. von Fahrzeugen,
- Abteilung 8 Kauf und Reparatur von Festnetz- und Mobiltelefonen sowie anderen Kommunikationsgeräten ...,
- Abteilung 9 Fernseher, DVD-Player/Recorder, Datenverarbeitungsgeräte, langlebige Gebrauchsgüter, Ausrüstungen für Sport, Camping und Erholung, Musikinstrumente ...

Abteilung 3, 5 und 6 beziehen sich fast ausschließlich auf Bedarfe, für die eine Rücklage gebildet werden muss. Entsprechend wären aus dem Regelsatz allein zu diesen Zwecken monatlich ca. 80,00 € zurückzulegen.

Der Gesetzgeber hat eine Obergrenze für die Ansparleistung festgesetzt. Die Sozialhilfe darf nicht abhängig gemacht werden von kleineren Barbeträgen (5.000 Euro).[97]

Die Ansparleistung ist nicht gegen eine Pfändung geschützt.[98] Gläubiger können Kontopfändungen vornehmen. Das P-Konto bietet keine Möglichkeit, die gesetzliche Ansparleistung längerfristig zu deponieren.

Es ergibt sich die Frage:

Wie soll die Ansparleistung deponiert werden, ohne dem Gläubiger damit den Zugriff auf eine Sozialleistung zu ermöglichen?

Alltagslösung nicht rechtlich betreuter Personen:

In der Praxis wird der Leistungsempfänger sein Geld „unter dem Kopfkissen verwahren".

Der Autor kann an dieser Stelle keine Lösung für dieses Problem anbieten. Aktuell sind Bemühungen im Gange, die durch das Sozialhilfegesetz bestimmte Ansparleistung in den Bereich des Pfändungsschutzes zu integrieren. Der Erfolg dieser Bemühungen ist ungewiss.

6.4.3.5 Anlagepflicht

„Geld des Betreuten, das nicht für Ausgaben nach § 1839 benötigt wird, hat der Betreuer anzulegen (Anlagegeld)."[99]

Warum muss Vermögen angelegt werden?

Ziele der Anlagepflicht sind:

- mit der Anlage das Vermögen für den Betreuten zu erhalten und nach Möglichkeit einen Vermögensertrag zu erwirtschaften,
- und durch die Anlegung das Vermögen sicher zu verwahren und vor unberechtigten Verfügungen des rechtlichen Betreuers oder Dritten zu schützen.

97 § 90 Absatz 2 Nr. 9 i.V.m. Verordnung zur Durchführung des § 90 Absatz 2 Nr. 9 des Zwölften Buches Sozialgesetzbuches Stand 2021

98 LG Kassel: Beschluss vom 04.04.2006 – 3 T 94/06

99 § 1841 BGB

In einer Phase von Nullzins oder Negativzins lässt sich das erste der genannten Ziele nicht erreichen. Hier steht die Sicherung des Vermögens im Vordergrund. Die Sicherung des Vermögens ist zudem einer eher risikoreichen, aber Gewinn versprechenden Anlage vorzuziehen.

Wie ist das Vermögen normalerweise anzulegen?

Die Anlage soll auf einem zur verzinslichen Anlage geeigneten Konto bei einem Kreditinstitut erfolgen. Das Kreditinstitut, bei dem die Anlage erfolgt, muss einer für die jeweiligen Geldeinlagen auf dem Giro- oder Anlagekonto ausreichenden Sicherungseinrichtung angehören.[100] Die Sicherungseinrichtung hat als Aufgabe, die Kundenanlagen der Bank dauerhaft zu sichern. Hierzu wendet sie drohende oder bestehende wirtschaftliche Schwierigkeiten bei den angeschlossenen Banken ab. Ob und welcher Sicherheitseinrichtung die jeweilige Bank angehört, ist bei der Bank selbst zu erfragen. Soweit Zweifel bestehen, ob die Zugehörigkeit zur jeweiligen Sicherheitseinrichtung aus betreuungsgerichtlicher Sicht ausreichend ist, kann beim Betreuungsgericht die entsprechende Auskunft eingeholt werden.

Andere Formen der Kapitalanlage schreibt das Gesetz nicht vor.

Was ist bei der Anlage auf dem Konto bei einem Kreditinstitut zu beachten?

Diese Form der Anlage ist für den rechtlichen Betreuer ohne größeren Verwaltungsaufwand handhabbare. Bei der Eröffnung des entsprechenden Kontos bedarf es keiner Mitwirkung des Betreuungsgerichts. Für alle Formen der Geldanlage – ausgenommen ist Verfügungsgeld – ist mit dem Kreditinstitut zu vereinbaren, dass der rechtliche Betreuer über die Anlage nur mit Genehmigung des Betreuungsgerichts verfügen kann (Sperrvereinbarung).[101] Die Pflicht, mit dem Kreditinstitut eine Sperrvereinbarung zu treffen, besteht nicht für befreite rechtliche Betreuer.[102]

Der rechtliche Betreuer hat die Eröffnung des Anlagekontos dem Betreuungsgericht unverzüglich mitzuteilen.[103] Die Mitteilungspflicht erstreckt sich auf:

1. die genaue Bezeichnung der Anlage,
2. die Höhe des Guthabens bei Kontoeröffnung,
3. die Höhe und Verzinsung der Anlage,
4. die Dauer der Festlegung,
5. die Sperrvereinbarung.

Wählt der rechtliche Betreuer für das Anlagegeld eine andere Art der Anlegung, bedarf es zur Wirksamkeit der Anlegung der Genehmigung des Betreuungsgerichts.[104]

100 § 1842 BGB
101 § 1845 Ab atz1
102 § 1859 Absatz 1 Nr. 1 i.V.m. § 1845
103 § 1846 BGB
104 § 1849 BGB

6.4.3.6 Depotverwahrung und Hinterlegung von Wertpapieren

Der rechtliche Betreuer hat Wertpapiere der rechtlich betreuten Person bei einem Kreditinstitut in Einzel- oder Sammelverwahrung verwahren zu lassen. Dies betrifft alle depotfähigen Wertpapiere. Informationen zur Depotfähigkeit erhalten Sie von der Bank. Sonstige Wertpapiere sind in einem Schließfach eines Kreditinstituts zu hinterlegen. Die Pflicht zur Depotverwahrung oder zur Hinterlegung besteht nicht, wenn diese nach den Umständen des Einzelfalls unter Berücksichtigung der Art der Wertpapiere zur Sicherung des Vermögens des Betreuten nicht geboten ist.[105]

In seiner Begründung zum Gesetzentwurf nennt der Gesetzgeber folgende Beispiele für als Fehlen der Pflicht zur Depotverwahrung oder zur Hinterlegung im Schließfach. Sie ist nicht erforderlich, wenn:

- die rechtlich betreute Person sie nicht wünscht (Liebhaberstücke, wie etwa Aktien und Anleihen von Fußballvereinen oder dem (ehemaligen) Arbeitgeber),
- die Depotführungs- oder Schließfachkosten die zu erwartenden Erträge der Wertpapiere erreichen oder gar überschreiten und damit nach den Umständen des Einzelfalls die Hinterlegung wirtschaftlich nicht sinnvoll ist,
- Wertpapiere demnächst verbraucht werden (Sparbuch, auf dem Verfügungsgeld angelegt ist, oder bei einem dem Unterhalt dienenden Scheck),
- ein Sparbuch mit Sperrvermerk versehen ist und es anderweitig zuverlässig verwahrt und damit vor Verlust geschützt ist.

Für die Ausnahme von der Hinterlegungspflicht ist weiter der Umstand maßgeblich, wie die fraglichen Papiere anderweitig so aufbewahrt werden können, dass sie gegen zufälligen Verlust gesichert sind.[106]

Der rechtliche Betreuer hat die Eröffnung des Depots oder die Hinterlegung von Wertpapieren dem Betreuungsgericht unverzüglich mitzuteilen.[107] Die Mitteilungspflicht erstreckt sich auf:

1. die genaue Bezeichnung des Depots der Hinterlegung (Schließfach …),
2. die Höhe des Guthabens/des Wertes,
3. die Höhe und Verzinsung/erwartete Wertentwicklung,
4. die Dauer der Festlegung und Verfügbarkeit,
5. die Sperrvereinbarung (auch für Schließfach).

Für die Aufsicht des Gerichts ist – neben der Art der Wertpapiere – insbesondere die zu erwartende Zuverlässigkeit des Betreuers maßgeblich. Der Betreuer hat dem Gericht anzuzeigen, wenn er eine Umschreibung oder Umwandlung von Wertpapieren vornimmt und eine Depotverwahrung oder Hinterlegung unterlässt, und Angaben zu den Gründen hier-

105 § 1843 BGB
106 BT-Drs. 19/24445, S. 278
107 § 1846 BGB

für sowie zu der anderweitigen Aufbewahrung zu machen, § 1846 Absatz 1 Nummer 4, Absatz 2 Nummer 4 BGB-E.

6.4.3.7 Verwahrung von Wertgegenständen

Im Rahmen der Erstellung des Vermögensverzeichnisses zu Beginn einer rechtlichen Betreuung sind Wertgegenstände anzugeben. Anzugeben ist deren Bezeichnung und deren Wert.

Für Wertgegenstände gilt das Gleiche wie für das übrige Vermögen. Auch Wertgegenstände sind gegen den unbefugten Zugriff zu sichern. Insbesondere ist zu prüfen, ob die bisherige Verwahrung der von der rechtlich betreuten Person gewünschten Sicherheit gegen den Verlust der Wertgegenstände entspricht. Über die Art und Weise der Sicherung ist dem Betreuungsgericht Mitteilung zu machen.

Beispiel

Die rechtlich betreute Person hat mehrere wertvolle Gemälde in ihrer Wohnung. Die Wohnung ist gegen Einbrüche gut gesichert. Fremden Personen wurde der Zutritt zur Wohnung nur unter vertrauensvoller Aufsicht gewährt. Zwischenzeitlich ist die rechtlich betreute Person pflegebedürftig und bedarf mehrmals am Tag der Pflege und Versorgung. Hierfür ist ein Pflegedienst beauftragt. In der Pflege sind mehrere sich abwechselnde fremde Personen tätig. Es ergibt sich die Frage, ob die rechtlich betreute Person unter diesen veränderten Voraussetzungen eine andere Sicherung der Gemälde wünscht beziehungsweise gewünscht hätte.

Das Betreuungsgericht kann die Hinterlegung von Wertgegenständen anordnen.[108] Maßstab der gerichtlichen Entscheidung ist zunächst der Wille der rechtlich betreuten Person.[109]

So kann es beispielsweise dem Willen und den Gepflogenheiten der rechtlich betreuten Person entsprechen, wertvollen Schmuck bei sich zu haben, um diesen regelmäßig tragen zu können.

Das Betreuungsgericht kann die Hinterlegung bei einer Hinterlegungsstelle oder bei einer anderen geeigneten Stelle anordnen. Die Hinterlegung an einer anderen geeigneten Stelle ist beispielsweise dann vorzunehmen, wenn dies etwa zur Substanzerhaltung des Wertgegenstandes erforderlich ist. Dies kann zum Beispiel für wertvolle Gemälde eine dafür besonders geeignete Lagerhalle sein. Für hinterlegte Wertgegenstände besteht die Pflicht zur Vereinbarung einer Herausgabesperre mit dem Hinterleger.[110]

108 § 1844 BGB
109 § 1821 Absatz 2 bis 4 BGB
110 § 1845 Absatz 2 Satz 2 BGB

6.4.4 Selbstbestimmung und Schutz im Bereich der Vermögensverwaltung

Teilweise haben rechtlich betreute Personen aufgrund ihrer Krankheit oder Behinderung weder den Wunsch noch die Antriebskraft oder die Fähigkeit, durch Willenserklärungen am Rechtsverkehr teilzunehmen. Häufig sind sie froh, jemanden zu haben, der diese Dinge für sie erledigt. Ziel der rechtlichen Betreuung ist es, soweit es möglich ist, der rechtlich betreuten Person die selbstbestimmte Teilhabe am Rechtsverkehr zu ermöglichen.

Für andere Menschen ist die Bestellung eines rechtlichen Betreuers gleichbedeutend mit der Einmischung eines Fremden in die persönlichen Angelegenheiten. Sie ist verbunden mit einer weitgehenden Offenbarung der finanziellen Angelegenheiten. Mit dieser Einstellung erleben die betroffenen Menschen die rechtliche Betreuung als einen persönlichen Angriff und fühlen sich oft persönlich beleidigt, weil ihnen bescheinigt worden ist, dass sie nicht in der Lage sind, für sich selbst zu sorgen.

Zum Verständnis der emotionalen Situation der rechtlich betreuten Personen oder auch zur Erklärung der Widerstände mancher Angehörigen müssen wir uns vergegenwärtigen, dass die Anordnung einer rechtlichen Betreuung für den betroffenen Menschen – neben der uneingeschränkten Offenbarung seiner den Aufgabenkreis betreffenden Verhältnisse – nicht immer nur Vorteile mit sich bringt. Jede kostenmindernde Maßnahme oder jedes Mittel zur Erzielung von Einkünften, das nicht den gesetzlichen Bestimmungen entspricht, ist durch die rechtliche Betreuung ausgeschlossen.

Beispiele

Einem Betreuer ist es zum Beispiel nicht möglich,

- *die Hauswirtschafterin ohne Anmeldung bei der Sozialversicherung zu beschäftigen,*
- *das vom betreuten Menschen „nebenbei" erzielte Einkommen beim Sozialamt nicht anzugeben,*
- *unterhaltspflichtige Verwandte zu schonen,*
- *dem Sozialamt Schenkungen zu verschweigen (z.B. die Übertragung eines Hauses).*

In diesem Sinne kann die Einrichtung der rechtlichen Betreuung für das individuelle Erleben der rechtlich betreuten Person oder aus der Sicht der Erben mit konkreten materiellen Nachteilen verbunden sein. Hinzu kommen die Kosten der rechtlichen Betreuung[111] die, wenn sie nicht von der rechtlich betreuten Person selbst getragen werden, einen Anspruch auf zukünftig zufließendes Vermögen (Erbschaft ...) begründen können oder auf jeden Fall zulasten des Nachlasses gehen. Dass dies nicht ohne den Widerstand der Betroffenen vor sich geht, dürfte verständlich sein.

Es gibt viele Gründe, die dazu führen können, dass die rechtlich betreute Person die Verwaltung ihres Vermögens in Teilbereichen, bezogen auf einzelne Vorgänge oder insge-

111 Siehe Abschnitt 11

samt, außerhalb der vom Gesetzgeber vorgegebenen Grundsätze wünscht. Im Folgenden wird daher besprochen, unter welchen Voraussetzungen der rechtliche Betreuer befugt ist, die allgemeinen Grundsätze der Vermögensverwaltung unberücksichtigt zu lassen, und wann er erheblichen Schaden verhindern muss.

Hat die rechtliche Betreuung Auswirkungen auf die Geschäftsfähigkeit?

Durch die Anordnung einer rechtlichen Betreuung für den Bereich der Vermögenssorge wird die rechtsgeschäftliche Handlungsfähigkeit des betreuten Menschen dem Grundsatz nach nicht eingeschränkt. Der betreute Mensch ist wie zuvor berechtigt, selbstständig Geschäfte abzuschließen. Die Gültigkeit der von der rechtlich betreuten Person vorgenommenen Rechtsgeschäfte richtet sich wie bei jedem Menschen danach, ob sie im Sinne des Gesetzes geschäftsfähig ist.

Wann ist eine Person geschäftsunfähig?

Geschäftsunfähigkeit eines erwachsenen Menschen liegt dann vor, wenn er sich in einem die freie Willensbestimmung ausschließenden Zustande krankhafter Störung der Geistestätigkeit befindet, sofern nicht der Zustand seiner Natur nach ein vorübergehender ist.[112] Diese Regelung ist unabhängig von der Anordnung einer rechtlichen Betreuung.

Welche Auswirkung hat die rechtliche Betreuung im Finanzwesen?

Neben dem Vorteil für die rechtlich betreute Person, auch weiter ungehindert am Rechtsverkehr teilnehmen zu können, hat die fehlende Klärung der Geschäftsfähigkeit im Betreuungsverfahren eine Verunsicherung für die Geschäftspartner zur Folge.

Nachdem die rechtliche Betreuung bekannt geworden ist, kommt es häufig vor, dass die Willenserklärungen der rechtlich betreuten Person nicht mehr akzeptiert werden. Die Geschäftspartner begründen ihre Haltung mit dem Argument, dass die Anordnung einer rechtlichen Betreuung mit dem Aufgabenbereich „Vermögenssorge" voraussetzt, dass die betroffene Person ihre diesbezüglichen Angelegenheiten nicht selbstständig erledigen kann. Dies wird als starkes Indiz für das Vorliegen der Geschäftsunfähigkeit angesehen.

Mit dieser Haltung versucht der Geschäftspartner, sich vor der späteren Aufhebung oder Rückabwicklung der Verträge wegen der möglicherweise gegebenen Geschäftsunfähigkeit der rechtlich betreuten Person zu schützen.

Andere wiederum wollen ihre Geschäfte ausschließlich mit der rechtlich betreuten Person ohne den rechtlichen Betreuer abwickeln, da sie sich hiervon eine einfachere Verfahrensweise und eine Entlastung ihrer Verwaltung versprechen.

Auffallend ist, dass die jeweilige Geschäftspraktik von der Interessenslage der Vertragspartner abhängt. Es zeigt sich eine Tendenz dahingehend, dass Geschäftspartner, denen durch die Bestellung eines rechtlichen Betreuers ein Nachteil entstehen könnte, verstärkt dazu neigen, die Legitimation des rechtlichen Betreuers anzuzweifeln. Entsprechend umgekehrt verhalten sich Geschäftspartner, die sich vom rechtlichen Betreuer einen reibungsloseren Ablauf der Geschäftsverbindung erhoffen.

112 § 104 BGB

Beispiele

- *Die titulierte Forderung eines Gläubigers wurde erfolglos vollstreckt. Durch „böse" Briefe hat sich die rechtlich betreute Person gezwungen gesehen, einen Teil ihrer Sozialhilfe als Ratenzahlung einzusetzen. Ihr selbst bleibt nicht genug für den Lebensunterhalt. Da durch die Zahlungen noch nicht einmal die überhöhten Zinsen gedeckt werden, wachsen die Schulden immer weiter. Durch die Bestellung des rechtlichen Betreuers werden die Zahlungen eingestellt. Der Gläubiger missachtet die rechtliche Betreuung und den Wunsch der rechtlich betreuten Person, zukünftig mit dem rechtlichen Betreuer zu verhandeln, und setzt sie immer wieder in verbal aggressiver Form unter Druck, die Zahlungen weiter zu leisten.*
- *Auch Ämter verhalten sich gegenüber rechtlichen Betreuern ambivalent. Kann vom rechtlichen Betreuer erwartet werden, dass er die Interessen der rechtlich betreuten Person so vertritt, dass die Behörde mehr Leistungen erbringen muss, wird die Legitimation sehr genau geprüft. Verwaltungstechnische Hürden erweisen sich zum Teil als kaum zu überwinden. Verspricht sich die Behörde eine Entlastung, weil sie zum Beispiel nicht mehr mit dem querulatorisch veranlagten betroffenen Menschen umgehen muss, wird vom rechtlichen Betreuer oft mehr verlangt, als der beschlossene Aufgabenbereich möglich macht.*
- *Banken verhandeln oft nur noch mit dem rechtlichen Betreuer. Zuvor eingeräumte Kontokorrentkredite werden aufgehoben, Automatenkarten eingezogen. Auszahlungen an die rechtlich betreute Person werden nur nach Rücksprache mit dem rechtlichen Betreuer und nach Überprüfung durch den Bankangestellten vorgenommen.*

Darf der rechtliche Betreuer gegen den freien Willen handeln?

Gegen den freien Willen[113] darf der rechtliche Betreuer auch im Bereich der Vermögenssorge nicht handeln. Der rechtliche Betreuer hat dementsprechend dafür zu sorgen, dass die geschäftsfähige rechtlich betreute Person weiterhin ungehindert am Rechtsverkehr teilnehmen kann.

Damit hat der Gesetzgeber mit Wirkung zum 1.1. 2023 einen entscheidenden Schritt zur Verwirklichung der Selbstbestimmung getan. Bis zu diesem Zeitpunkt konnte und musste der rechtliche Betreuer in wenigen Ausnahmefällen auch gegen den freien Willen der rechtlich betreuten Personen handeln. Der rechtliche Betreuer hatte zu verhindern dass die rechtlich betreute Person sich der wirtschaftlichen Grundlage für das zukünftige Leben beraubt.

Das jetzt geltende Recht verbietet jedes Handeln gegen den freien Willen, selbst wenn die rechtlich betreute Person durch ihr Handeln ihre wirtschaftliche Existenz gefährdet.

113 Siehe Abschnitt 3.4.1

Was ist zu tun, wenn die rechtlich betreute Person mit freiem Willen ihr Vermögen erheblich gefährdet?

Der rechtliche Betreuer ist verpflichtet, die rechtlich betreute Person über die normalerweise bestehenden Grundsätze der Vermögensverwaltung zu beraten und zu informieren. Zudem ist der rechtliche Betreuer verpflichtet, dem Gericht unverzüglich mitzuteilen, wenn er bei der Wahrnehmung der Vermögensangelegenheiten von den allgemeinen Grundsätzen der Vermögensverwaltung abweichen will. Das Abweichen ist zu begründen und der diesbezügliche Wille der rechtlich betreuten Person mitzuteilen.[114]

Die Meldepflicht dient dem Schutz der rechtlich betreuten Person vor einer vorschnellen Behauptung des rechtlichen Betreuers, dass bei Eintritt eines Vermögensschadens dieser die Folge der Wunschbefolgung sei. Die Meldung sichert aber auch den rechtlichen Betreuer ab. Durch die Meldung wird das Betreuungsgericht in die Lage versetzt, Entscheidungen oder Verfügungen, die unsicher sind, gerichtlich zu beaufsichtigen.

Wird beispielsweise Bargeld nicht sicher verwahrt und ist dadurch die Diebstahlsgefahr, die Missbrauchsgefahr durch den rechtlichen Betreuer erhöht oder die Möglichkeit der Kontrolle des Betreuungsgerichts nicht mehr gegeben, hat das Betreuungsgericht zu prüfen, ob die Art der abweichenden Vermögensverwaltung als Ausdruck des Selbstbestimmungsrechts der rechtlich betreuten Person zu erkennen ist.

Vom rechtlichen Betreuer kann nicht erwartet werden, dass er sich aktiv an der erheblichen Schädigung des Vermögens beteiligt. Insoweit hat er zu entscheiden, ob ihm die abverlangte Umsetzung des freien Willens der rechtlich betreuten Personen zuzumuten ist. Seine Entscheidung, an der Umsetzung des erheblich schädigenden Willens nicht mitzuwirken, unterliegt ebenfalls der Aufsicht des Betreuungsgerichts. Der gesamte Vorgang ist dem Betreuungsgericht mitzuteilen.

Was ist zu tun, wenn die geschäftsunfähige rechtlich betreute Person einen Vertrag abgeschlossen hat?

Mit dem Abschluss dieses Vertrages hat die rechtlich betreute Person normalerweise bekundet, dass sie den Wunsch hat, die vertraglich zugesicherte Leistung in Anspruch zu nehmen.

Personen, die geschäftsunfähig sind, können keine wirksamen Verträge abschließen.[115] Ausnahmen gelten für Verträge, die lediglich einen Vorteil für die rechtlich betreute Person mit sich bringen oder aus dem dafür zur Verfügung gestellten Geld bestritten werden.

Der rechtliche Betreuer hat zu prüfen, ob er die Wirksamkeit des Vertrages im Nachhinein herstellen kann oder auf der Rückabwicklung bestehen muss. Er hat dabei das Recht auf Selbstbestimmung abzuwägen gegen den Auftrag, das Vermögen der rechtlich betreuten Person vor erheblichem Schaden zu schützen.

114 § 1838 Absatz 2 BGB
115 § 105 BGB

Beispiele

Die rechtlich betreute Person schließt den dritten Handyvertrag ab.

Fall 1: Die rechtlich betreute Person lebt von der Sozialhilfe und der Handyvertrag reduziert den für den Lebensunterhalt zur Verfügung stehenden Betrag dauerhaft so weit, dass der Einkauf der erforderlichen Lebensmittel und die Deckung der laufenden Lebenshaltungskosten nicht gewährleistet sind.

Fall 2: Die rechtlich betreute Person verfügt über ausreichend Einkommen und Vermögen, um die Zahlungsverpflichtung aus dem Vertrag tragen zu können, ohne dass eine Gefährdung für die Deckung der laufenden und zukünftigen Lebenshaltungskosten besteht.

Im ersten Fall ergibt sich eine erhebliche Gefährdung für das Einkommen und Vermögen der rechtlich betreuten Person. Dem Vertrag kann nachträglich nicht zugestimmt werden. Die Rückabwicklung ist erforderlich. Das Betreuungsgericht ist über die Entscheidung gegen den erklärten Willen der rechtlich betreuten Person zu informieren.

Im zweiten Fall ergibt sich keine erhebliche Gefährdung für das Einkommen und Vermögen der rechtlich betreuten Person. Der rechtliche Betreuer versucht zusammen mit der rechtlich betreuten Person, Kosten und den Nutzen aus dem Vertrag zu besprechen, um zu klären, ob der Vertrag tatsächlich dem Willen der rechtlich betreuten Personen entspricht. Soweit dies der Fall ist, stimmt er dem Vertrag zu und stellt die Wirksamkeit des Vertrages her.

Für den Fall der Geschäftsunfähigkeit ist der rechtliche Betreuer verpflichtet, Verträge, welche von der rechtlich betreuten Person unwirksam geschlossen wurden und die, gemessen an seinen Wünschen und seinen wirtschaftlichen Möglichkeiten, zu einer erheblichen Gefährdung der materiellen Lebensgrundlage führen, zu kündigen und rückabzuwickeln.

Wer muss die Geschäftsunfähigkeit beweisen?

Soll ein Vertrag wegen der Geschäftsunfähigkeit aufgehoben werden, ist der rechtliche Betreuer stellvertretend für die rechtlich betreute Person verpflichtet, den Beweis für ihre Geschäftsunfähigkeit zu erbringen. Die Beweisführung ist nicht einfach. Wird zwischen den Vertragspartnern keine außergerichtliche Lösung gefunden, kann die Geschäftsunfähigkeit abschließend nur gerichtlich geklärt werden.

Wie ist zu verfahren, wenn die Geschäftsunfähigkeit im Gutachten festgestellt ist?

Überwiegend wird im Betreuungsverfahren bei der Bestellung des rechtlichen Betreuers ein Gutachten eingeholt.[116] Auch wenn danach nicht ausdrücklich gefragt wird, äußern sich einige Gutachter zur Geschäftsfähigkeit. Bescheinigt der Gutachter im Rahmen seines Gutachtens, dass der betroffene Mensch geschäftsunfähig im Sinne des § 104 BGB ist, und wird dann im weiteren Verfahren auf den im Gutachten festgestellten Sachverhalt Bezug genommen, ohne dass dieser im Gutachten festgestellte Sachverhalt relativiert ist,

116 Siehe Abschnitt 3.9

muss der Betreuer für sein Handeln die Geschäftsunfähigkeit als Tatsache annehmen. Ist der Betreuer der Auffassung, dass der vom Gutachter festgestellte Sachverhalt so nicht zutrifft oder sich geändert hat, teilt er dies dem Betreuungsgericht mit, ggf. zusammen mit der Anregung zur Änderung der rechtlichen Betreuung.

Die Willenserklärung eines Geschäftsunfähigen ist nichtig.[117] Banken und Geschäftspartner, die mehr als nur Taschengeldgeschäfte mit dem betreuten Menschen abschließen, sind zu informieren. Im Außenverhältnis muss der Betreuer den betreuten Menschen vertreten. Das Prinzip des Vorrangs rechtlicher Unterstützung vor rechtlicher Vertretung kann sich hier nur auf das Innenverhältnis bei der im Vorfeld einer rechtsgeschäftlichen Erklärung erforderlichen Willensbildung erstrecken.

Wie kann eine geschäftsunfähige Person Geschäfte des täglichen Lebens erledigen?

Mit dem § 105a BGB hat der Gesetzgeber mit Wirkung zum 1.8.2002 bestimmt, dass ein von einem geschäftsunfähigen Menschen abgeschlossenes Geschäft des täglichen Lebens (Alltagsgeschäfte), welches mit geringwertigen Mitteln getätigt worden ist, soweit Leistung und Gegenleistung erfolgt sind, als rechtswirksam anzusehen ist. Nach dem Abschluss des Geschäftes besteht damit kein Anspruch auf Rückabwicklung.

Die Regelung findet gleichermaßen Anwendung, wenn beide Vertragspartner volljährige geschäftsunfähige Menschen sind (z.B. bei einem Tauschvertrag zwischen zwei aufgrund ihrer Behinderung geschäftsunfähigen Menschen). Wenn das Betreuungsgericht nichts anderes anordnet, gilt dies auch für rechtliche Betreuungen, für die im Aufgabenbereich der Vermögenssorge ein Einwilligungsvorbehalt beschlossen worden ist.[118]

Die Regelung meint sowohl entgeltliche als auch unentgeltliche Verträge (auch Schenkungen des Alltags), die als „Geschäfte des täglichen Lebens" im Rechtsalltag allgegenwärtig sind und denen aufgrund ihrer Bagatellhaftigkeit niemand besondere Aufmerksamkeit zukommen lässt.[119] Es kommt nicht darauf an, dass dieses Rechtsgeschäft für den geschäftsunfähigen Menschen zum Alltag gehört und für ihn eine Bagatelle bedeutet. Das Rechtsgeschäft muss so beschaffen sein, dass es als Alltagsbagatellgeschäft dem allgemeinen Preis-Leistungs-Gefüge entspricht. Es darf z.B. nicht überteuert sein. Die Bewertung bezieht sich jeweils auf den Vertragsabschluss insgesamt. Werden beispielsweise mehrere Dinge mit ein und demselben Vorgang erworben, so ist die Summe des Gesamtkaufpreises maßgeblich. Gemeint sind z. B.: der Kauf von Lebensmitteln, Genussmitteln, Büchern, Zeitungen, Textilien.

Ein unter § 105a BGB fallendes Geschäft wird erst wirksam, wenn Leistung und Gegenleistung erbracht sind, der Kaufpreis bezahlt ist und die Ware ausgehändigt wurde.

Der geschäftsunfähige Mensch bleibt nicht gänzlich ohne Schutz, wenn sich aus dem Geschäft für die Person oder das Vermögen des geschäftsunfähigen Menschen eine erhebliche Gefahr ergeben würde.[120] Eine Gefahr wäre z.B. dann gegeben, wenn der geschäftsunfähige Mensch immer wieder für seine Verhältnisse sinnlose Einkäufe tätigt, obwohl ihm dann kein Geld für den Lebensunterhalt verbleiben würde und er buchstäblich

117 § 105 BGB
118 § 1825 BGB
119 BT-Drs. 14/9266, S. 43
120 § 105a Satz 2 BGB

Hunger leiden müsste. Denkbar ist auch, dass der geschäftsunfähige Mensch zu einem fortgegebenen Gegenstand eine so starke Bindung hat, dass die Erkenntnis des Verlustes seine Gesundheit gefährden würde. Für diesen sicherlich seltenen Fall kann die Rückabwicklung verlangt werden.

6.4.5 Einwilligungsvorbehalt in der Vermögenssorge

Wann kann ein Einwilligungsvorbehalt im Aufgabenbereich der Vermögenssorge beschlossen werden?

Zum Schutz vor erheblichen Schäden kann das Gericht einen Einwilligungsvorbehalt[121] anordnen. Der Einwilligungsvorbehalt besagt, dass die rechtlich betreute Person für Willenserklärungen, die in den Geltungsbereich des Einwilligungsvorbehaltes fallen, die Einwilligung des rechtlichen Betreuers benötigt. Die Teilnahme der rechtlich betreuten Person am Rechtsverkehr wird eingeschränkt. Eine Ausnahme stellen Rechtsgeschäfte dar, die ihr lediglich einen Vorteil verschaffen.

Beispiele

- *Die rechtlich betreute Person lebt von der Sozialhilfe. Ohne dies mit dem rechtlichen Betreuer vorher zu besprechen, bestellt sie bei einem Versandhaus einen teuren Wohnzimmerschrank und vereinbart eine Ratenzahlung von monatlich 100,00 €. Der Schrank wird geliefert und aufgebaut. Bei seinem darauffolgenden Besuch sieht der Betreuer den Schrank und findet die erste Mahnung über die nicht gezahlte Rate. Der Betreuer widerspricht dem Vertrag. Der Vertrag ist unwirksam. Das Versandhaus holt den Schrank wieder ab.*
- *Die rechtlich betreute Person bekommt zum Geburtstag 50,00 € geschenkt. Der Betreuer kann der Annahme des Geschenkes nicht widersprechen.*
- *Die rechtlich betreute Person bekommt zum Geburtstag eine Katze geschenkt. Fressen, Tierarzt, Katzenstreu usw. können aber nicht finanziert werden. Der rechtliche Betreuer muss der Schenkung widersprechen. Mit der Annahme der Schenkung sind Verpflichtungen verbunden, die von der rechtlich betreuten Person nicht erfüllt werden können.*

Die Anordnung eines Einwilligungsvorbehaltes kommt in Betracht, wenn die rechtlich betreute Person durch ihre Willenserklärungen ihr Einkommen und ihr Vermögen erheblich gefährdet.

Beispiele

- *Wenn die rechtlich betreute Person sich zum Abschluss von sinnlosen und nicht zu finanzierenden Haustürgeschäften überreden lässt,*
- *wenn Sie Reisen bucht, ohne die Absicht zu haben, diese anzutreten,*
- *wenn sie in größerem Umfang Lebensmittel kauft, ohne dass diese gebraucht werden, und andere lebensnotwendige Kosten nicht mehr bezahlt werden können.*

121 § 1825 BGB. Siehe Abschnitt 3.12.3

Eine erhebliche Gefahr kann auch dann entstehen, wenn die rechtlich betreute Person die Entscheidungen des rechtlichen Betreuers durch gegensätzliche Willenserklärungen zunichtemacht.

Beispiele

- *Der rechtliche Betreuer richtet bei der Bank einen Dauerauftrag zur Zahlung der Miete ein. Die rechtlich betreute Person widerruft den Dauerauftrag und verbraucht das Geld.*
- *Im Rahmen der Regulierung von Schulden vereinbart der rechtliche Betreuer Ratenzahlungen. Die rechtlich betreute Person besteht bei der Bank auf der Auszahlung ihres Einkommens und verhindert so die Ratenzahlungen, ohne zu erkennen, dass die von ihr geliebte Eigentumswohnung verloren gehen würde.*

Wie bereits im vorangegangenen Abschnitt dargestellt, sind Willenserklärungen eines geschäftsunfähigen Menschen nicht wirksam. Auf den ersten Blick ergibt sich daher keine Notwendigkeit für die Anordnung eines Einwilligungsvorbehaltes. Der Gesetzgeber hat aber auch hier die Möglichkeit der Anordnung eines Einwilligungsvorbehaltes vorgesehen.[122] Der Einwilligungsvorbehalt soll in diesem Fall verhindern, dass für die rechtlich betreute Person nachteilige Verträge erfüllt werden müssen, nur weil sie nicht in ausreichendem Maß in der Lage ist, ihre Geschäftsunfähigkeit zu beweisen.

Welche Wirkung hat der Einwilligungsvorbehalt im Rechtsverkehr?

Bei angeordnetem Einwilligungsvorbehalt dürfte die Aufhebung oder die Rückabwicklung ungünstiger Verträge keine Schwierigkeit bereiten. Der betreute Mensch muss seine Geschäftsunfähigkeit nicht mehr beweisen.

6.4.6 Anzeige und Mitteilungspflichten in der Vermögenssorge

Die Pflicht zur Anzeige bestimmter Rechtsgeschäfte ist im vorstehenden Text bereits an verschiedenen Stellen besprochen worden. Sie ermöglicht dem Gericht eine zeitnahe Aufsicht über die Geld- und Vermögensgeschäfte des rechtlichen Betreuers. An dieser Stelle werden die Anzeigepflichten zusammenfassend genannt. Der rechtliche Betreuer hat dem Betreuungsgericht unverzüglich anzuzeigen, wenn er

- ein Girokonto eröffnet,
- ein Anlagekonto eröffnet,
- ein Depot eröffnet oder Wertpapiere hinterlegt,
- Wertpapiere nicht in einem Depot verwahrt oder hinterlegt.[123]

122 BT-Drs. 11/4528, S. 137
123 § 1846 Absatz 1 BGB

Die Anzeige hat insbesondere Angaben zu enthalten:

- zur Höhe des Guthabens auf dem Girokonto,
- zu Höhe und Verzinsung der Anlage sowie ihrer Bestimmung als Anlage- oder Verfügungsgeld,
- zu Art, Umfang und Wert der depotverwahrten oder hinterlegten Wertpapiere sowie zu den sich aus ihnen ergebenden Aufwendungen und Nutzungen,
- zu den Gründen, aus denen der Betreuer die Depotverwahrung oder Hinterlegung für nicht geboten erachtet, und wie die Wertpapiere verwahrt werden sollen,
- zur Sperrvereinbarung.[124]

Zudem sind Beginn, Art und Umfang eines neuen Erwerbsgeschäfts und die Aufgabe eines bestehenden Erwerbsgeschäfts beim Betreuungsgericht anzuzeigen.[125]

6.4.7 Genehmigungsbedürftige Rechtsgeschäfte

Die Entscheidungen des rechtlichen Betreuers sind zum Teil mit weitreichenden Folgen für die rechtlich betreute Person verbunden. Aus diesem Grund hat das Gesetz eine Reihe der Maßnahmen von einer gerichtlichen Genehmigung abhängig gemacht. Ziel der Pflicht zur Genehmigung ist der Schutz des Vermögens vor unbeabsichtigtem oder auch beabsichtigtem Schaden.

Die gerichtliche Überprüfung bietet dem rechtlichen Betreuer einen zusätzlichen Schutz vor möglichen Fehlern.

Welche Geschäfte unterliegen der Pflicht zur Genehmigung?

Der rechtliche Betreuer bedarf der Genehmigung des Betreuungsgerichts,

- wenn er Anlagegeld anders als auf einem zur verzinslichen Anlage geeigneten Konto bei einem Kreditinstitut anlegt,[126]
- zu einer Verfügung oder Eingehung der Verpflichtung zu einer Verfügung über ein Recht, kraft dessen er eine Geldleistung oder die Leistung eines Wertpapiers verlangen kann (Ausnahme befreite rechtliche Betreuer),[127]
- zu einer Verfügung oder Eingehung der Verpflichtung zu einer Verfügung über Wertpapiere (Ausnahme befreite rechtliche Betreuer),[128]
- zu einer Verfügung oder Eingehung der Verpflichtung zu einer Verfügung über einen hinterlegten Wertgegenstand,[129]
- für Rechtsgeschäfte über Grundstücke, Wohnungs- und Teileigentum, Schiffe oder Schiffsbauwerke und diesbezügliche Rechte und Forderungen,[130]

124 § 1846 Absatz 2 BGB
125 § 1847 BGB
126 § 1848 BGB i.V.m. § 1841 Absatz 2 BGB
127 § 1859 Absatz 1 Nr. 2 BGB
128 § 1859 Absatz 1 Nr. 2 BGB
129 § 1849 Absatz 1BGB
130 § 1850 BGB

- zur Ausschlagung einer Erbschaft oder eines Vermächtnisses, zum Verzicht auf die Geltendmachung eines Vermächtnisses oder Pflichtteilsanspruchs sowie zu einem Auseinandersetzungsvertrag,
- zu einem Rechtsgeschäft, zu einer Verfügung über eine angefallene Erbschaft, über künftigen gesetzlichen Erbteil oder künftigen Pflichtteil,
- zu einer Verfügung über den Anteil an einer Erbschaft oder zu einer Vereinbarung zum Ausscheiden aus der Erbengemeinschaft,
- zu einer Anfechtung eines Erbvertrags für den geschäftsunfähigen Betreuten als Erblasser,[131]
- zum Abschluss eines Vertrags mit dem Erblasser über die Aufhebung eines Erbvertrags oder einer einzelnen vertragsmäßigen Verfügung,[132]
- zu einer Zustimmung zur testamentarischen Aufhebung einer in einem Erbvertrag mit dem Erblasser geregelten vertragsmäßigen Anordnung eines Vermächtnisses, einer Auflage sowie einer Rechtswahl,[133]
- zur Aufhebung eines zwischen Ehegatten oder Lebenspartnern geschlossenen Erbvertrags durch gemeinschaftliches Testament der Ehegatten oder Lebenspartner,[134]
- zu einer Rücknahme eines mit dem Erblasser geschlossenen Erbvertrags, der nur Verfügungen von Todes wegen enthält, aus der amtlichen oder notariellen Verwahrung,[135]
- zum Abschluss oder zur Aufhebung eines Erb- oder Pflichtteilsverzichtsvertrags[136] sowie zum Abschluss eines Zuwendungsverzichtsvertrags,[137, 138]
- zu einer Verfügung und zur Eingehung der Verpflichtung zu einer solchen Verfügung, durch die ein Erwerbsgeschäft oder ein Anteil an einer Personen- oder Kapitalgesellschaft, die ein Erwerbsgeschäft betreibt, erworben oder veräußert wird,
- zu einem Gesellschaftsvertrag, der zum Betrieb eines Erwerbsgeschäfts eingegangen wird,
- zur Erteilung einer Prokura,[139]
- zum Abschluss eines Miet- oder Pachtvertrags oder zu einem anderen Vertrag, durch den die rechtlich betreute Person zu wiederkehrenden Leistungen verpflichtet wird, wenn das Vertragsverhältnis länger als vier Jahre dauern soll und das Vertragsverhältnis nicht ohne eigene Nachteile vorzeitig gekündigt werden kann,

---

131 Gemäß § 2282 Absatz 2 BGB
132 Gemäß § 2290 BGB
133 Gemäß § 2291 BGB
134 Gemäß § 2292 BGB
135 Gemäß § 2300 Absatz 2 BGB
136 Gemäß den §§ 2346, 2351 BGB
137 Gemäß § 2352 BGB
138 § 1851 BGB
139 § 1852 BGB

- zu einem Pachtvertrag über einen gewerblichen oder land- oder forstwirtschaftlichen Betrieb,[140]
- zu einem Rechtsgeschäft, durch das die rechtlich betreute Person zu einer Verfügung über ihr Vermögen im Ganzen verpflichtet wird,
- zur Aufnahme von Geld auf Kredit (Ausnahme Dispo Verfügungskonto),[141])
- zur Ausstellung einer Schuldverschreibung auf den Inhaber oder zur Eingehung einer Verbindlichkeit aus einem Wechsel oder einem anderen Papier, das durch Indossament übertragen werden kann,
- zur Übernahme einer fremden Verbindlichkeit,
- zur Eingehung einer Bürgschaft,
- zu einem Vergleich oder einer auf ein Schiedsverfahren gerichteten Vereinbarung (genehmigungsfrei bei einem Wert von weniger als 6.000 Euro oder wenn der Vergleich einem schriftlichen oder protokollierten gerichtlichen Vergleichsvorschlag entspricht),
- zu einem Rechtsgeschäft, durch das die für eine Forderung der rechtlich betreuten Person bestehende Sicherheit aufgehoben oder gemindert oder die Verpflichtung dazu begründet wird,
- zu einer Schenkung oder unentgeltlichen Zuwendung, es sei denn, diese ist nach den Lebensverhältnissen des Betreuten angemessen oder als Gelegenheitsgeschenk üblich,[142]
- zum Abschluss eines Ehevertrags,[143]
- zur Ablehnung oder Fortsetzung der Gütergemeinschaft,[144]
- zum Verzicht auf Gesamtgutsanteil,[145]
- zur Aufhebung der Gütergemeinschaft.[146]

Die gesetzlichen Bestimmungen zu den Genehmigungspflichten sind sehr umfangreich. Aus diesem Grund empfiehlt sich eine enge Abstimmung mit dem Betreuungsgericht. Als Faustregel für Anlage- und Geldgeschäfte kann gelten:

Alle Geschäfte, Vertragsabschlüsse oder Einzelverfügungen über nicht zum Verfügungsgeld gehörendes Vermögen (auch Wertgegenstände) sind vom Gericht zu genehmigen. Für befreite rechtliche Betreuer gelten Ausnahmen.[147]

140 § 1853 BGB
141 § 1839 Absatz 1 BGB
142 § 1854 BGB
143 § 1411 BGB
144 § 1484 BGB
145 § 1491 BGB
146 § 1492 BGB
147 § 1859 Absatz 1 Nr. 2 BGB

Was gilt, wenn Rechtsgeschäften ohne die erforderliche Genehmigung abgeschlossen worden sind?

Rechtsgeschäfte, die ohne die erforderliche Genehmigung abgeschlossen werden, sind „schwebend unwirksam". Das heißt, die Gültigkeit des Rechtsgeschäftes hängt von der nachträglichen Genehmigung des Gerichtes ab.[148]

Die Genehmigung sowie deren Verweigerung wird dem anderen Teil gegenüber erst wirksam, wenn ihm die wirksam gewordene Genehmigung oder Verweigerung durch den Betreuer mitgeteilt wird.

Fordert der andere Teil den Betreuer zur Mitteilung darüber auf, ob die Genehmigung erteilt sei, so kann die Mitteilung der Genehmigung nur bis zum Ablauf des zweiten Monats nach dem Empfang der Aufforderung erfolgen; wird die Genehmigung nicht mitgeteilt, so gilt sie als verweigert.

Soweit die Betreuung zwischenzeitlich aufgehoben oder beendet ist, tritt die Genehmigung des Betreuten an die Stelle der Genehmigung des Betreuungsgerichts.

Erteilt das Gericht keine Genehmigung, ist auch das Rechtsgeschäft unwirksam. Ein Rechtsgeschäft, das ohne die erforderliche Genehmigung abgeschlossen wurde und vom Gericht nicht nachträglich genehmigt wird, kann insbesondere dann, wenn der Geschäftspartner nicht über die erforderliche Genehmigung informiert worden ist, einen Haftungsanspruch gegen den Betreuer zur Folge haben.

6.4.8 Rechtliche Unterstützung/Vertretung im Verwaltungsverfahren

§ 53 ZPO ist die zentrale Vorschrift zur Prozess- und Verfahrensfähigkeit von Menschen, für die eine rechtliche Betreuung bestellt ist. Durch Verweise[149] reicht die Wirkung dieser Regelung in nahezu alle im Rahmen der Aufgabenbereiche zu erledigenden Verfahren.

„(1) Bei Personen, für die ein Betreuer bestellt ist, richtet sich die Prozessfähigkeit nach den allgemeinen Vorschriften.

(2) Wird ein Betreuter in einem Rechtsstreit durch einen Betreuer vertreten, kann der Betreuer in jeder Lage des Verfahrens gegenüber dem Prozessgericht schriftlich oder zu Protokoll der Geschäftsstelle erklären, dass der Rechtsstreit ausschließlich durch ihn geführt wird (Ausschließlichkeitserklärung). Mit Eingang der Ausschließlichkeitserklärung steht der Betreute für den weiteren Rechtsstreit einer nicht prozessfähigen Person gleich. Der Betreuer kann die Ausschließlichkeitserklärung jederzeit mit Wirkung für die Zukunft zurücknehmen."[150]

Ergänzt wird diese Regelung durch § 170a ZPO (Zustellung bei rechtlicher Betreuung).

„(1) Wird an eine Person zugestellt, für die ein Betreuer bestellt ist, ist diesem eine Abschrift des zugestellten Dokuments mitzuteilen, soweit er bekannt ist und sein Aufgabenkreis betroffen ist.

148 § 1856 BGB

149 Verweise: § 79 AO; § 53 Absatz 2 und § 58 Absatz 2 Satz 2 FGO; § 9; § 63 Absatz 2 Satz 1 und § 71 Absatz 6 SGG; § 56 Absatz 2 und § 62 Absatz 4 VwGO; § 12 VwVfG; § 11 SGB X

150 § 53 ZPO

(2) Wird nach § 170 Absatz 1 an den Betreuer zugestellt, ist dem Betreuten eine Abschrift des zugestellten Dokuments mitzuteilen."[151]

Damit ist gemeinsames Handeln im Verfahren möglich. Methodisch sind damit alle Formen des unterstützten Handelns möglich.

Die Ausschließlichkeitserklärung ist das Instrument, um die rechtlich betreute Person vor erheblichen Gefahren zu schützen. Rechtliche Betreuer machen von diesem Instrument Gebrauch, wenn beispielsweise die Gefahr besteht, dass die rechtlich betreute Person aufgrund einer Erkrankung/Behinderung den im Verfahren zugrunde liegenden Sachverhalt verkennt und durch das eigene Handeln das mögliche und gewünschte Ergebnis gefährdet und dadurch eine erhebliche Gefahr für die rechtlich betreute Person oder ihr Vermögen entsteht.

Geht es beispielsweise in einem Sozialleistungsverfahren um den Nachweis der Erwerbsunfähigkeit und befindet sich die rechtlich betreute Person gerade in einer manischen Phase ihrer Erkrankung – mit der Vorstellung, in vollem Umfang erwerbstätig sein zu können –, führt die Ausschließlichkeitserklärung dazu, dass die rechtlich betreute Personen keine wirksamen Prozesshandlungen im jeweiligen Verfahren vornehmen kann. Ist die manische Phase abgeklungen, wird die Ausschließlichkeitserklärung zurückgenommen und die rechtlich betreute Person ist im Verfahren wieder voll handlungsfähig.

Abgabe und Rückgabe der Ausschließlichkeitserklärung müssen gegenüber der verfahrensführenden Stelle nicht begründet werden. Die Kontrolle der sachgerechten Verwendung dieses Instrumentes ergibt sich aus den Regelungen des Innenverhältnisses.[152] Die Anwendung der Ausschließlichkeitserklärung ist damit in vollem Umfang gegenüber der rechtlich betreuten Person und/oder dem Betreuungsgericht zu begründen. Da sich die Maßnahme gegen den erklärten Willen der rechtlich betreuten Personen richtet, ist die Abgabe der Ausschließlichkeitserklärung dem Betreuungsgericht im Rahmen der Berichtspflichten mitzuteilen.[153]

Die Regeln zur Zustellung sollen dazu dienen, dass die rechtliche Betreuung effektiv zum Schutz der rechtlich betreuten Personen geführt werden kann. Betreuer werden in die Lage versetzt, soweit geboten und erforderlich in das Verfahren einzugreifen.

Welche Auswirkungen hat die Änderung auf das Verhältnis zu vorrangigen Hilfen, insbesondere solchen, die auf sozialen Rechten beruhen?

In vielen Fällen haben die Sozialleistungsträger in der Vergangenheit vorrangige unterstützende Hilfen für die Geltendmachung der eigenen Rechte in Verwaltungsverfahren bei bestehender rechtlicher Betreuung abgelehnt. Zur Begründung wurde darauf verwiesen, dass die rechtlich betreute Person im Verfahren nicht mehr handeln kann und somit kein eigener Bedarf besteht. Im Hinblick auf die Entscheidungsfindung bestünde ebenfalls kein Unterstützungsbedarf aus sozialrechtlichen Mitteln, da sich dieser Prozess im Innenverhältnis zwischen Betreuer und der rechtlich betreuten Person vollzieht.

151 durch § 170a ZPO
152 § 1821 BGB siehe Abschnitt 4
153 Siehe Abschnitt 5.9 & 5.10

Durch die zum 01.01.2023 wirksam gewordenen Änderung des § 53 ZPO ergibt sich eine neue Rechtslage. Auch wenn eine rechtliche Betreuung bestellt ist, soll und kann die rechtlich betreute Person in den eigenen Verfahren vollumfänglich handeln. Entsprechend sind alle auf der Sozialgesetzgebung beruhenden möglichen Hilfen so zu gewähren, als ob die rechtliche Betreuung nicht bestünde. Das betrifft insbesondere Beratung, Hilfe beim Ausfüllen von Anträgen, Unterstützung bei der Kommunikation mit der zuständigen verfahrensführenden Stelle, Begleitung zu Terminen sowie alle Hilfen, die dazu führen können, eigenverantwortliches Entscheiden und Handeln teilweise oder ganz zu erlernen.

Die rechtliche Betreuung unterstützt und ergänzt erst, wenn die zuvor genannten Hilfen nicht ausreichend sind, das Verfahren zu bewältigen.

Diese Änderung fordert von den Akteuren des Betreuungsrechts, die Erforderlichkeit der rechtlichen Betreuung im Rahmen von Verwaltungsverfahren differenziert zu beschreiben und vorrangige Hilfen einzufordern.

Die Sozialleistungsträger sind aufgefordert, die Instrumente zur Bedarfsermittlung so zu gestalten, dass die benötigten Hilfen zur teilweisen oder eigenständigen Bewältigung der Sozialleistungs- und Verwaltungsverfahren erfasst und in ausreichendem Maß bei der Bewilligung berücksichtigt werden können.

Die Leistungserbringer sind aufgefordert, das Leistungsgeschehen an die neuen Regelungen anzupassen. Betreuer und Leistungserbringer müssen eng zusammenarbeiten, um den betroffenen Personen größtmöglichen Raum für eigenverantwortliches Entscheiden und Handeln bieten zu können. Dabei ist der betreuungsrechtliche Eingriff auf ein Mindestmaß zu beschränken.

Zu befürchten ist ein erheblicher betreuungsrechtlicher Aufwand, um die neuen Bestimmungen bekannt zu machen und den Willen zur Umsetzung im Sozialleistungssystem zu wecken. Die Erfahrung aus der Vergangenheit zeigt, dass die Kostenträger keinesfalls gewillt sind, mehr Geld auszugeben. Hier ist mit erheblichem Widerstand zu rechnen.

7 Kommunikation mit der rechtlich betreuten Person

Eines der wesentlichsten Ziele der 1992 vorgenommenen Reform des Pflegschafts- und Vormundschaftsrechts zum Betreuungsrecht war es, die Rechte der betroffenen Personen zu stärken und, soweit es irgendwie möglich ist, ihre Selbstbestimmung im Rechtsverkehr sicherzustellen.

Die Forschung der jüngsten Zeit hat ergeben, dass sowohl strukturelle als auch inhaltliche Mängel die Umsetzung dieser Ziele behindert haben. Das zum 01.01.2023 in Kraft getretene Gesetz zur Reform des Vormundschafts- und Betreuungsrechts will diese Hindernisse beseitigen. Insbesondere die neu formulierten Grundsätze zur Führung der rechtlichen Betreuung stellen die Wiederherstellung fehlender Selbstbestimmung in den Mittelpunkt des betreuungsrechtlichen Geschehens.[1]

Um dieses Ziel zu erreichen, sind alle Akteure des Betreuungsrechtes gehalten, die Wünsche der rechtlich betreuten Person kennenzulernen, zu achten und, wo immer es möglich ist, die Realisierung zu unterstützen. Dafür ist die Kommunikation mit der rechtlich betreuten Person qualitativ, aber auch quantitativ zu verbessern. Die Kommunikation mit der betroffenen Person ist tragender Bestandteil im Betreuungsverfahren und bei der Führung der rechtlichen Betreuung.

Von rechtlichen Berufsbetreuer*innen werden Kenntnisse der Kommunikation mit Personen mit Erkrankungen und Behinderungen und von Methoden zur Unterstützung bei der Entscheidungsfindung verlangt. Sie sind Spezialisten und sollen die Fähigkeit besitzen, mit rechtlich betreuten Personen zu kommunizieren, mit denen eine sinngebende Kommunikation unmöglich erscheint.

Aber nicht nur Berufsbetreuer*innen müssen über Kenntnisse der Kommunikation mit Personen mit Erkrankungen und Behinderungen verfügen. Auch alle anderen Betreuer*innen sollten sich mit den Grundsätzen der Kommunikation auseinandersetzen, um tatsächlich die rechtlich betreute Person und nicht eigene wohlgemeinte Vorstellungen in den Mittelpunkt stellen zu können.

Welche Aufgabe hat die Kommunikation im Bereich der rechtlichen Betreuung zu erfüllen?

Merksatz

In der persönlichen Begegnung mit der rechtlich betreuten Person soll der rechtliche Betreuer ihren aktuellen Willen und ihre derzeitigen Wünsche kennenlernen.

Die Kommunikation mit der rechtlich betreuten Person hat somit einen klar definierten Auftrag. Dies gilt auch dann, wenn die Beziehung zwischen rechtlichem Betreuer und der rechtlich betreuten Person bereits seit längerer Zeit andauert und der rechtliche Betreuer versucht ist zu glauben, dass er nichts Neues erfahren kann. Der rechtlich betreuten Per-

1 § 1821 BGB; siehe Abschnitt 4

son muss die Gelegenheit gegeben werden, sich – wie auch immer – zu den anstehenden rechtlichen Angelegenheiten zu äußern.

Jede Form der Kommunikation muss daher vorrangig darauf ausgerichtet sein, die rechtlich betreute Person authentisch wahrzunehmen, um sie zu unterstützen, im Rechtsverkehr selbstbestimmt handeln zu können oder dem in Erfahrung gebrachten Willen im Rechtsverkehr Gehör zu verschaffen.

Wie definiere ich Kommunikation?

Kommunikation ist der Austausch oder die Übertragung von Informationen, die auf verschiedene Arten und auf verschiedenen Wegen stattfinden kann.

Kommunikation erfolgt:

- verbal (Lautsprache, Gebärdensprache, geschriebene Sprache)
- nonverbal (jegliche Kommunikation, die nicht verbal erfolgt)
- paraverbal (Aspekte des „Wie“: Stimmlage, Betonung, Körpersprache, Stimmung …)

Kommunikation ist alltäglich und verläuft scheinbar selbstverständlich. Für die meisten Situationen ist dies ausreichend. Erst wenn die Kommunikation eine besondere Aufgabe erfüllen soll, wird die Frage gestellt, wie Kommunikation erklärt werden kann; unter welchen Bedingungen sie abläuft; welche Kriterien die erfolgreiche Erfüllung der Aufgabe begünstigen.

7.1 Kommunikation im Rechtsverkehr

Welche Besonderheiten der Kommunikation sind im Rechtsverkehr zu beachten?

Im alltäglichen Rechtsverkehr müssen Willenserklärungen klar und deutlich formuliert sein. Erklärungen mit besonderer Tragweite werden schriftlich formuliert und zur Herstellung größerer Verbindlichkeit notariell beurkundet. Dies entspricht dem Bedürfnis nach Sicherheit und Klarheit. Missverständnisse können vermieden werden und später kann sich jeder auf das niedergeschriebene Wort berufen. Nicht jeder ist in der Lage, den Anforderungen zur Kommunikation im Rechtsverkehr gerecht zu werden.

Es kann gesagt werden, dass der Rechtsverkehr eine Form der Kommunikation entwickelt hat, die einem Teil der Menschen von der Teilhabe ausgrenzt. Es kann und wird darüber gestritten, ob vom Rechtsverkehr zu verlangen ist, dass er für alle Menschen gleichermaßen zugänglich ist, sodass jeder eigenverantwortlich entscheiden und handeln kann. Tatsache ist, dass das Instrument der rechtlichen Betreuung erforderlich ist, um Personen, deren Krankheit oder Behinderung ihre Fähigkeit zur Kommunikation im Rechtsverkehr einschränkt, die Teilhabe am Rechtsverkehr zu ermöglichen.

Eine rechtliche Betreuung wird eingerichtet, weil die betroffene Person aufgrund der festgestellten Krankheit oder Behinderung zumindest teilweise nicht in der Lage ist, ihre rechtlichen Angelegenheiten zu erledigen. Anders ausgedrückt heißt dies, dass sie nicht in der Lage ist, ihren Willen störungsfrei zu bilden und/oder ihn in der gebotenen Verbindlichkeit zum Ausdruck zu bringen.

Aus der Sicht der betreuungsrechtlichen Akteure ist die Kommunikation mit der rechtlich betreuten Person entsprechend dem betreuungsrechtlichen Auftrag an einem Thema orientiert. In vielen Situationen treffen die betreuungsrechtlichen Akteure auf betroffene Personen, denen gerade in dem Moment ganz andere Themen wichtig sind. Es ist von besonderer Bedeutung, die Erlebniswelt des Gegenübers aufzunehmen und vorrangig zu ergründen, ob und ggf. wie er in der Lage ist, meinem Besprechungsthema in seinem Hier und Jetzt einen Platz einzuräumen. Die im Folgenden beschriebenen Aspekte der Kommunikation sollen helfen, Brücken zu errichten.

7.2 Verwendung einer gemeinsamen Sprache

Die Krankheit/Behinderung der rechtlich betreuten Person beeinflusst die Art und Weise ihrer Kommunikation. Ein „normales" Gespräch mit ihr scheint oft nicht möglich zu sein. Vergesslichkeit, die Verzerrung des realen Erlebens, ungeordnete, sprunghafte, weitschweifige Gedankengänge ohne einen realen Bezug sind Gegebenheiten, die das Gespräch mit rechtlich betreuten Personen erschweren.

Wie kann ich mich mit einem Menschen verständigen,

- der mich nicht erkennt und nur über Fantasiegebilde oder vergangene Zeiten spricht,
- der sich eine eigene Realität geschaffen hat und auf seine Umgebung nur noch aggressiv reagiert,
- dessen sprachliche und geistige Entwicklung es offensichtlich nicht zulassen, dass er den „Sachverhalt" erkennt?

Miteinander zu kommunizieren, bedeutet zunächst, die verwendete „Sprache" aufeinander abzustimmen. Dabei geht es nicht nur um das gesprochene Wort, sondern um alle Aspekte (verbal, nonverbal, paraverbal) der Kommunikation. Dieses Kennenlernen der Sprache meines Gegenübers ist nicht immer einfach. Auf das Betreuungsverfahren angewendet, besteht die erste Aufgabe darin, die Sprache der rechtlich betreuten Person kennenzulernen. Dabei gilt es, eine auf sie zugeschnittene Kommunikationsform zu suchen und zu nutzen.

Beispielhafte Kommunikationsformen

- *Leichte Sprache:*

  Leichte Sprache ist eine sehr leicht verständliche Sprache. Man kann sie sprechen und schreiben. Leichte Sprache ist vor allem für Menschen mit Lern-Schwierigkeiten. Aber auch für andere Menschen. Zum Beispiel für Menschen, die nur wenig Deutsch können. Für Leichte Sprache gibt es feste Regeln. Menschen mit und ohne Lern-Schwierigkeiten haben die Regeln gemeinsam aufgeschrieben. Jeder kann die Regeln für Leichte Sprache lesen.[2]

---

2 **Siehe www.leichte-sprache.org/das-ist-leichte-sprache/ (Abruf: 10.05.2022)**

- *Unterstützte Kommunikation:*

  Ausgehend von den aktuellen Kompetenzen einer Person entwickelt Unterstützte Kommunikation individuelle Maßnahmen für eine bessere Verständigung und mehr Mitbestimmung im Alltag. Mit unterstützter Kommunikation sind alle Kommunikationsformen gemeint, die fehlende Lautsprache ergänzen oder ersetzen. Sie ist der Oberbegriff für alle Maßnahmen zur Erweiterung der kommunikativen Möglichkeiten von Menschen, die nicht oder kaum über Lautsprache verfügen.[3]

Beispiele

- *Bild- und/oder Piktogramme*
- *Bliss-Symbole*
- *Kommunikationstafel*
- *Sprachausgabegerät und andere technische Hilfsmittel*
- *Gebärden*
- *Blickverhalten; Mimik; Körperhaltung*
- *Laute*

Ein Schritt zu einer besseren Verständigung ist dann bewältigt, wenn mir die Kommunikation ermöglicht hat, mich unvoreingenommen in die Situation der betroffenen Person zu versetzen. Die Kommunikation mit der rechtlich betreuten Person erfordert die Selbstöffnung für alle Äußerungen, ob sie nun verbal (klar und deutlich), unterstützt oder verschlüsselt (als Gefühl, über Mimik und Gestik) artikuliert werden.

Der emotionale Gehalt der Äußerungen der betroffenen Person sollte nicht nur am Rande beachtet werden. Die Erlebniswelt der betroffenen Person ist häufig durch Gefühle der Unsicherheit, Minderwertigkeit, Angst, Scham, Depression, Gleichgültigkeit, Aggression, Sinnlosigkeit usw. gekennzeichnet. Die entsprechenden Äußerungen lassen sehr wohl ihre Wünsche und ihren Willen erkennen.

Rechtliche Betreuung bewegt sich teilweise in einem Bereich, in dem auch Entscheidungen gegen den Willen der rechtlich betreuten Person gefordert werden. Es handelt sich dabei nicht mehr um Hilfe, sondern um einen staatlichen Eingriff in das Leben eines anderen Menschen. Aber auch hier können die im Weiteren beschriebene Grundhaltung und Aspekte der Kommunikation dafür sorgen, den notwendigen Eingriff für die rechtlich betreute Person transparent zu machen und so kurz wie möglich zu halten.

Für die Kommunikation mit der betroffenen Person spielt es kaum eine Rolle, aufgrund welcher psychischen, seelischen, geistigen Krankheit oder Behinderung die Fähigkeit zum Gespräch eingeschränkt ist. Wichtig ist, welche Möglichkeiten es gibt, eine Verständigung herbeizuführen.

3 **www.lebenshilfe.de/informieren/familie/unterstuetzte-kommunikation/ (Abruf: 10.05.2022)**

Psychische, geistige und seelische Krankheiten oder Behinderungen schließen ein sinnvolles Gespräch nicht aus, sondern erfordern besonderes Einfühlungsvermögen.

7.3 Grundkenntnisse zur Kommunikation

Kommunikation lässt sich nicht abschließend erklären. Unterschiedliche Erklärungsversuche haben theoretische Ansätze und Modelle entwickelt, um einen tieferen Einblick in das Funktionieren von Kommunikation zu gewinnen. Die meisten wissenschaftlichen Kommunikationsmodelle wurden aus der Abbildung des Kommunikationsprozesses entwickelt. Eines dieser Modelle ist im Folgenden beschrieben.

7.3.1 Modellvorstellung menschlicher Kommunikation frei nach Friedemann Schulz von Thun

Die Kommunikation zweier Menschen gleich welcher Form setzt sich normalerweise zusammen aus mehreren aufeinanderfolgenden Beiträgen. Im Idealfall geschieht dies nacheinander im Wechsel der Rollen Redner = Sender und Zuhörer = Empfänger.

Als Mittel, seine Nachricht zu transportieren, setzt der Sender die Sprache, Laute, Mimik und Gestik oder andere Formen der Kommunikation ein.

Ein Beispiel aus dem Alltag: Die Richterin steht am Bett des bettlägerigen betreuten Menschen (Sender). Er teilt mit: „Das Bett ist nass."

Die Nachricht hat dabei vier Botschaften. Sie enthält:

► **Sachinhalt**

Die vom betreuten Menschen gesendete Nachricht informiert über den Zustand des Bettes.

► **Selbstoffenbarung**

Jede Nachricht sagt, gewollt oder auch nicht gewollt, auch etwas über den Sender aus. Wir erfahren, dass der Sender wach ist, sprechen kann und welches Thema für ihn im Augenblick wichtig ist.

► **Beziehungshinweis**

Zumeist mit der Art und Weise, wie die Nachricht (Tonfall, Mimik, Gestik) übermittelt wird, bringt der Sender zum Ausdruck, wie er zum Empfänger steht und wie seiner Ansicht nach die Rollen und Sympathien verteilt sind. In dem Beispiel könnte der betreute Mensch die Richterin z.B. als mächtige Unterstützung zur Durchsetzung seiner Wünsche gegenüber dem Pflegepersonal sehen.

► Appell

Ohne es genau ausgedrückt zu haben, enthalten die meisten Nachrichten eine Aufforderung, die Einfluss auf das Handeln, Denken oder Fühlen des Empfängers nehmen will. In unserem Beispiel könnte der Sender gemeint haben: Jetzt sagen Sie der Pflege, dass die endlich das Bett machen kommen.

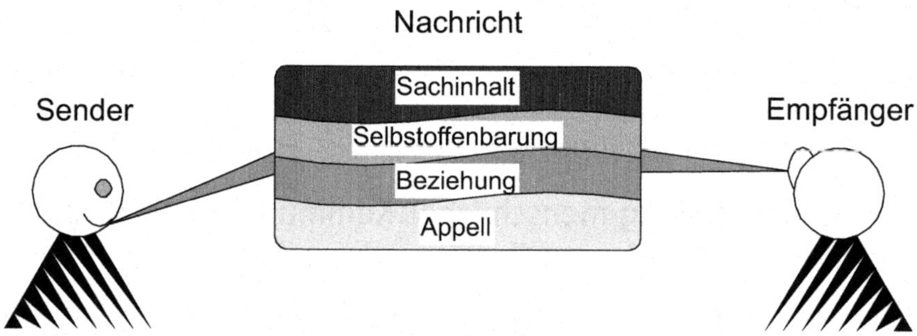

Die Nachricht trifft auf die Wahrnehmung (Hören, Sehen, Fühlen, Interpretieren) des Empfängers. Die Wahrnehmung des Empfängers filtert oder verstärkt die einzelnen Aspekte der Nachricht. Am Ende hat sich die Nachricht verändert.

Je nachdem, wie die Nachricht in dem Beispiel von der Richterin aufgenommen worden ist, antwortet sie z.B.:

- *Sie haben Kaffee verschüttet. Hier wird der Sachinhalt besonders verstärkt.*
- *Ich freue mich, dass Sie wach sind und ich mit Ihnen sprechen kann. Hier wird der Bereich der Selbstoffenbarung aufgegriffen.*
- *Ich kann Ihnen leider nicht helfen. Ich bin gekommen, um mit Ihnen … Die Antwort geht auf die vom Sender definierte Beziehung ein, indem sie versucht, die Rollen zu klären.*
- *Ich gehe jemanden holen, der das Bett richtet. Der Appell hatte Erfolg.*

Die einzelnen Botschaften sind weder gleichgewichtig noch klar voneinander zu trennen, wie es das Bild glauben lässt. Sie sind unterschiedlich betont und eng miteinander verflochten. Auch in diesem einfachen Beispiel ist die klare Zuordnung nur schwer möglich.

Es ist keineswegs gewährleistet, dass die einzelnen Botschaften beim Empfänger so ankommen, wie diese vom Sender verschickt worden sind. Die gelungene Kommunikation hängt davon ab, dass eine weitgehende Übereinstimmung zwischen der gesendeten und der empfangenen Nachricht besteht.

7.3.2 Die Grundhaltung

Die Grundhaltung beschreibt die Aspekte der inneren Einstellung, die das Denken, Handeln, Verhalten oder Auftreten prägen. Diese innere Grundhaltung bildet somit das Fundament der Kommunikation mit der rechtlich betreuten Person. Für den rechtlichen Betreuer ist die innere Grundhaltung gegenüber der rechtlich betreuten Person getragen von den im Gesetz bestimmten Grundsätzen zur Führung der rechtlichen Betreuung.[4] Im Folgenden werden einige Aspekte der Grundhaltung besprochen.

7.3.2.1 Die Kraft zur Bewältigung der eigenen Angelegenheiten kommt aus dem betroffenen Menschen selbst

Diese Grundhaltung billigt jedem Menschen die grundlegende Kompetenz zur Lösung der eigenen Probleme zu. Dem liegt die Überzeugung zugrunde, dass letztlich nur jeder Mensch selbst für sich wahrnehmen kann, mit welcher Strategie die Lösung seiner Probleme herbeigeführt werden kann. Es geht darum, die rechtlich betreute Person zu unterstützen, ihre persönlichen Angelegenheiten so weit wie möglich selbstständig in ihrem Sinne und entsprechend ihrer Wertvorstellung zu besorgen.

Dagegen steht, dass der betroffene Mensch selbst oder sein Umfeld dazu neigen können, die notwendigen Entscheidungen auf andere übertragen zu wollen. Es ist verlockend, in dieser Situation die Rolle des väterlichen Ratgebers oder auch des selbstlosen Helfers anzubieten. Es ist nicht besonders schwer, Lösungsmodelle, Ratschläge oder Strategien vorzugeben, um zu dem in der Vorstellung des betreuungsrechtlichen Akteurs richtigen Ergebnis zu gelangen. Diese „Hilfe" verhindert echte Eigenverantwortung und fixiert Hilflosigkeit.

Gegen diese Grundhaltung steht auch, dass die medizinische und juristische Ausbildung überwiegend an einem Modell des Defektes orientiert ist. Der betroffene Mensch wird in Bezug auf seine gesundheitliche Störung oder ein juristisches Problem vom Fachmann informiert bzw. es wird über ihn entschieden. Ziel allen Handelns ist es, den Defekt zu behandeln und nach Möglichkeit zu beheben. Die Angebote sind professionell organisiert. Die Arbeit wird konzipiert, dokumentiert und so ausgerichtet, dass sie einer wie auch immer gearteten Überprüfung standhält.

Die oben beschriebene Grundhaltung ist entscheidend, wenn der Mensch über den Defekt hinaus in seiner Gesamtheit wahrgenommen werden will und soll. Menschen, für die eine rechtliche Betreuung eingerichtet werden soll oder für die eine rechtliche Betreuung bereits eingerichtet ist, sind in den meisten Fällen auf Dauer krank oder behindert. Die Begründung für die rechtliche Betreuung ergibt sich somit nicht direkt aus der Krankheit oder Behinderung, sondern aus der Tatsache, dass die Person auf Grund der Krankheit oder Behinderung Hilfe zur Erledigung ihrer rechtlichen Angelegenheiten benötigt. Diese Hilfe soll dazu beitragen, der rechtlich betreuten Person zu ermöglichen, am Rechtsverkehr teilhaben zu können.

Entsprechend kann sich die betreuungsrechtliche Hilfe nicht an Defekten orientieren. Sie muss vorhandene Kompetenzen aufgreifen, fördern und wenn nötig ergänzen. Die oben beschriebene Grundhaltung ist hilfreich, um Möglichkeiten der Eigenverantwortung aufzugreifen und auszubauen.

„Wie wir alle wissen, ist Leben keine professionelle Routine mit objektiven Zielen und Regeln, sondern ein ganz subjektives ‚Happening'."[5] Nur der Betroffene selbst kann der

4 Siehe Abschnitt 4
5 4. Vormundschaftsgerichtstag, Bundesanzeiger Verlag 1995, S. 32 ff.

Experte für sein Leben sein. Wir müssen den Mut aufbringen, unsere objektiv begründeten Entscheidungen infrage zu stellen. In ganz persönlicher Weise sollten wir versuchen, die rechtlich betreute Person so gut wie möglich kennenzulernen und uns auf ihre individuelle Art und Weise, ihre Vorlieben, Charaktereigenschaften, Möglichkeiten und Beschränkungen einzulassen.

7.3.2.2 Akzeptanz (vorbehaltloses Wahrnehmen und Respektieren der rechtlich betreuten Person)

Akzeptanz meint, dass der gesprächsführende Mensch seine Wahrnehmung für sein Gegenüber öffnet. Er ist ihm freundlich zugewandt und macht durch sein Verhalten deutlich, dass er den betroffenen Menschen als eigenständige Person erlebt und ihn unvoreingenommen akzeptiert. Er sollte die Situation des betroffenen Menschen so sehen können, wie diese subjektiv von dem betroffenen Menschen erlebt wird.

Diese Fähigkeit erfordert von der gesprächsführenden Person, dass sie sich ihrer eigenen Werte und Normvorstellungen bewusst ist. Dieses Wissen ermöglicht es ihr, die Unterschiede zu ihrem Gegenüber zu erkennen und damit seine Situation getrennt von ihrer eigenen Vorstellung authentisch zu erkennen. Die Kenntnis der interpretierenden Wahrnehmung wird es ihr möglich machen, sich möglichst unvoreingenommen auf die Nachricht ihres Gegenübers einzulassen.

Es ist Ziel, die Vorstellungen der rechtlich betreuten Person zum Beispiel in Bezug auf die Wertstellung zwischenmenschlicher Beziehungen, materieller Bedürfnisse, Sauberkeit und Ordnung usw. möglichst aus ihrer Perspektive kennenzulernen und zu akzeptieren.

▶ ***Gesprächsziel: Anteilnahme, Achtung und Wärme***

7.3.2.3 Empathie (emotionales Zugewandtsein, einfühlendes Verstehen)

Der gesprächsführende Mensch sollte sich nicht nur sachlich auf die Problematik des Gegenübers einstellen, sondern sich gleichermaßen öffnen für die Gefühle der rechtlich betreuten Person und versuchen, dessen Empfindungen zu verstehen und nachzuvollziehen. Dabei vermittelt der rechtliche Betreuer seinem Gegenüber in einer für die rechtlich betreute Person verständlichen Form, jedoch ohne eine eigene Wertung, nicht nur den verstandenen Sachverhalt, sondern auch das empfangene Gefühl. So kann er sich der Richtigkeit seiner Wahrnehmung vergewissern.

▶ ***Gesprächsziel: Wahrnehmung der emotionalen Welt des betreuten Menschen***

7.3.2.4 Echtheit

Im Verlauf der rechtlichen Betreuung gewinnen die Akteure des Betreuungsrechts einen tiefen und intimen Einblick in das Leben der betroffenen Person. In der Akte finden sich Berichte und Gutachten über ihre Krankheit, Behinderung, Lebensumstände, Einkommen und Ausgaben und vieles mehr. Das Handeln der betreuungsrechtlichen Akteure hat bestimmende Wirkung auf das Leben der rechtlich betreuten Person. Sie befindet sich in einer ungleich schlechteren Position. Die für sie zuständigen Akteure des Betreuungsrechts sind ihm zumeist unbekannt und erscheinen übermächtig.

Für die Herstellung einer vertrauensvollen Kommunikation ist es – besonders zum Ausgleich des beschriebenen Ungleichgewichts – von entscheidender Bedeutung, dass die betroffene Person ihr Gegenüber als Mensch wahrnehmen kann. Für die gesprächsführende Person gilt es, die eigene Fassade abzulegen und in Übereinstimmung mit dem eigenen Erleben der rechtlich betreuten Person zu begegnen. Dazu gehört auch die Bereitschaft, dem betreuten Menschen das eigene Erleben mitzuteilen. Es geht nicht darum, Friede und Freude zu verbreiten. Eine Situation, die als unangenehm erlebt wird, muss auch als solche benannt werden.

▶ ***Gesprächsziel: Echtheit in der Selbstdarstellung; Fähigkeit zur Selbstdarstellung***

7.3.2.5 Resümee

Allen für die Erklärung der Kommunikation entwickelten Modellen ist gemeinsam, dass sie nicht für die Kommunikation im Rahmen der rechtlichen Betreuung entwickelt worden sind. Die entwickelten Grundsätze und Grundannahmen müssen entsprechend auf die Kommunikation mit rechtlich betreuten Personen angepasst werden.

Bei den im Rahmen des Betreuungsverfahrens geführten Gesprächen handelt es sich nicht um Therapie- oder Arzt-/Patientengespräche. In der Regel geht es den betreuungsrechtlichen Akteuren darum, in einem vorgegebenen Zeitraum eine Situation kennenzulernen, Informationen auszutauschen, Argumente für anstehende Entscheidungen zu finden und Handlungsstrategien, nach Möglichkeit auf der Grundlage selbstbestimmter Entscheidungen, zu entwickeln.

Richter*innen, Rechtspfleger*innen, Verfahrenspfleger*innen und Gutachter*innen haben nur wenige kurze Kontakte zum betroffenen Menschen. Dabei sind die zu bearbeitenden Fragestellungen meist vorgegeben und von entscheidender Bedeutung. Es bleibt wenig Spielraum, um sich auf die aktuellen Interessen und Befindlichkeiten der betroffenen Person einzulassen.

Die Kommunikation des rechtlichen Betreuers mit der rechtlich betreuten Person hat zwei sich wechselseitig beeinflussende Ziele:

- Zum einen geht es darum, die rechtlich betreute Person bei der selbstbestimmten Entscheidungsfindung zu rechtlichen Problemen zu unterstützen. Um die betreuungsrechtliche Hilfe auszulösen, gilt es jedoch trotz der durch Krankheit/Behinderung begründeten Einschränkung, den Prozess der Entscheidungsfindung selbstbestimmt oder mit Unterstützung vorrangiger Hilfe zu vollziehen. Die für den allgemeinen Gebrauch entwickelten Methoden zur Gesprächsführung und zur Unterstützung bei der Entscheidungsfindung sind entsprechend im Vorfeld erfolglos geblieben.
- Zum anderen geht es darum, eine Beziehung, die einvernehmliches Zusammenwirken im Bereich rechtlicher Entscheidungen und rechtliche Handlungen ermöglicht, zu entwickeln und aufrechtzuerhalten.

Die in der Regel für einen längeren Zeitraum erforderliche rechtliche Betreuung bietet die Möglichkeit der Entwicklung und Pflege einer vertrauensvollen Beziehung zwischen der rechtlich betreuten Person und dem rechtlichen Betreuer. Soweit die rechtliche Betreuung ehrenamtlich geführt wird, hat diese Beziehung auch private Aspekte. Dagegen hat die rechtliche Betreuung, die beruflich geführt wird, eine Arbeitsbeziehung zur Grundlage.

Die Beziehung ist nicht immer freiwillig zustande gekommen. Sie ist nicht frei von Zwängen. Der den Betreuungsrecht innewohnende Schutzgedanke kann dazu führen, dass der rechtliche Betreuer verpflichtet ist, Dinge zu erledigen, „welche die rechtlich betreute Person nicht verstehen kann." Teilweise muss er dabei gegen den Willen der rechtlich betreuten Person entscheiden. Die rechtlich betreute Person fühlt sich bevormundet. Je nachdem, wie intensiv der erforderliche betreuungsrechtliche Eingriff von der rechtlich betreuten Person empfunden wird, kann der Aufbau einer guten Beziehung, die ein einvernehmliches Zusammenwirken ermöglicht, gehindert bis unmöglich sein.

Eine gute Beziehung fördert das Vertrauen in die unterstützende Hilfe des rechtlichen Betreuers. Spürt die rechtlich betreute Person positive Auswirkungen für ihr Leben durch die Unterstützung durch den rechtlichen Betreuer, hat dies positive Auswirkungen auf die Beziehung zueinander.

7.4 Das Gespräch zur Unterstützung bei der Entscheidungsfindung

Im Folgenden geht es darum, die Besonderheiten der Kommunikation zur Unterstützung bei der Entscheidungsfindung bei rechtlicher Betreuung zu beschreiben.

7.4.1 Der Begriff der Entscheidung

Was ist eine Entscheidung?

Am Anfang einer Entscheidung steht ein Ziel, ein Wunsch oder Wille. Von einer Entscheidung spricht man, wenn die Wahl einer Handlung zum Erreichen des gewünschten Ergebnisses aus mindestens zwei vorhandenen potenziellen Handlungsalternativen möglich ist. Besteht lediglich eine Möglichkeit, das gewünschte Ergebnis zu erreichen, gibt es nichts zu entscheiden.

Wie kommt eine Entscheidung zustande?

Im Alltag treten ständig Entscheidungssituationen auf. Viele dieser Situationen bewältigen wir intuitiv, ohne dass man sich hierüber bewusst ist.

Beim Kauf von Brot muss der Kunde zwischen unterschiedlichen Sorten wählen. Ziel ist der Kauf eines Brotes. Aber welches Brot soll es denn sein? Es beginnt ein Prozess des Abwägens, Aushandelns, Gegenüberstellens ... Dieser Prozess kann, wie im beschriebenen Beispiel, in kürzester Zeit ablaufen oder sich für andere Entscheidungen (z.B. Kauf einer Eigentumswohnung) über einen langen Zeitraum hinziehen.

Die Auswahl von einer der Handlungsalternativen hängt zum Schluss von unterschiedlichen Faktoren ab. Faktoren können sein der Preis, der Geschmack, die Essgewohnheit, um nur einige zu nennen. Selbst bei dieser simplen Entscheidung wird deutlich, dass die Entscheidung zur Auswahl der richtigen Handlungsalternative einen komplexen Entscheidungsprozess auslöst.

Tragende Bestandteile dieses Prozesses können in wechselnder Bedeutung sein:

- rationale Überlegungen,
- Gefühle wie Vorlieben, Abneigungen
- Wertvorstellungen
- Erfahrungen
- Risikobereitschaft …

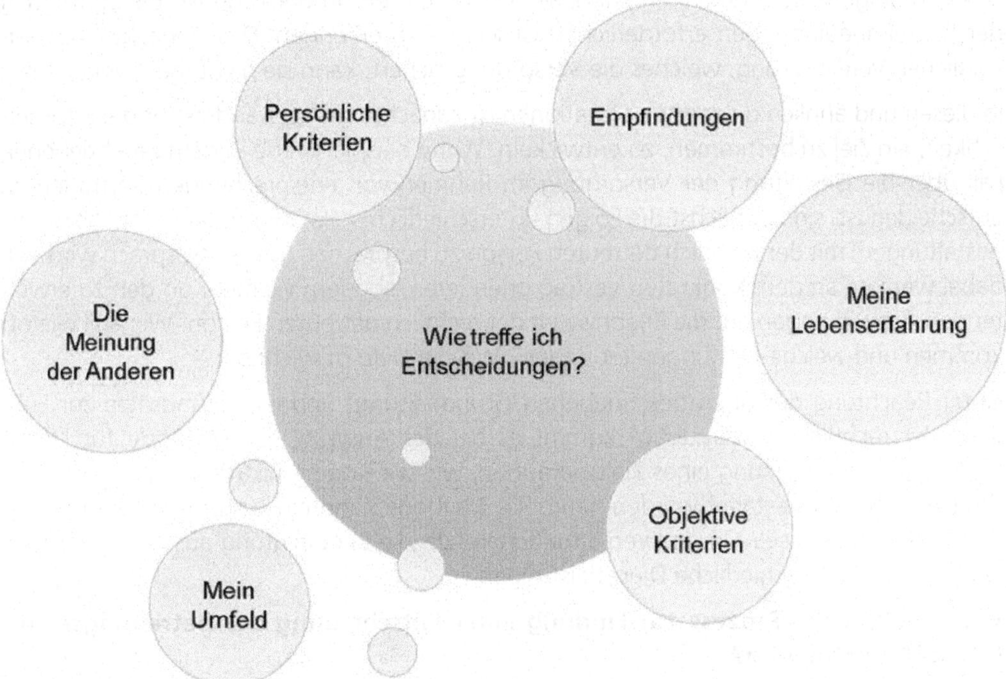

Von welchen Aspekten wir unsere Entscheidungen leiten lassen, wird überwiegend nicht hinterfragt. Einige Menschen entscheiden mehr „aus dem Bauch heraus", andere dagegen versuchen, dem „Mainstream" zu folgen, und wieder andere nehmen für sich in Anspruch, nur rationale Aspekte gelten zu lassen. Lediglich wenn für unser Umfeld offensichtlich wird, dass eine Entscheidung nicht den allgemeinen Vorstellungen entspricht oder wir von bekannten Mustern abweichen, kommt die Frage: „Wieso hast du das denn gemacht".

Das dem Begriff des „freien Willens" zugrunde liegende juristische Modell stellt die Fähigkeit, eine Entscheidung aufgrund rationaler Überlegungen vorzunehmen, in den Vordergrund.[6]

6 Siehe Abschnitt 3.4.1

7.4.2 Betreuungsrechtliche Unterstützung bei der Entscheidungsfindung

Wann bedarf es der rechtlichen Unterstützung bei der Beschreibung des Ziels?

Einige Krankheiten/Behinderungen haben zur Folge, dass die rechtlich betreute Person in ihrer Erlebniswelt die Erforderlichkeit zur Regelung anstehender rechtlicher Angelegenheiten nicht erkennen kann. Eine geistige Behinderung kann beispielsweise dazu führen, dass die betroffene Person das Hier und Jetzt im Bereich ihrer Körperwahrnehmung (Hunger, Durst, Müdigkeit etc.) erkennen kann, jedoch nicht mehr in der Lage ist, die zum Erhalt der Rahmenbedingungen erforderlichen Geschäfte zu erkennen. Das Konzept einer vertraglichen Vereinbarung, welches die Versorgung sichert, kann sie nicht mehr verstehen.

In diesen und ähnlich gelagerten Situationen ist zunächst ein Verständnis für die Erforderlichkeit, ein Ziel zu bestimmen, zu entwickeln. Wenn beispielsweise in dem beschriebenen Fall über die Gestaltung der Versorgung im Rahmen von entsprechenden Verträgen zu entscheiden ist, sind zunächst die Folgen unterschiedlicher Handlungsvarianten (Vertragsgestaltungen) mit der rechtlich betreuten Person zu besprechen. Dieses Gespräch wird sich dabei weniger an dem konkreten Vertrag orientieren, sondern vielmehr an den zu erwartenden Auswirkungen auf die Erlebniswelt der rechtlich betreuten Person. Wer soll wie oft kommen und welche Leistungen erbringen? Welche Hilfe ist wichtiger?

Unter Beachtung der oben beschriebenen Grundhaltung[7] und der Grundsätze zur Führung der rechtlichen Betreuung[8] kommt es bei der Auswahl der Methode für Unterstützung zur Entwicklung eines Ziels darauf an, wie die Kommunikation mit der rechtlich betreuten Person gestaltet werden kann. Als Methode kann ein Gespräch in Form eines Interviews hilfreich sein. In anderen Situationen hilft die Beobachtung aus dem Alltag zur Reaktion auf unterschiedliche Dienstleistungen.

Wann bedarf der Prozess zur Findung einer Entscheidung der betreuungsrechtlichen Unterstützung?

Grundsätzlich bedarf der Prozess zur Findung einer Entscheidung der betreuungsrechtlichen Unterstützung nur dann, wenn die rechtlich betreute Person durch Krankheit oder Behinderung gehindert ist, den Prozess eigenverantwortlich oder mit vorrangigen Hilfen zu durchlaufen.

Soweit die Unterstützung nicht schon bei der Entwicklung einer Zielsetzung begonnen hat, wird der rechtliche Betreuer im Alltag häufig mit dem Ergebnis des durch die rechtlich betreute Person durchlaufenen Prozesses zur Findung einer Entscheidung konfrontiert. Zu unterscheiden sind somit Prozesse, die bereits ein Ergebnis vorweisen, von Prozessen, deren Ergebnis noch nicht feststeht.

7 Siehe Abschnitt 7.3.2
8 Siehe Abschnitt 4

Beispiel

„Ich habe mich entschlossen, die Medikamente nicht mehr einzunehmen, weil sie mir nicht guttun."

„Ich bin mir nicht sicher, ob ich die Medikamente weiter einnehmen soll."

Der am Ergebnis orientierte Ansatz zur Klärung, der fragt, ob betreuungsrechtliche Hilfe erforderlich ist, prüft, ob die von der rechtlich betreuten Person getroffene Entscheidung zum einen die Machbarkeit und zum anderen möglicherweise alternative Ergebnisse berücksichtigt hat. Sind beide Aspekte berücksichtigt worden, erübrigt sich die Frage, ob der Prozess der Entscheidungsfindung durch Krankheit oder Behinderung beeinträchtigt gewesen ist. Die Entscheidung ist zu akzeptieren.

Kommt die rechtlich bereute Person zu keinem Ergebnis oder sind Machbarkeit und mögliche alternative Ergebnisse nicht berücksichtigt, richtet sich der Blick auf den Prozess der Entscheidungsfindung.

Im ersten Schritt muss der rechtliche Betreuer kennenlernen, von welchen Aspekten die rechtlich betreute Person ihre Entscheidungen abhängig macht und wie der Entscheidungsprozess von ihr bewältigt wird/worden ist. Zudem gilt es herauszufinden, ob und wie der Prozess zur Findung einer Entscheidung durch Krankheit oder Behinderung beeinträchtigt ist. Nur wenn dies der Fall ist, darf die rechtliche Betreuung unterstützen.

Ausgehend von der Vielschichtigkeit der auf den Entscheidungsprozess einwirkenden Aspekte ist eine klare Trennung eines von Krankheit/Behinderung unbeeinflussten Entscheidungsprozesses von einem durch Krankheit/Behinderung beeinflussten Entscheidungsprozess nur schwer möglich. Allein die Tatsache, dass sich die rechtlich betreute Person bei der Findung ihrer Entscheidung von Vorlieben, dem Mainstream oder anderen eher nicht rationalen Aspekten leiten lässt, kann nicht als Grund für betreuungsrechtliche Eingriffe angenommen werden. Der Einfluss von Krankheit und Behinderung muss deutlich erkennbar und beschreibbar sein.

An dieser Stelle sind die Ermittlungen aus dem Betreuungsverfahren selten eine tragende Hilfe. Im Verfahren zur Bestellung der rechtlichen Betreuung genügen zumeist allgemeine Feststellungen zur durch Krankheit/Behinderung gegebenen Erforderlichkeit der rechtlichen Betreuung. Ob und wieweit die Ressourcen der rechtlich betreuten Person es ihr ermöglichen, einzelne rechtliche Angelegenheiten eigenverantwortlich zu erledigen, wird nicht detailliert geprüft. Entsprechend obliegt es dem rechtlichen Betreuer abzuwägen, ob die rechtlich betreute Person in der Lage ist, den anstehenden Entscheidungsprozess unbeeinflusst von Krankheit und Behinderung zu erledigen.

7.4.3 Methoden zur Unterstützung bei der Findung einer Entscheidung bei rechtlicher Betreuung

Wie geht Unterstützung bei der Findung einer Entscheidung bei rechtlicher Betreuung?

Das Thema „Unterstützung bei der Findung einer Entscheidung", auch als „Unterstützte Entscheidungsfindung" benannt, wird seit mehreren Jahren in unterschiedlichen Fachbereichen diskutiert. Auch im Betreuungsrecht hat diese Diskussion stattgefunden und geht zurück auf die bereits seit Beginn des Betreuungsrechtes diskutierte Verwirklichung der Selbstbestimmung rechtlich betreuter Personen.

Der rechtliche Betreuer versucht, den Einfluss von Krankheit oder Behinderung auf den Prozess zur Findung der Entscheidung zu eliminieren und Selbstbestimmung zu ermöglichen. Er wird erst tätig, wenn bisher im Rahmen vorrangiger Hilfen angewendete Methoden erfolglos geblieben sind.

Beispiele

- *Non-direktive Gesprächsführung: Eine Methode nach dem Psychologen Carl Rogers, bei der der Gesprächspartner darin unterstützt werden soll, eigene Lösungsansätze zu entwickeln.*
- *Die methodische Prämisse, „der Klienten hat stets die freie Wahl und kann selbst entscheiden", führt zu keinem Ergebnis.*

Bei rechtlicher Betreuung können Entscheidungen nicht immer offenbleiben. Die rechtlich betreute Person hat eben nicht immer die Freiheit der Entscheidung. Soweit der Schutz vor erheblicher Selbstschädigung zu gewährleisten ist, muss der rechtliche Betreuer auch ggf. gegen den Willen der rechtlich betreuten Person entscheiden. Im günstigen Fall kann dann einvernehmliches Zusammenwirken erreicht werden.

Außerhalb der rechtlichen Betreuung kommen im sozialen, pädagogischen und therapeutischen Bereich Methoden zur Anwendung, die das Ziel haben, den Klienten zu einer Veränderung zu bewegen. Der Klient hat dabei im Wissen dieser Zielsetzung dem Gespräch zuvor zugestimmt.

Beispiel

Motivierende Gesprächsführung ist „... eine klientenzentrierte, direktive Methode zur Verbesserung der intrinsischen Motivation für eine Veränderung mittels der Erforschung und Auflösung von Ambivalenz".[9]

Gerade diese Zielsetzung kann für die betreuungsrechtliche Gesprächsführung nicht in erster Linie zur Anwendung kommen. Bei der rechtlichen Betreuung geht es in erster Linie nicht um Veränderungen, sondern um das Kennenlernen der Wünsche der rechtlich betreuten Personen. Erst wenn dem Willen der rechtlich betreuten Person nicht gefolgt werden darf, geht es darum, einvernehmliches Zusammenwirken zu erzielen. Dabei muss in jedem Fall deutlich bleiben, wie weit Selbstbestimmung reicht und wo der rechtliche Eingriff beginnt.

Die oben genannten Grundsätze der Gesprächsführung sind entsprechend dem Auftrag der rechtlichen Betreuung um folgende Aspekte zu erweitern:

Es bedarf der Transparenz bezüglich der Rechte und Pflichten des rechtlichen Betreuers in Bezug auf die zu besprechende Angelegenheit.

9 *Miller/Rollnick 2004, S. 47*

Die oben beschriebene Grundhaltung setzt voraus, dass es die rechtlich betreute Person ist, die Lösungsstrategien für ihre Angelegenheiten entwickelt. Dagegen steht, dass die rechtliche Betreuung als solche eine Lösungsstrategie darstellt. Eine bestimmte Situation erfordert den staatlichen Eingriff. Der bestellte rechtliche Betreuer handelt entsprechend den im Gesetz vorgegebenen Normen und Werten.[10] Zur Verhinderung eines erheblichen Schadens muss der rechtliche Betreuer Lösungsstrategien anbieten und diese auch ausführen.

Hinzu kommen im Fall professioneller rechtlicher Betreuung berufsethische und trägerspezifische Aspekte und insbesondere im Fall ehrenamtlicher Betreuung persönliche Vorstellungen zur Art der notwendigen Hilfe. Dabei sind die am Verfahren beteiligten Personen der betroffenen Person in der Regel geistig, intellektuell und verbal überlegen. Sie verfügen über eine Macht, der von der betroffenen Person kaum etwas entgegengesetzt werden kann. Nur allzu leicht fühlt sich die betroffene Person überrumpelt und zieht sich zurück.

Die rechtlich betreute Person ist darüber zu informieren, ob sie verpflichtet ist, die anstehende Angelegenheit mit dem rechtlichen Betreuer zu besprechen. Möchte beispielsweise die rechtlich betreute Person die anstehende Angelegenheit ohne die Mitwirkung des rechtlichen Betreuers erledigen, ist zu klären, ob das Recht auf Fehler zuzugestehen ist oder ein möglicher erheblicher Schaden droht, den es abzuwenden gilt.

In jedem Fall sollte von vornherein klar sein, ob die rechtlich betreute Person die anstehende Angelegenheit frei entscheiden kann, eine Unterstützung für die zu treffende Entscheidung gewünscht ist oder welchen Spielraum der rechtliche Betreuer für die zu treffende Entscheidung einräumen kann, bevor er verpflichtet ist, erheblichen Schaden abzuwenden.

Die rechtlich betreute Person hat auch das Recht, dem rechtlichen Betreuer die Entscheidung zu überlassen, ohne dass diese zuvor besprochen wird. In der Praxis kommt es häufig vor, dass rechtlich betreute Personen, die sich durch die anstehenden Fragen überlastet fühlen, sich lieber nicht mit den zu regelnden Angelegenheiten befassen wollen.

Es bedarf der Transparenz bezüglich der Zielsetzung des Gesprächs.

Das Gebot der Transparenz verpflichtet, die rechtlich betreute Person über das Ziel des anstehenden Gesprächs zu unterrichten.

Beispiele

- *Geht es darum, die Notwendigkeit einer Entscheidung zu vermitteln?*
- *Sollen Aspekte und mögliche Handlungsvarianten einer Entscheidung besprochen werden?*
- *Möchte ich den Gedankengang der rechtlich betreuten Personen kennenlernen?*
- *Ist eine zuvor getroffene Entscheidung im Hinblick auf eine Veränderung zu besprechen?*
- *Will ich die rechtlich betreute Person von einer Maßnahme, die erheblichen Schaden von ihr abwenden soll, überzeugen?*

10 Siehe Abschnitt 4

Die Zielsetzung eines Gesprächs kann sich innerhalb des Gespräches ändern. Die Änderung der Zielsetzung ist dann unverzüglich zu vermitteln.

Beispiel

„Nun reden wir nicht mehr über ..., sondern über ...“

In den Formulierungen der Grundsätze einer Betreuung[11] eröffnet sich der Spielraum für alle Beteiligten. Hier findet sich auch die Verbindung zur oben formulierten Grundhaltung. Zur Förderung der Selbstbestimmung der rechtlich betreuten Person ist es wichtig, die Ausgestaltung der vorgegebenen Lösungsstrategie, also den Entscheidungsspielraum, so groß wie möglich zu halten. Es darf dabei nicht verkannt werden, dass es für die betreuungsrechtlichen Akteure persönliche Risiken beinhalten kann, wenn sie den Wünschen der rechtlich betreuten Person entsprechen. Im Sinne der Echtheit gilt es, die eigene Situation und die damit verbundenen Aspekte für die Art und Weise der Regelung anstehender Angelegenheiten der rechtlich betreuten Person mitzuteilen und zu erklären.

Es bedarf der Transparenz über die zur Verfügung stehende Zeit.

Dabei geht es nicht nur um die Zeit, die für die Besprechung zur Verfügung steht, sondern auch um den Zeitraum, bis zu dem eine Entscheidung getroffen sein muss. Dem rechtlichen Betreuer obliegt es dabei, genug Zeit für den Prozess der Unterstützung der rechtlich betreuten Person zu haben. Zudem ist es seine Aufgabe, die Zeit, bis zu der eine Entscheidung getroffen sein muss, zu klären und gegebenenfalls auch zu verlängern.

Die Grenze für die zur Verfügung stehende Zeit wird oft von außen vorgegeben.

Beispiele

- *Es sind Fristen einzuhalten.*
- *Pflege und Versorgung müssen gesichert werden.*

7.4.4 Die Bedeutung der Beziehung

Welche Rolle spielt die Beziehung zur rechtlich betreuten Person bei der Unterstützung zur Findung einer Entscheidung?

Der Prozess zur Findung einer Entscheidung ist im Betreuungsrecht oft gekennzeichnet durch die Notwendigkeit, bestimmte Aspekte der Entscheidung für die betroffene Person in erheblich vereinfachter Form darstellen zu müssen. Dabei gehen zwangsläufig Feinheiten von möglichen Handlungsvarianten verloren. Es müssen Teilentscheidungen getroffen werden, um der rechtlich betreuten Personen zu ermöglichen, den dadurch vereinfachten Sachverhalte zu erkennen und entscheiden zu können.

Soweit es eben geht, sollte die insoweit vom rechtlichen Betreuer vorgenommene Einflussnahme transparent sein. Zumindest sollte die rechtlich betreute Person wissen, dass der rechtliche Betreuer hier Einfluss nimmt.

11 § 1821 BGB

Ein in diesem Sinne einvernehmliches Zusammenwirken ist nur möglich, wenn die rechtlich betreute Person Vertrauen in die Tätigkeit des rechtlichen Betreuers hat. Wegen der fehlenden Fähigkeit, den objektiven Sachverhalt vollständig zu erfassen, kann dieses Vertrauen nur auf der Beziehung zwischen der rechtlich betreuten Person und dem rechtlichen Betreuer basieren.

Methodisch sind somit nicht nur Techniken der Gesprächsführung entscheidend, sondern gleichermaßen ist die Gestaltung der Beziehung (Beziehungsarbeit) mit dem Ziel des einvernehmlichen Zusammenwirkens erforderlich.

Beziehungsarbeit meint den bewussten Aufbau und den Erhalt eines Vertrauensverhältnisses zur rechtlich betreuten Person. Vom rechtlichen Betreuer wird dabei bewusst versucht, das eigene Verhalten gegenüber der rechtlich betreuen Person zu hinterfragen, um ihr im Sinne einer positiven Gestaltung der Beziehung begegnen zu können. Die Beziehungsarbeit hat das Ziel, Vertrauen zu ermöglichen, größte mögliche Abstimmung (sachlich wie emotional) und einen offeneren Austausch zu erreichen.

Beziehungsarbeit bedeutet, gezielt auf die rechtlich betreute Person zuzugehen und persönliche Berührungspunkte herzustellen. Aus diesem Grund ist es besonders wichtig, die rechtlich betreute Person in ihrer gewohnten Umgebung kennenzulernen. Es mangelt dabei in der Regel nicht an Berührungspunkten. Die Tätigkeit des rechtlichen Betreuers hat regelmäßig Einfluss auf den Alltag der rechtlich betreuten Person. Als Berührungspunkte ist dabei nicht nur das faktische Ergebnis der Tätigkeit des rechtlichen Betreuers zu sehen. Es geht darum, an der Erlebniswelt der rechtlich betreuten Person teilzuhaben.

Beispiel

Die Organisation der erforderlichen Pflege und Versorgung und die damit verbundenen Kosten haben im Erleben der rechtlich betreuten Person dazu geführt, dass ihr an anderer Stelle Geld fehlt, um, wie bisher gewohnt, zu konsumieren. Der rechtliche Betreuer nimmt Anteil und ermöglicht der rechtlich betreuten Personen, die Veränderungen zu verarbeiten.

Beziehungsarbeit meint nicht die zwanghafte Herstellung einer harmonischen Empfindung. Der rechtliche Betreuer versucht, eine sinnvolle Begegnung mit der rechtlich betreuten Person herzustellen. Dazu gehört, dass er der rechtlich betreuten Person vermittelt, dass sie ihm wichtig ist, dass er sie mit ihrer ganzen Person ernst nimmt, ihre Gefühle respektiert und ihre Persönlichkeit als wertvoll erachtet.

Beziehungsarbeit verlangt, dass der rechtliche Betreuer die eigene Persönlichkeit mit einbringt, darum bemüht ist, Vertrauen herzustellen und persönliche Sichtweisen auszutauschen.

Das Gespräch mit der rechtlich betreuten Person dient dem Zweck, ihren Entscheidungsprozess zu unterstützen. Eine Einflussnahme soll nach Möglichkeit vermieden werden. Tatsache ist aber auch, dass jedes Gespräch im Rahmen des Prozesses zur Findung einer Entscheidung Einfluss auf genau diesen Prozess nimmt. Allein dass die betroffene Person über die Aspekte der anstehenden Entscheidungen sprechen soll, hat eine reflektierende und auch filternde Wirkung.

Die Beziehung zum Gegenüber bewirkt möglicherweise, dass nicht alle Aspekte, welche die Entscheidung für die eine oder andere Handlungsvariante begründen, besprochen werden können. Manchmal möchte man einfach nicht zugeben, dass ganz simple und banale Emotionen entscheidend sind. Teilweise kann man gar nicht sagen, warum und weshalb man sich für die eine oder andere Handlungsvariante entschieden hat. Die Beziehungsarbeit versucht, diese Hindernisse zu beseitigen.

7.5 Hilfreiches zur Kommunikation

Die beschriebenen Strukturen, betreuungsrechtliche Zielvorgaben und Rollenbilder stellen für sich gesehen Hindernisse für eine die Selbstbestimmung fördernde Kommunikation dar. Trotzdem hat die Erfahrung aus der praktischen Arbeit gezeigt, dass die Anwendung der im Folgenden beschriebenen Hinweise selbstständige Entscheidungen der betroffenen Menschen fördert. Ihre Anwendung ist nicht leicht und fordert ein hohes Maß an Bereitschaft zur Selbstreflexion.

7.5.1 Vorbereitung auf das Gespräch

Wie bereite ich mich persönlich auf das Gespräch vor?

Vor jedem Gespräch sollte ich mir meine Aufgabenstellung, Rolle, das aktuelle Ziel und meine Empfindungen, die ich gegenüber der betroffenen Person habe, vergegenwärtigen. Weckt der betroffene Mensch den Beschützer- oder Mutterinstinkt in mir? Habe ich Angst vor eventuell gewalttätigem Verhalten? Empfinde ich Hilflosigkeit gegenüber dem Leid? Spüre ich Betroffenheit, weil ich irgendwann einmal selbst hilflos im Bett liegen und nicht mehr klar denken kann? Habe ich Angst vor der Verantwortung? Möchte ich mich absichern?

Menschen, die im Bereich der verbalen Kommunikation eingeschränkt sind, können in besonderem Maß sensibel für Stimmungen und Empfindungen sein. Auch wenn ich mich um noch so viel Selbstkontrolle bemühe und mir solche Empfindungen selbst verbiete, werden sie über die eine oder andere Art im Gespräch transportiert. Ich bin ein Mensch mit Fehlern und Schwächen. Je klarer ich mich selbst erkennen und dies meinem Gegenüber vermitteln kann, desto einfacher wird es sein, sich gegenseitig zu akzeptieren und eine Basis für die bevorstehende Kommunikation zu finden.

Beispiel

… Sie wollen unbedingt in Ihrer Wohnung bleiben. Wissen Sie, ich habe einfach Angst, dass Sie in Ihrer Wohnung fallen und sich nicht helfen können und nachher jemand kommt und mich zur Rechenschaft ziehen will. Ich möchte …

Vor jeder Begegnung sollte ich mir vergegenwärtigen, welche Funktion ich bekleide und welche Themen ich mit einbringen will. Es kann hilfreich sein, sich die beabsichtigte Struktur und die Inhalte in Stichpunkten kurz zu notieren.

7.5.2 Das Herstellen einer unterstützenden Umgebung

Riecht es in der Wohnung unangenehm? Will ich mich nicht setzen, weil die Möbel alle verdreckt sind? Läuft das Radio oder der Fernseher? Sind zu viele Leute im Raum? Habe ich Angst vor einer ansteckenden Krankheit? Solche und ähnliche Gefühle muss ich mir bewusst machen und diese möglicherweise auch ansprechen. Dabei ist es wichtig, die Diskrepanzen in dem Erleben der Situation bei den Gesprächsteilnehmern anzusprechen, damit jeder die Reaktion des jeweils anderen einordnen kann.

Die Begegnungen sollten nach Möglichkeit in der vom Betroffenen gewünschten Umgebung stattfinden. Störungen – Radio, Fernseher, laute Hintergrundgeräusche usw. – sollten vermieden werden. Im Heim ist es mitunter besonders schwierig, einen ungestörten Raum zu finden.

Die Ladung zum Gericht hat für den betroffenen Menschen einen besonderen Charakter. Sie bedeutet, private Angelegenheiten in einer offiziellen Umgebung zu besprechen. Die Umgebung fordert Respekt und schüchtert ein. Sie betont die Wichtigkeit der zu besprechenden Angelegenheit, fördert aber auch eine vorhandene Opposition und das Gefühl der Ohnmacht.

Es ist Bestandteil der Selbstbestimmung des betroffenen Menschen, bei der Wahl des Orts und der Umstände für die Begegnung mitzubestimmen.

7.5.3 Die Betonung von „Hier" und „Jetzt"

Die Betonung von „Hier" und „Jetzt" meint neben der Beachtung von Störungen aus der Umgebung in erster Linie die positive Gestaltung der Atmosphäre der Begegnung.

Zur Atmosphäre gehören auch die Gedanken oder Gefühle, die mit der Thematik nichts zu tun haben. Sie sollten aufgegriffen und kurz thematisiert werden, um anschließend konzentriert auf das Thema zurückführen zu können. Sie sollten nicht zum Mittelpunkt der Begegnung werden.

Beispiel

… Ich habe den Eindruck, dass Sie etwas (anderes) besonders beschäftigt. Möchten Sie darüber sprechen? … Wenn möglich, sollte die Störung konkret benannt werden.

Im Gespräch mit älteren Menschen passiert es beispielsweise häufig, dass sie vom Thema abweichen und über vergangene Ereignisse berichten. Eine gelungene Gesprächsführung kann, ohne den betroffenen Menschen zu verärgern oder zu beschämen, zum Thema zurückfinden. Es kann hilfreich sein, einen thematischen Bezug zu den vergangenen Ereignissen herzustellen.

Beispiel

Mein Gesprächspartner berichtet über seine Jugend. Das Thema ist aber die zukünftige Wohnsituation … Wie haben Sie damals gewohnt? … Wie ist es Ihren Eltern ergangen? … Würden Sie auch wie Ihre Eltern wohnen wollen? …

7.5.4 Barrierefreie Kommunikation

Die gelungene Verständigung hängt davon ab, dass in der Begegnung eine gemeinsame Sprache/Kommunikationsform verwendet wird. Dabei muss sich der betreuungsrechtliche Akteur auf die Sprache/Kommunikationsmöglichkeit der betroffenen Person einstellen und die benötigten Hilfen bereitstellen.[12]

Ziel ist die Verständigung über gleiche Inhalte. Dabei ist es wichtig, die kognitiven Fähigkeiten – also die Fähigkeiten, die dargestellten Zusammenhänge zu erkennen und einzuordnen – der betroffenen Person zu erfahren und zu berücksichtigen.

Die Erfahrung aus der Praxis hat ergeben, dass die kognitiven Fähigkeiten der im Rahmen des Betreuungsrechtes betroffenen Menschen zum Teil starken zeitlichen Schwankungen unterliegen. Wenn an einem bestimmten Tag aufgrund der Verwirrtheit des Menschen kaum eine Verständigung möglich ist, kann das Gespräch möglicherweise zu einer anderen Zeit erfolgreich geführt werden. Wichtig ist auch, die Tagesstruktur des betroffenen Menschen zu berücksichtigen und herauszufinden, wann die Begegnung am besten möglich ist.

Auch die Kommunikation mit psychisch kranken Menschen muss den Krankheitsverlauf und somit bessere und schlechtere Tage berücksichtigen.

7.5.5 Erweitern der kognitiven Fähigkeiten

Der betreuungsrechtliche Akteur sollte dort, wo die kognitiven Fähigkeiten nicht ausreichen, versuchen, diese zu erweitern. Im Rahmen von Kurzkontakten ist dies nur schwer möglich. Zum Teil kann aber mit einfachen Mitteln die Verständigung erreicht werden. Möglichkeiten, einen Sachverhalt anders darzustellen, sind z.B.:

- Vergleichender oder bildhafter Sprachgebrauch
- Herstellung eines bekannten Alltagsbezugs
- Prospekte, z.B. zur Auswahl von Bekleidung
- Zeichnungen, Bilder, Filme, z.B. zur Erklärung medizinischer Sachverhalte
- Rollenspiele, z.B. als Möglichkeit, die Rolle des Gegenübers oder eines anderen besser zu verstehen. … Stellen Sie sich einmal vor, Sie sind …

7.5.6 Das Verstandene reflektieren

Um Missverständnisse zu vermeiden, bietet es sich an, im Verlauf der Kommunikation das, was mir mein Gegenüber mitgeteilt hat, zusammenzufassen. Mein Gegenüber ist so in der Lage, mich, wenn nötig, zu korrigieren. Dabei sollte nicht versucht werden, zu interpretieren, zu deuten oder zu überreden.

Die Reflexion kann dem betroffenen Menschen helfen, seinen Standpunkt besser zu erkennen und bestehende Widersprüche zu klären.

12 Siehe Abschnitt 7.2

7.5.7 Entwicklung der Strategie zur Problembewältigung

Die Entwicklung der Lösungsstrategie stützt sich auf eine klare und möglichst einfach formulierte Fragestellung und die Qualität des vorangegangenen Informationsaustausches. In der Regel bieten sich mehrere Lösungsmöglichkeiten an. Alle Möglichkeiten sollten zunächst ohne Bewertung benannt werden. Die Entscheidung der betroffenen Person ist zu akzeptieren, wenn nicht erhebliche Gefahren dadurch entstehen, die zu vermeiden sind. Durch Nachfragen und Reflexion ihrer Äußerungen kann die betroffene Person in ihrer Suchhaltung unterstützt werden. Die Fragestellung sollte entscheidungsoffen sein.

Erst wenn alle Möglichkeiten ausgeschöpft worden sind, die betroffene Person bei der Suche nach einer eigenen Lösung zu unterstützen, sollten Lösungsstrategien in Form einer Auswahl von mehreren Vorschlägen angeboten werden. Führt auch dieses zu keinem Ergebnis, ist eine Änderung aber zwingend notwendig, muss die Lösung vorgegeben werden. Die stellvertretende Entscheidung ist stets als solche zu benennen, zu begründen und darf sich nicht hinter einer wohlwollenden Fassade verstecken.

7.6 Ein Appell

An dieser Stelle möchte ich für Offenheit, Klarheit und Wahrheit gegenüber der rechtlich bereuten Person plädieren. Im Verlauf des Verfahrens begegnet die betroffene Person dem Gutachter, dem Richter, dem Rechtspfleger, eventuell dem Verfahrenspfleger, einem Mitarbeiter der Betreuungsbehörde und dem rechtlichen Betreuer. Von allen Beteiligten wird sie informiert.

Die dem Sinn des Gesetzes entsprechende Betreuung basiert auf einem guten Vertrauensverhältnis zwischen der rechtlich betreuten Person und dem rechtlichen Betreuer. Wird die betroffene Person im Verlauf des Verfahrens zur Bestellung des rechtlichen Betreuers unzureichend, falsch oder widersprüchlich informiert, hat dies unmittelbare Auswirkungen auf dieses Vertrauensverhältnis. Der rechtliche Betreuer wird es später schwerer haben, das nötige Vertrauen herzustellen. Sinn, Wirkung, Nutzen, Kosten und objektive und subjektive Nachteile einer rechtlichen Betreuung sollten von Anfang an offen und ohne Beschönigung dargestellt werden.

Überredung ist kein Mittel zur Förderung selbstbestimmten Handelns

Auch wenn es keiner hören will, keiner kann sich von den eigenen „Überredungskünsten" freisprechen. Betroffene Menschen werden überredet, sich einen Katheter setzen zu lassen oder sich dem Tagesablauf im Heim anzupassen. Mit Überredung wird der psychisch kranke Mensch dazu bewegt, „freiwillig" der Einweisung in die geschlossene Station des Krankenhauses zuzustimmen oder Medikamente zu nehmen. All diese Überredung ist gut gemeint. Überredung ist möglicherweise die einfachste Methode, schlimmere Eingriffe zu verhindern. Vordergründig wird die Arbeit erleichtert.

Überredung heißt aber, den geäußerten Willen des betroffenen Menschen nicht zu akzeptieren. Die verbale Überlegenheit wird ausgenutzt, um die Entscheidung und Interessen anderer durchzusetzen. Dem betroffenen Menschen wird die Möglichkeit genommen, sich gegen diese Bevormundung zu wehren. Ihm wird teilweise das sonst garantierte Rechtsmittel genommen. Gesetzlich installierte und notwendige Kontrollen werden umgangen. Vertrauensvolle Zusammenarbeit wird auf Dauer unmöglich gemacht.

Aus der Sicht einer die Selbstbestimmung unterstützenden Kommunikation darf Überredung kein Mittel der Arbeit sein. Auch wenn dies bedeutet, dass umständliche Genehmigungsverfahren in Gang zu setzen sind.

Zugegeben, die Grenzen zwischen Informieren, einvernehmlichen Zusammenwirken und Überreden sind fließend. Die oben beschriebene Grundhaltung und die Anwendung der genannten Methoden können vor dem zu schnellen Abgleiten in die Technik des Überredens bewahren.

8 Aktenführung

Der Gesetzgeber fordert von allen Betreuer*innen minimale organisatorische Fähigkeiten. Gefordert ist unter anderem die Fähigkeit zum förmlichen Schriftverkehr und zu einer geordneten Dokumentenablage.[1] Die erste Zeit einer rechtlichen Betreuung ist in der Regel aufwendig. Oft sind die Unterlagen der rechtlich betreuten Person zu ordnen, und es muss festgestellt werden, welche Angelegenheiten konkret zu erledigen sind.

Zu empfehlen ist eine am Aufgabenkreis orientierte thematische Struktur der Aktenführung. Die Unterteilung der Akte kann durch farbige oder entsprechend beschriftete Laschen erfolgen. Innerhalb der einzelnen Themen empfiehlt sich eine am Datum der einzelnen Unterlagen orientierte Ablage.

- Folgende Einteilung der Akte hat sich in der Praxis bewährt:
- Aktenvorblatt
- Betreuungsrechtliche Angelegenheiten (Gutachten aus dem Betreuungsverfahren, Beschlüsse, Vermögensverzeichnis, Anträge, Berichte, Rechnungslegung usw.)
- Einkommen (aus der Verwaltung von Immobilien/Betrieben, Lohn, Rente, Betriebsrente, Leistungen der Agenturen für Arbeit, Sozialhilfeleistungen usw.). Bei mehreren Einkommen sollte jedem Einkommen eine eigene Lasche zugeordnet werden.
- Wohnen (Kaufvertrag, Grundbuchauszug, Urkunden zum Wohnrecht, Miet-, Nutzungsvertrag, Energiekosten, Nebenkostenabrechnung, Grundbesitzabgaben usw.)
- Versicherungen
- Konten (Girokonto, Sparkonto, Bausparkonto, Anlagevermögen usw.). Bei mehreren Konten sollte jedem eine eigene Lasche zugeordnet werden.
- Schulden. Bei mehreren Gläubigern sollte jedem eine eigene Lasche zugeordnet werden.
- Weitere thematische Schwerpunkte
- Sonstiger Schriftverkehr

Bei einer elektronischen Datenerfassung kann der Verzeichnisbaum gleichermaßen erstellt werden.

1 BT-Drs. 19/24445, S. 368

9 Datenschutz

9.1 Verarbeitung personenbezogener Daten

Am 25.5.2018 ist die EU-Datenschutzgrundverordnung(im Folgenden: EU-DSGVO) in Kraft getreten. Die EU-DSGVO wird ergänzt durch das Bundesdatenschutzgesetz (BDSG).

Seit dem 01.01.2023 gibt es im Betreuungsrecht eine bereichsspezifische Rechtsgrundlage für die Verarbeitung personenbezogener Daten. „Verarbeiten" meint sowohl das Erheben, das Speichern als auch das Übermitteln personenbezogener Daten.

Wo findet sich die bereichsspezifische Rechtsgrundlage für die Verarbeitung personenbezogener Daten?

- Für die Betreuungsbehörde findet sich diese Regelung im § 4 BtOG (Betreuungsorganisationsgesetz),
- für Betreuungsvereine in § 18 BtOG,
- für rechtliche Betreuer*innen in § 20 BtOG.

Die §§ 18 und 20 BtOG verweisen bezüglich der inhaltlichen Ausgestaltung der bereichsspezifischen Rechtsgrundlage auf den § 4 BtOG.

Danach ist die Verarbeitung personenbezogener Daten der betroffenen Person und solcher Personen, auf die es bei der Aufgabenerfüllung ankommt, zulässig, soweit sie zur Erfüllung der jeweiligen sich aus dem Gesetz ergebenden Aufgaben erforderlich ist.

Welche Daten dürfen erhoben werden?

In erster Linie kommt im Rahmen der Aufgabenerfüllung die Verarbeitung von Daten der betroffenen Person in Betracht. Die Regelung gilt auch für besondere Kategorien von Daten[1] (z. B. Gesundheitsdaten), deren Erhebung beispielsweise häufig im Bereich der Gesundheitssorge erforderlich ist.

Darüber hinaus besteht auch die Erlaubnis ,die Daten anderer Personen, die für die Aufgabenerfüllung maßgeblich sind, zu verarbeiten. Beispielhaft zu nennen ist hier insbesondere die Verarbeitung von Daten von Angehörigen, anderen Personen des Vertrauens, Bevollmächtigten oder auch Ärzten und Pflegepersonal, die im Rahmen des Betreuungsverfahrens oder bei der Führung der rechtlichen Betreuung involviert sind. Gleiches gilt für Personen, deren Unterstützungsleistungen oder/und andere betreuungsvermeidende Hilfen in Betracht kommen.

Problematisch wird die Datenverarbeitung, wenn es zur Erledigung einer den Aufgabenkreis betreffenden Angelegenheit erforderlich ist, Daten zu erfassen, zu verarbeiten und weiterzugegeben, die nicht direkt dem übertragenen Aufgabenkreis zugeordnet werden können.

---

1 I.S.v. Artikel 9 DS-GVO

Beispiel

Als Aufgabenkreis sind sozialrechtliche Angelegenheiten definiert. Der rechtliche Betreuer hat einen Antrag zur Bewilligung von Leistungen zur Teilhabe am Arbeitsleben gestellt. Im Antrag werden unter anderem Angaben zum Krankheitsverlauf verlangt.

Die erforderlichen Angaben und Belege müssen entweder von der rechtlich betreuten Person selbst mit eingebracht werden oder dürfen nur mit ihrer Zustimmung erhoben, verarbeitet und weitergegeben werden. Es bedarf also einer Einwilligungserklärung.

Bisher ungeklärt ist, ob eine von der rechtlich betreuten Person erteilte Einwilligung wegen des Machtungleichgewichts zwischen dem rechtlichen Betreuer und der rechtlich betreuten Person (möglicherweise geschäftsunfähigen Person) wirksam ist.

Wie sind die Daten zu erheben?

Die erforderlichen Daten sind direkt bei der Person, deren Daten verarbeitet werden sollen, zu erheben (sog. Direkterhebungsgebot). Die Direkterhebung ist der Regelfall und die Datenerhebung bei Dritten die Ausnahme.

Die Datenerhebung bei Dritten ist erlaubt, wenn keine schutzwürdigen Interessen der betroffenen Person beeinträchtigt werden und entweder die Erhebung bei der betroffenen Person einen unverhältnismäßigen Aufwand erfordern würde oder die zu erfüllende Aufgaben eine Erhebung bei Dritten erforderlich macht.

Beispiele

- *Die rechtlich betreute Person kann wegen fortgeschrittener Demenz keine Angaben zu ihrer Person machen.*
- *Die rechtlich betreute Person hat keine Unterlagen, weil sie alles in dem Müll schmeißt.*
- *Die rechtlich betreute Person verweigert die Herausgabe der Unterlagen.*
- *Die Unterlagen der rechtlich betreuten Person sind lückenhaft und müssen ergänzt werden.*

Wer und wie muss über die Datenverarbeitung informiert werden?

Die DS-GVO sieht umfangreiche Informationspflichten gegenüber der Person, deren Daten verarbeitet werden, vor.[2]

Zu informieren ist insbesondere

- darüber, welche Daten erhoben werden,
- darüber, wer neben dem Betreuer mit der Datenverarbeitung befasst ist,
- über den Zweck der Datenerfassung und den Bezug zum Aufgabenkreis und jede Änderung des Verwendungszweckes,

2 Artikel 13, 14 DS-GVO

- über den/die Empfänger der weitergegebenen Daten und deren Verwendung beim jeweiligen Empfänger,
- über die Dauer der Datenaufbewahrung,
- über das Bestehen eines Rechts auf Auskunft,
- über das Recht, die Einwilligung jederzeit zu widerrufen, soweit Daten über den eigentlichen Aufgabenkreis hinaus mit der Einwilligung des betreuten Menschen erhoben, verarbeitet und weitergegeben werden, ohne dass die Rechtmäßigkeit der aufgrund der Einwilligung bis zum Widerruf erfolgten Verarbeitung berührt wird,
- über das Bestehen eines Beschwerderechts bei der Aufsichtsbehörde,
- darüber, ob die Bereitstellung der personenbezogenen Daten für die Regelung des Rechtsgeschäftes gesetzlich oder vertraglich vorgeschrieben oder für einen Vertragsabschluss erforderlich ist, ob die betroffene Person verpflichtet ist, die personenbezogenen Daten bereitzustellen, und welche möglichen Folgen die Nichtbereitstellung hätte.

Die Information ist in präziser, transparenter, verständlicher und leicht zugänglicher Form in einer klaren und einfachen Sprache zu übermitteln.[3]

Hinweis

Für betreute Menschen, die nicht ausreichend lesen und schreiben können, besteht die Möglichkeit, das Informationsgespräch tontechnisch aufzunehmen. Vor der Aufnahme ist der betreute Mensch zu fragen, ob er mit der Aufzeichnung einverstanden ist.

Gibt es Ausnahmen von der Informationspflicht?

Die Datenschutz-Grundverordnung kennt als Ausnahmen von der Informationspflicht den Umstand, dass die betroffene Person bei der Erhebung von personenbezogenen Daten bereits über die Datenverarbeitung informiert ist.[4] So erklären sich beispielsweise die Bandansagen in der Warteschleife unterschiedliche Anbieter. Die vorweggenommene Erklärung, dass die Daten verarbeitet werden, erspart die spätere Information.

Die bereichsspezifische Datenschutzregelung beinhaltet zwei weitere Ausnahmen von der Pflicht zur Information. Informationspflicht besteht nicht,

1. soweit die Erteilung der Information die ordnungsgemäße Erfüllung der Aufgabe gefährden würde oder
2. soweit zum Schutz der betroffenen Person ein Absehen von der Informationserteilung erforderlich ist, was insbesondere dann der Fall ist, wenn hiervon konkrete erhebliche Nachteile für ihre Gesundheit zu befürchten sind oder die betroffene Person aufgrund einer Krankheit oder Behinderung offensichtlich nicht in der Lage ist, die Informationen zur Kenntnis zu nehmen.[5]

---

3 Beispiel: Datenschutzerklärung in Leichter; https://bildung.lebenshilfe-nrw.de/de/datenschutz/leichte-sprache-index.php (Abruf: 13.02.2022)

4 Artikel 13 Absatz 4 DS-GVO

5 § 4 Absatz 2 BtOG

Beispiele

- *Die betroffene Person leidet auf Grund einer Krankheit an der Vorstellung, dass Behörden und andere Organisationen sie verfolgen, um sie körperlich zu schädigen. Sie lebt in ständiger Angst. Mit der bestellten rechtlichen Betreuung ist sie nicht einverstanden. Sie glaubt, dass die von ihr gespeicherten Daten dazu verwendet werden, sie zu verfolgen und zu zerstören. Das Gespräch zur Information über die beim rechtlichen Betreuer gespeicherten Daten würde diese Angst verstärken und die Krankheit mit großer Wahrscheinlichkeit verschlimmern.*
- *Die geistige Leistungsfähigkeit der rechtlich betreuten Person ermöglicht es ihr, Hunger, Durst, also basale Empfindungen, zu vermitteln. Darüber hinaus ist sie nicht in der Lage, Sachverhalte zu erfassen.*

Die Informationspflichten sind wesentliche Bestandteile der Rechte betroffenen Personen. Soll keine Information erfolgen, muss dies in jedem Einzelfall gerichtsfest begründet werden können. Keinesfalls ausreichend und zulässig sind pauschale Begründungen.

Wie lange dürfen die Daten verarbeitet werden?

Mit dem Ende der rechtlichen Betreuung oder der Einschränkung/Änderung des Aufgabenkreises endet die Berechtigung zur Datenverarbeitung und ist lediglich noch im Rahmen der Rechenschaftspflicht erlaubt.

Endet die rechtliche Betreuung durch den Tod der rechtlich betreuten Person, ist die Datenverarbeitung zur Erledigung der abschließenden Pflichten des Betreuers erlaubt.[6]

9.2 Datensicherheit

Die Diskussion über Datensicherheit ist bereits länger Thema. Der rechtliche Betreuer hat die Daten der rechtlich betreuten Personen sicher aufzubewahren und gegen den Zugriff Dritter zu schützen.

Die folgende Checkliste wurde von der Arbeitsgruppe „Datenschutz" vom Bundesverband freier Berufsbetreuer erstellt.[7] Der Umfang der Checkliste versucht, jeden Problembereich aufzugreifen im Wissen, dass für den Einzelfall nicht alle Aspekte zutreffen. Insbesondere für ehrenamtlich tätige rechtliche Betreuer*innen dürfen keine überzogenen Anforderungen gestellt werden.

6 Siehe Abschnitt 5.10
7 https://btdirekt.de/archiv/datenschutz/datenschutz-im-betreuerbuero-aktuelle-informationen-teil-5/ (Abruf: 13.05.2022)

9.3 Checkliste

I. Zugangskontrolle

Die Zugangskontrolle soll verhindern, dass Unbefugte Zugang zu Verarbeitungsanlagen (Beispiel: Server/eigener PC) erhalten, mit denen die Verarbeitung durchgeführt wird:

- ☐ Passwortgeschützter Zugang
- ☐ Alarmanlage
- ☐ Sicherheitsschlösser
- ☐ Sorgfältige Auswahl des Reinigungspersonals
- ☐ Abschließbare Serverschränke

II. Datenträgerkontrolle

Die Datenträgerkontrolle soll verhindern, dass Unbefugte Datenträger (CD-ROM/USB-Stick/Aktenordner) lesen, kopieren, verändern oder löschen können.

- ☐ Sichere Aufbewahrung von Datenträgern
- ☐ Kennzeichnung der Aktendeckel lediglich mit den Initialen des Betreuten
- ☐ Weitergabe von Daten in anonymisierter oder pseudonymisierter Form
- ☐ Ordnungsgemäße Vernichtung von Datenträgern
- ☐ Einsatz von Aktenvernichtern
- ☐ Vernichtung von größeren Aktenmengen durch Dienstleister mit Datenschutz-Gütesiegel
- ☐ Einrichtung von Standleitungen bzw. VPN-Tunneln
- ☐ Verschlüsselung von mobilen Datenträgern

III. Benutzerkontrolle

Die Benutzerkontrolle soll verhindern, dass Unbefugte automatisierte Verarbeitungssysteme mit Hilfe von Datenübertragung nutzen können.

- ☐ Festlegung zugangsberechtigter Mitarbeiter
- ☐ Passwortvergabe
- ☐ Regelmäßige Kontrolle von Berechtigungen
- ☐ Sperrung von Berechtigungen ausscheidender Mitarbeiter
- ☐ Einsatz von Anti-Viren-Software (aktualisieren)

IV. Speicherkontrolle

Speicherkontrolle soll verhindern, dass Unbefugte von gespeicherten personenbezogenen Daten Kenntnis nehmen sowie diese eingeben, löschen oder verändern können.

- ☐ Vergabe von persönlichen Passwörtern
- ☐ Festlegung von Berechtigungen zum Zugang zum IT-System
- ☐ Festlegung von Passwortrichtlinien (Anzahl der Zeichen/Buchstaben/Zahlen/Sonderzeichen)

V. Zuverlässigkeit

Die Zuverlässigkeit soll gewährleisten, dass alle Funktionen des Systems zur Verfügung stehen und auftretende Fehlfunktionen gemeldet werden:

- ☐ Anti-Viren-Schutz (aktualisieren)
- ☐ Automatisierte Meldung von Fehlfunktionen
- ☐ Unabhängig voneinander funktionierende Systeme

VI. Wiederherstellbarkeit und Datenintegrität

Die Wiederherstellbarkeit soll gewährleisten, dass eingesetzte Systeme im Störfall wiederhergestellt werden können. Die Datenintegrität soll gewährleisten, dass gespeicherte, personenbezogene Daten nicht durch Fehlfunktionen beschädigt werden können.

- ☐ Erstellen eines Backup- & Recoverykonzepts
- ☐ Regelmäßige externe Speicherung der Daten (externe Festplatte/USB-Stick)
- ☐ Erstellen eines Notfallplans

VII. Verfügbarkeitskontrolle

Die Verfügbarkeitskontrolle soll gewährleisten, dass personenbezogene Daten gegen Zerstörung oder Verlust geschützt sind.

- ☐ Feuer- und Rauchmeldeanlagen
- ☐ Feuerlöschgeräte in Servernähe
- ☐ Geräte zur Überwachung von Temperatur, Feuchtigkeit und/oder beim Betreten von Räumlichkeiten durch Unbefugte
- ☐ Erstellen eines Notfallplans

VIII. Transportkontrolle

Die Transportkontrolle soll gewährleisten, dass bei der Übermittlung von personenbezogenen Daten sowie beim Transport von Datenträgern die Vertraulichkeit geschützt wird.

- ☐ Passwortgeschützter Zugang zu Datenträgern
- ☐ Einsatz von Verschlüsselungstechnologien

IX. Übertragungskontrolle

Die Übertragungskontrolle soll gewährleisten, dass überprüft und festgestellt werden kann, an welche Stellen personenbezogene Daten mit Hilfe von Einrichtungen zur Datenübertragung (Beispiel: E-Mail/Telefax) übermittelt oder zur Verfügung gestellt wurden.

- ☐ Erstellen einer Übersicht von regelmäßigen Abruf- und Übermittlungsvorgängen
- ☐ Dokumentation der Empfänger von Daten (nach Ansicht des BVfB kann sich diese Dokumentation bereits aus einer gründlichen Aktenführung ergeben, wenn dort die Übertragung der Datenübermittlung dokumentiert wird).

10 Haftung des rechtlichen Betreuers

Der folgende Abschnitt behandelt kurz einige Grundsätze der Haftung des rechtlichen Betreuers. Eine ausführliche Erörterung der Thematik würde den Rahmen dieses Werks sprengen und ist der entsprechenden Fachliteratur vorbehalten.

Welche Ansprüche könne gegen den rechtlichen Betreuer geltend gemacht werden?

Aus der Amtsführung des rechtlichen Betreuers können sowohl strafrechtliche Vorwürfe als auch zivilrechtliche Ansprüche erwachsen.

Woraus können sich strafrechtliche Vorwürfe ergeben?

Strafrechtliche Verfahren befassen sich nicht nur mit dem Vorwurf, dass sich der rechtliche Betreuer bereichert hat. Sie können auch andere schwerwiegende unerwünschte Verhaltensweisen zum Gegenstand haben. Sie können Handeln oder Unterlassen betreffen. Schlimmstenfalls kommt ein Tötungsdelikt in Betracht, wenn der rechtliche Betreuer sich beispielsweise nicht ausreichend um die medizinische Versorgung der rechtlich betreuten Person gekümmert hat und diese – im Grunde vermeidbar – an einer unbehandelten Krankheit stirbt. Wegen der Komplexität bleibt die weitere Erörterung der strafrechtlichen Haftung des rechtlichen Betreuers der Fachliteratur vorbehalten.

Woraus können sich Schadensersatzansprüche ergeben?

Schadensersatzansprüche gegen den rechtlichen Betreuer können sowohl aus der Haftung des rechtlichen Betreuers gegenüber der rechtlich betreuten Person als auch aus der Haftung gegenüber Dritten erwachsen. Auch insoweit bilden die folgenden Abschnitte nur einen Teil des möglichen Spektrums der haftungsrechtlichen Risiken ab.

Das Betreuungsrecht betont den Vorrang der Selbstbestimmung[1] der rechtlich betreuten Person und fordert vom rechtlichen Betreuer, nur dort zu handeln, wo es notwendig ist. Der rechtliche Betreuer hat dazu beizutragen, dass der betreute Mensch sein Leben nach seinen Wünschen und Vorstellungen gestalten kann. Soweit aus dieser Maxime keine Schäden entstehen, kann und muss der rechtliche Betreuer dem Willen der rechtlich betreuten Person folgen. Schwierig wird es, wenn aus dem Wunsch der rechtlich betreuten Person, sein Leben selbst zu gestalten, „vermeidbare Schäden" entstehen.

Wurde beispielsweise für die rechtlich betreuten Person im Aufgabenbereich der Vermögenssorge ein Einwilligungsvorbehalt angeordnet und ist die rechtlich betreute Person eine Verbindlichkeit eingegangen, kann der rechtliche Betreuer aus betreuungsrechtlicher Sicht die Zustimmung nur verweigern, wenn die Entscheidung der rechtlich betreuten Person nicht auf einem freien Willen beruht und die Verbindlichkeit eine erhebliche Gefahr nach sich zieht.

Bezogen auf den Einzelfall ist zu definieren, was unter einem erheblichen Schaden zu verstehen ist. Der rechtliche Betreuer kann sich daher auch im Glauben, einen vertretbaren Schaden in Kauf genommen zu haben, einer Haftungsforderung gegenübersehen. Hinzu

1 Siehe Abschnitt 4

kommt, dass die Sichtweise des Zivilgerichts, vor dem der Haftungsfall verhandelt wird, erheblich von der Auffassung des Betreuungsgerichts abweichen kann.

Im Nachhinein wird die Frage aufgeworfen, ob der rechtliche Betreuer nicht hätte einschreiten müssen. Im Ergebnis kann die Entscheidung des rechtlichen Betreuers – dem Willen des betreuten Menschen zu folgen – damit zu einem Haftungsfall führen.

Im Haftungsverfahren wird gemäß dem Grundsatz der Erforderlichkeit retrospektiv angenommen, dass im zugewiesenen Aufgabenkreis nicht nur die Hilfe eines allgemeinen Beraters, sondern eines rechtlichen Betreuers notwendig gewesen ist. Wäre dies nicht der Fall, hätte die rechtliche Betreuung nicht eingerichtet werden dürfen oder hätte insoweit aufgehoben werden müssen.

Der Gesetzgeber hat hierzu ausgeführt:

„Gleichzeitig ist zu vermeiden, dass die Verantwortung für eine schädigende Entscheidung auf einen entscheidungsunfähigen Betreuten abgewälzt wird. Der Betreuer bleibt in der Verantwortung zu erkennen, ob der Wunsch Ausdruck der Selbstbestimmung ist."[2]

Lässt sich der Wille/mutmaßliche Wille[3] der rechtlich betreuten Person nicht gerichtsfest begründen und dokumentieren, muss der rechtliche Betreuer im Zweifel das mit der jeweiligen Entscheidung verbundenen Haftungsrisiko berücksichtigen. Dies trifft insbesondere rechtlich betreute Personen, deren gewünschte Lebensgestaltung sich in einer gesetzlichen „Grauzone" bewegt.

Beispiel

- *Die rechtlich betreute Person bezieht Leistungen der Grundsicherung gem. SGB XII und verdient sich nebenbei Geld, indem sie Pfandflaschen sammelt. Diese Einkünfte will sie gegenüber dem Träger der Sozialleistungen nicht angeben. Der rechtliche Betreuer ist gem. § 60 SGB I verpflichtet, Änderungen in den Verhältnissen, die für die Leistung erheblich sind oder über die im Zusammenhang mit der Leistung Erklärungen abgegeben worden sind, unverzüglich mitzuteilen. Der Zufluss von Einkommen ist anzugeben, auch wenn die konkreten Beträge nicht benannt werden können.*
- *Die rechtlich betreute Person beschäftigt eine nicht angemeldete Haushaltshilfe zu sehr günstigen Konditionen. Die Haushaltshilfe will die Beschäftigung wegen eines gleichzeitigen Sozialleistungsbezugs nicht anmelden. Ein mit dem Aufgabenbereich der „Vermögenssorge" und „Organisation der häuslichen Versorgung" ausgestatteter rechtlicher Betreuer wird dieses Beschäftigungsverhältnis – wegen der damit einhergehenden Regelverstöße – nicht fortführen können. Auch wenn dies bedeutet, dass die rechtlich betreute Person einen vertrauten Helfer verliert.*

2 BT-Drs. 19/24445, S. 272

3 Siehe Abschnitt 3.4

Wann haftet der rechtliche Betreuer gegenüber der rechtlich betreuten Person?

Hat der rechtliche Betreuer im Rahmen der Erledigung seiner Aufgabe einem Dritten einen Schaden zugefügt, so haftet hierfür zunächst – und so weit im Gesetz nichts anderes bestimmt ist – die rechtlich betreute Person.

Im Innenverhältnis, also im Verhältnis zwischen dem rechtlichen Betreuer und der rechtlich betreuten Person, kann der rechtliche Betreuer für entstandene Schäden haftbar gemacht werden. Die Haftung aus diesen Grundsätzen besteht auch nach dem Ende der rechtlichen Betreuung gegenüber der rechtlich betreuten Person oder ihren Erben. Wird die rechtliche Betreuung an einen anderen rechtlichen Betreuer übergeben, obliegt dem neuen rechtlichen Betreuer entsprechend seinem Aufgabenkreis die Wahrnehmung der Haftungsansprüche gegen den bisherigen rechtlichen Betreuer. Infrage kommen Pflichtverletzungen aller Art.

Beispiele

- *Der bestellte rechtliche Betreuer lehnt die Übernahme grundlos ab und missachtet die Wirksamkeit der rechtlichen Betreuung. Durch seine Untätigkeit entsteht ein Schaden.*
- *Das Unterlassen einer Handlung, auch wenn dies mit Arbeitsüberlastung begründet wird.*
- *Unterlassene Antragstellung oder Fristversäumnisse bei Anträgen (Rente, Arbeitslosengeld, Arbeitslosenhilfe, Sozialhilfe usw. oder Prozessführung).*
- *Die versäumte, fehlerhafte oder aussichtslose Führung eines Prozesses.*
- *Beim voreiligen Verkauf eines Hauses in Zeiten ansteigender Preise. Der Preis für ein Hausgrundstück sollte von einer unabhängigen Stelle (z.B. Gutachterausschuss der Stadt- oder Kreisverwaltung) geschätzt werden.*
- *Verspäteter Antrag zur Auflösung der Wohnung.*
- *Wohnungsauflösung ohne Genehmigung des Gerichts.*
- *Verspätete Wohnungsauflösung nach erteilter Genehmigung.*
- *Nicht erfolgte Meldung an das Gericht zur notwendigen Erweiterung oder Einschränkung des Aufgabenkreises.*
- *Anlegung (nicht Verfügungsgeld) mit zu geringem Zinssatz.*
- *Die Einwilligung in eine Heilbehandlung, ohne dass sich der rechtliche Betreuer hat ausreichend beraten lassen.*
- *Anordnung unnötiger freiheitsentziehender Maßnahmen.*
- *Verspätete Aufhebung freiheitsentziehender Maßnahmen.*

Wann beginnt die Haftung?

Die Haftung beginnt mit der Wirksamkeit der Bestellung zum rechtlichen Betreuer.[4]

Welche Voraussetzungen müssen für einen Haftungsanspruch erfüllt sein?

Voraussetzung eines haftungsrechtlichen Anspruches ist, dass der Schaden kausal auf eine Pflichtverletzung des rechtlichen Betreuers zurückzuführen ist und er diesen Schaden hätte vermeiden können.[5] Der rechtliche Betreuer unterliegt der Haftung für jedes Verschulden, also Vorsatz oder grobe Fahrlässigkeit und einfache Fahrlässigkeit.

Eine Erklärung der rechtlich betreuten Person, die den rechtlichen Betreuer von der Haftung befreit, wird im Allgemeinen nicht anerkannt. Auch die Befreiung aus der Haftung, welche vor Einrichtung der rechtlichen Betreuung, also zum Beispiel in einer Betreuungsverfügung, ausgesprochen worden ist, ist umstritten.[6]

Entbindet mich die gerichtliche Genehmigung von der Haftung?

Bei Angelegenheiten, die einer gerichtlichen Genehmigung bedürfen, stellt diese nur einen bedingten Schutz gegen die Haftung des rechtlichen Betreuers dar. Der rechtliche Betreuer darf von der erteilten Genehmigung nur Gebrauch machen, wenn alle Umstände, auch solche, die nach erteilter Genehmigung eingetreten sind, berücksichtigt worden sind. Er hat auch zu prüfen, ob die der gerichtlichen Entscheidung zugrunde liegenden Entscheidungskriterien vollständig und richtig sind.

Beispiel

Das Gericht hat die beabsichtigte Operation genehmigt. Im Verlauf des Genehmigungsverfahrens hat sich der Gesundheitszustand der rechtlich betreuten Person verändert. Der rechtliche Betreuer muss seine Entscheidung neu überdenken.

Die Verweigerung der Genehmigung entbindet den Betreuer nicht automatisch von der Haftung wegen Untätigkeit. Der Betreuer hat hier die Möglichkeit von Rechtsmitteln zu prüfen. Unterlässt er ein mögliches und erfolgversprechendes Rechtsmittel, haftet er auch für die hieraus entstehenden Schäden.

Der Antrag auf gerichtliche Genehmigung einer vom Betreuer beabsichtigten Maßnahme entbindet den Betreuer nicht von der Pflicht des sofortigen Handelns, wenn nur durch sofortiges Handeln eine drohende Gefahr beseitigt werden kann.

Wer trägt die Beweislast?

Grundsätzlich haftet der Betreuer gegenüber der rechtich betreuten Person für den aus einer Pflichtverletzung entstandenen Schaden, es sei denn, er hat ihn nicht zu vertreten. Der rechtliche Betreuer hat somit nachzuweisen, dass er den Schaden nicht zu vertreten hat.

Wann können Dritte einen Haftungsanspruch direkt gegen den rechtlichen Betreuer geltend machen?

4 Siehe Abschnitt 3.12.7
5 § 1826 Absatz 1
6 Epple, BtPrax 1993, 158

Wie bereits ausgeführt wurde, haftet der Betreuer in der Regel nur im Innenverhältnis. Abweichend hiervon haftet der rechtliche Betreuer direkt,

- wenn er im eigenen Interesse handelt,
- wenn ein Geschäft wegen der Person des rechtlichen Betreuers zustande gekommen ist. Dabei reicht es nicht aus, dass das Geschäft wegen der rechtlichen Betreuung zustande gekommen ist. Vielmehr muss das Geschäft aufgrund des besonderen Vertrauensverhältnisses zur Person des rechtlichen Betreuers zustande gekommen sein.
- wenn dies aufgrund öffentlich-rechtlicher Vorschriften bestimmt ist,[7]
- wenn er außerhalb des vom Gericht angeordneten Aufgabenkreises handelt,
- wenn er nach dem Ende einer rechtlichen Betreuung noch handelt.

Grundsätzlich sollte sich der rechtliche Betreuer immer vergewissern, dass sein Handeln durch den vom Gericht beschlossenen Aufgabenkreis legitimiert ist. Die Möglichkeit der freien Formulierung der Aufgabenbereiche führt immer wieder zu unterschiedlichen Einschätzungen, welche Aufgaben vom rechtlichen Betreuer zu erledigen sind. Im Zweifel sollte das Betreuungsgericht um eine Klärung gebeten werden.

Ist der rechtliche Betreuer außerhalb seines Aufgabenbereiches oder nach dem Ende der rechtlichen Betreuung tätig, handelt er als Vertreter ohne Vertretungsmacht. In diesem Fall ist allein der rechtliche Betreuer gegenüber dem Vertragspartner zur Erfüllung des Vertrages bzw. zum Schadensersatz verpflichtet. Eine Haftung entfällt, wenn die geschäftsfähige rechtlich betreute Person den Vertrag genehmigt oder der Vertragspartner gewusst hat, dass der rechtliche Betreuer außerhalb seines Auftrags handelt.

Wie kann das Risiko der persönlichen Haftung gemindert werden?

Für rechtliche Berufsbetreuer*innen ist der Abschluss einer Berufshaftpflichtversicherung zur Deckung der sich aus der Berufstätigkeit ergebenden Haftpflichtgefahren mit einer Mindestversicherungssumme von 250 000 Euro für jeden Versicherungsfall und von 1 Million Euro für alle Versicherungsfälle eines Versicherungsjahres gesetzlich vorgeschrieben.[8]

Ehrenamtliche Betreuer*innen sind (soweit bis zum Redaktionsschluss bekannt) in allen Bundesländern durch eine Sammelhaftpflichtversicherung geschützt. Diese Versicherung deckt nur Schäden, die durch das Handeln rechtlicher Betreuer*innen im Rahmen ihrer Amtsführung und des Aufgabenkreises entstehen. Eine Lücke ist dann gegeben, wenn sie über ihren Aufgabenkreis hinaus handeln. Rechtliche Betreuer*innen sollten daher ihren Haftpflichtversicherungsschutz prüfen und sich ggf. beraten lassen. Möglicherweise empfiehlt es sich, eine ergänzende Versicherung abzuschließen.

Das Risiko der persönlichen Haftung kann weiter gemindert werden, indem schwierige Entscheidungen mit dafür kompetenten Fachleuten besprochen werden und die Argumente, die zur Entscheidung geführt haben, schriftlich dokumentiert werden.

Die Bedeutung einer ausführlichen Dokumentation und das Sammeln und Archivieren der die jeweiligen Entscheidungen begründenden Tatsachen kann im Zusammenhang mit der

7 Z.B. gegenüber dem Träger von Sozialleistungen
8 § 23 Abs 1 Nr. 3 BtOG

Reduzierung möglicher Haftungsrisiken nicht hoch genug bewertet werden. Diese Dokumentation sollte dem Gericht zur Kenntnis gebracht werden.[9]

Rechtliche Betreuer*innen haben das Recht, vom Betreuungsgericht[10] und der Betreuungsbehörde[11] kostenlos beraten zu werden. Die Behörde hat darüber hinaus die Pflicht, ein ausreichendes Angebot zur Fortbildung für rechtliche Betreuer*innen zur Verfügung zu stellen.[12] Die Betreuungsbehörde kann diese Aufgabe an Betreuungsvereine delegieren.

Ehrenamtliche rechtliche Betreuer*innen ohne persönlichen Bezug zur rechtlich betreuten Person sollen vor ihrer Bestellung mit einem Betreuungsverein oder einer Betreuungsbehörde eine Vereinbarung über eine Begleitung und Unterstützung abschließen.[13] Für alle anderen ist eine solche Vereinbarung freiwillig. Die Vereinbarung sichert Unterstützung und Beratung auch im Hinblick auf die Vermeidung von Haftungsrisiken.[14]

9 Siehe auch Abschnitt 5
10 § 1861 BGB
11 § 5 BtOG
12 § 6 BtBG
13 § 22 BtOG
14 Siehe Abschnitt 3.8.2

11 Kosten der rechtlichen Betreuung

Alles kostet Geld! Die Kosten der rechtlichen Betreuung ergeben sich aus den Kosten für das Gerichtsverfahren und den Kosten für die rechtlich betreuende Person und eigene Kosten (beispielsweise die Kosten eines beauftragen Rechtsanwaltes). Die oft vorgetragene Forderung nach einer allgemeinen Kostenfreiheit in Betreuungsangelegenheiten konnte sich auf Grund der knappen Finanzmittel von Bund und Ländern nicht durchsetzen.

Das Kostenrecht ist insgesamt sehr komplex und kann im Rahmen dieses Buches nicht bis in den letzten Winkel ausgeleuchtet werden. Es wird hier nur kurz angeschnitten, um dem Leser einen ungefähren Überblick über die Kostensituation zu geben.

Welche Kosten entstehen im Gerichtsverfahren?

Das Gericht stellt der betroffenen Person Gebühren und Auslagen in Rechnung. Unterbringungsverfahren sind gebührenfrei, allerdings können auch hier Auslagen in Rechnung gestellt werden.

Wo findet sich die Rechtsgrundlage zur Erhebung der Kosten?

Die Vorschriften zur Regulierung der Kosten im Gerichtsverfahren finden sich im **Gerichts- und Notarkostengesetz** (GNotKG). Die alte Kostenordnung ist u.a. weiter anzuwenden auf Verfahren, die vor dem 1.8.2013 anhängig geworden oder eingeleitet worden sind, auf vor dem 1.8.2013 eingelegte Rechtsmittel und in zahlreichen weiteren Fällen.[1] Eine umfassende Darstellung kann an dieser Stelle nicht geleistet werden.[2]

Gibt es eine Freigrenze?

Kosten des Gerichtsverfahrens entstehen der rechtlich betreuten Person erst dann, wenn ihr Vermögen die Vermögensfreigrenze (derzeit 25.000,00 € nach Abzug der Schulden[3]) übersteigt. Darüber hinaus wird das angemessene selbst bewohnte Hausgrundstück nicht mitberücksichtigt.

Wie hoch sind die Gerichtsgebühren?

Liegt das Vermögen über der Vermögensfreigrenze, ist, neben anderen Kosten, eine Jahres-Mindestgebühr für Dauerbetreuungen in Höhe von 200,00 € zu leisten.[4] Die Jahres-Höchstgebühr bei reiner Personensorge beträgt 300,00 €.[5] Im Übrigen errechnen sich die Jahresgebühren aus dem den Freibetrag von 25.000,00 € übersteigenden Vermögen. Je angefangene 5.000,00 € wird eine Gebühr von 10,00 € fällig.[6]

---

1 Vgl. hierzu § 136 GNotKG

2 Eine Darstellung des Kostenrechts findet sich z.B. bei Dodegge/Roth in BtKomm-Dodegge, Teil I, Rn. 1 ff.

3 Vorbem. 1.1. zu Anlage 1 zum GNotKG

4 Anlage 1 zu § 3 Absatz 2 GNotKG, Hauptabschnitt 1, KV 11101

5 Anlage 1 zu § 3 Absatz 2 GNotKG, Hauptabschnitt 1, KV 11102

6 Anlage 1 zu § 3 Absatz 2 GNotKG, Hauptabschnitt 1, KV 11101

Welche Auslagen können anfallen?

Auslagen des Betreuungsgerichts können sein:

- Honorar für Sachverständige,
- Kosten des Verfahrenspflegers,
- gezahlte Zeugenentschädigungen,
- Reisekosten des Richters und andere Auslagen.

In Unterbringungsverfahren schuldet die betroffene Person die Auslagen für den Verfahrenspfleger.

Was kosten rechtliche Betreuer*innen?

Dieses Thema soll hier ebenfalls nur eine kurze Erwähnung finden.

Welche Regelungen gelten für ehrenamtliche rechtliche Betreuer*innen?

Ehrenamtlichen rechtlichen Betreuer*innen steht grundsätzlich kein Anspruch auf Vergütung zu.[7] Rechtliche Betreuer*innen brauchen jedoch keine eigenen Mittel für die Führung der rechtlichen Betreuung aufzuwenden. Sie können die Erstattung der ihnen entstehenden Aufwendungen[8] verlangen.

Alternativ zur Abrechnung der Auslagen über den einzelnen Nachweis kann seit dem 01.01.2023 eine jährliche Pauschale von 425,00 € beansprucht werden.[9] Dieser Anspruch steht auch den unterhaltspflichtigen Angehörigen zu. Die Ersatzansprüche erlöschen, wenn sie nicht 15 Monate nach ihrem Entstehen gerichtlich geltend gemacht worden sind.[10]

Für den Fall, dass die rechtlich betreute Person über Vermögen verfügt, kann das Gericht auch ehrenamtlich tätigen rechtlichen Betreuer*innen eine angemessene Vergütung (Ermessensvergütung) zubilligen. Das Gericht kann eine Vergütung nur dann zubilligen, wenn der Umfang der zu erledigenden Angelegenheiten dies rechtfertigt. Dies ist bei der ordnungsgemäßen Führung der rechtlichen Betreuung in der Regel anzunehmen.[11]

Welche Regelungen gelten für rechtliche Berufsbetreuer*innen?

„Vergütung und Aufwendungsersatz des beruflichen Betreuers, des Betreuungsvereins, des Behördenbetreuers und der Betreuungsbehörde bestimmen sich nach dem Vormünder- und Betreuervergütungsgesetz."[12]

Die Regelungen des Vormünder- und Betreuervergütungsgesetzes (VBVG) sind umfangreich. Eine ausführliche Darstellung würde den Rahmen sprengen. Die folgende Darstellung beschränkt sich daher auf die pauschale Vergütung für Berufsbetreuer*innen. Die Vergütung von Verfahrenspflegern und anderen Sonderfällen soll an dieser Stelle nicht behandelt werden.

7 § 1876 Absatz 1 Satz 1 BGB
8 § 1877 BGB (z.B. Fahrtkosten, Telefongebühren, Porto usw.)
9 § 1877 BGB i.V.m. 22 Satz 1 JVEG
10 § 1877 Absatz 4 BGB
11 § 1876 BGB
12 § 1875 Absatz 2 BGB

Bei der pauschalen Vergütungsregelung für Berufsbetreuer*innen handelt es sich im Wesentlichen um eine Bestellungsgebühr, die unabhängig vom Arbeitsanfall und der Schwierigkeit der zu erledigenden Geschäfte anfällt.

Welche Folgen hat die pauschale Vergütung?

Das Betreuungsrecht dient allein dem Interesse der rechtlich betreuten Person. Sie hat nicht nur einen Anspruch auf die Bestellung eines rechtlichen Betreuers für die Angelegenheiten, die sie ganz oder teilweise nicht selbst erledigen kann, sondern auch Anspruch auf die in ihrem Fall erforderlichen Betreuertätigkeiten. Dieser Anspruch beruht auf der staatlichen Pflicht zum Schutz der Menschenwürde und der rechtlich betreuten Person. Er kann deshalb durch kein wie auch immer geartetes Budgetierungsverfahren außer Kraft gesetzt werden. Die pauschale Vergütung zwingt Berufsbetreuer*innen, ein Gleichgewicht zwischen wirtschaftlichem Zwang und Arbeitsbelastung herzustellen. Sie werden also – wo immer es geht, ohne ihre Aufgabe zu vernachlässigen – versuchen, die Arbeitsbelastung zu minimieren.

Der Pauschalvergütung liegt eine Durchschnittsbetrachtung zugrunde. Das führt bei allen Betreuer*innen, deren Klientel nicht der Durchschnittsverteilung entspricht – also bei allen, die überwiegend schwierige und zeitaufwendige rechtliche Betreuungen führen –, zu einem Zwang, die Betreuerleistungen bis an den Rand des gesetzlich Möglichen zu reduzieren.

Woraus errechnet sich die pauschale Vergütung?

Konkret errechnet sich die Vergütung, die beruflichen Betreuer*innen bewilligt wird, nach monatlichen Fallpauschalen, die in Vergütungstabellen (siehe im Anschluss auf Seite 329 ff.) festgelegt sind. Die Vergütung richtet sich nach

1. Vergütungstabelle A, sofern Betreuer*innen weder über eine abgeschlossene Lehre noch über eine abgeschlossene Ausbildung an einer Hochschule oder eine vergleichbare Ausbildung verfügen;
2. Vergütungstabelle B, wenn Betreuer*innen über eine abgeschlossene Lehre oder eine vergleichbare abgeschlossene Ausbildung verfügen;
3. Vergütungstabelle C, wenn Betreuer*innen über eine abgeschlossene Ausbildung an einer Hochschule oder eine vergleichbare abgeschlossene Ausbildung verfügen.[13]

Zudem ergibt sich die Höhe der Pauschale aus

1. der Dauer der rechtlichen Betreuung,
2. dem gewöhnlichen Aufenthaltsort der rechtlich betreuten Person und
3. dem Vermögensstatus der rechtlich betreuten Person.

13 § 8 VBVG

Hinsichtlich der Dauer der rechtlichen Betreuung wird bei der Berechnung der Fallpauschalen zwischen den Zeiträumen in den ersten drei Monaten, im vierten bis sechsten Monat, im siebten bis zwölften Monat, im 13. bis 24. Monat und ab dem 25. Monat unterschieden.

Hinsichtlich des gewöhnlichen Aufenthaltsortes ist zwischen stationären Einrichtungen und diesen gleichgestellten ambulant betreuten Wohnformen einerseits und anderen Wohnformen andererseits zu unterscheiden.

Im Sinne dieses Gesetzes sind

- **Stationäre Einrichtungen:**

  Einrichtungen, die dem Zweck dienen, Volljährige aufzunehmen, ihnen Wohnraum zu überlassen sowie tatsächliche Betreuung oder Pflege zur Verfügung zu stellen oder vorzuhalten, und die in ihrem Bestand von Wechsel und Zahl der Bewohner unabhängig sind und entgeltlich betrieben werden;

- **Ambulant betreute Wohnformen:**

  sind entgeltliche Angebote, die dem Zweck dienen, Volljährigen das Leben in einem gemeinsamen Haushalt oder einer Wohnung bei gleichzeitiger Inanspruchnahme extern angebotener entgeltlicher Leistungen tatsächlicher Betreuung oder Pflege zu ermöglichen.

Ambulant betreute Wohnformen sind stationären Einrichtungen gleichgestellt, wenn die in der ambulant betreuten Wohnform extern angebotenen Leistungen tatsächlicher Betreuung oder Pflege als Rund-um-die-Uhr-Versorgung durch professionelle Betreuungs- oder Pflegekräfte zur Verfügung gestellt oder vorgehalten werden und der Anbieter der extern angebotenen Betreuungs- und Pflegeleistungen nicht frei wählbar ist.[14]

14 § 9 VBVG

Vergütungstabelle A

Nr.	Dauer der Betreuung	Nr.	Gewöhnlicher Aufenthaltsort	Nr.	Vermögens-status	monatliche Pauschale
A1	In den ersten drei Monaten	A1.1	stationäre Einrichtung oder gleichgestellte ambulant betreute Wohnform	A1.1.1	mittellos	194,00 €
				A1.1.2	nicht mittellos	200,00 €
		A1.2	andere Wohnform	A1.2.1	mittellos	208,00 €
				A1.2.2	nicht mittellos	298,00 €
A2	Im vierten bis sechsten Monat	A2.1	stationäre Einrichtung oder gleichgestellte ambulant betreute Wohnform	A2.1.1	mittellos	129,00 €
				A2.1.2	nicht mittellos	158,00 €
		A2.2	andere Wohnform	A2.2.1	mittellos	170,00 €
				A2.2.2	nicht mittellos	208,00 €
A3	Im siebten bis zwölften Monat	A3.1	stationäre Einrichtung oder gleichgestellte ambulant betreute Wohnform	A3.1.1	mittellos	124,00 €
				A3.1.2	nicht mittellos	140,00 €
		A3.2	andere Wohnform	A3.2.1	mittellos	151,00 €
				A3.2.2	nicht mittellos	192,00 €
A4	Im 13. bis 24. Monat	A4.1	stationäre Einrichtung oder gleichgestellte ambulant betreute Wohnform	A4.1.1	mittellos	87,00 €
				A4.1.1	nicht mittellos	91,00 €
		A4.2	andere Wohnform	A4.2.1	mittellos	122,00 €
				A4.2.2	nicht mittellos	158,00 €
A5	Ab dem 25. Monat	A5.1	stationäre Einrichtung oder gleichgestellte ambulant betreute Wohnform	A5.1.1	mittellos	62,00 €
				A5.1.2	nicht mittellos	78,00 €
		A5.2	andere Wohnform	A5.2.1	mittellos	105,00 €
				A5.2.2	nicht mittellos	130,00 €

Vergütungstabelle B

Nr.	Dauer der Betreuung	Nr.	Gewöhnlicher Aufenthaltsort	Nr.	Vermögens-status	monatliche Pauschale
B1	In den ersten drei Monaten	B1.1	stationäre Einrichtung oder gleichgestellte ambulant betreute Wohnform	B1.1.1	mittellos	241,00 €
				B1.1.2	nicht mittellos	249,00 €
		B1.2	andere Wohnform	B1.2.1	mittellos	258,00 €
				B1.2.2	nicht mittellos	370,00 €
B2	Im vierten bis sechsten Monat	B2.1	stationäre Einrichtung oder gleichgestellte ambulant betreute Wohnform	B2.1.1	mittellos	158,00 €
				B2.1.2	nicht mittellos	196,00 €
		B2.2	andere Wohnform	B2.2.1	mittellos	211,00 €
				B2.2.2	nicht mittellos	258,00 €
B3	Im siebten bis zwölften Monat	B3.1	stationäre Einrichtung oder gleichgestellte ambulant betreute Wohnform	B3.1.1	mittellos	154,00 €
				B3.1.2	nicht mittellos	174,00 €
		B3.2	andere Wohnform	B3.2.1	mittellos	188,00 €
				B3.2.2	nicht mittellos	238,00 €
B4	Im 13. bis 24. Monat	B4.1	stationäre Einrichtung oder gleichgestellte ambulant betreute Wohnform	B4.1.1	mittellos	107,00 €
				B4.1.1	nicht mittellos	113,00 €
		B4.2	andere Wohnform	B4.2.1	mittellos	151,00 €
				B4.2.2	nicht mittellos	196,00 €
B5	Ab dem 25. Monat	B5.1	stationäre Einrichtung oder gleichgestellte ambulant betreute Wohnform	B5.1.1	mittellos	78,00 €
				B5.1.2	nicht mittellos	96,00 €
		B5.2	andere Wohnform	B5.2.1	mittellos	130,00 €
				B5.2.2	nicht mittellos	161,00 €

Vergütungstabelle C

Nr.	Dauer der Betreuung	Nr.	Gewöhnlicher Aufenthaltsort	Nr.	Vermögens-status	monatliche Pauschale
C1	In den ersten drei Monaten	C1.1	stationäre Einrichtung oder gleichgestellte ambulant betreute Wohnform	C1.1.1	mittellos	317,00 €
				C1.1.2	nicht mittellos	327,00 €
		C1.2	andere Wohnform	C1.2.1	mittellos	339,00 €
				C1.2.2	nicht mittellos	486,00 €
C2	Im vierten bis sechsten Monat	C2.1	stationäre Einrichtung oder gleichgestellte ambulant betreute Wohnform	C2.1.1	mittellos	208,00 €
				C2.1.2	nicht mittellos	257,00 €
		C2.2	andere Wohnform	C2.2.1	mittellos	277,00 €
				C2.2.2	nicht mittellos	339,00 €
C3	Im siebten bis zwölften Monat	C3.1	stationäre Einrichtung oder gleichgestellte ambulant betreute Wohnform	C3.1.1	mittellos	202,00 €
				C3.1.2	nicht mittellos	229,00 €
		C3.2	andere Wohnform	C3.2.1	mittellos	246,00 €
				C3.2.2	nicht mittellos	312,00 €
C4	Im 13. bis 24. Monat	C4.1	stationäre Einrichtung oder gleichgestellte ambulant betreute Wohnform	C4.1.1	mittellos	141,00 €
				C4.1.1	nicht mittellos	149,00 €
		C4.2	andere Wohnform	C4.2.1	mittellos	198,00 €
				C4.2.2	nicht mittellos	257,00 €
C5	Ab dem 25. Monat	C5.1	stationäre Einrichtung oder gleichgestellte ambulant betreute Wohnform	C5.1.1	mittellos	102,00 €
				C5.1.2	nicht mittellos	127,00 €
		C5.2	andere Wohnform	C5.2.1	mittellos	171,00 €
				C5.2.2	nicht mittellos	211,00 €

Gibt es gesonderte Pauschalen?

Ist der Betreute nicht mittellos, wird der Betreuer mit einer zusätzlichen monatlichen Pauschale in Höhe von 30 Euro vergütet, wenn dieser die Verwaltung

1. von Geldvermögen in Höhe von mindestens 150 000 Euro,
2. von Wohnraum, der nicht vom Betreuten oder seinem Ehegatten genutzt wird, oder
3. eines Erwerbsgeschäfts des Betreuten

zu besorgen hat. Die Pauschale kann geltend gemacht werden, wenn einer der Fälle des Satzes 1 an mindestens einem Tag im Abrechnungsmonat vorliegt.

Findet ein Betreuerwechsel zwischen einer ehrenamtliche tätigen Person und einer beruflich tätigen Person statt, ist die beruflich tätige Person mit einer einmaligen Pauschale in Höhe von 200 Euro zu vergüten. Findet ein Betreuerwechsel von einer beruflich zu einer ehrenamtlichtätigen Person statt, ist die beruflich tätige Person mit einer einmaligen Pauschale in Höhe des 1,5-Fachen der zum Zeitpunkt des Betreuerwechsels zu vergütenden Fallpauschale zu vergüten. Dies gilt auch für rechtliche Betreuungen , wenn zunächst neben der beruflich tätigen Person bereits ein ehrenamtlich tätige Person bestellt war (Tandembetreuung) und die ehrenamtlich tätige Person die rechtliche Betreuung allein fortführt.[15]

Wer bezahlt die Kosten des rechtlichen Betreuers und des Verfahrenspflegers?

Die Kosten für rechtliche Berufsbetreuer*innen können sich sehr schnell auf mehrere Tausend Euro summieren. Das Gesetz[16] sieht eine Erstattung der Kosten aus der Staatskasse nur für den Fall der Mittellosigkeit der rechtlich betreuten Person vor. In diesem Fall erbringt die Staatskasse, auch wenn die rechtlich betreute Person die Einrichtung der rechtlichen Betreuung ablehnt, für sie eine Sozialleistung. Die rechtlich betreute Person hat ihr Vermögen[17] zur Deckung der Kosten einzusetzen.

Die aus der Staatskasse gezahlten Kosten können bis zu drei Jahre,[18] nachdem sie gezahlt worden sind, von der rechtlich betreuten Person oder aus dem Nachlass gefordert werden. Ändern sich die Vermögensverhältnisse durch z.B. eine Erbschaft, sind aus dem dann vorhandenen Vermögen nicht nur die laufenden Kosten, sondern auch die nicht länger als drei Jahre zurückliegenden Kosten, die aus der Staatskasse gezahlt worden sind, zu zahlen.

Wann muss das Vermögen eingesetzt werden?

Oberhalb welcher Grenze das Vermögen eingesetzt werden muss, um die Kosten der rechtlichen Betreuung zu zahlen, ergibt sich aus dem Sozialhilferecht.

15 § 10 Absatz 1 bis 3 VBVG
16 § 16 Absatz 1 VBVG
17 § 1880 BGB i.V.m. § 90 SGB XII
18 § 1881 BGB i.V.m. §§ 195, 199 BGB

Hiernach bleiben frei:

- Vermögen, welches aus öffentlichen Mitteln zum Aufbau oder zur Sicherung einer Lebensgrundlage oder zur Gründung eines Hausstandes gewährt wird,
- das angemessene Hausgrundstück, sofern es vom betreuten Menschen alleine oder zusammen mit Angehörigen ganz oder teilweise bewohnt wird,
- Vermögen, welches nachweislich zur baldigen Beschaffung eines angemessenen Hausgrundstückes, welches vom betreuten Menschen bewohnt werden soll, dient und der Einsatz des Vermögens diesen Zweck gefährden würde,
- der angemessene Hausrat,
- Gegenstände, die zur Aufnahme oder Fortsetzung der Berufsausbildung oder der Erwerbstätigkeit unentbehrlich sind,
- Familien- und Erbstücke, sofern deren Veräußerung eine besondere Härte bedeuten würde,
- kleinere Barbeträge bis 5.000,00 €[19]

Ungeachtet dieser Regelungen kann das Gericht im Einzelfall einen höheren Vermögensbetrag anrechnungsfrei stellen, wenn eine Härte vor allem insoweit vorliegt, als eine angemessene Lebensführung oder die Aufrechterhaltung einer angemessenen Alterssicherung wesentlich erschwert würde.[20]

19 § 1 Absatz 1 Nr. 1b Verordnung zur Durchführung des § 90 Absatz 2 Nr. 9 SGB XII
20 § 90 Absatz 3 SGB XII

Anhang – Rechtvorschriften

Hinweis: die im Folgenden abgedruckten Rechtsvorschriften erheben keinen Anspruch auf Vollständigkeit. Sie berücksichtigen, soweit hiervon betroffen, die Änderungen durch das Gesetz zur Reform des Vormundschafts- und Betreuungsrechts vom 4. Mai 2021 (BGBl. I S. 882) sowie des sog. „Reparaturgesetzes" vom 24. Juni 2022 (BGBl. I S. 959) mit Wirkung zum 1.1.2023. Diese Änderungen sind durch **Fettdruck** hervorgehoben. Es wurden bis zum 1.8.2022 veröffentlichte Änderungen eingearbeitet. Aktuelle Fassung der meisten Rechtsvorschiften sind im Internet abrufbar, z.B. über die Seite www.gesetze-im-internet.de.

1 Grundgesetz für die Bundesrepublik Deutschland (GG)

vom 23. Mai 149 (BGBl. S. 1),

zuletzt geändert durch das Gesetz vom 29. September 2020 (BGBl. I S. 2048)

– Auszug –

Artikel 2

(1) Jeder hat das Recht auf die freie Entfaltung seiner Persönlichkeit, soweit er nicht die Rechte anderer verletzt und nicht gegen die verfassungsmäßige Ordnung oder das Sittengesetz verstößt.

(2) [1]Jeder hat das Recht auf Leben und körperliche Unversehrtheit. [2]Die Freiheit der Person ist unverletzlich. 3In diese Rechte darf nur auf Grund eines Gesetzes eingegriffen werden.

2 Übereinkommen der Vereinten Nationen über die Rechte von Menschen mit Behinderungen

vom 13. Dezember 2006 (BGBl. 2008 II S. 1420)

– Auszug –

Hinweis: Das Übereinkommen ist in Deutschland am 26. März 2009 in Kraft getreten, siehe Gesetz vom 21. Dezember 2008 (BGBl. I S. 1419) i.V.m. der Bekanntmachung vom 5. Juni 2009 (BGBl. I S. 812)

Präambel

Die Vertragsstaaten dieses Übereinkommens

...

haben Folgendes vereinbart:

...

Artikel 12
Gleiche Anerkennung vor dem Recht

(1) Die Vertragsstaaten bekräftigen, dass Menschen mit Behinderungen das Recht haben, überall als Rechtssubjekt anerkannt zu werden.

(1) Die Vertragsstaaten anerkennen, dass Menschen mit Behinderungen in allen Lebensbereichen gleichberechtigt mit anderen Rechts- und Handlungsfähigkeit genießen.

(1) Die Vertragsstaaten treffen geeignete Maßnahmen, um Menschen mit Behinderungen Zugang zu der Unterstützung zu verschaffen, die sie bei der Ausübung ihrer Rechts- und Handlungsfähigkeit gegebenenfalls benötigen.

(1) Die Vertragsstaaten stellen sicher, dass zu allen die Ausübung der Rechts- und Handlungsfähigkeit betreffenden Maßnahmen im Einklang mit den internationalen Menschenrechtsnormen geeignete und wirksame Sicherungen vorgesehen werden, um Missbräuche zu verhindern. Diese Sicherungen müssen gewährleisten, dass bei den Maßnahmen betreffend die Ausübung der Rechts- und Handlungsfähigkeit die Rechte, der Wille und die Präferenzen der betreffenden Person geachtet werden, es nicht zu Interessenkonflikten und missbräuchlicher Einflussnahme kommt, dass die Maßnahmen verhältnismäßig und auf die Umstände der Person zugeschnitten sind, dass sie von möglichst kurzer Dauer sind und dass sie einer regelmäßigen Überprüfung durch eine zuständige, unabhängige und unparteiische Behörde oder gerichtliche Stelle unterliegen. Die Sicherungen müssen im Hinblick auf das Ausmaß, in dem diese Maßnahmen die Rechte und Interessen der Person berühren, verhältnismäßig sein.

(1) Vorbehaltlich dieses Artikels treffen die Vertragsstaaten alle geeigneten und wirksamen Maßnahmen, um zu gewährleisten, dass Menschen mit Behinderungen das gleiche Recht wie andere haben, Eigentum zu besitzen oder zu erben, ihre finanziellen Angelegenheiten selbst zu regeln und gleichen Zugang zu Bankdarlehen, Hypotheken und anderen Finanzkrediten zu haben, und gewährleisten, dass Menschen mit Behinderungen nicht willkürlich ihr Eigentum entzogen wird.

Artikel 13
Zugang zur Justiz

(1) Die Vertragsstaaten gewährleisten Menschen mit Behinderungen gleichberechtigt mit anderen wirksamen Zugang zur Justiz, unter anderem durch verfahrensbezogene und altersgemäße Vorkehrungen, um ihre wirksame unmittelbare und mittelbare Teilnahme, einschließlich als Zeugen und Zeuginnen, an allen Gerichtsverfahren, auch in der Ermittlungsphase und in anderen Vorverfahrensphasen, zu erleichtern.

(1) Um zur Gewährleistung des wirksamen Zugangs von Menschen mit Behinderungen zur Justiz beizutragen, fördern die Vertragsstaaten geeignete Schulungen für die im Justizwesen tätigen Personen, einschließlich des Personals von Polizei und Strafvollzug.

...

3 Bürgerliches Gesetzbuch (BGB)

in der Fassung der Bekanntmachung vom 2. Januar 2002 (BGBl. I S. 42, 2909; 2003 I S. 738), zuletzt geändert durch das Gesetz vom 15. Juli 2022 (BGBl. I S. 1146)

– Auszug –

Buch 1
Allgemeiner Teil

Abschnitt 3
Rechtsgeschäfte

Titel 1
Geschäftsunfähigkeit

§ 104
Geschäftsunfähigkeit

Geschäftsunfähig ist:

1. wer nicht das siebente Lebensjahr vollendet hat,
2. wer sich in einem die freie Willensbestimmung ausschließenden Zustand krankhafter Störung der Geistestätigkeit befindet, sofern nicht der Zustand seiner Natur nach ein vorübergehender ist.

§ 105
Nichtigkeit der Willenserklärung

(1) Die Willenserklärung eines Geschäftsunfähigen ist nichtig.

(2) Nichtig ist auch eine Willenserklärung, die im Zustand der Bewusstlosigkeit oder vorübergehender Störung der Geistestätigkeit abgegeben wird.

§ 105a
Geschäfte des täglichen Lebens

Tätigt ein volljähriger Geschäftsunfähiger ein Geschäft des täglichen Lebens, das mit geringwertigen Mitteln bewirkt werden kann, so gilt der von ihm geschlossene Vertrag in Ansehung von Leistung und, soweit vereinbart, Gegenleistung als wirksam, sobald Leistung und Gegenleistung bewirkt sind. Satz 1 gilt nicht bei einer erheblichen Gefahr für die Person oder das Vermögen des Geschäftsunfähigen.

§ 106
Beschränkte Geschäftsfähigkeit Minderjähriger

Ein Minderjähriger, der das siebente Lebensjahr vollendet hat, ist nach Maßgabe der §§ 107 bis 113 in der Geschäftsfähigkeit beschränkt.

§ 107
Einwilligung des gesetzlichen Vertreters

Der Minderjährige bedarf zu einer Willenserklärung, durch die er nicht lediglich einen rechtlichen Vorteil erlangt, der Einwilligung seines gesetzlichen Vertreters.

§ 108
Vertragsschluss ohne Einwilligung

(1) Schließt der Minderjährige einen Vertrag ohne die erforderliche Einwilligung des gesetzlichen Vertreters, so hängt die Wirksamkeit des Vertrags von der Genehmigung des Vertreters ab.

(2) Fordert der andere Teil den Vertreter zur Erklärung über die Genehmigung auf, so kann die Erklärung nur ihm gegenüber erfolgen; eine vor der Aufforderung dem Minderjährigen gegenüber erklärte Genehmigung oder Verweigerung der Genehmigung wird unwirksam. Die Genehmigung kann nur bis zum Ablauf von zwei Wochen nach dem Empfang der Aufforderung erklärt werden; wird sie nicht erklärt, so gilt sie als verweigert.

(3) Ist der Minderjährige unbeschränkt geschäftsfähig geworden, so tritt seine Genehmigung an die Stelle der Genehmigung des Vertreters.

§ 109
Widerrufsrecht des anderen Teils

(1) Bis zur Genehmigung des Vertrags ist der andere Teil zum Widerruf berechtigt. Der Widerruf kann auch dem Minderjährigen gegenüber erklärt werden.

(2) Hat der andere Teil die Minderjährigkeit gekannt, so kann er nur widerrufen, wenn der Minderjährige der Wahrheit zuwider die Einwilligung des Vertreters behauptet hat; er kann auch in diesem Falle nicht widerrufen, wenn ihm das Fehlen der Einwilligung bei dem Abschluss des Vertrags bekannt war.

§ 110
Bewirken der Leistung mit eigenen Mitteln

Ein von dem Minderjährigen ohne Zustimmung des gesetzlichen Vertreters geschlossener Vertrag gilt als von Anfang an wirksam, wenn der Minderjährige die vertragsmäßige Leistung mit Mitteln bewirkt, die ihm zu diesem Zweck oder zu freier Verfügung von dem Vertreter oder mit dessen Zustimmung von einem Dritten überlassen worden sind.

§ 111
Einseitige Rechtsgeschäfte

Ein einseitiges Rechtsgeschäft, das der Minderjährige ohne die erforderliche Einwilligung des gesetzlichen Vertreters vornimmt, ist unwirksam. Nimmt der Minderjährige mit dieser Einwilligung ein solches Rechtsgeschäft einem anderen gegenüber vor, so ist das Rechtsgeschäft unwirksam, wenn der Minderjährige die Einwilligung nicht in schriftlicher Form vorlegt und der andere das Rechtsgeschäft aus diesem Grunde unverzüglich zurückweist. Die Zurückweisung ist ausgeschlossen, wenn der Vertreter den anderen von der Einwilligung in Kenntnis gesetzt hatte.

§ 112
Selbständiger Betrieb eines Erwerbsgeschäfts

(1) Ermächtigt der gesetzliche Vertreter mit Genehmigung des Familiengerichts den Minderjährigen zum selbständigen Betrieb eines Erwerbsgeschäfts, so ist der Minderjährige für solche Rechtsgeschäfte unbeschränkt geschäftsfähig, welche der Geschäftsbetrieb mit sich bringt. Ausgenommen sind Rechtsgeschäfte, zu denen der Vertreter der Genehmigung des Familiengerichts bedarf.

(2) Die Ermächtigung kann von dem Vertreter nur mit Genehmigung des Familiengerichts zurückgenommen werden.

§ 113
Dienst- oder Arbeitsverhältnis

(1) Ermächtigt der gesetzliche Vertreter den Minderjährigen, in Dienst oder in Arbeit zu treten, so ist der Minderjährige für solche Rechtsgeschäfte unbeschränkt geschäftsfähig, welche die Eingehung oder Aufhebung eines Dienst- oder Arbeitsverhältnisses der gestatteten Art oder die Erfüllung der sich aus einem solchen Verhältnis ergebenden Verpflichtungen betreffen. Ausgenommen sind Verträge, zu denen der Vertreter der Genehmigung des Familiengerichts bedarf.

(2) Die Ermächtigung kann von dem Vertreter zurückgenommen oder eingeschränkt werden.

(3) Ist der gesetzliche Vertreter ein Vormund, so kann die Ermächtigung, wenn sie von ihm verweigert wird, auf Antrag des Minderjährigen durch das Familiengericht ersetzt werden. Das Familiengericht hat die Ermächtigung zu ersetzen, wenn sie im Interesse des Mündels liegt.

(4) Die für einen einzelnen Fall erteilte Ermächtigung gilt im Zweifel als allgemeine Ermächtigung zur Eingehung von Verhältnissen derselben Art.

§ 114, 115

(weggefallen)

Titel 2
Willenserklärung

§ 131
Wirksamwerden gegenüber nicht voll Geschäftsfähigen

(1) Wird die Willenserklärung einem Geschäftsunfähigen gegenüber abgegeben, so wird sie nicht wirksam, bevor sie dem gesetzlichen Vertreter zugeht.

(2) (2) Das Gleiche gilt, wenn die Willenserklärung einer in der Geschäftsfähigkeit beschränkten Person gegenüber abgegeben wird. Bringt die Erklärung jedoch der in der Geschäftsfähigkeit beschränkten Person lediglich einen rechtlichen Vorteil oder hat der gesetzliche Vertreter seine Einwilligung erteilt, so wird die Erklärung in dem Zeitpunkt wirksam, in welchem sie ihr zugeht.

Titel 3
Vertrag

§ 153
Tod oder Geschäftsunfähigkeit des Antragenden

Das Zustandekommen des Vertrags wird nicht dadurch gehindert, dass der Antragende vor der Annahme stirbt oder geschäftsunfähig wird, es sei denn, dass ein anderer Wille des Antragenden anzunehmen ist.

...

Titel 5
Vertretung und Vollmacht

§ 181
Insichgeschäft

Ein Vertreter kann, soweit nicht ein anderes ihm gestattet ist, im Namen des Vertretenen mit sich im eigenen Namen oder als Vertreter eines Dritten ein Rechtsgeschäft nicht vornehmen, es sei denn, dass das Rechtsgeschäft ausschließlich in der Erfüllung einer Verbindlichkeit besteht.

...

Buch 2
Recht der Schuldverhältnisse

Abschnitt 1
Inhalt der Schuldverhältnisse

Titel 1
Verpflichtung zur Leistung

§ 249
Art und Umfang des Schadensersatzes

(1) Wer zum Schadensersatz verpflichtet ist, hat den Zustand herzustellen, der bestehen würde, wenn der zum Ersatz verpflichtende Umstand nicht eingetreten wäre.

(2) [1]Ist wegen Verletzung einer Person oder wegen Beschädigung einer Sache Schadensersatz zu leisten, so kann der Gläubiger statt der Herstellung den dazu erforderlichen Geldbetrag verlangen. [2]Bei der Beschädigung einer Sache schließt der nach Satz 1 erforderliche Geldbetrag die Umsatzsteuer nur mit ein, wenn und soweit sie tatsächlich angefallen ist.

§ 253
Immaterieller Schaden

(1) Wegen eines Schadens, der nicht Vermögensschaden ist, kann Entschädigung in Geld nur in den durch das Gesetz bestimmten Fällen gefordert werden.

(2) Ist wegen einer Verletzung des Körpers, der Gesundheit, der Freiheit oder der sexuellen Selbstbestimmung Schadensersatz zu leisten, kann auch wegen des Schadens, der nicht Vermögensschaden ist, eine billige Entschädigung in Geld gefordert werden.

§ 278
Verantwortlichkeit des Schuldners für Dritte

Der Schuldner hat ein Verschulden seines gesetzlichen Vertreters und der Personen, deren er sich zur Erfüllung seiner Verbindlichkeit bedient, in gleichem Umfang zu vertreten wie eigenes Verschulden. Die Vorschrift des § 276 Abs. 3 findet keine Anwendung.

...

Abschnitt 8
Einzelne Schuldverhältnisse

Titel 4
Schenkung

§ 528
Rückforderung wegen Verarmung des Schenkers

(1) Soweit der Schenker nach der Vollziehung der Schenkung außerstande ist, seinen angemessenen Unterhalt zu bestreiten und die ihm seinen Verwandten, seinem Ehegatten, seinem Lebenspartner oder seinem früheren Ehegatten oder Lebenspartner gegenüber gesetzlich obliegende Unterhaltspflicht zu erfüllen, kann er von dem Beschenkten die Herausgabe des Geschenkes nach den Vorschriften über die Herausgabe einer ungerechtfertigten Bereicherung fordern. Der Beschenkte kann die Herausgabe durch Zahlung des für den Unterhalt erforderlichen Betrags abwenden. Auf die Verpflichtung des Beschenkten findet die Vorschrift des § 760 sowie die für die Unterhaltspflicht der Verwandten geltende Vorschrift des § 1613 und im Falle des Todes des Schenkers auch die Vorschrift des § 1615 entsprechende Anwendung.

(2) Unter mehreren Beschenkten haftet der früher Beschenkte nur insoweit, als der später Beschenkte nicht verpflichtet ist.

Titel 8
Dienstvertrag und ähnliche Verträge

Untertitel 2
Behandlungsvertrag

§ 630a
Vertragstypische Pflichten beim Behandlungsvertrag

(1) Durch den Behandlungsvertrag wird derjenige, welcher die medizinische Behandlung eines Patienten zusagt (Behandelnder), zur Leistung der versprochenen Behandlung, der andere Teil (Patient) zur Gewährung der vereinbarten Vergütung verpflichtet, soweit nicht ein Dritter zur Zahlung verpflichtet ist.

(2) Die Behandlung hat nach den zum Zeitpunkt der Behandlung bestehenden, allgemein anerkannten fachlichen Standards zu erfolgen, soweit nicht etwas anderes vereinbart ist.

§ 630b
Anwendbare Vorschriften

Auf das Behandlungsverhältnis sind die Vorschriften über das Dienstverhältnis, das kein Arbeitsverhältnis im Sinne des § 622 ist, anzuwenden, soweit nicht in diesem Untertitel etwas anderes bestimmt ist.

§ 630c
Mitwirkung der Vertragsparteien; Informationspflichten

(1) Behandelnder und Patient sollen zur Durchführung der Behandlung zusammenwirken.

(2) Der Behandelnde ist verpflichtet, dem Patienten in verständlicher Weise zu Beginn der Behandlung und, soweit erforderlich, in deren Verlauf sämtliche für die Behandlung wesentlichen Umstände zu erläutern, insbesondere die Diagnose, die voraussichtliche gesundheitliche Entwicklung, die Therapie und die zu und nach der Therapie zu ergreifenden Maßnahmen. Sind für den Behandelnden Umstände erkennbar, die die Annahme eines Behandlungsfehlers begründen, hat er den Patienten über diese auf Nachfrage oder zur Abwendung gesundheitlicher Gefahren zu informieren. Ist dem Behandelnden oder einem seiner in § 52 Absatz 1 der Strafprozessordnung bezeichneten Angehörigen ein Behandlungsfehler unterlaufen, darf die Information nach Satz 2 zu Beweiszwecken in einem gegen den Behandelnden oder gegen seinen Angehörigen geführten Straf- oder Bußgeldverfahren nur mit Zustimmung des Behandelnden verwendet werden.

(3) Weiß der Behandelnde, dass eine vollständige Übernahme der Behandlungskosten durch einen Dritten nicht gesichert ist oder ergeben sich nach den Umständen hierfür hinreichende Anhaltspunkte, muss er den Patienten vor Beginn der Behandlung über die voraussichtlichen Kosten der Behandlung in Textform informieren. Weitergehende Formanforderungen aus anderen Vorschriften bleiben unberührt.

(4) Der Information des Patienten bedarf es nicht, soweit diese ausnahmsweise aufgrund besonderer Umstände entbehrlich ist, insbesondere wenn die Behandlung unaufschiebbar ist oder der Patient auf die Information ausdrücklich verzichtet hat.

§ 630d
Einwilligung

(1) Vor Durchführung einer medizinischen Maßnahme, insbesondere eines Eingriffs in den Körper oder die Gesundheit, ist der Behandelnde verpflichtet, die Einwilligung des Patienten einzuholen. Ist der Patient einwilligungsunfähig, ist die Einwilligung eines hierzu Berechtigten einzuholen, soweit nicht eine Patientenverfügung nach § 1827 Absatz 1 Satz 1 die Maßnahme gestattet oder untersagt. Weitergehende Anforderungen an die Einwilligung aus anderen Vorschriften bleiben unberührt. Kann eine Einwilligung für eine unaufschiebbare Maßnahme nicht rechtzeitig eingeholt werden, darf sie ohne Einwilligung durchgeführt werden, wenn sie dem mutmaßlichen Willen des Patienten entspricht.

(2) Die Wirksamkeit der Einwilligung setzt voraus, dass der Patient oder im Fall des Absatzes 1 Satz 2 der zur Einwilligung Berechtigte vor der Einwilligung nach Maßgabe von § 630e Absatz 1 bis 4 aufgeklärt worden ist.

(3) Die Einwilligung kann jederzeit und ohne Angabe von Gründen formlos widerrufen werden.

§ 630e
Aufklärungspflichten

(1) Der Behandelnde ist verpflichtet, den Patienten über sämtliche für die Einwilligung wesentlichen Umstände aufzuklären. Dazu gehören insbesondere Art, Umfang, Durchführung, zu erwartende Folgen und Risiken der Maßnahme sowie ihre Notwendigkeit, Dringlichkeit, Eignung und Erfolgsaussichten im Hinblick auf die Diagnose oder die Therapie. Bei der Aufklärung ist auch auf Alternativen zur Maßnahme hinzuweisen, wenn mehrere medizinisch gleichermaßen indizierte und übliche Methoden zu wesentlich unterschiedlichen Belastungen, Risiken oder Heilungschancen führen können.

(2) Die Aufklärung muss

1. mündlich durch den Behandelnden oder durch eine Person erfolgen, die über die zur Durchführung der Maßnahme notwendige Ausbildung verfügt; ergänzend kann auch auf Unterlagen Bezug genommen werden, die der Patient in Textform erhält,
2. so rechtzeitig erfolgen, dass der Patient seine Entscheidung über die Einwilligung wohlüberlegt treffen kann,
3. für den Patienten verständlich sein.

Dem Patienten sind Abschriften von Unterlagen, die er im Zusammenhang mit der Aufklärung oder Einwilligung unterzeichnet hat, auszuhändigen.

(3) Der Aufklärung des Patienten bedarf es nicht, soweit diese ausnahmsweise aufgrund besonderer Umstände entbehrlich ist, insbesondere wenn die Maßnahme unaufschiebbar ist oder der Patient auf die Aufklärung ausdrücklich verzichtet hat.

(4) Ist nach § 630d Absatz 1 Satz 2 die Einwilligung eines hierzu Berechtigten einzuholen, ist dieser nach Maßgabe der Absätze 1 bis 3 aufzuklären.

(5) Im Fall des § 630d Absatz 1 Satz 2 sind die wesentlichen Umstände nach Absatz 1 auch dem Patienten entsprechend seinem Verständnis zu erläutern, soweit dieser aufgrund seines Entwicklungsstandes und seiner Verständnismöglichkeiten in der Lage ist, die Erläuterung aufzunehmen, und soweit dies seinem Wohl nicht zuwiderläuft. Absatz 3 gilt entsprechend.

§ 630f
Dokumentation der Behandlung

(1) Der Behandelnde ist verpflichtet, zum Zweck der Dokumentation in unmittelbarem zeitlichen Zusammenhang mit der Behandlung eine Patientenakte in Papierform oder elektronisch zu führen. Berichtigungen und Änderungen von Eintragungen in der Patientenakte sind nur zulässig, wenn neben dem ursprünglichen Inhalt erkennbar bleibt, wann sie vorgenommen worden sind. Dies ist auch für elektronisch geführte Patientenakten sicherzustellen.

(2) Der Behandelnde ist verpflichtet, in der Patientenakte sämtliche aus fachlicher Sicht für die derzeitige und künftige Behandlung wesentlichen Maßnahmen und deren Ergebnisse aufzuzeichnen, insbesondere die Anamnese, Diagnosen, Untersuchungen, Untersuchungsergebnisse, Befunde, Therapien und ihre Wirkungen, Eingriffe und ihre Wirkungen, Einwilligungen und Aufklärungen. Arztbriefe sind in die Patientenakte aufzunehmen.

(3) Der Behandelnde hat die Patientenakte für die Dauer von zehn Jahren nach Abschluss der Behandlung aufzubewahren, soweit nicht nach anderen Vorschriften andere Aufbewahrungsfristen bestehen.

§ 630g
Beweislast bei Haftung für Behandlungs- und Aufklärungsfehler

(1) Dem Patienten ist auf Verlangen unverzüglich Einsicht in die vollständige, ihn betreffende Patientenakte zu gewähren, soweit der Einsichtnahme nicht erhebliche therapeutische Gründe oder sonstige erhebliche Rechte Dritter entgegenstehen. Die Ablehnung der Einsichtnahme ist zu begründen. § 811 ist entsprechend anzuwenden.

(2) Der Patient kann auch elektronische Abschriften von der Patientenakte verlangen. Er hat dem Behandelnden die entstandenen Kosten zu erstatten.

(3) Im Fall des Todes des Patienten stehen die Rechte aus den Absätzen 1 und 2 zur Wahrnehmung der vermögensrechtlichen Interessen seinen Erben zu. Gleiches gilt für die nächsten Angehörigen des Patienten, soweit sie immaterielle Interessen geltend machen. Die Rechte sind ausgeschlossen, soweit der Einsichtnahme der ausdrückliche oder mutmaßliche Wille des Patienten entgegensteht.

§ 630h
Beweislast bei Haftung für Behandlungs- und Aufklärungsfehler

(1) Ein Fehler des Behandelnden wird vermutet, wenn sich ein allgemeines Behandlungsrisiko verwirklicht hat, das für den Behandelnden voll beherrschbar war und das zur Verletzung des Lebens, des Körpers oder der Gesundheit des Patienten geführt hat.

(2) Der Behandelnde hat zu beweisen, dass er eine Einwilligung gemäß § 630d eingeholt und entsprechend den Anforderungen des § 630e aufgeklärt hat. Genügt die Aufklärung nicht den Anforderungen des § 630e, kann der Behandelnde sich darauf berufen, dass der Patient auch im Fall einer ordnungsgemäßen Aufklärung in die Maßnahme eingewilligt hätte.

(3) Hat der Behandelnde eine medizinisch gebotene wesentliche Maßnahme und ihr Ergebnis entgegen § 630f Absatz 1 oder Absatz 2 nicht in der Patientenakte aufgezeichnet oder hat er die Patientenakte entgegen § 630f Absatz 3 nicht aufbewahrt, wird vermutet, dass er diese Maßnahme nicht getroffen hat.

(4) War ein Behandelnder für die von ihm vorgenommene Behandlung nicht befähigt, wird vermutet, dass die mangelnde Befähigung für den Eintritt der Verletzung des Lebens, des Körpers oder der Gesundheit ursächlich war.

(5) Liegt ein grober Behandlungsfehler vor und ist dieser grundsätzlich geeignet, eine Verletzung des Lebens, des Körpers oder der Gesundheit der tatsächlich eingetretenen Art herbeizuführen, wird vermutet, dass der Behandlungsfehler für diese Verletzung ursächlich war. Dies gilt auch dann, wenn es der Behandelnde unterlassen hat, einen medizinisch gebotenen Befund rechtzeitig zu erheben oder zu sichern, soweit der Befund mit hinreichender Wahrscheinlichkeit ein Ergebnis erbracht hätte, das Anlass zu weiteren Maßnahmen gegeben hätte, und wenn das Unterlassen solcher Maßnahmen grob fehlerhaft gewesen wäre.

Titel 27
Unerlaubte Handlungen

§ 823
Schadensersatzpflicht

(1) Wer vorsätzlich oder fahrlässig das Leben, den Körper, die Gesundheit, die Freiheit, das Eigentum oder ein sonstiges Recht eines anderen widerrechtlich verletzt, ist dem anderen zum Ersatz des daraus entstehenden Schadens verpflichtet.

(2) Die gleiche Verpflichtung trifft denjenigen, welcher gegen ein den Schutz eines anderen bezweckendes Gesetz verstößt. Ist nach dem Inhalt des Gesetzes ein Verstoß gegen dieses auch ohne Verschulden möglich, so tritt die Ersatzpflicht nur im Falle des Verschuldens ein.

§ 827
Ausschluss und Minderung der Verantwortlichkeit

Wer im Zustand der Bewusstlosigkeit oder in einem die freie Willensbestimmung ausschließenden Zustand krankhafter Störung der Geistestätigkeit einem anderen Schaden zufügt, ist für den Schaden nicht verantwortlich. Hat er sich durch geistige Getränke oder ähnliche Mittel in einen vorübergehenden Zustand dieser Art versetzt, so ist er für einen Schaden, den er in diesem Zustand widerrechtlich verursacht, in gleicher Weise verantwortlich, wie wenn ihm Fahrlässigkeit zur Last fiele; die Verantwortlichkeit tritt nicht ein, wenn er ohne Verschulden in den Zustand geraten ist.

§ 828
Ersatzpflicht aus Billigkeitsgründen

(1) Wer nicht das siebente Lebensjahr vollendet hat, ist für einen Schaden, den er einem anderen zufügt, nicht verantwortlich.

(2) Wer das siebente, aber nicht das zehnte Lebensjahr vollendet hat, ist für den Schaden, den er bei einem Unfall mit einem Kraftfahrzeug, einer Schienenbahn oder einer Schwebebahn einem anderen zufügt, nicht verantwortlich. Dies gilt nicht, wenn er die Verletzung vorsätzlich herbeigeführt hat.

(3) Wer das 18. Lebensjahr noch nicht vollendet hat, ist, sofern seine Verantwortlichkeit nicht nach Absatz 1 oder 2 ausgeschlossen ist, für den Schaden, den er einem anderen zufügt, nicht verantwortlich, wenn er bei der Begehung der schädigenden Handlung nicht die zur Erkenntnis der Verantwortlichkeit erforderliche Einsicht hat.

§ 829
Ersatzpflicht aus Billigkeitsgründen

Wer in einem der in den §§ 823–826 bezeichneten Fälle für einen von ihm verursachten Schaden auf Grund der §§ 827, 828 nicht verantwortlich ist, hat gleichwohl, sofern der Ersatz des Schadens nicht von einem aufsichtspflichtigen Dritten erlangt werden kann, den Schaden insoweit zu ersetzen, als die Billigkeit nach den Umständen, insbesondere nach den Verhältnissen der Beteiligten, eine Schadloshaltung erfordert und ihm nicht die Mittel entzogen werden, deren er zum angemessenen Unterhalt sowie zur Erfüllung seiner gesetzlichen Unterhaltspflichten bedarf.

...

§ 832
Haftung des Aufsichtspflichtigen

(1) Wer kraft Gesetzes zur Führung der Aufsicht über eine Person verpflichtet ist, die wegen Minderjährigkeit oder wegen ihres geistigen oder körperlichen Zustands der Beaufsichtigung bedarf, ist zum Ersatz des Schadens verpflichtet, den diese Person einem Dritten widerrechtlich zufügt. Die Ersatzpflicht tritt nicht ein, wenn er seiner Aufsichtspflicht genügt oder wenn der Schaden auch bei gehöriger Aufsichtsführung entstanden sein würde.

(2) Die gleiche Verantwortlichkeit trifft denjenigen, welcher die Führung der Aufsicht durch Vertrag übernimmt.

...

§ 839
Ersatzpflicht aus Billigkeitsgründen

(1) Verletzt ein Beamter vorsätzlich oder fahrlässig die ihm einem Dritten gegenüber obliegende Amtspflicht, so hat er dem Dritten den daraus entstehenden Schaden zu ersetzen. Fällt dem Beamten nur Fahrlässigkeit zur Last, so kann er nur dann in Anspruch genommen werden, wenn der Verletzte nicht auf andere Weise Ersatz zu erlangen vermag.

(2) Verletzt ein Beamter bei dem Urteil in einer Rechtssache seine Amtspflicht, so ist er für den daraus entstehenden Schaden nur dann verantwortlich, wenn die Pflichtverletzung in einer Straftat besteht. Auf eine pflichtwidrige Verweigerung oder Verzögerung der Ausübung des Amts findet diese Vorschrift keine Anwendung.

(3) Die Ersatzpflicht tritt nicht ein, wenn der Verletzte vorsätzlich oder fahrlässig unterlassen hat, den Schaden durch Gebrauch eines Rechtsmittels abzuwenden.

§ 839a
Haftung des gerichtlichen Sachverständigen

(1) Erstattet ein vom Gericht ernannter Sachverständiger vorsätzlich oder grob fahrlässig ein unrichtiges Gutachten, so ist er zum Ersatz des Schadens verpflichtet, der einem Verfahrensbeteiligten durch eine gerichtliche Entscheidung entsteht, die auf diesem Gutachten beruht.

(2) § 839 Absatz 3 ist entsprechend anzuwenden.

...

§ 852
Herausgabeanspruch nach Eintritt der Verjährung

Hat der Ersatzpflichtige durch eine unerlaubte Handlung auf Kosten des Verletzten etwas erlangt, so ist er auch nach Eintritt der Verjährung des Anspruchs auf Ersatz des aus einer unerlaubten Handlung entstandenen Schadens zur Herausgabe nach den Vorschriften über die Herausgabe einer ungerechtfertigten Bereicherung verpflichtet. Dieser Anspruch verjährt in zehn Jahren von seiner Entstehung an, ohne Rücksicht auf die Entstehung in 30 Jahren von der Begehung der Verletzungshandlung oder dem sonstigen, den Schaden auslösenden Ereignis an.

§ 853
Arglisteinrede

Erlangt jemand durch eine von ihm begangene unerlaubte Handlung eine Forderung gegen den Verletzten, so kann der Verletzte die Erfüllung auch dann verweigern, wenn der Anspruch auf Aufhebung der Forderung verjährt ist.

...

Buch 4
Familienrecht

Abschnitt 1
Bürgerliche Ehe

Titel 2
Eingehung der Ehe

Untertitel 1
Ehefähigkeit

§ 1303
Ehemündigkeit

Eine Ehe darf nicht vor Eintritt der Volljährigkeit eingegangen werden. Mit einer Person, die das 16. Lebensjahr nicht vollendet hat, kann eine Ehe nicht wirksam eingegangen werden.

§ 1304
Geschäftsunfähigkeit

Wer geschäftsunfähig ist, kann eine Ehe nicht eingehen.

...

Titel 5
Wirkungen der Ehe im Allgemeinen

§ 1358
Gegenseitige Vertretung von Ehegatten in Angelegenheiten der Gesundheitssorge

(1) Kann ein Ehegatte aufgrund von Bewusstlosigkeit oder Krankheit seine Angelegenheiten der Gesundheitssorge rechtlich nicht besorgen (vertretener Ehegatte), ist der andere Ehegatte (vertretender Ehegatte) berechtigt, für den vertretenen Ehegatten

1. **in Untersuchungen des Gesundheitszustandes, Heilbehandlungen oder ärztliche Eingriffe einzuwilligen oder sie zu untersagen sowie ärztliche Aufklärungen entgegenzunehmen,**
2. **Behandlungsverträge, Krankenhausverträge oder Verträge über eilige Maßnahmen der Rehabilitation und der Pflege abzuschließen und durchzusetzen,**
3. **über Maßnahmen nach § 1831 Absatz 4 zu entscheiden, sofern die Dauer der Maßnahme im Einzelfall sechs Wochen nicht überschreitet, und**

4. Ansprüche, die dem vertretenen Ehegatten aus Anlass der Erkrankung gegenüber Dritten zustehen, geltend zu machen und an die Leistungserbringer aus den Verträgen nach Nummer 2 abzutreten oder Zahlung an diese zu verlangen.

(2) Unter den Voraussetzungen des Absatzes 1 und hinsichtlich der in Absatz 1 Nummer 1 bis 4 genannten Angelegenheiten sind behandelnde Ärzte gegenüber dem vertretenden Ehegatten von ihrer Schweigepflicht entbunden. Dieser darf die diese Angelegenheiten betreffenden Krankenunterlagen einsehen und ihre Weitergabe an Dritte bewilligen.

(3) Die Berechtigungen nach den Absätzen 1 und 2 bestehen nicht, wenn

1. die Ehegatten getrennt leben,

2. dem vertretenden Ehegatten oder dem behandelnden Arzt bekannt ist, dass der vertretene Ehegatte

   a) eine Vertretung durch ihn in den in Absatz 1 Nummer 1 bis 4 genannten Angelegenheiten ablehnt oder

   b) jemanden zur Wahrnehmung seiner Angelegenheiten bevollmächtigt hat, soweit diese Vollmacht die in Absatz 1 Nummer 1 bis 4 bezeichneten Angelegenheiten umfasst,

3. für den vertretenen Ehegatten ein Betreuer bestellt ist, soweit dessen Aufgabenkreis die in Absatz 1 Nummer 1 bis 4 bezeichneten Angelegenheiten umfasst, oder

4. die Voraussetzungen des Absatzes 1 nicht mehr vorliegen oder mehr als sechs Monate seit dem durch den Arzt nach Absatz 4 Satz 1 Nummer 1 festgestellten Zeitpunkt vergangen sind.

(4) Der Arzt, gegenüber dem das Vertretungsrecht ausgeübt wird, hat

1. das Vorliegen der Voraussetzungen des Absatzes 1 und den Zeitpunkt, zu dem diese spätestens eingetreten sind, schriftlich zu bestätigen,

2. dem vertretenden Ehegatten die Bestätigung nach Nummer 1 mit einer schriftlichen Erklärung über das Vorliegen der Voraussetzungen des Absatzes 1 und das Nichtvorliegen der Ausschlussgründe des Absatzes 3 vorzulegen und

3. sich von dem vertretenden Ehegatten schriftlich versichern zu lassen, dass

   a) das Vertretungsrecht wegen der Bewusstlosigkeit oder Krankheit, aufgrund derer der Ehegatte seine Angelegenheiten der Gesundheitssorge rechtlich nicht besorgen kann, bisher nicht ausgeübt wurde und

   b) kein Ausschlussgrund des Absatzes 3 vorliegt.

Das Dokument mit der Bestätigung nach Satz 1 Nummer 1 und der Versicherung nach Satz 1 Nummer 3 ist dem vertretenden Ehegatten für die weitere Ausübung des Vertretungsrechts auszuhändigen.

(5) Das Vertretungsrecht darf ab der Bestellung eines Betreuers, dessen Aufgabenkreis die in Absatz 1 Nummer 1 bis 4 bezeichneten Angelegenheiten umfasst, nicht mehr ausgeübt werden.

(6) § 1821 Absatz 2 bis 4, § 1827 Absatz 1 bis 3, § 1828 Absatz 1 und 2, § 1829 Absatz 1 bis 4 sowie § 1831 Absatz 4 in Verbindung mit Absatz 2 gelten entsprechend.

...

Titel 6
Eheliches Güterrecht

Untertitel 2
Vertragliches Güterrecht

Kapitel 3
Gütergemeinschaft

Unterkapitel 2
Verwaltung des Gesamtguts durch einen Ehegatten

§ 1436
Verwaltung durch einen Betreuer

Fällt die Verwaltung des Gesamtguts in den Aufgabenkreis des Betreuers eines Ehegatten, so hat der Betreuer diesen in den Rechten und Pflichten zu vertreten, die sich aus der Verwaltung des Gesamtguts ergeben. Dies gilt auch dann, wenn der andere Ehegatte zum Betreuer bestellt ist....

Abschnitt 3

Vormundschaft, Pflegschaft für Minderjährige, rechtliche Betreuung, sonstige Pflegschaft

Titel 3
Rechtliche Betreuung[1]

Untertitel 1
Betreuerbestellung

§ 1814
Voraussetzungen

(1) Kann ein Volljähriger seine Angelegenheiten ganz oder teilweise rechtlich nicht besorgen und beruht dies auf einer Krankheit oder Behinderung, so bestellt das Betreuungsgericht für ihn einen rechtlichen Betreuer (Betreuer).

(2) Gegen den freien Willen des Volljährigen darf ein Betreuer nicht bestellt werden.

(3) Ein Betreuer darf nur bestellt werden, wenn dies erforderlich ist. Die Bestellung eines Betreuers ist insbesondere nicht erforderlich, soweit die Angelegenheiten des Volljährigen

1. durch einen Bevollmächtigten, der nicht zu den in § 1816 Absatz 6 bezeichneten Personen gehört, gleichermaßen besorgt werden können oder
2. durch andere Hilfen, bei denen kein gesetzlicher Vertreter bestellt wird, erledigt werden können, insbesondere durch solche Unterstützung, die auf sozialen Rechten oder anderen Vorschriften beruht.

(4) Die Bestellung eines Betreuers erfolgt auf Antrag des Volljährigen oder von Amts wegen. Soweit der Volljährige seine Angelegenheiten lediglich aufgrund einer körperlichen Krankheit

1 Die §§ 1814 bis 1881 BGB sind ab 1.1.2023 insgesamt neu gefasst und werden daher nicht durch Fettdruck gekennzeichnet.

oder Behinderung nicht besorgen kann, darf ein Betreuer nur auf Antrag des Volljährigen bestellt werden, es sei denn, dass dieser seinen Willen nicht kundtun kann.

(5) Ein Betreuer kann auch für einen Minderjährigen, der das 17. Lebensjahr vollendet hat, bestellt werden, wenn anzunehmen ist, dass die Bestellung eines Betreuers bei Eintritt der Volljährigkeit erforderlich sein wird. Die Bestellung des Betreuers wird erst mit dem Eintritt der Volljährigkeit wirksam.

§ 1815
Umfang der Betreuung

(1) Der Aufgabenkreis eines Betreuers besteht aus einem oder mehreren Aufgabenbereichen. Diese sind vom Betreuungsgericht im Einzelnen anzuordnen. Ein Aufgabenbereich darf nur angeordnet werden, wenn und soweit dessen rechtliche Wahrnehmung durch einen Betreuer erforderlich ist.

(2) Folgende Entscheidungen darf der Betreuer nur treffen, wenn sie als Aufgabenbereich vom Betreuungsgericht ausdrücklich angeordnet worden sind:

1. eine mit Freiheitsentziehung verbundene Unterbringung des Betreuten nach § 1831 Absatz 1,
2. eine freiheitsentziehende Maßnahme im Sinne des § 1831 Absatz 4, unabhängig davon, wo der Betreute sich aufhält,
3. die Bestimmung des gewöhnlichen Aufenthalts des Betreuten im Ausland,
4. die Bestimmung des Umgangs des Betreuten,
5. die Entscheidung über die Telekommunikation des Betreuten einschließlich seiner elektronischen Kommunikation,
6. die Entscheidung über die Entgegennahme, das Öffnen und das Anhalten der Post des Betreuten.

(3) Einem Betreuer können unter den Voraussetzungen des § 1820 Absatz 3 auch die Aufgabenbereiche der Geltendmachung von Rechten des Betreuten gegenüber seinem Bevollmächtigten sowie zusätzlich der Geltendmachung von Auskunfts- und Rechenschaftsansprüchen des Betreuten gegenüber Dritten übertragen werden (Kontrollbetreuer).

§ 1816
Eignung und Auswahl des Betreuers; Berücksichtigung der Wünsche des Volljährigen

(1) Das Betreuungsgericht bestellt einen Betreuer, der geeignet ist, in dem gerichtlich angeordneten Aufgabenkreis die Angelegenheiten des Betreuten nach Maßgabe des § 1821 rechtlich zu besorgen und insbesondere in dem hierfür erforderlichen Umfang persönlichen Kontakt mit dem Betreuten zu halten.

(2) Wünscht der Volljährige eine Person als Betreuer, so ist diesem Wunsch zu entsprechen, es sei denn, die gewünschte Person ist zur Führung der Betreuung nach Absatz 1 nicht geeignet. Lehnt der Volljährige eine bestimmte Person als Betreuer ab, so ist diesem Wunsch zu entsprechen, es sei denn, die Ablehnung bezieht sich nicht auf die Person des Betreuers, sondern auf die Bestellung eines Betreuers als solche. Die Sätze 1 und 2 gelten auch für Wünsche, die der Volljährige vor Einleitung des Betreuungsverfahrens geäußert hat, es sei denn, dass er an diesen erkennbar nicht festhalten will. Wer von der Einleitung eines Verfahrens über die Bestellung

eines Betreuers für einen Volljährigen Kenntnis erlangt und ein Dokument besitzt, in dem der Volljährige für den Fall, dass für ihn ein Betreuer bestellt werden muss, Wünsche zur Auswahl des Betreuers oder zur Wahrnehmung der Betreuung geäußert hat (Betreuungsverfügung), hat die Betreuungsverfügung dem Betreuungsgericht zu übermitteln.

(3) Schlägt der Volljährige niemanden vor, der zum Betreuer bestellt werden kann oder ist die gewünschte Person nicht geeignet, so sind bei der Auswahl des Betreuers die familiären Beziehungen des Volljährigen, insbesondere zum Ehegatten, zu Eltern und zu Kindern, seine persönlichen Bindungen sowie die Gefahr von Interessenkonflikten zu berücksichtigen.

(4) Eine Person, die keine familiäre Beziehung oder persönliche Bindung zu dem Volljährigen hat, soll nur dann zum ehrenamtlichen Betreuer bestellt werden, wenn sie mit einem nach § 14 des Betreuungsorganisationsgesetzes anerkannten Betreuungsverein oder mit der zuständigen Behörde eine Vereinbarung über eine Begleitung und Unterstützung gemäß § 15 Absatz 1 Satz 1 Nummer 4 oder § 5 Absatz 2 Satz 3 des Betreuungsorganisationsgesetzes geschlossen hat.

(5) Ein beruflicher Betreuer nach § 19 Absatz 2 des Betreuungsorganisationsgesetzes soll nur dann zum Betreuer bestellt werden, wenn keine geeignete Person für die ehrenamtliche Führung der Betreuung zur Verfügung steht. Bei der Entscheidung, ob ein bestimmter beruflicher Betreuer bestellt wird, sind die Anzahl und der Umfang der bereits von diesem zu führenden Betreuungen zu berücksichtigen.

(6) Eine Person, die zu einem Träger von Einrichtungen oder Diensten, der in der Versorgung des Volljährigen tätig ist, in einem Abhängigkeitsverhältnis oder in einer anderen engen Beziehung steht, darf nicht zum Betreuer bestellt werden. Dies gilt nicht, wenn im Einzelfall die konkrete Gefahr einer Interessenkollision nicht besteht.

§ 1817
Mehrere Betreuer; Verhinderungsbetreuer; Ergänzungsbetreuer

(1) Das Betreuungsgericht kann mehrere Betreuer bestellen, wenn die Angelegenheiten des Betreuten hierdurch besser besorgt werden können. In diesem Falle bestimmt es, welcher Betreuer mit welchem Aufgabenbereich betraut wird. Mehrere berufliche Betreuer werden außer in den in den Absätzen 2, 4 und 5 geregelten Fällen nicht bestellt.

(2) Für die Entscheidung über die Einwilligung in eine Sterilisation des Betreuten ist stets ein besonderer Betreuer zu bestellen (Sterilisationsbetreuer).

(3) Sofern mehrere Betreuer mit demselben Aufgabenbereich betraut werden, können sie diese Angelegenheiten des Betreuten nur gemeinsam besorgen, es sei denn, dass das Betreuungsgericht etwas anderes bestimmt hat oder mit dem Aufschub Gefahr verbunden ist.

(4) Das Betreuungsgericht kann auch vorsorglich einen Verhinderungsbetreuer bestellen, der die Angelegenheiten des Betreuten zu besorgen hat, soweit der Betreuer aus tatsächlichen Gründen verhindert ist. Für diesen Fall kann auch ein anerkannter Betreuungsverein zum Verhinderungsbetreuer bestellt werden, ohne dass die Voraussetzungen des § 1818 Absatz 1 Satz 1 vorliegen.

(5) Soweit ein Betreuer aus rechtlichen Gründen gehindert ist, einzelne Angelegenheiten des Betreuten zu besorgen, hat das Betreuungsgericht hierfür einen Ergänzungsbetreuer zu bestellen.

§ 1818
Betreuung durch Betreuungsverein oder Betreuungsbehörde

(1) Das Betreuungsgericht bestellt einen anerkannten Betreuungsverein zum Betreuer, wenn der Volljährige dies wünscht, oder wenn er durch eine oder mehrere natürliche Personen nicht hinreichend betreut werden kann. Die Bestellung bedarf der Einwilligung des Betreuungsvereins.

(2) Der Betreuungsverein überträgt die Wahrnehmung der Betreuung einzelnen Personen. Vorschlägen des Volljährigen hat er hierbei zu entsprechen, wenn nicht wichtige Gründe entgegenstehen. Der Betreuungsverein teilt dem Betreuungsgericht alsbald, spätestens binnen zwei Wochen nach seiner Bestellung, mit, wem er die Wahrnehmung der Betreuung übertragen hat. Die Sätze 2 und 3 gelten bei einem Wechsel der Person, die die Betreuung für den Betreuungsverein wahrnimmt, entsprechend.

(3) Werden dem Betreuungsverein Umstände bekannt, aus denen sich ergibt, dass der Volljährige durch eine oder mehrere natürliche Personen hinreichend betreut werden kann, so hat er dies dem Betreuungsgericht mitzuteilen.

(4) Kann der Volljährige weder durch eine oder mehrere natürliche Personen noch durch einen Betreuungsverein hinreichend betreut werden, so bestellt das Betreuungsgericht die zuständige Betreuungsbehörde zum Betreuer. Die Absätze 2 und 3 gelten entsprechend.

(5) Die Entscheidung über die Einwilligung in eine Sterilisation darf weder einem Betreuungsverein noch einer Betreuungsbehörde übertragen werden.

§ 1819
Übernahmepflicht; weitere Bestellungsvoraussetzungen

(1) Die vom Betreuungsgericht ausgewählte Person ist verpflichtet, die Betreuung zu übernehmen, wenn ihr die Übernahme unter Berücksichtigung ihrer familiären, beruflichen und sonstigen Verhältnisse zugemutet werden kann.

(2) Die ausgewählte Person darf erst dann zum Betreuer bestellt werden, wenn sie sich zur Übernahme der Betreuung bereit erklärt hat.

(3) Ein Mitarbeiter eines anerkannten Betreuungsvereins, der dort ausschließlich oder teilweise als Betreuer tätig ist (Vereinsbetreuer), darf nur mit Einwilligung des Betreuungsvereins bestellt werden. Entsprechendes gilt für den Mitarbeiter einer Betreuungsbehörde, der als Betreuer bestellt wird (Behördenbetreuer).

§ 1820
Vorsorgevollmacht und Kontrollbetreuung

(1) Wer von der Einleitung eines Verfahrens über die Bestellung eines Betreuers für einen Volljährigen Kenntnis erlangt und ein Dokument besitzt, in dem der Volljährige eine andere Person mit der Wahrnehmung seiner Angelegenheiten bevollmächtigt hat, hat das Betreuungsgericht hierüber unverzüglich zu unterrichten. Das Betreuungsgericht kann die Vorlage einer Abschrift verlangen.

(2) Folgende Maßnahmen eines Bevollmächtigten setzen voraus, dass die Vollmacht schriftlich erteilt ist und diese Maßnahmen ausdrücklich umfasst:

1. die Einwilligung sowie ihr Widerruf oder die Nichteinwilligung in Maßnahmen nach § 1829 Absatz 1 Satz 1 und Absatz 2,

2. die Unterbringung nach § 1831 und die Einwilligung in Maßnahmen nach § 1831 Absatz 4,
3. die Einwilligung in eine ärztliche Zwangsmaßnahme nach § 1832 und die Verbringung nach § 1832 Absatz 4.

(3) Das Betreuungsgericht bestellt einen Kontrollbetreuer, wenn die Bestellung erforderlich ist, weil

1. der Vollmachtgeber aufgrund einer Krankheit oder Behinderung nicht mehr in der Lage ist, seine Rechte gegenüber dem Bevollmächtigten auszuüben, und
2. aufgrund konkreter Anhaltspunkte davon auszugehen ist, dass der Bevollmächtigte die Angelegenheiten des Vollmachtgebers nicht entsprechend der Vereinbarung oder dem erklärten oder mutmaßlichen Willen des Vollmachtgebers besorgt.

(4) Das Betreuungsgericht kann anordnen, dass der Bevollmächtigte die ihm erteilte Vollmacht nicht ausüben darf und die Vollmachtsurkunde an den Betreuer herauszugeben hat, wenn

1. die dringende Gefahr besteht, dass der Bevollmächtigte nicht den Wünschen des Vollmachtgebers entsprechend handelt und dadurch die Person des Vollmachtgebers oder dessen Vermögen erheblich gefährdet oder
2. der Bevollmächtigte den Betreuer bei der Wahrnehmung seiner Aufgaben behindert.

iegen die Voraussetzungen des Satzes 1 nicht mehr vor, hat das Betreuungsgericht die Anordnung aufzuheben und den Betreuer zu verpflichten, dem Bevollmächtigten die Vollmachtsurkunde herauszugeben, wenn die Vollmacht nicht erloschen ist.

(5) Der Betreuer darf eine Vollmacht oder einen Teil einer Vollmacht, die den Bevollmächtigten zu Maßnahmen der Personensorge oder zu Maßnahmen in wesentlichen Bereichen der Vermögenssorge ermächtigt, nur widerrufen, wenn das Festhalten an der Vollmacht eine künftige Verletzung der Person oder des Vermögens des Betreuten mit hinreichender Wahrscheinlichkeit und in erheblicher Schwere befürchten lässt und mildere Maßnahmen nicht zur Abwehr eines Schadens für den Betreuten geeignet erscheinen. Der Widerruf bedarf der Genehmigung des Betreuungsgerichts. Mit der Genehmigung des Widerrufs einer Vollmacht kann das Betreuungsgericht die Herausgabe der Vollmachtsurkunde an den Betreuer anordnen.

Untertitel 2
Führung der Betreuung

Kapitel 1
Allgemeine Vorschriften

§ 1821
Pflichten des Betreuers; Wünsche des Betreuten

(1) Der Betreuer nimmt alle Tätigkeiten vor, die erforderlich sind, um die Angelegenheiten des Betreuten rechtlich zu besorgen. Er unterstützt den Betreuten dabei, seine Angelegenheiten rechtlich selbst zu besorgen, und macht von seiner Vertretungsmacht nach § 1823 nur Gebrauch, soweit dies erforderlich ist.

(2) Der Betreuer hat die Angelegenheiten des Betreuten so zu besorgen, dass dieser im Rahmen seiner Möglichkeiten sein Leben nach seinen Wünschen gestalten kann. Hierzu hat der Betreuer die Wünsche des Betreuten festzustellen. Diesen hat der Betreuer vorbehaltlich des Absatzes 3 zu entsprechen und den Betreuten bei deren Umsetzung rechtlich zu unterstützen.

Dies gilt auch für die Wünsche, die der Betreute vor der Bestellung des Betreuers geäußert hat, es sei denn, dass er an diesen Wünschen erkennbar nicht festhalten will.

(3) Den Wünschen des Betreuten hat der Betreuer nicht zu entsprechen, soweit

1. die Person des Betreuten oder dessen Vermögen hierdurch erheblich gefährdet würde und der Betreute diese Gefahr aufgrund seiner Krankheit oder Behinderung nicht erkennen oder nicht nach dieser Einsicht handeln kann oder
2. dies dem Betreuer nicht zuzumuten ist.

(4) Kann der Betreuer die Wünsche des Betreuten nicht feststellen oder darf er ihnen nach Absatz 3 Nummer 1 nicht entsprechen, hat er den mutmaßlichen Willen des Betreuten aufgrund konkreter Anhaltspunkte zu ermitteln und ihm Geltung zu verschaffen. Zu berücksichtigen sind insbesondere frühere Äußerungen, ethische oder religiöse Überzeugungen und sonstige persönliche Wertvorstellungen des Betreuten. Bei der Feststellung des mutmaßlichen Willens soll nahen Angehörigen und sonstigen Vertrauenspersonen des Betreuten Gelegenheit zur Äußerung gegeben werden.

(5) Der Betreuer hat den erforderlichen persönlichen Kontakt mit dem Betreuten zu halten, sich regelmäßig einen persönlichen Eindruck von ihm zu verschaffen und dessen Angelegenheiten mit ihm zu besprechen.

(6) Der Betreuer hat innerhalb seines Aufgabenkreises dazu beizutragen, dass Möglichkeiten genutzt werden, die Fähigkeit des Betreuten, seine eigenen Angelegenheiten zu besorgen, wiederherzustellen oder zu verbessern.

§ 1822
Auskunftspflicht gegenüber nahestehenden Angehörigen

Der Betreuer hat nahestehenden Angehörigen und sonstigen Vertrauenspersonen des Betreuten auf Verlangen Auskunft über dessen persönliche Lebensumstände zu erteilen, soweit dies einem nach § 1821 Absatz 2 bis 4 zu beachtenden Wunsch oder dem mutmaßlichen Willen des Betreuten entspricht und dem Betreuer zuzumuten ist.

§ 1823
Vertretungsmacht des Betreuers

In seinem Aufgabenkreis kann der Betreuer den Betreuten gerichtlich und außergerichtlich vertreten.

§ 1824
Ausschluss der Vertretungsmacht

(1) Der Betreuer kann den Betreuten nicht vertreten:

1. bei einem Rechtsgeschäft zwischen seinem Ehegatten oder einem seiner Verwandten in gerader Linie einerseits und dem Betreuten andererseits, es sei denn, dass das Rechtsgeschäft ausschließlich in der Erfüllung einer Verbindlichkeit besteht,
2. bei einem Rechtsgeschäft, das die Übertragung oder Belastung einer durch Pfandrecht, Hypothek, Schiffshypothek oder Bürgschaft gesicherten Forderung des Betreuten gegen den Betreuer oder die Aufhebung oder Minderung dieser Sicherheit zum Gegenstand hat oder die Verpflichtung des Betreuten zu einer solchen Übertragung, Belastung, Aufhebung oder Minderung begründet,

3. bei einem Rechtsstreit zwischen den in Nummer 1 bezeichneten Personen sowie bei einem Rechtsstreit über eine Angelegenheit der in Nummer 2 bezeichneten Art.

(2) § 181 bleibt unberührt.

§ 1825
Einwilligungsvorbehalt

(1) Soweit dies zur Abwendung einer erheblichen Gefahr für die Person oder das Vermögen des Betreuten erforderlich ist, ordnet das Betreuungsgericht an, dass der Betreute zu einer Willenserklärung, die einen Aufgabenbereich des Betreuers betrifft, dessen Einwilligung bedarf (Einwilligungsvorbehalt). Gegen den freien Willen des Volljährigen darf ein Einwilligungsvorbehalt nicht angeordnet werden. Die §§ 108 bis 113, 131 Absatz 2 und § 210 gelten entsprechend.

(2) Ein Einwilligungsvorbehalt kann sich nicht erstrecken

1. auf Willenserklärungen, die auf Eingehung einer Ehe gerichtet sind,
2. auf Verfügungen von Todes wegen,
3. auf die Anfechtung eines Erbvertrags,
4. auf die Aufhebung eines Erbvertrags durch Vertrag und
5. auf Willenserklärungen, zu denen ein beschränkt Geschäftsfähiger nach den Vorschriften dieses Buches und des Buches 5 nicht der Zustimmung seines gesetzlichen Vertreters bedarf.

(3) Ist ein Einwilligungsvorbehalt angeordnet, so bedarf der Betreute dennoch nicht der Einwilligung seines Betreuers, wenn die Willenserklärung dem Betreuten lediglich einen rechtlichen Vorteil bringt. Soweit das Gericht nichts anderes anordnet, gilt dies auch, wenn die Willenserklärung eine geringfügige Angelegenheit des täglichen Lebens betrifft.

(4) Auch für einen Minderjährigen, der das 17. Lebensjahr vollendet hat, kann das Betreuungsgericht einen Einwilligungsvorbehalt anordnen, wenn anzunehmen ist, dass ein solcher bei Eintritt der Volljährigkeit erforderlich wird.

§ 1826
Haftung des Betreuers

(1) Der Betreuer ist dem Betreuten für den aus einer Pflichtverletzung entstehenden Schaden verantwortlich. Dies gilt nicht, wenn der Betreuer die Pflichtverletzung nicht zu vertreten hat.

(2) Sind für den Schaden mehrere Betreuer nebeneinander verantwortlich, so haften sie als Gesamtschuldner.

(3) Ist ein Betreuungsverein als Betreuer bestellt, so ist er dem Betreuten für ein Verschulden des Mitglieds oder des Mitarbeiters in gleicher Weise verantwortlich wie für ein Verschulden eines verfassungsmäßig berufenen Vertreters.

Kapitel 2
Personenangelegenheiten

§ 1827
Patientenverfügung; Behandlungswünsche oder mutmaßlicher Wille des Betreuten

(1) Hat ein einwilligungsfähiger Volljähriger für den Fall seiner Einwilligungsunfähigkeit schriftlich festgelegt, ob er in bestimmte, zum Zeitpunkt der Festlegung noch nicht unmittelbar bevorstehende Untersuchungen seines Gesundheitszustands, Heilbehandlungen oder ärztliche Eingriffe einwilligt oder sie untersagt (Patientenverfügung), prüft der Betreuer, ob diese Festlegungen auf die aktuelle Lebens- und Behandlungssituation des Betreuten zutreffen. Ist dies der Fall, hat der Betreuer dem Willen des Betreuten Ausdruck und Geltung zu verschaffen. Eine Patientenverfügung kann jederzeit formlos widerrufen werden.

(2) Liegt keine Patientenverfügung vor oder treffen die Festlegungen einer Patientenverfügung nicht auf die aktuelle Lebens- und Behandlungssituation des Betreuten zu, hat der Betreuer die Behandlungswünsche oder den mutmaßlichen Willen des Betreuten festzustellen und auf dieser Grundlage zu entscheiden, ob er in eine ärztliche Maßnahme nach Absatz 1 einwilligt oder sie untersagt. Der mutmaßliche Wille ist aufgrund konkreter Anhaltspunkte zu ermitteln. Zu berücksichtigen sind insbesondere frühere Äußerungen, ethische oder religiöse Überzeugungen und sonstige persönliche Wertvorstellungen des Betreuten.

(3) Die Absätze 1 und 2 gelten unabhängig von Art und Stadium einer Erkrankung des Betreuten.

(4) Der Betreuer soll den Betreuten in geeigneten Fällen auf die Möglichkeit einer Patientenverfügung hinweisen und ihn auf dessen Wunsch bei der Errichtung einer Patientenverfügung unterstützen.

(5) Niemand kann zur Errichtung einer Patientenverfügung verpflichtet werden. Die Errichtung oder Vorlage einer Patientenverfügung darf nicht zur Bedingung eines Vertragsschlusses gemacht werden.

(6) Die Absätze 1 bis 3 gelten für Bevollmächtigte entsprechend.

§ 1828
Gespräch zur Feststellung des Patientenwillens

(1) Der behandelnde Arzt prüft, welche ärztliche Maßnahme im Hinblick auf den Gesamtzustand und die Prognose des Patienten indiziert ist. Er und der Betreuer erörtern diese Maßnahme unter Berücksichtigung des Patientenwillens als Grundlage für die nach § 1827 zu treffende Entscheidung.

(2) Bei der Feststellung des Patientenwillens nach § 1827 Absatz 1 oder der Behandlungswünsche oder des mutmaßlichen Willens nach § 1827 Absatz 2 soll nahen Angehörigen und sonstigen Vertrauenspersonen des Betreuten Gelegenheit zur Äußerung gegeben werden, sofern dies ohne erhebliche Verzögerung möglich ist.

(3) Die Absätze 1 und 2 gelten für Bevollmächtigte entsprechend.

§ 1829
Genehmigung des Betreuungsgerichts bei ärztlichen Maßnahmen

(1) Die Einwilligung des Betreuers in eine Untersuchung des Gesundheitszustands, eine Heilbehandlung oder einen ärztlichen Eingriff bedarf der Genehmigung des Betreuungsgerichts, wenn die begründete Gefahr besteht, dass der Betreute aufgrund der Maßnahme stirbt oder einen schweren und länger dauernden gesundheitlichen Schaden erleidet. Ohne die Genehmigung darf die Maßnahme nur durchgeführt werden, wenn mit dem Aufschub Gefahr verbunden ist.

(2) Die Nichteinwilligung oder der Widerruf der Einwilligung des Betreuers in eine Untersuchung des Gesundheitszustands, eine Heilbehandlung oder einen ärztlichen Eingriff bedarf der Genehmigung des Betreuungsgerichts, wenn die Maßnahme medizinisch angezeigt ist und die begründete Gefahr besteht, dass der Betreute aufgrund des Unterbleibens oder des Abbruchs der Maßnahme stirbt oder einen schweren und länger dauernden gesundheitlichen Schaden erleidet.

(3) Die Genehmigung nach den Absätzen 1 und 2 ist zu erteilen, wenn die Einwilligung, die Nichteinwilligung oder der Widerruf der Einwilligung dem Willen des Betreuten entspricht.

(4) Eine Genehmigung nach den Absätzen 1 und 2 ist nicht erforderlich, wenn zwischen Betreuer und behandelndem Arzt Einvernehmen darüber besteht, dass die Erteilung, die Nichterteilung oder der Widerruf der Einwilligung dem nach § 1827 festgestellten Willen des Betreuten entspricht.

(5) Die Absätze 1 bis 4 gelten nach Maßgabe des § 1820 Absatz 2 Nummer 1 für einen Bevollmächtigten entsprechend.

§ 1830
Sterilisation

(1) Die Einwilligung eines Sterilisationsbetreuers in eine Sterilisation des Betreuten, in die dieser nicht selbst einwilligen kann, ist nur zulässig, wenn

1. die Sterilisation dem natürlichen Willen des Betreuten entspricht,
2. der Betreute auf Dauer einwilligungsunfähig bleiben wird,
3. anzunehmen ist, dass es ohne die Sterilisation zu einer Schwangerschaft kommen würde,
4. infolge dieser Schwangerschaft eine Gefahr für das Leben oder die Gefahr einer schwerwiegenden Beeinträchtigung des körperlichen oder seelischen Gesundheitszustands der Schwangeren zu erwarten wäre, die nicht auf zumutbare Weise abgewendet werden könnte, und
5. die Schwangerschaft nicht durch andere zumutbare Mittel verhindert werden kann.

(2) Die Einwilligung bedarf der Genehmigung des Betreuungsgerichts. Die Sterilisation darf erst zwei Wochen nach Wirksamkeit der Genehmigung durchgeführt werden. Bei der Sterilisation ist stets der Methode der Vorzug zu geben, die eine Refertilisirung zulässt.

§ 1831
Freiheitsentziehende Unterbringung und freiheitsentziehende Maßnahmen

(1) Eine Unterbringung des Betreuten durch den Betreuer, die mit Freiheitsentziehung verbunden ist, ist nur zulässig, solange sie erforderlich ist, weil

1. aufgrund einer psychischen Krankheit oder geistigen oder seelischen Behinderung des Betreuten die Gefahr besteht, dass er sich selbst tötet oder erheblichen gesundheitlichen Schaden zufügt, oder
2. zur Abwendung eines drohenden erheblichen gesundheitlichen Schadens eine Untersuchung des Gesundheitszustands, eine Heilbehandlung oder ein ärztlicher Eingriff notwendig ist, die Maßnahme ohne die Unterbringung des Betreuten nicht durchgeführt werden kann und der Betreute aufgrund einer psychischen Krankheit oder geistigen oder seelischen Behinderung die Notwendigkeit der Unterbringung nicht erkennen oder nicht nach dieser Einsicht handeln kann.

(2) Die Unterbringung ist nur mit Genehmigung des Betreuungsgerichts zulässig. Ohne die Genehmigung ist die Unterbringung nur zulässig, wenn mit dem Aufschub Gefahr verbunden ist; die Genehmigung ist unverzüglich nachzuholen.

(3) Der Betreuer hat die Unterbringung zu beenden, wenn ihre Voraussetzungen weggefallen sind. Er hat die Beendigung der Unterbringung dem Betreuungsgericht unverzüglich anzuzeigen.

(4) Die Absätze 1 bis 3 gelten entsprechend, wenn dem Betreuten, der sich in einem Krankenhaus, einem Heim oder einer sonstigen Einrichtung aufhält, durch mechanische Vorrichtungen, Medikamente oder auf andere Weise über einen längeren Zeitraum oder regelmäßig die Freiheit entzogen werden soll.

(5) Die Absätze 1 bis 4 gelten nach Maßgabe des § 1820 Absatz 2 Nummer 2 für einen Bevollmächtigten entsprechend.

§ 1832
Ärztliche Zwangsmaßnahmen

(1) Widerspricht eine Untersuchung des Gesundheitszustands, eine Heilbehandlung oder ein ärztlicher Eingriff dem natürlichen Willen des Betreuten (ärztliche Zwangsmaßnahme), so kann der Betreuer in die ärztliche Zwangsmaßnahme nur einwilligen, wenn

1. die ärztliche Zwangsmaßnahme notwendig ist, um einen drohenden erheblichen gesundheitlichen Schaden vom Betreuten abzuwenden,
2. der Betreute aufgrund einer psychischen Krankheit oder einer geistigen oder seelischen Behinderung die Notwendigkeit der ärztlichen Maßnahme nicht erkennen oder nicht nach dieser Einsicht handeln kann,
3. die ärztliche Zwangsmaßnahme dem nach § 1827 zu beachtenden Willen des Betreuten entspricht,
4. zuvor ernsthaft, mit dem nötigen Zeitaufwand und ohne Ausübung unzulässigen Drucks versucht wurde, den Betreuten von der Notwendigkeit der ärztlichen Maßnahme zu überzeugen,

5. der drohende erhebliche gesundheitliche Schaden durch keine andere den Betreuten weniger belastende Maßnahme abgewendet werden kann,
6. der zu erwartende Nutzen der ärztlichen Zwangsmaßnahme die zu erwartenden Beeinträchtigungen deutlich überwiegt und
7. die ärztliche Zwangsmaßnahme im Rahmen eines stationären Aufenthalts in einem Krankenhaus, in dem die gebotene medizinische Versorgung des Betreuten einschließlich einer erforderlichen Nachbehandlung sichergestellt ist, durchgeführt wird.

§ 1867 ist nur anwendbar, wenn der Betreuer an der Erfüllung seiner Pflichten verhindert ist.

(2) Die Einwilligung in die ärztliche Zwangsmaßnahme bedarf der Genehmigung des Betreuungsgerichts.

(3) Der Betreuer hat die Einwilligung in die ärztliche Zwangsmaßnahme zu widerrufen, wenn ihre Voraussetzungen weggefallen sind. Er hat den Widerruf dem Betreuungsgericht unverzüglich anzuzeigen.

(4) Kommt eine ärztliche Zwangsmaßnahme in Betracht, so gilt für die Verbringung des Betreuten gegen seinen natürlichen Willen zu einem stationären Aufenthalt in ein Krankenhaus § 1831 Absatz 1 Nummer 2, Absatz 2 und 3 Satz 1 entsprechend.

(5) Die Absätze 1 bis 4 gelten nach Maßgabe des § 1820 Absatz 2 Nummer 3 für einen Bevollmächtigten entsprechend.

§ 1833
Aufgabe von Wohnraum des Betreuten

(1) Eine Aufgabe von Wohnraum, der vom Betreuten selbst genutzt wird, durch den Betreuer ist nur nach Maßgabe des § 1821 Absatz 2 bis 4 zulässig. Eine Gefährdung im Sinne des § 1821 Absatz 3 Nummer 1 liegt insbesondere dann vor, wenn eine Finanzierung des Wohnraums trotz Ausschöpfung aller dem Betreuten zur Verfügung stehenden Ressourcen nicht möglich ist oder eine häusliche Versorgung trotz umfassender Zuhilfenahme aller ambulanten Dienste zu einer erheblichen gesundheitlichen Gefährdung des Betreuten führen würde.

(2) Beabsichtigt der Betreuer, vom Betreuten selbst genutzten Wohnraum aufzugeben, so hat er dies unter Angabe der Gründe und der Sichtweise des Betreuten dem Betreuungsgericht unverzüglich anzuzeigen. Ist mit einer Aufgabe des Wohnraums aus anderen Gründen zu rechnen, so hat der Betreuer auch dies sowie die von ihm beabsichtigten Maßnahmen dem Betreuungsgericht unverzüglich anzuzeigen, wenn sein Aufgabenkreis die entsprechende Angelegenheit umfasst.

(3) Der Betreuer bedarf bei vom Betreuten selbst genutzten Wohnraum der Genehmigung des Betreuungsgerichts

1. zur Kündigung des Mietverhältnisses,
2. zu einer Willenserklärung, die auf die Aufhebung des Mietverhältnisses gerichtet ist,
3. zur Vermietung solchen Wohnraums und
4. zur Verfügung über ein Grundstück oder über ein Recht an einem Grundstück, sofern dies mit der Aufgabe des Wohnraums verbunden ist.

Die §§ 1855 bis 1858 gelten entsprechend.

§ 1834
Bestimmung des Umgangs und des Aufenthalts des Betreuten

(1) Den Umgang des Betreuten mit anderen Personen darf der Betreuer mit Wirkung für und gegen Dritte nur bestimmen, wenn der Betreute dies wünscht oder ihm eine konkrete Gefährdung im Sinne des § 1821 Absatz 3 Nummer 1 droht.

(2) Die Bestimmung des Aufenthalts umfasst das Recht, den Aufenthalt des Betreuten auch mit Wirkung für und gegen Dritte zu bestimmen und, falls erforderlich, die Herausgabe des Betreuten zu verlangen.

(3) Über Streitigkeiten, die eine Angelegenheit nach Absatz 1 oder 2 betreffen, entscheidet das Betreuungsgericht auf Antrag.

Kapitel 3
Vermögensangelegenheiten
Unterkapitel 1
Allgemeine Vorschriften

§ 1835
Vermögensverzeichnis

(1) Soweit die Verwaltung des Vermögens des Betreuten zum Aufgabenkreis des Betreuers gehört, hat er zum Zeitpunkt seiner Bestellung ein Verzeichnis über das Vermögen des Betreuten zu erstellen und dieses dem Betreuungsgericht mit der Versicherung der Richtigkeit und Vollständigkeit einzureichen. Das Vermögensverzeichnis soll auch Angaben zu den regelmäßigen Einnahmen und Ausgaben des Betreuten enthalten. Der Betreuer hat das Vermögensverzeichnis um dasjenige Vermögen zu ergänzen, das der Betreute später hinzuerwirbt. Mehrere Betreuer haben das Vermögensverzeichnis gemeinsam zu erstellen, soweit sie das Vermögen gemeinsam verwalten.

(2) Der Betreuer hat seine Angaben im Vermögensverzeichnis in geeigneter Weise zu belegen.

(3) Soweit es für die ordnungsgemäße Erstellung des Vermögensverzeichnisses erforderlich und mit Rücksicht auf das Vermögen des Betreuten angemessen ist, kann der Betreuer die zuständige Betreuungsbehörde, einen zuständigen Beamten, einen Notar oder einen Sachverständigen zur Erstellung des Verzeichnisses hinzuziehen.

(4) Bestehen nach den Umständen des Einzelfalls konkrete Anhaltspunkte dafür, dass die Kontrolle der Richtigkeit und Vollständigkeit des Vermögensverzeichnisses durch eine dritte Person zum Schutz des Vermögens des Betreuten oder zur Vermeidung von Rechtsstreitigkeiten erforderlich ist, kann das Betreuungsgericht eine dritte Person als Zeuge bei der Erstellung des Vermögensverzeichnisses, insbesondere bei einer Inaugenscheinnahme von Vermögensgegenständen, hinzuziehen. Für die Erstattung der Aufwendungen der dritten Person sind die Vorschriften über die Entschädigung von Zeugen nach dem Justizvergütungs- und -entschädigungsgesetz anzuwenden. Der Betreuer hat der dritten Person die Wahrnehmung ihrer Aufgaben zu ermöglichen. Die dritte Person hat dem Betreuungsgericht über die Erstellung des Vermögensverzeichnisses und insbesondere das Ergebnis der Inaugenscheinnahme zu berichten.

(5) Ist das eingereichte Vermögensverzeichnis ungenügend, so kann das Betreuungsgericht anordnen, dass das Vermögensverzeichnis durch die zuständige Betreuungsbehörde oder einen Notar aufgenommen wird.

(6) Das Betreuungsgericht hat das Vermögensverzeichnis dem Betreuten zur Kenntnis zu geben, es sei denn, dadurch sind erhebliche Nachteile für dessen Gesundheit zu besorgen oder er ist offensichtlich nicht in der Lage, das Vermögensverzeichnis zur Kenntnis zu nehmen.

§ 1836
Trennungsgebot; Verwendung des Vermögens für den Betreuer

(1) Der Betreuer hat das Vermögen des Betreuten getrennt von seinem eigenen Vermögen zu halten. Dies gilt nicht für das bei Bestellung des Betreuers bestehende und das während der Betreuung hinzukommende gemeinschaftliche Vermögen des Betreuers und des Betreuten, wenn das Betreuungsgericht nichts anderes anordnet.

(2) Der Betreuer darf das Vermögen des Betreuten nicht für sich verwenden. Dies gilt nicht, wenn die Betreuung ehrenamtlich geführt wird und zwischen dem Betreuten und dem Betreuer eine Vereinbarung über die Verwendung getroffen wurde. Verwendungen nach Satz 2 sind unter Darlegung der Vereinbarung dem Betreuungsgericht anzuzeigen.

(3) Absatz 2 Satz 1 gilt nicht für Haushaltsgegenstände und das Verfügungsgeld im Sinne des § 1839, wenn der Betreuer mit dem Betreuten einen gemeinsamen Haushalt führt oder geführt hat und die Verwendung dem Wunsch oder mutmaßlichen Willen des Betreuten entspricht.

§ 1837
Vermögensverwaltung durch den Betreuer bei Erbschaft und Schenkung

(1) Der Betreuer hat das Vermögen des Betreuten, das dieser von Todes wegen erwirbt, das ihm unentgeltlich durch Zuwendung auf den Todesfall oder unter Lebenden von einem Dritten zugewendet wird, nach den Anordnungen des Erblassers oder des Zuwendenden, soweit diese sich an den Betreuer richten, zu verwalten, wenn die Anordnungen von dem Erblasser durch letztwillige Verfügung oder von dem Dritten bei der Zuwendung getroffen worden sind.

(2) Das Betreuungsgericht kann die Anordnungen des Erblassers oder des Zuwendenden aufheben, wenn ihre Befolgung das Vermögen des Betreuten erheblich gefährden würde. Solange der Zuwendende lebt, ist zu einer Abweichung von den Anordnungen seine Zustimmung erforderlich und genügend. Ist er zur Abgabe einer Erklärung dauerhaft außerstande oder ist sein Aufenthalt dauerhaft unbekannt, so kann das Betreuungsgericht unter Beachtung der Voraussetzungen von Satz 1 die Zustimmung ersetzen.

Unterkapitel 2
Verwaltung von Geld, Wertpapieren und Wertgegenständen

§ 1838
Pflichten des Betreuers in Vermögensangelegenheiten

(1) Der Betreuer hat die Vermögensangelegenheiten des Betreuten nach Maßgabe des § 1821 wahrzunehmen. Es wird vermutet, dass eine Wahrnehmung der Vermögensangelegenheiten nach den §§ 1839 bis 1843 dem mutmaßlichen Willen des Betreuten nach § 1821 Absatz 4 entspricht, wenn keine hinreichenden konkreten Anhaltspunkte für einen hiervon abweichenden mutmaßlichen Willen bestehen.

(2) Soweit die nach Absatz 1 Satz 1 gebotene Wahrnehmung der Vermögensangelegenheiten von den in den §§ 1839 bis 1843 festgelegten Grundsätzen abweicht, hat der Betreuer dies dem Betreuungsgericht unverzüglich unter Darlegung der Wünsche des Betreuten anzuzeigen.

Das Betreuungsgericht kann die Anwendung der §§ 1839 bis 1843 oder einzelner Vorschriften ausdrücklich anordnen, wenn andernfalls eine Gefährdung im Sinne des § 1821 Absatz 3 Nummer 1 zu besorgen wäre.

§ 1839
Bereithaltung von Verfügungsgeld

(1) Geld des Betreuten, das der Betreuer für dessen Ausgaben benötigt (Verfügungsgeld), hat er auf einem Girokonto des Betreuten bei einem Kreditinstitut bereitzuhalten. Ausgenommen ist Bargeld im Sinne von § 1840 Absatz 2.

(2) Absatz 1 steht einer Bereithaltung von Verfügungsgeld auf einem gesonderten zur verzinslichen Anlage geeigneten Konto des Betreuten im Sinne von § 1841 Absatz 2 nicht entgegen.

§ 1840
Bargeldloser Zahlungsverkehr

(1) Der Betreuer hat den Zahlungsverkehr für den Betreuten bargeldlos unter Verwendung des gemäß § 1839 Absatz 1 Satz 1 zu unterhaltenden Girokontos durchzuführen.

(2) Von Absatz 1 sind ausgenommen

1. im Geschäftsverkehr übliche Barzahlungen und
2. Auszahlungen an den Betreuten.

§ 1841
Anlagepflicht

(1) Geld des Betreuten, das nicht für Ausgaben nach § 1839 benötigt wird, hat der Betreuer anzulegen (Anlagegeld).

(2) Der Betreuer soll das Anlagegeld auf einem zur verzinslichen Anlage geeigneten Konto des Betreuten bei einem Kreditinstitut (Anlagekonto) anlegen.

§ 1842
Voraussetzungen für das Kreditinstitut

Das Kreditinstitut muss bei Anlagen nach den

§§ 1839 und 1841 Absatz 2 einer für die jeweilige Anlage ausreichenden Sicherungseinrichtung angehören.

§ 1843
Depotverwahrung und Hinterlegung von Wertpapieren

(1) Der Betreuer hat Wertpapiere des Betreuten im Sinne des § 1 Absatz 1 und 2 des Depotgesetzes bei einem Kreditinstitut in Einzel- oder Sammelverwahrung verwahren zu lassen.

(2) Sonstige Wertpapiere des Betreuten hat der Betreuer in einem Schließfach eines Kreditinstituts zu hinterlegen.

(3) Die Pflicht zur Depotverwahrung oder zur Hinterlegung besteht nicht, wenn diese nach den Umständen des Einzelfalls unter Berücksichtigung der Art der Wertpapiere zur Sicherung des Vermögens des Betreuten nicht geboten ist.

§ 1844
Hinterlegung von Wertgegenständen auf Anordnung des Betreuungsgerichts

Das Betreuungsgericht kann anordnen, dass der Betreuer Wertgegenstände des Betreuten bei einer Hinterlegungsstelle oder einer anderen geeigneten Stelle hinterlegt, wenn dies zur Sicherung des Vermögens des Betreuten geboten ist.

§ 1845
Sperrvereinbarung

(1) Für Geldanlagen des Betreuten im Sinne von

§ 1841 Absatz 2 hat der Betreuer mit dem Kreditinstitut zu vereinbaren, dass er über die Anlage nur mit Genehmigung des Betreuungsgerichts verfügen kann. Anlagen von Verfügungsgeld gemäß § 1839 Absatz 2 bleiben unberührt.

(2) Für Wertpapiere im Sinne von § 1843 Absatz 1 hat der Betreuer mit dem Verwahrer zu vereinbaren, dass er über die Wertpapiere und die Rechte aus dem Depotvertrag mit Ausnahme von Zinsen und Ausschüttungen nur mit Genehmigung des Betreuungsgerichts verfügen kann. Der Betreuer hat mit dem Kreditinstitut zu vereinbaren, dass er die Öffnung des Schließfachs für Wertpapiere im Sinne des § 1843 Absatz 2 und die Herausgabe von nach § 1844 hinterlegten Wertgegenständen nur mit Genehmigung des Betreuungsgerichts verlangen kann.

(3) Die Absätze 1 und 2 sind entsprechend anzuwenden, wenn ein Anlagekonto, ein Depot oder eine Hinterlegung des Betreuten bei der Bestellung des Betreuers unversperrt ist. Der Betreuer hat dem Betreuungsgericht die Sperrvereinbarung anzuzeigen.

Unterkapitel 3
Anzeigepflichten

§ 1846
Anzeigepflichten bei der Geld- und Vermögensverwaltung

(1) Betreuer hat dem Betreuungsgericht unverzüglich anzuzeigen, wenn er

1. ein Girokonto für den Betreuten eröffnet,
2. ein Anlagekonto für den Betreuten eröffnet,
3. ein Depot eröffnet oder Wertpapiere des Betreuten hinterlegt,
4. Wertpapiere des Betreuten gemäß § 1843 Absatz 3 nicht in einem Depot verwahrt oder hinterlegt.

(2) Die Anzeige hat insbesondere Angaben zu enthalten

1. zur Höhe des Guthabens auf dem Girokonto nach Absatz 1 Nummer 1,
2. zu Höhe und Verzinsung der Anlage gemäß Absatz 1 Nummer 2 sowie ihrer Bestimmung als Anlage- oder Verfügungsgeld,
3. zu Art, Umfang und Wert der depotverwahrten oder hinterlegten Wertpapiere gemäß Absatz 1 Nummer 3 sowie zu den sich aus ihnen ergebenden Aufwendungen und Nutzungen,
4. zu den Gründen, aus denen der Betreuer die Depotverwahrung oder Hinterlegung gemäß Absatz 1 Nummer 4 für nicht geboten erachtet, und wie die Wertpapiere verwahrt werden sollen,
5. zur Sperrvereinbarung.

§ 1847
Anzeigepflicht für Erwerbsgeschäfte

Der Betreuer hat Beginn, Art und Umfang eines neuen Erwerbsgeschäfts im Namen des Betreuten und die Aufgabe eines bestehenden Erwerbsgeschäfts des Betreuten beim Betreuungsgericht anzuzeigen.

Unterkapitel 4
Genehmigungsbedürftige Rechtsgeschäfte

§ 1848
Genehmigung einer anderen Anlegung von Geld

Der Betreuer bedarf der Genehmigung des Betreuungsgerichts, wenn er Anlagegeld anders als auf einem Anlagekonto gemäß § 1841 Absatz 2 anlegt.

§ 1849
Genehmigung bei Verfügung über Rechte und Wertpapiere

(1) Der Betreuer bedarf der Genehmigung des Betreuungsgerichts zu einer Verfügung über

1. ein Recht, kraft dessen der Betreute eine Geldleistung oder die Leistung eines Wertpapiers verlangen kann,
2. ein Wertpapier des Betreuten,
3. einen hinterlegten Wertgegenstand des Betreuten.

Das gleiche gilt für die Eingehung der Verpflichtung zu einer solchen Verfügung.

(2) Einer Genehmigung bedarf es nicht,

1. im Fall einer Geldleistung nach Absatz 1 Satz 1 Nummer 1, wenn der aus dem Recht folgende Zahlungsanspruch

   nicht mehr als 3 000 Euro beträgt,

   das Guthaben auf einem Girokonto des Betreuten betrifft,

   das Guthaben auf einem vom Betreuer für Verfügungsgeld ohne Sperrvereinbarung eröffneten Anlagekonto betrifft,

   zu den Nutzungen des Vermögens des Betreuten gehört oder

   auf Nebenleistungen gerichtet ist,

2. im Fall von Absatz 1 Satz 1 Nummer 2, wenn die Verfügung über das Wertpapier

   eine Nutzung des Vermögens des Betreuten darstellt,

   eine Umschreibung des Wertpapiers auf den Namen des Betreuten darstellt,

3. im Fall einer Verfügung nach Absatz 1 Satz 1, wenn die Eingehung der Verpflichtung zu einer solchen Verfügung bereits durch das Betreuungsgericht genehmigt worden ist.

Satz 1 Nummer 2 gilt entsprechend für die Eingehung einer Verpflichtung zu einer solchen Verfügung.

(3) Absatz 2 Nummer 1 Buchstabe a ist nicht anzuwenden auf eine Verfügung über einen sich aus einer Geldanlage ergebenden Zahlungsanspruch, soweit er einer Sperrvereinbarung unterliegt, sowie über den sich aus der Einlösung eines Wertpapiers ergebenden Zahlungsan-

spruch. Absatz 2 Nummer 1 Buchstabe d ist nicht anzuwenden auf eine Verfügung über einen Zahlungsanspruch, der einer Sperrvereinbarung unterliegt und eine Kapitalnutzung betrifft.

(4) Die vorstehenden Absätze gelten entsprechend für die Annahme der Leistung.

§ 1850
Genehmigung für Rechtsgeschäfte über Grundstücke und Schiffe

Der Betreuer bedarf der Genehmigung des Betreuungsgerichts

zur Verfügung über ein Grundstück oder über ein Recht an einem Grundstück, sofern die Genehmigung nicht bereits nach § 1833 Absatz 3 Satz 1 Nummer 4 erforderlich ist,

zur Verfügung über eine Forderung, die auf Übertragung des Eigentums an einem Grundstück, auf Begründung oder Übertragung eines Rechts an einem Grundstück oder auf Befreiung eines Grundstücks von einem solchen Recht gerichtet ist,

zur Verfügung über ein eingetragenes Schiff oder Schiffsbauwerk oder über eine Forderung, die auf Übertragung des Eigentums an einem eingetragenen Schiff oder Schiffsbauwerk gerichtet ist,

zu einem Rechtsgeschäft, durch das der Betreute unentgeltlich Wohnungs- oder Teileigentum erwirbt,

zur Eingehung einer Verpflichtung zu einer der in den Nummern 1 bis 3 bezeichneten Verfügungen oder des in Nummer 4 bezeichneten Erwerbs sowie

zu einem Rechtsgeschäft, durch das der Betreute zum entgeltlichen Erwerb eines Grundstücks, eines eingetragenen Schiffes oder Schiffsbauwerks oder eines Rechts an einem Grundstück verpflichtet wird, sowie zur Verpflichtung zum entgeltlichen Erwerb einer Forderung auf Übertragung des Eigentums an einem Grundstück, an einem eingetragenen Schiff oder Schiffsbauwerk oder auf Übertragung eines Rechts an einem Grundstück.

§ 1851
Genehmigung für erbrechtliche Rechtsgeschäfte

Der Betreuer bedarf der Genehmigung des Betreuungsgerichts

ur Ausschlagung einer Erbschaft oder eines Vermächtnisses, zum Verzicht auf die Geltendmachung eines Vermächtnisses oder Pflichtteilsanspruchs sowie zu einem Auseinandersetzungsvertrag,

zu einem Rechtsgeschäft, durch das der Betreute zu einer Verfügung über eine ihm angefallene Erbschaft, über seinen künftigen gesetzlichen Erbteil oder seinen künftigen Pflichtteil verpflichtet wird,

zu einer Verfügung über den Anteil des Betreuten an einer Erbschaft oder zu einer Vereinbarung, mit der der Betreute aus der Erbengemeinschaft ausscheidet,

zu einer Anfechtung eines Erbvertrags für den geschäftsunfähigen Betreuten als Erblasser gemäß § 2282 Absatz 2,

zum Abschluss eines Vertrags mit dem Erblasser über die Aufhebung eines Erbvertrags oder einer einzelnen vertragsmäßigen Verfügung gemäß § 2290,

zu einer Zustimmung zur testamentarischen Aufhebung einer in einem Erbvertrag mit dem Erblasser geregelten vertragsmäßigen Anordnung eines Vermächtnisses, einer Auflage sowie einer Rechtswahl gemäß § 2291, zur Aufhebung eines zwischen Ehegatten oder Lebenspartnern geschlossenen Erbvertrags durch gemeinschaftliches Testament der Ehegatten oder Lebenspartner gemäß § 2292,

zu einer Rücknahme eines mit dem Erblasser geschlossenen Erbvertrags, der nur Verfügungen von Todes wegen enthält, aus der amtlichen oder notariellen Verwahrung gemäß § 2300 Absatz 2,

zum Abschluss oder zur Aufhebung eines Erb- oder Pflichtteilsverzichtsvertrags gemäß den §§ 2346, 2351 sowie zum Abschluss eines Zuwendungsverzichtsvertrags gemäß § 2352.

§ 1852
Genehmigung für handels- und gesellschaftsrechtliche Rechtsgeschäfte

Der Betreuer bedarf der Genehmigung des Betreuungsgerichts

zu einer Verfügung und zur Eingehung der Verpflichtung zu einer solchen Verfügung, durch die der Betreute

ein Erwerbsgeschäft oder

einen Anteil an einer Personen- oder Kapitalgesellschaft, die ein Erwerbsgeschäft betreibt, erwirbt oder veräußert,

zu einem Gesellschaftsvertrag, der zum Betrieb eines Erwerbsgeschäfts eingegangen wird, und

zur Erteilung einer Prokura.

§ 1853
Genehmigung bei Verträgen über wiederkehrende Leistungen

Der Betreuer bedarf der Genehmigung des Betreuungsgerichts

zum Abschluss eines Miet- oder Pachtvertrags oder zu einem anderen Vertrag, durch den der Betreute zu wiederkehrenden Leistungen verpflichtet wird, wenn das Vertragsverhältnis länger als vier Jahre dauern soll, und

zu einem Pachtvertrag über einen gewerblichen oder land- oder forstwirtschaftlichen Betrieb.

Satz 1 Nummer 1 gilt nicht, wenn der Betreute das Vertragsverhältnis ohne eigene Nachteile vorzeitig kündigen kann.

§ 1854
Genehmigung für sonstige Rechtsgeschäfte Der Betreuer bedarf der Genehmigung des Betreuungsgerichts

zu einem Rechtsgeschäft, durch das der Betreute zu einer Verfügung über sein Vermögen im Ganzen verpflichtet wird,

zur Aufnahme von Geld auf den Kredit des Betreuten mit Ausnahme einer eingeräumten Überziehungsmöglichkeit für das auf einem Girokonto des Betreuten bei einem Kreditinstitut bereitzuhaltende Verfügungsgeld (§ 1839 Absatz 1),

zur Ausstellung einer Schuldverschreibung auf den Inhaber oder zur Eingehung einer Verbindlichkeit aus einem Wechsel oder einem anderen Papier, das durch Indossament übertragen werden kann,

zu einem Rechtsgeschäft, das auf Übernahme einer fremden Verbindlichkeit gerichtet ist,

zur Eingehung einer Bürgschaft,

zu einem Vergleich oder einer auf ein Schiedsverfahren gerichteten Vereinbarung, es sei denn, dass der Gegenstand des Streites oder der Ungewissheit in Geld schätzbar ist und den Wert von 6 000 Euro nicht übersteigt oder der Vergleich einem schriftlichen oder protokollierten gerichtlichen Vergleichsvorschlag entspricht,

zu einem Rechtsgeschäft, durch das die für eine Forderung des Betreuten bestehende Sicherheit aufgehoben oder gemindert oder die Verpflichtung dazu begründet wird, und

zu einer Schenkung oder unentgeltlichen Zuwendung, es sei denn, diese ist nach den Lebensverhältnissen des Betreuten angemessen oder als Gelegenheitsgeschenk üblich.

Unterkapitel 5
Genehmigungserklärung

§ 1855
Erklärung der Genehmigung

Das Betreuungsgericht kann die Genehmigung zu einem Rechtsgeschäft nur dem Betreuer gegenüber erklären.

§ 1856
Nachträgliche Genehmigung

(1) Schließt der Betreuer einen Vertrag ohne die erforderliche Genehmigung des Betreuungsgerichts, so hängt die Wirksamkeit des Vertrags von der nachträglichen Genehmigung des Betreuungsgerichts ab. Die Genehmigung sowie deren Verweigerung wird dem anderen Teil gegenüber erst wirksam, wenn ihm die wirksam gewordene Genehmigung oder Verweigerung durch den Betreuer mitgeteilt wird.

(2) Fordert der andere Teil den Betreuer zur Mitteilung darüber auf, ob die Genehmigung erteilt sei, so kann die Mitteilung der Genehmigung nur bis zum Ablauf des zweiten Monats nach dem Empfang der Aufforderung erfolgen; wird die Genehmigung nicht mitgeteilt, so gilt sie als verweigert.

(3) Absatz 2 Nummer 1 Buchstabe a ist nicht anzuwenden auf eine Verfügung über einen sich aus einer Geldanlage ergebenden Zahlungsanspruch, soweit er einer Sperrvereinbarung unterliegt, sowie über den sich aus der Einlösung eines Wertpapiers ergebenden Zahlungsanspruch. Absatz 2 Nummer 1 Buchstabe d ist nicht anzuwenden auf eine Verfügung über einen Zahlungsanspruch, der einer Sperrvereinbarung unterliegt und eine Kapitalnutzung betrifft.

(4) Die vorstehenden Absätze gelten entsprechend für die Annahme der Leistung.

§ 1857
Widerrufsrecht des Vertragspartners

Hat der Betreuer dem anderen Teil gegenüber wahrheitswidrig die Genehmigung des Betreuungsgerichts behauptet, so ist der andere Teil bis zur Mitteilung der nachträglichen Genehmigung des Betreuungsgerichts zum Widerruf berechtigt, es sei denn, dass ihm das Fehlen der Genehmigung bei dem Abschluss des Vertrags bekannt war.

§ 1858
Einseitiges Rechtsgeschäft

(1) Ein einseitiges Rechtsgeschäft, das der Betreuer ohne die erforderliche Genehmigung des Betreuungsgerichts vornimmt, ist unwirksam.

(2) Nimmt der Betreuer mit Genehmigung des Betreuungsgerichts ein einseitiges Rechtsgeschäft einem anderen gegenüber vor, so ist das Rechtsgeschäft unwirksam, wenn der Betreuer die Genehmigung nicht vorlegt und der andere das Rechtsgeschäft aus diesem Grunde unverzüglich zurückweist.

(3) Nimmt der Betreuer ein einseitiges Rechtsgeschäft gegenüber einem Gericht oder einer Behörde ohne die erforderliche Genehmigung des Betreuungsgerichts vor, so hängt die Wirksamkeit des Rechtsgeschäfts von der nachträglichen Genehmigung des Betreuungsgerichts ab. Das Rechtsgeschäft wird mit Rechtskraft der Genehmigung wirksam. Der Ablauf einer gesetzlichen Frist wird während der Dauer des Genehmigungsverfahrens gehemmt. Die Hemmung endet mit Rechtskraft des Beschlusses über die Erteilung der Genehmigung. Das Betreuungsgericht teilt dem Gericht oder der Behörde nach Rechtskraft des Beschlusses die Erteilung oder Versagung der Genehmigung mit.

Unterkapitel 6
Befreiungen

§ 1859
Gesetzliche Befreiungen

(1) Befreite Betreuer sind entbunden

1. von der Pflicht zur Sperrvereinbarung nach § 1845,
2. von den Beschränkungen nach § 1849 Absatz 1 Satz 1 Nummer 1 und 2, Satz 2 und
3. von der Pflicht zur Rechnungslegung nach § 1865.

Sie haben dem Betreuungsgericht jährlich eine Übersicht über den Bestand des ihrer Verwaltung unterliegenden Vermögens des Betreuten (Vermögensübersicht) einzureichen. Das Betreuungsgericht kann anordnen, dass die Vermögensübersicht in längeren, höchstens fünfjährigen Zeiträumen einzureichen ist.

(2) Befreite Betreuer sind

1. Verwandte in gerader Linie,
2. Geschwister,
3. Ehegatten,
4. der Betreuungsverein oder ein Vereinsbetreuer,
5. die Betreuungsbehörde oder ein Behördenbetreuer.

Das Betreuungsgericht kann andere als die in Satz 1 genannten Betreuer von den in Absatz 1 Satz 1 genannten Pflichten befreien, wenn der Betreute dies vor der Bestellung des Betreuers schriftlich verfügt hat. Dies gilt nicht, wenn der Betreute erkennbar an diesem Wunsch nicht festhalten will.

(3) Das Betreuungsgericht hat die Befreiungen aufzuheben, wenn bei ihrer Fortgeltung eine Gefährdung im Sinne des § 1821 Absatz 3 Nummer 1 zu besorgen wäre.

§ 1860
Befreiungen auf Anordnung des Gerichts

(1) Das Betreuungsgericht kann den Betreuer auf dessen Antrag von den Beschränkungen nach den §§ 1841, 1845, 1848 und 1849 Absatz 1 Satz 1 Nummer 1 und 2 sowie Satz 2 ganz oder teilweise befreien, wenn der Wert des Vermögens des Betreuten ohne Berücksichtigung von Immobilien und Verbindlichkeiten 6 000 Euro nicht übersteigt.

(2) Das Betreuungsgericht kann den Betreuer auf dessen Antrag von den Beschränkungen nach den §§ 1848, 1849 Absatz 1 Satz 1 Nummer 1 und 2 sowie Satz 2 und nach § 1854 Nummer 2 bis 5 befreien, soweit mit der Vermögensverwaltung der Betrieb eines Erwerbsgeschäfts verbunden ist oder besondere Gründe der Vermögensverwaltung dies erfordern.

(3) Das Betreuungsgericht kann den Betreuer auf dessen Antrag von den Beschränkungen nach § 1845 Absatz 2, den §§ 1848 und 1849 Absatz 1 Satz 1 Nummer 1 und 2 sowie Satz 2 befreien, wenn ein Wertpapierdepot des Betreuten häufige Wertpapiergeschäfte erfordert und der Betreuer über hinreichende Kapitalmarktkenntnis und Erfahrung verfügt.

(4) Eine Befreiung gemäß den Absätzen 1 bis 3 kann das Betreuungsgericht nur anordnen, wenn eine Gefährdung im Sinne des § 1821 Absatz 3 Nummer 1 nicht zu besorgen ist.

(5) Das Betreuungsgericht hat eine Befreiung aufzuheben, wenn ihre Voraussetzungen nicht mehr vorliegen.

Untertitel 3
Beratung und Aufsicht durch das Betreuungsgericht

§ 1861
Beratung; Verpflichtung des Betreuers

(1) Das Betreuungsgericht berät den Betreuer über dessen Rechte und Pflichten bei der Wahrnehmung seiner Aufgaben.

(2) Der ehrenamtliche Betreuer wird alsbald nach seiner Bestellung mündlich verpflichtet, über seine Aufgaben unterrichtet und auf Beratungs- und Unterstützungsangebote hingewiesen. Das gilt nicht für solche ehrenamtlichen Betreuer, die mehr als eine Betreuung führen oder in den letzten zwei Jahren geführt haben.

§ 1862
Aufsicht durch das Betreuungsgericht

(1) Das Betreuungsgericht führt über die gesamte Tätigkeit des Betreuers die Aufsicht. Es hat dabei auf die Einhaltung der Pflichten des Betreuers zu achten und insbesondere bei Anordnungen nach Absatz 3, der Erteilung von Genehmigungen und einstweiligen Maßnahmen nach § 1867 den in § 1821 Absatz 2 bis 4 festgelegten Maßstab zu beachten.

(2) Das Betreuungsgericht hat den Betreuten persönlich anzuhören, wenn Anhaltspunkte dafür bestehen, dass der Betreuer pflichtwidrig den Wünschen des Betreuten nicht oder nicht in geeigneter Weise entspricht oder seinen Pflichten gegenüber dem Betreuten in anderer Weise nicht nachkommt, es sei denn, die persönliche Anhörung ist nicht geeignet oder nicht erforderlich, um die Pflichtwidrigkeit aufzuklären.

(3) Das Betreuungsgericht hat gegen Pflichtwidrigkeiten des Betreuers durch geeignete Gebote und Verbote einzuschreiten. Zur Befolgung seiner Anordnungen kann es den Betreuer durch die Festsetzung von Zwangsgeld anhalten. Gegen die Betreuungsbehörde, einen Behördenbetreuer oder einen Betreuungsverein wird kein Zwangsgeld festgesetzt.

(4) Durch Landesrecht kann bestimmt werden, dass Vorschriften, welche die Aufsicht des Betreuungsgerichts in vermögensrechtlicher Hinsicht sowie beim Abschluss von Ausbildungs-, Dienst- oder Arbeitsverträgen betreffen, gegenüber der Betreuungsbehörde außer Anwendung bleiben.

§ 1863
Berichte über die persönlichen Verhältnisse des Betreuten

(1) Mit Übernahme der Betreuung hat der Betreuer einen Bericht über die persönlichen Verhältnisse (Anfangsbericht) zu erstellen. Der Anfangsbericht hat insbesondere Angaben zu folgenden Sachverhalten zu enthalten:

1. persönliche Situation des Betreuten,
2. Ziele der Betreuung, bereits durchgeführte und beabsichtigte Maßnahmen, insbesondere im Hinblick auf § 1821 Absatz 6, und
3. Wünsche des Betreuten hinsichtlich der Betreuung.

Sofern ein Vermögensverzeichnis gemäß § 1835 zu erstellen ist, ist dieses dem Anfangsbericht beizufügen. Der Anfangsbericht soll dem Betreuungsgericht innerhalb von drei Monaten nach Bestellung des Betreuers übersandt werden. Das Betreuungsgericht kann den Anfangsbericht mit dem Betreuten und dem Betreuer in einem persönlichen Gespräch erörtern.

(2) Absatz 1 gilt nicht, wenn die Betreuung ehrenamtlich von einer Person mit einer familiären Beziehung oder persönlichen Bindung zum Betreuten geführt wird. In diesem Fall führt das Betreuungsgericht mit dem Betreuten auf dessen Wunsch oder in anderen geeigneten Fällen ein Anfangsgespräch zur Ermittlung der Sachverhalte nach Absatz 1 Satz 2. Der ehrenamtliche Betreuer soll an dem Gespräch teilnehmen. Die Pflicht zur Erstellung eines Vermögensverzeichnisses gemäß § 1835 bleibt unberührt.

(3) Der Betreuer hat dem Betreuungsgericht über die persönlichen Verhältnisse des Betreuten mindestens einmal jährlich zu berichten (Jahresbericht). Er hat den Jahresbericht mit dem Betreuten zu besprechen, es sei denn, davon sind erhebliche Nachteile für die Gesundheit des Betreuten zu besorgen oder dieser ist offensichtlich nicht in der Lage, den Inhalt des Jahresberichts zur Kenntnis zu nehmen. Der Jahresbericht hat insbesondere Angaben zu folgenden Sachverhalten zu enthalten:

1. Art, Umfang und Anlass der persönlichen Kontakte zum Betreuten und der persönliche Eindruck vom Betreuten,
2. Umsetzung der bisherigen Betreuungsziele und Darstellung der bereits durchgeführten und beabsichtigten Maßnahmen, insbesondere solcher gegen den Willen des Betreuten,
3. Gründe für die weitere Erforderlichkeit der Betreuung und des Einwilligungsvorbehalts, insbesondere auch hinsichtlich des Umfangs,
4. bei einer beruflich geführten Betreuung die Mitteilung, ob die Betreuung zukünftig ehrenamtlich geführt werden kann, und
5. die Sichtweise des Betreuten zu den Sachverhalten nach den Nummern 1 bis 4.

(4) Nach Beendigung der Betreuung hat der Betreuer einen abschließenden Bericht (Schlussbericht) zu erstellen, in dem die seit dem letzten Jahresbericht eingetretenen Änderungen der persönlichen Verhältnisse mitzuteilen sind. Der Schlussbericht ist dem Betreuungsgericht zu übersenden. Er hat Angaben zur Herausgabe des der Verwaltung des Betreuers unterliegenden Vermögens des Betreuten und aller im Rahmen der Betreuung erlangten Unterlagen zu enthalten.

§ 1864
Auskunfts- und Mitteilungspflichten des Betreuers

(1) Der Betreuer hat dem Betreuungsgericht auf dessen Verlangen jederzeit über die Führung der Betreuung und über die persönlichen und wirtschaftlichen Verhältnisse des Betreuten Auskunft zu erteilen.

(2) Der Betreuer hat dem Betreuungsgericht wesentliche Änderungen der persönlichen und wirtschaftlichen Verhältnisse des Betreuten unverzüglich mitzuteilen. Dies gilt auch für solche Umstände,

1. die eine Aufhebung der Betreuung oder des Einwilligungsvorbehalts ermöglichen,
2. die eine Einschränkung des Aufgabenkreises des Betreuers ermöglichen,
3. die die Erweiterung des Aufgabenkreises des Betreuers erfordern,
4. die die Bestellung eines weiteren Betreuers erfordern,
5. die die Anordnung eines Einwilligungsvorbehalts erfordern und
6. aus denen sich bei einer beruflich geführten Betreuung ergibt, dass die Betreuung zukünftig ehrenamtlich geführt werden kann.

§ 1865
Rechnungslegung

(1) Der Betreuer hat dem Betreuungsgericht über die Vermögensverwaltung Rechnung zu legen, soweit sein Aufgabenkreis die Vermögensverwaltung umfasst.

(2) Die Rechnung ist jährlich zu legen. Das Rechnungsjahr wird vom Betreuungsgericht bestimmt.

(3) Die Rechnung soll eine geordnete Zusammenstellung der Einnahmen und Ausgaben enthalten und über den Ab- und Zugang des vom Betreuer verwalteten Vermögens Auskunft geben. Das Betreuungsgericht kann Einzelheiten zur Erstellung der geordneten Zusammenstellung nach Satz 1 bestimmen. Es kann in geeigneten Fällen auf die Vorlage von Belegen verzichten. Verwaltet der Betreute im Rahmen des dem Betreuer übertragenen Aufgabenkreises einen Teil seines Vermögens selbst, so hat der Betreuer dies dem Betreuungsgericht mitzuteilen. Der Betreuer hat die Richtigkeit dieser Mitteilung durch eine Erklärung des Betreuten nachzuweisen oder, falls eine solche nicht beigebracht werden kann, die Richtigkeit an Eides statt zu versichern.

(4) Wird vom Betreuten ein Erwerbsgeschäft mit kaufmännischer Buchführung betrieben, so genügt als Rechnung ein aus den Büchern gezogener Jahresabschluss. Das Betreuungsgericht kann Vorlage der Bücher und sonstigen Belege verlangen.

§ 1866
Prüfung der Rechnung durch das Betreuungsgericht

(1) Das Betreuungsgericht hat die Rechnung sachlich und rechnerisch zu prüfen und, soweit erforderlich, ihre Berichtigung und Ergänzung durch den Betreuer herbeizuführen.

(2) Die Möglichkeit der Geltendmachung streitig gebliebener Ansprüche zwischen Betreuer und Betreutem im Rechtsweg bleibt unberührt. Die Ansprüche können schon vor der Beendigung der Betreuung geltend gemacht werden.

§ 1867
Einstweilige Maßnahmen des Betreuungsgerichts

Bestehen dringende Gründe für die Annahme, dass die Voraussetzungen für die Bestellung eines Betreuers gegeben sind, und konnte ein Betreuer noch nicht bestellt werden oder ist der Betreuer an der Erfüllung seiner Pflichten gehindert, so hat das Betreuungsgericht die dringend erforderlichen Maßnahmen zu treffen.

Untertitel 4
Beendigung, Aufhebung oder Änderung von Betreuung und Einwilligungsvorbehalt

§ 1868
Entlassung des Betreuers

(1) Das Betreuungsgericht hat den Betreuer zu entlassen, wenn dessen Eignung, die Angelegenheiten des Betreuten zu besorgen, nicht oder nicht mehr gewährleistet ist oder ein anderer wichtiger Grund für die Entlassung vorliegt. Ein wichtiger Grund liegt auch vor, wenn der Betreuer eine erforderliche Abrechnung vorsätzlich falsch erteilt oder den erforderlichen persönlichen Kontakt zum Betreuten nicht gehalten hat.

(2) Das Betreuungsgericht hat den beruflichen Betreuer zu entlassen, wenn dessen Registrierung nach § 27 Absatz 1 und 2 des Betreuungsorganisationsgesetzes widerrufen oder zurückgenommen wurde.

(3) Das Betreuungsgericht soll den beruflichen Betreuer, den Betreuungsverein, den Behördenbetreuer oder die Betreuungsbehörde entlassen, wenn der Betreute zukünftig ehrenamtlich betreut werden kann.

(4) Das Betreuungsgericht entlässt den Betreuer auf dessen Verlangen, wenn nach dessen Bestellung Umstände eingetreten sind, aufgrund derer ihm die Führung der Betreuung nicht mehr zugemutet werden kann.

(5) Das Betreuungsgericht kann den Betreuer entlassen, wenn der Betreute eine mindestens gleich geeignete Person, die zur Übernahme der Betreuung bereit ist, als neuen Betreuer vorschlägt.

(6) Der Vereinsbetreuer ist auch dann zu entlassen, wenn der Betreuungsverein dies beantragt. Wünscht der Betreute die Fortführung der Betreuung durch den bisherigen Vereinsbetreuer, so kann das Betreuungsgericht statt der Entlassung des Vereinsbetreuers mit dessen Einverständnis feststellen, dass dieser die Betreuung künftig als Privatperson weiterführt. Die Sätze 1 und 2 gelten für den Behördenbetreuer entsprechend.

(7) Der Betreuungsverein oder die Betreuungsbehörde ist als Betreuer zu entlassen, sobald der Betreute durch eine oder mehrere natürliche Personen hinreichend betreut werden kann. Dies gilt für den Betreuungsverein nicht, wenn der Wunsch des Betreuten dem entgegensteht.

§ 1869
Bestellung eines neuen Betreuers

Mit der Entlassung des Betreuers oder nach dessen Tod ist ein neuer Betreuer zu bestellen.

§ 1870
Ende der Betreuung

Die Betreuung endet mit der Aufhebung der Betreuung durch das Betreuungsgericht oder mit dem Tod des Betreuten.

§ 1871
Aufhebung oder Änderung von Betreuung und Einwilligungsvorbehalt

(1) Die Betreuung ist aufzuheben, wenn ihre Voraussetzungen wegfallen. Fallen die Voraussetzungen nur für einen Teil der Aufgabenbereiche des Betreuers weg, so ist dessen Aufgabenkreis einzuschränken.

(2) Ist der Betreuer auf Antrag des Betreuten bestellt, so ist die Betreuung auf dessen Antrag wieder aufzuheben, es sei denn, die Aufrechterhaltung der Betreuung ist auch unter Berücksichtigung von § 1814 Absatz 2 erforderlich. Dies gilt für die Einschränkung des Aufgabenkreises des Betreuers entsprechend.

(3) Der Aufgabenkreis des Betreuers ist zu erweitern, wenn dies erforderlich wird. Die Vorschriften über die Bestellung des Betreuers gelten hierfür entsprechend.

(4) Für den Einwilligungsvorbehalt gelten die Absätze 1 und 3 entsprechend.

§ 1872
Herausgabe von Vermögen und Unterlagen; Schlussrechnungslegung

(1) Endet die Betreuung, hat der Betreuer das seiner Verwaltung unterliegende Vermögen und alle im Rahmen der Betreuung erlangten Unterlagen an den Betreuten, dessen Erben oder sonstigen Berechtigten herauszugeben.

(2) Eine Schlussrechnung über die Vermögensverwaltung hat der Betreuer nur zu erstellen, wenn der Berechtigte nach Absatz 1 dies verlangt. Auf dieses Recht ist der Berechtigte durch den Betreuer vor Herausgabe der Unterlagen hinzuweisen. Die Frist zur Geltendmachung des Anspruchs beträgt sechs Wochen nach Zugang des Hinweises. Der Berechtigte hat dem Betreuungsgericht sein Verlangen gegenüber dem Betreuer mitzuteilen.

(3) Ist der Betreute sechs Monate nach Ende der Betreuung unbekannten Aufenthalts oder sind dessen Erben nach Ablauf dieser Frist unbekannt oder unbekannten Aufenthalts und ist auch kein sonstiger Berechtigter vorhanden, hat der Betreuer abweichend von Absatz 2 eine Schlussrechnung zu erstellen.

(4) Bei einem Wechsel des Betreuers hat der bisherige Betreuer das seiner Verwaltung unterliegende Vermögen und alle im Rahmen der Betreuung erlangten Unterlagen an den neuen Betreuer herauszugeben. Über die Verwaltung seit der letzten beim Betreuungsgericht eingereichten Rechnungslegung hat er Rechenschaft durch eine Schlussrechnung abzulegen.

(5) War der Betreuer bei Beendigung seines Amtes gemäß § 1859 befreit, genügt zur Erfüllung der Verpflichtungen aus den Absätzen 2 und 4 Satz 2 die Erstellung einer Vermögensübersicht mit einer Übersicht über die Einnahmen und Ausgaben seit der letzten Vermögensübersicht. Die Richtigkeit und Vollständigkeit der Vermögensübersicht ist an Eides statt zu versichern.

§ 1873
Rechnungsprüfung

(1) Der Betreuer hat eine nach § 1872 von ihm zu erstellende Schlussrechnung oder Vermögensübersicht beim Betreuungsgericht einzureichen. Das Betreuungsgericht übersendet diese an den Berechtigten, soweit dieser bekannt ist oder rechtlich vertreten wird und kein Fall des § 1872 Absatz 3 vorliegt.

(2) Das Betreuungsgericht hat die Schlussrechnung oder die Vermögensübersicht sachlich und rechnerisch zu prüfen und, soweit erforderlich, ihre Ergänzung herbeizuführen. Das Betreuungsgericht übersendet das Ergebnis seiner Prüfung nach Satz 1 an den Berechtigten.

(3) Endet die Betreuung und liegt kein Fall des § 1872 Absatz 3 vor, so gilt Absatz 2 nur dann, wenn der Berechtigte binnen sechs Wochen nach Zugang der Schlussrechnung oder der Vermögensübersicht deren Prüfung verlangt. Über dieses Recht ist der Berechtigte bei der Übersendung nach Absatz 1 Satz 2 zu belehren. Nach Ablauf der Frist kann eine Prüfung durch das Betreuungsgericht nicht mehr verlangt werden.

§ 1874
Besorgung der Angelegenheiten des Betreuten nach Beendigung der Betreuung

(1) Der Betreuer darf die Besorgung der Angelegenheiten des Betreuten fortführen, bis er von der Beendigung der Betreuung Kenntnis erlangt oder diese kennen muss. Ein Dritter kann sich auf diese Befugnis nicht berufen, wenn er bei der Vornahme des Rechtsgeschäfts die Beendigung kennt oder kennen muss.

(2) Endet die Betreuung durch den Tod des Betreuten, so hat der Betreuer im Rahmen des ihm übertragenen Aufgabenkreises die Angelegenheiten, die keinen Aufschub dulden, zu besorgen, bis der Erbe diese besorgen kann.

Untertitel 5
Vergütung und Aufwendungsersatz

§ 1875
Vergütung und Aufwendungsersatz

(1) Vergütung und Aufwendungsersatz des ehrenamtlichen Betreuers bestimmen sich nach den Vorschriften dieses Untertitels.

(2) Vergütung und Aufwendungsersatz des beruflichen Betreuers, des Betreuungsvereins, des Behördenbetreuers und der Betreuungsbehörde bestimmen sich nach dem Vormünder- und Betreuervergütungsgesetz.

§ 1876
Vergütung

Dem ehrenamtlichen Betreuer steht grundsätzlich kein Anspruch auf Vergütung zu. Das Betreuungsgericht kann ihm abweichend von Satz 1 eine angemessene Vergütung bewilligen, wenn

1. der Umfang oder die Schwierigkeit der Wahrnehmung der Angelegenheiten des Betreuten dies rechtfertigen und
2. der Betreute nicht mittellos ist.

§ 1877
Aufwendungsersatz

(1) Macht der Betreuer zur Führung der Betreuung Aufwendungen, so kann er nach den für den Auftrag geltenden Vorschriften der §§ 669 und 670 vom Betreuten Vorschuss oder Ersatz verlangen. Für den Ersatz von Fahrtkosten des Betreuers gilt die in § 5 des Justizvergütungs- und -entschädigungsgesetzes für Sachverständige getroffene Regelung entsprechend.

(2) Zu den Aufwendungen gehören auch die Kosten einer angemessenen Versicherung gegen Schäden, die

1. dem Betreuten durch den Betreuer zugefügt werden können oder
2. dem Betreuer dadurch entstehen können, dass er einem Dritten zum Ersatz eines durch die Führung der Betreuung verursachten Schadens verpflichtet ist.

Kosten für die Haftpflichtversicherung des Halters eines Kraftfahrzeugs gehören nicht zu diesen Aufwendungen.

(3) Als Aufwendungen gelten auch solche Dienste des Betreuers, die zu seinem Gewerbe oder Beruf gehören.

(4) Der Anspruch auf Aufwendungsersatz erlischt, wenn er nicht binnen 15 Monaten nach seiner Entstehung gerichtlich geltend gemacht wird. Die Geltendmachung beim Betreuungsgericht gilt als Geltendmachung gegen den Betreuten. Die Geltendmachung gegen den Betreuten gilt auch als Geltendmachung gegen die Staatskasse.

(5) Das Betreuungsgericht kann eine von Absatz 4 Satz 1 abweichende kürzere oder längere Frist für das Erlöschen des Anspruchs bestimmen sowie diese gesetzte Frist auf Antrag verlängern. Mit der Fristbestimmung ist über das Erlöschen des Ersatzanspruchs bei Versäumung der Frist zu belehren. Der Anspruch ist innerhalb der Frist zu beziffern.

§ 1878
Aufwandspauschale

(1) Zur Abgeltung seines Anspruchs auf Aufwendungsersatz kann der Betreuer für die Führung jeder Betreuung, für die er keine Vergütung erhält, vom Betreuten einen pauschalen Geldbetrag verlangen (Aufwandspauschale). Dieser entspricht für ein Jahr dem 17fachen dessen, was einem Zeugen als Höchstbetrag der Entschädigung für eine Stunde versäumter Arbeitszeit (§ 22 des Justizvergütungs- und -entschädigungsgesetzes) gewährt werden kann. Hat der Betreuer für solche Aufwendungen bereits Vorschuss oder Ersatz erhalten, so verringert sich die Aufwandspauschale entsprechend.

(2) Sind mehrere Betreuer bestellt, kann jeder Betreuer den Anspruch auf Aufwandspauschale geltend machen. In den Fällen der Bestellung eines Verhinderungsbetreuers nach § 1817 Absatz 4 kann jeder Betreuer den Anspruch auf Aufwandspauschale nur für den Zeitraum geltend machen, in dem er tatsächlich tätig geworden ist.

(3) Die Aufwandspauschale ist jährlich zu zahlen, erstmals ein Jahr nach Bestellung des Betreuers. Endet das Amt des Betreuers, ist die Aufwandspauschale anteilig nach den Monaten des bis zur Beendigung des Amtes laufenden Betreuungsjahres zu zahlen; ein angefangener Monat gilt als voller Monat.

(4) Der Anspruch erlischt, wenn er nicht binnen sechs Monaten nach Ablauf des Jahres, in dem der Anspruch entstanden ist, gerichtlich geltend gemacht wird. § 1877 Absatz 4 Satz 2 und 3 gilt entsprechend. Ist der Anspruch einmalig ausdrücklich gerichtlich geltend gemacht

worden, so gilt in den Folgejahren die Einreichung des Jahresberichts jeweils als Antrag, es sei denn, der Betreuer verzichtet ausdrücklich auf eine weitere Geltendmachung.

§ 1879
Zahlung aus der Staatskasse

Gilt der Betreute als mittellos im Sinne von § 1880, so kann der Betreuer den Vorschuss, den Aufwendungsersatz nach § 1877 oder die Aufwandspauschale nach § 1878 aus der Staatskasse verlangen.

§ 1880
Mittellosigkeit des Betreuten

(1) Der Betreute gilt als mittellos, wenn er den Vorschuss, den Aufwendungsersatz oder die Aufwandspauschale aus seinem einzusetzenden Vermögen nicht, nur zum Teil oder nur in Raten aufbringen kann.

(2) Der Betreute hat sein Vermögen nach Maßgabe des § 90 des Zwölften Buches Sozialgesetzbuch einzusetzen.

§ 1881
Gesetzlicher Forderungsübergang

Soweit die Staatskasse den Betreuer befriedigt, gehen Ansprüche des Betreuers gegen den Betreuten auf die Staatskasse über. Nach dem Tode des Betreuten haftet sein Erbe nur mit dem Wert des im Zeitpunkt des Erbfalls vorhandenen Nachlasses; § 102 Absatz 3 und 4 des Zwölften Buches Sozialgesetzbuch gilt entsprechend, § 1880 Absatz 2 ist auf den Erben nicht anzuwenden.

§§ 1882–1921

(weggefallen)

4 Gesetz über die Vergütung von Vormündern und Betreuern (Vormünder- und Betreuervergütungsgesetz – VBVG)

in der Fassung der Bekanntmachung durch das Gesetz vom 4. Mai 2021 (BGBl. I S. 882), zuletzt geändert durch das Gesetz vom 24. Juni 2022 (BGBl. I S. 959)

Abschnitt 1
Allgemeines

§ 1
Feststellung der Berufsmäßigkeit und Vergütungsbewilligung

(1) Das Familiengericht hat die Feststellung der Berufsmäßigkeit gemäß § 1836 Abs. 1 Satz 2 des Bürgerlichen Gesetzbuchs zu treffen, wenn dem Vormund in einem solchen Umfang Vormundschaften übertragen sind, dass er sie nur im Rahmen seiner Berufsausübung führen kann,

oder wenn zu erwarten ist, dass dem Vormund in absehbarer Zeit Vormundschaften in diesem Umfang übertragen sein werden. Berufsmäßigkeit liegt im Regelfall vor, wenn

1 der Vormund mehr als zehn Vormundschaften führt oder

2. die für die Führung der Vormundschaft erforderliche Zeit voraussichtlich 20 Wochenstunden nicht unterschreitet.

(2) Trifft das Familiengericht die Feststellung nach Absatz 1 Satz 1, so hat es dem Vormund oder dem Gegenvormund eine Vergütung zu bewilligen. Ist der Mündel mittellos im Sinne von § 1836d des Bürgerlichen Gesetzbuchs, so kann der Vormund die nach Satz 1 zu bewilligende Vergütung aus der Staatskasse verlangen.

Abschnitt 1
Vergütung und Aufwendungsersatz des Vormunds

§ 1
Berufsmäßigkeit; Vergütung und Aufwendungsersatz

(1) Das Familiengericht stellt die Berufsmäßigkeit im Sinne von § 1808 Absatz 3 des Bürgerlichen Gesetzbuchs fest, wenn dem Vormund in einem solchen Umfang Vormundschaften übertragen sind, dass er sie nur im Rahmen seiner Berufsausübung führen kann, oder wenn zu erwarten ist, dass ihm in absehbarer Zeit in einem solchen Umfang Vormundschaften übertragen sein werden. Berufsmäßigkeit liegt im Regelfall vor, wenn der Vormund mehr als zehn Vormundschaften führt oder für die Führung der Vormundschaft voraussichtlich mindestens 20 Wochenstunden erforderlich sind.

(2) Unabhängig von den Voraussetzungen nach Absatz 1 liegt Berufsmäßigkeit vor, wenn ein Vereinsvormund oder das Jugendamt als Vormund oder ein Vormundschaftsverein oder das Jugendamt als vorläufiger Vormund bestellt wird.

(3) Stellt das Familiengericht die Berufsmäßigkeit nach Absatz 1 Satz 1 fest oder liegt Berufsmäßigkeit gemäß Absatz 2 vor, kann der Vormund vom Mündel Vergütung und Aufwendungsersatz nach Maßgabe der nachstehenden Bestimmungen verlangen. Das Gericht hat die Zahlung zu bewilligen.

§ 2
Zahlung aus der Staatskasse und Rückgriff, Erlöschen und Geltendmachung der Ansprüche

(1) Ist der Mündel mittellos im Sinne von § 1880 des Bürgerlichen Gesetzbuchs, so kann der Vormund Vergütung sowie Vorschuss oder Ersatz der Aufwendungen aus der Staatskasse verlangen.

(2) Die Ansprüche auf Vergütung und Aufwendungsersatz erlöschen, wenn sie nicht binnen 15 Monaten nach ihrer Entstehung gerichtlich geltend gemacht werden. § 1877 Absatz 4 Satz 2 und 3 sowie Absatz 5 des Bürgerlichen Gesetzbuchs gilt entsprechend.

§ 3
Stundensatz des Vormunds

(1) Die dem Vormund nach § 1 Absatz 3 zu bewilligende Vergütung beträgt für jede Stunde der für die Führung der Vormundschaft aufgewandten und erforderlichen Zeit 23 Euro. Verfügt

der Vormund über besondere Kenntnisse, die für die Führung der Vormundschaft nutzbar sind, so erhöht sich der Stundensatz

1. auf 29,50 Euro, wenn diese Kenntnisse durch eine abgeschlossene Lehre oder eine vergleichbare abgeschlossene Ausbildung erworben sind;
2. auf 39 Euro, wenn diese Kenntnisse durch eine abgeschlossene Ausbildung an einer Hochschule oder durch eine vergleichbare abgeschlossene Ausbildung erworben sind.

Eine auf die Vergütung anfallende Umsatzsteuer wird, soweit sie nicht nach § 19 Absatz 1 des Umsatzsteuergesetzes unerhoben bleibt, zusätzlich ersetzt.

(2) Bestellt das Familiengericht einen Vormund, der über besondere Kenntnisse verfügt, die für die Führung der Vormundschaft allgemein nutzbar und durch eine Ausbildung im Sinne des Absatzes 1 Satz 2 erworben sind, so wird vermutet, dass diese Kenntnisse auch für die Führung der dem Vormund übertragenen Vormundschaft nutzbar sind. Dies gilt nicht, wenn das Familiengericht aus besonderen Gründen bei der Bestellung des Vormunds etwas anderes bestimmt.

(3) Soweit die besondere Schwierigkeit der vormundschaftlichen Angelegenheiten dies ausnahmsweise rechtfertigt, kann das Familiengericht einen höheren als den in Absatz 1 vorgesehenen Stundensatz der Vergütung bewilligen. Dies gilt nicht, wenn der Mündel mittellos ist.

(4) Der Vormund kann Abschlagszahlungen verlangen.

§ 4
Aufwendungsersatz des Vormunds

(1) Für seine anlässlich der Führung der Vormundschaft erforderlichen Aufwendungen kann der Berufsvormund Vorschuss oder Ersatz in entsprechender Anwendung des § 1877 Absatz 1 des Bürgerlichen Gesetzbuchs verlangen.

(2) Für solche Dienste, die zu seinem Gewerbe oder seinem Beruf gehören, kann der Berufsvormund anstelle der Vergütung nach § 1 Absatz 3 als Aufwendung Ersatz in entsprechender Anwendung des § 1877 Absatz 3 des Bürgerlichen Gesetzbuchs verlangen.

§ 5
Vergütung und Aufwendungsersatz für Vormundschaftsvereine

(1) Ist ein Vereinsvormund bestellt oder führt der Verein eine Beistandschaft, so ist dem Verein eine Vergütung in entsprechender Anwendung von § 3 zu bewilligen. Ist der Verein als vorläufiger Vormund bestellt, ist ihm eine Vergütung nach § 3 Absatz 1 Nummer 2 zu bewilligen. Zusätzlich zu der Vergütung nach Satz 1 oder Satz 2 kann der Verein Vorschuss oder Ersatz der Aufwendungen in entsprechender Anwendung von § 1877 Absatz 1 des Bürgerlichen Gesetzbuchs verlangen; § 4 Absatz 2 ist nicht anwendbar. Allgemeine Verwaltungskosten werden nicht ersetzt.

(2) Der Vereinsvormund selbst kann keine Vergütung und keinen Aufwendungsersatz geltend machen.

§ 6
Vergütung und Aufwendungsersatz für das Jugendamt

(1) Dem Jugendamt als Vormund steht keine Vergütung zu.

(2) Für seine Aufwendungen kann das Jugendamt keinen Vorschuss verlangen. Es kann in entsprechender Anwendung von § 1877 Absatz 1 des Bürgerlichen Gesetzbuchs Ersatz nur insoweit verlangen, als der Mündel nicht mittellos im Sinne von § 1880 des Bürgerlichen Gesetzbuchs ist. Allgemeine Verwaltungskosten werden nicht ersetzt.

Abschnitt 2
Vergütung und Aufwendungsersatz des Betreuers

§ 7
Vergütung und Aufwendungsersatz des beruflichen Betreuers

(1) Ein beruflicher Betreuer nach § 19 Absatz 2 des Betreuungsorganisationsgesetzes, der selbständig rechtliche Betreuungen führt, kann vom Betreuten Vergütung und Aufwendungsersatz nach Maßgabe der §§ 8 bis 12, 15 und 16 verlangen.

(2) Ist ein beruflicher Betreuer nach § 19 Absatz 2 des Betreuungsorganisationsgesetzes, der als Mitarbeiter eines anerkannten Betreuungsvereins rechtliche Betreuungen führt, als Vereinsbetreuer bestellt, kann der Betreuungsverein vom Betreuten Vergütung und Aufwendungsersatz nach Maßgabe der §§ 8 bis 12, 15 und 16 verlangen. Der Vereinsbetreuer selbst kann keine Vergütung und keinen Aufwendungsersatz geltend machen.

(3) Die Bewilligung der Zahlung erfolgt durch das Betreuungsgericht nach § 292 des Gesetzes über das Verfahren in Familiensachen und in den Angelegenheiten der freiwilligen Gerichtsbarkeit.

§ 8
Höhe der Vergütung; Verordnungsermächtigung

(1) Die dem beruflichen Betreuer nach § 7 zu bewilligende Vergütung bestimmt sich nach monatlichen Fallpauschalen, die in den Vergütungstabellen A bis C der Anlage festgelegt sind.

(2) Die Vergütung des beruflichen Betreuers richtet sich nach

1. Vergütungstabelle A, sofern der Betreuer weder über eine abgeschlossene Lehre noch über eine abgeschlossene Ausbildung an einer Hochschule oder eine vergleichbare Ausbildung verfügt;
2. Vergütungstabelle B, wenn der Betreuer über eine abgeschlossene Lehre oder eine vergleichbare abgeschlossene Ausbildung verfügt;
3. Vergütungstabelle C, wenn der Betreuer über eine abgeschlossene Ausbildung an einer Hochschule oder eine vergleichbare abgeschlossene Ausbildung verfügt.

(3) Der Vorstand des am Sitz oder hilfsweise am Wohnsitz des beruflichen Betreuers zuständigen Amtsgerichts stellt auf Antrag des Betreuers nach dessen Registrierung fest, nach welcher Vergütungstabelle sich die von diesem zu beanspruchenden Vergütungen richten. Die Feststellung nach Satz 1 gilt für das gerichtliche Verfahren zur Festsetzung der Vergütung bundesweit. Sie kann auf Antrag des beruflichen Betreuers geändert werden, wenn dieser eine Änderung der Voraussetzungen nach Absatz 2 nachweist. Die Feststellung oder Änderung wirkt auf den Zeitpunkt der Antragstellung zurück.

(4) Die Landesregierungen werden ermächtigt, zur sachdienlichen Erledigung der Verfahren nach Absatz 3 durch Rechtsverordnung die Zuständigkeit anderer Gerichte abweichend von

Absatz 3 Satz 1 festzulegen. Die Landesregierungen können die Ermächtigung nach Satz 1 auf die Landesjustizverwaltungen übertragen.

§ 9
Fallpauschalen

(1) Die Höhe der Fallpauschalen nach § 8 Absatz 1 richtet sich nach

1. der Dauer der Betreuung,
2. dem gewöhnlichen Aufenthaltsort des Betreuten und
3. dem Vermögensstatus des Betreuten.

(2) Hinsichtlich der Dauer der Betreuung wird bei der Berechnung der Fallpauschalen zwischen den Zeiträumen in den ersten drei Monaten der Betreuung, im vierten bis sechsten Monat, im siebten bis zwölften Monat, im 13. bis 24. Monat und ab dem 25. Monat unterschieden. Für die Berechnung der Monate gelten § 187 Absatz 1 und § 188 Absatz 2 des Bürgerlichen Gesetzbuchs entsprechend.

(3) Hinsichtlich des gewöhnlichen Aufenthaltsortes des Betreuten ist zwischen stationären Einrichtungen und diesen nach Satz 3 gleichgestellten ambulant betreuten Wohnformen einerseits und anderen Wohnformen andererseits zu unterscheiden. Im Sinne dieses Gesetzes sind

1. stationäre Einrichtungen:

Einrichtungen, die dem Zweck dienen, Volljährige aufzunehmen, ihnen Wohnraum zu überlassen, sowie tatsächliche Betreuung oder Pflege zur Verfügung zu stellen oder vorzuhalten, und die in ihrem Bestand von Wechsel und Zahl der Bewohner un abhängig sind und entgeltlich betrieben werden;

2. ambulant betreute Wohnformen:

entgeltliche Angebote, die dem Zweck dienen, Volljährigen das Leben in einem gemeinsamen Haushalt oder einer Wohnung bei gleichzeitiger Inanspruchnahme extern angebotener entgeltlicher Leistungen tatsächlicher Betreuung oder Pflege zu ermöglichen.

Ambulant betreute Wohnformen sind stationären Einrichtungen gleichgestellt, wenn die in der ambulant betreuten Wohnform extern angebotenen Leistungen tatsächlicher Betreuung oder Pflege als Rund-um-die-Uhr-Versorgung durch professionelle Betreuungs- oder Pflegekräfte zur Verfügung gestellt oder vorgehalten werden und der Anbieter der extern angebotenen Betreuungs- und Pflegeleistungen nicht frei wählbar ist.

(4) Hinsichtlich der Bestimmung des Vermögensstatus des Betreuten ist entscheidend, ob am Ende des Abrechnungsmonats Mittellosigkeit nach § 1880 des Bürgerlichen Gesetzbuchs vorliegt. Hinsichtlich der Bestimmung des gewöhnlichen Aufenthaltes nach Absatz 3 ist entscheidend, wo der gewöhnliche Aufenthalt am Ende des Abrechnungsmonats liegt. Bei sonstigen Änderungen von Umständen, die sich auf die Vergütung auswirken und die vor Ablauf eines vollen Monats eintreten, ist die Vergütung zeitanteilig nach Tagen zu berechnen; § 187 Absatz 1, § 188 Absatz 1 und § 191 des Bürgerlichen Gesetzbuchs gelten entsprechend.

§ 10
Gesonderte Pauschalen

(1) Ist der Betreute nicht mittellos, wird der Betreuer mit einer zusätzlichen monatlichen Pauschale in Höhe von 30 Euro vergütet, wenn dieser die Verwaltung

1. von Geldvermögen in Höhe von mindestens 150 000 Euro,

2. von Wohnraum, der nicht vom Betreuten oder seinem Ehegatten genutzt wird, oder
3. eines Erwerbsgeschäfts des Betreuten

zu besorgen hat. Die Pauschale kann geltend gemacht werden, wenn einer der Fälle des Satzes 1 an mindestens einem Tag im Abrechnungsmonat vorliegt.

(2) Findet ein Wechsel von einem ehrenamtlichen zu einem beruflichen Betreuer statt, ist der berufliche Betreuer mit einer einmaligen Pauschale in Höhe von 200 Euro zu vergüten.

(3) Findet ein Wechsel von einem beruflichen zu einem ehrenamtlichen Betreuer statt, ist der berufliche Betreuer mit einer einmaligen Pauschale in Höhe des 1,5-fachen der zum Zeitpunkt des Betreuerwechsels zu vergütenden Fallpauschale zu vergüten. Dies gilt auch dann, wenn zunächst neben dem beruflichen Betreuer ein ehrenamtlicher Betreuer bestellt war und dieser die Betreuung allein fortführt.

(4) Die Pauschalen nach den Absätzen 1 bis 3 können nur gemeinsam mit einem Vergütungsantrag nach den §§ 8 und 9 geltend gemacht werden.

§ 11
Aufwendungsersatz

Die Fallpauschalen nach § 9 gelten auch Ansprüche auf Ersatz anlässlich der Betreuung entstandener Aufwendungen ab. Die gesonderte Geltendmachung von Aufwendungen im Sinne des § 1877 Absatz 3 des Bürgerlichen Gesetzbuchs durch Betreuer nach § 7 Absatz 1 bleibt unberührt.

§ 12
Sonderfälle der Betreuung

(1) Dem Sterilisationsbetreuer nach § 1817 Absatz 2 des Bürgerlichen Gesetzbuchs und dem Ergänzungsbetreuer nach § 1817 Absatz 5 des Bürgerlichen Gesetzbuchs ist eine Vergütung nach § 3 zu bewilligen. Vorschuss oder Ersatz der Aufwendungen kann er in entsprechender Anwendung von § 1877 Absatz 1 des Bürgerlichen Gesetzbuchs verlangen; § 4 Absatz 2 gilt entsprechend. Allgemeine Verwaltungskosten werden nicht ersetzt.

(2) Dem Verhinderungsbetreuer nach § 1817 Absatz 4 des Bürgerlichen Gesetzbuchs sind die Vergütung nach § 8 in Verbindung mit § 9 sowie die Pauschale nach § 10 Absatz 1 zu bewilligen und im Fall des § 9 nach Tagen zu teilen; § 187 Absatz 1 und § 188 Absatz 1 des Bürgerlichen Gesetzbuchs gelten entsprechend.

§ 13
Vergütung und Aufwendungsersatz für Betreuungsvereinet

(1) Ist der Betreuungsverein nach § 1818 Absatz 1 des Bürgerlichen Gesetzbuchs als Betreuer bestellt, ist ihm eine Vergütung nach den §§ 8 bis 10 zu bewilligen, wenn der Mitarbeiter, dem die Führung der Betreuung gemäß § 1818 Absatz 2 Satz 1 des Bürgerlichen Gesetzbuchs übertragen worden ist, als beruflicher Betreuer registriert ist. Die Höhe der Vergütung richtet sich nach der aufgrund der Feststellung nach § 8 Absatz 3 für den Mitarbeiter anzuwendenden Vergütungstabelle. Eine Vergütung ist auch dann zu bewilligen, wenn der Mitarbeiter spätestens sechs Monate nach Beginn seiner Tätigkeit für den Betreuungsverein registriert ist.

(2) In den Fällen des § 1817 Absatz 4 und 5 des Bürgerlichen Gesetzbuchs sind dem Betreuungsverein nach Maßgabe des Absatzes 1 Vergütung und Aufwendungsersatz nach § 12 zu

bewilligen. Aufwendungen im Sinne von § 1877 Absatz 3 des Bürgerlichen Gesetzbuchs kann der Verein nicht geltend machen. Allgemeine Verwaltungskosten werden nicht ersetzt.

§ 14
Vergütung und Aufwendungsersatz für Behördenbetreuer und Betreuungsbehörde

(1) Ist ein Behördenbetreuer bestellt, so kann der zuständigen Behörde nur unter den in § 1876 Satz 2 des Bürgerlichen Gesetzbuchs bestimmten Voraussetzungen eine Vergütung bewilligt werden. Für ihre Aufwendungen kann die Betreuungsbehörde keinen Vorschuss und in entsprechender Anwendung von § 1877 Absatz 1 des Bürgerlichen Gesetzbuchs Ersatz nur insoweit verlangen, als der Betreute nicht mittellos im Sinne des § 1880 des Bürgerlichen Gesetzbuchs ist. Allgemeine Verwaltungskosten werden nicht ersetzt.

(2) Der Behördenbetreuer selbst kann keine Vergütung, keinen Vorschuss und keinen Aufwendungsersatz geltend machen.

(3) Ist die Betreuungsbehörde nach § 1818 Absatz 4 des Bürgerlichen Gesetzbuchs als Betreuer bestellt, steht ihr keine Vergütung zu. Für die Aufwendungen der Betreuungsbehörde gilt Absatz 1 Satz 2 und 3 entsprechend.

(4) § 1877 Absatz 4 des Bürgerlichen Gesetzbuchs ist auf Ansprüche der Betreuungsbehörde nicht anzuwenden.

§ 15
Abrechnungszeitraum für die Betreuungsvergütung

(1) Die Vergütung kann nach Ablauf von jeweils drei Monaten für diesen Zeitraum geltend gemacht werden. Dies gilt nicht für die Geltendmachung von Vergütung und Aufwendungsersatz in den Fällen der §§ 12 und 13 Absatz 2.

(2) Der Betreuer kann, wenn eine Veränderung der für die Höhe der Vergütung maßgeblichen Kriterien des § 9 Absatz 1 Nummer 2 und 3 nicht zu erwarten ist, die Festsetzung der Vergütung auch für zukünftige Zeiträume nach § 292 Absatz 2 Satz 1 des Gesetzes über das Verfahren in Familiensachen und in den Angelegenheiten der freiwilligen Gerichtsbarkeit beantragen. Für die Dauer der Festsetzung nach § 292 Absatz 2 des Gesetzes über das Verfahren in Familiensachen und in den Angelegenheiten der freiwilligen Gerichtsbarkeit gelten die Vergütungsansprüche als geltend gemacht nach § 16 Absatz 3. Eine Änderung der Kriterien des § 9 Absatz 1 hat der Betreuer unverzüglich mitzuteilen.

§ 16
Abrechnungszeitraum für die Betreuungsvergütung

(1) Ist der Betreute mittellos im Sinne des § 1880 des Bürgerlichen Gesetzbuchs, so kann der Betreuer die Vergütung sowie Vorschuss oder Ersatz der Aufwendungen aus der Staatskasse verlangen.

(2) Soweit die Staatskasse den Betreuer befriedigt, gehen die Ansprüche des Betreuers nach Maßgabe des § 1881 des Bürgerlichen Gesetzbuchs auf die Staatskasse über.

(3) Die Ansprüche auf Vergütung und Aufwendungsersatz erlöschen, wenn sie nicht binnen 15 Monaten nach ihrer Entstehung gerichtlich geltend gemacht werden. § 1877 Absatz 4 Satz 2 und 3 sowie Absatz 5 des Bürgerlichen Gesetzbuchs gilt entsprechend.

Abschnitt 3
Schlussvorschriften

§ 17
Zahlung aus der Staatskasse, Erlöschen und Geltendmachung der Ansprüche

(1) Durch Landesrecht kann bestimmt werden, dass es einer abgeschlossenen Lehre im Sinne des § 3 Absatz 1 Satz 2 Nummer 1 und § 4 Absatz 3 Nummer 1 des Vormünder- und Betreuervergütungsgesetzes vom 21. April 2005 (BGBl. I S. 1073, 1076), das zuletzt durch Artikel 1 des Gesetzes vom 22. Juni 2019 (BGBl. I S. 866) geändert worden ist, in der bis einschließlich 31. Dezember 2022 geltenden Fassung gleichsteht, wenn der Vormund oder Betreuer besondere Kenntnisse im Sinne dieser Vorschrift durch eine dem Abschluss einer Lehre vergleichbare Prüfung vor einer staatlichen oder staatlich anerkannten Stelle nachgewiesen hat. Zu einer solchen Prüfung darf nur zugelassen werden, wer

1. mindestens drei Jahre lang Vormundschaften oder Betreuungen berufsmäßig geführt und
2. an einer Umschulung oder Fortbildung teilgenommen hat, die besondere Kenntnisse im Sinne des § 3 Absatz 1 Satz 2 und § 4 Absatz 3 des Vormünder- und Betreuervergütungsgesetzes vom 21. April 2005 (BGBl. I S. 1073, 1076), das zuletzt durch Artikel 1 des Gesetzes vom 22. Juni 2019 (BGBl. I S. 866) geändert worden ist, in der bis zum 31. Dezember 2022 geltenden Fassung vermittelt, welche nach Art und Umfang den durch eine abgeschlossene Lehre vermittelten vergleichbar sind.

(2) Durch Landesrecht kann bestimmt werden, dass es einer abgeschlossenen Ausbildung an einer Hochschule im Sinne des § 3 Absatz 1 Satz 2 Nummer 2 und § 4 Absatz 3 Nummer 2 des Vormünder- und Betreuervergütungsgesetzes vom 21. April 2005 (BGBl. I S. 1073, 1076), das zuletzt durch Artikel 1 des Gesetzes vom 22. Juni 2019 (BGBl. I S. 866) geändert worden ist, in der bis einschließlich 31. Dezember 2022 geltenden Fassung gleichsteht, wenn der Vormund oder Betreuer Kenntnisse im Sinne dieser Vorschrift durch eine Prüfung vor einer staatlichen oder staatlich anerkannten Stelle nachgewiesen hat. Zu einer solchen Prüfung darf nur zugelassen werden, wer

1. mindestens fünf Jahre lang Vormundschaften oder Betreuungen berufsmäßig geführt und
2. an einer Umschulung oder Fortbildung teilgenommen hat, die besondere Kenntnisse im Sinne des § 3 Absatz 1 Satz 2 und § 4 Absatz 3 des Vormünder- und Betreuervergütungsgesetzes vom 21. April 2005 (BGBl. I S. 1073, 1076), das zuletzt durch Artikel 1 des Gesetzes vom 22. Juni 2019 (BGBl. I S. 866) geändert worden ist, in der bis einschließlich 31. Dezember 2022 geltenden Fassung vermittelt, welche nach Art und Umfang den durch eine abgeschlossene Ausbildung an einer Hochschule vermittelten vergleichbar sind.

(3) Das Landesrecht kann weitergehende Zulassungsvoraussetzungen aufstellen. Es regelt das Nähere über die an eine Umschulung oder Fortbildung im Sinne des Absatzes 1 Satz 2 Nummer 2 und des Absatzes 2 Satz 2 Nummer 2 zu stellenden Anforderungen, über Art und Umfang der zu erbringenden Prüfungsleistungen, über das Prüfungsverfahren und über die Zuständigkeiten. Das Landesrecht kann auch bestimmen, dass eine in einem anderen Land abgelegte Prüfung im Sinne dieser Vorschrift anerkannt wird.

Abschnitt 4
Übergangsregelungen

§ 18
Aufwendungsersatz

Auf Vergütungsansprüche von Betreuern, Vormündern, Pflegern und Verfahrenspflegern für Leistungen, die vor dem 1. Januar 2023 erbracht wurden, ist das Vormünder- und Betreuervergütungsgesetz vom 21. April 2005 (BGBl. I S. 1073, 1076), das zuletzt durch Artikel 1 des Gesetzes vom 22. Juni 2019 (BGBl. I S. 866) geändert worden ist, bis zum Ende des angefangenen Abrechnungsmonats in seiner bis dahin geltenden Fassung anzuwenden.

§ 19
Ansprüche von Betreuern, die vor Inkrafttreten des Betreuungsorganisationsgesetzes bereits berufsmäßig Betreuungen geführt haben

(1) Für berufliche Betreuer, die bis einschließlich 1. Januar 2023 seit weniger als drei Jahren berufliche Betreuungen führen, gilt § 4 Absatz 2 bis 4 des Vormünder- und Betreuervergütungsgesetzes vom 21. April 2005 (BGBl. I S. 1073, 1076), das zuletzt durch Artikel 1 des Gesetzes vom 22. Juni 2019 (BGBl. I S. 866) geändert worden ist, in der bis einschließlich 31. Dezember 2022 geltenden Fassung, bis sie ihre Sachkunde nach § 32 Absatz 2 Satz 2 des Betreuungsorganisationsgesetzes gegenüber der Stammbehörde nachgewiesen haben.

(2) Soweit durch Landesrecht auf der Grundlage von § 11 des Vormünder- und Betreuervergütungsgesetzes vom 21. April 2005 (BGBl. I S. 1073, 1076), das zuletzt durch Artikel 1 des Gesetzes vom 22. Juni 2019 (BGBl. I S. 866) geändert worden ist, in der bis einschließlich 1. Januar 2023 geltenden Fassung oder von § 2 des Berufsvormündervergütungsgesetzes vom 25. Juni 1998 (BGBl. I S. 1580, 1586), das zuletzt durch Artikel 29 des Gesetzes vom 13. Dezember 2001 (BGBl. I S. 3574) geändert worden ist, in der bis einschließlich 30. Juni 2005 geltenden Fassung Prüfungsleistungen mit Abschlüssen gleichgestellt sind, sind die Prüfungsleistungen bei der Feststellung, nach welcher Vergütungstabelle sich die Vergütung richtet, im Verfahren nach § 8 Absatz 2 und 3 entsprechend zu Grunde zu legen.

Anlage (zu §8 Absatz 1)

Die Anlage entspricht den auf den Seiten 329 ff. abgedruckten Vergütungstabellen A bis C.

5 Gesetz über das Verfahren in Familiensachen und in den Angelegenheiten der freiwilligen Gerichtsbarkeit (FamFG)

vom 17. Dezember 2008 (BGBl. I S. 2586),

zuletzt geändert durch das Gesetz vom 24. Juni 2022 (BGBl. I S. 959)

– Auszug –

Buch 1
Allgemeiner Teil

Abschnitt 2
Verfahren im ersten Rechtszug

§ 23
Verfahrenseinleitender Antrag

(1) Ein verfahrenseinleitender Antrag soll begründet werden. In dem Antrag sollen die zur Begründung dienenden Tatsachen und Beweismittel angegeben sowie die Personen benannt werden, die als Beteiligte in Betracht kommen. Der Antrag soll in geeigneten Fällen die Angabe enthalten, ob der Antragstellung der Versuch einer Mediation oder eines anderen Verfahrens der außergerichtlichen Konfliktbeilegung vorausgegangen ist, sowie eine Äußerung dazu, ob einem solchen Verfahren Gründe entgegenstehen. Urkunden, auf die Bezug genommen wird, sollen in Urschrift oder Abschrift beigefügt werden. Der Antrag soll von dem Antragsteller oder seinem Bevollmächtigten unterschrieben werden.

(2) Das Gericht soll den Antrag an die übrigen Beteiligten übermitteln.

§ 24
Anregung des Verfahrens

(1) Soweit Verfahren von Amts wegen eingeleitet werden können, kann die Einleitung eines Verfahrens angeregt werden.

(2) Folgt das Gericht der Anregung nach Absatz 1 nicht, hat es denjenigen, der die Einleitung angeregt hat, darüber zu unterrichten, soweit ein berechtigtes Interesse an der Unterrichtung ersichtlich ist.

§ 25
Anträge und Erklärungen zur Niederschrift der Geschäftsstelle

(1) Die Beteiligten können Anträge und Erklärungen gegenüber dem zuständigen Gericht schriftlich oder zur Niederschrift der Geschäftsstelle abgeben, soweit eine Vertretung durch einen Rechtsanwalt nicht notwendig ist.

(2) Anträge und Erklärungen, deren Abgabe vor dem Urkundsbeamten der Geschäftsstelle zulässig ist, können vor der Geschäftsstelle eines jeden Amtsgerichts zur Niederschrift abgegeben werden.

(3) Die Geschäftsstelle hat die Niederschrift unverzüglich an das Gericht zu übermitteln, an das der Antrag oder die Erklärung gerichtet ist. Die Wirkung einer Verfahrenshandlung tritt nicht ein, bevor die Niederschrift dort eingeht.

§ 26
Ermittlung von Amts wegen

Das Gericht hat von Amts wegen die zur Feststellung der entscheidungserheblichen Tatsachen erforderlichen Ermittlungen durchzuführen.

§ 27
Mitwirkung der Beteiligten

(1) Die Beteiligten sollen bei der Ermittlung des Sachverhalts mitwirken.

(2) Die Beteiligten haben ihre Erklärungen über tatsächliche Umstände vollständig und der Wahrheit gemäß abzugeben.

§ 28
Verfahrensleitung

(1) Das Gericht hat darauf hinzuwirken, dass die Beteiligten sich rechtzeitig über alle erheblichen Tatsachen erklären und ungenügende tatsächliche Angaben ergänzen. Es hat die Beteiligten auf einen rechtlichen Gesichtspunkt hinzuweisen, wenn es ihn anders beurteilt als die Beteiligten und seine Entscheidung darauf stützen will.

(2) In Antragsverfahren hat das Gericht auch darauf hinzuwirken, dass Formfehler beseitigt und sachdienliche Anträge gestellt werden.

(3) Hinweise nach dieser Vorschrift hat das Gericht so früh wie möglich zu erteilen und aktenkundig zu machen.

(4) Über Termine und persönliche Anhörungen hat das Gericht einen Vermerk zu fertigen; für die Niederschrift des Vermerks kann ein Urkundsbeamter der Geschäftsstelle hinzugezogen werden, wenn dies auf Grund des zu erwartenden Umfangs des Vermerks, in Anbetracht der Schwierigkeit der Sache oder aus einem sonstigen wichtigen Grund erforderlich ist. In den Vermerk sind die wesentlichen Vorgänge des Termins und der persönlichen Anhörung aufzunehmen. Über den Versuch einer gütlichen Einigung vor einem Güterichter nach § 36 Absatz 5 wird ein Vermerk nur angefertigt, wenn alle Beteiligten sich einverstanden erklären. Die Herstellung durch Aufzeichnung auf Datenträger in der Form des § 14 Absatz 3 ist möglich.

§ 29
Beweiserhebung

(1) Das Gericht erhebt die erforderlichen Beweise in geeigneter Form. Es ist hierbei an das Vorbringen der Beteiligten nicht gebunden.

(2) Die Vorschriften der Zivilprozessordnung über die Vernehmung bei Amtsverschwiegenheit und das Recht zur Zeugnisverweigerung gelten für die Befragung von Auskunftspersonen entsprechend.

(3) Das Gericht hat die Ergebnisse der Beweiserhebung aktenkundig zu machen.

§ 30
Förmliche Beweisaufnahme

(1) Das Gericht entscheidet nach pflichtgemäßem Ermessen, ob es die entscheidungserheblichen Tatsachen durch eine förmliche Beweisaufnahme entsprechend der Zivilprozessordnung feststellt.

(2) Eine förmliche Beweisaufnahme hat stattzufinden, wenn es in diesem Gesetz vorgesehen ist.

(3) Eine förmliche Beweisaufnahme über die Richtigkeit einer Tatsachenbehauptung soll stattfinden, wenn das Gericht seine Entscheidung maßgeblich auf die Feststellung dieser Tatsache stützen will und die Richtigkeit von einem Beteiligten ausdrücklich bestritten wird.

(4) Den Beteiligten ist Gelegenheit zu geben, zum Ergebnis einer förmlichen Beweisaufnahme Stellung zu nehmen, soweit dies zur Aufklärung des Sachverhalts oder zur Gewährung rechtlichen Gehörs erforderlich ist.

...

§ 34
Persönliche Anhörung

(1) Das Gericht hat einen Beteiligten persönlich anzuhören,

1. wenn dies zur Gewährleistung des rechtlichen Gehörs des Beteiligten erforderlich ist oder
2. wenn dies in diesem oder in einem anderen Gesetz vorgeschrieben ist.

(2) Die persönliche Anhörung eines Beteiligten kann unterbleiben, wenn hiervon erhebliche Nachteile für seine Gesundheit zu besorgen sind oder der Beteiligte offensichtlich nicht in der Lage ist, seinen Willen kundzutun.

(3) Bleibt der Beteiligte im anberaumten Anhörungstermin unentschuldigt aus, kann das Verfahren ohne seine persönliche Anhörung beendet werden. Der Beteiligte ist auf die Folgen seines Ausbleibens hinzuweisen.

....

§ 37
Grundlage der Entscheidung

(1) Das Gericht entscheidet nach seiner freien, aus dem gesamten Inhalt des Verfahrens gewonnenen Überzeugung.

(2) Das Gericht darf eine Entscheidung, die die Rechte eines Beteiligten beeinträchtigt, nur auf Tatsachen und Beweisergebnisse stützen, zu denen dieser Beteiligte sich äußern konnte.

Abschnitt 3
Beschluss

§ 38
Entscheidung durch Beschluss

(1) Das Gericht entscheidet durch Beschluss, soweit durch die Entscheidung der Verfahrensgegenstand ganz oder teilweise erledigt wird (Endentscheidung). Für Registersachen kann durch Gesetz Abweichendes bestimmt werden.

(2) Der Beschluss enthält

1. die Bezeichnung der Beteiligten, ihrer gesetzlichen Vertreter und der Bevollmächtigten;
2. die Bezeichnung des Gerichts und die Namen der Gerichtspersonen, die bei der Entscheidung mitgewirkt haben;
3. die Beschlussformel.

(3) Der Beschluss ist zu begründen. Er ist zu unterschreiben. Das Datum der Übergabe des Beschlusses an die Geschäftsstelle oder der Bekanntgabe durch Verlesen der Beschlussformel (Erlass) ist auf dem Beschluss zu vermerken.

(4) Einer Begründung bedarf es nicht, soweit

1. die Entscheidung auf Grund eines Anerkenntnisses oder Verzichts oder als Versäumnisentscheidung ergeht und entsprechend bezeichnet ist,
2. gleichgerichteten Anträgen der Beteiligten stattgegeben wird oder der Beschluss nicht dem erklärten Willen eines Beteiligten widerspricht oder
3. der Beschluss in Gegenwart aller Beteiligten mündlich bekannt gegeben wurde und alle Beteiligten auf Rechtsmittel verzichtet haben.

(5) Absatz 4 ist nicht anzuwenden:

1. in Ehesachen, mit Ausnahme der eine Scheidung aussprechenden Entscheidung;
2. in Abstammungssachen;
3. in Betreuungssachen;
4. wenn zu erwarten ist, dass der Beschluss im Ausland geltend gemacht werden wird.

(6) Soll ein ohne Begründung hergestellter Beschluss im Ausland geltend gemacht werden, gelten die Vorschriften über die Vervollständigung von Versäumnis- und Anerkenntnisentscheidungen entsprechend.

§ 39
Rechtsbehelfsbelehrung

Jeder Beschluss hat eine Belehrung über das statthafte Rechtsmittel, den Einspruch, den Widerspruch oder die Erinnerung sowie das Gericht, bei dem diese Rechtsbehelfe einzulegen sind, dessen Sitz und die einzuhaltende Form und Frist zu enthalten. Über die Sprungrechtsbeschwerde muss nicht belehrt werden.

...

§ 42
Berichtigung des Beschlusses

(1) Schreibfehler, Rechenfehler und ähnliche offenbare Unrichtigkeiten im Beschluss sind jederzeit vom Gericht auch von Amts wegen zu berichtigen.

(2) Der Beschluss, der die Berichtigung ausspricht, wird auf dem berichtigten Beschluss und auf den Ausfertigungen vermerkt. Erfolgt der Berichtigungsbeschluss in der Form des § 14 Absatz 3, ist er in einem gesonderten elektronischen Dokument festzuhalten. Das Dokument ist mit dem Beschluss untrennbar zu verbinden.

(3) Der Beschluss, durch den der Antrag auf Berichtigung zurückgewiesen wird, ist nicht anfechtbar. Der Beschluss, der eine Berichtigung ausspricht, ist mit der sofortigen Beschwerde in entsprechender Anwendung der §§ 567 bis 572 der Zivilprozessordnung anfechtbar.

§ 43
Ergänzung des Beschlusses

(1) Wenn ein Antrag, der nach den Verfahrensakten von einem Beteiligten gestellt wurde, ganz oder teilweise übergangen oder die Kostenentscheidung unterblieben ist, ist auf Antrag der Beschluss nachträglich zu ergänzen.

(2) Die nachträgliche Entscheidung muss binnen einer zweiwöchigen Frist, die mit der schriftlichen Bekanntgabe des Beschlusses beginnt, beantragt werden.

§ 44
Abhilfe bei Verletzung des Anspruchs auf rechtliches Gehör

(1) Auf die Rüge eines durch eine Entscheidung beschwerten Beteiligten ist das Verfahren fortzuführen, wenn

1. ein Rechtsmittel oder ein Rechtsbehelf gegen die Entscheidung oder eine andere Abänderungsmöglichkeit nicht gegeben ist und
2. das Gericht den Anspruch dieses Beteiligten auf rechtliches Gehör in entscheidungserheblicher Weise verletzt hat.

Gegen eine der Endentscheidung vorausgehende Entscheidung findet die Rüge nicht statt.

(2) Die Rüge ist innerhalb von zwei Wochen nach Kenntnis von der Verletzung des rechtlichen Gehörs zu erheben; der Zeitpunkt der Kenntniserlangung ist glaubhaft zu machen. Nach Ablauf eines Jahres seit der Bekanntgabe der angegriffenen Entscheidung an diesen Beteiligten kann die Rüge nicht mehr erhoben werden. Die Rüge ist schriftlich oder zur Niederschrift bei dem Gericht zu erheben, dessen Entscheidung angegriffen wird. Die Rüge muss die angegriffene Entscheidung bezeichnen und das Vorliegen der in Absatz 1 Satz 1 Nr. 2 genannten Voraussetzungen darlegen.

(3) Den übrigen Beteiligten ist, soweit erforderlich, Gelegenheit zur Stellungnahme zu geben.

(4) Ist die Rüge nicht in der gesetzlichen Form oder Frist erhoben, ist sie als unzulässig zu verwerfen. Ist die Rüge unbegründet, weist das Gericht sie zurück. Die Entscheidung ergeht durch nicht anfechtbaren Beschluss. Der Beschluss soll kurz begründet werden.

(5) Ist die Rüge begründet, hilft ihr das Gericht ab, indem es das Verfahren fortführt, soweit dies auf Grund der Rüge geboten ist.

Abschnitt 5
Rechtsmittel

Unterabschnitt 1
Beschwerde

§ 63
Beschwerdefrist

(1) Die Beschwerde ist, soweit gesetzlich keine andere Frist bestimmt ist, binnen einer Frist von einem Monat einzulegen.

(2) Die Beschwerde ist binnen einer Frist von zwei Wochen einzulegen, wenn sie sich gegen folgende Entscheidungen richtet:

1. Endentscheidungen im Verfahren der einstweiligen Anordnung oder
2. Entscheidungen über Anträge auf Genehmigung eines Rechtsgeschäfts.

(3) Die Frist beginnt jeweils mit der schriftlichen Bekanntgabe des Beschlusses an die Beteiligten. Kann die schriftliche Bekanntgabe an einen Beteiligten nicht bewirkt werden, beginnt die Frist spätestens mit Ablauf von fünf Monaten nach Erlass des Beschlusses.

§ 64
Einlegung der Beschwerde

(1) Die Beschwerde ist bei dem Gericht einzulegen, dessen Beschluss angefochten wird. Anträge auf Bewilligung von Verfahrenskostenhilfe für eine beabsichtigte Beschwerde sind bei dem Gericht einzulegen, dessen Beschluss angefochten werden soll.

(2) Die Beschwerde wird durch Einreichung einer Beschwerdeschrift oder zur Niederschrift der Geschäftsstelle eingelegt. Die Einlegung der Beschwerde zur Niederschrift der Geschäftsstelle ist in Ehesachen und in Familienstreitsachen ausgeschlossen. Die Beschwerde muss die Bezeichnung des angefochtenen Beschlusses sowie die Erklärung enthalten, dass Beschwerde gegen diesen Beschluss eingelegt wird. Sie ist von dem Beschwerdeführer oder seinem Bevollmächtigten zu unterzeichnen.

(3) Das Beschwerdegericht kann vor der Entscheidung eine einstweilige Anordnung erlassen; es kann insbesondere anordnen, dass die Vollziehung des angefochtenen Beschlusses auszusetzen ist.

§ 65
Beschwerdebegründung

(1) Die Beschwerde soll begründet werden.

(2) Das Beschwerdegericht oder der Vorsitzende kann dem Beschwerdeführer eine Frist zur Begründung der Beschwerde einräumen.

(3) Die Beschwerde kann auf neue Tatsachen und Beweismittel gestützt werden.

(4) Die Beschwerde kann nicht darauf gestützt werden, dass das Gericht des ersten Rechtszugs seine Zuständigkeit zu Unrecht angenommen hat.

§ 66
Anschlussbeschwerde

Ein Beteiligter kann sich der Beschwerde anschließen, selbst wenn er auf die Beschwerde verzichtet hat oder die Beschwerdefrist verstrichen ist; die Anschließung erfolgt durch Einreichung der Beschwerdeanschlussschrift bei dem Beschwerdegericht. Die Anschließung verliert ihre Wirkung, wenn die Beschwerde zurückgenommen oder als unzulässig verworfen wird.

§ 67
Verzicht auf die Beschwerde; Rücknahme der Beschwerde

(1) Die Beschwerde ist unzulässig, wenn der Beschwerdeführer hierauf nach Bekanntgabe des Beschlusses durch Erklärung gegenüber dem Gericht verzichtet hat.

(2) Die Anschlussbeschwerde ist unzulässig, wenn der Anschlussbeschwerdeführer hierauf nach Einlegung des Hauptrechtsmittels durch Erklärung gegenüber dem Gericht verzichtet hat.

(3) Der gegenüber einem anderen Beteiligten erklärte Verzicht hat die Unzulässigkeit der Beschwerde nur dann zur Folge, wenn dieser sich darauf beruft.

(4) Der Beschwerdeführer kann die Beschwerde bis zum Erlass der Beschwerdeentscheidung durch Erklärung gegenüber dem Gericht zurücknehmen.

§ 68
Gang des Beschwerdeverfahrens

(1) Hält das Gericht, dessen Beschluss angefochten wird, die Beschwerde für begründet, hat es ihr abzuhelfen; anderenfalls ist die Beschwerde unverzüglich dem Beschwerdegericht vorzulegen. Das Gericht ist zur Abhilfe nicht befugt, wenn die Beschwerde sich gegen eine Endentscheidung in einer Familiensache richtet.

(2) Das Beschwerdegericht hat zu prüfen, ob die Beschwerde an sich statthaft und ob sie in der gesetzlichen Form und Frist eingelegt ist. Mangelt es an einem dieser Erfordernisse, ist die Beschwerde als unzulässig zu verwerfen.

(3) as Beschwerdeverfahren bestimmt sich im Übrigen nach den Vorschriften über das Verfahren im ersten Rechtszug. Das Beschwerdegericht kann von der Durchführung eines Termins, einer mündlichen Verhandlung oder einzelner Verfahrenshandlungen absehen, wenn diese bereits im ersten Rechtszug vorgenommen wurden und von einer erneuten Vornahme keine zusätzlichen Erkenntnisse zu erwarten sind.

(4) Das Beschwerdegericht kann die Beschwerde durch Beschluss einem seiner Mitglieder zur Entscheidung als Einzelrichter übertragen; § 526 der Zivilprozessordnung gilt mit der Maßgabe entsprechend, dass eine Übertragung auf einen Richter auf Probe ausgeschlossen ist. Zudem kann das Beschwerdegericht die persönliche Anhörung des Kindes durch Beschluss einem seiner Mitglieder als beauftragtem Richter übertragen, wenn es dies aus Gründen des Kindeswohls für sachgerecht hält oder das Kind offensichtlich nicht in der Lage ist, seine Neigungen und seinen Willen kundzutun. Gleiches gilt für die Verschaffung eines persönlichen Eindrucks von dem Kind.

(5) Absatz 3 Satz 2 und Absatz 4 Satz 1 finden keine Anwendung, wenn die Beschwerde ein Hauptsacheverfahren betrifft, in dem eine der folgenden Entscheidungen in Betracht kommt:

1. die teilweise oder vollständige Entziehung der Personensorge nach den §§ 1666 und 1666a des Bürgerlichen Gesetzbuchs,
2. der Ausschluss des Umgangsrechts nach § 1684 des Bürgerlichen Gesetzbuchs oder
3. eine Verbleibensanordnung nach § 1632 Absatz 4 oder § 1682 des Bürgerlichen Gesetzbuchs.

§ 69
Beschwerdeentscheidung

(1) Das Beschwerdegericht hat in der Sache selbst zu entscheiden. Es darf die Sache unter Aufhebung des angefochtenen Beschlusses und des Verfahrens nur dann an das Gericht des ersten Rechtszugs zurückverweisen, wenn dieses in der Sache noch nicht entschieden hat. Das Gleiche gilt, soweit das Verfahren an einem wesentlichen Mangel leidet und zur Entscheidung eine umfangreiche oder aufwändige Beweiserhebung notwendig wäre und ein Beteiligter die Zurückverweisung beantragt. Das Gericht des ersten Rechtszugs hat die rechtliche Beurteilung, die das Beschwerdegericht der Aufhebung zugrunde gelegt hat, auch seiner Entscheidung zugrunde zu legen.

(2) Der Beschluss des Beschwerdegerichts ist zu begründen.

(3) Für die Beschwerdeentscheidung gelten im Übrigen die Vorschriften über den Beschluss im ersten Rechtszug entsprechend.

Unterabschnitt 2
Rechtsbeschwerde

§ 70
Statthaftigkeit der Rechtsbeschwerde

(1) Die Rechtsbeschwerde eines Beteiligten ist statthaft, wenn sie das Beschwerdegericht oder das Oberlandesgericht im ersten Rechtszug in dem Beschluss zugelassen hat.

(2) ie Rechtsbeschwerde ist zuzulassen, wenn

1. die Rechtssache grundsätzliche Bedeutung hat oder
2. die Fortbildung des Rechts oder die Sicherung einer einheitlichen Rechtsprechung eine Entscheidung des Rechtsbeschwerdegerichts erfordert.

Das Rechtsbeschwerdegericht ist an die Zulassung gebunden.

(3) Die Rechtsbeschwerde gegen einen Beschluss des Beschwerdegerichts ist ohne Zulassung statthaft in

1. Betreuungssachen zur Bestellung eines Betreuers, zur Aufhebung einer Betreuung, zur Anordnung oder Aufhebung eines Einwilligungsvorbehalts,
2. Unterbringungssachen und Verfahren nach § 151 Nr. 6 und 7 sowie
3. Freiheitsentziehungssachen.

In den Fällen des Satzes 1 Nr. 2 und 3 gilt dies nur, wenn sich die Rechtsbeschwerde gegen den Beschluss richtet, der die Unterbringungsmaßnahme oder die Freiheitsentziehung anordnet. In den Fällen des Satzes 1 Nummer 3 ist die Rechtsbeschwerde abweichend von Satz 2 auch dann ohne Zulassung statthaft, wenn sie sich gegen den eine freiheitsentziehende Maßnahme ablehnenden oder zurückweisenden Beschluss in den in § 417 Absatz 2 Satz 2 Nummer 5 genannten Verfahren richtet.

(4) Gegen einen Beschluss im Verfahren über die Anordnung, Abänderung oder Aufhebung einer einstweiligen Anordnung oder eines Arrests findet die Rechtsbeschwerde nicht statt.

§ 71
Frist und Form der Rechtsbeschwerde

(1) Die Rechtsbeschwerde ist binnen einer Frist von einem Monat nach der schriftlichen Bekanntgabe des Beschlusses durch Einreichen einer Beschwerdeschrift bei dem Rechtsbeschwerdegericht einzulegen. Die Rechtsbeschwerdeschrift muss enthalten:

1. die Bezeichnung des Beschlusses, gegen den die Rechtsbeschwerde gerichtet wird, und
2. die Erklärung, dass gegen diesen Beschluss Rechtsbeschwerde eingelegt werde.

Die Rechtsbeschwerdeschrift ist zu unterschreiben. Mit der Rechtsbeschwerdeschrift soll eine Ausfertigung oder beglaubigte Abschrift des angefochtenen Beschlusses vorgelegt werden.

(2) Die Rechtsbeschwerde ist, sofern die Beschwerdeschrift keine Begründung enthält, binnen einer Frist von einem Monat zu begründen. Die Frist beginnt mit der schriftlichen Bekanntgabe des angefochtenen Beschlusses. § 551 Absatz 2 Satz 5 und 6 der Zivilprozessordnung gilt entsprechend.

(3) Die Begründung der Rechtsbeschwerde muss enthalten:

1. die Erklärung, inwieweit der Beschluss angefochten und dessen Aufhebung beantragt werde (Rechtsbeschwerdeanträge);
2. die Angabe der Rechtsbeschwerdegründe, und zwar
   a) die bestimmte Bezeichnung der Umstände, aus denen sich die Rechtsverletzung ergibt;
   b) soweit die Rechtsbeschwerde darauf gestützt wird, dass das Gesetz in Bezug auf das Verfahren verletzt sei, die Bezeichnung der Tatsachen, die den Mangel ergeben.

(4) Die Rechtsbeschwerde- und die Begründungsschrift sind den anderen Beteiligten bekannt zu geben.

...

§ 75
Sprungrechtsbeschwerde

(1) Gegen die im ersten Rechtszug erlassenen Beschlüsse, die ohne Zulassung der Beschwerde unterliegen, findet auf Antrag unter Übergehung der Beschwerdeinstanz unmittelbar die Rechtsbeschwerde (Sprungrechtsbeschwerde) statt, wenn

1. die Beteiligten in die Übergehung der Beschwerdeinstanz einwilligen und
2. das Rechtsbeschwerdegericht die Sprungrechtsbeschwerde zulässt.

Der Antrag auf Zulassung der Sprungrechtsbeschwerde und die Erklärung der Einwilligung gelten als Verzicht auf das Rechtsmittel der Beschwerde.

(2) Die Sprungrechtsbeschwerde ist in der in § 63 bestimmten Frist einzulegen. Für das weitere Verfahren gilt § 566 Absatz 2 bis 8 der Zivilprozessordnung entsprechend.

...

Buch 3
Verfahren in Betreuungs- und Unterbringungssachen
Abschnitt 1
Verfahren in Betreuungssachen

§ 271
Betreuungssachen

Betreuungssachen sind

1. Verfahren zur Bestellung eines Betreuers und zur Aufhebung der Betreuung,
2. Verfahren zur Anordnung eines Einwilligungsvorbehalts sowie
3. sonstige Verfahren, die die rechtliche Betreuung eines Volljährigen **(§§ 1814 bis 1881** des Bürgerlichen Gesetzbuchs) betreffen, soweit es sich nicht um eine Unterbringungssache handelt.

§ 272
Örtliche Zuständigkeit

(1) Ausschließlich zuständig ist in dieser Rangfolge:

1. das Gericht, bei dem die Betreuung anhängig ist, wenn bereits ein Betreuer bestellt ist;
2. das Gericht, in dessen Bezirk der Betroffene seinen gewöhnlichen Aufenthalt hat;
3. das Gericht, in dessen Bezirk das Bedürfnis der Fürsorge hervortritt;
4. das Amtsgericht Schöneberg in Berlin, wenn der Betroffene Deutscher ist.

(2) ür einstweilige Anordnungen nach § 300 oder vorläufige Maßregeln ist auch das Gericht zuständig, in dessen Bezirk das Bedürfnis der Fürsorge bekannt wird. Es soll die angeordneten Maßregeln dem nach Absatz 1 Nr. 1, 2 oder Nr. 4 zuständigen Gericht mitteilen.

§ 273
Abgabe bei Änderung des gewöhnlichen Aufenthalts

Als wichtiger Grund für eine Abgabe im Sinne des § 4 Satz 1 ist es in der Regel anzusehen, wenn sich der gewöhnliche Aufenthalt des Betroffenen geändert hat und die Aufgaben des Betreuers im Wesentlichen am neuen Aufenthaltsort des Betroffenen zu erfüllen sind. Der Änderung des gewöhnlichen Aufenthalts steht ein tatsächlicher Aufenthalt von mehr als einem Jahr an einem anderen Ort gleich.

§ 274
Beteiligte

(1) Zu beteiligen sind

1. der Betroffene,
2. der Betreuer, sofern sein Aufgabenkreis betroffen ist,
3. der Bevollmächtigte im Sinne des **§ 1814 Absatz 3 Satz 2 Nummer 1** des Bürgerlichen Gesetzbuchs, sofern sein Aufgabenkreis betroffen ist.

(2) Der Verfahrenspfleger wird durch seine Bestellung als Beteiligter zum Verfahren hinzugezogen.

(3) Die zuständige Behörde ist auf ihren Antrag als Beteiligte in Verfahren über

1. die Bestellung eines Betreuers oder die Anordnung eines Einwilligungsvorbehalts,
2. Umfang, Inhalt oder Bestand von Entscheidungen der in Nummer 1 genannten Art

hinzuzuziehen.

(4) Beteiligt werden können

1. in den in Absatz 3 genannten Verfahren im Interesse des Betroffenen dessen Ehegatte oder Lebenspartner, wenn die Ehegatten oder Lebenspartner nicht dauernd getrennt leben, sowie dessen Eltern, Pflegeeltern, Großeltern, Abkömmlinge, Geschwister und eine Person seines Vertrauens,
2. der Vertreter der Staatskasse, soweit das Interesse der Staatskasse durch den Ausgang des Verfahrens betroffen sein kann.

§ 275
Stellung des Betroffenen im Verfahren

(1) In Betreuungssachen ist der Betroffene ohne Rücksicht auf seine Geschäftsfähigkeit verfahrensfähig.

(2) **Das Gericht unterrichtet den Betroffenen bei Einleitung des Verfahrens in möglichst adressatengerechter Weise über die Aufgaben eines Betreuers, den möglichen Verlauf des Verfahrens sowie die Kosten, die allgemein aus der Bestellung eines Betreuers folgen können.**

§ 276
Verfahrenspfleger

(1) Das Gericht hat dem Betroffenen einen **geeigneten** Verfahrenspfleger zu bestellen, wenn dies zur Wahrnehmung der Interessen des Betroffenen erforderlich ist. Die Bestellung ist in der Regel erforderlich, wenn

1. von der persönlichen Anhörung des Betroffenen nach § 278 Absatz 4 in Verbindung mit § 34 Absatz 2 abgesehen werden soll oder
2. **die Bestellung eines Betreuers oder die Anordnung eines Einwilligungsvorbehalts gegen den erklärten Willen des Betroffenen erfolgen soll.**

(2) Von der Bestellung kann in den Fällen des Absatzes 1 Satz 2 abgesehen werden, wenn ein Interesse des Betroffenen an der Bestellung des Verfahrenspflegers offensichtlich nicht besteht. Die Nichtbestellung ist zu begründen.

(3) **Der Verfahrenspfleger hat die Wünsche, hilfsweise den mutmaßlichen Willen des Betroffenen festzustellen und im gerichtlichen Verfahren zur Geltung zu bringen. Er hat den Betroffenen über Gegenstand, Ablauf und möglichen Ausgang des Verfahrens in geeigneter Weise zu informieren und ihn bei Bedarf bei der Ausübung seiner Rechte im Verfahren zu unterstützen. Er ist nicht gesetzlicher Vertreter des Betroffenen.**

(4) **Als Verfahrenspfleger ist eine natürliche Person zu bestellen.** Wer Verfahrenspflegschaften im Rahmen seiner Berufsausübung führt, soll nur dann zum Verfahrenspfleger bestellt

werden, wenn keine andere geeignete Person zur Verfügung steht, die zur ehrenamtlichen Führung der Verfahrenspflegschaft bereit ist.

(5) Die Bestellung eines Verfahrenspflegers soll unterbleiben oder aufgehoben werden, wenn die Interessen des Betroffenen von einem Rechtsanwalt oder einem anderen geeigneten Verfahrensbevollmächtigten vertreten werden.

(6) Die Bestellung endet, sofern sie nicht vorher aufgehoben wird, mit der Rechtskraft der Endentscheidung oder mit dem sonstigen Abschluss des Verfahrens.

(7) Die Bestellung eines Verfahrenspflegers oder deren Aufhebung sowie die Ablehnung einer derartigen Maßnahme sind nicht selbständig anfechtbar.

(8) Dem Verfahrenspfleger sind keine Kosten aufzuerlegen.

§ 277
Vergütung und Aufwendungsersatz des Verfahrenspflegers

(1) **Die Verfahrenspflegschaft wird unentgeltlich geführt. Der Verfahrenspfleger erhält Er-satz seiner Aufwendungen nach § 1877 Absatz 1 bis 2 und 4 Satz 1 des Bürgerlichen Gesetz-buchs. Vorschuss kann nicht verlangt werden.**

(2) **Wird die Verfahrenspflegschaft ausnahmsweise berufsmäßig geführt, ist dies in der Be-stellung festzustellen. Die Ansprüche des berufsmäßig tätigen Verfahrenspflegers auf Vergütung und Aufwendungsersatz richten sich nach § 2 Absatz 2 Satz 1 und den §§ 3 bis 5 des Vormünder- und Betreuervergütungsgesetzes.**

(3) **Anstelle des Aufwendungsersatzes und der Vergütung nach Absatz 2 kann das Gericht dem Verfahrenspfleger eine Pauschale zubilligen, wenn die für die Führung der Pflegschafts-geschäfte erforderliche Zeit vorhersehbar und ihre Ausschöpfung durch den Verfahrenspfleger gewährleistet ist. Bei der Bemessung des Geldbetrags ist die voraussichtlich erforderliche Zeit mit den in § 3 Absatz 1 des Vormünder- und Betreuervergütungsgesetzes bestimmten Stundensätzen zuzüglich einer Aufwandspauschale von 4 Euro je veranschlagter Stunde zu vergüten. In diesem Fall braucht der Verfahrenspfleger die von ihm aufgewandte Zeit und eingesetzten Mittel nicht nachzuweisen; weitergehende Aufwendungsersatz- und Vergütungsansprüche stehen ihm nicht zu.**

(4) **Der Aufwendungsersatz und die Vergütung des Verfahrenspflegers sind stets aus der Staatskasse zu zahlen. § 292 Absatz 1 und 5 ist entsprechend anzuwenden.**

§ 278
Persönliche Anhörung des Betroffenen

(1) Das Gericht hat den Betroffenen vor der Bestellung eines Betreuers oder der Anordnung eines Einwilligungsvorbehalts persönlich anzuhören **und dessen Wünsche zu erfragen**. Es hat sich einen persönlichen Eindruck von dem Betroffenen zu verschaffen. Diesen persönlichen Eindruck soll sich das Gericht in dessen üblicher Umgebung verschaffen, wenn es der Betroffene verlangt oder wenn es der Sachaufklärung dient und der Betroffene nicht widerspricht.

(2) **In der Anhörung erörtert das Gericht mit dem Betroffenen das Verfahren, das Ergebnis des übermittelten Gutachtens, die Person oder Stelle, die als Betreuer in Betracht kommt, den Umfang des Aufgabenkreises und den Zeitpunkt, bis zu dem das Gericht über eine Aufhebung oder Verlängerung der Betreuung oder der Anordnung eines Einwilligungsvorbehalts zu entscheiden hat.** In geeigneten Fällen hat es den Be-

troffenen auf die Möglichkeit der Vorsorgevollmacht, deren Inhalt sowie auf die Möglichkeit ihrer Registrierung bei dem zentralen Vorsorgeregister nach § 78a Absatz 2 der Bundesnotarordnung hinzuweisen. **Hat das Gericht dem Betroffenen nach § 276 einen Verfahrenspfleger bestellt, soll die persönliche Anhörung in dessen Anwesenheit stattfinden.**

(3) Verfahrenshandlungen nach Absatz 1 dürfen nur dann im Wege der Rechtshilfe erfolgen, wenn anzunehmen ist, dass die Entscheidung ohne eigenen Eindruck von dem Betroffenen getroffen werden kann.

(4) Soll eine persönliche Anhörung nach § 34 Absatz 2 unterbleiben, weil hiervon erhebliche Nachteile für die Gesundheit des Betroffenen zu besorgen sind, darf diese Entscheidung nur auf Grundlage eines ärztlichen Gutachtens getroffen werden. **Unterbleibt aus diesem Grund die persönliche Anhörung, bedarf es auch keiner Verschaffung eines persönlichen Eindrucks.**

(5) Das Gericht kann den Betroffenen durch die zuständige Behörde vorführen lassen, wenn er sich weigert, an Verfahrenshandlungen nach Absatz 1 mitzuwirken.

(6) Gewalt darf die Behörde nur anwenden, wenn das Gericht dies ausdrücklich angeordnet hat. Die zuständige Behörde ist befugt, erforderlichenfalls um Unterstützung der polizeilichen Vollzugsorgane nachzusuchen.

(7) Die Wohnung des Betroffenen darf ohne dessen Einwilligung nur gewaltsam geöffnet, betreten und durchsucht werden, wenn das Gericht dies zu dessen Vorführung zur Anhörung ausdrücklich angeordnet hat. Bei Gefahr im Verzug kann die Anordnung nach Satz 1 durch die zuständige Behörde erfolgen. Durch diese Regelung wird das Grundrecht auf Unverletzlichkeit der Wohnung aus Artikel 13 Absatz 1 des Grundgesetzes eingeschränkt.

§ 279
Anhörung der sonstigen Beteiligten, der Betreuungsbehörde und des gesetzlichen Vertreters

(1) Das Gericht hat die sonstigen Beteiligten vor der Bestellung eines Betreuers oder der Anordnung eines Einwilligungsvorbehalts anzuhören.

(2) Das Gericht hat die zuständige Behörde vor der Bestellung eines Betreuers oder der Anordnung eines Einwilligungsvorbehalts anzuhören. Die Anhörung **soll vor der Einholung eines Gutachtens nach § 280 erfolgen und** vor der Bestellung eines Betreuers soll sich insbesondere auf folgende Kriterien beziehen:

1. persönliche, gesundheitliche und soziale Situation des Betroffenen,
2. Erforderlichkeit der Betreuung einschließlich geeigneter anderer Hilfen **(§ 1814 Absatz 3** des Bürgerlichen Gesetzbuchs),
3. Betreuerauswahl unter Berücksichtigung des Vorrangs der Ehrenamtlichkeit **(§ 1816** des Bürgerlichen Gesetzbuchs) und
4. diesbezügliche Sichtweise des Betroffenen.

(3) Auf Verlangen des Betroffenen hat das Gericht eine ihm nahestehende Person anzuhören, wenn dies ohne erhebliche Verzögerung möglich ist.

(4) Das Gericht hat im Fall einer Betreuerbestellung oder der Anordnung eines Einwilligungsvorbehalts für einen Minderjährigen (**§ 1814 Absatz 5 und § 1825 Absatz 4** Bürgerlichen Gesetzbuchs) den gesetzlichen Vertreter des Betroffenen anzuhören.

§ 280
Einholung eines Gutachtens

(1) Vor der Bestellung eines Betreuers oder der Anordnung eines Einwilligungsvorbehalts hat eine förmliche Beweisaufnahme durch Einholung eines Gutachtens über die Notwendigkeit der Maßnahme stattzufinden. Der Sachverständige soll Arzt für Psychiatrie oder Arzt mit Erfahrung auf dem Gebiet der Psychiatrie sein.

(2) Der Sachverständige hat den Betroffenen vor der Erstattung des Gutachtens persönlich zu untersuchen oder zu befragen. Das Gutachten hat sich auf folgende Bereiche zu erstrecken:

1. **das Krankheits- oder Behinderungsbild einschließlich dessen Entwicklung,**
2. die durchgeführten Untersuchungen und die diesen zugrunde gelegten Forschungserkenntnisse,
3. den körperlichen und **psychischen** Zustand des Betroffenen,
4. **den aus medizinischer Sicht aufgrund der Krankheit oder Behinderung erforderlichen Unterstützungsbedarf und**
5. die voraussichtliche Dauer der Maßnahme.

Das Ergebnis einer Anhörung nach § 279 Absatz 2 Satz 2 hat der Sachverständige zu berücksichtigen, wenn es ihm bei Erstellung seines Gutachtens vorliegt.

§ 281
Ärztliches Zeugnis; Entbehrlichkeit eines Gutachtens

(1) **Anstelle eines Sachverständigengutachtens nach § 280 genügt ein ärztliches Zeugnis, wenn der Betroffene die Bestellung eines Betreuers beantragt und auf die Begutachtung verzichtet hat und die Einholung des Gutachtens insbesondere im Hinblick auf den Umfang des Aufgabenkreises des Betreuers unverhältnismäßig wäre.**

(2) § 280 Absatz 2 gilt entsprechend.

§ 282
Vorhandene Gutachten zur Feststellung der Pflegebedürftigkeit

(1) **Das Gericht kann im Verfahren zur Bestellung eines Betreuers von der Einholung eines Gutachtens (§ 280 Absatz 1) absehen, soweit es durch die Verwendung eines bestehenden ärztlichen Gutachtens zur Feststellung der Pflegebedürftigkeit nach § 18 des Elften Buches Sozialgesetzbuch feststellen kann, inwieweit bei dem Betroffenen in-folge einer Krankheit oder einer Behinderung die Voraussetzungen für die Bestellung eines Betreuers vorliegen.**

(2) Das Gericht darf dieses Gutachten einschließlich dazu vorhandener Befunde zur Vermeidung weiterer Gutachten bei der Pflegekasse anfordern. Das Gericht hat in seiner Anforderung anzugeben, für welchen Zweck das Gutachten und die Befunde verwandt werden sollen. Das Gericht hat übermittelte Daten unverzüglich zu löschen, wenn es feststellt, dass diese für den Verwendungszweck nicht geeignet sind.

(3) Kommt das Gericht zu der Überzeugung, dass das eingeholte Gutachten und die Befunde im Verfahren zur Bestellung eines Betreuers geeignet sind, eine weitere Begutachtung ganz oder teilweise zu ersetzen, hat es vor einer weiteren Verwendung die Einwilligung des Betroffenen oder des Pflegers für das Verfahren einzuholen. Wird die Einwilligung nicht erteilt, hat das Gericht die übermittelten Daten unverzüglich zu löschen.

(4) Das Gericht kann unter den Voraussetzungen der Absätze 1 bis 3 von der Einholung eines Gutachtens nach § 280 insgesamt absehen, wenn die sonstigen Voraussetzungen für die Bestellung eines Betreuers zur Überzeugung des Gerichts feststehen.

§ 283
Vorführung zur Untersuchung

(1) Das Gericht kann anordnen, dass der Betroffene zur Vorbereitung eines Gutachtens untersucht und durch die zuständige Behörde zu einer Untersuchung vorgeführt wird. Der Betroffene soll vorher persönlich angehört werden.

(2) Gewalt darf die Behörde nur anwenden, wenn das Gericht dies ausdrücklich angeordnet hat. Die zuständige Behörde ist befugt, erforderlichenfalls die Unterstützung der polizeilichen Vollzugsorgane nachzusuchen.

(3) Die Wohnung des Betroffenen darf ohne dessen Einwilligung nur gewaltsam geöffnet, betreten und durchsucht werden, wenn das Gericht dies zu dessen Vorführung zur Untersuchung ausdrücklich angeordnet hat. Vor der Anordnung ist der Betroffene persönlich anzuhören. Bei Gefahr im Verzug kann die Anordnung durch die zuständige Behörde ohne vorherige Anhörung des Betroffenen erfolgen. Durch diese Regelung wird das Grundrecht auf Unverletzlichkeit der Wohnung aus Artikel 13 Absatz 1 des Grundgesetzes eingeschränkt.

§ 284
Unterbringung zur Begutachtung

(1) Das Gericht kann nach Anhörung eines Sachverständigen beschließen, dass der Betroffene auf bestimmte Dauer untergebracht und beobachtet wird, soweit dies zur Vorbereitung des Gutachtens erforderlich ist. Der Betroffene ist vorher persönlich anzuhören.

(2) Die Unterbringung darf die Dauer von sechs Wochen nicht überschreiten. Reicht dieser Zeitraum nicht aus, um die erforderlichen Erkenntnisse für das Gutachten zu erlangen, kann die Unterbringung durch gerichtlichen Beschluss bis zu einer Gesamtdauer von drei Monaten verlängert werden.

(3) § 283 Absatz 2 und 3 gilt entsprechend. Gegen Beschlüsse nach den Absätzen 1 und 2 findet die sofortige Beschwerde nach den §§ 567 bis 572 der Zivilprozessordnung statt.

§ 285
Ermittlung und Herausgabe einer Betreuungsverfügung oder einer Vorsorgevollmacht

(1) **Vor der Bestellung eines Betreuers soll das Gericht die Auskunft einholen, ob eine Vorsorgevollmacht oder eine Betreuungsverfügung des Betroffenen im Zentralen Vorsorgeregister registriert ist. Hat das Gericht von der Einholung einer Auskunft nur wegen Gefahr in Verzug abgesehen, ist die Auskunft unverzüglich nachträglich einzuholen.**

(2) **In den Fällen des § 1820 Absatz 1 Satz 2, Absatz 4 Satz 1 und 2, Absatz 5 Satz 3 des Bürgerlichen Gesetzbuchs erfolgt die Anordnung der Vorlage einer Abschrift des dort genannten Dokuments oder die Anordnung der Herausgabe der Vollmachtsurkunde durch Beschluss. Gleiches gilt für eine Anordnung der nach § 1816 Absatz 2 Satz 4 des Bürgerlichen Gesetzbuchs vorgeschriebenen Übermittlung einer Betreuungsverfügung.**

§ 286
Inhalt der Beschlussformel

(1) Die Beschlussformel enthält im Fall der Bestellung eines Betreuers auch

1. die Bezeichnung des Aufgabenkreises des Betreuers **unter Benennung der einzelnen Aufgabenbereiche**;
2. bei Bestellung eines Vereinsbetreuers die Bezeichnung als Vereinsbetreuer und die des Vereins;
3. bei Bestellung eines Behördenbetreuers die Bezeichnung als Behördenbetreuer und die der Behörde;
4. **bei Bestellung eines beruflichen Betreuers die Bezeichnung als beruflicher Betreuer.**

(2) Die Beschlussformel enthält im Fall der Anordnung eines Einwilligungsvorbehalts die Bezeichnung des Kreises der einwilligungsbedürftigen Willenserklärungen.

(3) Der Zeitpunkt, bis zu dem das Gericht über die Aufhebung oder Verlängerung einer Maßnahme nach Absatz 1 oder Absatz 2 zu entscheiden hat, ist in der Beschlussformel zu bezeichnen.

§ 287
Wirksamwerden von Beschlüssen

(1) Beschlüsse über Umfang, Inhalt oder Bestand der Bestellung eines Betreuers, über die Anordnung eines Einwilligungsvorbehalts oder über den Erlass einer einstweiligen Anordnung nach § 300 werden mit der Bekanntgabe an den Betreuer wirksam.

(2) Ist die Bekanntgabe an den Betreuer nicht möglich oder ist Gefahr im Verzug, kann das Gericht die sofortige Wirksamkeit des Beschlusses anordnen. In diesem Fall wird er wirksam, wenn der Beschluss und die Anordnung seiner sofortigen Wirksamkeit

1. dem Betroffenen oder dem Verfahrenspfleger bekannt gegeben werden oder
2. der Geschäftsstelle zum Zweck der Bekanntgabe nach Nummer 1 übergeben werden.

Der Zeitpunkt der sofortigen Wirksamkeit ist auf dem Beschluss zu vermerken.

(3) Ein Beschluss, der die Genehmigung nach **§ 1829 Absatz 2** des Bürgerlichen Gesetzbuchs zum Gegenstand hat, wird erst zwei Wochen nach Bekanntgabe an den Betreuer oder Bevollmächtigten sowie an den Verfahrenspfleger wirksam.

§ 288
Bekanntgabe

(1) Von der Bekanntgabe der Gründe eines Beschlusses an den Betroffenen kann abgesehen werden, wenn dies nach ärztlichem Zeugnis erforderlich ist, um erhebliche Nachteile für seine Gesundheit zu vermeiden.

(2) Das Gericht hat der zuständigen Behörde den Beschluss über die Bestellung eines Betreuers oder die Anordnung eines Einwilligungsvorbehalts oder Beschlüsse über Umfang, Inhalt oder Bestand einer solchen Maßnahme stets bekannt zu geben. Andere Beschlüsse sind der zuständigen Behörde bekannt zu geben, wenn sie vor deren Erlass angehört wurde.

§ 289
(aufgehoben)

§ 290
Bestellungsurkunde

(1) Der Betreuer erhält eine Urkunde über seine Bestellung. Die Urkunde soll enthalten:

1. die Bezeichnung des Betroffenen und des Betreuers;
2. bei Bestellung eines Vereinsbetreuers oder Behördenbetreuers diese Bezeichnung und die Bezeichnung des Vereins oder der Behörde;
3. den Aufgabenkreis des Betreuers **unter Benennung der einzelnen Aufgabenbereiche**;
4. bei Anordnung eines Einwilligungsvorbehalts die Bezeichnung des Kreises der einwilligungsbedürftigen Willenserklärungen;
5. bei der Bestellung eines vorläufigen Betreuers durch einstweilige Anordnung das Ende der einstweiligen Maßnahme.
6. **Angaben über eine Befreiung gemäß den §§ 1859 und 1860 des Bürgerlichen Gesetzbuchs.**

(2) **Soweit dies zur Beachtung berechtigter Interessen des Betroffenen erforderlich ist und der Schutz des Rechtsverkehrs dem nicht entgegensteht, erstellt das Gericht auf Antrag des Betreuers eine weitere Urkunde, in welcher die Angaben zu den Aufgabenbereichen des Betreuers oder die Anordnung eines Einwilligungsvorbehalts nur eingeschränkt ausgewiesen werden.**

(3) **Der Betreuer hat dem Gericht nach Beendigung seines Amtes die Bestellungsurkunde und weitere Urkunden nach Absatz 2 zurückzugeben.**

§ 291
Überprüfung der Betreuerauswahl

Der Betroffene kann verlangen, dass die Auswahl der Person, der ein Verein oder eine Behörde die Wahrnehmung der Betreuung übertragen hat, durch gerichtliche Entscheidung überprüft wird. Das Gericht kann dem Verein oder der Behörde aufgeben, eine andere Person auszuwählen, wenn einem Vorschlag des Betroffenen, dem keine wichtigen Gründe entgegenstehen, nicht entsprochen wurde oder **die ausgewählte Person zur Wahrnehmung dieser Betreuung nicht geeignet erscheint.** § 35 ist nicht anzuwenden.

§ 292
Zahlungen an den Betreuer; Verordnungsermächtigung

(1) Das Gericht setzt auf Antrag des Betreuers oder des Betroffenen oder nach eigenem Ermessen durch **Beschluss fest:**

1. **einen dem Betreuer zu zahlenden Vorschuss, den ihm zu leistenden Ersatz von Aufwendungen oder die Aufwandspauschale, soweit der Betreuer die Zahlungen aus der Staatskasse verlangen kann (§ 1879 des Bürgerlichen Gesetzbuchs) oder ihm die Vermögenssorge nicht übertragen wurde,**
2. **eine dem ehrenamtlichen Betreuer zu bewilligende Vergütung oder Abschlagszahlung (§ 1876 des Bürgerlichen Gesetzbuchs) oder**

3. **eine dem beruflichen Betreuer oder dem Betreuungsverein zu bewilligende Vergütung nach dem Vormünder- und Betreuervergütungsgesetz.**

(2) **Das Gericht kann eine nach Absatz 1 Nummer 3 zu bewilligende Vergütung auf Antrag des Betreuers oder des Betreuungsvereins auch für zukünftige Zeiträume durch Beschluss festsetzen, wenn die Voraussetzungen des § 15 Absatz 2 Satz 1 des Vormünder- und Betreuervergütungsgesetzes vorliegen. Die Auszahlung der Vergütung erfolgt für die jeweils nach § 15 Absatz 1 Satz 1 des Vormünder- und Betreuervergütungsgesetzes maßgeblichen Zeiträume. Die Festsetzung ist in regelmäßigen, im Voraus festzulegenden Abständen, die zwei Jahre nicht überschreiten dürfen, zu überprüfen.**

(3) **Im Antrag sollen die persönlichen und wirtschaftlichen Verhältnisse des Betroffenen dargestellt werden. § 118 Absatz 2 Satz 1 und 2 der Zivilprozessordnung ist entsprechend anzuwenden. Steht nach der freien Überzeugung des Gerichts der Aufwand für die Ermittlung der persönlichen und wirtschaftlichen Verhältnisse des Betroffenen außer Verhältnis zur Höhe des aus der Staatskasse zu begleichenden Anspruchs oder zur Höhe der vom Betroffenen voraussichtlich zu leistenden Zahlungen, so kann das Gericht ohne weitere Prüfung den zu leistenden Betrag festsetzen oder von einer Festsetzung der vom Betroffenen zu leistenden Zahlungen absehen.**

(4) **Der Betroffene ist vor der Festsetzung einer von ihm zu leistenden Zahlung anzuhören.**

(5) **Ist eine Festsetzung nicht beantragt, so gelten für die Zahlungen, die aus der Staatskasse verlangt werden können, die Vorschriften über das Verfahren bei der Entschädigung von Zeugen hinsichtlich ihrer baren Auslagen sinngemäß.**

(6) **Die Landesregierungen werden ermächtigt, durch Rechtsverordnung für Anträge nach den Absätzen 1 und 2 Formulare einzuführen. Soweit Formulare eingeführt sind, muss der berufliche Betreuer oder der Betreuungsverein diese verwenden und sie, sofern sie hierzu bestimmt sind, als elektronisches Dokument einreichen. Andernfalls liegt keine ordnungsgemäße Geltendmachung im Sinne des § 1875 Absatz 2 des Bürgerlichen Gesetzbuchs in Verbindung mit dem Vormünder- und Betreuervergütungsgesetz vor. Die Landesregierungen können die Ermächtigung nach Satz 1 durch Rechtsverordnung auf die Landesjustizverwaltungen übertragen.**

§ 292a
Zahlungen an die Staatskasse

(1) **Mit der Festsetzung nach § 292 Absatz 1 legt das Gericht zugleich Höhe und Zeitpunkt der Zahlungen fest, die der Betroffene nach § 1880 Absatz 2 und § 1881 Satz 1 des Bürgerlichen Gesetzbuchs an die Staatskasse zu leisten hat. Das Gericht kann Höhe und Zeitpunkt der zu leistenden Zahlungen gesondert festsetzen, wenn dies zweckmäßig ist. 120 Absatz 2 und 3 und § 120a Absatz 1 Satz 1 bis 3 der Zivilprozessordnung sind entsprechend anzuwenden.**

(2) **Ist der Betroffene verstorben, so legt das Gericht Höhe und Zeitpunkt der Zahlungen fest, die der Erbe nach § 1881 Satz 2 des Bürgerlichen Gesetzbuchs an die Staatskasse zu leisten hat. Der Erbe ist verpflichtet, dem Gericht die hierfür notwendigen Auskünfte zu erteilen, insbesondere dem Gericht auf dessen Verlangen ein Verzeichnis der zur Erbschaft gehörenden Gegenstände vorzulegen und an Eides statt**

zu versichern, dass er den Bestand nach bestem Wissen und Gewissen so vollständig angegeben habe, wie er dazu imstande ist.

(3) **Vor einer Entscheidung ist der Betroffene oder der Erbe anzuhören.**

§ 293
Erweiterung der Betreuung oder des Einwilligungsvorbehalts

(1) Für die Erweiterung des Aufgabenkreises des Betreuers und die Erweiterung des Kreises der einwilligungsbedürftigen Willenserklärungen gelten die Vorschriften über die Anordnung dieser Maßnahmen entsprechend. Das Gericht hat die zuständige Behörde nur anzuhören, wenn es der Betroffene verlangt oder es zur Sachaufklärung erforderlich ist.

(2) Einer persönlichen Anhörung nach § 278 Absatz 1 sowie der Einholung eines Gutachtens oder ärztlichen Zeugnisses (§§ 280 und 281) bedarf es nicht,

1. wenn diese Verfahrenshandlungen nicht länger als sechs Monate zurückliegen oder
2. die beabsichtigte Erweiterung nach Absatz 1 nicht wesentlich ist.

Eine wesentliche Erweiterung des Aufgabenkreises des Betreuers liegt insbesondere vor, wenn erstmals ganz oder teilweise die Personensorge oder eine der in **§ 1815 Absatz 2 oder in den §§ 1829 bis 1832** des Bürgerlichen Gesetzbuchs genannten Aufgaben einbezogen wird.

(3) **Unbeschadet des Absatzes 2 kann das Gericht von der Einholung eines Gutachtens oder eines ärztlichen Zeugnisses absehen, wenn der Aufgabenkreis des Betreuers nicht aufgrund einer Änderung des Krankheits- oder Behinderungsbildes des Betroffenen, sondern aufgrund der Änderung seiner Lebensumstände oder einer unzureichenden Wirkung anderer Hilfen erweitert werden soll.**

(4) Ist mit der Bestellung eines weiteren Betreuers nach **§ 1817** des Bürgerlichen Gesetzbuchs eine Erweiterung des Aufgabenkreises verbunden, gelten die **Absätze 1 bis 3** entsprechend.

§ 294
Aufhebung und Einschränkung der Betreuung oder des Einwilligungsvorbehalts

(1) Für die Aufhebung der Betreuung oder der Anordnung eines Einwilligungsvorbehalts und für die Einschränkung des Aufgabenkreises des Betreuers oder des Kreises der einwilligungsbedürftigen Willenserklärungen gilt § 279 Absatz 1, 3 und 4 sowie § 288 Absatz 2 Satz 1 entsprechend. Das Gericht hat die zuständige Behörde nur anzuhören, wenn es der Betroffene verlangt oder es zur Sachaufklärung erforderlich ist.

(2) Hat das Gericht nach **§ 281 Absatz 1** von der Einholung eines Gutachtens abgesehen, ist dies nachzuholen, wenn ein Antrag des Betroffenen auf Aufhebung der Betreuung oder Einschränkung des Aufgabenkreises erstmals abgelehnt werden soll.

(3) Über die Aufhebung der Betreuung oder des Einwilligungsvorbehalts hat das Gericht spätestens sieben Jahre nach der Anordnung dieser Maßnahmen zu entscheiden. **Ist die Maßnahme gegen den erklärten Willen des Betroffenen angeordnet worden, hat die erstmalige Entscheidung über ihre Aufhebung spätestens zwei Jahre nach der Anordnung zu erfolgen.**

§ 295
Verlängerung der Betreuung oder des Einwilligungsvorbehalts

(1) Für die Verlängerung der Bestellung eines Betreuers oder der Anordnung eines Einwilligungsvorbehalts gelten die Vorschriften über die erstmalige Anordnung dieser Maßnahmen entsprechend. Von der erneuten Einholung eines Gutachtens kann abgesehen werden, wenn sich aus der persönlichen Anhörung des Betroffenen und einem ärztlichen Zeugnis ergibt, dass sich der Umfang der Betreuungsbedürftigkeit offensichtlich nicht verringert hat **und eine Verlängerung dem erklärten Willen des Betroffenen nicht widerspricht.** Das Gericht hat die zuständige Behörde nur anzuhören, wenn es der Betroffene verlangt oder es zur Sachaufklärung erforderlich ist.

(2) Über die Verlängerung der Betreuung oder des Einwilligungsvorbehalts hat das Gericht spätestens sieben Jahre nach der Anordnung dieser Maßnahmen zu entscheiden. **Ist die Maßnahme gegen den erklärten Willen des Betroffenen angeordnet worden, ist über eine erstmalige Verlängerung spätestens nach zwei Jahren zu entscheiden.**

§ 296
Entlassung des Betreuers und Bestellung eines neuen Betreuers

(1) Das Gericht hat den Betroffenen und den Betreuer persönlich anzuhören, wenn der Betroffene einer Entlassung des Betreuers (**§ 1868** des Bürgerlichen Gesetzbuchs) widerspricht.

(2) Vor der Bestellung eines neuen Betreuers (**§ 1869** des Bürgerlichen Gesetzbuchs) hat das Gericht den Betroffenen persönlich anzuhören. Das gilt nicht, wenn der Betroffene sein Einverständnis mit dem Betreuerwechsel erklärt hat. **§ 279 Absatz 1, 3 und 4** gilt entsprechend. **Das Gericht hat die zuständige Behörde nur anzuhören, wenn es der Betroffene verlangt oder es zur Sachaufklärung erforderlich ist.**

§ 297
Sterilisation

(1) Das Gericht hat den Betroffenen vor der Genehmigung einer Einwilligung des Betreuers in eine Sterilisation (**§ 1830 Absatz 2** des Bürgerlichen Gesetzbuchs) persönlich anzuhören und sich einen persönlichen Eindruck von ihm zu verschaffen. Es hat den Betroffenen über den möglichen Verlauf des Verfahrens zu unterrichten.

(2) Das Gericht hat die zuständige Behörde anzuhören, wenn es der Betroffene verlangt oder es der Sachaufklärung dient.

(3) Das Gericht hat die sonstigen Beteiligten anzuhören. Auf Verlangen des Betroffenen hat das Gericht eine ihm nahestehende Person anzuhören, wenn dies ohne erhebliche Verzögerung möglich ist.

(4) Verfahrenshandlungen nach den Absätzen 1 bis 3 können nicht durch den ersuchten Richter vorgenommen werden.

(5) Die Bestellung eines Verfahrenspflegers ist stets erforderlich, sofern sich der Betroffene nicht von einem Rechtsanwalt oder einem anderen geeigneten Verfahrensbevollmächtigten vertreten lässt.

(6) Die Genehmigung darf erst erteilt werden, nachdem durch förmliche Beweisaufnahme Gutachten von Sachverständigen eingeholt sind, die sich auf die medizinischen, psychologischen, sozialen, sonderpädagogischen und sexualpädagogischen Gesichtspunkte erstrecken.

Die Sachverständigen haben den Betroffenen vor Erstattung des Gutachtens persönlich zu untersuchen oder zu befragen. Sachverständiger und ausführender Arzt dürfen nicht personengleich sein.

(7) Die Genehmigung wird wirksam mit der Bekanntgabe an den für die Entscheidung über die Einwilligung in die Sterilisation bestellten Betreuer und

1. an den Verfahrenspfleger oder
2. den Verfahrensbevollmächtigten, wenn ein Verfahrenspfleger nicht bestellt wurde.

(8) Die Entscheidung über die Genehmigung ist dem Betroffenen stets selbst bekannt zu machen. Von der Bekanntgabe der Gründe an den Betroffenen kann nicht abgesehen werden. Der zuständigen Behörde ist die Entscheidung stets bekannt zu geben.

§ 298
Verfahren in Fällen des § 1829 des Bürgerlichen Gesetzbuchs

(1) Das Gericht darf die Einwilligung, die Nichteinwilligung oder den Widerruf einer Einwilligung eines Betreuers oder eines Bevollmächtigten (**§ 1829** Absatz 1, 2 und 5 des Bürgerlichen Gesetzbuchs) nur genehmigen, wenn es den Betroffenen zuvor persönlich angehört hat. Das Gericht soll die sonstigen Beteiligten anhören. Auf Verlangen des Betroffenen hat das Gericht eine ihm nahestehende Person anzuhören, wenn dies ohne erhebliche Verzögerung möglich ist.

(2) Die Bestellung eines Verfahrenspflegers ist stets erforderlich, wenn Gegenstand des Verfahrens eine Genehmigung nach **§ 1829** Absatz 2 des Bürgerlichen Gesetzbuchs ist.

(3) Vor der Genehmigung ist ein Sachverständigengutachten einzuholen. Der Sachverständige soll nicht auch der behandelnde Arzt sein.

§ 299
Persönliche Anhörung in anderen Genehmigungsverfahren

Das Gericht hat den Betroffenen vor einer Entscheidung nach § 1833 Absatz 3 oder § 1820 Absatz 5 Satz 2 des Bürgerlichen Gesetzbuchs persönlich anzuhören. Das Gericht soll den Betroffenen vor einer Entscheidung nach den §§ 1850 bis 1854 persönlich anhören.

§ 300
Einstweilige Anordnung

(1) Das Gericht kann durch einstweilige Anordnung einen vorläufigen Betreuer bestellen oder einen vorläufigen Einwilligungsvorbehalt anordnen, wenn

1. dringende Gründe für die Annahme bestehen, dass die Voraussetzungen für die Bestellung eines Betreuers oder die Anordnung eines Einwilligungsvorbehalts gegeben sind und ein dringendes Bedürfnis für ein sofortiges Tätigwerden besteht,
2. ein ärztliches Zeugnis über den Zustand des Betroffenen vorliegt,
3. im Fall des § 276 ein Verfahrenspfleger bestellt und angehört worden ist und
4. der Betroffene persönlich angehört worden ist.

Eine Anhörung des Betroffenen im Wege der Rechtshilfe ist abweichend von § 278 Absatz 3 zulässig.

(2) Das Gericht kann durch einstweilige Anordnung einen Betreuer entlassen, wenn dringende Gründe für die Annahme bestehen, dass die Voraussetzungen für die Entlassung vorliegen und ein dringendes Bedürfnis für ein sofortiges Tätigwerden besteht.

§ 301
Einstweilige Anordnung bei gesteigerter Dringlichkeit

(1) Bei Gefahr im Verzug kann das Gericht eine einstweilige Anordnung nach § 300 bereits vor **der persönlichen Anhörung des Betroffenen** sowie vor Anhörung und Bestellung des Verfahrenspflegers erlassen. Diese Verfahrenshandlungen sind unverzüglich nachzuholen.

(2) Das Gericht ist bei Gefahr im Verzug bei der Auswahl des Betreuers nicht **an § 1816 Absatz 2 und 3** des Bürgerlichen Gesetzbuchs gebunden.

§ 302
Dauer der einstweiligen Anordnung

Eine einstweilige Anordnung tritt, sofern das Gericht keinen früheren Zeitpunkt bestimmt, nach sechs Monaten außer Kraft. Sie kann jeweils nach Anhörung eines Sachverständigen durch weitere einstweilige Anordnungen bis zu einer Gesamtdauer von einem Jahr verlängert werden.

§ 303
Ergänzende Vorschriften über die Beschwerde

(1) Das Recht der Beschwerde steht der zuständigen Behörde gegen Entscheidungen über

1. die Bestellung eines Betreuers oder die Anordnung eines Einwilligungsvorbehalts,
2. Umfang, Inhalt oder Bestand einer in Nummer 1 genannten Maßnahme zu.

(2) Das Recht der Beschwerde gegen eine von Amts wegen ergangene Entscheidung steht im Interesse des Betroffenen

1. dessen Ehegatten oder Lebenspartner, wenn die Ehegatten oder Lebenspartner nicht dauernd getrennt leben, sowie den Eltern, Großeltern, Pflegeeltern, Abkömmlingen und Geschwistern des Betroffenen sowie
2. einer Person seines Vertrauens zu, wenn sie im ersten Rechtszug beteiligt worden sind.

(3) Das Recht der Beschwerde steht dem Verfahrenspfleger zu.

(4) Der Betreuer oder der Vorsorgebevollmächtigte kann gegen eine Entscheidung, die seinen Aufgabenkreis betrifft, auch im Namen des Betroffenen Beschwerde einlegen. Führen mehrere Betreuer oder Vorsorgebevollmächtigte ihr Amt gemeinschaftlich, kann jeder von ihnen für den Betroffenen selbständig Beschwerde einlegen.

...

§ 305
Beschwerde des Untergebrachten

Ist der Betroffene untergebracht, kann er Beschwerde auch bei dem Amtsgericht einlegen, in dessen Bezirk er untergebracht ist.

...

§ 309
Mitteilungen an die Meldebehörde

(1) **Endet die Betreuung durch Tod des Betroffenen, so hat das Gericht dies der Betreuungsbehörde mitzuteilen.**

(2) **Das Gericht kann der Betreuungsbehörde Umstände mitteilen, die die Eignung oder Zuverlässigkeit des Betreuers betreffen. Das Gericht unterrichtet zugleich den Betreuer über die Mitteilung und deren Inhalt. Die Unterrichtung des Betreuers unterbleibt, solange der Zweck der Mitteilung hierdurch gefährdet würde. Sie ist nachzuholen, sobald die Gründe nach Satz 3 entfallen sind.**

§ 310
Mitteilungen während einer freiheitsentziehenden Unterbringung oder freiheitsentziehenden Maßnahme

Während der Dauer einer freiheitsentziehenden Unterbringung oder freiheitsentziehenden Maßnahme hat das Gericht dem Leiter der Einrichtung, in der die Unterbringungsmaßnahme durchgeführt wird, die Bestellung eines Betreuers, die sich auf die Aufenthaltsbestimmung oder die Entscheidung über eine der genannten Unterbringungsmaßnahmen erstreckt, die Aufhebung einer solchen Betreuung und jeden Wechsel in der Person des Betreuers mitzuteilen.

Abschnitt 2
Verfahren in Unterbringungssachen

§ 316
Verfahrensfähigkeit

In Unterbringungssachen ist der Betroffene ohne Rücksicht auf seine Geschäftsfähigkeit verfahrensfähig.

§ 317
Verfahrenspfleger

(1) Das Gericht hat dem Betroffenen einen **geeigneten** Verfahrenspfleger zu bestellen, wenn dies zur Wahrnehmung der Interessen des Betroffenen erforderlich ist. Die Bestellung ist insbesondere erforderlich, wenn von einer Anhörung des Betroffenen abgesehen werden soll. Bei der Genehmigung einer Einwilligung in eine ärztliche Zwangsmaßnahme oder deren Anordnung ist die Bestellung eines Verfahrenspflegers stets erforderlich.

(2) Bestellt das Gericht dem Betroffenen keinen Verfahrenspfleger, ist dies in der Entscheidung, durch die eine Unterbringungsmaßnahme genehmigt oder angeordnet wird, zu begründen.

(3) **Der Verfahrenspfleger hat die Wünsche, hilfsweise den mutmaßlichen Willen des Betroffenen festzustellen und im gerichtlichen Verfahren zur Geltung zu bringen. Er hat den Betroffenen über Gegenstand, Ablauf und möglichen Ausgang des Verfahrens in geeigneter Weise zu informieren und ihn bei Bedarf bei der Ausübung seiner Rechte im Verfahren zu unterstützen. Er ist nicht gesetzlicher Vertreter des Betroffenen.**

(4) **Als Verfahrenspfleger ist eine natürliche Person zu bestellen.** Wer Verfahrenspflegschaften im Rahmen seiner Berufsausübung führt, soll nur dann zum Verfahrenspfleger bestellt werden, wenn keine andere geeignete Person zur Verfügung steht, die zur ehrenamtlichen Führung der Verfahrenspflegschaft bereit ist.

(5) Die Bestellung eines Verfahrenspflegers soll unterbleiben oder aufgehoben werden, wenn die Interessen des Betroffenen von einem Rechtsanwalt oder einem anderen geeigneten Verfahrensbevollmächtigten vertreten werden.

(6) Die Bestellung endet, sofern sie nicht vorher aufgehoben wird, mit der Rechtskraft der Endentscheidung oder mit dem sonstigen Abschluss des Verfahrens.

(7) Die Bestellung eines Verfahrenspflegers oder deren Aufhebung sowie die Ablehnung einer derartigen Maßnahme sind nicht selbständig anfechtbar.

(8) Dem Verfahrenspfleger sind keine Kosten aufzuerlegen.

§ 318
Vergütung und Aufwendungsersatz des Verfahrenspflegers

Für die Vergütung und den Aufwendungsersatz des Verfahrenspflegers gilt § 277 entsprechend.

§ 319
Persönliche Anhörung des Betroffenen

(1) Das Gericht hat den Betroffenen vor einer Unterbringungsmaßnahme persönlich anzuhören und sich einen persönlichen Eindruck von ihm zu verschaffen. Den persönlichen Eindruck verschafft sich das Gericht, soweit dies erforderlich ist, in der üblichen Umgebung des Betroffenen.

(2) **In der Anhörung erörtert das Gericht mit dem Betroffenen das Verfahren, das Ergebnis des übermittelten Gutachtens und die mögliche Dauer einer Unterbringung. Hat das Gericht dem Betroffenen nach § 317 einen Verfahrenspfleger bestellt, soll die persönliche Anhörung in dessen Anwesenheit stattfinden.**

(3) Soll eine persönliche Anhörung nach § 34 Absatz 2 unterbleiben, weil hiervon erhebliche Nachteile für die Gesundheit des Betroffenen zu besorgen sind, darf diese Entscheidung nur auf Grundlage eines ärztlichen Gutachtens getroffen werden. **Unterbleibt aus diesem Grund die persönliche Anhörung, so bedarf es auch keiner Verschaffung eines persönlichen Eindrucks.**

(4) Verfahrenshandlungen nach Absatz 1 sollen nicht im Wege der Rechtshilfe erfolgen.

(5) Das Gericht kann den Betroffenen durch die zuständige Behörde vorführen lassen, wenn er sich weigert, an Verfahrenshandlungen nach Absatz 1 mitzuwirken.

(6) Gewalt darf die Behörde nur anwenden, wenn das Gericht dies ausdrücklich angeordnet hat. Die zuständige Behörde ist befugt, erforderlichenfalls um Unterstützung der polizeilichen Vollzugsorgane nachzusuchen.

(7) Die Wohnung des Betroffenen darf ohne dessen Einwilligung nur gewaltsam geöffnet, betreten und durchsucht werden, wenn das Gericht dies zu dessen Vorführung zur Anhörung ausdrücklich angeordnet hat. Bei Gefahr im Verzug kann die Anordnung nach Satz 1 durch die zuständige Behörde erfolgen. Durch diese Regelung wird das Grundrecht auf Unverletzlichkeit der Wohnung aus Artikel 13 Absatz 1 des Grundgesetzes eingeschränkt.

§ 320
Anhörung der sonstigen Beteiligten und der zuständigen Behörde

Das Gericht hat die sonstigen Beteiligten anzuhören. Es soll die zuständige Behörde anhören.

§ 321
Einholung eines Gutachtens

(1) Vor einer Unterbringungsmaßnahme hat eine förmliche Beweisaufnahme durch Einholung eines Gutachtens über die Notwendigkeit der Maßnahme stattzufinden. Der Sachverständige hat den Betroffenen vor der Erstattung des Gutachtens persönlich zu untersuchen oder zu befragen. Das Gutachten soll sich auch auf die voraussichtliche Dauer der Unterbringungsmaßnahme erstrecken. Der Sachverständige soll Arzt für Psychiatrie sein; er muss Arzt mit Erfahrung auf dem Gebiet der Psychiatrie sein. Bei der Genehmigung einer Einwilligung in eine ärztliche Zwangsmaßnahme oder bei deren Anordnung soll der Sachverständige nicht der zwangsbehandelnde Arzt sein.

(2) Für eine freiheitsentziehende Maßnahme nach § 312 Nummer 2 oder 4 genügt ein ärztliches Zeugnis.

...

§ 331
Einstweilige Anordnung

Das Gericht kann durch einstweilige Anordnung eine vorläufige Unterbringungsmaßnahme anordnen oder genehmigen, wenn

1. dringende Gründe für die Annahme bestehen, dass die Voraussetzungen für die Genehmigung oder Anordnung einer Unterbringungsmaßnahme gegeben sind und ein dringendes Bedürfnis für ein sofortiges Tätigwerden besteht,
2. ein ärztliches Zeugnis über den Zustand des Betroffenen und über die Notwendigkeit der Maßnahme vorliegt; in den Fällen des § 312 Nummer 1, 3 und 4 muss der Arzt, der das ärztliche Zeugnis ausstellt, soll Arzt für Psychiatrie sein; er muss Erfahrung auf dem Gebiet der Psychiatrie haben; dies gilt nicht für freiheitsentziehende Maßnahmen nach § 312 Nummer 2 und 4,
3. im Fall des § 317 ein Verfahrenspfleger bestellt und angehört worden ist und
4. der Betroffene persönlich angehört worden ist.

Eine Anhörung des Betroffenen im Wege der Rechtshilfe ist abweichend von § 319 Absatz 4 zulässig.

§ 332
Einstweilige Anordnung bei gesteigerter Dringlichkeit

Bei Gefahr im Verzug kann das Gericht eine einstweilige Anordnung nach § 331 bereits vor **derpersönlichen Anhörung des Betroffenen** sowie vor Anhörung und Bestellung des Verfahrenspflegers erlassen. Diese Verfahrenshandlungen sind unverzüglich nachzuholen.

§ 333
Dauer der einstweiligen Anordnung

(1) Die einstweilige Anordnung darf die Dauer von sechs Wochen nicht überschreiten. Reicht dieser Zeitraum nicht aus, kann sie nach Anhörung eines Sachverständigen durch eine weitere einstweilige Anordnung verlängert werden. Die mehrfache Verlängerung ist unter den Voraussetzungen der Sätze 1 und 2 zulässig. Sie darf die Gesamtdauer von drei Monaten nicht überschreiten. Eine Unterbringung zur Vorbereitung eines Gutachtens (§ 322) ist in diese Gesamtdauer einzubeziehen.

(2) Die einstweilige Anordnung darf bei der Genehmigung einer Einwilligung in eine ärztliche Zwangsmaßnahme oder deren Anordnung die Dauer von zwei Wochen nicht überschreiten. Bei mehrfacher Verlängerung darf die Gesamtdauer sechs Wochen nicht überschreiten.

§ 334
Einstweilige Maßregeln

Die §§ 331, 332 und 333 gelten entsprechend, wenn nach **§ 1867** des Bürgerlichen Gesetzbuchs eine Unterbringungsmaßnahme getroffen werden soll.

§ 335
Ergänzende Vorschriften über die Beschwerde

(1) Das Recht der Beschwerde steht im Interesse des Betroffenen

1. dessen Ehegatten oder Lebenspartner, wenn die Ehegatten oder Lebenspartner nicht dauernd getrennt leben, sowie dessen Eltern und Kindern, wenn der Betroffene bei diesen lebt oder bei Einleitung des Verfahrens gelebt hat, den Pflegeeltern,
2. einer von dem Betroffenen benannten Person seines Vertrauens sowie
3. dem Leiter der Einrichtung, in der der Betroffene lebt,

zu, wenn sie im ersten Rechtszug beteiligt worden sind.

(2) Das Recht der Beschwerde steht dem Verfahrenspfleger zu.

(3) Der Betreuer oder der Vorsorgebevollmächtigte kann gegen eine Entscheidung, die seinen Aufgabenkreis betrifft, auch im Namen des Betroffenen Beschwerde einlegen.

(4) Das Recht der Beschwerde steht der zuständigen Behörde zu.

§ 336
Einlegung der Beschwerde durch den Betroffenen

Der Betroffene kann die Beschwerde auch bei dem Amtsgericht einlegen, in dessen Bezirk er untergebracht ist.

…

6 Rechtspflegergesetz (RPflG)

vom 5. November 1969 (BGBl. I S. 2065),

in der Fassung der Bekanntmachung vom 14. April 2013, zuletzt geändert durch das Gesetz vom 10. August 2022 (BGBl. I S. 3490)

– Auszug –

Erster Abschnitt
Aufgaben und Stellung des Rechtspflegers

§ 11
Rechtsbehelfe

(1) Gegen die Entscheidungen des Rechtspflegers ist das Rechtsmittel gegeben, das nach den allgemeinen verfahrensrechtlichen Vorschriften zulässig ist.

(2) Kann gegen die Entscheidung nach den allgemeinen verfahrensrechtlichen Vorschriften ein Rechtsmittel nicht eingelegt werden, so findet die Erinnerung statt, die innerhalb einer Frist von zwei Wochen einzulegen ist. Hat der Erinnerungsführer die Frist ohne sein Verschulden nicht eingehalten, ist ihm auf Antrag Wiedereinsetzung in den vorigen Stand zu gewähren, wenn er die Erinnerung binnen zwei Wochen nach der Beseitigung des Hindernisses einlegt und die Tatsachen, welche die Wiedereinsetzung begründen, glaubhaft macht. Ein Fehlen des Verschuldens wird vermutet, wenn eine Rechtsbehelfsbelehrung unterblieben oder fehlerhaft ist. Die Wiedereinsetzung kann nach Ablauf eines Jahres, von dem Ende der versäumten Frist an gerechnet, nicht mehr beantragt werden. Der Rechtspfleger kann der Erinnerung abhelfen. Erinnerungen, denen er nicht abhilft, legt er dem Richter zur Entscheidung vor. Auf die Erinnerung sind im Übrigen die Vorschriften der Zivilprozessordnung über die sofortige Beschwerde sinngemäß anzuwenden.

(3) Gerichtliche Verfügungen, Beschlüsse oder Zeugnisse, die nach den Vorschriften der Grundbuchordnung, der Schiffsregisterordnung oder des Gesetzes über das Verfahren in Familiensachen und in den Angelegenheiten der freiwilligen Gerichtsbarkeit wirksam geworden sind und nicht mehr geändert werden können, sind mit der Erinnerung nicht anfechtbar. Die Erinnerung ist ferner in den Fällen der §§ 694, 700 der Zivilprozessordnung und gegen Entscheidungen über die Gewährung eines Stimmrechts (§§ 77 Insolvenzordnung) ausgeschlossen.

(4) Das Erinnerungsverfahren ist gerichtsgebührenfrei.

...

Zweiter Abschnitt
Dem Richter vorbehaltene Geschäfte in Familiensachen auf dem Gebiet der freiwilligen Gerichtsbarkeit sowie in Insolvenzverfahrenund schifffahrtsrechtlichen Verteilungsverfahren

§ 15
Betreuungssachen und betreuungsgerichtliche Zuweisungssachen

(1) Von den Angelegenheiten, die dem Betreuungsgericht übertragen sind, bleiben dem Richter vorbehalten:

1. **Verrichtungen aufgrund der §§ 1814 bis 1816, 1817 Absatz 1 bis 4, der §§ 1818, 1819, 1820 Absatz 3 bis 5 und des § 1868 Absatz 1 bis 4 und 7 des Bürgerlichen Gesetzbuchs sowie die anschließende Bestellung eines neuen Betreuers;**
2. die Bestellung eines neuen Betreuers im Fall des Todes des Betreuers nach **§ 1869** des Bürgerlichen Gesetzbuchs;
3. Verrichtungen auf Grund des **§ 1871** des Bürgerlichen Gesetzbuchs, des § 291 des Gesetzes über das Verfahren in Familiensachen und in den Angelegenheiten der freiwilligen Gerichtsbarkeit;
4. Verrichtungen auf Grund der **§§ 1825, 1829 und 1830** des Bürgerlichen Gesetzbuchs;
5. **(aufgehoben)**
6. die Anordnung einer Betreuung oder Pflegschaft auf Grund dienstrechtlicher Vorschriften;
7. **die Entscheidung nach § 1834 des Bürgerlichen Gesetzbuchs;**
8. die Genehmigung nach § 6 des Gesetzes über die freiwillige Kastration und andere Behandlungsmethoden;
9. die Genehmigung nach § 3 Absatz 1 Satz 2 sowie nach § 6 Absatz 2 Satz 1, § 7 Absatz 3 Satz 2 und § 9 Absatz 3 Satz 1, jeweils in Verbindung mit § 3 Absatz 1 Satz 2 des Gesetzes über die Änderung der Vornamen und die Feststellung der Geschlechtszugehörigkeit in besonderen Fällen;
10. die Genehmigung für den Antrag auf Scheidung oder Aufhebung der Ehe oder auf Aufhebung der Lebenspartnerschaft durch den gesetzlichen Vertreter eines geschäftsunfähigen Ehegatten oder Lebenspartners nach § 125 Absatz 2 Satz 2, § 270 Absatz 1 Satz 1 des Gesetzes über das Verfahren in Familiensachen und in den Angelegenheiten der freiwilligen Gerichtsbarkeit.

(2) Die Maßnahmen und Anordnungen nach den §§ 6 bis 12 des Erwachsenenschutzübereinkommens-Ausführungsgesetzes vom 17. März 2007 (BGBl. I S. 314) bleiben dem Richter vorbehalten.

…

7 Bundesnotarordnung (BNotO)

vom 24. Februar 1961 (BGBl. I S. 98), zuletzt geändert durch das Gesetz vom 21. Dezember 2021 (BGBl. 2021 II S. 1282)

– Auszug –

§ 78a
Zentrales Vorsorgeregister; Verordnungsermächtigung

(1) Die Bundesnotarkammer führt als Registerbehörde ein automatisiertes elektronisches Register über vorsorgevollmachten, Betreuungsverfügungen, **Patientenverfügungen und Widersprüche gegen eine Vertretung durch den Ehegatten nach § 1358 des Bürgerlichen Gesetzbuchs**. Das Bundesministerium der Justiz und für Verbraucherschutz führt die Rechtsaufsicht über die Registerbehörde.

(2) In das Zentrale Vorsorgeregister dürfen Angaben aufgenommen werden über

1. Vollmachtgeber,
2. Bevollmächtigte,
3. die Vollmacht und deren Inhalt,
4. Vorschläge zur Auswahl des Betreuers,
5. Wünsche zur Wahrnehmung der Betreuung;
6. den Vorschlagenden;
7. **den einer Vertretung durch den Ehegatten nach § 1358 des Bürgerlichen Gesetzbuchs Widersprechenden und**
8. **den Ersteller einer Patientenverfügung.**

(3) Das Bundesministerium der Justiz und für Verbraucherschutz hat durch Rechtsverordnung mit Zustimmung des Bundesrates die näheren Bestimmungen zu treffen über

1. die Einrichtung und Führung des Registers,
2. die Auskunft aus dem Register,
3. die Anmeldung, Änderung und Löschung von Registereintragungen,
4. die Einzelheiten der Datenübermittlung und -speicherung und
5. die Einzelheiten der Datensicherheit.

§ 78b
Auskunft und Gebühren

(1) Die Registerbehörde erteilt Gerichten **und Ärzten** auf Ersuchen Auskunft aus dem Zentralen Vorsorgeregister. **Ärzte dürfen nur um Auskunft ersuchen, soweit diese für die Entscheidung über eine dringende medizinische Behandlung erforderlich ist.** Die Befugnis der Gerichte, Notare und Notarkammern zur Einsicht in Registrierungen, die von ihnen verwahrte oder registrierte Urkunden betreffen, bleibt unberührt.

(2) Das Zentrale Vorsorgeregister wird durch Gebühren finanziert. Die Registerbehörde kann Gebühren für die Aufnahme von Erklärungen in das Register erheben. Zur Zahlung der Gebühren sind der Antragsteller und derjenige verpflichtet, der für die Gebührenschuld eines anderen

kraft Gesetzes haftet. Mehrere Gebührenschuldner haften als Gesamtschuldner. Gerichte und Notare können die Gebühren für die Registerbehörde entgegennehmen.

(3) Die Gebühren sind so zu bemessen, dass der mit der Einrichtung, der Inbetriebnahme, der dauerhaften Führung und der Nutzung des Zentralen Vorsorgeregisters durchschnittlich verbundene Verwaltungsaufwand einschließlich der Personal- und Sachkosten gedeckt wird. Dabei ist auch der für die Aufnahme von Erklärungen in das Register gewählte Kommunikationsweg zu berücksichtigen.

(4) Die Registerbehörde bestimmt die Gebühren nach Absatz 2 Satz 2 und die Art ihrer Erhebung durch eine Gebührensatzung. Die Satzung bedarf der Genehmigung durch das Bundesministerium der Justiz und für Verbraucherschutz. Die Höhe der Gebühren ist regelmäßig zu überprüfen.

...

8 Verordnung über das Zentrale Vorsorgeregister (Vorsorgeregister-Verordnung – VRegV)

vom 21. Februar 2005 (BGBl. I S. 318),

zuletzt geändert durch das Gesetz vom 4. Mai 2021 (BGBl. I S. 882) [2]

Auf Grund des § 78a Abs. 3 der Bundesnotarordnung, der durch Artikel 2b des Gesetzes vom 23. April 2004 (BGBl. I S. 598) eingefügt worden ist, verordnet das Bundesministerium der Justiz:

§ 1
Inhalt des Zentralen Vorsorgeregisters

(1) Die Bundesnotarkammer stellt die Eintragung folgender personenbezogener Daten im Zentralen Vorsorgeregister sicher:

1. Daten zur Person des Vollmachtgebers:
   a) Familienname,
   b) Geburtsname,
   c) Vornamen,
   d) Geschlecht,
   e) Geburtsdatum,
   f) Geburtsort,
   g) Anschrift (Straße, Hausnummer, Postleitzahl, Ort),
   h) E-Mail-Adresse,

2 Der Gesetzestext entspricht der Gesetzesfassung nach den Änderungen durch das Gesetz zur Reform des Vormundschafts- und Betreuungsrechts vom 4. Mai 2021 (BGBl. I S. 882) mit Wirkung zum 1.1.2023. Die Änderungen sind durch Fettdruck hervorgehoben. Redaktionsschluss: 1.10.2022.

2. Daten zur Person des Bevollmächtigten:
   a) Familienname,
   b) Geburtsname,
   c) Vornamen,
   d) Geburtsdatum,
   e) Anschrift (Straße, Hausnummer, Postleitzahl, Ort),
   f) Rufnummer,
   h) E-Mail-Adresse,
3. Datum der Errichtung der Vollmachtsurkunde,
4. Aufbewahrungsort der Vollmachtsurkunde,
5. Angaben, ob Vollmacht erteilt wurde zur Erledigung von
   a) Vermögensangelegenheiten,
   b) Angelegenheiten der Gesundheitssorge und ob ausdrücklich Maßnahmen nach **§ 1829 Absatz 1 Satz 1 und § 1832 Absatz 1 und 4** des Bürgerlichen Gesetzbuchs umfasst sind,
   c) Angelegenheiten der Aufenthaltsbestimmung und ob ausdrücklich Maßnahmen nach **§ 1831 Absatz 1 und 4** des Bürgerlichen Gesetzbuchs umfasst sind,
   d) sonstigen persönlichen Angelegenheiten,
6. besondere Anordnungen oder Wünsche
   a) über das Verhältnis mehrerer Bevollmächtigter zueinander,
   b) für den Fall, dass das Betreuungsgericht einen Betreuer bestellt,
   c) hinsichtlich Art und Umfang medizinischer Versorgung**,**
7. **Widersprüche gegen eine Vertretung durch den Ehegatten nach § 1358 des Bürgerlichen Gesetzbuchs mit den Daten zur Person des Widersprechenden entsprechend Nummer 1.**

(2) Ist die Vollmacht in öffentlich beglaubigter oder notariell beurkundeter Form errichtet worden, dürfen darüber hinaus die Urkundenrollennummer, das Urkundsdatum sowie die Bezeichnung des Notars und die Anschrift seiner Geschäftsstelle aufgenommen werden.

(3) Die Eintragung erfolgt unter Angabe ihres Datums.

§ 2
Eintragungsantrag

(1) Die Eintragung erfolgt auf schriftlichen Antrag des Vollmachtgebers **oder des einer Vertretung durch den Ehegatten Widersprechenden**. Der Antrag hat mindestens die Angaben nach § 1 Abs. 1 Nr. 1 Buchstabe a, c bis g zu enthalten. Sollen auch Angaben über den Bevollmächtigten eingetragen werden, muss der Antrag zudem mindestens die Angaben nach § 1 Abs. 1 Nr. 2 Buchstabe a, c und e enthalten. Die Angaben nach § 1 Abs. 3 werden unabhängig von dem Antrag eingetragen.

(2) Der Antrag kann auch im Wege der Datenfernübertragung gestellt werden, soweit die Bundesnotarkammer diese Möglichkeit eröffnet hat. Die Bundesnotarkammer hat dem jewei-

ligen Stand der Technik entsprechende Maßnahmen zur Sicherstellung von Datenschutz und Datensicherheit nach den Artikeln 24, 25 und 32 der Verordnung (EU) 2016/679 des Europäischen Parlaments und des Rates vom 27. April 2016 zum Schutz natürlicher Personen bei der Verarbeitung personenbezogener Daten, zum freien Datenverkehr und zur Aufhebung der Richtlinie 95/46/EG (Datenschutz-Grundverordnung) (ABl. L 119 vom 4.5.2016, S. 1; L 314 vom 22.11.2016, S. 72; L 127 vom 23.5.2018, S. 2) zu treffen, die insbesondere die Vertraulichkeit und Unversehrtheit der Daten gewährleisten; im Falle der Nutzung allgemein zugänglicher Netze sind dem jeweiligen Stand der Technik entsprechende Verschlüsselungsverfahren anzuwenden.

(3) In Zweifelsfällen hat die Bundesnotarkammer sich von der Identität des Antragstellers zu überzeugen. Im Übrigen prüft sie die Richtigkeit der mit dem Antrag übermittelten Angaben nicht.

§ 3
Vorschuss, Antragsrücknahme bei Nichtzahlung

(1) Die Bundesnotarkammer kann die Zahlung eines zur Deckung der Gebühren hinreichenden Vorschusses verlangen. Sie kann die Vornahme der Eintragung von der Zahlung oder Sicherstellung des Vorschusses abhängig machen.

(2) Wird ein verlangter Vorschuss innerhalb angemessener Frist nicht gezahlt, gilt der Antrag als zurückgenommen. Die Frist sowie die Rechtsfolge der Fristversäumnis sind mit dem Verlangen des Vorschusses mitzuteilen. Die Frist darf 30 Tage nicht unterschreiten.

§ 4
Vorschuss, Antragsrücknahme bei Nichtzahlung

Nach Eingang des Eintragungsantrags hat die Bundesnotarkammer einen Bevollmächtigten, der nicht schriftlich in die Speicherung der Daten zu seiner Person eingewilligt hat, schriftlich über die nach § 1 Abs. 1 Nr. 1 Buchstabe a, c, g und Nr. 2 bis 6 gespeicherten Daten zu unterrichten. Artikel 14 der Verordnung (EU) 2016/679 bleibt unberührt.

§ 5
Änderung, Ergänzung und Löschung von Eintragungen

(1) Änderungen, Ergänzungen und Löschungen von Eintragungen erfolgen auf schriftlichen Antrag des Vollmachtgebers **oder des einer Vertretung durch den Ehegatten Widersprechenden**. § 2 Abs. 2, 3 und § 3 gelten entsprechend.

(2) Bei der Eintragung von Änderungen und Ergänzungen ist sicherzustellen, dass die bisherige Eintragung auf Anforderung erkennbar bleibt.

(3) aten nach § 1 Abs. 1 Nr. 2 sind auch auf schriftlichen Antrag des Bevollmächtigten zu löschen. § 2 Abs. 2 und 3 gilt entsprechend.

(4) Eintragungen sind 110 Jahre nach der Geburt des Vollmachtgebers zu löschen.

§ 6
Auskunft an die Betreuungsgericht, Landgerichte als Beschwerdegerichte und Ärzte

(1) **Die Auskunft aus dem Register erfolgt im Wege eines automatisierten Verfahrens auf Abruf, sofern die Bundesnotarkammer zuvor**

1. **für Ersuchen eines Betreuungsgerichts oder eines Landgerichts als Beschwerdegericht mit der jeweiligen Landesjustizverwaltung und**
2. **für Ersuchen eines Arztes mit der jeweils zuständigen Landesärztekammer schriftlich Festlegungen zu den technischen und organisatorischen Maßnahmen zur Gewährleistung des Datenschutzes und der Datensicherheit nach den Artikeln 24, 25 und 32 der Verordnung (EU) 2016/679 getroffen hat.**

§ 2 Abs. 2 Satz 2 gilt entsprechend.

(2) Die Auskunft aus dem Register erfolgt auch auf schriftliches oder elektronisches Ersuchen des Betreuungsgerichts und des Landgerichts als Beschwerdegericht. Bei besonderer Dringlichkeit, insbesondere wenn die Bestellung eines vorläufigen Betreuers im Rahmen einer einstweiligen Anordnung in Betracht kommt, kann das Ersuchen auch fernmündlich gestellt werden. In jedem Fall haben das Betreuungsgericht und das Landgericht als Beschwerdegericht das Geschäftszeichen ihres Betreuungsverfahrens anzugeben.

(3) In den Fällen des Absatzes 2 erteilt die Bundesnotarkammer die Auskunft aus dem Register schriftlich oder elektronisch. Hierbei sind die erforderlichen Maßnahmen zu treffen, um die Authentizität des Ersuchens zu prüfen und die Vertraulichkeit der Auskunft zu gewährleisten.

§ 7
Protokollierung der Auskunftserteilungen

(1) Die Zulässigkeit der Auskunftsersuchen prüft die Bundesnotarkammer nur, wenn sie dazu nach den Umständen des Einzelfalls Anlass hat. Für die Kontrolle der Zulässigkeit der Ersuchen und für die Sicherstellung der ordnungsgemäßen Datenverarbeitung protokolliert die Bundesnotarkammer alle nach § 6 erteilten Auskünfte elektronisch. **Zu protokollieren sind**

1. **die von der ersuchenden Stelle eingegebenen Daten,**
2. **das ersuchende Gericht und dessen Geschäftszeichen oder der ersuchende Arzt,**
3. **der Zeitpunkt des Ersuchens sowie**
4. **die übermittelten Daten.**

(2) **Die Protokolle dürfen nur für Zwecke der Datenschutzkontrolle, der Datensicherung, der Sicherstellung eines ordnungsgemäßen Registerbetriebs und der Überprüfung durch die jeweils zuständige Landesärztekammer, ob die Voraussetzungen des § 78b Absatz 1 Satz 2 der Bundesnotarordnung eingehalten sind, verwendet werden. Zur Überprüfung, ob die Voraussetzungen des § 78b Absatz 1 Satz 2 der Bundesnotarordnung eingehalten sind, kann die jeweils zuständige Landesärztekammer auf der Grundlage der Protokolle Auskunft darüber verlangen, welche Auskünfte an einen Arzt erteilt worden sind. Ferner kann der Vollmachtgeber oder der einer Vertretung durch den Ehegatten Widersprechende auf der Grundlage der Protokolle Auskunft darüber verlangen, welche Auskünfte aus dem Register erteilt worden sind. Satz 3 gilt**

entsprechend für den Bevollmächtigten, sofern Daten zu seiner Person gespeichert sind. Die Protokolle sind gegen zweckfremde Verwendung zu schützen.

(3) Die Protokolle werden nach Ablauf des auf ihre Erstellung folgenden Kalenderjahres gelöscht. **Die Landesärztekammer löscht Protokolle, die ihr nach Absatz 2 Satz 2 zur Verfügung gestellt worden sind, ein Jahr nach ihrem Eingang, sofern sie nicht für weitere, bereits eingeleitete Prüfungen benötigt werden.**

§ 8
Aufbewahrung von Dokumenten

Die ein einzelnes Eintragungs- oder Auskunftsverfahren betreffenden Dokumente hat die Bundesnotarkammer fünf Jahre aufzubewahren. Die Aufbewahrungsfrist beginnt mit dem Schluss des Kalenderjahres, in dem die letzte Verfügung zur Sache ergangen ist oder die Angelegenheit ihre Erledigung gefunden hat. Nach Ablauf der Aufbewahrungsfrist sind die Dokumente zu vernichten.

§ 9
Betreuungsverfügungen; Patientenverfügungen

Im Zentralen Vorsorgeregister können auch Betreuungsverfügungen **und Patientenverfügungen** unabhängig von der Eintragung einer Vollmacht registriert werden. Die §§ 1 bis 8 gelten entsprechend.

9 Satzung über die Gebühren in Angelegenheiten des Zentralen Vorsorgeregisters (Vorsorgeregister-Gebührensatzung – VRegGebS)

vom 2. Februar 2005 (DNotZ 2005, 81),

zuletzt geändert durch die Satzung vom 1. Oktober 2021 (DNotZ 2021, 921)

§ 1
Gebührenverzeichnis

Die Bundesnotarkammer erhebt als Registerbehörde Gebühren für die Aufnahme von Erklärungen in das Zentrale Vorsorgeregister nach dem Gebührenverzeichnis der Anlage zu dieser Satzung. Auslagen werden daneben nicht erhoben.

§ 2
Gebührenschuldner

(1) Zur Zahlung der Gebühren ist verpflichtet:

1. der Antragsteller;
2. derjenige, der für die Gebührenschuld eines anderen kraft Gesetzes haftet.

(2) Mehrere Gebührenschuldner haften als Gesamtschuldner.

§ 3
Fälligkeit

Die Gebühren werden mit der Beendigung der beantragten Amtshandlung fällig.

§ 4
Institutionelle Nutzer

(1) Wird der Antrag auf Aufnahme einer Erklärung in das Zentrale Vorsorgeregister von einem Notar oder einer bei der Registerbehörde registrierten Person oder Einrichtung (institutioneller Nutzer) für den Vollmachtgeber übermittelt oder in dessen Namen gestellt, werden nach Maßgabe des Gebührenverzeichnisses (Anlage zu § 1 Satz 1) ermäßigte Gebühren erhoben.

(2) Registrieren lassen können sich Personen oder Einrichtungen, zu deren beruflicher, satzungsgemäßer oder gesetzlicher Tätigkeit es gehört, entsprechende Anträge für den Vollmachtgeber zu übermitteln oder in dessen Namen zu stellen. Insbesondere können sich Rechtsanwälte, Betreuungsvereine und Betreuungsbehörden registrieren lassen.

(3) Die Registrierung erfolgt auf Antrag der Person oder Einrichtung durch die Registerbehörde. In dem Antrag hat die Person oder Einrichtung ihre Identität und die Erfüllung der Voraussetzungen des Absatzes 2 hinreichend nachzuweisen. Darüber hinaus hat die Person oder Einrichtung zu erklären, dass sie die Abwicklung des Verfahrens für die Vollmachtgeber, für die sie Anträge übermittelt oder in deren Namen sie Anträge stellt, übernimmt, insbesondere dass sie die Gebührenzahlung auf deren Rechnung besorgt.

(4) Die Registerbehörde kann die Registrierung aufheben, wenn

1. die Voraussetzungen des Absatzes 2 nicht mehr vorliegen,
2. die registrierte Person oder Einrichtung die Abwicklung des Verfahrens für die Vollmachtgeber nicht mehr übernimmt; dies gilt nicht, wenn lediglich die Gebührenzahlung für die Vollmachtgeber nicht besorgt wird; oder
3. die registrierte Person oder Einrichtung länger als sechs Monate keinen Antrag für einen Vollmachtgeber übermittelt oder in dessen Namen gestellt hat.

§ 5
Unrichtige Sachbehandlung

Gebühren, die bei richtiger Behandlung nicht entstanden wären, werden nicht erhoben.

§ 6
Ermäßigung, Absehen von Gebührenerhebung

Die Registerbehörde kann Gebühren ermäßigen oder von der Erhebung von Gebühren absehen, wenn dies durch die besonderen Umstände des Einzelfalls geboten erscheint, insbesondere wenn die volle Gebührenerhebung für den Gebührenschuldner eine unzumutbare Härte darstellen würde oder wenn der mit der Erhebung der Gebühr verbundene Verwaltungsaufwand außer Verhältnis zu der Höhe der zu erhebenden Gebühr stünde.

§ 7
Übergangsregelung

Für die Aufnahme von Erklärungen in das Zentrale Vorsorgeregister werden Gebühren gemäß dieser Satzung in der vor dem 1. Januar 2022 geltenden Fassung erhoben, wenn die Aufnahme vor dem 1. Januar 2022 beantragt wurde.

§ 8
Inkrafttreten

Diese Satzung tritt am 1. März 2005 in Kraft.

Anlage (zu § 1 Satz 1)

Nr.	Gebührentatbestand	Gebührenbetrag
Vorbemerkungen: **(1) Die Erhöhungs- und Ermäßigungstatbestände sind nebeneinander anwendbar, soweit nicht ein anderes bestimmt ist.** **(2) Beantragt ein Bevollmächtigter oder ein vorgeschlagener Betreuer (Vertrauensperson) die Änderung oder Löschung des ihn betreffenden Eintrags, so werden für die Änderung oder Löschung des Eintrags von der Vertrauensperson keine Gebühren erhoben.** **(3) Für die Berichtigung personenbezogener Daten werden keine Gebühren erhoben.** **(4) Für die Eintragung einer isolierten Betreuungsverfügung gelten die Vorschriften dieser Satzung über Vorsorgevollmachten mit der Maßgabe, dass an die Stelle des Vollmachtgebers der Erklärende und an die Stelle der Vorsorgevollmacht die isolierte Betreuungsverfügung tritt.**		
	1. Übermittlung des Antrags durch den Vollmachtgeber	
10	Eintragung einer Vorsorgevollmacht in das Zentrale **Vorsorgeregister** oder Änderung eines Eintrags aufgrund Übermittlung durch den Vollmachtgeber:	26,00 EUR
11	Der Antrag wird elektronisch über eine der hierfür vorgehaltenen technischen Schnittstellen übertragen: Die Gebühr 10 ermäßigt sich um	3,00 EUR
	2. Übermittlung oder Stellung des Antrags durch einen institutionellen Nutzer (§ 4)	
20	Eintragung einer Vorsorgevollmacht in das Zentrale **Vorsorgeregister** oder Änderung eines Eintrags aufgrund Übermittlung oder Antragstellung durch einen institutionellen Nutzer:	23,50 EUR

Nr.	Gebührentatbestand	Gebührenbetrag
	Erklärt der institutionelle Nutzer, der den Antrag auf Eintragung oder Änderung übermittelt oder stellt, dass die Gebühren unmittelbar bei dem Vollmachtgeber erhoben werden sollen, so fällt an Stelle der Gebühr 20 die Gebühr 10 an; der Gebührentatbestand der Nummer 21 einschließlich der Anmerkung zu Nummer 21 finden entsprechende Anwendung.	
21	Der Antrag wird elektronisch über eine der hierfür vorgehaltenen technischen Schnittstellen übertragen: Die Gebühr 20 ermäßigt sich um	5,00 EUR
	Die Gebühr 20 entfällt, wenn der Antrag elektronisch über eine der hierfür vorgehaltenen technischen Schnittstellen übertragen wird und nur die Änderung eines bestehenden Eintrags einer Vorsorgevollmacht betrifft.	
	3. Gemeinsame Erhöhungs- und Ermäßigungstatbestände	
	Die Eintragung oder Änderung betrifft mehr als eine Vertrauensperson oder die Ergänzung einer Vertrauensperson::	
31	– Die Gebühr 10 und die Gebühr 20 erhöhen sich für jede weitere Vertrauensperson um	4,00 EUR
32	– Wird der Antrag elektronisch über eine der hierfür vorgehaltenen technischen Schnittstellen automatisiert übertragen, erhöhen sich die Gebühr 10 und die Gebühr 20 in Abweichung von Gebühr 31 für jede weitere Vertrauenspersonum	3,50 EUR
35	Die Gebühr wird durch Lastschrifteinzug gezahlt: Die Gebühr 10 und die Gebühr 20 ermäßigen sich um	2,50 EUR
40		

10 Sozialgesetzbuch (SGB) Zwölftes Buch (XII) – Sozialhilfe

vom 27. Dezember 2003 (BGBl. I S. BGBl. I S. 3022,

zuletzt geändert durch das Gesetz vom 23. Mai 2022 (BGBl. I S. 760)

– Auszug –

Viertes Kapitel
Grundsicherung im Alter und bei Erwerbsminderung

Erster Abschnitt
Grundsätze

§ 41
Leistungsberechtigte

(1) Leistungsberechtigt nach diesem Kapitel sind Personen mit gewöhnlichem Aufenthalt im Inland, die ihren notwendigen Lebensunterhalt nicht oder nicht ausreichend aus Einkommen und Vermögen nach § 43 bestreiten können, wenn sie die Voraussetzungen nach Absatz 2, 3 oder 3a erfüllen..

(2) Leistungsberechtigt sind Personen nach Absatz 1 wegen Alters, wenn sie die Altersgrenze erreicht haben. Personen, die vor dem 1. Januar 1947 geboren sind, erreichen die Altersgrenze mit Vollendung des 65. Lebensjahres. Für Personen, die nach dem 31. Dezember 1946 geboren sind, wird die Altersgrenze wie folgt angehoben:

für den Geburtsjahrgang	erfolgt eine Anhebung um Monate	auf Vollendung eines Lebensalters von
1947	**1**	**65 Jahren und 1 Monat**
1948	2	65 Jahren und 2 Monaten
1949	3	65 Jahren und 3 Monaten
1950	4	65 Jahren und 4 Monaten
1951	5	65 Jahren und 5 Monaten
1952	6	65 Jahren und 6 Monaten
1953	7	65 Jahren und 7 Monaten
1954	8	65 Jahren und 8 Monaten
1955	9	65 Jahren und 9 Monaten
1956	10	65 Jahren und 10 Monaten
1957	11	65 Jahren und 11 Monaten
1958	12	66 Jahren
1959	14	66 Jahren und 2 Monaten
1960	16	66 Jahren und 4 Monaten
1961	18	66 Jahren und 6 Monaten
1962	20	66 Jahren und 8 Monaten

für den Geburtsjahrgang	erfolgt eine Anhebung um Monate	auf Vollendung eines Lebensalters von
1963	22	66 Jahren und 10 Monaten
ab 1964	24	67 Jahren.

(3) Leistungsberechtigt sind Personen nach Absatz 1 wegen einer dauerhaften vollen Erwerbsminderung, wenn sie das 18. Lebensjahr vollendet haben, unabhängig von der jeweiligen Arbeitsmarktlage voll erwerbsgemindert im Sinne des § 43 Absatz 2 des Sechsten Buches sind und bei denen unwahrscheinlich ist, dass die volle Erwerbsminderung behoben werden kann.

(3a) Leistungsberechtigt sind Personen nach Absatz 1, die das 18. Lebensjahr vollendet haben, für den Zeitraum, in dem sie

1. in einer Werkstatt für behinderte Menschen (§ 57 des Neunten Buches) oder bei einem anderen Leistungsanbieter (§ 60 des Neunten Buches) das Eingangsverfahren und den Berufsbildungsbereich durchlaufen oder
2. in einem Ausbildungsverhältnis stehen, für das sie ein Budget für Ausbildung (§ 61a des Neunten Buches) erhalten.

(4) Keinen Anspruch auf Leistungen nach diesem Kapitel hat, wer in den letzten zehn Jahren die Hilfebedürftigkeit vorsätzlich oder grob fahrlässig herbeigeführt hat.

...

Siebtes Kapitel
Hilfe zur Pflege

§ 61
Leistungsberechtigte

Personen, die pflegebedürftig im Sinne des § 61a sind, haben Anspruch auf Hilfe zur Pflege, soweit ihnen und ihren nicht getrennt lebenden Ehegatten oder Lebenspartnern nicht zuzumuten ist, dass sie die für die Hilfe zur Pflege benötigten Mittel aus dem Einkommen und Vermögen nach den Vorschriften des Elften Kapitels aufbringen. Sind die Personen minderjährig und unverheiratet, so sind auch das Einkommen und das Vermögen ihrer Eltern oder eines Elternteils zu berücksichtigen.

§ 61a
Begriff der Pflegebedürftigkeit

(1) Pflegebedürftig sind Personen, die gesundheitlich bedingte Beeinträchtigungen der Selbständigkeit oder der Fähigkeiten aufweisen und deshalb der Hilfe durch andere bedürfen. Pflegebedürftige Personen im Sinne des Satzes 1 können körperliche, kognitive oder psychische Beeinträchtigungen oder gesundheitlich bedingte Belastungen oder Anforderungen nicht selbständig kompensieren oder bewältigen.

(2) Maßgeblich für die Beurteilung der Beeinträchtigungen der Selbständigkeit oder Fähigkeiten sind die folgenden Bereiche mit folgenden Kriterien:

1. Mobilität mit den Kriterien
   a) Positionswechsel im Bett,
   b) Halten einer stabilen Sitzposition,
   c) Umsetzen,
   d) Fortbewegen innerhalb des Wohnbereichs,
   e) Treppensteigen;
2. kognitive und kommunikative Fähigkeiten mit den Kriterien
   a) Erkennen von Personen aus dem näheren Umfeld,
   b) örtliche Orientierung,
   c) zeitliche Orientierung,
   d) Erinnern an wesentliche Ereignisse oder Beobachtungen,
   e) Steuern von mehrschrittigen Alltagshandlungen,
   f) Treffen von Entscheidungen im Alltagsleben,
   g) Verstehen von Sachverhalten und Informationen,
   h) Erkennen von Risiken und Gefahren,
   i) Mitteilen von elementaren Bedürfnissen,
   j) Verstehen von Aufforderungen,
   k) Beteiligen an einem Gespräch;
3. Verhaltensweisen und psychische Problemlagen mit den Kriterien
   a) motorisch geprägte Verhaltensauffälligkeiten,
   b) nächtliche Unruhe,
   c) selbstschädigendes und autoaggressives Verhalten,
   d) Beschädigen von Gegenständen,
   e) physisch aggressives Verhalten gegenüber anderen Personen,
   f) verbale Aggression,
   g) andere pflegerelevante vokale Auffälligkeiten,
   h) Abwehr pflegerischer und anderer unterstützender Maßnahmen,
   i) Wahnvorstellungen,
   j) Ängste,
   k) Antriebslosigkeit bei depressiver Stimmungslage,
   l) sozial inadäquate Verhaltensweisen,
   m) sonstige pflegerelevante inadäquate Handlungen;

4. Selbstversorgung mit den Kriterien
   a) Waschen des vorderen Oberkörpers,
   b) Körperpflege im Bereich des Kopfes,
   c) Waschen des Intimbereichs,
   d) Duschen und Baden einschließlich Waschen der Haare,
   e) An- und Auskleiden des Oberkörpers,
   f) An- und Auskleiden des Unterkörpers,
   g) mundgerechtes Zubereiten der Nahrung und Eingießen von Getränken,
   h) Essen,
   i) Trinken,
   j) Benutzen einer Toilette oder eines Toilettenstuhls,
   k) Bewältigen der Folgen einer Harninkontinenz und Umgang mit Dauerkatheter und Urostoma,
   l) Bewältigen der Folgen einer Stuhlinkontinenz und Umgang mit Stoma,
   m) Ernährung parenteral oder über Sonde,
   n) Bestehen gravierender Probleme bei der Nahrungsaufnahme bei Kindern bis zu 18 Monaten, die einen außergewöhnlich pflegeintensiven Hilfebedarf auslösen;
5. Bewältigung von und selbständiger Umgang mit krankheits- oder therapiebedingten Anforderungen und Belastungen in Bezug auf
   a) Medikation,
   b) Injektionen,
   c) Versorgung intravenöser Zugänge,
   d) Absaugen und Sauerstoffgabe,
   e) Einreibungen sowie Kälte- und Wärmeanwendungen,
   f) Messung und Deutung von Körperzuständen,
   g) körpernahe Hilfsmittel,
   h) Verbandswechsel und Wundversorgung,
   i) Versorgung mit Stoma,
   j) regelmäßige Einmalkatheterisierung und Nutzung von Abführmethoden,
   k) Therapiemaßnahmen in häuslicher Umgebung,
   l) zeit- und technikintensive Maßnahmen in häuslicher Umgebung,
   m) Arztbesuche,
   n) Besuch anderer medizinischer oder therapeutischer Einrichtungen,
   o) zeitlich ausgedehnte Besuche medizinischer oder therapeutischer Einrichtungen,
   p) Besuche von Einrichtungen zur Frühförderung bei Kindern,
   q) Einhalten einer Diät oder anderer krankheits- oder therapiebedingter Verhaltensvorschriften;

6. Gestaltung des Alltagslebens und sozialer Kontakte mit den Kriterien
   a) Gestaltung des Tagesablaufs und Anpassung an Veränderungen,
   b) Ruhen und Schlafen,
   c) Sichbeschäftigen,
   d) Vornehmen von in die Zukunft gerichteten Planungen,
   e) Interaktion mit Personen im direkten Kontakt,
   f) Kontaktpflege zu Personen außerhalb des direkten Umfelds.

§ 61b
Pflegegrade

(1) Für die Gewährung von Leistungen der Hilfe zur Pflege sind pflegebedürftige Personen entsprechend den im Begutachtungsverfahren nach § 62 ermittelten Gesamtpunkten in einen der Schwere der Beeinträchtigungen der Selbständigkeit oder der Fähigkeiten entsprechenden Pflegegrad einzuordnen:

1. Pflegegrad 1: geringe Beeinträchtigungen der Selbständigkeit oder der Fähigkeiten (ab 12,5 bis unter 27 Gesamtpunkte),
2. Pflegegrad 2: erhebliche Beeinträchtigungen der Selbständigkeit oder der Fähigkeiten (ab 27 bis unter 47,5 Gesamtpunkte),
3. Pflegegrad 3: schwere Beeinträchtigungen der Selbständigkeit oder der Fähigkeiten (ab 47,5 bis unter 70 Gesamtpunkte),
4. Pflegegrad 4: schwerste Beeinträchtigungen der Selbständigkeit oder der Fähigkeiten (ab 70 bis unter 90 Gesamtpunkte),
5. Pflegegrad 5: schwerste Beeinträchtigungen der Selbständigkeit oder Fähigkeiten mit besonderen Anforderungen an die pflegerische Versorgung (ab 90 bis 100 Gesamtpunkte).

(2) Pflegebedürftige mit besonderen Bedarfskonstellationen, die einen spezifischen, außergewöhnlich hohen Hilfebedarf mit besonderen Anforderungen an die pflegerische Versorgung aufweisen, können aus pflegefachlichen Gründen dem Pflegegrad 5 zugeordnet werden, auch wenn ihre Gesamtpunkte unter 90 liegen.

...

§ 62
Ermittlung des Grades der Pflegebedürftigkeit

Die Ermittlung des Pflegegrades erfolgt durch ein Begutachtungsinstrument nach Maßgabe des § 15 des Elften Buches. Die auf Grund des § 16 des Elften Buches erlassene Verordnung sowie die auf Grund des § 17 des Elften Buches erlassenen Richtlinien der Pflegekassen finden entsprechende Anwendung.

§ 62a
Bindungswirkung

Die Entscheidung der Pflegekasse über den Pflegegrad ist für den Träger der Sozialhilfe bindend, soweit sie auf Tatsachen beruht, die bei beiden Entscheidungen zu berücksichtigen sind. Bei seiner Entscheidung kann sich der Träger der Sozialhilfe der Hilfe sachverständiger Dritter bedienen. Auf Anforderung unterstützt der Medizinische Dienst gemäß § 278 des Fünften Buches den Träger der Sozialhilfe bei seiner Entscheidung und erhält hierfür Kostenersatz, der zu vereinbaren ist.

§ 63
Leistungen für Pflegebedürftige

(1) Die Hilfe zur Pflege umfasst für Pflegebedürftige der Pflegegrade 2, 3, 4 oder 5

1. häusliche Pflege in Form von
   a) Pflegegeld (§ 64a),
   b) häuslicher Pflegehilfe (§ 64b),
   c) Verhinderungspflege (§ 64c),
   d) Pflegehilfsmitteln (§ 64d),
   e) Maßnahmen zur Verbesserung des Wohnumfeldes (§ 64e),
   f) anderen Leistungen (§ 64f),
   g) digitalen Pflegeanwendungen (§ 64j),
   h) ergänzender Unterstützung bei Nutzung von digitalen Pflegeanwendungen (§ 64k),
2. teilstationäre Pflege (§ 64g),
3. Kurzzeitpflege (§ 64h),
4. einen Entlastungsbetrag (§ 64i) und
5. stationäre Pflege (§ 65).

Die Hilfe zur Pflege schließt Sterbebegleitung mit ein.

(2) Die Hilfe zur Pflege umfasst für Pflegebedürftige des Pflegegrades 1

1. Pflegehilfsmittel (§ 64d),
2. Maßnahmen zur Verbesserung des Wohnumfeldes (§ 64e),
3. digitale Pflegeanwendungen (§ 64j),
4. ergänzende Unterstützung bei Nutzung von digitalen Pflegeanwendungen (§ 64k) und
5. einen Entlastungsbetrag (§ 66).

(3) Die Leistungen der Hilfe zur Pflege werden auf Antrag auch als Teil eines Persönlichen Budgets ausgeführt. 2 § 29 des Neunten Buches ist insoweit anzuwenden.

§ 63a
Notwendiger pflegerischer Bedarf

Die Träger der Sozialhilfe haben den notwendigen pflegerischen Bedarf zu ermitteln und festzustellen.

§ 63b
Leistungskonkurrenz

(1) Leistungen der Hilfe zur Pflege werden nicht erbracht, soweit Pflegebedürftige gleichartige Leistungen nach anderen Rechtsvorschriften erhalten.

(2) Abweichend von Absatz 1 sind Leistungen nach § 72 oder gleichartige Leistungen nach anderen Rechtsvorschriften mit 70 Prozent auf das Pflegegeld nach § 64a anzurechnen. Leistungen nach § 45b des Elften Buches gehen den Leistungen nach den §§ 64i und 66 vor; auf die übrigen Leistungen der Hilfe zur Pflege werden sie nicht angerechnet.

(3) Pflegebedürftige haben während ihres Aufenthalts in einer teilstationären oder vollstationären Einrichtung dort keinen Anspruch auf häusliche Pflege. Abweichend von Satz 1 kann das Pflegegeld nach § 64a während einer teilstationären Pflege nach § 64g oder einer vergleichbaren nicht nach diesem Buch durchgeführten Maßnahme angemessen gekürzt werden.

(4) Absatz 3 Satz 1 gilt nicht für vorübergehende Aufenthalte in einem Krankenhaus nach § 108 des Fünften Buches oder in einer Vorsorge- oder Rehabilitationseinrichtung nach § 107 Absatz 2 des Fünften Buches, soweit Pflegebedürftige ihre Pflege durch von ihnen selbst beschäftigte besondere Pflegekräfte (Arbeitgebermodell) sicherstellen. Die vorrangigen Leistungen des Pflegegeldes für selbst beschaffte Pflegehilfen nach den §§ 37 und 38 des Elften Buches sind anzurechnen. § 39 des Fünften Buches bleibt unberührt.

(5) Das Pflegegeld kann um bis zu zwei Drittel gekürzt werden, soweit die Heranziehung einer besonderen Pflegekraft erforderlich ist, Pflegebedürftige Leistungen der Verhinderungspflege nach § 64c oder gleichartige Leistungen nach anderen Rechtsvorschriften erhalten.

(6) Pflegebedürftige, die ihre Pflege im Rahmen des Arbeitgebermodells sicherstellen, können nicht auf die Inanspruchnahme von Sachleistungen nach dem Elften Buch verwiesen werden. In diesen Fällen ist das geleistete Pflegegeld nach § 37 des Elften Buches auf die Leistungen der Hilfe zur Pflege anzurechnen.

(7) Leistungen der stationären Pflege nach § 65 werden auch bei einer vorübergehenden Abwesenheit von Pflegebedürftigen aus der stationären Einrichtung erbracht, solange die Voraussetzungen des § 87a Absatz 1 Satz 5 und 6 des Elften Buches vorliegen.

§ 64
Vorrang

Soweit häusliche Pflege ausreicht, soll der Träger der Sozialhilfe darauf hinwirken, dass die häusliche Pflege durch Personen, die dem Pflegebedürftigen nahestehen, oder als Nachbarschaftshilfe übernommen wird.

§ 64a
Pflegegeld

(1) Pflegebedürftige der Pflegegrade 2, 3, 4 oder 5 haben bei häuslicher Pflege Anspruch auf Pflegegeld in Höhe des Pflegegeldes nach § 37 Absatz 1 des Elften Buches. Der Anspruch auf Pflegegeld setzt voraus, dass die Pflegebedürftigen und die Sorgeberechtigten bei pflegebedürftigen Kindern die erforderliche Pflege mit dem Pflegegeld in geeigneter Weise selbst sicherstellen.

(2) Besteht der Anspruch nach Absatz 1 nicht für den vollen Kalendermonat, ist das Pflegegeld entsprechend zu kürzen. Bei der Kürzung ist der Kalendermonat mit 30 Tagen anzusetzen. Das Pflegegeld wird bis zum Ende des Kalendermonats geleistet, in dem die pflegebedürftige Person gestorben ist.

(3) Stellt die Pflegekasse ihre Leistungen nach § 37 Absatz 6 des Elften Buches ganz oder teilweise ein, entfällt insoweit die Leistungspflicht nach Absatz 1.

§ 64b
Häusliche Pflegehilfe

(1) Pflegebedürftige der Pflegegrade 2, 3, 4 oder 5 haben Anspruch auf körperbezogene Pflegemaßnahmen und pflegerische Betreuungsmaßnahmen sowie auf Hilfen bei der Haushaltsführung als Pflegesachleistung (häusliche Pflegehilfe), soweit die häusliche Pflege nach § 64 nicht sichergestellt werden kann. Der Anspruch auf häusliche Pflegehilfe umfasst auch die pflegefachliche Anleitung von Pflegebedürftigen und Pflegepersonen. Mehrere Pflegebedürftige der Pflegegrade 2, 3, 4 oder 5 können die häusliche Pflege gemeinsam in Anspruch nehmen. Häusliche Pflegehilfe kann auch Betreuungs- und Entlastungsleistungen durch Unterstützungsangebote im Sinne des § 45a des Elften Buches umfassen; § 64i bleibt unberührt.

(1) Pflegerische Betreuungsmaßnahmen umfassen Unterstützungsleistungen zur Bewältigung und Gestaltung des alltäglichen Lebens im häuslichen Umfeld, insbesondere

1. bei der Bewältigung psychosozialer Problemlagen oder von Gefährdungen,
2. bei der Orientierung, bei der Tagesstrukturierung, bei der Kommunikation, bei der Aufrechterhaltung sozialer Kontakte und bei bedürfnisgerechten Beschäftigungen im Alltag sowie
3. durch Maßnahmen zur kognitiven Aktivierung.

...

Neuntes Kapitel
Hilfe in anderen Lebenslagen

§ 70
Hilfe zur Weiterführung des Haushalts

(1) Personen mit eigenem Haushalt sollen Leistungen zur Weiterführung des Haushalts erhalten, wenn weder sie selbst noch, falls sie mit anderen Haushaltsangehörigen zusammenleben, die anderen Haushaltsangehörigen den Haushalt führen können und die Weiterführung des Haushalts geboten ist. Die Leistungen sollen in der Regel nur vorübergehend erbracht werden. Satz 2 gilt nicht, wenn durch die Leistungen die Unterbringung in einer stationären Einrichtung vermieden oder aufgeschoben werden kann.

(2) Die Leistungen umfassen die persönliche Betreuung von Haushaltsangehörigen sowie die sonstige zur Weiterführung des Haushalts erforderliche Tätigkeit.

(3) Personen im Sinne des Absatzes 1 sind die angemessenen Aufwendungen für eine haushaltsführende Person zu erstatten. Es können auch angemessene Beihilfen geleistet sowie Beiträge der haushaltsführenden Person für eine angemessene Alterssicherung übernommen werden, wenn diese nicht anderweitig sichergestellt ist. Ist neben oder anstelle der Weiterführung des Haushalts die Heranziehung einer besonderen Person zur Haushaltsführung erforderlich oder eine Beratung oder zeitweilige Entlastung der haushaltsführenden Person geboten, sind die angemessenen Kosten zu übernehmen.

(4) Die Leistungen können auch durch Übernahme der angemessenen Kosten für eine vorübergehende anderweitige Unterbringung von Haushaltsangehörigen erbracht werden, wenn diese Unterbringung in besonderen Fällen neben oder statt der Weiterführung des Haushalts geboten ist.

§ 71
Altenhilfe

(1) Alten Menschen soll außer den Leistungen nach den übrigen Bestimmungen dieses Buches Altenhilfe gewährt werden. Die Altenhilfe soll dazu beitragen, Schwierigkeiten, die durch das Alter entstehen, zu verhüten, zu überwinden oder zu mildern und alten Menschen die Möglichkeit zu erhalten, selbstbestimmt am Leben in der Gemeinschaft teilzunehmen und ihre Fähigkeit zur Selbsthilfe zu stärken.

(2) Als Leistungen der Altenhilfe kommen insbesondere in Betracht:

1. Leistungen zu einer Betätigung und zum gesellschaftlichen Engagement, wenn sie vom alten Menschen gewünscht wird,
2. Leistungen bei der Beschaffung und zur Erhaltung einer Wohnung, die den Bedürfnissen des alten Menschen entspricht,
3. Beratung und Unterstützung im Vor- und Umfeld von Pflege, insbesondere in allen Fragen des Angebots an Wohnformen bei Unterstützungs-, Betreuungs- oder Pflegebedarf sowie an Diensten, die Betreuung oder Pflege leisten,
4. Beratung und Unterstützung in allen Fragen der Inanspruchnahme altersgerechter Dienste,
5. Leistungen zum Besuch von Veranstaltungen oder Einrichtungen, die der Geselligkeit, der Unterhaltung, der Bildung oder den kulturellen Bedürfnissen alter Menschen dienen,
6. Leistungen, die alten Menschen die Verbindung mit nahe stehenden Personen ermöglichen.

(3) Leistungen nach Absatz 1 sollen auch erbracht werden, wenn sie der Vorbereitung auf das Alter dienen.

(4) Altenhilfe soll ohne Rücksicht auf vorhandenes Einkommen oder Vermögen geleistet werden, soweit im Einzelfall Beratung und Unterstützung erforderlich sind.

(5) Die Leistungen der Altenhilfe sind mit den übrigen Leistungen dieses Buches, den Leistungen der örtlichen Altenhilfe und der kommunalen Infrastruktur zur Vermeidung sowie Verringerung der Pflegebedürftigkeit und zur Inanspruchnahme der Leistungen der Eingliederungshilfe zu verzahnen. Die Ergebnisse der Gesamtplanung nach § 58 sowie die Grundsätze der Koordination, Kooperation und Konvergenz der Leistungen nach den Vorschriften des Neunten Buches sind zu berücksichtigen.

§ 72
Blindenhilfe

(1) Blinden Menschen wird zum Ausgleich der durch die Blindheit bedingten Mehraufwendungen Blindenhilfe gewährt, soweit sie keine gleichartigen Leistungen nach anderen Rechtsvorschriften erhalten. Auf die Blindenhilfe sind Leistungen bei häuslicher Pflege nach dem Elften Buch, auch soweit es sich um Sachleistungen handelt, bei Pflegebedürftigen des Pflegegrades 2 mit 50 Prozent des Pflegegeldes des Pflegegrades 2 und bei Pflegebedürftigen der Pflegegrade 3, 4 oder 5 mit 40 Prozent des Pflegegeldes des Pflegegrades 3, höchstens jedoch mit 50 Prozent des Betrages nach Absatz 2, anzurechnen. Satz 2 gilt sinngemäß für Leistungen nach dem Elften Buch aus einer privaten Pflegeversicherung und nach beamtenrechtlichen Vorschriften. § 39a ist entsprechend anzuwenden.

(2) Die Blindenhilfe beträgt bis 30. Juni 2004 für blinde Menschen nach Vollendung des 18. Lebensjahres 585 Euro monatlich, für blinde Menschen, die das 18. Lebensjahr noch nicht vollendet haben, beträgt sie 293 Euro monatlich. Sie verändert sich jeweils zu dem Zeitpunkt und in dem Umfang, wie sich der aktuelle Rentenwert in der gesetzlichen Rentenversicherung verändert.

(3) Lebt der blinde Mensch in einer stationären Einrichtung und werden die Kosten des Aufenthalts ganz oder teilweise aus Mitteln öffentlich-rechtlicher Leistungsträger getragen, so verringert sich die Blindenhilfe nach Absatz 2 um die aus diesen Mitteln getragenen Kosten, höchstens jedoch um 50 vom Hundert der Beträge nach Absatz 2. Satz 1 gilt vom ersten Tage des zweiten Monats an, der auf den Eintritt in die Einrichtung folgt, für jeden vollen Kalendermonat des Aufenthalts in der Einrichtung. Für jeden vollen Tag vorübergehender Abwesenheit von der Einrichtung wird die Blindenhilfe in Höhe von je einem Dreißigstel des Betrages nach Absatz 2 gewährt, wenn die vorübergehende Abwesenheit länger als sechs volle zusammenhängende Tage dauert; der Betrag nach Satz 1 wird im gleichen Verhältnis gekürzt.

(4) Neben der Blindenhilfe wird Hilfe zur Pflege wegen Blindheit nach dem Siebten Kapitel außerhalb von stationären Einrichtungen sowie ein Barbetrag (§ 27b Absatz 2) nicht gewährt. Neben Absatz 1 ist § 30 Absatz 1 Nr. 2 nur anzuwenden, wenn der blinde Mensch nicht allein wegen Blindheit voll erwerbsgemindert ist. Die Sätze 1 und 2 gelten entsprechend für blinde Menschen, die nicht Blindenhilfe, sondern gleichartige Leistungen nach anderen Rechtsvorschriften erhalten.

(5) Blinden Menschen stehen Personen gleich, deren beidäugige Gesamtsehschärfe nicht mehr als ein Fünfzigstel beträgt oder bei denen dem Schweregrad dieser Sehschärfe gleichzuachtende, nicht nur vorübergehende Störungen des Sehvermögens vorliegen.

§ 73
Hilfe in sonstigen Lebenslagen

Leistungen können auch in sonstigen Lebenslagen erbracht werden, wenn sie den Einsatz öffentlicher Mittel rechtfertigen. Geldleistungen können als Beihilfe oder als Darlehen erbracht werden.

§ 74
Bestattungskosten

Die erforderlichen Kosten einer Bestattung werden übernommen, soweit den hierzu Verpflichteten nicht zugemutet werden kann, die Kosten zu tragen.

...

Elftes Kapitel
Einsatz des Einkommens und des Vermögens

Erster Abschnitt
Einkommen

§ 82
Begriff des Einkommens

(1) Zum Einkommen gehören alle Einkünfte in Geld oder Geldeswert. 2 Nicht zum Einkommen gehören

1. Leistungen nach diesem Buch,
2. die Grundrente nach dem Bundesversorgungsgesetz und nach den Gesetzen, die eine entsprechende Anwendung des Bundesversorgungsgesetzes vorsehen,
3. Renten oder Beihilfen nach dem Bundesentschädigungsgesetz für Schaden an Leben sowie an Körper oder Gesundheit bis zur Höhe der vergleichbaren Grundrente nach dem Bundesversorgungsgesetz und
4. Aufwandsentschädigungen nach § 1835a des Bürgerlichen Gesetzbuchs kalenderjährlich bis zu dem in § 3 Nummer 26 Satz 1 des Einkommensteuergesetzes genannten Betrag.

Einkünfte aus Rückerstattungen, die auf Vorauszahlungen beruhen, die Leistungsberechtigte aus dem Regelsatz erbracht haben, sind kein Einkommen. Bei Minderjährigen ist das Kindergeld dem jeweiligen Kind als Einkommen zuzurechnen, soweit es bei diesem zur Deckung des notwendigen Lebensunterhaltes, mit Ausnahme der Bedarfe nach § 34, benötigt wird.

(2) on dem Einkommen sind abzusetzen

1. auf das Einkommen entrichtete Steuern,
2. Pflichtbeiträge zur Sozialversicherung einschließlich der Beiträge zur Arbeitsförderung,
3. Beiträge zu öffentlichen oder privaten Versicherungen oder ähnlichen Einrichtungen, soweit diese Beiträge gesetzlich vorgeschrieben oder nach Grund und Höhe angemessen sind, sowie geförderte Altersvorsorgebeiträge nach § 82 des Einkommensteuergesetzes, soweit sie den Mindesteigenbeitrag nach § 86 des Einkommensteuergesetzes nicht überschreiten, und
4. die mit der Erzielung des Einkommens verbundenen notwendigen Ausgaben.

Erhält eine leistungsberechtigte Person aus einer Tätigkeit Bezüge oder Einnahmen, die nach § 3 Nummer 12, 26 oder 26a des Einkommensteuergesetzes steuerfrei sind oder die als Taschengeld nach § 2 Nummer 4 des Bundesfreiwilligendienstgesetzes oder nach § 2 Absatz 1 Nummer 4 des Jugendfreiwilligendienstegesetzes gezahlt werden, ist abweichend von Satz 1 Nummer 2 bis 4 und den Absätzen 3 und 6 ein Betrag von bis zu 250 Euro monatlich nicht als Einkommen zu berücksichtigen. Soweit ein Betrag nach Satz 2 in Anspruch genommen wird, gelten die Beträge nach Absatz 3 Satz 1 zweiter Halbsatz und nach Absatz 6 Satz 1 zweiter Halbsatz insoweit als ausgeschöpft.

(3) Bei der Hilfe zum Lebensunterhalt und Grundsicherung im Alter und bei Erwerbsminderung ist ferner ein Betrag in Höhe von 30 vom Hundert des Einkommens aus selbständiger und nichtselbständiger Tätigkeit der Leistungsberechtigten abzusetzen, höchstens jedoch 50 vom Hundert der Regelbedarfsstufe 1 nach der Anlage zu § 28. Abweichend von Satz 1 ist bei einer

Beschäftigung in einer Werkstatt für behinderte Menschen oder bei einem anderen Leistungsanbieter nach § 60 des Neunten Buches von dem Entgelt ein Achtel der Regelbedarfsstufe 1 nach der Anlage zu § 28 zuzüglich 50 vom Hundert des diesen Betrag übersteigenden Entgelts abzusetzen. Im Übrigen kann in begründeten Fällen ein anderer als in Satz 1 festgelegter Betrag vom Einkommen abgesetzt werden.

(4) Bei der Hilfe zum Lebensunterhalt und Grundsicherung im Alter und bei Erwerbsminderung ist ferner ein Betrag von 100 Euro monatlich aus einer zusätzlichen Altersvorsorge der Leistungsberechtigten zuzüglich 30 vom Hundert des diesen Betrag übersteigenden Einkommens aus einer zusätzlichen Altersvorsorge der Leistungsberechtigten abzusetzen, höchstens jedoch 50 vom Hundert der Regelbedarfsstufe 1 nach der Anlage zu § 28.

(5) Einkommen aus einer zusätzlichen Altersvorsorge im Sinne des Absatzes 4 ist jedes monatlich bis zum Lebensende ausgezahlte Einkommen, auf das der Leistungsberechtigte vor Erreichen der Regelaltersgrenze auf freiwilliger Grundlage Ansprüche erworben hat und das dazu bestimmt und geeignet ist, die Einkommenssituation des Leistungsberechtigten gegenüber möglichen Ansprüchen aus Zeiten einer Versicherungspflicht in der gesetzlichen Rentenversicherung nach den §§ 1 bis 4 des Sechsten Buches, nach § 1 des Gesetzes über die Alterssicherung der Landwirte, aus beamtenrechtlichen Versorgungsansprüchen und aus Ansprüchen aus Zeiten einer Versicherungspflicht in einer Versicherungs- und Versorgungseinrichtung, die für Angehörige bestimmter Berufe errichtet ist, zu verbessern. Als Einkommen aus einer zusätzlichen Altersvorsorge gelten auch laufende Zahlungen aus

1. einer betrieblichen Altersversorgung im Sinne des Betriebsrentengesetzes,
2. einem nach § 5 des Altersvorsorgeverträge-Zertifizierungsgesetzes zertifizierten Altersvorsorgevertrag und
3. einem nach § 5a des Altersvorsorgeverträge-Zertifizierungsgesetzes zertifizierten Basisrentenvertrag.

Werden bis zu zwölf Monatsleistungen aus einer zusätzlichen Altersvorsorge, insbesondere gemäß einer Vereinbarung nach § 10 Absatz 1 Nummer 2 Satz 3 erster Halbsatz des Einkommensteuergesetzes, zusammengefasst, so ist das Einkommen gleichmäßig auf den Zeitraum aufzuteilen, für den die Auszahlung erfolgte.

(6) Für Personen, die Leistungen der Hilfe zur Pflege, der Blindenhilfe oder Leistungen der Eingliederungshilfe nach dem Neunten Buch erhalten, ist ein Betrag in Höhe von 40 Prozent des Einkommens aus selbständiger und nichtselbständiger Tätigkeit der Leistungsberechtigten abzusetzen, höchstens jedoch 65 Prozent der Regelbedarfsstufe 1 nach der Anlage zu § 28.

(7) Einmalige Einnahmen, bei denen für den Monat des Zuflusses bereits Leistungen ohne Berücksichtigung der Einnahme erbracht worden sind, werden im Folgemonat berücksichtigt. Entfiele der Leistungsanspruch durch die Berücksichtigung in einem Monat, ist die einmalige Einnahme auf einen Zeitraum von sechs Monaten gleichmäßig zu verteilen und mit einem entsprechenden Teilbetrag zu berücksichtigen. In begründeten Einzelfällen ist der Anrechnungszeitraum nach Satz 2 angemessen zu verkürzen. Die Sätze 1 und 2 sind auch anzuwenden, soweit während des Leistungsbezugs eine Auszahlung zur Abfindung einer Kleinbetragsrente im Sinne des § 93 Absatz 3 Satz 2 des Einkommensteuergesetzes oder nach § 3 Absatz 2 des Betriebsrentengesetzes erfolgt und durch den ausgezahlten Betrag das Vermögen überschritten wird, welches nach § 90 Absatz 2 Nummer 9 und Absatz 3 nicht einzusetzen ist.

§ 82a
Freibetrag für Personen mit Grundrentenzeiten oder entsprechenden Zeiten aus anderweitigen Alterssicherungssystemen

(1) Bei der Hilfe zum Lebensunterhalt und Grundsicherung im Alter und bei Erwerbsminderung ist für Personen, die mindestens 33 Jahre an Grundrentenzeiten nach § 76g Absatz 2 des Sechsten Buches erreicht haben, ein Betrag in Höhe von 100 Euro monatlich aus der gesetzlichen Rente zuzüglich 30 Prozent des diesen Betrag übersteigenden Einkommens aus der gesetzlichen Rente vom Einkommen nach § 82 Absatz 1 abzusetzen, höchstens jedoch ein Betrag in Höhe von 50 Prozent der Regelbedarfsstufe 1 nach der Anlage zu § 28.

(1) Absatz 1 gilt entsprechend für Personen, die mindestens 33 Jahre an Grundrentenzeiten vergleichbaren Zeiten in

1. einer Versicherungspflicht nach § 1 des Gesetzes über die Alterssicherung der Landwirte haben,
2. einer sonstigen Beschäftigung, in der Versicherungsfreiheit nach § 5 Absatz 1 Satz 1 Nummer 2 und 3 und Satz 2 des Sechsten Buches oder Befreiung von der Versicherungspflicht nach § 6 Absatz 1 Satz 1 Nummer 2 des Sechsten Buches bestand, haben oder
3. einer Versicherungspflicht in einer Versicherungs- oder Versorgungseinrichtung, die für Angehörige bestimmter Berufe errichtet ist, haben.

Absatz 1 gilt auch, wenn die 33 Jahre durch die Zusammenrechnung der Zeiten nach Satz 1 Nummer 1 bis 3 und der Grundrentenzeiten nach § 76g Absatz 2 des Sechsten Buches erfüllt werden. 3Je Kalendermonat wird eine Grundrentenzeit oder eine nach Satz 1 vergleichbare Zeit angerechnet.

...

Zweiter Abschnitt
Einkommensgrenzen für die Leistungen nach dem Fünften bis Neunten Kapitel

§ 85
Einkommensgrenze

(1) Bei der Hilfe nach dem Fünften bis Neunten Kapitel ist der nachfragenden Person und ihrem nicht getrennt lebenden Ehegatten oder Lebenspartner die Aufbringung der Mittel nicht zuzumuten, wenn während der Dauer des Bedarfs ihr monatliches Einkommen zusammen eine Einkommensgrenze nicht übersteigt, die sich ergibt aus

1. einem Grundbetrag in Höhe des Zweifachen der Regelbedarfsstufe 1 nach der Anlage zu § 28,
2. den Aufwendungen für die Unterkunft, soweit diese den der Besonderheit des Einzelfalles angemessenen Umfang nicht übersteigen und
3. einem Familienzuschlag in Höhe des auf volle Euro aufgerundeten Betrages von 70 vom Hundert der Regelbedarfsstufe 1 nach der Anlage zu § 28 für den nicht getrennt lebenden Ehegatten oder Lebenspartner und für jede Person, die von der nachfragenden Person, ihrem nicht getrennt lebenden Ehegatten oder Lebenspartner überwiegend unterhalten worden ist oder für die sie nach der Entscheidung über die Erbringung der Sozialhilfe unterhaltspflichtig werden.

(2) Ist die nachfragende Person minderjährig und unverheiratet, so ist ihr und ihren Eltern die Aufbringung der Mittel nicht zuzumuten, wenn während der Dauer des Bedarfs das monatliche Einkommen der nachfragenden Person und ihrer Eltern zusammen eine Einkommensgrenze nicht übersteigt, die sich ergibt aus

1. einem Grundbetrag in Höhe des Zweifachen der Regelbedarfsstufe 1 nach der Anlage zu § 28,
2. den Aufwendungen für die Unterkunft, soweit diese den der Besonderheit des Einzelfalles angemessenen Umfang nicht übersteigen und
3. einem Familienzuschlag in Höhe des auf volle Euro aufgerundeten Betrages von 70 vom Hundert der Regelbedarfsstufe 1 nach der Anlage zu § 28 für einen Elternteil, wenn die Eltern zusammenleben, sowie für die nachfragende Person und für jede Person, die von den Eltern oder der nachfragenden Person überwiegend unterhalten worden ist oder für die sie nach der Entscheidung über die Erbringung der Sozialhilfe unterhaltspflichtig werden.

Leben die Eltern nicht zusammen, richtet sich die Einkommensgrenze nach dem Elternteil, bei dem die nachfragende Person lebt. Lebt sie bei keinem Elternteil, bestimmt sich die Einkommensgrenze nach Absatz 1.

(3) Die Regelbedarfsstufe 1 nach der Anlage zu § 28 bestimmt sich nach dem Ort, an dem der Leistungsberechtigte die Leistung erhält. Bei der Leistung in einer Einrichtung sowie bei Unterbringung in einer anderen Familie oder bei den in § 107 genannten anderen Personen bestimmt er sich nach dem gewöhnlichen Aufenthalt des Leistungsberechtigten oder, wenn im Falle des Absatzes 2 auch das Einkommen seiner Eltern oder eines Elternteils maßgebend ist, nach deren gewöhnlichem Aufenthalt. Ist ein gewöhnlicher Aufenthalt im Inland nicht vorhanden oder nicht zu ermitteln, ist Satz 1 anzuwenden.

§ 86
Abweichender Grundbetrag

Die Länder und, soweit landesrechtliche Vorschriften nicht entgegenstehen, auch die Träger der Sozialhilfe können für bestimmte Arten der Hilfe nach dem Fünften bis Neunten Kapitel der Einkommensgrenze einen höheren Grundbetrag zu Grunde legen.

§ 87
Einsatz des Einkommens über der Einkommensgrenze

(1) Soweit das zu berücksichtigende Einkommen die Einkommensgrenze übersteigt, ist die Aufbringung der Mittel in angemessenem Umfang zuzumuten. Bei der Prüfung, welcher Umfang angemessen ist, sind insbesondere die Art des Bedarfs, die Art oder Schwere der Behinderung oder der Pflegebedürftigkeit, die Dauer und Höhe der erforderlichen Aufwendungen sowie besondere Belastungen der nachfragenden Person und ihrer unterhaltsberechtigten Angehörigen zu berücksichtigen. Bei Pflegebedürftigen der Pflegegrade 4 und 5 und blinden Menschen nach § 72 ist ein Einsatz des Einkommens über der Einkommensgrenze in Höhe von mindestens 60 vom Hundert nicht zuzumuten.

(2) Verliert die nachfragende Person durch den Eintritt eines Bedarfsfalles ihr Einkommen ganz oder teilweise und ist ihr Bedarf nur von kurzer Dauer, so kann die Aufbringung der Mittel auch aus dem Einkommen verlangt werden, das sie innerhalb eines angemessenen Zeitraumes nach dem Wegfall des Bedarfs erwirbt und das die Einkommensgrenze übersteigt, jedoch nur insoweit, als ihr ohne den Verlust des Einkommens die Aufbringung der Mittel zuzumuten gewesen wäre.

(3) Bei einmaligen Leistungen zur Beschaffung von Bedarfsgegenständen, deren Gebrauch für mindestens ein Jahr bestimmt ist, kann die Aufbringung der Mittel nach Maßgabe des Absatzes 1 auch aus dem Einkommen verlangt werden, das die in § 19 Absatz 3 genannten Personen innerhalb eines Zeitraumes von bis zu drei Monaten nach Ablauf des Monats, in dem über die Leistung entschieden worden ist, erwerben.

§ 88
Einsatz des Einkommens unter der Einkommensgrenze

(1) Die Aufbringung der Mittel kann, auch soweit das Einkommen unter der Einkommensgrenze liegt, verlangt werden,

1. soweit von einem anderen Leistungen für einen besonderen Zweck erbracht werden, für den sonst Sozialhilfe zu leisten wäre,
2. wenn zur Deckung des Bedarfs nur geringfügige Mittel erforderlich sind.

Darüber hinaus soll in angemessenem Umfang die Aufbringung der Mittel verlangt werden, wenn eine Person für voraussichtlich längere Zeit Leistungen in einer stationären Einrichtung bedarf.

(2) Bei einer stationären Leistung in einer stationären Einrichtung wird von dem Einkommen, das der Leistungsberechtigte aus einer entgeltlichen Beschäftigung erzielt, die Aufbringung der Mittel in Höhe von einem Achtel der Regelbedarfsstufe 1 nach der Anlage zu § 28 zuzüglich 50 vom Hundert des diesen Betrag übersteigenden Einkommens aus der Beschäftigung nicht verlangt. § 82 Absatz 3 und 6 ist nicht anzuwenden.

§ 89
Einsatz des Einkommens bei mehrfachem Bedarf

(1) Wird im Einzelfall der Einsatz eines Teils des Einkommens zur Deckung eines bestimmten Bedarfs zugemutet oder verlangt, darf dieser Teil des Einkommens bei der Prüfung, inwieweit der Einsatz des Einkommens für einen anderen gleichzeitig bestehenden Bedarf zuzumuten ist oder verlangt werden kann, nicht berücksichtigt werden.

(2) Sind im Fall des Absatzes 1 für die Bedarfsfälle verschiedene Träger der Sozialhilfe zuständig, hat die Entscheidung über die Leistung für den zuerst eingetretenen Bedarf den Vorrang. Treten die Bedarfsfälle gleichzeitig ein, ist das über der Einkommensgrenze liegende Einkommen zu gleichen Teilen bei den Bedarfsfällen zu berücksichtigen.

Dritter Abschnitt
Vermögen

§ 90
Einzusetzendes Vermögen

(1) Einzusetzen ist das gesamte verwertbare Vermögen.

(2) Die Sozialhilfe darf nicht abhängig gemacht werden vom Einsatz oder von der Verwertung

1. eines Vermögens, das aus öffentlichen Mitteln zum Aufbau oder zur Sicherung einer Lebensgrundlage oder zur Gründung eines Hausstandes erbracht wird,
2. eines nach § 10a oder Abschnitt XI des Einkommensteuergesetzes geförderten Altersvorsorgevermögens im Sinne des § 92 des Einkommensteuergesetzes; dies gilt auch für das in

der Auszahlungsphase insgesamt zur Verfügung stehende Kapital, soweit die Auszahlung als monatliche oder als sonstige regelmäßige Leistung im Sinne von § 82 Absatz 5 Satz 3 erfolgt; für diese Auszahlungen ist § 82 Absatz 4 und 5 anzuwenden,

3. eines sonstigen Vermögens, solange es nachweislich zur baldigen Beschaffung oder Erhaltung eines Hausgrundstücks im Sinne der Nummer 8 bestimmt ist, soweit dieses Wohnzwecken von Menschen einer wesentlichen Behinderung oder einer drohenden wesentlichen Behinderung (§ 99 Absatz 1 und 2 des Neunten Buches) oder von blinden Menschen (§ 72) oder pflegebedürftigen Menschen (§ 61) dient oder dienen soll und dieser Zweck durch den Einsatz oder die Verwertung des Vermögens gefährdet würde,
4. eines angemessenen Hausrats; dabei sind die bisherigen Lebensverhältnisse der nachfragenden Person zu berücksichtigen,
5. von Gegenständen, die zur Aufnahme oder Fortsetzung der Berufsausbildung oder der Erwerbstätigkeit unentbehrlich sind,
6. von Familien- und Erbstücken, deren Veräußerung für die nachfragende Person oder ihre Familie eine besondere Härte bedeuten würde,
7. von Gegenständen, die zur Befriedigung geistiger, insbesondere wissenschaftlicher oder künstlerischer Bedürfnisse dienen und deren Besitz nicht Luxus ist,
8. eines angemessenen Hausgrundstücks, das von der nachfragenden Person oder einer anderen in den § 19 Absatz 1 bis 3 genannten Person allein oder zusammen mit Angehörigen ganz oder teilweise bewohnt wird und nach ihrem Tod von ihren Angehörigen bewohnt werden soll. Die Angemessenheit bestimmt sich nach der Zahl der Bewohner, dem Wohnbedarf (zum Beispiel behinderter, blinder oder pflegebedürftiger Menschen), der Grundstücksgröße, der Hausgröße, dem Zuschnitt und der Ausstattung des Wohngebäudes sowie dem Wert des Grundstücks einschließlich des Wohngebäudes,
9. kleinerer Barbeträge oder sonstiger Geldwerte; dabei ist eine besondere Notlage der nachfragenden Person zu berücksichtigen.

(3) Die Sozialhilfe darf ferner nicht vom Einsatz oder von der Verwertung eines Vermögens abhängig gemacht werden, soweit dies für den, der das Vermögen einzusetzen hat, und für seine unterhaltsberechtigten Angehörigen eine Härte bedeuten würde. Dies ist bei der Leistung nach dem Fünften bis Neunten Kapitel insbesondere der Fall, soweit eine angemessene Lebensführung oder die Aufrechterhaltung einer angemessenen Alterssicherung wesentlich erschwert würde.

§ 91
Darlehen

Soweit nach § 90 für den Bedarf der nachfragenden Person Vermögen einzusetzen ist, jedoch der sofortige Verbrauch oder die sofortige Verwertung des Vermögens nicht möglich ist oder für die, die es einzusetzen hat, eine Härte bedeuten würde, soll die Sozialhilfe als Darlehen geleistet werden. Die Leistungserbringung kann davon abhängig gemacht werden, dass der Anspruch auf Rückzahlung dinglich oder in anderer Weise gesichert wird.

…

Dreizehntes Kapitel
Kosten

Erster Abschnitt
Kostenersatz

§ 102
Kostenersatz durch Erben

(1) Der Erbe der leistungsberechtigten Person oder ihres Ehegatten oder ihres Lebenspartners, falls diese vor der leistungsberechtigten Person sterben, ist vorbehaltlich des Absatzes 5 zum Ersatz der Kosten der Sozialhilfe verpflichtet. Die Ersatzpflicht besteht nur für die Kosten der Sozialhilfe, die innerhalb eines Zeitraumes von zehn Jahren vor dem Erbfall aufgewendet worden sind und die das Dreifache des Grundbetrages nach § 85 Absatz 1 übersteigen. Die Ersatzpflicht des Erben des Ehegatten oder Lebenspartners besteht nicht für die Kosten der Sozialhilfe, die während des Getrenntlebens der Ehegatten oder Lebenspartner geleistet worden sind. Ist die leistungsberechtigte Person der Erbe ihres Ehegatten oder Lebenspartners, ist sie zum Ersatz der Kosten nach Satz 1 nicht verpflichtet.

(2) Die Ersatzpflicht des Erben gehört zu den Nachlassverbindlichkeiten. Der Erbe haftet mit dem Wert des im Zeitpunkt des Erbfalles vorhandenen Nachlasses.

(3) Der Anspruch auf Kostenersatz ist nicht geltend zu machen,

1. soweit der Wert des Nachlasses unter dem Dreifachen des Grundbetrages nach § 85 Absatz 1 liegt,
2. soweit der Wert des Nachlasses unter dem Betrag von 15.340 Euro liegt, wenn der Erbe der Ehegatte oder Lebenspartner der leistungsberechtigten Person oder mit dieser verwandt ist und nicht nur vorübergehend bis zum Tod der leistungsberechtigten Person mit dieser in häuslicher Gemeinschaft gelebt und sie gepflegt hat,
3. soweit die Inanspruchnahme des Erben nach der Besonderheit des Einzelfalles eine besondere Härte bedeuten würde.

(4) Der Anspruch auf Kostenersatz erlischt in drei Jahren nach dem Tod der leistungsberechtigten Person, ihres Ehegatten oder ihres Lebenspartners. § 103 Absatz 3 Satz 2 und 3 gilt entsprechend.

(5) Der Ersatz der Kosten durch die Erben gilt nicht für Leistungen nach dem Vierten Kapitel und für die vor dem 1. Januar 1987 entstandenen Kosten der Tuberkulosehilfe.

…

11 Verordnung zur Durchführung des § 82 des Zwölften Buches Sozialgesetzbuch

vom 28. November 1962 (BGBl. I S. 692),

zuletzt geändert durch das Gesetz vom 21. Dezember 2015 (BGBl. I S. 2557)

Auf Grund des § 76 Abs. 3 des Bundessozialhilfegesetzes vom 30. Juni 1961 (BGBl. I S. 815) verordnet die Bundesregierung mit Zustimmung des Bundesrates:

§ 1
Einkommen

Bei der Berechnung der Einkünfte in Geld oder Geldeswert, die nach § 82 Abs. 1 des Zwölften Buches Sozialgesetzbuch zum Einkommen gehören, sind alle Einnahmen ohne Rücksicht auf ihre Herkunft und Rechtsnatur sowie ohne Rücksicht darauf, ob sie zu den Einkunftsarten im Sinne des Einkommensteuergesetzes gehören und ob sie der Steuerpflicht unterliegen, zugrunde zu legen.

§ 2
Bewertung von Sachbezügen

(1) Für die Bewertung von Einnahmen, die nicht in Geld bestehen (Kost, Wohnung und sonstige Sachbezüge), sind die auf Grund des § 17 Abs. 2 des Vierten Buches Sozialgesetzbuch für die Sozialversicherung zuletzt festgesetzten Werte der Sachbezüge maßgebend; soweit der Wert der Sachbezüge nicht festgesetzt ist, sind der Bewertung die üblichen Mittelpreise des Verbrauchsortes zu Grunde zu legen. Die Verpflichtung, den notwendigen Lebensunterhalt im Einzelfall nach dem Dritten Kapitel des Zwölften Buches Sozialgesetzbuch sicherzustellen, bleibt unberührt.

(2) Absatz 1 gilt auch dann, wenn in einem Tarifvertrag, einer Tarifordnung, einer Betriebs- oder Dienstordnung, einer Betriebsvereinbarung, einem Arbeitsvertrag oder einem sonstigen Vertrag andere Werte festgesetzt worden sind.

§ 3
Einkünfte aus nichtselbständiger Arbeit

(1) Welche Einkünfte zu den Einkünften aus nichtselbständiger Arbeit gehören, bestimmt sich nach § 19 Abs. 1 Ziff. 1 des Einkommensteuergesetzes.

(2) Als nichtselbständige Arbeit gilt auch die Arbeit, die in einer Familiengemeinschaft von einem Familienangehörigen des Betriebsinhabers gegen eine Vergütung geleistet wird. Wird die Arbeit nicht nur vorübergehend geleistet, so ist in Zweifelsfällen anzunehmen, daß der Familienangehörige eine Vergütung erhält, wie sie einem Gleichaltrigen für eine gleichartige Arbeit gleichen Umfangs in einem fremden Betrieb ortsüblich gewährt wird.

(3) Bei der Berechnung der Einkünfte ist von den monatlichen Bruttoeinnahmen auszugehen. Sonderzuwendungen, Gratifikationen und gleichartige Bezüge und Vorteile, die in größeren als monatlichen Zeitabständen gewährt werden, sind wie einmalige Einnahmen zu behandeln.

(4) Zu den mit der Erzielung der Einkünfte aus nichtselbständiger Arbeit verbundenen Ausgaben im Sinne des § 82 Abs. 2 Nr. 4 des Zwölften Buches Sozialgesetzbuch gehören vor allem

1. notwendige Aufwendungen für Arbeitsmittel,
2. notwendige Aufwendungen für Fahrten zwischen Wohnung und Arbeitsstätte,
3. notwendige Beiträge für Berufsverbände,
4. notwendige Mehraufwendungen infolge Führung eines doppelten Haushalts nach näherer Bestimmung des Absatzes 7.

Ausgaben im Sinne des Satzes 1 sind nur insoweit zu berücksichtigen, als sie von dem Bezieher des Einkommens selbst getragen werden.

(5) Als Aufwendungen für Arbeitsmittel (Absatz 4 Nr. 1) kann ein monatlicher Pauschbetrag von 5,20 Euro berücksichtigt werden, wenn nicht im Einzelfall höhere Aufwendungen nachgewiesen werden.

(6) Wird für die Fahrt zwischen Wohnung und Arbeitsstätte (Absatz 4 Nr. 2) ein eigenes Kraftfahrzeug benutzt, gilt Folgendes:

1. Wäre bei Nichtvorhandensein eines Kraftfahrzeuges die Benutzung eines öffentlichen Verkehrsmittels notwendig, so ist ein Betrag in Höhe der Kosten der tariflich günstigsten Zeitkarte abzusetzen.
2. Ist ein öffentliches Verkehrsmittel nicht vorhanden oder dessen Benutzung im Einzelfall nicht zumutbar und deshalb die Benutzung eines Kraftfahrzeuges notwendig, so sind folgende monatliche Pauschbeträge abzusetzen:
   a) bei Benutzung eines Kraftwagens

      5,20 Euro,
   b) bei Benutzung eines Kleinstkraftwagens (drei- oder vierrädriges Kraftfahrzeug, dessen Motor einen Hubraum von nicht mehr als 500 Kubikzentimeter hat)

      3,70 Euro,
   c) bei Benutzung eines Motorrades oder eines Motorrollers

      2,30 Euro,
   d) bei Benutzung eines Fahrrades mit Motor

      1,30 Euro

für jeden vollen Kilometer, den die Wohnung von der Arbeitsstätte entfernt liegt, jedoch für nicht mehr als 40 Kilometer. Bei einer Beschäftigungsdauer von weniger als einem Monat sind die Beträge anteilmäßig zu kürzen.

(7) Ist der Bezieher des Einkommens außerhalb des Ortes beschäftigt, an dem er einen eigenen Hausstand unterhält, und kann ihm weder der Umzug noch die tägliche Rückkehr an den Ort des eigenen Hausstandes zugemutet werden, so sind die durch Führung des doppelten Haushalts ihm nachweislich entstehenden Mehraufwendungen, höchstens ein Betrag von 130 Euro monatlich, sowie die unter Ausnutzung bestehender Tarifvergünstigungen entstehenden Aufwendungen für Fahrtkosten der zweiten Wagenklasse für eine Familienheimfahrt im Kalendermonat abzusetzen. Ein eigener Hausstand ist dann anzunehmen, wenn der Bezieher des Einkommens eine Wohnung mit eigener oder selbstbeschaffter Möbelausstattung besitzt. Eine doppelte Haushaltsführung kann auch dann anerkannt werden, wenn der Bezieher des

Einkommens nachweislich ganz oder überwiegend die Kosten für einen Haushalt trägt, den er gemeinsam mit nächsten Angehörigen führt.

§ 4
Einkünfte aus Land- und Forstwirtschaft, Gewerbebetrieb und selbständiger Arbeit

(1) Welche Einkünfte zu den Einkünften aus Land- und Forstwirtschaft, Gewerbebetrieb und selbständiger Arbeit gehören, bestimmt sich nach § 13 Abs. 1 und 2, §§ 15 Abs. 1 und 18 Abs. 1 des Einkommensteuergesetzes; der Nutzungswert der Wohnung im eigenen Haus bleibt unberücksichtigt.

(2) Die Einkünfte sind für das Jahr zu berechnen, in dem der Bedarfszeitraum liegt (Berechnungsjahr).

(3) Als Einkünfte ist bei den einzelnen Einkunftsarten ein Betrag anzusetzen, der auf der Grundlage früherer Betriebsergebnisse aus der Gegenüberstellung der im Rahmen des Betriebes im Berechnungsjahr bereits erzielten Einnahmen und geleisteten notwendigen Ausgaben sowie der im Rahmen des Betriebes im Berechnungsjahr noch zu erwartenden Einnahmen und notwendigen Ausgaben zu errechnen ist. Bei der Ermittlung früherer Betriebsergebnisse (Satz 1) kann ein durch das Finanzamt festgestellter Gewinn berücksichtigt werden.

(4) Soweit im Einzelfall geboten, kann abweichend von der Regelung des Absatzes 3 als Einkünfte ein Betrag angesetzt werden, der nach Ablauf des Berechnungsjahres aus der Gegenüberstellung der im Rahmen des Betriebes im Berechnungsjahr erzielten Einnahmen und geleisteten notwendigen Ausgaben zu errechnen ist. Als Einkünfte im Sinne des Satzes 1 kann auch der vom Finanzamt für das Berechnungsjahr festgestellte Gewinn angesetzt werden.

(5) Wird der vom Finanzamt festgestellte Gewinn nach Absatz 3 Satz 2 berücksichtigt oder nach Absatz 4 Satz 2 als Einkünfte angesetzt, so sind Absetzungen, die bei Gebäuden und sonstigen Wirtschaftsgütern durch das Finanzamt nach

1. den §§ 7, 7b und 7e des Einkommensteuergesetzes,
2. den Vorschriften des Berlinförderungsgesetzes,
3. den §§ 76, 77 und 78 Abs. 1 der Einkommensteuer-Durchführungsverordnung,
4. der Verordnung über Steuervergünstigungen zur Förderung des Baues von Landarbeiterwohnungen in der Fassung der Bekanntmachung vom 6. August 1974 (Bundesgesetzbl. I S. 1869)

vorgenommen worden sind, dem durch das Finanzamt festgestellten Gewinn wieder hinzuzurechnen. Soweit jedoch in diesen Fällen notwendige Ausgaben für die Anschaffung oder Herstellung der in Satz 1 genannten Wirtschaftsgüter im Feststellungszeitraum geleistet worden sind, sind sie vom Gewinn abzusetzen.

§ 5
Sondervorschrift für die Einkünfte aus Land- und Forstwirtschaft

(1) ie Träger der Sozialhilfe können mit Zustimmung der zuständigen Landesbehörde die Einkünfte aus Land- und Forstwirtschaft abweichend von § 4 nach § 7 der Dritten Verordnung über Ausgleichsleistungen nach dem Lastenausgleichsgesetz (3. LeistungsDV-LA) berechnen; der Nutzungswert der Wohnung im eigenen Haus bleibt jedoch unberücksichtigt.

(2) Von der Berechnung der Einkünfte nach Absatz 1 ist abzusehen,

1. wenn sie im Einzelfall offenbar nicht den besonderen persönlichen oder wirtschaftlichen Verhältnissen entspricht oder
2. wenn der Bezieher der Einkünfte zur Einkommensteuer veranlagt wird, es sei denn, dass der Gewinn auf Grund von Durchschnittssätzen ermittelt wird.

§ 6
Einkünfte aus Kapitalvermögen

(1) Welche Einkünfte zu den Einkünften aus Kapitalvermögen gehören, bestimmt sich nach § 20 Abs. 1 bis 3 des Einkommensteuergesetzes.

(2) Als Einkünfte aus Kapitalvermögen sind die Jahresroheinnahmen anzusetzen, vermindert um die Kapitalertragsteuer sowie um die mit der Erzielung der Einkünfte verbundenen notwendigen Ausgaben (§ 82 Abs. 2 Nr. 4 des Zwölften Buches Sozialgesetzbuch).

(3) Die Einkünfte sind auf der Grundlage der vor dem Berechnungsjahr erzielten Einkünfte unter Berücksichtigung der im Berechnungsjahr bereits eingetretenen und noch zu erwartenden Veränderungen zu errechnen. Soweit im Einzelfall geboten, können hiervon abweichend die Einkünfte für das Berechnungsjahr auch nachträglich errechnet werden.

§ 7
Einkünfte aus Vermietung und Verpachtung

(1) Welche Einkünfte zu den Einkünften aus Vermietung und Verpachtung gehören, bestimmt sich nach § 21 Abs. 1 und 3 des Einkommensteuergesetzes.

(2) Als Einkünfte aus Vermietung und Verpachtung ist der Überschuß der Einnahmen über die mit ihrer Erzielung verbundenen notwendigen Ausgaben (§ 82 Abs. 2 Nr. 4 des Zwölften Buches Sozialgesetzbuch) anzusetzen; zu den Ausgaben gehören

1. Schuldzinsen und dauernde Lasten,
2. Steuern vom Grundbesitz, sonstige öffentliche Abgaben und Versicherungsbeiträge,
3. Leistungen auf die Hypothekengewinnabgabe und die Kreditgewinnabgabe, soweit es sich um Zinsen nach § 211 Abs. 1 Nr. 2 des Lastenausgleichsgesetzes handelt,
4. der Erhaltungsaufwand,
5. sonstige Aufwendungen zur Bewirtschaftung des Haus- und Grundbesitzes, ohne besonderen Nachweis Aufwendungen in Höhe von 1 vom Hundert der Jahresroheinnahmen.

Zum Erhaltungsaufwand im Sinne des Satzes 1 Nr. 4 gehören die Ausgaben für Instandsetzung und Instandhaltung, nicht jedoch die Ausgaben für Verbesserungen; ohne Nachweis können bei Wohngrundstücken, die vor dem 1. Januar 1925 bezugsfähig geworden sind, 15 vom Hundert, bei Wohngrundstücken, die nach dem 31. Dezember 1924 bezugsfähig geworden sind, 10 vom Hundert der Jahresroheinnahmen als Erhaltungsaufwand berücksichtigt werden.

(3) Die in Absatz 2 genannten Ausgaben sind von den Einnahmen insoweit nicht abzusetzen, als sie auf den vom Vermieter oder Verpächter selbst genutzten Teil des vermieteten oder verpachteten Gegenstandes entfallen.

(4) Als Einkünfte aus der Vermietung von möblierten Wohnungen und von Zimmern sind anzusetzen

- bei möblierten Wohnungen 80 vom Hundert,
- bei möblierten Zimmern 70 vom Hundert,
- bei Leerzimmern 90 vom Hundert

der Roheinnahmen. Dies gilt nicht, wenn geringere Einkünfte nachgewiesen werden.

(5) Die Einkünfte sind als Jahreseinkünfte, bei der Vermietung von möblierten Wohnungen und von Zimmern jedoch als Monatseinkünfte zu berechnen. Sind sie als Jahreseinkünfte zu berechnen, gilt § 6 Abs. 3 entsprechend.

§ 8
Andere Einkünfte

(1) Andere als die in den §§ 3, 4, 6 und 7 genannten Einkünfte sind, wenn sie nicht monatlich oder wenn sie monatlich in unterschiedlicher Höhe erzielt werden, als Jahreseinkünfte zu berechnen. Zu den anderen Einkünften im Sinne des Satzes 1 gehören auch die in § 19 Abs. 1 Ziff. 2 des Einkommensteuergesetzes genannten Bezüge sowie Renten und sonstige wiederkehrende Bezüge. § 3 Abs. 3 gilt entsprechend.

(2) Sind die Einkünfte als Jahreseinkünfte zu berechnen, gilt § 6 Abs. 3 entsprechend.

§ 9
Einkommensberechnung in besonderen Fällen

Ist der Bedarf an Sozialhilfe einmalig oder nur von kurzer Dauer und duldet die Entscheidung über die Hilfe keinen Aufschub, so kann der Träger der Sozialhilfe nach Anhörung des Beziehers des Einkommens die Einkünfte schätzen.

§ 10
Verlustausgleich

Ein Verlustausgleich zwischen einzelnen Einkunftsarten ist nicht vorzunehmen. In Härtefällen kann jedoch die gesamtwirtschaftliche Lage des Beziehers des Einkommens berücksichtigt werden.

§ 11
Maßgebender Zeitraum

(1) Soweit die Einkünfte als Jahreseinkünfte berechnet werden, gilt der zwölfte Teil dieser Einkünfte zusammen mit den monatlich berechneten Einkünften als monatliches Einkommen im Sinne des Zwölften Buches Sozialgesetzbuch. § 8 Abs. 1 Satz 3 geht der Regelung des Satzes 1 vor.

(2) Ist der Betrieb oder die sonstige Grundlage der als Jahreseinkünfte zu berechnenden Einkünfte nur während eines Teils des Jahres vorhanden oder zur Einkommenserzielung genutzt, so sind die Einkünfte aus der betreffenden Einkunftsart nur für diesen Zeitraum zu berechnen; für ihn gilt als monatliches Einkommen im Sinne des Zwölften Buches Sozialgesetzbuch derjenige Teil der Einkünfte, der der Anzahl der in den genannten Zeitraum fallenden Monate entspricht. Satz 1 gilt nicht für Einkünfte aus Saisonbetrieben und andere ihrer Natur nach auf einen Teil des Jahres beschränkte Einkünfte, wenn die Einkünfte den Hauptbestandteil des Einkommens bilden.

§ 12
Ausgaben nach § 82 Abs. 2 Nr. 1 bis 3 des Zwölften Buches Sozialgesetzbuch

Die in § 82 Abs. 2 Nrn. 1 bis 3 des Zwölften Buches Sozialgesetzbuch bezeichneten Ausgaben sind von der Summe der Einkünfte abzusetzen, soweit sie nicht bereits nach den Bestimmungen dieser Verordnung bei den einzelnen Einkunftsarten abzuziehen sind.

§ 13

(gestrichen)

§ 14
Inkrafttreten

Diese Verordnung tritt am 1. Januar 1963 in Kraft.

12 Verordnung zur Durchführung des § 90 Abs. 2 Nr. 9 des Zwölften Buches Sozialgesetzbuch

vom 11. Februar 1988 (BGBl. I S. 150),

zuletzt geändert durch Verordnung vom 22. März 2017 (BGBl. I S. 519)

Auf Grund des § 88 Abs. 4 des Bundessozialhilfegesetzes in der Fassung der Bekanntmachung vom 20. Januar 1987 (BGBl. I S. 401) wird mit Zustimmung des Bundesrates verordnet:

§ 1
(Kleinere Barbeträge)

Kleinere Barbeträge oder sonstige Geldwerte im Sinne des § 90 Absatz 2 Nummer 9 des Zwölften Buches Sozialgesetzbuch sind:

1. für jede in § 19 Absatz 3, § 27 Absatz 1 und 2, § 41 und § 43 Absatz 1 Satz 2 des Zwölften Buches Sozialgesetzbuch genannte volljährige Person sowie für jede alleinstehende minderjährige Person, 5.000 Euro,
2. für jede Person, die von einer Person nach Nummer 1 überwiegend unterhalten wird, 500 Euro.

Eine minderjährige Person ist alleinstehend im Sinne des Satzes 1 Nummer 1, wenn sie unverheiratet und ihr Anspruch auf Leistungen nach dem Zwölften Buch Sozialgesetzbuch nicht vom Vermögen ihrer Eltern oder eines Elternteils abhängig ist.

§ 2
(Notlage der nachfragenden Person)

(1) Der nach § 1 maßgebende Betrag ist angemessen zu erhöhen, wenn im Einzelfall eine besondere Notlage der nachfragenden Person besteht. Bei der Prüfung, ob eine besondere Notlage besteht, sowie bei der Entscheidung über den Umfang der Erhöhung sind vor allem Art und Dauer des Bedarfs sowie besondere Belastungen zu berücksichtigen.

(2) Der nach § 1 maßgebende Betrag kann angemessen herabgesetzt werden, wenn die Voraussetzungen der §§ 103 oder 94 des Gesetzes vorliegen.

§ 3
(Berlinklausel)

Diese Verordnung gilt nach § 14 des Dritten Überleitungsgesetzes in Verbindung mit § 136 des Zwölften Buches Sozialgesetzbuch auch im Land Berlin.

13 Betreuungsorganisationsgesetz (BtOG)

vom 4. Mai 2021 (BGBl. I S. 882),

zuletzt geändert durch das Gesetz vom xxx 2022 (BGBl. I S. xxx)

– Auszug –

Abschnitt 1
Betreuungsbehörde

Titel 1
Allgemeine Vorschriften

§ 1
Sachliche Zuständigkeit und Durchführung überörtlicher Aufgaben

(1) Welche Behörde auf örtlicher Ebene in Betreuungsangelegenheiten sachlich zuständig ist, bestimmt sich nach Landesrecht. Diese Behörde ist auch in Unterbringungssachen nach § 312 Nummer 1 bis 3 des Gesetzes über das Verfahren in Familiensachen und in den Angelegenheiten der freiwilligen Gerichtsbarkeit zuständig.

(2) Zur Durchführung überörtlicher Aufgaben oder zur Erfüllung einzelner Aufgaben der örtlichen Behörde nach Absatz 1 können nach Landesrecht weitere Behörden vorgesehen werden.

§ 2
Örtliche Zuständigkeit

(1) Örtlich zuständig ist vorbehaltlich der Sätze 2 und 3 und des Absatzes 4 diejenige nach Landesrecht in Betreuungsangelegenheiten zuständige Behörde, in deren Bezirk der Betroffene seinen gewöhnlichen Aufenthalt hat. Hat der Betroffene keinen gewöhnlichen Aufenthalt im Geltungsbereich dieses Gesetzes, ist ein solcher nicht feststellbar oder betrifft die behördliche Maßnahme keine Einzelperson, so ist die Behörde zuständig, in deren Bezirk das Bedürfnis für die behördliche Maßnahme hervortritt. Gleiches gilt, wenn mit dem Aufschub einer Maßnahme Gefahr verbunden ist.

(2) Ändern sich die für die örtliche Zuständigkeit nach Absatz 1 maßgebenden Umstände im Laufe eines gerichtlichen Betreuungs- oder Unterbringungsverfahrens, so bleibt für dieses Verfahren die zuletzt durch das Betreuungsgericht angehörte Behörde allein zuständig, bis die nunmehr nach Absatz 1 zuständige Behörde dem Betreuungsgericht den Wechsel der Zuständigkeit schriftlich anzeigt.

(3) Beglaubigungen nach § 7 Absatz 1 Satz 1 kann abweichend von Absatz 1 jede nach Landesrecht in Betreuungsangelegenheiten zuständige Behörde vornehmen.

(4) Für die Registrierung eines beruflichen Betreuers nach § 24 und die weiteren behördlichen Maßnahmen nach Abschnitt 3 Titel 3 ist diejenige nach Landesrecht in Betreuungsangelegen-

heiten zuständige Behörde örtlich zuständig, in deren Zuständigkeitsbereich sich der Sitz des beruflichen Betreuers befindet oder errichtet werden soll (Stammbehörde). Ist ein Sitz des beruflichen Betreuers nicht vorhanden und soll ein solcher auch nicht errichtet werden, so richtet sich die örtliche Zuständigkeit nach dem Wohnsitz des beruflichen Betreuers. Für einen beruflichen Betreuer, der weder seinen Sitz noch seinen Wohnsitz im Geltungsbereich dieses Gesetzes hat, ist Stammbehörde diejenige Behörde, in deren Zuständigkeitsbereich der Schwerpunkt der beruflichen Tätigkeit des Betreuers liegt. Verlegt der berufliche Betreuer seinen Sitz oder Wohnsitz in den Zuständigkeitsbereich einer anderen Behörde, so wird diese zur neuen Stammbehörde. Verlegt der berufliche Betreuer seinen Sitz oder Wohnsitz ins Ausland, bleibt die bisherige Stammbehörde örtlich zuständig.

§ 3
Fachkräfte

Zur Durchführung der Aufgaben der Behörde werden Personen beschäftigt, die sich hierfür nach ihrer Persönlichkeit eignen und die in der Regel entweder eine ihren Aufgaben entsprechende Ausbildung erhalten haben (Fachkräfte) oder über vergleichbare Erfahrungen verfügen.

§ 4 Verarbeitung personenbezogener Daten durch die Behörde

(1) Die Verarbeitung personenbezogener Daten des Betroffenen und solcher Personen, auf die es bei der Aufgabenerfüllung ankommt, einschließlich besonderer Kategorien personenbezogener Daten nach Artikel 9 der Verordnung (EU) 2016/679 des Europäischen Parlaments und des Rates vom 27. April 2016 zum Schutz natürlicher Personen bei der Verarbeitung personenbezogener Daten, zum freien Datenverkehr und zur Aufhebung der Richtlinie 95/46/EG (Datenschutz-Grundverordnung) (ABl. L 119 vom 4.5.2016, S. 1; L 314 vom 22.11.2016, S. 72; L 127 vom 23.5.2018, S. 2) durch die Behörde ist zulässig, soweit sie zur Erfüllung der ihr nach Abschnitt 1 Titel 2 obliegenden Aufgaben erforderlich ist. Die für diesen Zweck erforderlichen Daten sind grundsätzlich bei der betroffenen Person zu erheben. Ohne ihre Mitwirkung dürfen sie nur erhoben werden, wenn keine Anhaltspunkte dafür bestehen, dass überwiegende schutzwürdige Interessen der betroffenen Person beeinträchtigt werden, und

1. die von der Behörde nach Abschnitt 1 Titel 2 zu erfüllenden Aufgaben ihrer Art nach eine Erhebung bei Dritten erforderlich machen oder
2. die Erhebung bei der betroffenen Person einen unverhältnismäßigen Aufwand erfordern würde.

(2) Die Pflicht zur Information der betroffenen Person gemäß Artikel 13 Absatz 1 bis 3 und Artikel 14 Absatz 1, 2 und 4 der Verordnung (EU) 2016/679 besteht ergänzend zu den in Artikel 13 Absatz 4 und Artikel 14 Absatz 5 der Verordnung (EU) 2016/679 genannten Ausnahmen nicht,

1. soweit die Erteilung der Information die ordnungsgemäße Erfüllung der der Behörde nach Abschnitt 1 Titel 2 obliegenden Aufgaben gefährden würde oder
2. soweit zum Schutz der betroffenen Person ein Absehen von der Informationserteilung erforderlich ist, was insbesondere dann der Fall ist, wenn hiervon erhebliche Nachteile für ihre Gesundheit zu besorgen sind oder die betroffene Person aufgrund einer Krankheit oder Behinderung offensichtlich nicht in der Lage ist, die Informationen zur Kenntnis zu nehmen.

Titel 2
Aufgaben der örtlichen Behörde

§ 5
Informations- und Beratungspflichten

(1) Die Behörde informiert und berät über allgemeine betreuungsrechtliche Fragen, über Vorsorgevollmachten und über andere Hilfen, bei denen kein gesetzlicher Vertreter bestellt wird.

(2) Die Behörde berät und unterstützt Betreuer und Bevollmächtigte auf deren Wunsch bei der Wahrnehmung von deren Aufgaben. Sie unterstützt ehrenamtliche Betreuer beim Abschluss einer Vereinbarung über eine Begleitung und Unterstützung nach § 15 Absatz 1 Satz 1 Nummer 4 mit einem gemäß § 14 anerkannten Betreuungsverein. Die Behörde hat die Begleitung und Unterstützung des ehrenamtlichen Betreuers mittels einer Vereinbarung nach § 15 Absatz 1 Satz 1 Nummer 4 und Absatz 2 selbst zu gewährleisten, wenn in ihrem Zuständigkeitsbereich kein anerkannter Betreuungsverein zur Verfügung steht.

§ 6
Förderungsaufgaben

(1) Die Behörde sorgt dafür, dass in ihrem Zuständigkeitsbereich ein ausreichendes Angebot zur Einführung der Betreuer und der Bevollmächtigten in ihre Aufgaben und zu ihrer Fortbildung vorhanden ist.

(2) Die Behörde regt die Tätigkeit einzelner Personen sowie von gemeinnützigen und freien Organisationen zugunsten Betreuungsbedürftiger an und fördert diese.

(3) Die Behörde fördert die Aufklärung und Beratung über Vorsorgevollmachten, Betreuungsverfügungen und Patientenverfügungen.

§ 7
Öffentliche Beglaubigung; Verordnungsermächtigung

(1) Die Urkundsperson bei der Behörde ist befugt, Unterschriften oder Handzeichen auf Betreuungsverfügungen und auf Vollmachten, soweit sie von natürlichen Personen erteilt werden, öffentlich zu beglaubigen. Die Wirkung der Beglaubigung endet bei einer Vollmacht mit dem Tod des Vollmachtgebers. Die Zuständigkeit der Notare, anderer Personen oder sonstiger Stellen für öffentliche Beurkundungen und Beglaubigungen bleibt unberührt. Die Behörde soll auf die Möglichkeit der Registrierung bei dem Zentralen Vorsorgeregister nach § 78a Absatz 2 der Bundesnotarordnung hinweisen, wenn sie eine Vollmacht oder eine Betreuungsverfügung nach Satz 1 beglaubigt hat.

(2) Die Urkundsperson bei der Behörde darf die Beglaubigung einer Vollmacht nach Absatz 1 Satz 1 nur vornehmen, wenn diese zu dem Zweck erteilt wird, die Bestellung eines Betreuers zu vermeiden. Sie darf eine Beglaubigung nicht vornehmen:

1. von Unterschriften oder Handzeichen ohne dazugehörigen Text oder
2. wenn ihr in der betreffenden Angelegenheit die Vertretung eines Beteiligten obliegt.

(3) Die Behörde hat geeignete Beamte und Angestellte zur Wahrnehmung der Aufgaben nach Absatz 1 Satz 1 zu ermächtigen. Die Länder können Näheres hinsichtlich der fachlichen Anforderungen an diese Personen regeln.

(4) Für jede Beglaubigung nach Absatz 1 Satz 1 wird eine Gebühr in Höhe von 10 Euro erhoben. Auslagen werden gesondert nicht erhoben. Aus Gründen der Billigkeit kann von der Erhebung der Gebühr im Einzelfall abgesehen werden.

(5) Die Landesregierungen werden ermächtigt, durch Rechtsverordnung die Gebühren und Auslagen für die Beglaubigung abweichend von Absatz 4 zu regeln. Die Landesregierungen können die Ermächtigung nach Satz 1 durch Rechtsverordnung auf die Landesjustizverwaltungen übertragen.

§ 8
Beratungs- und Unterstützungsangebot, Vermittlung geeigneter Hilfen und erweiterte Unterstützung

(1) Wenn im Einzelfall Anhaltspunkte für einen Betreuungsbedarf nach § 1814 Absatz 1 des Bürgerlichen Gesetzbuchs bestehen, soll die Behörde dem Betroffenen zur Vermeidung der Bestellung eines Betreuers ein Beratungs- und Unterstützungsangebot unterbreiten. Die Beratung und Unterstützung umfasst auch die Pflicht, andere Hilfen nach § 5 Absatz 1, bei denen kein Betreuer bestellt wird, mit Zustimmung des Betroffenen zu vermitteln. Insbesondere ist ein Kontakt zwischen dem Betroffenen und dem Beratungs- und Unterstützungsangebot des sozialen Hilfesystems herzustellen. Bei antragsabhängigen Leistungen ist der Betroffene dabei zu unterstützen, die notwendigen Anträge selbst zu stellen. Die Behörde arbeitet zur Vermittlung geeigneter Hilfen zur Betreuungsvermeidung mit den zuständigen Sozialleistungsträgern zusammen.

(2) Die Beratung und Unterstützung der Behörde nach Absatz 1 kann darüber hinaus in geeigneten Fällen mit Zustimmung des Betroffenen im Wege einer erweiterten Unterstützung durchgeführt werden. Diese umfasst weitere, über Absatz 1 hinausgehende Maßnahmen, die geeignet sind, die Bestellung eines Betreuers zu vermeiden, und die keine rechtliche Vertretung des Betroffenen durch die Behörde erfordern.

(3) Beratungs- und Unterstützungspflichten nach dem Sozialgesetzbuch bleiben unberührt.

(4) Die Behörde kann mit der Wahrnehmung der erweiterten Unterstützung nach Absatz 2 auch einen anerkannten Betreuungsverein oder einen selbständigen beruflichen Betreuer beauftragen. Dabei ist sicherzustellen, dass die Durchführung durch einen für den konkreten Fall geeigneten Betreuer erfolgt. Die Beauftragung erfolgt durch einen Vertrag, der auch die Finanzierung der übertragenen Aufgaben regeln soll.

§ 9
Mitteilungen an das Betreuungsgericht und die Stammbehörde

(1) Die Behörde kann dem zuständigen Betreuungsgericht Umstände mitteilen, die die Bestellung eines Betreuers oder eine andere Maßnahme in Betreuungssachen erforderlich machen, soweit dies unter Beachtung der berechtigten Interessen des Betroffenen nach den Erkenntnissen der Behörde erforderlich ist, um eine erhebliche Gefahr im Sinne des § 1821 Absatz 3 Nummer 1 des Bürgerlichen Gesetzbuchs von dem Betroffenen abzuwenden.

(2) Hat die Behörde Kenntnis von Umständen, die an der Eignung eines Betreuers nach § 1816 Absatz 1 des Bürgerlichen Gesetzbuchs im Rahmen einer von ihm geführten Betreuung Zweifel aufkommen lassen, hat sie das für das Betreuungsverfahren zuständige Betreuungsgericht und die zuständige Stammbehörde hierüber zu informieren. Die Behörde unterrichtet zugleich den Betreuer über die Mitteilung und deren Inhalt. Die Unterrichtung des Betreuers unterbleibt,

solange der Zweck der Mitteilung hierdurch gefährdet würde. Sie ist nachzuholen, sobald die Gründe nach Satz 3 entfallen sind.

(3) Der Inhalt der Mitteilungen nach den Absätzen 1 und 2, die Art und Weise ihrer Übermittlung und der Empfänger sind aktenkundig zu machen.

§ 10
Mitteilung an Betreuungsvereine

Die Behörde teilt Name und Anschrift der ehrenamtlichen Betreuer, von deren Bestellung sie durch die Bekanntgabe des Betreuungsgerichts nach § 288 Absatz 2 Satz 1 des Gesetzes über das Verfahren in Familiensachen und in den Angelegenheiten der freiwilligen Gerichtsbarkeit Kenntnis erlangt hat, unverzüglich einem am Wohnsitz des ehrenamtlichen Betreuers anerkannten Betreuungsverein mit, um dem Verein eine Kontaktaufnahme zu ermöglichen. Dies gilt nicht für ehrenamtliche Betreuer, die keine familiäre Beziehung oder persönliche Bindung zu dem Betroffenen haben.

§ 11
Aufgaben im gerichtlichen Verfahren

(1) Die Behörde unterstützt das Betreuungsgericht. Dies umfasst insbesondere folgende Maßnahmen:

1. die Erstellung eines Berichts im Rahmen der gerichtlichen Anhörung nach § 279 Absatz 2 des Gesetzes über das Verfahren in Familiensachen und in den Angelegenheiten der freiwilligen Gerichtsbarkeit (Sozialbericht),
2. den Vorschlag eines geeigneten Betreuers,
3. die Aufklärung, Mitteilung und gegebenenfalls fachliche Beurteilung des Sachverhalts im Rahmen sonstiger Anhörungen der Behörde durch das Betreuungsgericht oder im Rahmen eines gerichtlichen Ersuchens um eine über Nummer 1 hinausgehende Sachverhaltsklärung,
4. die Prüfung der weiteren Erforderlichkeit der Betreuung in geeigneten Fällen, sobald die Behörde durch das Betreuungsgericht nach § 7 Absatz 4 Satz 1 des Gesetzes über das Verfahren in Familiensachen und in den Angelegenheiten der freiwilligen Gerichtsbarkeit über das Verfahren zur Verlängerung einer Betreuung benachrichtigt worden ist, und
5. auf Aufforderung des Betreuungsgerichts den Vorschlag eines geeigneten Verfahrenspflegers.

(2) er Sozialbericht soll sich insbesondere auf folgende Kriterien beziehen:

1. die persönliche, gesundheitliche und soziale Situation des Betroffenen,
2. die Erforderlichkeit der Betreuung einschließlich geeigneter anderer Hilfen (§ 1814 Absatz 3 Satz 2 Nummer 2 des Bürgerlichen Gesetzbuchs) und
3. die diesbezügliche Sichtweise des Betroffenen.

(3) Im Rahmen der Erstellung des Sozialberichts hat die Behörde zu prüfen, ob zur Vermeidung einer Betreuung eine erweiterte Unterstützung nach § 8 Absatz 2 in Betracht kommt. In geeigneten Fällen hat die Behörde mit Zustimmung des Betroffenen eine erweiterte Unterstützung durchzuführen; § 8 Absatz 4 gilt entsprechend. Die Behörde hat das Betreuungsgericht über die Durchführung und die voraussichtliche Dauer von Maßnahmen nach § 8 Absatz 2

zu informieren. Während der Durchführung der erweiterten Unterstützung ist die Pflicht der Behörde zur Erstellung eines Sozialberichts ausgesetzt. Das Ergebnis der Prüfung nach Satz 1 und bei Durchführung einer erweiterten Unterstützung deren Ergebnis sind im Sozialbericht darzulegen.

(4) Auf Aufforderung des Betreuungsgerichts hat die Behörde auch unabhängig von der Erstellung eines Sozialberichts zu prüfen, ob die Durchführung einer erweiterten Unterstützung zur Vermeidung einer Betreuung führen kann. Absatz 3 Satz 2, 3 und 5 gilt entsprechend.

(5) Die Länder können durch Gesetz die Aufgabenzuweisung nach den Absätzen 3 und 4 im Rahmen von Modellprojekten auf einzelne Behörden innerhalb eines Landes beschränken.

§ 12
Betreuervorschlag

(1) Die Behörde schlägt mit dem Sozialbericht oder auf Anforderung des Betreuungsgerichts eine Person vor, die sich im konkreten Einzelfall zum Betreuer eignet. Die Behörde soll diesen Vorschlag begründen und die diesbezügliche Sichtweise des Betroffenen darlegen. Eine Person, die keine familiäre Beziehung oder persönliche Bindung zu dem Betroffenen hat, soll nur als ehrenamtlicher Betreuer vorgeschlagen werden, wenn sie sich zum Abschluss einer Vereinbarung über eine Begleitung und Unterstützung nach § 15 Absatz 1 Satz 1 Nummer 4 mit einem anerkannten Betreuungsverein oder einer Betreuungsbehörde nach § 5 Absatz 2 Satz 3 bereit erklärt. Steht keine geeignete Person für eine ehrenamtliche Betreuung zur Verfügung, schlägt die Behörde dem Betreuungsgericht einen beruflichen Betreuer vor. Unter den Voraussetzungen des § 1818 des Bürgerlichen Gesetzbuchs kann die Behörde auch einen anerkannten Betreuungsverein oder sich selbst als Betreuer vorschlagen. Die Behörde soll in geeigneten Fällen einen weiteren Betreuer vorschlagen, der nach § 1817 Absatz 4 des Bürgerlichen Gesetzbuchs bestellt werden kann.

(2) Auf Wunsch des Betroffenen kann die Behörde ein persönliches Kennenlernen zwischen dem Betroffenen und dem vorgesehenen Betreuer vermitteln.

(3) Der Vorschlag nach Absatz 1 hat Angaben zur persönlichen Eignung zu enthalten. Bei einem ehrenamtlichen Betreuer hat die Behörde dem Betreuungsgericht das Ergebnis der Auskünfte nach § 21 Absatz 2 Satz 1 mitzuteilen. Bei einem beruflichen Betreuer sind die Anzahl und der Umfang der von ihm bereits zu führenden Betreuungen, die für ihn zuständige Stammbehörde sowie der zeitliche Gesamtumfang und die Organisationsstruktur seiner Betreuertätigkeit mitzuteilen.

§ 13
Weitere Aufgaben

Die Aufgaben, die der Behörde nach anderen Vorschriften obliegen, bleiben unberührt. Zuständige Behörde im Sinne dieser Vorschriften ist die örtliche Behörde.

Abschnitt 2
Anerkannte Betreuungsvereine

§ 14
Anerkennung

(1) Ein rechtsfähiger Verein kann als Betreuungsverein anerkannt werden, wenn er gewährleistet, dass er

1. die Aufgaben nach den §§ 15 und 16 wahrnehmen wird,
2. eine ausreichende Zahl geeigneter Mitarbeiter hat und diese beaufsichtigen, weiterbilden und gegen Schäden, die diese anderen im Rahmen ihrer Tätigkeit zufügen können, angemessen versichern wird, und
3. einen Erfahrungsaustausch zwischen den Mitarbeitern ermöglicht.

(2) Die Anerkennung gilt für das jeweilige Land; sie kann auf einzelne Landesteile beschränkt werden. Sie kann unter Auflagen erteilt werden und ist widerruflich.

(3) Das Nähere regelt das Landesrecht. Es kann auch weitere Voraussetzungen für die Anerkennung vorsehen.

§ 15
Aufgaben kraft Gesetzes

(1) Ein anerkannter Betreuungsverein hat

1. planmäßig über allgemeine betreuungsrechtliche Fragen, Vorsorgevollmachten, Betreuungsverfügungen und Patientenverfügungen zu informieren,
2. sich planmäßig um die Gewinnung ehrenamtlicher Betreuer zu bemühen,
3. vom Betreuungsgericht bestellte ehrenamtliche Betreuer in ihre Aufgaben einzuführen, sie fortzubilden und sie bei der Wahrnehmung ihrer Aufgaben zu beraten und zu unterstützen,
4. mit ehrenamtlichen Betreuern eine Vereinbarung über eine Begleitung und Unterstützung im Sinne von Nummer 3 abzuschließen, sofern eine solche Vereinbarung nach § 22 Absatz 2 in Verbindung mit § 1816 Absatz 4 des Bürgerlichen Gesetzbuchs erforderlich ist oder von dem ehrenamtlichen Betreuer gewünscht wird, und
5. Bevollmächtigte bei der Wahrnehmung ihrer Aufgaben zu beraten und zu unterstützen.

Der Betreuungsverein erteilt dem ehrenamtlichen Betreuer auf dessen Aufforderung Nachweise über die Teilnahme an Einführungs- und Fortbildungsveranstaltungen nach Satz 1 Nummer 3.

(2) Eine Vereinbarung nach Absatz 1 Satz 1 Nummer 4 hat mindestens zu umfassen:

1. die Verpflichtung des ehrenamtlichen Betreuers zur Teilnahme an einer Einführung über die Grundlagen der Betreuungsführung,
2. die Verpflichtung des ehrenamtlichen Betreuers zur regelmäßigen Teilnahme an Fortbildungen,
3. die Benennung eines Mitarbeiters des Betreuungsvereins als festen Ansprechpartner und
4. die Erklärung der Bereitschaft des Betreuungsvereins zur Übernahme einer Verhinderungsbetreuung nach § 1817 Absatz 4 des Bürgerlichen Gesetzbuchs.

(3) Anerkannte Betreuungsvereine können im Einzelfall Betroffene, Angehörige und sonstige Personen zu allgemeinen betreuungsrechtlichen Fragen, zu Vorsorgevollmachten und über andere Hilfen nach § 5 Absatz 1, bei denen kein Betreuer bestellt wird, beraten. Dies umfasst auch eine Beratung bei der Errichtung einer Vorsorgevollmacht oder Betreuungsverfügung.

§ 16
Aufgaben kraft gerichtlicher Bestellung

Ein anerkannter Betreuungsverein ist verpflichtet, Mitarbeiter zu beschäftigen, die für die Übernahme von Betreuungen zur Verfügung stehen.

§ 17
Finanzielle Ausstattung

Anerkannte Betreuungsvereine haben Anspruch auf eine bedarfsgerechte finanzielle Ausstattung mit öffentlichen Mitteln zur Wahrnehmung der ihnen nach § 15 Absatz 1 obliegenden Aufgaben. Das Nähere regelt das Landesrecht.

§ 18
Verarbeitung personenbezogener Daten durch den Verein

(1) Die Verarbeitung personenbezogener Daten einschließlich besonderer Kategorien personenbezogener Daten nach Artikel 9 der Verordnung (EU) 2016/679 durch den anerkannten Betreuungsverein ist zulässig, soweit sie zur Erfüllung der ihm nach § 15 Absatz 1 und § 16 obliegenden Aufgaben erforderlich ist.

(2) § 4 Absatz 1 Satz 2 und 3 sowie Absatz 2 gilt entsprechend.

Abschnitt 3
Rechtliche Betreuer

Titel 1
Allgemeine Vorschriften

§ 19
Begriffsbestimmung

(1) Ehrenamtliche Betreuer sind natürliche Personen, die außerhalb einer beruflichen Tätigkeit rechtliche Betreuungen führen. Ehrenamtliche Betreuer können sowohl Personen, die familiäre Beziehungen oder persönliche Bindungen zum Betroffenen haben, als auch andere Personen sein.

(2) Berufliche Betreuer sind natürliche Personen, die selbständig oder als Mitarbeiter eines anerkannten Betreuungsvereins rechtliche Betreuungen führen und nach § 24 registriert sind oder nach § 32 Absatz 1 Satz 6 als vorläufig registriert gelten.

§ 20
Verarbeitung personenbezogener Daten durch den Betreuer

(1) Die Verarbeitung personenbezogener Daten einschließlich besonderer Kategorien personenbezogener Daten nach Artikel 9 der Verordnung (EU) 2016/679 durch den Betreuer ist zulässig, soweit sie zur Erfüllung seiner Aufgaben nach den §§ 1814 bis 1881 des Bürgerlichen Gesetzbuchs erforderlich ist.

(2) § 4 Absatz 1 Satz 2 und 3 sowie Absatz 2 gilt entsprechend.

(3) Die Absätze 1 und 2 gelten auch für Personen, denen der anerkannte Betreuungsverein oder die Behörde die Wahrnehmung der Betreuung nach § 1818 Absatz 2 und 4 Satz 2 des Bürgerlichen Gesetzbuchs übertragen hat.

Titel 2 Ehrenamtliche Betreuer

§ 21
Voraussetzung für eine ehrenamtliche Tätigkeit

(1) Voraussetzung für die Führung einer Betreuung als ehrenamtlicher Betreuer ist die persönliche Eignung und Zuverlässigkeit. § 23 Absatz 2 Nummer 1, 2 und 4 gilt entsprechend.

(2) Zur Feststellung seiner persönlichen Eignung und Zuverlässigkeit hat der ehrenamtliche Betreuer der zuständigen Behörde ein Führungszeugnis nach § 30 Absatz 5 des Bundeszentralregistergesetzes und eine Auskunft aus dem zentralen Schuldnerverzeichnis nach § 882b der Zivilprozessordnung, die jeweils nicht älter als drei Monate sein sollen, vorzulegen. Dies gilt nicht, sofern er im Wege der einstweiligen Anordnung nach den §§ 300 und 301 des Gesetzes über das Verfahren in Familiensachen und in den Angelegenheiten der freiwilligen Gerichtsbarkeit zum vorläufigen Betreuer bestellt wird.

§ 22
Abschluss einer Vereinbarung über Begleitung und Unterstützung

(1) Ein ehrenamtlicher Betreuer kann eine Vereinbarung über eine Begleitung und Unterstützung nach § 15 Absatz 1 Satz 1 Nummer 4 mit einem anerkannten Betreuungsverein oder hilfsweise nach § 5 Absatz 2 Satz 3 mit der zuständigen Behörde abschließen.

(2) Eine Person, die ehrenamtlich Betreuungen führen möchte und keine familiäre Beziehung oder persönliche Bindung zum Betroffenen hat, soll vor ihrer ersten Bestellung als ehrenamtlicher Betreuer eine Vereinbarung nach Absatz 1 abschließen.

Titel 3
Beruflicher Betreuer

§ 23
Registrierungsvoraussetzungen; Verordnungsermächtigung

(1) Voraussetzungen für eine Registrierung als beruflicher Betreuer sind:

1. die persönliche Eignung und Zuverlässigkeit,
2. eine ausreichende Sachkunde für die Tätigkeit als beruflicher Betreuer und
3. eine Berufshaftpflichtversicherung zur Deckung der sich aus der Berufstätigkeit ergebenden Haftpflichtgefahren für Vermögensschäden mit einer Mindestversicherungssumme von 250 000 Euro für jeden Versicherungsfall und von 1 Million Euro für alle Versi-cherungsfälle eines Versicherungsjahres.

(2) Die nach Absatz 1 Nummer 1 erforderliche Zuverlässigkeit fehlt in der Regel, wenn

1. die Person hinsichtlich der Tätigkeit als beruflicher Betreuer einem Berufsverbot nach § 70 des Strafgesetzbuchs oder einem vorläufigen Berufsverbot nach § 132a der Strafprozessordnung unterliegt,

2. die Person in den letzten drei Jahren vor Stellung des Registrierungsantrags wegen eines Verbrechens oder eines vorsätzlich begangenen, für die Führung einer Betreuung relevanten Vergehens rechtskräftig verurteilt worden ist,
3. in den letzten drei Jahren vor der Antragstellung eine Registrierung nach § 27 widerrufen worden ist oder
4. die Vermögensverhältnisse der Person ungeordnet sind, was in der Regel der Fall ist, wenn über das Vermögen der Person das Insolvenzverfahren eröffnet worden oder sie in das vom zentralen Vollstreckungsgericht zu führende Schuldnerverzeichnis (§ 882b der Zivilprozessordnung) eingetragen ist.

(3) ie nach Absatz 1 Nummer 2 erforderliche Sachkunde ist gegenüber der Stammbehörde durch Unterlagen nachzuweisen. Sie hat zu umfassen:

1. Kenntnisse des Betreuungs- und Unterbringungsrechts, des dazugehörigen Verfahrensrechts sowie auf den Gebieten der Personen- und Vermögenssorge,
2. Kenntnisse des sozialrechtlichen Unterstützungssystems und
3. Kenntnisse der Kommunikation mit Personen mit Erkrankungen und Behinderungen und von Methoden zur Unterstützung bei der Entscheidungsfindung.

(4) Ist die Person, die eine Registrierung als beruflicher Betreuer beantragt, Mitarbeiter eines nach § 14 anerkannten Betreuungsvereins oder legt sie eine Anstellungszusage eines anerkannten Betreuungsvereins vor und kann sie zum Zeitpunkt der Antragstellung das Vorliegen der Sachkunde nicht vollständig, aber in wesentlichen Teilen nach-weisen, kann die Stammbehörde die Person als beruflicher Betreuer registrieren, wenn

1. die Voraussetzungen für die Registrierung nach Absatz 1 Nummer 1 und 3 vorliegen und
2. der Betreuungsverein sicherstellt, dass die Person bis zum vollständigen Nachweis ihrer Sachkunde durch einen Mitarbeiter, der als beruflicher Betreuer registriert ist, bei den von ihr geführten Betreuungen angeleitet und kontrolliert wird.

Die Sachkunde ist gegenüber der Stammbehörde bis zum Ablauf eines Jahres ab Registrierung vollständig nachzuweisen. Die Behörde kann die Frist für die Erbringung des Nachweises verlängern, wenn die registrierte Person nachweist, dass sie ohne ihr Verschulden verhindert ist, die Frist einzuhalten."

(5) [3]Das Bundesministerium der Justiz bestimmt durch Rechtsverordnung mit Zustimmung des Bundesrates Einzelheiten zu den Voraussetzungen der Registrierung nach den Absätzen 1 bis 3, insbesondere die Anforderungen an die Sachkunde und ihren Nachweis ein-schließlich der Anerkennung und Zertifizierung von Anbietern von Sachkunde-lehrgängen und betreuungsspezifischen Studien-, Aus- oder Weiterbildungsgängen, an die Anerkennung ausländischer Berufsqualifikationen sowie, auch abweichend von den Vorschriften des Versicherungsvertragsgesetzes für die Pflichtversicherung, an Inhalt und Ausgestaltung der Berufshaftpflichtversicherung einschließlich möglicher Gründe für den Ausschluss der Haftung, die den Zweck der Haftpflichtversicherung nicht gefährden, und der Bestimmung der zuständigen Stelle im Sinne des § 117 Absatz 2 des Versicherungsvertragsgesetzes."

---

3 Absatz 5 (bis zum 31.12.2022 Absatz 4) tritt gemäß Artikel 16 des Gesetzes zur Reform des Vormundschafts- und Betreuungsrechts vom 4. Mai 2021 (BGBl. I S. 882), geändert durch Art. 15 des sog. „Reparaturgesetzes", am xx.xx.2022 in Kraft.

§ 24
Registrierungsverfahren; Verordnungsermächtigung; Registrierungsgtebühr

(1) Die Registrierung erfolgt auf Antrag, der bei der Stammbehörde zu stellen ist. Mit dem Antrag sind beizubringen:

1. ein Führungszeugnis nach § 30 Absatz 5 des Bundeszentralregistergesetzes, das nicht älter als drei Monate sein soll,
2. eine Auskunft aus dem zentralen Schuldnerverzeichnis nach § 882b der Zivilprozessordnung, die nicht älter als drei Monate sein soll,
3. eine Erklärung, ob ein Insolvenz-, Ermittlungs- oder Strafverfahren anhängig ist,
4. eine Erklärung, ob in den letzten drei Jahren vor Antragstellung eine Registrierung als Berufsbetreuer versagt, zurückgenommen oder widerrufen wurde, und
5. geeignete Nachweise über den Erwerb der nach § 23 Absatz 1 Nummer 2 und Absatz 3 erforderlichen Sachkunde.

Zudem hat der Antragsteller der Stammbehörde den beabsichtigten zeitlichen Gesamtumfang und die Organisationsstruktur seiner beruflichen Betreuertätigkeit mitzuteilen.

(2) Zur Feststellung der persönlichen Eignung nach § 23 Absatz 1 Nummer 1 hat die Stammbehörde mit dem Antragsteller ein persönliches Gespräch zu führen.

(3) Über den Antrag ist innerhalb von drei Monaten durch Verwaltungsakt zu entscheiden. Die Frist beginnt mit Eingang der vollständigen Unterlagen. Sie kann einmal angemessen verlängert werden, wenn dies wegen der Schwierigkeit der Angelegenheit gerechtfertigt ist. Die Fristverlängerung ist zu begründen und dem Antragsteller rechtzeitig mitzuteilen. Wenn die Voraussetzungen des § 23 Absatz 1 Nummer 1 und 2 vorliegen, fordert die Stammbehörde den Antragsteller vor Ablauf der Frist nach Satz 1 auf, den Nachweis über die Berufshaftpflichtversicherung nach § 23 Absatz 1 Nummer 3 zu erbringen. Sobald sämtliche Voraussetzungen nach § 23 Absatz 1 nachgewiesen sind, nimmt die Stammbehörde die Registrierung vor. Die Registrierung gilt bundesweit.

(4) [4]Das Bundesministerium der Justiz bestimmt durch Rechtsverordnung mit Zustimmung des Bundesrates die Einzelheiten des Registrierungsverfahrens, darunter auch Aufbewahrungs- und Löschungsfristen.

(5) Für jede Registrierung wird eine Gebühr von 200 Euro erhoben. Auslagen werden nicht gesondert erhoben. Im Einzelfall kann aus Gründen der Billigkeit von der Erhebung der Gebühr ab-gesehen werden. Folgende Registrierungen erfolgen immer gebührenfrei:

1. Registrierungen nach § 28 Absatz 2,
2. Registrierungen nach § 32 Absatz 1 Satz 1 sowie
3. unbefristete Registrierungen für Antragsteller, die nach § 33 vorläufig registriert sind."

---

4 Absatz 4 tritt gemäß Artikel 16 des Gesetzes zur Reform des Vormundschafts- und Betreuungsrechts vom 4. Mai 2021 (BGBl. I S. 882), geändert durch Art. 15 des sog. „Reparaturgesetzes" am xx.xx.2022 in Kraft.

§ 25
Mitteilungs- und Nachweispflichten beruflicher Betreuer

(1) Der berufliche Betreuer teilt der Stammbehörde alle Änderungen im Bestand der von ihm geführten Betreuungen alle sechs Monate sowie alle Änderungen, die sich auf die Registrierung auswirken können, unverzüglich mit. Mitzuteilen sind auch Änderungen des zeitlichen Gesamtumfangs und der Organisationsstruktur seiner beruflichen Betreuertätigkeit sowie der Wechsel des Sitzes oder Wohnsitzes des beruflichen Betreuers.

(2) Der berufliche Betreuer hat der Stammbehörde ab der Registrierung alle drei Jahre unaufgefordert ein aktuelles Führungszeugnis nach § 30 Absatz 5 des Bundeszentralregistergesetzes und eine aktuelle Auskunft aus dem zentralen Schuldnerverzeichnis nach

§ 882b der Zivilprozessordnung vorzulegen sowie die Erklärung nach § 24 Absatz 1 Satz 2 Nummer 3 abzugeben.

(3) Der berufliche Betreuer teilt der Stammbehörde unaufgefordert das Ergebnis des Feststellungsverfahrens nach § 8 Absatz 3 des Vormünder- und Betreuervergütungsgesetzes mit.

§ 26
Umgang mit den für die Registrierung relevanten Daten

(1) Die Stammbehörde verarbeitet die bei der Durchführung ihrer Aufgaben nach diesem Titel erhaltenen Daten einschließlich personenbezogener Daten, soweit dies hierfür erforderlich ist.

(2) Die Stammbehörde ist berechtigt und auf Verlangen des Betreuungsgerichts verpflichtet, diesem die bei ihr über einen beruflichen Betreuer vorhandenen Daten zu übermitteln, soweit dies für die Erfüllung der gesetzlichen Aufgaben des Betreuungsgerichts erforderlich ist.

(3) Die Stammbehörde darf anderen Betreuungsbehörden Daten übermitteln, die sie bei der Durchführung ihrer Aufgaben nach diesem Titel erhalten hat, soweit die Kenntnis dieser Daten zur Erfüllung der Aufgaben der Behörde, an die die Daten übermittelt werden, erforderlich ist.

(4) Gerichte und Behörden dürfen der Stammbehörde personenbezogene Daten übermitteln, soweit deren Kenntnis für die Registrierung oder die Rücknahme oder den Widerruf der Registrierung erforderlich ist. Satz 1 gilt nur, soweit durch die Übermittlung der Daten schutzwürdige Interessen der betroffenen Person nicht beeinträchtigt werden oder soweit das öffentliche Interesse das Geheimhaltungsinteresse der betroffenen Person überwiegt.

§ 27
Widerruf, Rücknahme und Löschung der Registrierung

(1) Die Stammbehörde widerruft die Registrierung unbeschadet der landesrechtlichen Vorschriften, die § 49 des Verwaltungsverfahrensgesetzes entsprechen, wenn

1. begründete Tatsachen die Annahme rechtfertigen, dass der berufliche Betreuer die persönliche Eignung oder Zuverlässigkeit nicht mehr besitzt; dies ist in der Regel der Fall, wenn einer der in § 23 Absatz 2 genannten Gründe nachträglich eintritt, der berufliche Betreuer gegen das Verbot nach § 30 oder beharrlich gegen die Pflichten nach § 25 verstößt,
2. der berufliche Betreuer keine Berufshaftpflichtversicherung nach § 23 Absatz 1 Nummer 3 mehr unterhält,

3. begründete Tatsachen die Annahme rechtfertigen, dass der berufliche Betreuer die Betreuungen dauerhaft unqualifiziert führt; dies ist in der Regel der Fall, wenn der berufliche Betreuer mehrfach wegen fehlender Eignung aus dem Betreuerverhältnis entlassen worden ist, oder
4. der als Mitarbeiter eines nach § 14 anerkannten Betreuungsvereins registrierte berufliche Betreuer den vollständigen Nachweis seiner Sachkunde nicht bis zum Ablauf eines Jahres ab Registrierung oder bis zum Ablauf der verlängerten Frist erbringt (§ 23 Absatz 4 Satz 2 und 3).

(2) Hat der berufliche Betreuer im Registrierungsantrag in wesentlichen Punkten vorsätzlich unrichtige Angaben gemacht oder für die Registrierung relevante Umstände pflichtwidrig verschwiegen und beruht die Registrierung auf diesen Angaben, hat die Stammbehörde die Registrierung unbeschadet der landesrechtlichen Vorschriften, die § 48 des Verwaltungsverfahrensgesetzes entsprechen, zurückzunehmen.

(3) Auf Antrag des beruflichen Betreuers oder nach seinem Tod hat die Stammbehörde seine Registrierung zu löschen.

(4) Der Widerruf, die Rücknahme oder die Löschung der Registrierung gelten bundesweit. Den Widerruf, die Rücknahme oder die Löschung der Registrierung hat die Stammbehörde sämtlichen Betreuungsgerichten, bei welchen der berufliche Betreuer Betreuungen führt, sowie den jeweils für den Gerichtsbezirk zuständigen Betreuungsbehörden mitzuteilen.

§ 28
Wechsel des Sitzes oder Wohnsitzes

(1) Ändert der berufliche Betreuer seinen Sitz oder Wohnsitz und ist deshalb eine andere Stammbehörde örtlich zuständig, hat er dies der neuen Stammbehörde unverzüglich anzuzeigen.

(2) Die neue Stammbehörde hat den beruflichen Betreuer zu registrieren. Eine erneute Prüfung der Registrierungsvoraussetzungen findet anlässlich des Zuständigkeitswechsels nicht statt. Die bisher zuständige Stammbehörde hat sämtliche Unterlagen und Daten, die den beruflichen Betreuer betreffen, an die neue Stammbehörde zu übermitteln.

§ 29
Fortbildung

Der berufliche Betreuer stellt in eigener Verantwortung seine regelmäßige berufsbezogene Fortbildung sicher. Nachweise über die erfolgte Fortbildung sind der Stammbehörde vorzulegen.

§ 30
Leistungen an berufliche Betreuer

(1) Einem beruflichen Betreuer ist es untersagt, von dem von ihm Betreuten Geld oder geldwerte Leistungen anzunehmen. Dies gilt auch für Zuwendungen im Rahmen einer Verfügung von Todes wegen. Die gesetzliche Betreuervergütung bleibt hiervon unberührt.

(2) Absatz 1 Satz 1 und 2 gilt nicht, wenn

1. andere als die mit der Betreuervergütung abgegoltenen Leistungen vergütet werden, insbesondere durch die Zahlung von Aufwendungsersatz nach § 1877 Absatz 3 des Bürgerlichen Gesetzbuchs, oder
2. geringwertige Aufmerksamkeiten versprochen oder gewährt werden.

(3) Das Betreuungsgericht kann auf Antrag des Betreuers im Einzelfall Ausnahmen von dem Verbot des Absatzes 1 Satz 1 und 2 zulassen, soweit der Schutz des Betreuten dem nicht entgegensteht. Entscheidungen nach Satz 1 sind der für den beruflichen Betreuer zuständigen Stammbehörde mitzuteilen.

Abschnitt 4
Offenbarungsbefugnisse für Geheimnisträger

§ 31
Beratung und Übermittlung von Informationen durch Geheimnisträger bei Gefährdung von Betreuten

(1) Werden

1. Ärzten oder Angehörigen eines anderen Heilberufes, der für die Berufsausübung oder die Führung der Berufsbezeichnung eine staatlich geregelte Ausbildung erfordert,
2. Berufspsychologen mit staatlich anerkannter wissenschaftlicher Abschlussprüfung,
3. Beratern für Suchtfragen in einer Beratungsstelle, die von einer Behörde oder Körperschaft, Anstalt oder Stiftung des öffentlichen Rechts anerkannt ist, oder
4. staatlich anerkannten Sozialarbeitern oder staatlich anerkannten Sozialpädagogen

in Ausübung ihrer beruflichen Tätigkeit gewichtige Anhaltspunkte für eine Gefährdung der Person des Betreuten bekannt, so sollen sie dies mit diesem und dem Betreuer erörtern und, soweit erforderlich, auf die Inanspruchnahme von Hilfen hinwirken, soweit hierdurch der wirksame Schutz des Betreuten nicht in Frage gestellt wird.

(2) Die in Absatz 1 Nummer 1 bis 4 genannten Personen haben gegenüber der Betreuungsbehörde zur Einschätzung einer Gefährdung der Person des Betreuten Anspruch auf Beratung durch eine Fachkraft. Sie sind zu diesem Zweck befugt, dieser Fachkraft die zur Einschätzung einer Gefährdung erforderlichen Daten zu übermitteln; vor der Übermittlung sind diese Daten zu pseudonymisieren.

(3) Kann eine Gefährdung des Betreuten durch eine Erörterung nach Absatz 1 nicht abgewendet werden oder ist die Erörterung erfolglos geblieben und halten die in Absatz 1 Nummer 1 bis 4 genannten Personen ein Tätigwerden des Betreuungsgerichts für erforderlich, um eine Gefährdung der Person des Betreuten abzuwenden, so sind sie befugt, das Betreuungsgericht zu informieren. Auf die Möglichkeit einer solchen Information ist der Betreuer vorab hinzuweisen, es sei denn, dass damit der wirksame Schutz des Betreuten in Frage gestellt wird. Zum Zweck der Information des Betreuungsgerichts sind die in Absatz 1 Nummer 1 bis 4 genannten Personen befugt, diesem die erforderlichen Daten zu übermitteln.

Abschnitt 5
Übergangsvorschriften

§ 32
Registrierung von bereits tätigen beruflichen Betreuern; vorläufige Registrierung

(1) Betreuer, die bereits vor dem 1. Januar 2023 berufsmäßig Betreuungen geführt haben und weiterhin führen, werden auf ihren Antrag von der zuständigen Stammbehörde ohne Überprüfung der Voraussetzungen des § 23 Absatz 1 Nummer 1 und 2 registriert. Zum Nachweis der berufsmäßigen Führung von Betreuungen ist dem Antrag ein Beschluss nach § 286 Absatz 1 Nummer 2 oder 4 des Gesetzes über das Verfahren in Familiensachen und in den Angelegenheiten der freiwilligen Gerichtsbarkeit über eine vom Antragsteller aktuell geführte Betreuung beizufügen. Mit dem Antrag sind außerdem ein Nachweis über eine Berufshaftpflichtversicherung nach § 23 Absatz 1 Nummer 3 sowie die Unterlagen nach § 24 Absatz 1 Nummer 1 und 2 beizubringen. Zudem sind der zeitliche Gesamtumfang, die Organisationsstruktur der beruflichen Betreuertätigkeit und die Aktenzeichen der gerichtlichen Betreuungsverfahren zu den aktuell geführten Betreuungen mitzuteilen. Der Antrag ist innerhalb von sechs Monaten nach dem 1. Januar 2023 zu stellen. Ab dem 1. Januar 2023 bis zur Entscheidung über den Antrag nach Satz 5 gelten die in Satz 1 genannten Betreuer als vorläufig registriert. Wird kein Antrag nach Satz 5 gestellt, endet die vor-läufige Registrierung mit Ablauf des 30. Juni 2023. § 27 Absatz 4 Satz 2 gilt entsprechend..

(2) Bei Personen, die zum 30. Juni 2025 bereits seit mindestens drei Jahren berufsmäßig Betreuungen geführt haben, ist davon auszugehen, dass sie über die nach § 23 Absatz 1 Nummer 2 erforderliche Sachkunde verfügen. Alle übrigen bereits vor dem 1. Januar 2023 beruflich tätigen Betreuer haben bis zum 1. Januar 2024 ihre Sachkunde nach § 24 Absatz 1 Satz 2 Nummer 5 nachzuweisen. Erfolgt dieser Nachweis nicht, hat die Behörde die Registrierung entsprechend § 27 zu widerrufen.

§ 33
Vorläufige Registrierung

Antragsteller, die die Voraussetzungen für eine Registrierung nach § 23 Absatz 1 Nummer 1 und 3 erfüllen, kann die zuständige Stammbehörde vorläufig registrieren, wenn sie

1. die nach § 23 Absatz 1 Nummer 2 erforderliche Sachkunde teilweise nachweisen können und
2. den vollständigen Nachweis der Sachkunde nach § 24 Absatz 1 Satz 2 Nummer 5 nur noch nicht erbringen können, weil die hierfür notwendigen Studien-, Aus- oder Weiterbildungsangebote nicht verfügbar sind.

Mit der vorläufigen Registrierung werden die Antragsteller berufliche Betreuer. Die vorläufige Registrierung endet spätestens mit Ablauf des 30. Juni 2025. § 27 Absatz 4 Satz 2 gilt entsprechend.

§ 34
Anwendungsvorschrift zu § 7

§ 7 Absatz 1 Satz 2 ist nur auf Vollmachten anzuwenden, die seit dem 1. Januar 2023 durch die Behörde nach § 7 Absatz 1 Satz 1 öffentlich beglaubigt worden sind.

Stichwortverzeichnis